本书为中央高校基本科研业务费专项资金资助（Supported by the Fundamental Research Funds for the Central Universities）项目，编号：20720161106

两宋国家与地方社会研究

刁培俊 著

Study on the State and Local Society in Song Dynasty

中国社会科学出版社

图书在版编目（CIP）数据

两宋国家与地方社会研究／刁培俊著. —北京：中国社会科学出版社，
2021.6（2021.12重印）
ISBN 978 - 7 - 5203 - 8543 - 5

Ⅰ.①两…　Ⅱ.①刁…　Ⅲ.①社会史—研究—中国—宋代
Ⅳ.①K244.07

中国版本图书馆 CIP 数据核字（2021）第 100856 号

出 版 人　赵剑英
责任编辑　宋燕鹏
责任校对　李　莉
责任印制　李寡寡

出　　版　中国社会科学出版社
社　　址　北京鼓楼西大街甲 158 号
邮　　编　100720
网　　址　http://www.csspw.cn
发 行 部　010 - 84083685
门 市 部　010 - 84029450
经　　销　新华书店及其他书店

印　　刷　北京明恒达印务有限公司
装　　订　廊坊市广阳区广增装订厂
版　　次　2021 年 6 月第 1 版
印　　次　2021 年 12 月第 2 次印刷

开　　本　710 × 1000　1/16
印　　张　44.5
字　　数　662 千字
定　　价　198.00 元

前　　言

　　本书的主要内容，多半围绕着两宋"帝国"（帝制国家①）与"地方社会"这一论题展开，旁及其他一些议题，看似杂乱无章，实则尚可归纳出一定之规。笔者努力将这些论题纳诸"两宋帝国"和"地方社会"这两个关键词之下，尝试着做出自己的解释。我们既有印象中的"两宋帝国"，是近代以来中外学人不断共同"建构"的结果，而非全然历史文献呈现的所有，更非历史实有的"宋朝"。"她"是否应有全然一新的"面貌"，搁置（至少部分）既往历史理解的经典模式，还有待学者们的共同努力。"地方社会"的范围更为广泛，但笔者并没有将学术视野局限于此。读书日多，对于"两宋帝国"的认知也日益丰富，举凡"帝国"范畴内的政治、经济、社会文化、军事，尤其是意识形态，无不令笔者迷恋而沉醉其中。但是，受教于先师漆侠先生的"光学历史，学不好历史；光学宋史，学不好宋史"，我也用更多时间阅读了秦汉晋唐乃至明清和近代史领域内的大量研究成果，尤其对几位研究晋唐史前辈的作品仰慕之至。那一巨细无遗、密不透风，前后左右无不观照的研究理念，那一种将每一反证

---

① 学者或纠葛于现今的概念与认知，其实对于历史上固有的名词和概念，回到历史本身是一个最好的选择，免除了圆枘方凿之虞。参阅葛兆光《名实之间——有关"汉化""殖民"与"帝国"的争论》，《复旦学报》2016 年第 6 期。另请参阅［美］欧立德：《传统中国是一个帝国吗？》，《读书》2014 年第 1 期。曹新宇、黄兴涛《欧洲称中国为"帝国"的早期历史考察》，《史学月刊》2015 年第 5 期。刘文明《"帝国"概念在西方和中国：历史渊源和当代争鸣》，刘新成主编《全球史评论》第 15 辑，中国社会科学出版社 2018 年版，第 3—27 页，等等。

都要斟酌再三的探考理路，令我向往。

最近几年来，对欧阳脩与宋朝政治领域问题的阅读和思考，促使自己更多认定：宋史研究应取法乎汉唐史研究反复斟酌文献的方法，关注文本，史料批判，追求有一份材料说一份话般的实证，而避免大胆想象之后的各种建构。从而，颇多倾慕 20 世纪 90 年代前日本汉学家所秉持的翔实缜密的研究取径。而有关宋史的研究，视野当然不能仅关注两宋 320 年的历史，瞻前顾后，做长时段的关注，方可有更加深入的成果。至于"地方社会"的议题，则更多取法乎明清史和近代史的研究。无论是华南学派的研究取向，还是欧美汉学界"地方史""区域史"的思路，笔者在阅读和写作中，常常警示自己不惑于"整体史""碎片化"的方法论陷阱，且一定要在尊重前辈研究的基础上，更多追问"为什么"？譬如，某一议题的论断，会不会有正好"反向"的认知？能不能立足于基本文献而大胆怀疑既有的论断？而不是满足于全然接受前辈的结论。窃以为，正如已故著名史家严耕望先生所说"两宋时代的材料情况最为适中"，"宋史是青年可大展拳脚的园地"。① 但是，恰恰由于历史文献的相对丰富，两宋史的研究，既不允许学者类如汉唐史那样驰骋其想象力，写出富含诗性艺术性的文本，也因而遮蔽了不少学人的眼光，譬如我们在研究过程中，无意识地被丰富的历史文献所牵引，或受惑于宋人的言论而被宋人牵着鼻子走，未能跳出宋人的视野而研究宋史；或受蔽于元朝人、明清时人的"宋史观"，理所当然地认定元明清时代的"历史资料"及其既定结论，就是"宋朝"的历史，而毫无怀疑。宋人在党争和政治高压背景下、处江湖之远时"公开文本"和"潜隐剧本"的"隐微修辞"，颇含"弱者的武器"和"被统治的艺术"的表达策略，其间隐含的历史实相，值得大力发掘，或可在某些议题中重现私文本视域下的"新宋史"。

至于"评骘"部分的文字，笔者也曾拟另外编为一册，俾广流传。而今既拟作别昨日之我，也就不顾体例（大多距"学术研究"

————————

① 严耕望：《治史三书》，上海人民出版社 2008 年版，第 132 页。

甚远，充其量只是浅层次介绍、码码字练练笔头而已），一同纳诸本书中，且来"献丑"。这些佛头着粪般的文字，其实评骘无论毁誉，均无动精金美玉之清辉。有关撰写书评文字的想法，请参阅本书最后的跋语。

　　冠名于一人之下的这部书，亦是教学相长的产物，笔者无意剥夺当初合作者的署名权，但所有错误均由笔者承担。当然，自己之前关注的议题，大多并非一时之心血来潮，更多的议题不曾穷追至其极致，故浅尝辄止者多，但未来有些议题还会继续扩展深入。

　　历史文献的引用，尽量使用善本和精校本，但并未完全统一，因某些整理本并不能取信于笔者；极少量精校本的标点，笔者也有断以己意者，幸博雅大家教之。

　　之所以不揣浅陋，今日付梓这部杂乱之章，无他，只是想向师友们汇报一下过去多年来，笔者都做了一些什么。集中旧作，聊供师友品评、批判尔。当然，随着近年来不断阅读思考，尤其是有关欧阳修的研究，反复阅读文献的结果，使自己陷入"解构"与"重构"、文史混融的"迷途"，焦虑困顿，难以自拔，也想趁此暂别昨日之我。

2020 年 11 月 9 日

目　　录

1

第三编　两性无别与有别

第四编　学源有自·史家与追忆

第五编　史论·求美与求真

第六编　管窥与评骘（上）

第七编 管窥与评骘（下）

第八编 教学相长

目　录

第一编

国权不下县？

——国家—社会视域中的天水一朝

第一章　唐宋时期乡村控制理念的转变

　　中国传统社会中，朝廷的治理理念一般借助于各种制度来实现，制度是其外在表现形式。虽然二者的互动难以在短时间内紧密契合并转化为现实，但是，对于制度的梳理，无疑相当程度上是在探寻理念领域的"做法"，而对制度背后王朝控制理念的梳理，则是对有关"做法"出台之后"说法"的检验。①由中唐迄于五代十国宋朝期间，王朝乡村控制的理念发生了很大转变，这在皇帝们和官僚士大夫们的言论和乡村管理体制中凸现出来。②

---

① Mary Douglas（玛丽·道格拉斯）所著 *How Institutions Think*（Syracuse, N. Y.: Syracuse University Press, 1986）。我们是通过周雪光：《制度是如何思维的？》这篇文章才获取了更多信息，该文载《读书》2001 年第 4 期。

② 关于中国乡村管理领域的研究，前后研究取径大致相似，而 [美] Kung chuan Hsiao（萧公权），*Rural China: Imperial Control in the Nineteenth Century*（Washington: University of Washington Press, 1960），中译《中国乡村——论 19 世纪的帝国控制》，张皓、张升译，九州出版社 2018 年版；[美] 杜赞奇《文化、权力与国家：1900—1942 年的华北农村》，王福明译，江苏人民出版社 2010 年版；瞿同祖《清代地方政府》，范忠信译，法律出版社 2003 年版；这三部著作无疑在很大程度上引领了学界主流论题。此后，赵秀玲《中国乡里制度》，社会科学文献出版社 1998 年版；全晰刚《中国古代乡里制度研究》，山东人民出版社 1999 年版；张静《基层政权：乡村制度诸问题》（修订版，浙江人民出版社 2000 年版），社会科学文献出版社 2019 年版；魏光奇《官治与自治：20 世纪上半期的中国县制》《有法与无法：清代的州县制度及其运作》，商务印书馆 2004 年、2009 年版；胡恒《皇权不下县？——清代县辖政区与基层社会治理》，北京师范大学出版社 2015 年版；秦晖《传统中华帝国的乡村基层控制——汉唐间的乡村组织》，收入氏著《传统十论——本土社会的制度、文化及其变革》，复旦大学出版社 2004 年版；鲁西奇《中国古代乡里控制体系的基本结构》，《南国学术》2018 年第 4 期。前揭著作均给人诸多启发。

首先，从政治制度方面，在外在形式上由唐朝单一的乡里制，逐渐转变为宋朝形式多样化的乡里、耆管、都保甲等。①其次，相较唐朝，宋朝乡村管理体制似更注重不同时段、区域之间的差异，并不断调整。换言之，制度的外在形式变化频繁，日趋多样化。再次，乡村管理人员身份也由中唐以前的乡官转变为宋朝的乡役，"以民治民"的色彩更显浓重。此外，在礼俗纲常教化等信仰和意识形态领域，朝廷越来越多地借助宗族等胶合于朝廷和民众的中间层（非西方学术语境中所谓"第三领域"②），来强化社会控制。就上述看来，赵宋王朝乡村控制理念更加务实，日趋理性化了。客观历史究竟是怎样的？还有哪些历史面相隐含其中？ 这些问题都颇值得认真探讨。众所周知，中国传统帝制王朝对于乡村的控制，一般采用硬的一手（国家政治制度和法令等各种外在刚性的限制）和软的一手（传统的礼俗纲常

---

① 乡村和县级官府之间的这些职役民户的"半行政性"，最初由瞿同祖先生提出，参阅其 T'ung-Tsu Ch'u, *Local Government in China under the Ch'ing*. Cambridge, Mass. Harvard University Press, 1962；该书已有范忠信、何鹏、晏锋中译本《清代地方政府》，法律出版社 2003 年初版，2011 年修订版。虽然瞿同祖先生是立足于清朝后期和近代中国的研究，但我们认为这一概念也可以适用于两宋历史时期。黄宗智继承和发扬了这一学术论断，并提出"简约治理"这一新的学术概念，展开新的探索，参阅[美]黄宗智《集权的简约治理——中国以准官员和纠纷解决为主的半正式基层行政》，《开放时代》2008 年第 2 期。

② 参阅[美]黄宗智《中国的"公共领域"与"市民社会"——国家与社会间的第三领域》，载邓正来、J. C. 亚历山大《国家与市民社会：一种社会理论的研究路径》，中央编译出版社 2002 年版；[日]斯波义信《南宋"中间领域"社会的登场》，收入[日]佐竹靖彦等著：《宋元时代史的基本问题》，日本东京汲古书院 1996 年版。另见卞利《论明中叶到清前期乡里基层组织的变迁——兼评所谓的"第三领域"问题》，《天津师范大学学报》2003 年第 1 期，第 34—38 页。事实上，传统中国"国家"何指？"社会"何在？ 我们更倾向于国家（朝廷）胶合于社会。有关"国家—社会"论题中，"社会"和"国家"的存在及其关系，费孝通、钱穆、梁漱溟、王家范等学者的观点，以及牟发松独到的分析，详情参阅牟发松《传统中国的"社会"在哪里》，《史林》2006 年第 1 期。近年来，林文勋先生就中国古代富民的研究中，也提出富民阶层乃中国社会的中间层、稳定层和动力层，参阅其《中国古代"富民社会"的形成及其历史地位》，《中国经济史研究》2006 年第 2 期，及其主编《中国古代"富民"阶层研究》，云南大学出版社 2008 年版。

观念等思想教化手段）。① 乡里制度无疑属于前者，我们侧重从这一制度设计的角度考察，并进而讨论其理念转变的原因。

尚需说明的是，我们目前的切入依然是自上而下的视角，主要限于赵宋朝廷诏令制度及君臣议论的安排，不但对制度实行"过程"和"关系"论述不够，② "表象"描述之后"内涵"的挖掘及提升也远嫌不足，而且也缺乏自下而上的视角观照，甚或自中（州县等基层社会）而下、自中而上乃至反观民间的应对、上述控制理念转变后的社会影响等层面的视域转换，进而自思想史的视角切入等均未能措意、深入探讨，待诸来日。

---

① 国家机器运作下的社会控制，大致包括制度设计、经济和知识资源的垄断、意识形态领域的纲常礼法和习俗的传布与调控，等等。有关国家治理的柔性举措，近年来学界也有新的成果，请参阅杨建宏《宋代礼制与基层社会控制研究》，湖南人民出版社2010年版；王美华《礼制下移与唐宋社会变迁》，中国社会科学出版社2015年版；及其《唐宋时期的学校教育与学礼演变》，辽宁大学出版社2016年版；张文昌《制礼以教天下——唐宋礼书与国家社会》，台湾大学出版中心2012年版；刘丰《北宋礼学研究》，中国社会科学出版社2016年版；吴丽娱主编《礼与中国古代社会》，中国社会科学出版社2016年版；王志跃《宋代礼制研究》，人民出版社2017年版；汤勤福主编《中国礼制变迁及其现代价值研究》之东南卷、东北卷、西南卷，分别为上海三联书店2015、2016、2018年版；谭景玉《宋代乡村组织研究》，山东大学出版社2010年版，也有所涉及，等等。还有田晓忠《论宋代乡村组织演变与国家乡村社会控制的关系》，《思想战线》2012年第3期。近来耿元骊也有数篇论文涉及于此，请参阅耿元骊《支移折变与宋代乡村社会生存秩序》，《中原文化研究》2019年第1期；《唐代乡村社会权力结构及其运行机制》，《社会科学战线》2016年第2期；《宋代乡村社会秩序与法律运行机制》，《山西大学学报》2019年第6期。中国学者回顾这一领域学术史的文章，请参阅习培俊《当代中国学者关于宋朝职役制度研究的回顾与展望》，《汉学研究通讯》（台北）2003年第3期，增订收入《宋史研究通讯》2004年第1期；朱奎泽《20世纪80年代以来国内两宋乡村政权与社会控制研究述评》，《甘肃社会科学》2007年第1期；谭景玉《宋代乡村组织研究·绪论》，山东大学出版社2010年版，第1—34页；贾连港《宋代乡村行政制度及相关问题研究的回顾与展望》，《中国史研究动态》2014年第1期；王旭《宋代乡的建置与分布研究——以江南西路为中心》，西安地图出版社2015年版，及其《宋代县下基层区划的"双轨体制"研究》，博士学位论文，暨南大学，2017年。傅俊：《理论、文本与现场——宋代乡村研究省思》，包伟民、刘后滨主编《唐宋历史评论》第一辑，社会科学文献出版社2015年版，第237—266页。此外，侯鹏：《宋代差役改革与都保乡役体系的形成》，《社会科学》2015年第8期；侯鹏：《经界与水利——宋元时期浙江都保体系的运行》，《中国农史》2015年第3期；高森：《论宋代县乡吏役在土地清丈中的职责》，《河南大学学报》2018年第3期，等等，恕难一一穷举。

② 邓小南：《走向"活"的制度史》，《浙江学刊》2003年第3期。

一　唐宋乡村管理制度的转变

自唐入宋，乡村控制体制中出现了由单一的乡里制向多样化的乡里、耆管、都保甲等制度的转变。唐代乡村社会控制方式，在实行乡里制度的同时，辅之以保伍制，①相关史料主要见于《旧唐书》《唐六典》《通典》等，其中《通典》卷三《食货三》表述如下："大唐令：诸户以百户为里，五里为乡，四家为邻，五家为保。每里置正一

① 关于20世纪唐代乡里之制研究成果，参阅张国刚主编《隋唐五代史研究概述》（天津教育出版社1996年版），胡戟主编：《二十世纪唐研究》（中国社会科学出版社2002年版）；孔祥星：《唐代里正——吐鲁番敦煌出土文书研究》，《中国历史博物馆馆刊》1979年第1期；唐长孺：《唐西州诸乡户口账试释》，《敦煌吐鲁番文书初探》，武汉大学出版社1983年版，第166页；宋家钰：《唐代户籍法与均田制研究》，中州古籍出版社1988年版；赵吕甫：《从敦煌、吐鲁番文书看唐代"乡"的职权地位》，《中国史研究》1989年第2期；张广达：《论唐代的吏》，《北京大学学报》1989年第3期；王永曾：《试论唐代敦煌的乡里》，《敦煌学辑刊》1994年第1期；李锦绣：《唐代财政史稿》（上卷），北京大学出版社1995年版。李方：《唐西州九姓胡人生活状况一瞥——以史玄政为中心》，《敦煌吐鲁番研究》第4卷，北京大学出版社1999年版；李浩：《论里正在唐代乡村行政中的地位》，《山东大学学报》2003年第2期；李方：《唐西州行政体制考论》，黑龙江教育出版社2002年版、2013年版；李浩：《唐代的村落与村级行政》，《中国社会历史评论》第6卷，天津古籍出版社2005年版；李方：《唐西州诸乡的里正》，原载《敦煌吐鲁番研究》第9卷，北京大学出版社2006年版；收入氏著《唐西州官吏编年考证》，中国人民大学出版社2010年版，第312—343页；马新：《试论宋代的乡村建制》，《文史哲》2012年第5期；童圣江《唐宋时代的里正》，卢向前主编：《唐宋变革论》，黄山书社2006年版；张雨：《从吐鲁番文书看里正上值问题》，《西域文史》第2辑，科学出版社2007年版，第75—88页；文欣：《唐代差科簿制作过程——从阿斯塔那61号墓所出役制文书谈起》，《历史研究》2007年第2期；张国刚：《唐代乡村基层组织及其演变》，《北京大学学报》2009年第5期；张铭心、陈浩：《唐代乡里制在于阗的实施及相关问题研究——以新出贞元七年和田汉文文书为中心》，《西域研究》2010年第4期；赵璐璐：《里正职掌与唐宋间差科征发程序的变化——兼论〈天圣令·赋役令〉宋令第9条的复原》，《史学月刊》2015年第10期。著作如谷更有《唐宋国家与乡村社会》，中国社会科学出版社2006年版；谷更有：《唐宋时期的乡村控制与基层社会》，天津古籍出版社2013年版；刘再聪：《唐代"村"制度研究》，博士学位论文，厦门大学2003年，李浩：《唐代乡村组织研究》，博士学位论文，山东大学，2003年。有关唐朝保伍制度施行概况及相关学术史，尤其是日本学者的研究，请参阅罗彤华《唐代的伍保制》，今据《台湾学者中国史研究论丛·城市与乡村》，中国大百科全书出版社2005年版，第22—117页；包伟民：《中国近古时期"里"制的演变》，《中国社会科学》2015年第1期；包伟民：《新旧叠加：中国近古乡都制度的继承与演化》，《中国经济史研究》2016年第2期；鲁西奇：《唐代乡里制度再认识》，《中国文化》2018年第2期；鲁西奇：《王朝国家的社会控制及其地域差异——以唐代乡里制度的实行为中心》，《陕西师范大学学报》2019年第1期等，恕难一一列举。

人（原注：若山谷阻险，地远人稀之处，听随便量置。）……在邑居者为坊，别置正一人……在田野者为村，别置村正一人。其村满百家，增置一人，掌同坊正。其村居如（不）满十家者，隶入大村，不须别置村正。"①这一记载勾勒出中唐以前乡村管理体制的基本面貌，"百户为里，五里为乡。四家为邻，五家为保"，均是以民户多少划定的。学者或谓"乡虚里实"，或谓"乡实里虚"，但无论哪一种意见，反映"乡"是一级实际存在的史料②和反映"里正"实际执行乡村管理事务的文献，③都相当可观。终唐一代，很少看到有别于乡里制度的记载，即使在边远的敦煌吐鲁番地区，实行的依然是乡里之制。④由此可见，唐朝乡里制之推行是持久的，并且是较有成效的。唐朝乡村管理体制中还出现"乡司"⑤"书手"⑥"所由"⑦等名称，但作为王朝的政治制度而言，这些并不明朗，现存文献的表述也相对模糊。

---

① （唐）杜佑：《通典》卷三《食货三》，中华书局 1988 年版，第 63—64 页。
② ［日］圆仁：《入唐求法巡礼行记》，上海古籍出版社 1986 年版。同书第 68—69 页还有一件相同的文书，此不赘述。《白居易集》卷六三《人之困穷在君之奢欲》，《白居易集》卷六八《钱塘湖石记》，中华书局 1979 年版。杜牧：《樊川文集》卷一三《与汴州从事书》，上海古籍出版社 1978 年版。《全唐文》卷二五《安养百姓及诸改革制》，中华书局 1983 年版。
③ 《樊川文集》卷一三《与汴州从事书》。《全唐文》卷四七八《唐庐州刺史本州团练使罗炳德政碑》："每里置里胥一人而已，余悉罢之。"《元稹集》卷三八《同州奏均田状》和卷五四《有唐赠太子少保崔公墓志铭》（中华书局 1982 年版）。［日］滨口重国：《所谓隋的废止乡官》，参见《日本学者研究中国史论著选译》第 4 卷，中华书局 1992 年版。近期以研究中国近现代史著称的罗志田先生发表《隋废乡官再思》，《社会科学研究》2015 年第 1 期，可资参阅。对此，赵吕甫《从敦煌、吐鲁番文书看唐代"乡"的职权地位》（《中国史研究》1989 年第 2 期）认为，在唐代乡村社会中乡的地位很重要。均田制被破坏后，其地位又呈上升趋势。李锦绣：《唐代财政史稿》上卷（北京大学出版社 1995 年版，第 105 页），王棣：《宋代乡里两级制度质疑》（《历史研究》1999 年第 4 期）则认为唐代"乡为虚名，里为实体"。另参唐长孺《唐西州诸乡户口帐试释》，《敦煌吐鲁番文书初探》，武汉大学出版社 1983 年版，第 166 页。
④ 如《吐鲁番出土文书》第七册《唐永淳元年西州高昌县下太平乡符为百姓按户等贮粮事》，文物出版社 1986 年版。
⑤ 《吐鲁番出土文书》第七册，第 392—393 页。
⑥ （唐）《元稹集》卷三八《同州奏均田·当州（按指宣州）两税地》，中华书局 1982 年版，下册，第 435 页。
⑦ 《白居易集》卷六八《钱塘湖石记》；《宋本册府元龟》卷四九三《山泽》，中华书局 1989 年版；《樊川文集》卷一三《与汴州从事书》。

　　自隋唐到两宋,乡里制让渡于乡都制的情况,日本学者业已做过相当精细的考察。①两宋时期乡村管理体制,就目前所见即有乡里、耆管、都保甲等制度,多样化的特征相当明显。这一制度因时因地,各有差异,变化繁杂,日本学者丹乔二认为有以下诸种排序:(1)乡—里;(2)乡—里—保;乡—里—都;乡—里—都—保;乡—里—耆—都;(3)乡—都;乡—保;(4)乡—都—里;(5)乡—管,管—乡。柳田节子则指出,宋朝具有严密的乡都村制,形式表现为:乡—里,乡—里—村,乡—都—里—村,乡—保—村,都—村,保—村。②显然,上述排列并不足以展现宋朝乡村管理体制之全貌。王曾瑜所说"宋朝的乡、里以及管或耆的关系相当复杂,各地的情况五花八门,

---

① 参阅[日]周藤吉之《唐宋社会经济史研究》和《宋代经济史研究》所收诸文,东京大学出版会1962年、1965年版,其经典力作《宋代乡村制的变迁过程》由程郁教授翻译,收入常建华主编《中国乡村社会史名篇选读》,上海教育出版社2020年版,第94—159页。日本学者主要成果有[日]柳田节子:《宋元乡村制的研究》,日本东京创文社1986年版,第373—404页;[日]佐竹靖彦:《唐宋变革期的地域研究》,日本东京同朋舍1990年版,第21—110页;[日]中村治兵卫:《宋代的地方区划——管》,《史渊》第89号,1962。中国学者成果主要有郑世刚《宋代的乡和管》,载《中日宋史研讨会中方论文选编》,河北大学出版社1991年版;前揭王棣《宋代乡里两级制度质疑》;夏维中《宋代乡村基层组织衍变的基本趋势》,《历史研究》2003年第4期;梁建国《北宋前期的乡村区划》,《史学集刊》2006年第3期;《北宋后期的都保区划》,《南都学坛》2005年第3期;《南宋乡村区划探析——以都保为中心》,《烟台大学学报》2006年第1期。

② [日]丹乔二:《宋元时代江南圩田地区的村落共同体》,日本大学《文科研究所研究纪要》第40号,1990。虞云国中译概要载《宋史研究通讯》总24期,1992。前揭柳田节子《宋元乡村制的研究》,第373—404页。福建汀州长汀县、清流县的乡村层级有"乡—团(里)""乡—团(保)"等,两位日本学者就不曾述及。参见《永乐大典》卷七八九○《临汀志》,中华书局1986年版,第3619页;王旭:《宋代乡的建制与分析研究》,西安地图出版社2015年版;王旭:《宋代县下基层区划的"双轨体制"研究——以太湖流域的乡、镇为中心》,博士学位论文,暨南大学,2017;侯鹏:《经界与水利——宋元时期浙江都保体系的运行》,《中国农史》2015年第3期;《宋代差役改革与都保乡役体系的形成》,《社会科学》2015年第8期。近来包伟民先生接连发表数篇力作,探讨这一问题,参阅其《宋代乡里再议》,《文史》2012年第4期;《中国近古时期"里"制的演变》,《中国社会科学》2015年第1期;《新旧叠加中国近古乡都制度的继承与演化》,《中国经济史研究》2016年第2期;《宋代乡村"管"制再释》,《中国史研究》2016年第3期;《宋代的村》,《文史》2019年第1期。

难以一概而论",①概括全面，见解精辟。宋朝乡村管理模式的表述，尤其是与乡役制度的胶合缠结，需根据不同时空下的实际情况，慎重对待。事实上，时人多会按照传统习惯的说法，标明自己的户贯或乡贯，其中省略或惯称的情况一直存在。《至顺镇江志》卷二《地理·丹徒县》载："旧惟七乡，宋熙宁中，又益以故延陵县之一乡为八，每乡所辖都分不等，其中为里、为村、为坊、为保，皆据其土俗之所呼以书。""皆据其土俗之所呼以书"，无疑是传统中的"名"和现实中的"实"胶合难辨的。这虽是元朝人对于前朝现象较明确的追述，但也足以表明传统习俗确实在起作用。随着都保制的长期实施，南宋中后期，都保的名称逐渐为士人乡民所接受，尤其在官方文献中，取代传承已久的乡里制称呼方式之趋势已相当明显。

二　从制度同一到顺时应变

中唐至十国以前，就目前文献所见，基本上都是上下一致、铁板一块的乡里制度，②似乎类似于"车同轨，书同文"下的王朝制度：只要朝廷制度一制定，百余年间甚至更长时段内都是固定不变的；在有唐近三百年的统治中，很少看到君臣们热烈讨论乡村民众如何强化治理的话题，也基本上很难看到君臣们讨论是否根据不同区域的不同情况，朝廷进行局部调整后施行了不同乡村管理制度。大致可以说，唐朝的乡里制是单一性的、前后时段和区域间的变化都不太显著。换言之，朝廷的制度是全国推行的，没有哪个州县可以讲特殊性；也未曾更多考虑因俗而治、因地制宜、顺时应变的问题。当然，在实际的

---

① 王曾瑜：《宋代社会结构》，周积明等主编《中国社会史论》下册，湖北教育出版社2000年版，第266页。窃以为，对于赵宋皇朝而言，无论是各个时期的皇帝还是朝堂百官，他们均无意在县级官府之下强化类如州县官府一样整齐划一的行政机构，各个时空的差异相当之大，而今的学术研究一定要循名责实，高度归纳和概括，则未免缘木求鱼，制度描述的越是逼真则距史实越远。

② 就字面文意来看，唐朝乡村制度也并非严格的铁板一块，其实际运行中灵活性也有所表现，如《通典》卷三《食货三·乡党》载："若山谷阻险，地远人稀之处，听随便量置……其村居如（不）满十家者，隶入大村，不须别置村正。"倘若再虑及唐朝各地民众方言盛行，钞本用字也未必皆有标准正字，则由语言到文本到文献，再到实行中的制度，错综复杂，其间变数，抑或更大。

制度执行过程中发生偏离的情况，很有可能是存在的，但现存文献还不能更多地显现出来。宋朝则不然，不但朝廷上下都已意识到顺时应变等因素，也在实际中执行了其上述乡村控制理念，现存文献中宋朝的乡村制度呈现出纷繁多变的历史样貌。乡役制度是乡里制度的实质内核，乡里制度是乡役制度的外在形式，①其大致变动情况，或可从乡役制度的频繁变动中有所显现。

两宋期间，乡役制度在稽古行道的外在口号下随时立法，不断地发展变化，经历了多次更革，其复杂程度，远非现有文献可以完全呈显。其中最显著的变化当属保甲制被应用于乡役制，且在北宋晚期乃至整个南宋时期，成为乡役制的主干。兹分而述之。关于负责乡村税赋催征的乡役，宋初至宋仁宗至和二年（1055）的近百年间，先是以里正为主，开宝（968—976）后则以户长为主，乡书手辅助督税。自至和二年（1055）后，以户长主督赋税；熙宁五六年间，个别路分开始由保正副长承担催科之责；熙宁七年（1074），又改由甲头催科，在此前后，乡书手上升为县役，户长独自承担起督税之事。不久，复改由户长催征。元丰三年（1080），户长的职责为大保长取代。行之未及五年，复置户长主督税赋，废罢甲头和大保长。元祐元年（1086），重设甲头，取代复置之大保长。绍圣之初，复置户长，旋又以甲头代之。未及一年，又改由大保长督税，取代甲头。宣和年间，还一度出现保长、甲头同督税赋的局面。自熙宁至此 60 余年间，督税乡役更革至少 8 次，平均每 8 年就有一次变化，而实际则有未及半年即又更革者，尤其是在熙丰到崇宁（1071—1106）这段时期内更是如此。北宋乡役制变化之频繁由此可知。②

金入中原，宋室南渡，赵氏子孙苦守残山剩水的 150 余年间，乡役制更显复杂多变。在"诸路从所便为法"③的旧制和南宋朝廷募役

① 刁培俊：《宋朝的乡役与乡村"行政区划"》，《南开学报》2008 年第 1 期。
② 刁培俊：《从"稽古行道"到"随时立法"——两宋乡役"迁延不定"的历时性考察》，《中国社会经济史研究》2008 年第 3 期。
③ （宋）李焘：《续资治通鉴长编》卷二二七，熙宁四年十月壬子朔注，中华书局 2004 年版，第 5523 页。

制"行之既久，不可骤变"①的政策下，各地役制不一且纷繁多变。需要明确的是，当时乡役制度的发展变动，上揭文献记载恐尚难以反映宋朝所有时空下的历史面相。作为乡役制度外在表现形式的乡里制度——乡里、耆管、都保甲，因其在民间习俗和口语表述中的强大生命力，以及文人士大夫依据传统记述未必紧随当代变动而写作等因素，其格局保持相对延续性，故而其变化及其在各地表现未必有乡役制度这样频繁而迅速，但由乡役制度变化而引发的相关变动，其复杂也是可想而知的。

结合上述，可知宋人在论及役法改革时所说的"前后改移不一，终未成一定之法"，②"官司素无定法"，③或说"屡有更张，号令不一"，"朝夕不定，上下纷纭"，④"朝廷重于改更，因循至今"，⑤"迁延未定，上下异论"，⑥"官司取办一时"，⑦"权一时之宜"，⑧均非虚夸，言其实也。自熙丰保甲制渐次应用于乡役制后，其纷繁变化更加明显。由此可见，乡役问题始终没有得到根本性的解决。其外在表现形式，以据地、拥众、治民，依托自然聚落与农耕区域为宗旨的乡里制度也因之而发生变化，不同时段内，或在各地出现了各不相同的名称。⑨

---

① 《宋会要辑稿·食货》一四之二三，中华书局 1957 年版。
② 《宋会要辑稿·食货》六五之六三。
③ （宋）楼钥：《攻媿集》卷二六《论役法》役法"申明愈多，法令愈繁，有司不知所守，而舞文之吏因得并缘为奸，而民益病矣"，四部丛刊初编本。
④ 《宋会要辑稿·食货》六六之五八至五九，元祐元年六月二十七日司马光语。
⑤ 《宋会要辑稿·食货》六六之二二。
⑥ 《续资治通鉴长编》卷三八三，元祐元年七月甲申吕陶言，第 9344 页。
⑦ 《宋会要辑稿·食货》九之二九。
⑧ 《宋会要辑稿·食货》六六之八七。《朱熹集》卷二一《论差役利害状》役法改革中多有"粗救一时一方之急"者。黄繁光指出："宋廷只顾应付眼前的急需，自然无法创造出一套良法来，在取办临时的权益计策下，南宋役制长期苦患了众多乡村中、下人户。"参阅其《南宋中晚期的役法实况》，收入《台湾学者中国史研究论丛·城市与乡村》，中国大百科全书出版社 2003 年版，第 148 页。
⑨ 参见鲁西奇《宋代蕲州的乡里区划与组织——基于鄂东所见地券文的考察》，载《唐研究》第 11 卷，北京大学出版社 2005 年版；鲁西奇《买地券所见宋元时期的城乡区划与组织》，《中国社会经济史研究》2013 年第 1 期。

三 从海内一统到"因地制宜"

唐朝的乡里制，就朝廷前后的制度设计及目前所见的文献记载，都很难发现其中较多观照地域差异的因素，朝廷上下君臣们的议论也相当少见，鲜见据此制定出更适合某地实情的制度。而宋朝的君臣恰恰相反，几乎自始至终都在讨论这一问题，并力求在其治理理念下，将有关制度贯彻到实际中去。作为乡里制度之实质内核的乡役制度，两宋时期各个地域之间的差异是显然存在的。①这可从以下赵宋一朝的君臣论说中凸显出来。如熙宁二年（1069）六月七日，制置三司条例司上言："……盖徭役之事，所在异宜，不可通以一法，非按视省访，则不足以知其详。"②"［熙宁四年四月丁巳］上批：诸州役事不同，难止用一法。故罢之。"③文彦博也反映这一现象："州县常差役，理须自下而上，则各从民便，以天下之广，郡县之众，不可以一切之法行之，行之必互有妨碍。……臣窃见朝廷差役法，议臣之中少有熟亲民政者，所议论不同，前后所降命令不一，致州郡难以适从……差役之法，逐州县各有不同，若自朝廷降一切指挥，即逐处难以一切奉行……"④两宋文献中官僚士大夫们诸如此类的说法，可谓不胜枚举。⑤以后的臣僚们也多围绕这样的话题加以分析讨论，都透

---

① 福建路曾推行耆户长、保正长兼差制，参阅 Brian E. Mcknight, *Village and Bureaucracy in Southern Sung China*, Chicago: The University of Chicago Press, 1971, pp. 73-94；刁培俊：《两宋乡役与乡村秩序研究》之《宋朝乡村职役的地域性——以福建路为中心》，博士学位论文，南开大学，2007年。

② 《宋会要辑稿·食货》六五之三，六六之三三。

③ 《续资治通鉴长编》卷二二二，熙宁四年四月丁巳，第5398页；《宋会要辑稿·食货》六五之四和六六之三五。

④ （宋）文彦博：《文潞公文集》卷二六《论役法（元祐元年五月）》，《宋集珍本丛刊》影印明嘉靖五年刻、傅增湘校本，线装书局2004年版，第5册，第392—393页；《续资治通鉴长编》卷三九二，元祐元年十一月癸未，第9547页。

⑤ 《苏轼文集》卷二七《论诸处色役轻重不同劄子》，中华书局1986年版；司马光的议论见《宋会要辑稿·食货》六之之五八至五九；吕陶的议论见《宋会要辑稿·食货》一三之二四和《续资治通鉴长编》卷三九二，元祐元年十一月癸未，第9546—9547页；《续资治通鉴长编》卷二二七，熙宁四年十月壬子朔，李焘注释引曾布和邓绾等奏疏并宋神宗皇帝诏书，第5522—5523页；范纯仁议论见《宋会要辑稿·食货》六六之六四；蔡京议论见《宋会要辑稿·食货》六五之六九。

露出大致近似的意涵。宋朝职役制度的推行过程中，确实存在一些区域性的特例。如募役制在个别地区并未得到推行，福建和江浙之间的差异有鲜明的呈现，①琼州、昌化、万安、朱崖等"海外四州（军）"就是一个案例，②南宋绍熙后仍有"熙宁免役之法，独不及海外四州"的记载。③前述福建路的特殊性也是如此。

前揭史料，均为宋人不同时期的议论，基本上反映宋朝职役制度在实行中因地制宜，并在实行中也大致是各有其不同的。具体到乡役在各路州县的地域性特征，所呈现出乡都之制的情况，或可从有宋各地复杂的文献记载中稍窥一二。中唐迄于五代十国，乡村控制体制的转变过程，在历史烟尘中已隐晦不明，难以遽断。而五代十国时期割据政权各自为政，政治经济制度的许多领域都有一套自己的做法，从而形成了事实上地域间的差异。赵宋一朝君臣们承继了这一历史现实，也充分认识到了这一事实，并在施政过程中认同了这一变动且践行之。综上可知，单纯以某种或某几类情况、某个时段或某些区域的名称，涵盖两宋域内的乡村管理体制，都有欠妥当。

四　"以官治民"抑或"以民治民"：从乡官制到乡役制

从唐宋朝廷的制度层面看，唐朝里正等是以"乡官"的角色"以官治民"，而赵宋一朝的耆户长等则是以"乡役"的角色"以民治民"。马端临《文献通考·职役考二》清晰地点明了这一变化：

> 自汉以来，虽叔季昏乱之世，亦未闻有以任乡亭之职为苦者也。……至唐睿宗时，观监察御史韩琬之疏，然后知乡职之不愿为，故有避免之人。唐宣宗时，观大中九年之诏，然后知乡职之不易为，故有轮差之举。自是以后，所谓乡亭之职，至

---

① 《宋会要辑稿·食货》六五之九八，六六之八七。
② 《续资治通鉴长编》卷三二九，元丰五年九月癸卯，第7940页；《宋会要辑稿·食货》六六之四四。
③ 《宋史》卷四〇六《崔与之传》，中华书局1985年版；刘克庄：《后村先生大全文集》卷一〇〇《安溪县义役规约》，四部丛刊初编本；《宋会要辑稿·食货》六六之二二。

困至贱，贪官污吏，非理征求，极意凌蔑。故虽足迹不离里间
之间，奉行不过文书之事，而期会追呼，答箠比较，其困踣无
聊之状，则与以身任军旅土木之徭役者无以异，而至于破家荡
产不能自保，则徭役之祸，反不至此也。然则差役之民，盖后
世以其困苦卑贱同于徭役而称之，而非古人所以置比间族党之
官之本意也。

　　何谓乡官（此处乡官乃指县政以下设置的基层管理人员，与隋
废止州县长官所自辟的乡官不同）呢？① 马端临云："役民者，官
也；役于官者，民也。郡有守，县有令，乡有长，里有正，其位不
同，而皆役民者也。"② "役民"是乡官的重要特征，即代表官府
控制普通民众，但又有别于流内九品官员，故谓之"乡官"。唐前
期里正等乡官里吏，属于"役民"者的范围。根据《唐六典》和
《通典》的记载，里正等由县级官府选任，③且有严格的管理制

---

① 中国古代语境之中的"乡官"易引发歧义，学界也多有争论。参阅前揭［日］滨口重
国《所谓隋的废止乡官》，收入《日本学者研究中国史论著选译》第4卷，中华书局
1992年版；罗志田《隋废乡官再思》，《社会科学研究》2015年第1期；王彦辉、
徐杰令：《论东周秦汉时代的乡官》，《史学集刊》2001年第3期。究其实，自唐入
宋，乡村管理者身份地位的变化，远非"从乡官到乡役"这一表述所能一言以蔽
之。从赵宋朝廷视角而言，表象上确有这一显著变化；实际上，宋朝乡役人仍旧承
担着唐朝乡官们所担负的职责，前后变化无多。从两宋居乡的官户、形势户等人的
角度而言，他们一方面承担着汉唐以降乡官的职责，却丧失了乡官的荣誉和晋升为
官的渠道，不免一再呼吁负担太重，梦想着回到唐朝；另一方面，宋朝居乡的官
户、形势户一旦醒悟到不可能再回到唐朝，也就运用各种"弱者的武器"，采取诡
名隐户、诡名挟佃等手段，逃避税役，甚而将原本有利可图的承乏职役或明或暗地
转嫁给乡村中下等民户。其间复杂情状，且容他日，再行探索。
② 《文献通考·自序》，中华书局1986年版。近来吴树国先生发表《走出马端临的宋
代职役观》（"10至13世纪中国国家与社会"国际学术研讨会暨中国宋史研究会第
十六届年会交流论文，杭州：2014年8月）质疑马端临"职役"这一论题，颇具洞
见，惜乎迄今未见公开发表于期刊。笔者以为，马端临观察和概括汉唐宋乡村管理
模式的能力仍值得重视。
③ 《通典》卷三《食货三·乡党》载："诸里正，县司选勋官六品以下白丁清平强干者
充……"《太平广记》卷四三九《潘果》中记载唐京师人潘果"请官陈媒，县官用为
里正"，中华书局1961年版。

度，如定期上直和考核，①具有免役特权，②从服装颜色规定看，里正等乡官也与普通民众不同。③另，从唐人诗文集中也可看出，普通民众眼中也将里正等视为"官"，如《王梵志诗》卷二就有"当乡何物贵，不过五里官"。

唐朝里正等乡官的社会管理职能主要体现在法定的几个方面，即"课植农桑，检察非违，催驱赋役"，"村坊邻里，递相督察"，或说"以司督察"。④概而观之，其主要负责乡村中的治安管理、农田种植及催驱赋役等事务。在均田制和租庸调制等制度下，里正等的乡村管理职能确实具有浓厚的"官"的成分。及至唐末五代，虽仍有里正等的设置，但已逐渐淡出了"官"的范围。其变化有三：一是其选任依据财富多寡（中唐之前，县官选任里正并无财产方面的限定），里正等为少数富人所占据；⑤二是此时他们主要是督税派役职能，而很少享受优免赋役的特权，甚至还要代人输税；⑥三是里正等选授，由长期担任已渐次转向富民豪户轮流差派。由此过渡到两宋主要乡役均

---

① 《吐鲁番出土文书》第六册《唐西州高昌县诸乡里正上直暨不到人名籍》，中华书局 1985 年版；《太平广记》卷一二三《王表》载滑州卫南县里长王表之子"常随父来县曹"。参见刘再聪《唐代"村"制度研究》，第 161—163 页。

② 《通典》卷三《食货三·乡党》。从《唐律疏议》卷二四《斗讼》载："诸强盗及杀人贼发，被害之家及同伍即告其主司。……[疏]议曰：……须告报主司者，谓坊正、村正、里正以上"，及结合《通典》卷一七《选举》，也可知里正等具有一定特权。

③ 《太平广记》卷一〇四《卢氏》，中华书局 1961 年版。

④ 《通典》卷三《食货三·乡党》；《旧唐书》卷四八《食货三》；卷四三《职官》。

⑤ （宋）王溥：《五代会要》卷二五《租税》后唐长兴二年六月敕："委诸道观察使属县，于每村定有力人户充村长。与村人议有力人户出田苗，补贫下不迨倾苗者。"中华书局 1998 年版；张国刚：《唐代乡村基层组织及其演变》，《北京大学学报》2009 年第 5 期；赵璐璐：《里正职掌与唐代间差科征发程序的变化——兼论〈天圣令·赋役令〉宋令第 9 条的复原》，《史学月刊》2015 年第 9 期；赵璐璐：《唐代县级政务运行机制研究》，社会科学文献出版社 2017 年版，第 106—113、152—159 页。

⑥ 《资治通鉴》卷二九三，周世宗显德三年七月所载，由周行逢妻所说可知。唐前期也有类似情况，如《王梵志诗辑校》卷五《贫穷田舍汉》："租调无处出，还需里正倍（赔）。"以上参考张玉兴《唐代县官与地方社会研究》，天津古籍出版社 2009 年版；李方：《唐西州九姓胡人生活状况一瞥——以史玄政为中心》，《敦煌吐鲁番研究》第 4 卷，北京大学出版社 1999 年版；李方：《唐西州诸乡的里正》，《敦煌吐鲁番研究》第 9 卷，中华书局 2006 年版；收入氏著《唐西州官吏编年考证》，中国人民大学出版社 2010 年版，第 312—343 页；张雨：《吐鲁番文书所见唐代里正的上直》，《西域文史》第二辑，科学出版社 2007 年版。

由乡村富豪民户轮流担任，完成了由乡官到乡役制度的转变。

乡役是宋朝职役制度的一种。所谓职役，既有国家行政职能（所谓"职役"之"职"）在基层社会延伸的一面，又有"役"的一面，即乡村民户（主要是其中的主户）按照户等高低，轮流为国家无偿服徭役。乡役是指民户在乡村服职役者，这些"庶人在官者"（正如宋神宗时范百禄所言"乡民因徭为吏"，是以"民"——"役出于民"之民——的身份参与国事的，其身份是在地方官府服吏役的役人而非"官"，他们往往又代表着"民"的利益），在大多情况下不食国禄，却要"以受邦职，以役国事"，必须服从州县政府的指派，完成各项指定的任务，将中央政府的各项统治政策传达给广大乡民，以保证国家机器的正常运转。其中，最为重要的是赋役征派、乡村治安管理等。①

两宋期间，由差役改变为募役，再由募役恢复为差役，或是在名募实差的役制下新增另外的税目，都大致显现出赵宋王朝减省乡村治理成本的统治理念。而募役法的实施，就法令的内涵来看，也含有部分恢复"乡官制"的色彩。这一点似值得再行认真探考。

五 理性行政抑或"典常不立"

制度包含体制和机制两个方面，体制是指系统在某一时间点所处的状态和结构，机制是指系统演化的过程和动因。二者相互依存，体制是演化的出发点和结果，机制则是演化的路径。社会（机制）是不断发展变化的，而制度（体制）相对是静态的。②王朝对于整个国家的治理，一项政策的产生，自有其背景；在实际执行时，则会因应现有情势而有所调整。一以贯之、忽略时空和执行制度的人的因素，都

---

① 黄繁光：《宋代民户的职役负担》，博士学位论文，台北中国文化大学，1980年，第226—349页；刁培俊：《宋代乡役人数变化考述》，《中国史研究》2005年第1期；刁培俊：《在官治与自治之间：两宋乡役性质辨析》，《云南社会科学》2006年第4期。
② 成思危：《制度创新是改革的核心》，《读书》2008年第10期。

会导致某些缺失。①如果一个政府在行政运行中能够及时观照到体制、机制动静结合，及时调整国家体制，或可认定为一个具有理性的政府。传统时代的政治制度是由围绕在朝廷周围的君臣们制定的，也是由人（各级官员们）来执行的。上述制度基本上体现统治阶层的乡村控制理念，唐宋之间的制度转变，其实也就反映宋朝君臣乡村治理举措在思想上的转变。

就上文的考察可见，赵宋的历代皇帝和官僚士大夫们大都认识到，对于乡村中广土众民的治理，必须更多着眼于实际，相关制度不但随着时间推移而有所修正，而且更要注重不同区域间的差异，从而制定出符合各地实情的乡里制度。他们不但有这样的"说法"，而且还有具体的"做法"，二者大体达成了一致。这里，不免就有一些疑问：是历史发展到两宋阶段，皇帝和官僚士大夫们才更加注重现实，在王朝行政过程中更加注意时空差异了吗？ 唐宋乡村控制体制之所以发生上述变化，原因是多方面的。这里仅从个别方面试加讨论。

第一，这一转变，是赵宋一朝应对中唐五代十国以来的社会变局而出现的。如所周知，中唐以降，均田制、租庸调制、府兵制等逐渐被土地私有制、两税法、募兵制等所取代，出现从"税丁"到"税产"的大变动，②乡间人口的流动日趋频繁等变革。这些变革引发的变化，几乎对社会各个领域都有不同程度的影响。在乡村控制领域，原来的乡官里吏的管理和控制职能有所改变，事务的繁杂、任务的增重、人手的增加等，都是适应这一社会变局出现的。③更为重要的

---

① 黄宽重：《两宋政策与士风的变化》，载黄宽重主编《基调与变奏：七至二十世纪的中国》，台湾政治大学历史系 2008 年版，第 3 册，第 204、224 页。邓小南也指出，那种认为制度是客观独立、恒定存在，而人为因素则是一时干扰，个别偶发的看法，是很有局限的。实际上，制度本身起于因应人事，是"规范"与各类"关系"折中的结果。制度之不断调整，其走势既决定于上层的施政倾向，又被下层的具体实施者、关涉者所牵动。制度之与现实的滞后或无力，是人所共知的，也正是这种状况，促使着制度的演进与更新。参阅邓小南《宋代信息渠道举隅：以宋廷对地方政绩的考察为例》，《历史研究》2008 年第 3 期。
② 陈明光：《汉唐之际的国家权力、乡族势力与"据赀定税"》，收入其《汉唐财政史论》，岳麓书社 2003 年版。
③ 刁培俊：《宋代乡役人数变化考述》，《中国史研究》2005 年第 1 期，第 93—95 页。

是，中唐之前财政统收统支，赋役与主要负责赋役催征的乡村管理体制也都随之整齐划一。中唐后，实行两税三分法，中央对地方的财政征索有了相对的定额，各地在完成中央定额的前提下有了较多的自主权。各地赋役具体如何征管及其数额多少，已不是中央关注的对象；各地是否都按整齐划一的办法做，中央政府并不强调也不再更多介入。①也由于财赋定额化征收，年复一年，无甚改变，所以，即使是地方州县政府也不再过多强调里正等的重要性，以至于在中唐以降的文献中，他们的身影时隐时现。②

自中唐至五代十国时期，由于割据政权各自为政的局面和现实，加剧了许多制度的地方化色彩。长久以来，赵宋王朝也就认同了这一现实，并在行政实践中履行之。这就是与北宋政府在颁布免役法时，允许州县结合各地风俗、经济发展和社会实际等不同的情况，因地制宜，"诸路从所便为法"，③或说"州州县县不同，理须随宜措置"，④对役法进行改革有关。这是导致各地役法制度不一的最根本的导因，也是造成两宋时期乡村管理体制注重区域性差异的历史性因素。⑤

第二，乡役制之所以反复变化，不仅与宋朝统治阶层实用主义的乡村控制理念有关，更与两宋役制本身的缺陷及社会经济发展背景有

---

① 陈明光：《唐代财政史新编》第九章《两税预算的定额管理体制》，中国财政经济出版社1999年版，第230—253页，尤其是第241—245页。

② （唐）元稹：《元稹集》卷五四《有唐赠太子少保崔公墓志铭》，中华书局1982年版，第580页；王钦若等《册府元龟》卷六九八《牧守部·专恣》不见里正等的身影。董诰等《全唐文》卷四七八收有杨凭《唐庐州刺史本州团练使罗珦德政碑》以及前揭杜牧《樊川文集》卷一三《与汴州从事书》等则记载有里正等乡官里吏的具体活动，说明唐后期刺史、县令对待乡里制与乡官职责有自主处理权，在赋役征派中对"乡官"可用可不用。

③ 《续资治通鉴长编》卷二二七，熙宁四年十月壬子朔注，第5523页。

④ 《续资治通鉴长编》卷三六七，元祐元年二月丁亥，第8829页。

⑤ 笔者请教杨际平先生时，他指出：唐代确实强调制度的一致性。制度的一致性就体现在律、令格式中，因此日本学者或称唐代为律令制时代。在律令体制中，基本上不大考虑时空差别。君臣间也基本未见讨论乡村治理问题。这与宋代以后确有明显区别。造成这些区别的原因可能很多，但与统治中心区的地理条件或许也有关。唐代统治的中心区在北方（主要是关中平原与华北平原）。北宋的统治中心区虽在河南，但财赋重心却在江南。南宋统治区限于江南。而江南的地理条件远比北方复杂。宋代以后，地区经济发展的不平衡性也远比过去突出。这些都在客观上造成难以整齐划一。

18

关，与内外交困的社会现实、政治现实、财经现实等紧密相关，尤其是财政上持续的困窘不堪，财政中央化的发展趋势，对此影响相当之大。①对于苟且应对心态下的帝国而言，只要能够保障乡间各类赋税的征纳和乡村社会的稳定，具体采取何种方式管理乡间的广土众民，控制整个乡村，并未从根本上要加以改革，也不想解决。②中央朝廷这一控制理念，使州县地方政府"苟且因循"，③频频改变的乡役制便是上行下效的最好注脚。

　　第三，需要指出的是，由于科举的吸引和教育的相对普及，两宋拥有为数众多的士大夫，他们也多能站在"为与士大夫治天下"的角度，参与朝政。④关于差役、募役和保正长、耆户长制度的优劣得失，两宋士大夫热情高涨地讨论、建议可谓多矣！但其间因党争而意气用事所导致的频繁改变，也是蠹坏赵宋王朝乡村管理制度和社会秩序一个重要因素。⑤再者，文献显示，几乎每一次役法变革，朝臣们的议论中大多蕴含着这样的意味：其役法改革是基于前朝旧制的基础上的；其改革主张是有前代成法依据的。换言之，也就是往往在

---

①　汪圣铎：《两宋财政史》，中华书局1995年版；包伟民：《宋代地方财政史研究》，上海古籍出版社2001年版。

②　汪圣铎先生认为：尽管自秦以来封建国家是强有力的，但要控制社会经济每一个环节，却是心有余而力不足的。赵宋一朝，国家和统治者疲于奔命地勉强维持国家机器的运转，在某种意义上往往只能被动应付局面，很少有调控经济的主动性。今据其《宋代社会生活研究》，人民出版社2007年，第533页。

③　《宋会要辑稿·食货》六五之五六至五七，元祐二年右司谏贾易上奏。

④　文彦博语，见《续资治通鉴长编》卷二二一，熙宁四年三月戊子，第5370页。参阅张其凡："皇帝与士大夫治天下"试析：北宋政治架构探微，《暨南学报》2001年第6期；谨按：宋史文献记载之中只有"与士大夫治天下"而无"与士大夫共治天下"，"共"乃学者妄增者也。程民生：《论宋代士大夫对皇权的限制》，《河南大学学报》1999年第3期。邓小南：《祖宗之法：北宋前期政治述略》，生活·读书·新知三联书店2006年版，第408页。余英时：《朱熹的历史世界》，生活·读书·新知三联书店2004年版，第199—230页。

⑤　参见漆侠《王安石变法》增订本，河北人民出版社2001年版，第217—240页；罗家祥《朋党之争与北宋政治》，华中师范大学出版社2002年版；王曾瑜：《洛、蜀、朔党争辨》，《尽心集：张政烺先生八十庆寿论文集》，中国社会科学出版社1996年版；其中，尤以元祐新旧两党的斗争过程最为明显，蔡京这一政客的转变最具代表性。杨小敏：《蔡京、蔡卞与北宋晚期政局研究》，中国社会科学出版社2012年版。

"祖宗之法""祖宗成法"等口实之下进行的,①缺乏切中时弊、勇于革故鼎新、锐意进取的改革家。显而易见,每一次改革都是相当随意,朝秦暮楚、头疼医头、脚疼医脚"苟且施行"的役法改革,不多久就发现与社会实际之不适,新的改革议论从而出现,新的改变也就随而发生,如此手足接踵,周而复始。两宋乡村管理体制的转变,也与此紧密相关。换言之,虽然天水一朝的君臣们对乡村管理体制讨论之热烈确实是前所未有的,但是,君臣们一直没有找到终南捷径,找到一个适应社会变局后的有效体制。所以,他们一再地探讨,反复地试验,但最终还是无所措其手足,没有找到根治乡村问题的良药。直至有元一代,逐渐在宋朝基础上淘洗为里正、主首为主的乡都制,也才算勉强告一段落。顾炎武云:"宋世典常不立,政事丛脞,一代之制,殊不足言。"②言其实也。

(附:此部分的完成与修改,蒙陈明光、杨际平两位先生教正,学友刘云博士提供一则史料、周鑫博士提示一二细节,厦门大学历史学系 2007 级中国古代史研究生朋友们耐心纠谬捉错,谨此一并致谢。)

---

① 如朱熹就曾说过"……此皆祖宗成法,至今为不刊之典,然而州县奉行,往往违戾……"《朱熹集》卷二一《论差役利害状》,四川教育出版社 1996 年版,第 856 页。宋朝士大夫多在"祖宗之法"的议论框架下加入个人行政意愿,借此以影响"国是",邓小南《祖宗之法:北宋前期政治述略》(生活·读书·新知三联书店 2006 年版)有相当精辟而详明的讨论。
② (清)顾炎武:《日知录集释》卷一五《宋朝家法》,上海古籍出版社 2007 年版,第 919 页。

第二章　宋代国家权力渗透乡村的努力

　　赵宋立国后,惩创中唐五代之弊失，事为之防，曲为之制，进而以防弊之政，为立国之法。经过赵匡胤兄弟的努力，中央对于地方州县政府的控制，几乎达到了他们预期的如身使臂、如臂使指的效果。朱熹指出，赵宋国家在对地方州县的控制中，"兵也收了，财也收了，赏罚刑政一切收了"。①也就是说，中央更多地剥夺州县的行政权、财政权、司法权等，国家权威已经严密控制了地方政府。叶适也说："国家因唐、五季之极弊，收敛藩镇，权归于上，一兵之籍，一财之源，一地之守，皆人主自为之也。"②国家通过健全通判、巡检、土兵、县尉等地方行政管理职能，以及设置弓手、衙前等州县职役，③进一步强化了在地方政府中的统治力。中央政府对于州县的管理，确实达到了前所未有的程度。

　　宋朝中央政府对于地方州县的控制如此严密，对于乡村社会的控制当然也出现了国家权威向下渗透的趋向。④一般而言，帝制时代的

---

① 　（宋）黎靖德：《朱子语类》卷一二八《本朝二·法制》，中华书局 1986 年版，第
　　3070 页。
② 　（宋）叶适：《叶适集·水心别集》卷一○《始议二》，中华书局 1961 年点校本，第
　　759 页。
③ 　黄宽重：《唐宋基层武力与基层社会的转变——以弓手为中心的观察》，《历史研究》
　　2004 年第 1 期。
④ 　有关这一论断，参见黄宽重《唐宋基层武力与基层社会的转变——以弓手为中心的观
　　察》（偏重关注县级官府及以上的运作），《历史研究》2004 年第 1 期；刁培俊：《宋
　　代乡村精英与社会控制》（偏重县级官府及以下的乡村社会管理体系），《社会科学辑
　　刊》2004 年第 2 期；中国学者回顾这一领域学术史的文章，请参阅刁培俊《当代中国
　　学者关于宋朝职役制度研究的回顾与展望》，《汉学研究通讯》（台北）2003 年第 3 期,

中国, 其行政管理的设置只到县一级, 县以下不设治。然而, 在县级国家政权与乡村广土众民之间, 又不可能完全处于"权力真空"状态。①那么, 其间究竟是怎样的机制起着承上启下的枢纽性作用, 将国家权力渗入乡村社会的呢? 社会学家早就注意到"从县衙门到每家大门之间的一般情形"是很重要的, 并认为"因为这是中国传统中央集权的专制体制和地方自治的民主体制打交涉的关键。如果不弄明白这个关键, 中国传统政治是无法理解的"②。其实, 两宋对乡村广土众民的治理体制: 诸如户等制、乡役制、保甲制等乡村管理体制, 以及纲常教化观念等意识形态领域对民众头脑的灌输, 即大致能够反映上述国家权力抵达乡间的渠道。然而, 赵宋王朝如此控制乡村的动因和历史渊源何在? 换言之, 哪些社会发展变动的动力促使王朝采取了这些措施? 而这一趋向对于两宋乡村社会、国家带来了怎样的

(接上页)增订收入《宋史研究通讯》2004 年第 1 期; 朱奎泽:《20 世纪 80 年代以来国内两宋乡村政权与社会控制研究述评》,《甘肃社会科学》2007 年第 1 期; 谭景玉:《宋代乡村组织研究·绪论》, 山东大学出版社 2010 年版, 第 1—34 页; 贾连港:《宋代乡村行政制度及相关问题研究的回顾与展望》,《中国史研究动态》2014 年第 1 期; 王旭:《宋代乡的建置与分布研究——以江南西路为中心》, 西安地图出版社 2015 年版, 及其《宋代县下基层区划的"双轨体制"研究》, 博士学位论文, 暨南大学, 2017 年。傅俊:《理论、文本与现场——宋代乡村研究省思》, 包伟民、刘后滨主编:《唐宋历史评论》第 1 辑, 社会科学文献出版社 2015 年版, 第 237—266 页。此外, 侯鹏:《宋代差役改革与都保乡役体系的形成》,《社会科学》2015 年第 8 期; 侯鹏:《经界与水利——宋元时期浙江都保体系的运行》,《中国农史》2015 年第 3 期。高森:《论宋代县乡吏役在土地清丈中的职责》,《河南大学学报》2018 年第 3 期。

① 传统中国帝制时代的皇权权力渗透于乡里村落的趋势, 前辈学者已有所揭示, 代表性著作譬如 Kung Chuan Hsiao(萧公权), *Rural China: Imperial Control in the Nineteenth Century*, Washington: University of Washington Press, 1960;《中国乡村——19 世纪的帝国控制》, 张皓、张升译, 九州出版社 2018 年版; 谭景玉于 2005 年获得山东大学博士学位的论文、后修改而出版的著作《宋代乡村组织研究》, 山东大学出版社 2010 年版, 其第九章第一节命名为《宋代国家权力对乡村社会的渗透》, 其论题选择、论证角度与资料取径, 有兴趣的读者可以参阅和比照。

② 费孝通:《乡土重建》, 上海观察社 1948 年初版, 今据《民国丛书》本, 上海书店出版社 1991 年版。另参阅王亚南《中国官僚政治研究》, 中国社会科学出版社 1981 年版, 第 116—120 页。有学者认为, 帝制时代的中国, "国权不下县, 县下惟宗族, 宗族皆自治, 自治靠伦理, 伦理造乡绅", 参阅秦晖《传统中华帝国的乡村基层控制: 汉唐间的乡村组织》, 载黄宗智主编《中国乡村研究》第 1 辑, 商务印书馆 2003 年版; 威廉·J. 古德:《家庭》, 魏章玲译, 社会科学文献出版社 1986 年版, 第 166 页; 高寿仙:《"官不下县"还是"权不下县"? ——对基层治理中的"皇权不下县"的一点思考》,《史学理论研究》2020 年第 5 期。对此, 恐尚需再行探讨。

影响？ 乡村社会又是怎样接受、调适和回应的？① 有鉴于此，我们谨在全面解读有关史料的基础上，以平实的表达方式略加考述。

一　户等制、保甲制与乡村治理

赵宋王朝自上而下地加强中央政府对乡村民众的控制，并借由户等制、乡役制、保甲制等国家制度展开的历史脉络，是较为清晰的。下面，我们对这些制度略加考述。

先来看宋朝的户等制。宋初，沿用北朝以来的户等制，首先按照居住地的不同，将民户分为坊郭户和乡村户，再按照有无资产，将乡村户分为主户和客户；同样，依据资产多少，又将主户分为五等。五等户的户等簿，由里正、户长和乡书手一起攒造，每隔三年就要重新编造一次，地方政府以此来掌握辖区内民户的资产变动情况，并按照

---

① 既往学界的研究取径，大多数从国家治理的角度切入，着重从征税派役和维持乡村秩序考察，反之，村落百姓对于国家治理的迎与拒（此之所谓"拒"，类似于中国史学界 20 世纪 60—80 年代展开的农民战争史研究），以及迎与拒过程之中的诸多"弱者的武器"和"被统治的艺术"，皆措意无多。习培俊：《南宋"乡村社会"管窥》，袁行霈主编：《国学研究》第 24 卷，北京大学出版社 2009 年版；习培俊：《官治、民治规范下村民的"自在生活"——宋朝村民生活世界初探》，《文史哲》2013 年第 4 期，对此有所涉及，但仍存有诸多可资研究的空间，谨待有志者更多深入研讨。明清史学界近期颇多论及帝制中国时代对于村落社会的治理，除了"国权不下县"这一论题之外，还提升出"郡县空虚"和"礼下庶人"两个议题，参阅罗志田《地方的近世史："郡县空虚"时代的礼下庶人与乡里社会》，《近代史研究》2015 年第 5 期；相关问题的讨论，请一并参阅王汎森《"儒家的不安定层"——对"地方的近代史"的若干思考》，《近代史研究》2015 年第 5 期。郑振满在其《明清福建家族组织与社会变迁》中，提出明中叶以降的地方社会"三化"的理论，也就是"宗法伦理庶民化、基层社会自治化、财产关系共有化"，后来又增加了"地方行政体制的仪式化"。参阅郑振满《明清福建家族组织与社会变迁》，湖南教育出版社 1992 年初版，今据（修订版），中国人民大学出版社 2009 年版；刘永华：《礼仪下乡：明代以降闽西四保的礼仪变革与社会转型》，生活·读书·新知三联书店 2019 年版。如果一定要对宋元历史时期的史实究实，那么，似有另外的、较多的文献呈现另一番历史面相。倘若依其论点所言，中国历史只有发展到明清时期，"礼下庶人"才越来越明显地呈现出来，那么，秦汉魏晋和隋唐漫长历史时段之内，"礼不下庶人"，那些居住在村落的民户抑或"庶人"们的精神世界、礼仪和道德世界、社会秩序的世界，应该不会是一片空白，那么，又会是怎样的呢？ 侯旭东等学者的研究呈现信仰领域的历史，请参阅侯旭东《五六世纪北方民众佛教信仰——以造像记为中心的考察》，中国社会科学出版社 1998 年版；侯旭东：《北朝村民的生活世界：朝廷、州县与村里》，商务印书馆 2005 年版。其他成果尚多，恕不一一穷举赘列。

主户户等的高低，征税派役。与北齐以来的户等制一样，宋朝的户等制也不具有国家编户齐民的人身控制机能，只是政府用以征税派役的依据。为了更多地征收到赋税（包括募役法实行后征收的免役钱、助役钱等各色名目的赋税），保证国家财政的正常开支和有效运转，在王安石变法时期，还出现了五等户制细分为十五等的情况。不过，伴随着司马光等反对派对新法的抨击和大部分新法的破产，这一细分化的局面并未延续下去。虽然在南宋时期，五等户制还出现了形式化倾向，但基本一直沿用到南宋末年。①

宋代乡役制和保甲制，前后变化很大，且多有重叠和交叉，较为复杂。宋初，沿用中唐五代以来的役制，以民户充当各种职役，代替或协助州县官府管理民户，以民治民。在乡村中设置乡役制，以里正、户长、乡书手催督赋税，以耆长、壮丁负责盗贼词讼，②建立起一套比较严密的乡民管理制度。一般而言，这些乡役役人，主要由乡村五等户中的中上等民户担任，按户等高低，承担不同的乡役。当然，在乡村中起主要作用的乡役，则一般是由家产较为丰厚、户等较高的上户担任。这些乡役，大体上每三两年或一年轮流一次，所以又称为差役。北宋中期前后，为了适应社会发展和国家的实际需要，乡役制还发生了一些变革，如至和二年（1055）废除里正，宋神宗元丰前后乡书手上升为县役，乡村管理事务转由户长、耆长、壮丁等乡役人承担。

宋神宗熙宁年间，王安石变革旧法，推出了募役、保甲等新法。其中的保甲法（保伍法），先是以乡村民户每 10 户设为 1 小保，5 小保为 1 大保，10 大保为 1 都保（500 户）。国家制度规定："同保内有犯除强窃盗、杀人放火、强奸、略人、传习妖教 、造畜蛊毒，知而不告，并依从伍保法科罪。"③这类同于由国家政权派生出的地方自

---

① 参阅王曾瑜、张泽咸《从北朝的九等户到宋朝的五等户》，《中国史研究》1980 年第 2 期，收入王曾瑜《涓埃编》时改名为《从"九品差调"到宋朝的五等户》，河北大学出版社 2008 年版；梁太济《两宋的户等划分》，《宋史研究论文集》，浙江人民出版社 1987 年版，收入氏著《两宋阶级关系的若干问题》，河北大学出版社 1998 年版。
② （元）马端临：《文献通考》卷一二《职役一》，中华书局 1986 年影印本。
③ （清）徐松辑：《宋会要辑稿·兵》二之五至六，中华书局 1957 年影印本。

卫组织，采取相互监督的办法，严密监视、防范乡村民户的不法行
为，更为重要的则是防止民众的叛乱。熙宁八年（1075），朝廷改变
了保甲户等的范围，以 5 户为 1 小保，5 小保为 1 大保，10 大保为 1
都保（250 户），在 1 都保中设置都副保正、大小保长等，共 62 人。
设置保甲法的治理理念，原为训练民兵，以之作为正规军的后备力
量，并借以达到民间自治的目标。但是，熙丰后期，都副保正、大小
保长等也因国家的实际需要，与乡役人混同为一了。换言之，原来由
耆长、户长等乡役承担的乡村管理事务，已改由都副保正、大小保长
承担。① 此后，经过元祐、崇宁年间的政事更革，乡役名称前后变
化不一，较为混乱，这样也就导致了乡村社会秩序的混乱。而保甲法
混同役法后，赵宋王朝也借此加强了国家政权对于乡村社会的控
制——打破隋唐时期以 100 户 1 里、500 户 1 乡为最基层的治理范
围，更多地让民户自我牵制，改由小保、大保、都保（5 户、25 户、
250 户）这样一个层级式的治理措施，作为国家控制广土众民的最为
根本的方式，实现其乡村控制的目的。由于各地之差异，保甲法推行
过程中也各有不同。②这样一个层层约束、互相监督的方式，不但用
于维护乡村社会秩序，还用以督促民众完税纳粮，也充分体现出国家
权威在基层乡村中的延伸。此外，作为保甲法的一个组成部分，同时
还制定了一个基层税收的新制度：在 30 户以内设置甲头 1 名，由不
同民户轮流承担，来达到国家完税纳粮的目的。③

　　相对于宋朝以前的历代政府而言，就民户纳税完粮和乡村秩序维
护方面，上述宋代的管理体制，无疑是强化国家权力在乡村中权威的

---

① 参阅（宋）李焘《续资治通鉴长编》卷二六三，熙宁八年闰四月乙巳条有详细记载，
中华书局 2004 年版，第 6436 页。
② 参阅陈晓珊《北宋保甲法制定与实施过程中的区域差异》，《史学月刊》2013 年第 6 期。
③ 请参阅日本学者河上光一《宋初的里正、户长、耆长》（载《东洋学报》第 34 号，
1952 年），周藤吉之：《宋代州县职役和胥吏的发展》（今据氏著《宋代经济史研
究》，东京大学出版会 1962 年版），《宋代乡村制的变迁过程》与《南宋保伍法》（今
据氏著《唐宋社会经济史研究》，东京大学出版会 1965 年版），佐竹靖彦：《宋代乡村
制度的形成过程》（载《东洋史研究》第 25 卷第 3 号，1966 年），柳田节子：《宋元乡
村制的研究》（日本东京创文社 1986 年版）和《宋元社会经济史研究》（日本东京创文
社 1995 年版）等既有成果最具代表性。还可参阅习培俊《宋代乡役人数变化考述》，
《中国史研究》2005 年第 1 期。

重大举措，国家权力向乡村基层下移、渗透的趋向已经得到了进一步的推动和发展。尤其是保甲制的推行以及保甲法混同于乡役法后，在征税和维护乡村秩序的管理体制两个方面，均有明显的表现。国家权力对于乡村的渗透，具有指标性进展。①

我们再对宋朝的乡村管理体制稍加探考。此前，大多认为，宋朝沿用了隋唐时期的乡里制度，以乡统里。最近 20 多年来，随着"自下而上"研究视角的转变，对这一问题的研究逐渐有了更趋近于宋朝历史客观事实的论断。宋初，百废待兴，统治者无暇顾及乡村社会的管理，曾一度沿用前朝旧制，但是稍后就逐渐发现，前朝旧制与现行乡村管理体制并不完全适应，于是就开始进行部分改革。开宝八年（974），出现了"废乡，分为管"②的朝廷诏令。然而，这一法令并未得到全面贯彻，只在个别地区有所执行，而在其他更多的州县，在外貌上虽仍然沿用前朝的乡里制度，但实际上已与前朝旧制大相径庭。此外，宋代文献中还出现了耆的名称，虽然学者们多有讨论，但是实际上都不能以确凿的史料，一一辨析，梳理出一个清晰的演进脉络。各地还多有根据地方发展的实际需要，制定与国家法规大致相似的相关体制的情况。《永乐大典》卷二二一七所载《泸州志》引《江阳谱》，就是明显的一例。乡、里，耆、管，这样各地不一、名实不符的局面一直延续下来，直到王安石变法之后，才出现了以"都、保"为乡村管理名称的制度。但是，北宋后期和整个南宋时期，在乡村管理体制之中，仍然存在着乡里制度的名称，而宋朝所谓的里，已经和自然聚落的村庄没有什么区别；所谓的"乡"，虽然史料中多有记载，但似乎也并非一个管理乡村广土众民的有效机制，除了用来科举时标明自己的乡贯（户贯），以及作为地域单位由士大夫们在文字中追随前朝遗踪外，几同虚设。或说乡书手为北宋前中期乡级管理体制的头目，那么又如何解释"管"的设置？　并且在这时的"乡"中，就现已寓目的史乘而言，我们难以寻绎到可以代表乡级"政权"

----

① 详细论证请参见刁培俊《由"职"到"役"：两宋乡役负担的演变》，《云南社会科学》2004 年第 5 期；《宋代乡役人数变化考述》，《中国史研究》2005 年第 1 期。
② 《宋会要辑稿·职官》四八之二五。

系统头目的名称，也难以说明究竟在多大的面积或户数单位内设"乡"，在乡村自然聚落和依据民户多少设定的乡里保甲之间，是怎样的一种或重叠或脱离的关系，还未有明晰的界定。如果说耆长、户长等是乡（管）级管理体制的头目，那么，在北宋后期直至南宋时期的漫长时段中，实际上协助、代表国家在乡村中征税派役、维护社会秩序的，却是都副保正和大小保长等乡役人。若非耆长、户长等是都保的上一级乡村管理体制，在征税派役、维护社会秩序等方面，是高一级乡役人督促低一级乡役人的管理体制，那么，在这时乡村中，无论怎样的推测，都很难推翻都保是一个行之有效，且推行有力的乡村管理体制的层级的推断。①

我们认为，上述的乡村管理体制，或者如同夏维中所说的"乡村基层组织"，梁建国所说的"乡村区划"，究其实，它和我们所说的乡役制度是一根同脉的。而从文本的制度入手考察，所谓的乡村管理体系只是来自国家、官方典制中静态的文本，无疑不能呈现复杂多变的乡村社会面貌，国家制度在乡村推行的实态也就难以把握。如果我们不否认乡役制中"都、保"是一个国家治理层级的话，那么，是否像汉朝的乡、亭、里制一样，宋代乡村社会中也存在着两种体系（当然，宋朝乡役制度中，负责征纳赋税和负责烟火盗贼等两类乡役，是有其职责划分的，但在实行中，往往是既分工又合作，混同为一），或者说乡里仅是一种标明地域的单位，而都保才是具有国家政权"神经末梢"性质的管理层级，自然尚需有力的证据加以印证，更需对耆长、甲头、保伍制中的保正长等进行分门别类的精细研究，尤其要辨清其中的区域性差异，区分以户数为标准划定的都保及其与乡村自然

---

① 参阅［日］周藤吉之《宋代乡村制的变迁过程》《南宋保伍法》（今据氏著《唐宋社会经济史研究》，东京大学出版会 1965 年版）；［日］佐竹靖彦：《宋代乡村制度的形成过程》（载《东洋史研究》第 25 卷第 3 号，1966 年），对此有专门研究。上述部分参考了郑世刚《宋代的乡和管》（《中日宋史研讨会中方论文选编》，河北大学出版社 1991年版）；王棣《宋代乡里两级制质疑》（载《历史研究》1999 年第 4 期）；夏维中《宋代乡村基层组织衍变的基本趋势》（载《历史研究》2003 年第 4 期，该文论点和资料主要参考了前揭周藤吉之、佐竹靖彦、柳田节子等学者的研究）；王曾瑜《宋代社会结构》（载周积明等主编《中国社会史论》，湖北教育出版社 2000 年版）；梁建国《宋代乡村区划研究》（硕士学位论文，河南大学历史系，2004 年）。

聚落的重叠或脱节后，方可在史缺有间的情况下，稍窥宋代乡村管理体制实际面貌之一斑。

总之，宋政府就是依靠上述乡村管理措施，试图将广大乡村民户牢牢地控制在国家的权威之下，其国家权力渗透乡村的步伐，无疑以保甲法的推行为标志，方有一些质的进展。即使保甲法混同为乡役法后，无论是在征税派役方面，还是在维护乡村社会的秩序方面，同样都有实际的显现。所有充当这些管理体制头脑者，均可视为国家权力的"神经末梢"，具有填补地方政权与乡村社会之间权力空隙的功效。

二　社会"慢变量"视域下国家权力渗透乡村的力度和限度

通过上述对户等制、乡役制、保甲制和乡村管理体制的考察，我们可以大致得出这样的一个印象：两宋时期，国家权力确实在逐渐向基层乡村延伸。那么，国家权力向乡村社会延伸的动因何在？这样的渗透又对宋朝乡村社会带来了怎样的影响？ 国家权力向乡村基层社会延伸的趋向就更为凸显，一些隐晦不明的史实也得到较清晰的阐释。这在中唐迄于两宋的社会变革中，能够得到较好的说明。

如所周知，中唐以后，均田制、租庸调制逐渐没落，田产自由流动逐渐为官方认可，入宋后则发展为"不抑兼并"的土地占有模式；以资产为主征收的两税法，改变了过去以人丁为主的税收制度；全民兵役制——府兵制走到了历史的尽头，代之而起的是由国家财政全额出资养兵的募兵制；租佃制的发展和人身依附关系的松弛，加大了民户自由移动的可能；无论是主户还是客户，都成为国家的编户齐民，等等。所有这些变化，使得国家在征税派役、乡村管理方面不得不随之变革，以便适应王朝延续和社会发展的实际需要。

首先，服兵役期间的费用原来由服兵役的民户自家承担，而募兵制下的兵员，则是由国家财政直接开支，由国家花钱来养活数量不断增加的军队，连同其家属。这样，国家一方面必须想方设法征收到更多的赋税来充实财政，以致朱熹浩叹"古者刻剥之法，本朝皆备"，清人赵翼则惊呼南宋朝廷的"取民无艺";①另一方面,国家财政又不得不用取自民的财赋来养活数量庞大的军队。关于宋朝养兵的费用,宋人众说不一,但是大体上讲,在和平年代,国家财政总收入的一半以上、战争年代高达十分之七八都要用于养兵。②而对于辽、夏、金、蒙(元)的一次次战争赔款,又是一笔不小的开支。③这些都迫使赵宋王朝"财取于万民者不留其有余"。④及时有效地完成赋税征收任务,成为王朝统治的重中之重。值此之故,没有足够的人手加强国家政权对于基层乡村社会的控制,是不能顺利完成这些复杂而艰难的工作的。在穷窘不堪的财政压力下,中唐以后的李氏王朝和赵宋王朝逐渐将其国家政权的触角深入乡村之中。同样是出于国家财政的考量,在募役其名,差役其实的制度下,⑤国家越来越多地侵夺作为其政权"神经末梢"的乡役人的利益,以保障财政收入,减少国家的治理成本。汉唐时期所谓的乡官,中唐尤其入宋后则名之以乡村职役,官僚士大夫则视为"至困至贱"的徭役。⑥这一职一役之差,不啻天壤。除了冒险非法侵凌于民外,他们几乎享受不到任何官方给予的资源,一般情况下,更没有什么薪水。

其次,国家由控制民户人丁的多少改由控制其资产的多寡。唐朝乡民有诈老诈小等问题,这是民户逃避赋役的主要方式。中唐两宋后,乡间民户已经少有诈老诈小之事,而想方设法隐瞒家产,诡名挟户和诡名隐产等遂成为宋朝富民逃避赋役的主要手段。显而易见,人丁即使是诈老诈小,在由乡民担任的乡役人面前无所遁形。 因为后者比较熟悉乡间民户的情况,对一家一户人丁的多少、年岁,都可了

---

① 《朱子语类》卷一一〇《朱子七·论兵》,第 2708 页;(清)赵翼:《廿二史劄记》卷二五《南宋取民无艺》,中华书局 1984 年版,第 539—541 页。
② 参见王曾瑜《宋朝兵制初探》,中华书局 1983 年版,第 287—294 页;汪圣铎:《两宋财政史》上册,中华书局 1995 年版,第 395—442 页。
③ 参阅朱瑞熙《宋朝的岁币》,载中国岳飞研究会编《岳飞研究》第三辑,中华书局 1992 年版。
④ (清)赵翼:《廿二史劄记》卷二五《宋制禄之厚》,第 534 页。
⑤ 参阅漆侠《南宋的差募并用到义役的演变》,载王仲荦主编《历史论丛》第 5 辑,齐鲁书社 1985 年版。
⑥ (元)马端临:《文献通考》卷一三《职役二》,第 140 页。

如指掌，所以对于民户的管理相对较为容易。除非他们有意包庇或舞弊，否则乡民是很难逃脱赋役的征派。两税法后的中唐、两宋社会则不然。这是因为，资产可以是有形的土地（但是土地的贫瘠或肥腴，并不是肉眼所能测量的）、房屋、牲畜、粮食、农具等，也可以是有形却又无形的钱币等。有形的尚可发现和大致测算，无形的却不易发觉，更无法测算。①所以，相对而言，以人丁为征税派役的标准，比起以资产多少为标准要简单而易行。一方面是国家的三冗三费、积贫积弱，财政日益入不敷出，困窘不堪，另一方面则是完税纳粮的繁难。在这种情况下，加派乡间管理的人手，增加他们的劳动强度，以便更好地促使乡间百姓们完税纳粮，从而保证了国家和地方财政收支，使得国家机器正常持续运转。

再次，出于以防弊之政、为立国之法的考量，在收回地方州县之权后，赵宋王朝也同样严密防范"群氓"叛乱倾覆政府的危险，所以类如保甲法中的让民户相互监督的举措，就是出于这样的考虑。由唐到宋，人口增长迅速，租佃制下人身依附的松弛，使人民移动加速，赋税徭役的重压下，铤而走险者也较多。有宋一朝，先后有王小波、李顺，王则，宋江，方腊，钟相、杨幺等数起较大规模的农民叛乱，小型农民骚乱，几乎常常发生。天水一朝终被异族所取代，而未被国内民众的叛乱所倾覆，这固然与赵宋王朝立国之"祖宗之法"不无关系，但似乎也从另一个方面反映出，王朝对乡村民众的控制措施是较为有效的，起到了稳定社会秩序的作用。这又可反映国家权力向下延伸后，带给宋朝社会积极作用之一斑。我们还认为，正是出于对财政税收和基层乡村稳定的考量，方才引发统治者设定新的治理理念，从而推动了这一国家权威下移的趋向。

---

① （唐）陆贽：《陆宣公翰苑集》卷二二《均节赋税恤百姓六条》第一条《论两税之弊须有釐革》："……曾不悟资产之中，事情不一。有藏于襟怀囊箧，物虽贵而人莫能窥；有积于场圃囷仓，直虽轻而众以为富；有流通蓄息之货，数虽寡而计日收赢；有庐舍器用之资，价虽高而终岁无利。如此之比，其流实繁……"中华书局 2006 年版，第 722—723 页。类似论说，宋人尤多。对此，梁太济先生有精详研究，参阅其《宋代家业钱的估算内容及其演变》，载《宋辽金史论丛》第二辑，中华书局 1991 年版。今据梁太济《两宋阶级关系的若干问题》，河北大学出版社 1998 年版。

　　最后，自唐朝以来，科举取士成为官僚体制自我更新的主要渠道，宋朝更是如此。宋人有云"读书人人有分"，①读书应举的观念已深入民心，民众中有更多的人以读书、科考为生活的一个目标。在社会上（尤其在南方），乡先生几乎是星星散散地布满乡间，官学和书院培养了大批的读书人，读书人的相对数量比起前代有了明显增长。虽然宋朝政府历科取士的数量比唐朝高出多倍，但跃过龙门者毕竟有限，落第者数量相对巨大。由于数考不中，许多读书人不得不在基层社会中从事教书、作吏、农耕，甚至成为僧道，或民间迷信、某些信仰的头领等，以谋取衣食生活。在官场中，又由于官员众多，而实际的官缺却相对有限，许多中举者也难免长时期处于待缺或丁忧、致仕状态之中。于是，就有更多的士人，在没有机会参与上层国家的治理的情况下，以他们的才识和各种资源，转而关注下层的自身之家族、宗族、民间信仰或相关地方事务；在社会地位和资产变动不居的境况下，为自家政治和经济资源持续发展的考虑，努力营建自身、家族在乡里的影响力。换言之，在实现治国、平天下的理想无望后，只好转而在修身、齐家方面施展自己的才能。所以，两宋基层乡村中，也有更多识文断字的读书人，乡里和宗族等成为他们淑世教化的场域。他们所传递的臣民思想，官方统治意念以及诸多儒家纲常教化观念起到稳定基层社会秩序的作用，对于国家权威向基层乡村的渗透，也起到了一些不易发觉的效能。限于篇幅，这里仅就王朝的典章制度、官府的公权力经由怎样的形式或渠道在乡民社会中有效介入，稍加阐述，至于王朝绳民以法，教民以化，凝聚民心的历史脉络，国家话语在乡村社会的表达和实践，国家公权力整合乡村社会的实际途径，即乡民接受纲常礼教等观念的管道、过程，及其回应与调适，我们另文再行申述。

　　要之，在传统帝制时期，历代王朝都关注到、并致力于全面掌握、控制疆域内的民众，希望他们按照自己的统治理念和既定的规则

---

① 　（宋）施彦执：《北窗炙輠录》卷上，《丛书集成初编》新印本，中华书局 1985 年版，第 13 页。

运作不息。从中唐到两宋，由于社会经济领域所发生的一系列变革，直接推动了国家权威向基层乡村社会渗透的倾向，并且使这一社会变动的"慢变量"，在一定程度上得到发展。但是，由于国家资源的缺乏，专制政权下行政管理能力的薄弱，交通和通信设施的落后等因素，对于这一趋势也不宜过高估计。这是因为，宋王朝向基层乡村延伸的国家权威，还远远不具备动员、支配每一个社会细胞的能力。正如上述，国家权威的资源毕竟有限，政府对于乡村民众的全面掌握、控制的能力，也就显得心有余而力不足。从实际运作上看，乡役组织执行的是行政职能，是国家的行政权力渗入基层社会的标志，是政府加强对乡村监控和动员能力的系统，故而一些社会学者视为国家政权有机体的"神经末梢"。一般而言，距离权力中心越远，层级越多，上下阻隔越为明显，政令越不易贯彻，下情越是不易上达，中央政府也越难以进行有效的行政管理，下面越是容易变通国家的政令。①三年一迁的迁转法，使得州县官员根本就难以在地方上施展治理的韬略；政、财、刑权收归中央后，州县政府对地方统治能力就相对显得颇为有限，其社会治理职能的削弱，也是显而易见的。就财政领域而言，随着时间的推移，由于上级政权不断将下级有限资源收归己手，同时将更多财政负担推给下级，导致地方财政完全服从中央财政调拨，地方财政也同样陷入困顿。国家既难以保证地方财政的供赡，更无力督责各种法令真正的贯彻落实，州县在国家制度外的苛征就难以制止，形成了国家财税制度日益"地方化"的局面。②州县地方行政尚且如此，更何况是基层的乡村社会。国家权威在基层乡村的效用，我们有一个不甚恰当的比喻：譬如投石于静水后产生的涟漪，距离投石落水点越远，涟漪的波动也就越加微弱。总之，我们这里所说的国家权力向基层乡村社会的渗透和延伸，都是在一定限度之内的。

---

① 周振鹤：《中央地方关系史的一个侧面》，《复旦学报》1993 年第 3—4 期；王家范：《中国历史通论》，华东师范大学出版社 2000 年版，前编第 12—13 页。
② 包伟民：《宋代地方财政史研究》前言和第四章，上海古籍出版社 2001 年版。

三 "公""私"交织背景下村落的被统治

上述这些都是来自国家政权对于乡村社会控制的举措，是自上而下纵向的国家管理体制，来自国家权威"公"的系统。除此之外，在宋朝乡村社会中，还有来自"私"的系统的、属于社会和民众自我发展、调适的社会运行程式，这就是乡民自我管理模式，诸如义庄、义田、义学、义仓（社仓）、义役、乡约，以及宗族、家族等乡规民约的管理模式，乃至一些民间信仰的组织等。上述居乡的那些落第士人、士大夫，自然在其中扮演了重要角色。①当然，宋朝政府对于宗族的倡导和旌表，也可进而说明国家是在借用宗族的形式，替代国家政权对族内民众进行控制和管理。而这些乡族组织，又往往会成为削弱国家权力的力量。换言之，广大乡村民众在长期的生活中，也养成了具有独特风格的生活观念和传统的自我组织能力，或可称为自律、自治。诸如在水利灌溉等领域形成的自我管理、调适的组织和机制，以及在一些社会公益事业的兴建方面，临时或长期构建的组织等，②形成了一种应对官方权威的观念和办法。这对于宋朝乡村社会的管理，以及国家权威的下移，既起着不可忽视的抵制作用，也存在着一定反控制意味。③又由于上述乡役等乡村管理体制本身既属于"公"的系统，又属于"私"的系统的两面性，④或者说既是国家政治权力在乡村中的代表，又是民间社会力量的代表，是介于州县政府和乡村

---

① 梁庚尧：《家族合作、社会声望与地方公益：宋元四明乡曲义田的源起与演变》，《中国近世家族与社会研讨会论文集》，台北"中研院"历史语言研究所 1998 年 6 月版，今据邢义田等主编《台湾学者中国史研究论丛·家族与社会》，中国大百科全书出版社 2005 年版，第 338—363 页；吴铮强：《宋代的落第者》，包伟民主编：《宋代社会史论稿》，山西古籍出版社 2005 年版，第 102—180 页。

② 参见傅俊《南宋灌溉设施的管理》，《全国博士生学术论坛历史分论坛论文集》（国务院学位委员会办公室、教育部学位管理与研究生教育司主办），武汉大学 2004 年 10 月印行。

③ 宋朝村落民户激烈反对官府的行为时或发生，但农民持"弱者的武器"应对朝廷和官府的治理举措，也在在有之。"弱者的武器"之概念来源，参阅［美］詹姆斯·C. 斯科特《弱者的武器》，译林出版社 2007 年版，第 33—56、293—367 页。并请参考［美］詹姆斯·C. 斯科特《逃避统治的艺术：东南亚高地的无政府主义历史》，王晓毅译本，生活·读书·新知三联书店 2016 年版。

④ 傅衣凌：《中国传统社会：多元的结构》，《中国社会经济史研究》1988 年第 3 期。

大众之间衔接性的中介。在强调聚族而居、睦邻友好的乡土社会中，他们很难完全摆脱乡土亲邻的亲缘关系，而一味为了官方的事务而开罪乡土亲邻，更何况国家也并未给予他们足够的资源，作为其开罪乡邻的补偿。所以，赵宋政府依赖这一社会群体将国家权威的触角抵达乡村，其效果自然是要打些折扣的。

第三章　宋代乡村精英与社会控制

　　在中国传统社会中，国土广袤，民众分散而居，使得官僚制度根本就没有统辖全国每个角落的能力，这样的官僚体系也不具备统治编户齐民的深度和有效性。而由专制国家直接任命的官员，学者或以为一般直至县级为止，县级以下则不设治。①宋代亦然。那么，在专制政府和广土众民的乡村社会之间，究竟是怎样的社会机制在其中起着

---

① ［德］马克斯·韦伯"有限官僚制"说法，参阅其《儒教与道教》（江苏人民出版社1993年版，第110页），另外参阅马克斯·韦伯《经济与社会》，商务印书馆1997年版，第241—252页；费孝通认为"在过去县以下并不承认任何行政单位"，费孝通：《乡土重建·基层行政的僵化》（上海观察社1948年版，第46页）。另外参阅费孝通《乡村建设》，上海书店影印《民国丛书》本；并《乡土中国》，北京大学出版社1998年版《乡土中国　生育制度》，第63页；吴晗、费孝通等：《皇权与绅权·从保长到乡约（胡庆钧文）》，上海观察社1948年版，1949年再版，第145—146页。今据上海书店1991年影印《民国丛书》第三编；［美］G. 罗兹曼：《中国的现代化》，江苏人民出版社1995年版，第272页；傅衣凌先生说："中国有句老话，'天高皇帝远'，即中央专制主义的势力尚不能深入各地民间的反映。因而中国地主阶级便积极扶植、利用这乡族势力，用以干涉人民经济生活的各方面。"参其《关于中国资本主义萌芽的若干问题的商榷》《论乡族势力对于中国封建经济的干涉》，今据氏著《明清社会经济史论文集》，人民出版社1982年版，第7、78—102页。后人总结为"国权不下县，县下惟宗族，宗族皆自治，自治靠伦理，伦理造乡绅"（参阅秦晖《传统中华帝国的乡村基层控制：汉唐间的乡村组织》，见氏著《传统十论》，复旦大学出版社2003年版，第2—6页）。就宋史研究而言，包伟民在对宋代地方财政史研究中有以下的说法："在传统技术手段前提下，专制帝国幅员过于庞大，中央政府在许多方面都无法对地方形成有效的控制机制，以使自己的意志在地方得到贯彻落实，而只能将有限的控制能力集中到关键领域。"（参阅包伟民《宋代地方财政史研究》，上海古籍出版社2001年版，第315页）。与此相反的看法是，中国帝制时代的皇权是无所不在的，是深入基层村落的。Kung chuan Hsiao（萧公权），*Rural China: Imperial Control in the Nineteenth Century*, Washington: University of Washington Press, 1960. 中译《中国乡村——论19世纪的帝国控制》，张皓、张升译，九州出版社2018年版。T'ung-tsu Chu（瞿同祖），

承上启下的统治枢纽的功能呢? 这是一个相当重要的、宏观的历史问题。两宋时期,在专制国家和普通民众之间起着协调和社会控制、管理功能的是宋代的乡村精英阶层。①

学术界对"精英"(或写作"菁英")以及"地方精英"和"乡村精英"有着相近的概念限定。其中英文"elite"的含义,多指具有政

(接上页)*Local Government in China under the Ch'ing*, Cambridge: Harvard University Press, 1962. 中译本《清代地方政府》,范忠信等译,法律出版社 2003 年版,今据 2011 年修订版。最近五六十年以来,中国的高校历史教科书基本上都持"中央集权日益加强""皇权无所不在"这样的观点。秦晖:《传统中华帝国的乡村基层控制:汉唐间的乡村组织》(原载黄宗智主编《中国乡村研究》第 1 辑,商务印书馆 2003 年版,今据氏著《传统十论》,复旦大学出版社 2003 年版)。吴宗国主编:《中国古代官僚政治制度研究》中也有:"战国时代郡县乡里制的迅速推广,使君主的专制权力得以直达每一编户"的说法(阎步克执笔,北京大学出版社 2004 年版,第 33 页)。在宋史研究中,汪圣铎在对财政史的研究过程中,就宋初中央集权加强的论述,则有以下的表述:宋代地方既无财权也几乎没有军权,就没有抗拒朝廷的能力。这样一来,军权、政权、财权都集中于朝廷,真正地实现了"全国一盘棋",真正地实现了"一统到底"。参阅汪圣铎《两宋货币史》,社会科学文献出版社 2003 年版,第 3 页。黄宽重以两宋时期的县役弓手为考察对象,也一再申述弓手的设置,"在王朝统治力深入民间的历史上,具有指标性的意义",参阅黄宽重《唐宋基层武力与基层社会的转变——以弓手为中心的观察》,《历史研究》2004 年第 1 期,等等。黄宽重随后的研究又指出:地方豪强与精英—地方官员—基层武力与胥吏三股势力,形成南宋以后中国基层社会的三个支柱,共同合作互相依存。其中宋代士人的角色更为重要,是南宋时代基层社会的主要力量。参阅其《从中央与地方关系互动看宋代基层社会演变》,《历史研究》2005 年第 4 期。实际上,就两宋时期而言,通过下文对里正、户长、耆长以及后来的保正长、催税甲头等制度的涉及和实行的研究,可发现这一历史时期,王朝的权力是通过乡役的方式渗透到乡村之中的。中国历史后半期的研究,请参阅魏光奇《官治与自治:20 世纪上半期的中国县制》和《有法与无法:清代的州县制度及其运作》,商务印书馆 2004 年版、2009 年版;梁桂萍:《二十世纪前期中国基层政权代理人的"差役化"——兼与清代华北乡村社会比较》,《中国社会科学》2013 年第 1 期;胡恒:《皇权不下县?——清代县辖政区与基层社会治理》,北京师范大学出版社 2015 年版;高寿仙:《"官不下县"还是"权不下县"?——对基层治理中"皇权不下县"的一点思考》,《史学理论研究》2020 年第 5 期,等等。

① Robert P. Hymes(韩明士)著有 *Statesmen and gentlemen, the Elite of Fuchou Chiang-Hsi, in Northern and Southern Sung*(《官宦与士绅:两宋江西抚州的地方精英》,Cambridge: Cambridge University Press,1986),在过去 30 年来的欧美汉学界以及近 20 年来的中国史学界,引发的讨论甚多。韩明士这部经典著作的较详信息,笔者首先从胡志宏《西方中国古代史研究导论》一书获知,大象出版社 2002 年版,第 262—272 页。学术界对"地方精英"和"乡村精英"有着看法相近的限定。结合晚清近代中国的现实,我们则以之泛指两宋时期在乡村社会中有声望、有影响的社会阶层,其架构在专制国家和普通民众之间,扮演着上下沟通的连接枢纽作用和社会控制作用的社会角色,是一个相对稳定的社会群体。

治权力和文化教育背景的社会群体。①一般而言，对于精英阶层的界定，社会学家们一般都采用财富、权势与威望这三个衡量标准。美国学者 Robert P. Hymes（韩明士）对两宋"地方精英"的概括有七种具体标准：（1）官员；（2）通过州试的举人，或其他有资格到京城参加省试者；（3）寺观资金或土地的主要捐助者；（4）修建学校、书院、藏书楼、桥梁、水利工程和园林的组织者或主要捐助者；（5）地方军事组织以及正式与非正式的地方慈善活动的组织者或领导者；（6）通过朋友、师生、学术同人、诗友等关系组织在一起，或由前述一至五项聚成团体的人；（7）一至五项人的亲戚和姻亲。②但学界对此争议纷仍，针对这一概念及其相关论述加以修正、增益者甚多，恕难一一论列。③萧启庆曾指出："统治菁英，是意大利社会学家伯莱多（Vilfredo Pareto，1848—1923）所首创。菁英，乃指一个社会中握有权利与影响力的少数人。"④因其"菁英"限定为"统治"类，其中并未单就具有"政治权力"和"文化教育背景"而加以限定。2000

---

① 请参阅李猛《"从'士绅'到'地方精英'"》，《中国书评》总第 5 期，1995 年；包伟民：《精英们"地方化"了吗？——试论韩明士〈政治家与绅士〉与"地方史"研究方法》，邓小南、荣新江主编：《唐研究》第十一卷，北京大学出版社 2005 年版，第 653—672 页；周鑫的书评《韩明士：〈官宦与绅士：两宋江西抚州的精英〉》，常建华主编：《中国社会历史评论》第 7 卷，天津古籍出版社 2006 年版，第 411—420 页；鲁西奇：《"小国家""大地方"：士的地方化与地方社会——读韩明士〈官僚与士绅〉》，《中国图书评论》2006 年第 5 期；何炳棣：《读史阅世六十年》，广西师范大学出版社 2005 年版，第 23—39 页。近年来学界也开始更多使用知识精英、职业精英、技术精英等概念，无外乎是借助于这一西方词汇概括中国社会中的某些群体。近来也有学者指出，明清以降的中国社会，真正起作用的是士绅群体。更晚的学人把社会秩序的缔造者，从少数士绅扩大到广泛的"地方精英"，如周锡瑞、兰金（Mary B. Rankin）、华琛、科大卫、曾小萍、郑振满、杜赞奇、程歊等学者的研究表明，明清以后，真正维系社会秩序的地方精英，不限于具有功名的读书人，也可以是成功商人、宗族家长、宗教领袖或地方武装首领。习培俊、林明华：《〈元代地方精英与基层社会——以江南地区为中心〉评介》，常建华主编：《中国社会历史评论》第 12 卷，天津古籍出版社 2011 年版，第 488—497 页。有兴趣的读者可以更多展开阅读以核正。最新成果请参阅王果《袍哥的江湖》，《读书》2019 年第 4 期，第 90—91 页。

② Robert P. Hymes, *Statesmen and Gentlemen*, pp. 8-10.

③ 包伟民：《精英们"地方化"了吗？——试论韩明士〈政治家与绅士〉与"地方史"研究方法》；何炳棣：《读史阅世六十年》，广西师范大学出版社 2005 年版，第 23—39 页。

④ 萧启庆：《元代科举与菁英流动——以元统元年进士为中心》，参阅氏著《元朝史新论》，允晨文化实业股份有限公司 1999 年版，第 156 页。

年之后的中国学界，借用这一外来概念进行史学研究者很多，大都与
欧美学者的认定存在差异，却有着内涵相似的看法。①"乡村精英"
与"地方精英"这两个概念还是存在不小的差别，我们则以之泛指两
宋时期在乡村社会中有声望、有影响的社会阶层，其架构在专制国家
和普通民众之间，扮演着上下沟通的联结枢纽作用和社会控制作用的
社会角色，是一个相对稳定的社会群体。就两宋史事而言，史乘中多
有"乡豪之家""豪富之家"以至"形势户"等称谓，即便是后来林
文勋提出的"富民"，②以及"乡村社会权威""乡村中'能力型'阶
层""村庄领袖阶层""乡间士绅/乡绅"③等，但是，若以之指代两宋

① 程歗:《社区精英群的联合和行动——对梨园屯一段口述史料的解说》(《历史研究》
  2001年第1期)一文，对基层精英的认定，也取法乎外，进而内化为适合中国传统社
  会的概念。邓小南:《追求治水秩序的努力》(载行龙、杨念群主编《区域社会史比较
  研究》，社会科学文献出版社2006年版，第24、38页)一文中，使用"精英"这一西
  方词语时，她指出:她所说的精英，有别于通常意义上具有特殊政治背景与文化教育
  背景的精英。这显然也是将外来概念"内化"的做法。
② 近年来，林文勋以中国典籍中固有的"富民"概念，展开理论化研究，提出了"富民
  社会"这一学术扩散力极强的学术论题，引起了诸多讨论。参阅林文勋《中国古代
  "富民社会"的形成及其历史地位》，《中国经济史研究》2006年第2期；林文勋等
  《中国古代"富民"阶层研究》，云南大学出版社2008年版；不过，他也使用"乡村
  精英"这一概念，请参阅林文勋、张锦鹏《乡村精英·土地产权·乡村动力——中国
  传统乡村社会发展变迁的历史启示》，《中国经济史研究》2009年第4期。2000年之
  后的研究者，在使用"精英"这一外来概念的时候更显慎重，也有学者倾向于完全使
  用中国典籍中自有的概念替代，但仍有很多讨论的空间。
③ 参阅渠桂萍《20世纪20—30年代中国乡村社会权威在基层政治中的变动趋向——以晋
  西北乡村为例》，《社会科学辑刊》2004年第3期；《清末与民国时期华北乡村中"能
  力型"阶层》，《社会科学战线》2008年第1期；《财富、文化、社会关系与声望的聚
  合体——20世纪前期华北的村庄领袖阶层》，《福建论坛》2010年第3期；《国家不在
  场与村庄领袖的权威生成模式——以20世纪前期的华北乡村为例》，《社会科学战
  线》2010年第11期。徐规先生等:《试析陈亮的乡绅生活》，原载《宋史论集》，中
  州书画社1983年版，今据徐规《仰素集》，杭州大学出版社1999年版。周扬波:《宋
  代士绅结社研究》，中华书局2008年版；侯体健:《刘克庄的乡绅身份与其文学总体
  风貌的形成》，《中山大学学报》2011年第3期；费孝通著:《中国绅士》，赵旭东、
  秦志杰译，生活·读书·新知三联书店2009年版。其他时段的相关研究，就寓目者而
  言尚有，张仲礼著:《中国绅士:关于其在十九世纪中国社会中作用的研究》，李荣昌
  译，上海社会科学院出版社1991年版；张仲礼著:《中国绅士的收入:〈中国绅士〉
  续篇》，费成康、王寅通译，上海社会科学院出版社2001年版。王先明:《近代绅
  士:一个封建阶层的历史命运》，天津人民出版社1997年版；何淑宜:《明代士绅与
  通俗文化:以丧葬礼俗为例的考察》，台湾师范大学历史研究所2000年版；徐茂明:
  《江南士绅与江南社会》，商务印书馆2004年版。杜正贞:《村社传统与明清士绅:山西

乡村社会中富有影响力的社会群体，无疑均难以涵盖。笔者认为，清朝末期和近代以还，中国汉语固有的诸多词汇受到了外来影响，发生了变异，也有许多本来是英文或日文的词汇翻译成了汉语，纵然与中国古已有之的词汇一模一样，但也被改变了原有的内涵，并慢慢被我们接受，变成了今天普罗大众"日用而不知"的词语。①将外来概念和词语逐渐"内化"②并使之成为适合中国汉语的表达习惯和意蕴，应该可以更多为人接受。

　　宋朝乡村精英这一阶层由以下诸种社会群体组成：一是乡村管理体制中的里正、户长、乡书手、耆长、壮丁、都副保正、大小保长、甲头、承帖人等乡役。他们在以地域为单位划分而成的乡、里、都、保、甲以及管、耆等乡村行政管理体系中，在很大程度上代表着专制

（接上页）泽州乡土社会的制度变迁》，上海辞书出版社 2007 年版；王先明：《变动时代的乡绅：乡绅与乡村社会结构变迁（1901—1945）》，人民出版社 2009 年版；袁海燕：《儒学传承与社会实践：明清吉安府士绅研究》，世界图书出版公司 2012 年版；章毅：《理学、士绅和宗族：宋明时期徽州的文化与社会》（增订版），浙江大学出版社 2017 年版。

① 譬如"经济"一次的来源，参阅沈国威《近代中日词汇交流研究：汉字新词的创制、容受与共享》，中华书局 2010 年版，第 171—176 页；另请参考方维规《"经济"译名溯源考——是"政治"还是"经济"》，《中国社会科学》2003 年第 3 期，第 178—188页；方维规《"经济"译名钩沉及相关概念之厘正》，《学术月刊》2008 年第 6 期，第136—146 页。近 200 年来的中国，走在了"欧美化"的路上，已呈现一往无前的状态，不但人们吃喝住穿等日常生活如此，思想观念和使用的语言也是如此。但是，倘若研究中国古典文史，全然依赖这些既有的观念，不能在理念上"回到宋朝"，窃以为仅能是一种学术意象和建构。实际上，语言的类似变化之于近二百年来的汉语，又岂特是近二百年间的中国汉语如此，世界其他语言也是如此。参阅倪海曙《中国语文的新生——拉丁化中国字运动二十年论文集》，上海时代书报出版社 1949 年版；周有光：《汉字改革运动概论》，文字改革出版社 1961 年版；[英]彼得·伯克：《语言的文化史：近代早期欧洲的语言与共同体》，李宵翔等译，北京大学出版社 2007 年版；[美]瓦尔特·米尼奥罗：《文艺复兴的隐暗面：识字教育、地域性与殖民化》，魏然译，北京大学出版社 2016 年版；[德]维克多·克莱普勒：《第三帝国的语言——一个语文学者的笔记》，印芝虹译，商务印书馆 2013 年版；梅维恒：《佛教与东亚白话文的兴起：国语的产生》，王继红等译，收入朱庆之编《佛教汉语研究》，商务印书馆 2009 年版，第 358—409 页；[意]马西尼：《现代汉语词汇的形成——十九世纪汉语外来词研究》，黄河清译，汉语大词典出版社 1997 年版。

② 参阅许纪霖《跨越两个年代》，香港《二十一世纪》1999 年 2 月号，总第 51 期。

政府对乡村民户进行管理，具有"半行政性"或云"准行政性"；①
二是以血缘为主组成的家族、宗族里的家长、族长、房长等，以及以
他们为主而组建的乡约、义役、义田、义仓等组织的头目。他们代表
着地方性的"私"的系统，一方面为家族和宗族内部成员的生活和利
益进行管理，另一方面又在一定程度上从意识形态领域管理和控制其
成员，从而达到为专制国家管理民众的作用，且在某些社会活动领域
与乡里和都保甲制的头目一起代表着"公"的社会系统。②三是那些
居住于乡村的豪强形势户和士人，其中既包括因暂无实际差遣或致仕
退休、隐居甚或丁忧而在乡居住的官员，也包括那些在乡村中影响较
大的地痞和僧道等。③大体说来，以上三种人构成了宋朝的乡村精英
群体。

一　乡里都保头目

两宋乡村建制，前后不一，各地也有所差异。大体而言，宋初，

---

①　乡村和县级官府之间的这些职役民户的"半行政性"，最初由瞿同祖提出，参阅其
　　Ch'u, T'ung-Tsu, *Local Government in China under the Ch'ing*. Cambridge, Mass.：Harvard
　　University Press, 1962；该书已有范忠信、何鹏、晏锋中译本《清代地方政府》，法律
　　出版社 2003 年初版，2011 年修订版。虽然瞿同祖是立足于清朝后期和近代中国的研
　　究，但我们认为这一概念也可以适用于两宋历史时期。黄宗智继承和发扬了这一学术
　　论断，并提出"简约治理"这一新的学术概念，展开新的探索，参阅黄宗智《集权的
　　简约治理——中国以准官员和纠纷解决为主的半正式基层行政》，《开放时代》2008 年
　　第 2 期。

②　傅衣凌：《中国传统社会：多元的结构》，《中国社会经济史研究》1988 年第 3 期。

③　传统中国村落之中的武艺高超的农户、地痞和僧道等，能否名曰"乡村精英"，是最
　　受争议的。正如前文所已揭示者，治世社会背景之下或许很难显示出这些民户在乡间
　　的影响力，而处于乱世的社会背景之下则其社会影响力陡然凸显。倘若将"精英"一
　　次内化为一个中国学者可以接受的学术概念，概指在乡村之中具有社会影响力的群
　　体，那么，毫无疑问，村落中的泼皮豪横、僧道等信仰领域的群体，均可目为"精
　　英"。另外，南宋中后期村落之中以泼皮无赖承担乡村职役者很多，这样一来，就使
　　得这群人具有了某些官户的身份。他们加入村落治理，致使村落百姓所持的"弱者的
　　武器"和"被统治的艺术"被发现而逐渐失去了抗争效力。请参阅陈柏峰《乡村江
　　湖：两湖平原"混混"研究》，中国政法大学出版社 2011 年初版，2019 年再版；袁松
　　《富人治村：城镇化进程中的乡村权力结构转型》，中国社会科学出版社 2015 年版；
　　周飞舟《从"汲取型"政权到"悬浮型"政权》，《社会学研究》2012 年第 1 期；杨善
　　华、苏红《从"代理型政权经营者"到"谋利型政权经营者"》，《社会学研究》2002
　　年第 1 期。

沿唐五代之旧制，设乡里和管耆之制，分别有里正、户长、乡书手、耆长、壮丁等乡役名目。这些乡村精英一般是以乡村民户中比较富有的主户担任，广大的客户则没有承担的资格。史载："宋因前代之制：……以里正、户长、乡书手课督赋税，以耆长、弓手、壮丁逐捕盗贼……"①其中的弓手是县级的职役；唐朝无耆长之名，宋乃沿五代之旧。宋太祖开宝七年（974），一度"废乡，分为管。置户长主纳赋，耆长主盗贼词讼"。②到宋仁宗至和二年（1055），又废除了里正，乡村管理体制中还保留着其他四种名目，即耆长、壮丁和户长、乡书手。及至宋神宗熙宁年间，王安石全面推行保甲法和募役法。这样一来，一则改变了户长等乡村精英的轮流差派之制，改由广大民户等出钱募人充役，二则虽然在熙宁三年（1070）十二月保甲法初行之时，保甲制中的保正等是带有民兵性质的，而乡村治安系统中也同时开始出现都副保正、大小保长和催税甲头等乡村精英的名目。熙丰后期，原有的保甲名目已经逐渐地被应用于乡役系统之中，此后直至宋末，都副保正、大小保长或是单独承担了乡村社会的管理职能，或是与耆长、壮丁、户长等原有的乡役名目同时并存，又或因地域而有所不同，但均为自此之后宋朝乡村之精英。而熙丰时期所谓的募役之制已逐渐沦为差募并行而至名募实差之制，一直到南宋时期都是如此。政府借募役之名征收了大量的役钱，以保证和平衡政府财政的出纳，而乡村社会中的诸多社会事务，还是要那些乡村精英来轮流承担，政府也还是不支付任何的薪水，他们在身份上仍然是"吏民"，而并非行政系统正式的官府之"官"。元丰七年（1084）后，宋初以来协助里正、户长工作的乡书手转而上升为县役，不再承担乡村精英的管理职能。而宋神宗熙宁六年（1073），初行保甲法之时所推行的以10户为一小保、5小保为一大保、10大保为一都保的编制也发生了变化，改为每5户为一小保、5小保为一大保，10大保为一都保。也就是说，将原来每500户为一都保的管辖范围缩小为250户左右，"但及

---

① （元）脱脱：《宋史》卷一七七《食货志·役法》，中华书局1985年版，第4295页。
② 《宋会要辑稿·职官》四八之二五。

二百户以上，并为一都保"。①而甲头催税的民户范围则一直是以20—30户为主进行的。这样，大大改变了隋唐以来的以100户为一里、5里为一乡的乡村建制。同时，乡村精英的人员构成也比原来增加了几倍甚至十几倍。以隋唐时期的一里500户为例，其乡村精英的人数一般是6—10人；而这时的乡村精英人数每500户已经多至60—120人。②广大乡村精英所控制的人户范围是大大的缩小了，与此同时，则是行政管理效能的增强，也表明了国家行政权力向下延伸的努力。这是中国古代社会里的一个很大的变化。另外，虽然宋政府一直是实行以富有的乡村主户担任乡村精英的制度，但是在行政制度的实际运行之中，由于担任这类乡村精英时不时地会遇到代贫苦的下等民户缴纳赋税的可能，还有许多意想不到的负担，所以，富有的乡村主户往往以诡名寄产等方式降低户等，转嫁乡役负担给那些贫下民户，以至于担任乡村精英者多有非富有民户的情况，宋初以来这类乡村精英至此已经发生了较大的变化。而在实际社会运行过程中，那些富有的乡村民户和形势户却一直是或明或暗地充担着耆长、户长或都副保正、大小保长等乡村精英的社会角色。

二 家族和宗族的首要人物

以血缘关系为纽带组成的家族、宗族组织，一直是中国传统乡村社会的社会组织。两宋时期的家族和宗族，虽然其势力已远不可与魏晋隋唐之门阀士族相比，却仍然在乡村社会中长期存在。在这些居于乡间的或大或小的家族和宗族里，家长、房长和族长等头目也扮演了乡村精英的社会角色。宋初以来社会中重新鼓倡的儒家道德伦理观念、宗族家族的家法族规以及专制政府赋予了他们不同于普通族众的地位。宗族内部族长、房长、家长及各位管事以至普通成员，其间等级森严，尊卑关系分明，地位也不同，在宗族内部的权利与义务也不同。如史载："凡立继之事"，须"出于尊长本心，房长公议"；"王

---

① （宋）李焘：《续资治通鉴长编》卷二四八，熙宁六年十一月戊午，中华书局2004年版，第6045页。

② 刁培俊：《宋代乡役人数变化考述》，《中国史研究》2005年第1期，第93—95页。

圣沐者，号称族长，握继立之权"。①南宋黄榦宗族的族田收入，除了"每年于内拨六石充祭享及输租"之外，其他则需"公交族长掌管，以备不测支遣"。②在《郑氏规范》中，则有每当"子孙受长上诃责"时，需"不论是非，但当俯首默受，毋得分理"的规定。即便是族内的纠纷，也要有族长等乡村精英出面调解。在追求"无讼"的传统乡村社会中，非到万不得已，乡民是不会轻易走入县衙的。在家族和宗族内部，所追求的乃是父慈子孝、兄友弟恭的长幼有序、男女有别的社会伦理方式。同时，他们也提倡"孝悌行于家，忠信著于乡"，③以与国家的利益结合在一起。而义田、义仓、义役、义学和乡约等组织的首脑，也大都与家族、宗族的首要人物的倡导有关，也多半是由他们和居乡的官户等乡村精英承主其事。

与家族、宗族的家长、族长等乡村精英类似的，还有乡间的"父老"。有关这类乡村精英的叫法不一，如村老、里老、耆老、三老、乡耆、耆宿、耆耋、耆旧等，但大都是指同一类社会群体。这些乡村精英不只是深谙故实的老人，从某种程度上说，他们与宋王朝对农民的统治密切相关。多数情况下，父老与乡里结合起来，表现为"乡之父老""邑之父老""里中耆老"等，他们在当地乡村社会中是领导阶层，与地方行政关系密切。他们对于所居乡村的农田水利、户籍人口，以及祈祷雨晴等传统习俗等有较多的影响。④在这一方面，也体现出了宋王朝建立伊始即推广的儒家传统理念中尊老观念和"以孝治天下"思想在乡间的影响。

---

① 《名公书判清明集》卷八《父子俱亡立孙为后》，第264页；卷八《户婚门·命继与立继不同》，第267页；《当出家长》，中华书局2002年版，第244页；卷七《吴从周等诉吴平甫索钱》，第204页。
② （宋）黄榦：《勉斋先生黄文肃公文集》卷三四《始祖祭田关约》，北京图书馆藏古籍珍本丛刊本，第90册第750页。
③ （宋）陆游：《放翁家训》，《丛书集成初编》本。
④ ［日］柳田节子：《宋代的父老——关于宋代专制权力对农民的支配》，《东洋学报》第8113号，1999年；今据游彪中译文《漆侠先生纪念文集》，河北大学出版社2002年版；梁建国：《朝野之间：宋代父老与国家秩序》，《中日学者中国古代史论坛文集》，中国社会科学出版社2012年版。

三　豪强形势户与乡间士人等

中唐以来，土地私有的趋势一如决堤之黄河，不可遏止。宋代亦然，再兼其"不抑兼并"的田制，如此一来，在乡村之中就出现了田连阡陌的富豪大户。宋朝制度规定中的形势户是指"见充州县及按察官司吏人、书手、保正、耆［户］长之类，并品官之家，非贫［户］弱者"①，主要是指富强有力的官户和吏户。在宋代，有许多豪强形势户居住在乡间，他们这些或退或隐或丁忧的官僚之家和士人一起，也在农村中充当着乡村精英的社会角色。

宋朝士人，大体指以读书求学自业的读书人，他们大都以仕进为努力目标，或业已得解者。两宋时期，由于科举考试的兴起，许多家庭都热衷于读书入仕。而以读书应举为业的士人，在未中举之前，或终生未能中举者，他们有许多居住于乡村，也被乡村民众视为乡村精英。由于这些乡居的士人熟知诗书，能写会算，为那些不知书字的乡民所钦敬，他们在传播统治者的统治方式与理念和普通文化知识等方面，对乡村有较大影响。官宦、士人居于乡间，由于他们拥有学识，其中的一部分人更拥有普通民众所没有的权势与特权，因而可以视为有别于一般民众的一个社会群体。我们也视为乡村精英。豪横与长者，是上述这类乡村精英在乡间民众中的形象。

除此之外，还有居于乡间的一些"泼皮无赖"性质的乡村精英，他们或干扰民众，抑或对抗官府，与那些在正史中记载的官逼民反，抗富济贫，行侠仗义的所谓"强盗""盗贼"相仿，诸如方腊、宋江等好汉，南宋初期的钟相、杨幺以及和他们一起聚众造反的民众，以及一些乡居或游方的僧道在乡间的影响，②亦在乡民心目中构成精英

---

① （宋）谢深甫编：《庆元条法事类》卷四七《赋役门一》，黑龙江人民出版社2002年版，第627、634页。

② 僧道以在乡间的影响亦可被目为乡村精英，乃2003年10月向著名史学家冯尔康先生请益时所获，谨此致谢。具体史料的论证，尚需来日。俞希鲁《至顺镇江志》卷八《神庙》江苏古籍出版社1999年版，第330页。载丹徒县有关于设立汉朝张良庙的传说："宋嘉定元年，民多疫。有道人至其境，施药疗病，得更生者千余家。一日，道人辞去……乡人遂立庙。"是为一例。［加］卜正民：《为权力祈祷：佛教与晚明中国士绅社会的形成》，江苏人民出版社2005年版。

的形象。

四　乡村精英与社会控制

宋代统治者不但以乡里都保甲等乡役头目管理乡村，而且还将原本行将悄然退出历史视野的宗族组织重新请出来加强社会控制，这些族长、家长等与一些乡居的官僚形势户和士人等共同扮演了宋代乡村精英的社会角色。而有关宋代统治者在意识形态领域里对国民的控制，学界一直缺乏应有的关注。但就乡村精英们来说，他们已或多或少地渗透着统治者的思想理念，在乡村起着加强社会控制和稳固社会秩序的作用，对两宋社会的稳定、发展和演进影响极大。

我们知道，赵宋创建未及百年，积贫积弱的窘迫局面已使统治者极感棘手。自宋仁宗朝后，财政上的入不敷出令历任帝王头痛至极。①在宋神宗朝王安石所推行的新法之中，募役法与保甲法均涉及乡村精英的问题。前者是承役是否有薪水的问题，而后者，即保甲法及其以后的渐次混同于乡役的役制，其乡村精英人数的激增，统辖人户的压缩，都足以说明宋专制国家权力在一步步向乡村社会延伸，几有填补传统县乡之间权力空隙的趋势。自此之后的北宋晚期和南宋社会，赵宋王朝的国家权力确实迈出了向乡村延伸的步伐，同时也将王权的触角——乡村精英纳诸政府的以民（此民乃"庶民在官者"②之民）治民的渠道。如此，统治者的意志也经由了乡村精英的上下沟通和传播，几达于乡间的所有民众。

我们再来考察一下乡里都保甲等乡村精英的社会职能。宋初赋役制度规定，里正、户长和乡书手一起"课督赋税"，而耆长和壮丁则负责"逐捕盗贼"，③国家法律对社会的控制作用，亦多由此类乡村精英传达并对乡间民户起到约束作用。里正等还同时兼任评定乡村民户户等、劝课农桑等职责，耆长等则还兼任传递信息和文书等职责。

---

① 漆侠：《王安石变法》，河北人民出版社 2001 年版，第 14—27 页；汪圣铎：《两宋财政史》，中华书局 1995 年版。
② 《宋史》卷四五六《孝义传》，第 13386 页。
③ 《宋史》卷一七七《食货志·役法》，第 4295 页。

及至熙丰以后，保甲头目的都副保正和大小保长、催税甲头、承帖人等，或"觉察欺诈，袭逐奸盗"，或催督赋税，也基本上承担了上述的所有职能。并且还要"互相觉察"，①倘若同保之内出现犯有强盗杀人，强奸掠人，传习妖教，造蓄蛊毒等罪者，必须尽快向上报告，否则都要受到惩罚。此外，其至"修鼓铺，饰粉壁，守败船，沿（治）道路，给夫役"②等社会公共福利事业，也成为保正长等的职责。也就是说，乡村民户对于专制国家的义务，赋税和徭役，经由这些乡村精英之手，得以实现；而对于乡村社会的治安管理，也是经由这些乡村精英而保证乡村社会秩序的协调与稳定。考诸两宋史实，这类乡村精英在赋税征收和社会治安等方面所起到的实际作用，确实是值得肯定的。专制政府正是借助于这些长期生活在乡下的乡村精英来协调乡村社会秩序和强化社会控制。并且乡村精英周围都是熟人的社会，或者是亲族邻里的社会，政府利用他们进行社会控制，所起到的作用是专制国家行政权力所远不能及的。

相对于乡里都保甲的头目乡役人而言，宗族、家族的首脑以及乡居官户、豪强形势户和士人在专制国家对于乡村社会的控制方面，也起到了诸多的效能。他们不但将儒家的伦理观念渗入乡间，还在调整乡村秩序，和睦乡民，劝善诱导，发展生产，赈济灾荒等诸多方面，起到了社会控制的作用。例如，吉州永新颜氏家族"一门千指，家法严肃，男女异序，少长辑睦……"③家族成员之间，还必须做到有善相告，有过相规，据《宋史·吕大防传》载，曾经在宋朝为士大夫们赞颂的《吕氏乡约》的具体要求是："凡同约者，德业相劝，过失相规，礼俗相交，患难相恤。有善则书于籍，有过若违约者亦书之，三犯而行罚，不悛者绝之。"可见在制约乡民的行为方面很是严格。范仲淹的范氏义庄规范中则严格限制家族内部成员的奸盗、赌博、斗殴以及欺骗善良等行为，其中所规定的父慈子孝兄友弟恭等忠孝伦理观念，尊尊亲亲的道德理念等，以及遵守国法族规，及时完税纳粮等，

---

① （清）徐松：《宋会要辑稿·兵》二之二三，中华书局1957年版。
② （元）马端临：《文献通考》卷一五三《兵考五》，中华书局1986年版，第1340页。
③ 《宋史》卷四五六《孝义·颜诩传》，第13413页。

都对束缚家族成员的社会行为起到了比较严格的限制作用，从而加强了社会控制的力度。又如，南宋高宗绍兴年间，婺州有一名为潘好古的士人，在遇到荒歉年岁，他以极低的价格贷借谷米给民众，还出钱数十万，兴修婺州西湖旁边的两所废塘，而他自己却"未尝有寸田居其间"。①又有一姓易者，乐善好施，不但于灾荒之年赈济贫困，而且给有病者以药石，乡间民众称呼他为"长者"，乡村中有争斗者，也"踵门求直，闻君言差缩辍讼"。②史书中更不乏有他们创设义仓，改善交通等为民造福的史例。当然，这类乡村精英的社会控制作用，还远不止上述这些。③

正是由于科举教育的盛行，也因为科举不中者的增多，所以散居于乡间一些士人为衣食所迫，或设学收徒，在教育学生的过程中则逐渐将儒家的思想意识形态传播开来，也有一些士人成为在宋代兴起的话本行业的说话人，或者是戏曲的唱本作者。苏轼在《东坡志林》卷一记有涂巷小儿从家中持钱，出外聚坐，听说话人讲说三国故事的记载。陆游诗曰"斜阳古柳赵家庄，负鼓盲翁正作场。死后是非谁管得，满村听说蔡中郎"④，和刘克庄的"儿女相携看市优，纵谈楚汉割鸿沟。山河不暇为渠惜，听到虞姬直是愁"⑤两首诗是宋代民间已经盛行说话和戏曲的很好写照。而《三国》等宣讲封建帝王正统思想的这些说话故事，却给乡村的百姓灌输的是对专制政府的服从、顺从等正统的儒家的思想观念。僧道在乡间所传播者也多为隐忍顺从等观念，儒释两家由此而为统治者所接纳并加以推广。这种思想上的理念渗透，也就是张载所说的"管摄天下人心"的举措，在一定程度上也

---

① （宋）吕祖谦：《东莱集》卷一〇《朝散潘公墓志铭》，《宋集珍本丛刊》本，第62册第196页。
② （宋）胡铨：《胡澹菴先生文集》卷二五《易长者墓志铭》，北京大学图书馆藏清乾隆二十二年刊本。
③ 关于宋代宗族的维护族内秩序，平息族人反抗，裁决民事纠纷，维护财产继承，督促赋税缴纳等政治职能，和传授生产技术，倡导勤奋风气，赈济灾荒，建设部分公益事业等经济职能以及教育职能，宗族观念与封建伦理，请参阅王善军《宋代宗族和宗族制度研究》，河北教育出版社2000年版，第259—276页。
④ （宋）陆游：《剑南诗稿》卷三三《小舟游近村舍舟步归》，上海古籍出版社1985年版，第2193页。
⑤ （宋）刘克庄：《后村先生大全集》卷一〇《田舍即事》，四部丛刊初编本。

对宋代乡村社会控制产生了很大的强化作用。

要之,宋朝乡村精英在乡间的存在,以及赵宋统治者调整、改革乡役的努力等,为赵宋王朝的统治提供了较多的效能。从国家行政权力与乡村广土众民之间的"权力空隙"的填补方面,乡村精英的确起到了其中间枢纽的作用,将专制政府的各项行政命令传布于乡间,又将民间百姓的一举一动经由其上达于朝廷。虽则自宋仁宗朝始即已出现了积贫积弱、国家财政入不敷出的窘境,尤其是南渡后,国土萎缩,人口密集,财税来源减少,更使得国家财政捉襟见肘。 但是经由乡村精英的努力,宋仁宗朝后的二百余年间,国家财政还是勉强地渡过了一次次的难关,并支持到最后。在稳定基层社会方面,森严的保甲制和贯穿着传统儒家伦理观念的族亲控制,以及意识形态领域里政府的诸多努力,再有科举取士对于普通民户的吸引等导致的思想控制,两宋社会内部虽然一度出现"一年多如一年,一火强如一火"①的农民反抗,此后也似乎并未间断过,但都不曾形成较大规模的反抗活动,天水一朝也最终没有因乡民的反抗而走下历史的舞台。这些足以说明,宋朝乡村精英的有效机能推动了赵宋王朝这一国家机器较为正常的运转,赵宋统治者的乡村精英及其所起到的社会控制功能,颇有进一步研讨之必要,也有着一定的历史进步意义。仅从保甲法和募役法及其演变混同一体的过程在国家和乡村社会之间所起到的社会效能,以及此后诸朝的沿用宋制而言,王安石变法也是值得肯定的一次历史变革。

（谨按：这一部分是笔者进入学术殿堂的第一篇勉强像样子的文章,端赖时任《社会科学辑刊》编辑的张国庆老师慧眼发掘并编发。在那个版面费满天飞的求学时代,事后能够收到230元的稿费,何其欣幸？！今日回想,真是难以言表。因此,我真诚感谢此后任教于辽

---

① （宋）欧阳修：《欧阳修全集》卷一〇〇《再论置兵御贼劄子》,李逸安整理本,中华书局2001年版。本段下述参见梁庚尧《豪横与长者：南宋官户与士人居乡的两种形象》,《新史学》第4卷第4期,1993年12月,今据氏著《宋代社会经济史论集》,允晨文化实业股份有限公司1997年版。

宁大学的张国庆教授。惜乎发表前并没有看到校样，而被删改了2000多字，自己又没有保存原稿，注释之中有关 Robert P. Hymes（韩明士）及其名著 *Statesmen and Gentlemen, the Elite of Fuchou Chiangsi, in Northern and Southern Sung* 的有关信息，荡然无存。2005年之后，有幸拜读包伟民教授在《唐研究》第十一卷发表的评论大作，颇有晚知之恨。）

第四章　宋代富民与乡村治理

中唐以降，伴随着土地制度的变革，贫富之间的社会、经济流动日趋频繁，许多人可以通过这样或那样的方式，成为土地和财产的主人。迄于两宋，因"不抑兼并"国策的推行①，民户贫富分化也日趋显著。富民阶层以其丰富的人际网络和社会资源，在乡村事务中较为活跃，逐渐成为一个举足轻重的社会群体，社会影响渐趋显著②。与此同时，富民阶层在乡村治理方面的社会作用和影响，在宋代也很突出。以往研究多立足于富民豪横乡里和济贫扶弱两方面的考察③，较

---

① 赵宋王朝是否执行了"不抑兼并"的"田制不立"政策，多年来，被宋史学界视为众所周知的史实。杨际平教授对此发表了质疑的观点，也引起了学者的讨论。对于史料的不同角度之阐释，产生了不同的学术观点，由此可见追溯文本来源、展开史料批判之重要性。请参阅杨际平《宋代"田制不立"、"不抑兼并"说驳议》，《中国社会经济史研究》2006 年第 2 期；杨际平：《宋代"田制不立"、"不抑兼并"说再商榷》，《中国农史》2010 年第 2 期。均据杨际平《杨际平中国社会经济史研究论集·唐宋卷》，厦门大学出版社 2016 年版，第 341—396 页；薛政超：《也谈宋代的"田制不立"与"不抑兼并"》，《中国农史》2009 年第 2 期；耿元骊：《宋代"田制不立"新探》，《求是学刊》2009 年第 4 期。

② 参见林文勋《宋代富民与灾荒救济》，《思想战线》2004 年第 6 期。梁庚尧先生也对富民在社会救济、慈善事业中的社会效用有深入研究，参阅梁庚尧《南宋的农村经济》第五章，联经出版事业公司 1985 年修订本；《宋代社会经济史论集》所收相关文章，允晨文化实业股份有限公司 1997 年版。张文《宋朝社会救济研究》（西南师范大学出版社 2001 年版）也有所论述。

③ 梁庚尧：《豪横与长者：南宋官户与士人居乡的两种形象》，《新史学》第 4 卷第 4 期（1993 年 12 月），今据氏著《宋代社会经济史论集》，允晨文化实业股份有限公司 1997 年版。其实，梁先生此篇大作的题目冠之以"豪横与长者"不免给读者截然二分的印象。宋朝和明清村落社会之中，富豪民户多在不同时空之下扮演了不同角色，其在贫穷的中下等民户心目中的印象和多元化的社会面貌，值得更多实际论证。王华艳、范立舟：《南宋乡村的非政府势力初探》，《浙江社会科学》2004 年第 1 期，也涉及

少对其在乡村治理中的多个面相进行深入探讨，也未见对国家相关制度理念的发掘。我们注意到上述问题，并试从社会积极作用和消极影响两个方面，结合有宋一代的社会发展变化状况，做进一步的探讨。

一　"富民"的构成

宋代的乡村富民，按其社会角色不同，大致由以下几类社会群体构成：以官户（形势户）身份居乡者（富且贵者），以士人的身份居乡者，以宗族和家族的形象出现在乡村者，当然还有许多纯粹是乡间土地主、财主（富未必贵者；富有的商人、僧道也有居乡者）。①他们均有机会成为乡村管理体制的头目，或说可以成为官方认定的乡村

（接上页）相关问题。充当乡役等乡村精英的民户，为官方认定，在大多情况下无疑具有某些"政府势力"的色彩。

① 林文勋较早提倡并展开中国史领域的富民研究，并已形成一个富有理论范式色彩的重要研究议题，发表了一系列学术成果（林文勋：《中国古代"富民社会"的形成及其历史地位》，《中国经济史研究》2006 年第 2 期）。林文勋对"富民"研究的观点最早见之于文本化，可溯源于 1999 年在台湾大学参加"转变与定型：宋代社会文化史学术研讨会"上宣读的论文《唐宋时期财富力量的崛起与社会变革》；此后，林文勋、谷更有《唐宋乡村社会力量与基层控制》，云南大学出版社 2005 年版，其上篇《唐宋"富民"阶层的崛起》收入以下篇件：（1）要重视中国古代"富民"阶层的研究，（2）唐宋土地产权制度的变革与"富民"阶层的崛起，（3）唐宋社会"富民"阶层初探，（4）从墓志铭看宋代社会中的"富民"，（5）宋代"富民"与灾荒救济，（6）宋代社会的"保富论"等。再其后，林文勋等著《中国古代"富民"阶层研究》，云南大学出版社 2008 年版，以更详密的学术理路展开更丰厚多元的研究，参阅黄纯艳《"富民"阶层：解构唐宋以来中国社会发展与变迁的一把钥匙——〈中国古代"富民"阶层研究〉读后》，《中国经济史研究》2009 年第 1 期。林文勋进而提出：中国传统社会的变化经历了"部族社会"（上古三代）、"豪民社会"（汉唐时期）、"富民社会"（唐宋至明清），并最终进入近代"市民社会"的历史过程。参阅林文勋《中国古代史的主线与体系》，《史学理论研究》2006 年第 2 期。"富民社会"论引起了学界一系列跟进和商讨研究，与赵轶峰、葛金芳倡导之中国"农商社会"研究论题一起，至今已组织举办了长春、厦门、北京、昆明、武汉等多次学术研讨会。对此，学界亦有进一步概括和反思的讨论，请参阅张邦炜《宋代富民问题断想》，《四川师范大学学报》2012 年第 4 期；邢铁：《宋代乡村"上户"的阶级属性》，《河北师范大学学报》2011 年第 5 期；李治安《多维度诠释中国古代史——以富民、农商和南北整合为中心》，《中国社会科学评价》2016 年第 4 期；张锦鹏、武婷婷《"富民社会"理论的学术研究回顾及展望》，《思想战线》2018 年第 6 期；薛政超《规模·品格·角色·范式：唐宋"富民"考论》，中国社会科学出版社 2020 年版，等等。

精英①。贫士与贫宦不在我们的考察范围之内。②

林文勋认为:"富民"是社会上的富有者,更是乡村中的富裕阶层,虽然包括少数以工商业致富的人,但绝大多数是乡村中靠土地经营致富的人。但富民又不完全等同于财富占有者,因为财富占有者中还包括那些依靠特权占有财富的人,就富民来说,它所拥有的只是财富,而没有任何特权,是与魏晋以来的士族和宋代以降的官户、形势户不同的新兴阶层。富民维持其家道不败,一靠财富,二靠文化教育。他还特别强调富民的两个内涵:占有财富而没有政治特权,拥有良好的文化教育。唐宋以后,由于贫富分化常态化,所以,对单个富民来说,地位不太稳定,但由于在有的富民衰败时,又有另外的民户从中下等户上升为上户富民,因此,作为一个阶层,富民又是稳定的。③究其实,就两宋社会实情而言,单纯以农致富且能够持久者寥寥,具有某些权贵因素抑或与权贵相关的村落富民不仅能够快速致富,也更易于持久不衰;更兼两宋社会之中诡名挟户和诡名隐户的大量存在,居于村落、城镇④的富民形势户故意显露出并不富裕的假象,混淆官府和村落百姓的视线,给我们的研究带来更多挑战。

我们认为,在宋代基层社会中,按照是否为官方所认定,可以将乡村精英分为两类:一类是官方认定的乡村精英(可视为国家权力的"神经末梢"),另一类是不为政府认定而为民户认同的乡村精英。而按照其执行的职责,又可将之分为征税派役的乡村精英与管理乡村

---

① 刁培俊:《宋代乡村精英与社会控制》,《社会科学辑刊》2004年第2期。
② 梁庚尧:《南宋的贫士与贫宦》,《台湾大学历史学系学报》总第16期,1991年,今据前揭氏著《宋代社会经济史论集》下册。
③ 林文勋等:《中国古代"富民"阶层研究》,云南大学出版社2008年版,第18—19页。
④ 至少在南宋时,富民形势户和官僚士人等一起,越来越多地放弃乡居而选择了城居。这与晋唐以还的社会变迁有一定的联系,虽然晋唐士族与宋朝官僚形势户、富民存在阶层差异,但其类同性更凸显出宋朝社会的独特,前后历史时段发展变迁的线索,颇引人瞩目。参阅毛汉光《从士族籍贯迁移看唐代士族之中央化》,《"中研院"历史语言研究所集刊》第52本第3分,1981年,今据《中国中古社会史论》,上海书店出版社2002年版,第234—333页;韩昇:《南北朝隋唐士族向城市的迁徙与社会变迁》,《历史研究》2003年第4期;梁庚尧:《南宋官户与士人的城居》,《新史学》第1卷第2期;1990年,今据前揭氏著《宋代社会经济史论集》下册,第39—84页。

社会治安的精英这两大类。无论是否为官方所认定，富民都是在乡村中拥有一定社会声望和影响力的社会群体，国家借助他们丰富的经济、政治、文化和社会资源，由他们协助或替代地方政府征税派役，维持基层社会秩序，以达到社会治理的成效。

一般而言，历代王朝都是依靠比较富有或兼多丁的民户治理乡村，借以稳定乡村秩序，代替地方政府从多个方面管理乡村。譬如北朝的党里邻"三长皆是豪门多丁为之"；①唐代"里胥者，皆乡县豪吏，族系相依"②等，均是如此。宋代承担乡役者，政府规定一般需是乡间富民——富有的居乡官户、形势户，士人，大家族和宗族的首领等，自然都在其列。

我们知道，宋代乡里、乡役和保甲三种制度，是国家用以加强乡村控制的主要方式。虽然这三种制度前后错综复杂，甚或会有相互兼充、重合的现象，但是，从国家的制度规定来看，其中的头目都要求由乡间富足（或兼多丁）的乡村民户承担，他们在很大程度上替国家承担着乡村治理和维持社会秩序的作用。不太富有的民户（第四、五等主户和广大的客户），则只能轮差充当次要角色——壮丁、承帖人等，其所谓职责就是被驱使。至于广大客户，一般是没有承担职役的资格的。

关于充当乡役的富民，我们先检视两宋各个时段的政府规定。宋太宗淳化五年（994）诏令："两京、诸道州府军监管内县，自今每岁以人丁物力定差，第一等户充里正，第二等户充户长，不得冒名应役。"③宋仁宗至和二年（1055），诏废里正，户长一役则主督赋税，以第二等户充役。大致生活在北宋时期上党的一位名叫张文玉（986—1047）的里正，其事迹大致也可印证之。

　　……世袭农桑，户列一乡制最。逮君成人，县寮推择其才，

---

① （北齐）魏收：《魏书》卷八二《常景传》，中华书局点校本1974年版，第1804页。
② （宋）王谠：《唐语林校证》卷一《政事上》，中华书局点校本1987年版，第62页。
③ 《续资治通鉴长编》卷三五，淳化五年三月戊辰，中华书局2004年版，第775页。其实早在建隆初年程能奏疏中已经显现出富者当役，贫者免役（职役）的役法精神，见《宋史》卷一七七《食货上五》，中华书局1985年版；《续资治通鉴长编》卷二一。

补充里正。能以廉干莅事，督民税则秋夏经入，无粒粟之逋；运粮道则边陲足食，无斗储之匮。助于公上，颇著其绩。君以上腴负郭未耕，机织谷帛，岁倍其收……尝叹曰：……吾今不出户庭，不摇唇舌，坐享先畴，几盈千亩，优幸寔亦过焉。可卜归田，甘于休退。择诸子中材智堪为吏者，其子宗庆得居吏职，凡佐县治二十余年，举无废事，擢升八司之上……①

这则记载之中曾担任里正的张文玉，由"世袭农桑，户列一乡制最"和"几盈千亩"，显然可见是乡村一大富户。他成年之后，即被县吏保举担任乡村职役里正。而自"可卜归田，甘于休退"一句记载可知，他大概担任乡役里正很长一段时间，甚至三二十年。为了更好地保持其在县乡的地方影响力，他还在自己不做里正之后，推出其子担任县吏。宋神宗熙宁年间（1068—1077），推行募役制时，应募户长役者，规定须是第四等以上的乡村民户"有人丁物力者"方可承担；②元丰八年（1085），经过一番反复，朝廷重行募役时，仍规定户长以第四等以上民户应募。③元祐以后，重新推行差役制，沿用熙宁前的制度，以第二等乡村主户轮差户长。此后，但凡以户长催税，大致沿用了这一规定。关于耆长、壮丁，据《嘉定赤城志》卷一七和《淳熙三山志》卷一四载：耆长"以第一、第二等户差"，壮丁从属于耆长"于第四、第五等差"。另，《续资治通鉴长编》卷七三载宋真宗大中祥符三年（1010），乞伏矩奏云"况第一、第二等户充耆长、里正……"这说明宋初以来，一直以第一或第二等乡村主户轮差耆长，以第四等或第五等户轮差壮丁。熙宁年间推行的募役法中，关于充募耆长的户等规定，也可从元丰八年（1085）朝廷再次下诏恢复耆

---

① 据悉，山西省出土的这方墓志铭，是由一位名叫李汉傑的乡贡进士撰写的《宋故南阳张君（文玉）墓志铭并序》，虽其中颇有引人疑窦者，但应大致可信。收入郭茂育、刘继保编著《宋代墓志辑释》，中州古籍出版社2016年版，第260—261页。
② （宋）陈傅良：《止斋先生文集》卷二一《转对论役法劄子》，四部丛刊初编本。
③ 《续资治通鉴长编》卷三六〇，元丰八年十月，第8620页。

壮之法中找到根据，即耆长允许募第三等以下民户充应。①元祐之后，复更为差役制，耆长、壮丁的应役户等则一如熙宁前旧制，此后也大致沿用未变。

保甲制被混同于乡役制后，宋政府对于充担都副保正、大小保长、甲头、承帖人等乡役的民户，也均有具体规定。熙宁三年（1070）初行保甲制时，朝廷规定充任小保长须是主户中"有才干、心力者"，充任大保长须是主户中"最有心力及物力最高者"，充任保正副者须是主户中的"有行止、心力材勇为众所伏及物力最高者"。②这时，由于以乡间中下民户充任都副保正、大小保长等，则其缺乏参加训练的马匹、武器和衣食等，必须由富民承担。此后，宋政府也一再强调，"在法：保正副系于都保内通选有行止、材勇，物力最高者二人充应"。③南宋林季仲《竹轩杂著》卷三《论役法状》引述绍兴二年（1132）和四年的臣僚上奏，称他们要求轮派差役，"欲不拘甲分，总以一乡物力次第选差，非第一等[户]不得为都[保]正，非第二等不得为保长……"

早在熙宁三年（1070）二月，被差派为甲头之役者，政府强调须是以乡村"有物力"④的第三等以上民户方可充任。南宋时期曾有"自高至下，依次而差"⑤的情况。然而，绍兴三十一年（1161）二月，朝廷又同意一位官员的奏章，以"甲内税高者为[甲]头催理"赋税。⑥"税高"之家，当然指较为富有的乡村主户。

总之，大致而言，两宋政府一直贯彻着以乡村中较富裕（一般为三等以上主户）的民户充任里正等重要乡役的制度，并凭借他们实现政府对乡村社会的控制和有效管理。而乡役户的社会交际网络、社会

① 《续资治通鉴长编》卷三六〇，元丰八年十月丙戌，第8620—8621页，又见卷三六四，元祐元年正月王岩叟言，第8705页。
② 《续资治通鉴长编》卷二一八，熙宁三年十二月乙丑，第5297页；《宋会要辑稿·兵》二之五引司农寺《歙县保甲条制》，中华书局1957年版影印本。
③ 《宋会要辑稿·食货》六六之八二。
④ 《宋会要辑稿·食货》四之一九。
⑤ 《宋会要辑稿·食货》六五之八五。
⑥ 《宋会要辑稿·食货》六五之九二、六六之八三。

流动的可能性,以及"因役致富"和行政经验的积累,有利于他日的举业和仕业,①也构成为其社会资源的一部分。

居乡的士人、形势户,有时他们并非官方认定的乡村精英,算不上协助官府管理广土众民的、国家政权的"神经末梢",但在基层社会中,他们同样起着乡村治理作用。如所周知,读书和考取功名所需的费用,是很可观的一笔开支。没有一定经济能力的民户,是很难加入科举入仕的行列的。宋代经过科举的发展,社会上读书的人越来越多,而考取功名的人毕竟是凤毛麟角,即使是考取到功名,由于宋代官多阙少的矛盾也很突出,所以,为数不少的落第士人和待缺、丁忧、致仕的官员仍会有很多可能生活在乡间。虽然有些士人并不富裕,被目为贫士,②但从总体上看,这个社会群体中的大多数比较富有,或拥有一定的社会资源,在乡间具有一定的影响力。由于各种因素居乡的形势户,因其所拥有的财富以及其他政治、社会资源,一般也比较富有。而按照宋政府的规定,所谓形势户"谓现充州县及按察官司吏人、书手、保正、耆[长]、户长之类,并品官之家非贫[户、]弱者"。③"非贫[户、]弱者",意即非富有者不能列入形势户。形势户也往往参与乡村治理,起着社会控制的作用。

另有一类乡村富民,是以大家族、大宗族的形象出现的,他们同样对乡村治理影响较大。下面这则史料,大致可反映出他们在乡间的经营和社会影响:

> ……迨宋兴百年,无不安土乐生。于是豪杰始相与出耕而各长雄其地,以力田课僮仆,以诗书训子弟,以孝谨保坟墓,以信义服乡闾,室庐相望为闻家,子孙取高科登显仕者,无世

---

① 参阅柳立言先生针对 Beverly J. Bossler, *Powerful Relations: Kinship, Status, and the State in Sung China*(960—1279)一书的评介,《台大历史学报》总第24期,1999年12月,第441页。

② 梁庚尧:《南宋的贫士与贫宦》,《台湾大学历史学系学报》总第16期,1991年8月,今据前揭氏著《宋代社会经济史论集》下册。

③ 《中国珍稀法律典籍续编》第一册《庆元条法事类》(戴建国点校本)卷四七,黑龙江人民出版社2002年版,第627页错"类"字为"额"字,第634、653页无误。

无之。①

又如，为了延续家族的兴旺和昌盛，李筠死后三年，其妻耿氏吩咐三个儿子分别为"吏而役""耕而食""使就（游）学"者。②自南宋初延续260多年的浦阳郑氏家族，其族规中虽然有"子孙勿习吏胥"的条款，却又强调"立家之道，不可过刚，不可过柔，须适厥中"，要求凡是"子弟当随掌门户者，轮去州邑，练达世故，庶无懵暗不谙事机之患"。③即要求族人到县司熟悉官民交接的门道。上述两例，都是家族、宗族要培养同县司官吏打交道的族人，使他们参与国家权威的范畴之中，一方面是为了避免自家受到蒙蔽，遭受损失；另一方面，他们也有借以发展家族的理念。换言之，这也是家族、宗族的首脑与乡役等交叉重合的例证。他们对于地方、对于家族的治理作用，也是很重要的。

二　豪横、长者与富民的多元社会形象

居乡的官户、形势户，一些富有的士人和家族，他们的各种社会行为，正如学者业已指出的，或成为民户心目中的"豪横"，或被目为"长者"。富民豪横乡里的情况，史例颇多，如《续资治通鉴长编》卷九五天禧四年（1020）四月丙申所载：

> 浮梁县民臧有金者，素豪横，不肯输租。畜犬数十头，里正近其门，辄噬之。绕垣密植橘柚，人不可入。每岁，里正常代之输租。及临泾胡顺之为县令，里正白其事。顺之怒曰："汝辈嫉其富，欲使顺之与为仇耳！安有王民不肯输租者耶？第往督之。"里正白不能。顺之使手力继之，又白不能；使押司、录事

---

① （宋）汪藻：《浮溪集》卷一九《为德兴汪氏种德堂作记》，四部丛刊初编本。

② （宋）公孙简：《宋赠大理寺丞赵郡李君墓志铭》，北京图书馆藏拓片，墓志6489，今据《全宋文》卷三二一，巴蜀书社1988年版，第394页。士大夫家族族人承担乡役，参见（宋）李廌《师友谈记》，中华书局2002年版，第34页。

③ （元）郑太和：《郑氏规范》，《丛书集成初编》新印本，中华书局1985年版，第13页，第5页。

继之，又白不能。顺之怅然曰："然则此租必使令自督耶。"

又如袁采在《袁氏世范》卷一《子弟（一作"孙"）常宜关防》中所载：

> 贵宦之子孙……其居乡也，强索人之酒食，强贷人之钱财，强借人之物而不还，强买人之物而不偿。亲近群小，则使之假势以凌人；侵害善良，则多致饰词以妄讼。乡人有曲理犯法事，认为己事，名曰担当；乡人有争讼，则伪作父祖之简，干恳州县，求以曲为直。差夫借船，放税免罪，以其所得，为酒色之娱，殆非一端也。

反映南宋时期东南地区社会现实的《名公书判清明集》，其卷一二《士人因奸致争既收坐罪且寓教诲之意》《贡士奸污》《士人教唆词讼把持县官》，以及《豪横》类目下各篇所反映的，许多都是居乡富民所为不法之事的记录。其中《为恶贯盈》条所载"鄱阳之骆省乙者，以渔猎善良致富，武断行于一方，胁人财，骗人钱，欺人孤，凌人寡，而又健于公讼，巧于鬻狱。小民思其罗织，吞气饮恨，敢怒而不敢言"，是一个较为典型的例子。

富民被乡户目为"长者"的史例，也颇为丰富，如刘挚《忠肃集》卷一四《赠刑部侍郎孙公墓表》所记孙成象之子孙隽居乡时"轻财乐施，教子有方，里人以为长者"。再如胡铨《胡澹菴先生文集》卷二五《易长者墓志铭》载易昉"乡人有斗者，踵门求直，闻君言羞缩辍讼"。洪咨夔《平斋文集》卷三一《罗迪功墓志铭》记载罗介圭事迹云："乡邻信其长者，有讼不之有司而之君取平相踵也。"他们有的虽非官方备案的乡村治理头目，但使在暗中他们仍是乡村中举足轻重的人物，其社会效用有时也远远超过乡村管理头目。譬如，前揭乡民争讼者会主动找他们平决词讼，社会救济，桥道、水渠等公益事业的兴建，教书育人，解读官方文件，向广大不识字的民户传达国家的题壁公告、赋税征收条款、状纸的书写和案件判决结果，等等。这些联结于地方政府和广大民众的事务，依赖这些人的活动，方可达到官民相接的目的。总之，他们在乡间的威望很高，影响力很大，在乡村治理和秩序维护方面，作用显著。

此外，乡间富民还有兼具官民二者的另一种社会形象。在社会发展过程中，富民还充当着国家和社会间的缓冲剂。就宋代而言，国家的治理理念是以在人口中占极少数的富民，治理广大的贫苦民户。如果依傅衣凌先生的"公"和"私"的两大系统的划分，①则这些乡间富民，一方面他们代表着"公"（国家）的系统的功能，为征收国税和社会稳定而工作；另一方面，他们也往往代表着"私"（社会）的系统的利益，为了地方和乡村民众的生活和生存，与官方做着这样或那样的融通的事情，甚至会或明或暗地与国家抗衡，化解国家和基层社会间的矛盾与冲突，成为名副其实的社会缓冲剂。这两者之间的界限是很难区分的，往往是公、私交融在一起。此外，我们还要注意到，这些富民更多的会从自身的利益着想：②对自家有利的事情，或争或抢，极力为之；对自家不利或是利益较少的时候，他们则避之唯恐不及。例如，据袁采《袁氏世范·处己·官有科敷之弊》载，在应付州县官员的各种钱物需求时，"为手分、乡司者，岂有将己财奉县官，不过就簿历之中，恣为欺弊"，是其更多为一己之利考虑的表现。柳立言在讨论家族问题时指出，士大夫并非不留意宗族的命运，但更关心本家（个人家庭）的前途。③这当然也是出于对一己私利的考量。又如当国家赋役不太沉重时，富民大多乐意承担乡役。基层公

---

① 傅衣凌：《中国传统社会：多元的结构》，《中国社会经济史研究》1988 年第 3 期。

② 在应付州县官员的各种钱物需求时"为手分、乡司者，岂有将己财奉县官，不过就簿历之中，恣为欺弊"（袁采：《袁氏世范》卷中《处己·官有科敷之弊》，天津古籍出版社 1995 年版，第 115 页），他们在征派时"宁忍取下户之苦，而不敢受豪家大姓之怨"（《宋史》卷一七三《食货上一》，第 4181 页）。唐诗中记载，在"里正追庸调，村头共相催"催派过程中，遇到"如此硬贫汉"似的民户，"丑妇来恶骂，啾唧搦头灰。里正被脚蹴，村头被拳搓……租调无处出，还须里正倍（赔）"（项楚：《王梵志诗校注》，上海古籍出版社 1991 年版，第 651 页），他们多半也是逃跑了事，这些均是其更多为一己之利考虑的表现。

③ 参阅柳立言先生前揭 Beverly J. Bossler, *Powerful Relations：Kinship, Status, and the State in Sung China*（960—1279）一书的评介（《台大历史学报》总第 24 期，1999 年 12 月，第 438 页）。

吏"自食而办公事,且乐为之,争为之者"无非是有"利在焉"①。"私名"役人出现,就是很好的说明。诡名挟户一直是两宋社会中不可切除的顽疾固瘤,就是最好的例证。②

即使并非官方认定的精英,他们同样还是乡村中实际的富有群体。在宋代,虽然贫民有求富心理,但是富民却有露富忧惧——出于逃避赋役负担的考虑。而无论如何,他们还是愿意成为带有一些官气的公吏,也是出于能够借此与官方接触,利用自身的社会资源,采取各种有利的手段,转嫁或是逃避过多的赋役负担。在这些问题上,出自官方的史料和民间的实况往往有很大差异。现存史料,在《名公书判清明集》等判例和混乱的官方反映基层文献之中,多有记载乡间富民"豪横"的一面,而在墓志铭、神道碑、行状等史料中,则多有记载其作为"长者"扶贫济困的一面。这些史料本身所显现出的信息,其信实程度早为学者所发觉,近来柳立言、邢铁两位教授均有讨论。③传统中国乡村社会中,聚族而居的乡民,地缘性和血缘性紧密结合,强调睦邻友好。富民充当官方的精英与否,都不会对贫乏不能自存者过分压榨和侵夺。在完税纳粮过程中,如果贫乏者实在无力缴

① (宋)陆九渊:《陆九渊集》卷八《书·与赵推》,中华书局1980年版,第111—112页。这当然是官僚士大夫视角的单方面认知,倘若立足于宋朝农村的广大中下等民户,似也难以呈现出普遍性的"乐为之,争为之",即便是对那些富有的官户、形势户而言,也并非人人和家家户户均是"乐为之,争为之"的。我们天然缺少真正来自这些民户的声音,倘若不同时空之下的历史真相恰恰与"乐为之,争为之"相反,那么,"沉默的大多数"和"历史的无声者"真实的心声被揭示,宋朝乡村职役制度的设计和推行实践,自当从历史书写、文本考古、史料批判的视角,发掘"潜隐剧本",则须另行别论。参阅[美]James C. Scott著 Domination and the Arts of Resistance, Hidden transcripts, New Haven and London: Yale University Press, 1990。詹姆斯·C.斯科特著,王佳鹏译《支配与抵抗的艺术:潜隐剧本》,南京大学出版社2021年版。

② 《建炎以来系年要录》卷一四九绍兴十三年六月戊子载王循友言:税额多亏"此盖税籍欺隐,豪强巨室诡名挟户,多端以害之也"。并参阅王曾瑜《宋代的诡名挟户》,《社会科学研究》1986年第4—5期,今据氏著《涓埃编》,河北大学出版社2008年版。诡名挟户、诡名隐佃等,无非表明部分官僚形势户和民户"弱者的武器"之运用,究其根源,无疑是官僚制度本身。

③ 分别参阅柳立言先生前揭 Beverly J. Bossler, *Powerful Relations: Kinship, Status, and the State in Sung China*(960—1279)一书的评介[《台大历史学报》总第24期(1999年12月),第435页;邢铁教授在宋代经济史研讨会(河北大学,2001年)上的发言]。

纳,而充当催税乡役的富民自己也不愿代纳时,则往往是向较为富有的中等民户多征,以完成征收任务。所以,在实际社会生活中,似乎还有更多的乡间富民是二者兼而有之,并随着外界事物的发展,不断调整变换自己的社会角色。换言之,乡村中的富民往往是一个比较中性的社会形象——这样的人占大多数。这一社会形象,似乎是结合上述两方面史料,所反映出的特殊之外的一般,应更接近于社会生活中的常态。

要之,由富民治理乡村,其对国家的助益和稳定基层社会秩序的作用确实是很明显的——赋税赖以征收,国家财政得以在困窘中运行不辍;两宋基层社会也相对稳定。但是,也应该看到,其中消极影响也不少。富民带来的乡间困扰(诡名挟户,转嫁赋役负担,霸占良田,欺凌贫弱),给社会带来一些不稳定因素。诸如违法犯禁,杀人害物,破坏国家法制;封山占水,强取豪夺,破坏国家经济秩序;武断乡曲,扰乱社会,破坏人民的正常生活等。当然,也不能排除有些富民在乡村中,常常是以"长者"的形象出现在公众面前,而在有些时候,他们隐藏起来作为"豪横"的许多行为。换言之,富民治理乡村的积极作用和消极影响是同时并存的。

三 彼此相资以保其生?

历代王朝为什么以富民参与乡村治理,而不用贫民? 不但因为富民是一个比较稳定的社会中间层,在社会中具有重要的作用。在整个社会运作过程中,他们并非一直处于有利的境地。更因为富民是国家财税所在,用他们承担差役,如果税物丢失,或民户赋税不能及时、足额征收到,可以找他们代为缴纳。北宋刘挚还说:"役人必用乡户,为其有常产则自重……"或者说,富民"身任其役,则自爱而重犯法"。①司马光则议论云:"又国家旧制所以必差青苗户充役人者,为其有庄田家属,有罪难以逃亡,故颇自重惜,今雇浮浪之人充

---

① (宋)刘挚:《忠肃集》卷三《论助役十害疏》,裴汝诚等点校本,中华书局2002年版,第52页;《宋史》卷一七七《食货上五·役法上》,第4302页。

役，常日恣为不法，一旦事发，单身窜匿，何处州县不可投名。又农家所有不过谷、帛与力，自古赋役无出三者……"①此外，在讨论弓手时，官僚士大夫们还有这样的看法："盖乡人在役，则不独有家丁子弟之助，至于族姻乡党，莫不为耳目，有捕辄获；又土著自重，无逃亡之患。"②也就是说，有恒产者才易于为官府利用。那么，贫者为什么不能担当如此责任呢？ 这是因为，依赖乡间贫民参与社会治理，或用以加强国家对乡村社会的控制，这样的举措是不能奏效的——富民不大可能听从贫民的支派，乡役人在向民间征收赋税过程中，总有一些"钉子户"（多半是豪横的形势户）"顽慢不时纳"。③贫民承担乡役一般不敢到豪横的形势户家催征，早在中唐时杜甫就有里正、村正等在征收赋役时"虽见（豪强民户）面，不敢示文书取索，非不知其家处，独知贫儿家处"的记载，④他们欺贫怕富的形象跃出纸面。

据现有文献记载，两宋社会中，中下户情愿或是被迫充当官方乡村精英者不少，类似事情也不在少数。譬如《历代名臣奏议》卷二五八载，宋孝宗时，太学博士虞俦曾说："近来诸县所差保正长，虽以税力高下为则，然奸民利在规避役次，于未点差已前，先行计嘱乡书将所管税力虚立典卖文契，及诡名走寄，官司不究情伪，往往将无力下户抑逼承认。"中下户担任差役，富民诡名逃税，而官方催逼，自己又没有足够的经济能力代为缴纳，但有代纳，就会导致中下户因此破产逃亡，甚至铤而走险。这样一来，不但政府财政就会受损，基层社会秩序也因而遭到破坏。出于这样的考虑，任何政府在制定政策时，都不会完全依赖这些贫民治理乡村的。而依靠富民催征，贫民一

---

① （宋）司马光：《温国文正司马公文集》卷四七《乞罢免役钱状》（元丰八年上），四部丛刊初编本。

② 《宋史》卷一七七《食货上五·役法上》，第4302页。

③ 《宋会要辑稿·食货》六五之七九。实际上，南宋中后期，即有贫弱下户和客户为主要成员的"混混"加入村落差役人的行列，他们熟悉一般村民逃避赋役的"弱者的武器"，而极尽打击之能事，导致了"被统治的艺术"之部分或大部分失效，具体实例请参阅《名公书判清明集》卷之一一《人品门·公吏》，第410—435页。

④ 《全唐文》卷三六〇杜甫《东西两川说》，影印本，中华书局1983年版，第4册，第3656页。

般是不敢和他们抗争的，即使是收获不多，但是在富民承担乡役催税时，他们则会在威逼利诱下，将不多的收获上缴。因为他们对于富民有着这样或那样的依赖性：贫病丧葬，天灾人祸，还要依靠向富民借贷来生存，所以他们一般是不敢得罪富民的。司马光《温国文正司马公文集》卷四一《乞罢条例司常平使疏》中有如下议论，似可聊备一说：

> 夫民之所以有贫富者，由其材性愚智不同，富者智识差长，忧深思远，宁劳筋苦骨、恶衣菲食，终不肯取债于人，故其家常有赢余而不至狼狈也；贫者啙窳偷生，不为远虑，一醉日富，无复赢余，急则取债于人，积不能偿，至于鬻妻卖子、冻馁填沟壑而不知自悔也。是以富者常假贷贫民以自饶，而贫者常假贷富民以自存。虽苦乐不均，然犹彼此相资以保其生。

贫富相得，相依而存，或说"彼此相资以保其生"，这或许也是乡村社会中的一个常态。能够保证广大民户按时、足额地完税纳粮，并能在一定程度上教化、管理乡间中下等主户和贫弱客户，保障基层社会秩序稳定，这就是国家依赖富民充任官方乡村精英的真正原因，也是国家制定相关制度的理念所在。

进而言之，依赖富民参与乡村治理，还与两宋社会发展过程中内忧和外患不断，国家财政入不敷出，进而国家将财政权集中于中央，地方财政更是困窘不堪等因素有关。①宋代地方行政不足以加强国家对基层社会的治理，尤其是到了南宋，"政府对于地方的统治能力有所不足"。②为了国家的持续发展和基层社会的稳定，国家不得不更

---

① 漆侠：《王安石变法》（增订本），河北人民出版社2001年版，第18—27页；漆侠：《宋代经济史》上册第十章，上海人民出版社1987年版；黄繁光：《宋代民户的职役负担》（博士学位论文，中国文化大学史学研究所，1980年）第三章，第257—268页；汪圣铎：《两宋财政史》第一编，中华书局1995年版；包伟民：《宋代地方财政史研究》，上海古籍出版社2001年版，第164—195页。

② 梁庚尧：《豪横与长者：南宋官户与士人居乡的两种形象》，今据前揭氏著《宋代社会经济史论集》下册，第66页。

多地利用富民参与基层社会治理中来，或以为贫富之间可以交相生养，①但是，同样是由于财政的严重困窘，国家不断侵夺作为乡村精英的富民的利益——他们的负担有相对增多的趋向。我们认为，在宋代国家财政和地方财政都极端困窘的情况下，国家并没有足够的经济资源支付为数众多的乡役人的报酬，反而在征税派役过程中增加一些额外的负担。②财力不足，是导致差役和募役的反复，乃至出现差役其实、募役其名现实的重要原因，也是天水一朝面对三冗三费、积贫积弱的国势，极力将国家权力渗透到基层的动因所在——通过加大赋税征收的力度，将广土众民牢固控制起来，以稳定乡村社会秩序，防止祸起萧墙。

四 余论

宋代这种依靠富民治理乡村的制度，的确起到了一定的效果。两宋乡村社会秩序相对稳定。有学者认为，北宋中期以后，尤其是南宋时期，士大夫已开始越来越多地经营和自己利益密切的地方事务了③。士大夫所追求的修齐治平，以前是更多地把精力和目光关注在怎样的治国平天下，而今则将修身、齐家的理念放在了首位。北宋吕氏乡约的出现，范氏义庄的兴起，南宋时候义役的肇兴，社仓的社会救济效用等，都说明士大夫阶层日益关注乡村事务了。朱熹等著名士大夫都对民间关注很多，而陈亮在婺州永康县长期的乡绅生活中，与

---

① 梁庚尧：《南宋的农村经济》，联经出版事业股份有限公司 1985 年修订再版，第 261—323 页；谷更有：《唐宋时期从"村坊制"到"城乡交相生养"》，《思想战线》2004 年第 6 期。

② 刁培俊：《由"职"到"役"：两宋乡役负担的演变》，《云南社会科学》2004 年第 5 期；《宋代乡役人数变化考述》，《中国史研究》2005 年第 2 期。

③ 美国学者 Robert P. Hymes（韩明士）著有 *Statesmen and gentlemen, the Elite of Fuchou Chiang-Hsi, in Northern and Southern Sung*（《官宦与士绅：两宋江西抚州的地方精英》，Cambridge：Cambridge University Press，1986）一书中，对"地方精英"的概括有七种类型，可资参看，但仍有可修正者。请参阅李猛《"从'士绅'到'地方精英'"》，《中国书评》1995 年总第 5 期；包伟民《精英们"地方化"了吗？——试论韩明士〈政治家与绅士〉与"地方史"研究方法》，邓小南、荣新江主编《唐研究》第十一卷，北京大学出版社 2005 年版，第 653—672 页；何炳棣《读史阅世六十年》，广西师范大学出版社 2005 年版，第 23—39 页。

士大夫的交往和设置保社等对乡村事务的参与，则进一步说明居乡富民的社会治理作用①。两宋时期确实存在上述现象，但是，正如前已指出，宋代仍有大量士人、官户生活在乡间。更由于北宋中期以后印刷术的发展，士人的事迹有更多的可能保存下来，作为我们今天研究的资料。前代类似史迹似乎较少，宋代的增多是否就意味着士人阶层对基层事务的关注增多，增多的程度如何，似应有更为客观深入的思考。

宋代依赖乡村富民参与社会治理的举措，在一定程度上是为了国家财赋收入上的考虑，同时也是依赖富民在乡间的政治、社会、经济、文化等资源，起到国家权威所不能达到的社会治理效果。这种依靠乡村富民治理乡村的制度，自古皆然，只有到了国家权威有完全的能力控制乡村时，才出现了贫下民户参与乡村治理的局面。这也说明了，两宋时期的国家权威确实有着极力向乡村基层社会渗透的意向，但心有余而力不足，在当时交通条件、信息传播和缺乏有效监控机制等情况下，皇权的触角却并不具备支配和动员每一个社会细胞的能力。面对内忧外患，尤其是国家财政的入不敷出，宋代国家乡村治理的理念恐非仅仅出于儒家"只是不生事扰民"的考量。②只有全面动员乡村精英，使之成为一级政权，中央和地方各级政府加大对其监控的力度，增强国家权力渗入基层乡村的深度，庶几才更显成效。

---

① 参阅徐规先生等《试析陈亮的乡绅生活》，原载《宋史论集》，中州书画社 1983 年版，今据徐规《仰素集》，杭州大学出版社 1999 年版。

② 《朱子语类》卷二三《论语五·为政篇上》，中华书局 1994 年版，第 537 页；[美] 李怀印：《中国乡村治理之传统形式：河北省获鹿县之实例》，载黄宗智主编：《中国乡村研究》第一辑，商务印书馆 2003 年版，第 102 页；[美] 李怀印：《华北村治：晚清和民国时期的国家与乡村》，中华书局 2008 年版。

第五章　官治、民治规范下
村民的"自在生活"
——宋朝村民生活世界初探

一　村民们的"自在生活"

唐代大诗人白居易《朱陈村》诗描述了徐州朱陈村人的生活境况：

> 徐州古丰县，有村曰朱陈。去县百馀里，桑麻青氛氲。
> 机梭声扎扎，牛驴走纷纷。女汲涧中水，男采山上薪。
> ……家家守村业，头白不出门。生为陈村民，死为陈村尘。
> 田中老与幼，相见何欣欣。一村唯两姓，世世为婚姻。
> 亲疏居有族，少长游有群。黄鸡与白酒，欢会不隔旬。
> 生者不远别，嫁娶先近邻。死者不远葬，坟墓多绕村。
> 既安生与死，不苦形与神。所以多寿考，往往见玄孙。
> 我生礼义乡，少小孤且贫。徒学辨是非，只自取辛勤。
> ……一生苦如此，长羡村中民。①

这一生活场景中，村民们的耕作方式、生活状态、社会关系网的构建、生老病死的情态等，应是唐朝远离城市的村民日常生活的一种

---

① （唐）白居易：《白氏长庆集》卷第一〇《朱陈村》，四部丛刊景日本翻宋大字本。

真实描述。当然，居住在山野、平原、水乡，尤其距城市远近等不同空间下的村民，其生活方式亦多有差异。一般情况下，中国传统乡村社会的变化相对缓慢：四季晨昏、生老病死、婚丧嫁娶、耕作方式等衣食住行及道德礼仪诸多领域，往往不会随朝代鼎革的巨变而改变。上揭白居易诗歌中的这一历史场景，或不独见于唐朝，宋朝多数时空下村民们的日常生活，似也当如是观。譬如，南宋辛弃疾笔下的《清平乐·村居》词句："大儿锄豆溪东，中儿正织鸡笼，最喜小儿无赖，溪头卧剥莲蓬。"这样一种自由自在的欢快生活，真是一派令人神往的田园风光。或许正是基于上述，社会学家认为，中国传统农民生活在"一个熟悉的社会中"，他们"会得到从心所欲而不逾矩的自由"。①这里所谓"从心所欲而不逾矩的自由"，或近似于不受任何约束、随心所欲的"自在生活"。但是，传统中华帝国时代尤其是赵宋一朝下的村民们，果真能够享有这样一种"自在生活"吗？　他们的真实生活状态究竟是怎样的呢？②

　　对于宋朝广土众民，"天高皇帝远"，皇权的统摄力是远不可及的，其具体日常生活中诸多"私"的领域，就表象而言，皇权似没有必要、也缺乏控制每一个人每一个日常活动的能力，村民们是"自由自在"地生活着的。此或即社会史学家所谓之"国家不在场"。譬如在民众信仰领域，宋朝开始普遍对民间神祇进行封赐，一方面官府以此承认和奖励神祇，另一方面官府试图通过封赐来驾驭民间神祇的力量。官府引导鼓励民众祭祀灵验祥善的神祇，禁止祭祀不灵验或邪淫

---

① 费孝通：《乡土中国　生育制度》，北京大学出版社 1998 年版，第 10 页。
② 有关农村经济、农民生活的概略性综括性考察，已有成果：梁庚尧《南宋的农地利用政策》（台湾大学文学院 1977 年版）及其《南宋的农村经济》（联经出版事业股份有限公司 1985 年增订本）；漆侠《宋代经济史》（上海人民出版社 1987—1988 年版），王曾瑜《宋朝阶级结构》（增订版，中国人民大学出版社 2010 年版），后者更具体细致，本文多有参阅。黄宽重《从中央与地方关系看宋代基层社会的转变》（《历史研究》2005 第 4 期）曾梳理宋朝基层社会的各种社会群体以及北宋、南宋之间的演变，高屋建瓴，启人深思。黄先生指出宋朝基层社会的考察面限制在以"县"为基点，本文则强调构建宋朝"乡村社会"应更多关注县级官府以下社会空间和村民生活世界。包伟民：《宋代的村》（《文史》2019 年第 1 辑），从自然村落的分布与规模、耆分"村"（主村）两个角度展开了详细研讨。

之神。但事实上,官方的封赐制度并不能阻止世俗民众信奉官府祀典之外的神祇,他们或径自创造新的神祇。据洪迈记载,绍兴有一祠庙"极宽大。虽不预春秋祭典,而民俗甚敬畏"。①温州、福州邻接之地"有小丛祠,揭曰钱王庙。不载祀典,亦不知起于何年及钱氏何王庙也,土(士)俗往来,咸加敬事"。②村民们信奉这一祀典之外的小祠是因为只要祈祷一番,再以竹根在地上拨寻,必能得到少量铜钱。"乡村民众在选择自己的信奉对象时,往往是唯灵是从。"③对于民众而言,只要"灵验",只要能满足一己精神需求,即使官府祀典之外甚至被禁止的"淫祠",他们也依然虔诚地敬奉。譬如博州高唐县富民聂公辅,"酷信巫祝,奉淫祠尤谨敬"。④类似佛道天地山川鬼神等信仰、道德意识、生死观念,乃至做梦⑤等民众精神领域的活动,皇权及其触角无论如何延伸,倘要对其严密监控甚或完全改变村民们脑海固存的思维、观念和信仰,往往难以奏效,大多情况下只能

---

① (宋)洪迈:《夷坚志·夷坚三志己》卷八《五通祠醉人》,中华书局1981年版,第1364页。
② (宋)洪迈:《夷坚三志己》卷八《台岭钱王庙》,第1363页。
③ 参见[美]韩森《变迁之神——南宋时期的民间信仰》,包伟民译,浙江人民出版社1999年版。沈宗宪和皮庆生等学者对此也有研究,请参阅沈宗宪《宋代民间的幽冥世界观》,台北商鼎出版社1993年版;皮庆生《宋代民众祠神信仰研究》,上海古籍出版社2008年版;朱瑞熙等《辽宋西夏金社会生活史》,中国社会科学出版社1998年版;徐尚豪《宋代的精怪世界——从传说表述到信仰生活的探讨》,硕士学位论文,台北淡江大学历史学系,2008年。
④ (宋)洪迈:《夷坚支乙》卷一《聂公辅》,第800页。其他类似例证参阅《夷坚志·丁志》卷六《翁吉师》及该书《三志辛》卷第一〇《曾三失子》、该书《三志壬》卷第九《傅太常治祟》等,恕不一一穷举赘列。陆游:《剑南诗稿》卷二九《赛神曲》亦有类似描述。包伟民《陆游的"乡村世界"》一文,展现出南宋著名诗人陆游诗作之中包含的诸多信息,诸如居处、生计、市场、角色等内容,呈现出陆游视域中的"乡村世界"——南宋时期的浙东农村。这一乡村意象相对集中于三个方面:浙东乡村一个中上水平乡居寓公的生活范本,关于士人在乡村的社会角色的某些侧面,以及由陆游所感知与描述的当时农村社会的一些其他生活场景。在聚落、麦作、乡市、饮食等方面,陆游的诗作提供了前人未曾注意的历史文化背景和乡村生活细节。载《武汉大学学报》(哲学社会科学版)2020年第1期,并请参阅包伟民《陆游的乡村世界》,社会科学文献出版社2020年版。
⑤ 洪迈《夷坚志》记载了许多村民之梦境,反映出阳世与阴世两界的万千世态,也可凸显宋朝乡村社会更为多彩的鲜活风貌。

听任村民们"自在"地享受其精神生活。①

日出而作、日入而息，凿井而饮、耕田而食等历史日常场景，依然属于村民们的"自在生活"，来自皇权的控制网络多半难以抵达。文献记载有婺源石田村汪氏仆王十五"正耘于田"，农夫具体之耕作活动，官府应少有介入。②杨万里淳熙六年（1179）春自常州至上饶途中记载："田夫抛秧田妇接，小儿拔秧大儿插。笠是兜鍪蓑是甲，雨从头上湿到胛。唤渠朝餐歇半霎，低头折腰只不答：'秧根未牢莳未匝，照管鹅儿与雏鸭。'"③《清明上河图》中所绘汴京城郊之农家菜园，也反映出当时农民生活的一个场景。④婺源张村村民张时，"所居临溪，育鸢鸭数十头，日放溪中，自棹小舟看守"。⑤按照宋朝户等制度之规定，乡村主户本应有自己的田产家业，但也有因自家田产较少难以糊口而为别人所雇佣者，如荆门军长林县民蹇大，薄有赀业，即"常为人佣，贩涉远道，在家之日少"。⑥宋孝宗朝，台州临海县"长乐乡人户沈三四、王细九、张四八……逐人薄有家产……沈

① 习培俊：《南宋"乡村社会"管窥》，袁行霈主编：《国学研究》第24卷，北京大学出版社2009年版。孙逊、朱洁：《〈夷坚志〉中的"乡民"描写及其文化阐释》，《复旦学报》2013年第3期。该文引入了"文化阐释"的新理论后指出，在传统农业社会中人口基数最大的乡民的生存状态，显现出中国传统时代民间社会的教化观、信仰观和道德伦理观。

② （宋）洪迈：《夷坚志·乙志》卷一七《宣州孟郎中》，第327页。

③ （宋）杨万里撰、辛更儒笺校：《杨万里集笺校》卷二三《插秧歌》，中华书局2007年版，第673页（类似尚可见《苏辙集》卷一《蚕市》）；文同：《丹渊集》卷三《织妇怨》；舒岳：《阆风集》卷三《自归耕蒙畦见村妇有摘茶车水卖鱼汲水行馌寄衣舂米种麦泣布卖菜者作十妇词》之"卖菜深村妇"；陆游：《剑南诗稿》卷三《岳池农家》之"谁言农家不入时，小姑画得城中眉。一双素手无人识，空村相唤看缫丝"；以及前揭该书卷三四《丰年行》、卷三五《记老农语》、卷六四《刈获后书事》，等等。

④ 周宝珠：《清明上河图与清明上河学》，河南大学出版社1996年版，第51—54页。

⑤ （宋）洪迈：《夷坚志·三志辛》卷第六《张时鸭洪胜鸡》，第1429页。

⑥ （宋）洪迈：《夷坚志·支景》卷第一《员一郎马》，第884页。类似情况再如范公称《过庭录》载："祖宗时，有陕民值凶荒母妻之别地受佣，民居家耕种自给……"《文渊阁四库全书》本，第1038册第257页；沈括《梦溪笔谈》卷九和《宋史》卷四五八《杜生传》同时记载了颍昌府阳翟县的杜生从自耕农沦为无田客户，即使后来同乡人赠田三十宋亩，仍需"为人佣耕"。参阅王曾瑜《宋朝阶级结构》，中国人民大学出版社2010年版，第51页。王铚《默记》卷下记载："光州有村民毕姓兄弟二人，养母佣力，又雇二人担粪土，得钱以养母，尽孝道。一日，至食时，雇者不至。兄弟惶惑，夜无母饭，不知何为，遂各担箩，遍村求售担物，无有也。"亦是类似例证。

三四等为天旱，雇觅人工车水，虽有些少白酒吃用……"①此等民户"雇觅人工车水"，本为官府所忽略；但其犒工以朝廷榷卖之白酒，才遭到责难。客户即佃农，又如蕲春县大同乡富室黄元功的佃仆张甲，"受田于七十里外查梨山下"。②同样在宋孝宗时，隆兴府进贤县"有妇人，佣身纺绩、舂籴，以养其姑。姑感妇孝，每受食，即以手加额，仰天而祝之。其子为人牧牛，亦干饭以饷祖母"。③上述这些村民们的行事是很难由官府控制的，或者公权力根本不会渗入其中。宋朝村民外出经商者也不乏其人。④如《夷坚志·三志壬》卷第一《冯氏阴祸》中"抚民冯四，家贫不能活，逃于宜黄，携妻及六子往投大姓。得田耕作……"这或是宋朝大多数穷困潦倒的佃农生活实像。民户贫穷不能生存，逃难到他乡，佣种有田人家的土地，这样一种生存生活过程，也往往是皇权难以监控的。再如：

　　临江人王省元，失其名，居于村墅，未第时，家苦贫，入城就馆，月得束脩二千。尝有邻人持其家信至，欲买市中物。时去俸日尚旬浃，王君令学生白父母豫贷焉。⑤

　　德兴县上乡新建村居民程氏，累世以弋猎为业，家业颇丰。因输租入郡，适逢廛市有摇小鼓而售戏面具者，买六枚以归，分与诸小孙。诸孙喜，正各戴之，群戏堂下。程畜猛犬十数，皆常日放猎所用者，望见之，吠声狺狺，争驱前搏噬，仗之不退，孙

---

①　（宋）朱熹：《晦庵先生朱文公文集》卷一九《按唐仲友第四状》，第855页。

②　（宋）洪迈：《夷坚志·支庚》卷第一《黄解元田仆》，第1140页。

③　《宋史》卷四三七《儒林七·程迥传》，第12951页。

④　（宋）黄休复：《茅亭客话》卷一《程君友》载，北宋遂州小溪县石城镇仙女垭村民"程翁名君友，家数口，垦耕力作，常于乡里佣力，织草履自给"。《文渊阁四库全书》本，第1042册第919页。类似事例参阅《夷坚志·丁志》卷第一五《张客奇遇》、《夷坚志·志补》卷第五《张客浮沤》、《夷坚志·三志辛》卷第二《宣城客》、《夷坚志·丙志》卷第一二《饶氏妇》《夷坚志·丙志》卷第一四《王八郎》等，恕难穷举。村民经营手工业以求利的行为，两宋史料记载相当多，参阅王曾瑜《宋朝阶级结构》，第75—86页。

⑤　（宋）洪迈：《夷坚志·丙志》卷一六《王省元》，第503页。

即死者六人。……①

　　予行信州丰城，欲访灵鹫岩洞，未至十里，小休于道旁民
居，会其家饮客方起。须臾，有一耕夫来就主人饭，被襦荷田
具。主人悯其劳且饥，谓曰："饭未及炊也，有客饭所余肉饼，
尔姑啖之。"农夫欣然怀之而出，主人问何往，则曰："我老母
年七十，啖粗饭耳。此盛馔，我作苦，虽馁甚，不忍尝也，将以
馈吾母，故不待饭而往耳。"②

　　贫穷书生赴城市教书，但乡下家中短缺钱物，只好预收学生之束
脩以供；村民输税入城，给小儿购买玩耍之面具，家畜猛犬因不辨玩
具之真假而咬死孙辈；农夫耕作归来，将主人给吃的肉饼带回孝敬母
亲，诸如此类村民们"私"领域的活动，似乎都是皇权难以控制的，
类似村民们不过"苟且辛苦过一世耳"，③其艰辛苦楚自是令人
鼻酸。
　　皇权对于村民的约束，还往往通过乡规民约等基层社会自己认定
的"规范"而渗入。诸如村民之衣食住行、岁时节令、婚丧嫁娶、生
育社交、礼俗礼仪、宗教信仰、鬼神崇拜、文体娱乐、称谓排行、耕
作休闲、方言文字、治水过程中的各种组织，以及民间宗教、家法家
规、传统的习俗惯例、乡规民约、社会规范，④乃至"潜规则"（所谓
"正式的规则"之外的"非正式约束"，包括行为规范、惯例和自我
限定的行事准则）⑤等，都在一定程度上约束、规范着村民们的日常

---

① （宋）洪迈：《夷坚志·志补》卷四《程氏诸孙》，第 1578 页。
② （宋）沈作喆：《寓简》卷八，《文渊阁四库全书》本，第 864 册第 159 页。
③ （元）方回：《续古今考》卷一八《附论班固计井田百亩岁入岁出》，《文渊阁四库全
　　书》本，第 853 册第 368 页；包伟民：《宋代地方财政史研究》，上海古籍出版社 2001
　　年版，第323 页。
④ 朱瑞熙：《宋代社会研究》（中州书画社 1983 年版）已对相关问题有初步研究，另请参
　　阅朱瑞熙等《辽宋西夏金社会生活史》，中国社会科学出版社 1998 年版。
⑤ 参见韦森《再评诺思的制度变迁理论》，载［美］道格拉斯·C. 诺思著《制度变迁与经
　　济绩效》，杭行译，上海人民出版社 2008 年版，第 7 页。关于所谓潜规则，参阅《夷
　　坚支庚》卷一《清泉乡民》，第 1139 页。

生活。在处理关系到一村村民整体利益的事情时，在民众心里存在"少数服从多数"的潜规则，个别民众必须服从集体利益、社会舆论、公共遵从的习俗和规范，甚至为此欺上瞒下，恐吓、诽谤、侵欺村民。即使这样的"潜规则"令个别村民腹诽，但他们最终也多是无可奈何地接受。①因为他们不接受的后果是不为周围的村民所容忍，舆论的无形影响，使其无法在当地正常生活下去。

上述这些"规范""规则""习俗"，虽然可算作统治者礼法教化观念中的组成部分，给人的印象却是，皇权的网络是无所不在的。但就宋朝整个政治控制的体制完善程度、制度本身的局限性，以及高额的治理成本而言，在上述诸多领域内皇权的触角也很难完全涉入村民们的生活中，因其对皇权重要程度之不同，甚至全然不曾、不能涉入。在乡间日常生活中还存在着许多劝诫，诸如孝养父母、修德行善、敬畏天地、莫杀生命、莫损他人、莫贪女色，等等。这些来自儒家纲常或佛教教义规劝、宣扬的属于道德层面的内容，很多时候并非官方制度法规的约束所能控制，更何况皇权设定的法制本身伸缩性很大，在许多方面根本不具备严格的监督体制以保证王朝法制的实际推行。由此而言，广大乡村民户在这些领域中或可说是"民治"的，即"以民治民"的"民治"，更可看作民户自己一种生活的"自为"现象，一种"自在"的生活和现实社会中近似"权力真空"下的存在。②

广大村民在乡间日常生活中的某些行为，也多是皇权触角难以控制的，如《名公书判清明集》中诸多豪横乡里的案例，多有官匪一家的情景，就显现出皇权触角在基层社会中的软弱无力，难以真正控制社会秩序的良性发展。结合《清明集》和《夷坚志》中的相关记载，

---

① 《名公书判清明集》卷四《户婚门·争业上·罗柄女使来安诉主母夺去所拨田业》一案中即有"行路之人，闻而哀之，咸为不平"舆论方面的谴责，中华书局 1987 年版 2002 年再印本（谨按：这部书 2002 年再印本做了少量挖改，已与 1987 年印本不同，故此注释），第 115—116 页。

② 本书"民治"概念，来自宋朝文献中的"以民治民"，详见习培俊《在官治与民治之间：宋朝乡役性质辨析》，《云南社会科学》2006 年第 4 期。中国学界颇流行"自治"这一概念，尤其是明清史和近现代史研究领域，但学者大多并未将这一概念与西方语境下的"自治"严格区分。魏光奇先生有深入分析，参阅其《官治与自治——20 世纪上半期的中国县制》，商务印书馆 2004 年版，第 70—71 页。

又可反映村民们所执"弱者的武器"，诸如偷懒、开小差、假装顺从、偷盗（小偷小摸）、小范围内或是个人之间的打架斗殴、纵火、怠工，甚至是男女之间因私情而导致的对抗，等等。①这些也是皇权触角无论如何难以判断并加以具体控制的。有关于此，限于篇幅，仅举两例：

> 绍兴十六年（1146 年），淮南转运司刊《太平圣惠方》板，分其半于舒州。州募匠数十辈置局于学，日饮喧哗，士人以为苦……盖此五人尤耆［嗜］酒懒惰，急于板成，将字书点画多及药味分两随意更改以误人，故受此谴。②

---

① 譬如，张齐贤《洛阳缙绅旧闻记》卷五《焦生见亡妻》之焦生醉酒后"以鞭乱殴其家客"；《容斋随笔》卷一六《多赦长恶》之卢助教被田仆"父子四人所执，置之杵臼内，捣碎其躯为肉泥"；《夷坚乙志》卷二〇《徐三为冥辛》之湖州乌程县浮溪村民徐三，到秀州魏塘"为方氏佣耕，又七年，以负租谷，不能偿，泛舟遁归其乡"；《夷坚支甲》卷五《灌园吴六》"临川市民王明居廛间贩易，赀蓄微丰，买城西空地为菜园，雇健仆吴六种植培灌，又以其余者俾鬻之……（吴六）货蔬，隐其直多……受佣累岁，绍兴辛亥，力辞去，留之不可，王殊恨恨"。《名公书判清明集》卷一二《惩恶门·奸秽》中记载有男女奸情连带偷盗之事，第 441—442、447—448 页。再有宋朝南方"生子不举"之民俗，也类似于此。参阅刘静贞《不举子——宋人的生育问题》，台北稻香出版社 1998 年版。"弱者的武器"之来源，参阅［美］詹姆斯·C. 斯科特著《弱者的武器》，郑广怀、张敏、何江穗译，译林出版社 2007 年版，第 33—56、293—367 页。［美］詹姆士·斯科特著：《逃避统治的艺术：东南亚高地的无政府主义历史》，王晓毅译，生活·读书·新知三联书店 2016 年版。需要说明的是，这一部分拙作最初曾投稿北京某刊，当时的匿名审稿专家善意地批评，来自西方的这一理论、概念和研究方法不能"照搬"到中国古代历史的研究之中。笔者结合自己在农村的生活经验，并阅读《金翼》《银翅》《林村的故事》《岳村政治》《孙村的道路》《蒙塔尤》《小镇喧嚣》《乡村江湖：两湖平原"混混"研究》等学术著作，以及《创业史》《平凡的世界》等文学著作，从而认为，中国古今的农民，并非只有勤劳勇敢、聪明智慧、艰辛忍耐等显示其美好的一面，也存在丑恶的一面。单方面强调其一面而刻意忽略另外一面，无论如何不是一个全面认识问题的理性角度。而此后即阅读到 Michael A. Szonyi 著 The Art of Being Governed：Everyday Politics in Late Imperial China：Everyday Politics in Late Imperial China，Princeton：Princeton University Press，2017（［加］宋怡明著：《被统治的艺术：中华帝国晚期的日常政治》，钟逸明译，中国华侨出版社 2019 年版）。窃以为，中国古代的农民对于朝廷、官府的抵抗并非全然表现为"农民战争"，形式多种多样的"弱者的武器"也被巧妙地、富有智慧地运用在很多领域。域外的学术新理路别具只眼，或许可以让我们观察到更真实更全面的传统中国。

② （宋）洪迈：《夷坚丙志》卷一二《舒州刻工》，第 464 页。

要之，宋朝乡村社会中，确实不曾也难以存在西方学术语境下所谓之"乡民自治"。由上述可见，在宋元以降中央集权不断强化、皇权无限渗透每一空间之下，皇权的社会控制设计，似并未毫发不爽、无所不在地控制着广大村民。在村民日常生活的诸多领域，尤其在一些"私"的层面，皇权是无法、也难以介入其中的，只能听任村民们"自在"地生活。皇权社会控制模式与村民之间，更多情形表现为：只要村民们能够按时缴纳赋税，服徭役，不寻滋闹事，维持乡村的秩序和谐稳定，官府是懒于也没有足够能力去管理那些属于村民"私"的生活领域的。因此之故，社会学家认为中国乡土社会的秩序维持，是一种自动的秩序，是无为而治的，是无治而治的"礼治"的社会，更多是靠经验，靠传统的民间惯例习俗的。中国传统农村绝大多数村民聚族而居，基本上是不流动的，是生于斯、长于斯、死于斯的。一般情况下，他们安土重迁，凝固为一个相对安静、安闲的社会。在乡土社会里，地缘性和血缘性的胶合是很紧密的，也是社会稳定的力量。普通村民们过着"不知有汉，无论魏晋""山中无甲子，寒尽不知年"的"自在生活"。

学人或谓"皇权不下县"，给普通读者的印象是，县级行政之下的社会空间中，存在"权力真空"。但是，历史社会之实况果真如此吗？事实上，一旦村民们的这些"自在生活"影响到皇权及其政府机器的正常运转，来自皇权的官府控制网络又是无所不在的。宋朝乡村控制模式大致呈现为"官治"与"民治"多元胶合的一种样态。①

二 "皇权至上"政体下无所不在的刚性官治网络

赵宋建国后，为惩治中唐五代时期地方政府权力过大，乃至尾大不掉的弊失，在加强中央对州县控制的同时，也将其权力的触角延伸到乡村社会。保甲法等的推行，明确显露出天水一朝皇权向下渗透的

---

① 本书"官治"的概念参照于魏光奇先生《官治与自治——20世纪上半期的中国县制》，商务印书馆2004年版。他认为："官治"与"自治"是20世纪上半期在"县制"问题领域中为人们所熟悉的话语，前者是指由国家自上而下任命官员运作的国家行政，后者是指由地方社会自下而上推选本地人士运作的地方自治。这两种基本模式的相互排斥与结合，构成了20世纪上半期中国县制改革和演变的主轴。

趋势，乃至给人留下皇权无所不在的历史影像。这一自上而下对乡村民众控制的意图，多半是经由州县行政及官民衔接的中介——乡役人实际执行的。学界普遍认为，县级官府是皇权的末梢，县官是亲民官。在赵宋一朝，就制度层面而言，凡一县境内的户口、赋役、钱谷、赈济、给纳、劝课农桑、平决狱讼等，皆由知县或县令负责。当然，如果县内存驻禁军，则知县兼兵马监押或兵马都监。作为知县或县令的副手，县丞、主簿、县尉也各有职责。如县丞佐理县事、督查群吏，县主簿则掌管官物的出纳与簿书，县尉则掌管一县之内的治安、训练弓手等。当然，并非每一个县份都配备如此齐全的官员，但皇权的政治制度设置（县司）的理念是相同的：稳定村落社会秩序，足额、按时地完成赋役催征。①

　　赵宋朝廷对于州县官的考课标准，也足以表明地方官员对基层村落管理的职责所在。②如宋神宗时所谓"四善"，即德义有闻、清慎明著、公平可称、恪勤匪懈；还有所谓"三最"，即狱讼无怨、催科不扰为治事之最；农桑垦殖、水利兴修为劝课之最；屏除奸盗、人获安处、赈恤困穷、不致流移为抚养之最。到宋哲宗元祐四年（1089）时又增益为"以狱讼无冤、催科不扰、税赋无陷失，宣敕条贯、案账簿书齐整，差役均平为治事之最；农桑垦值[殖]、野无旷土，水利兴修、民赖其用为劝课之最；屏除奸盗、人获安处，赈恤贫困、不致流移，虽有流移而能招诱复业为抚养之最"。③殆至南宋，在《庆元条法事类》卷五中则记载为"一、生齿之最：民籍增益，进丁入老，批注收落，不失其时；二、治事之最：狱讼无怨，催科不扰；三、劝课之最：农桑垦殖，水利兴修；四、养葬之最：屏除奸盗，人获安居，赈恤困穷，不致流移，虽有流移而能招诱复业，城野遗骸无不掩葬"。这些考核地方官的标准，透露出朝廷通过县级官府管理和控制

---

① 参阅（清）徐松等辑《宋会要辑稿·职官》四八之一八至九一，中华书局1957年版；（元）脱脱等《宋史》卷一六七《职官七》，中华书局1985年版，第3977—3978页；（宋）谢维新《古今合璧事类备要·后集》卷七九至八〇《县官》，《文渊阁四库全书》本。

② 邓小南：《宋代文官选任制度诸层面》，河北教育出版社1993年版，第70—74页。

③ 《宋会要辑稿·职官》五九之一一。

村落百姓的意图。①

　　就赵宋一朝对于村民的管理而言，皇权的政治制度设计往往被视为近乎完善的。但是，中央的政策经由诸多管理层级：朝廷省部、州县、乡村等的阻隔，很难一丝不变、如初所想的得到贯彻执行。政治设计的完美并不能代表实际执行达到绩效的完美。这些来自皇权的"说法"，其具体"做法"又是如何？　换言之，赵宋朝廷对州县官府的行政如此要求，各地州县官究竟是怎样执行的呢？　宋人文集中不乏儒士担任县官时治理村落的政绩表述，《名公书判清明集》则集中记录了一些州县官员在治理村落基层事务过程中的具体事例。譬如，在催科督税、差派徭役，处理民户争业、遗嘱继承、违法交易、婚嫁人伦、奸秽惩恶、传布妖教、淫祠诳惑等领域，均可发现地方官府在行政运作过程中的实际参与，其乡村治理绩效也相当明显。又如，其中《比并白脚之高产者差役》《走弄产钱之弊》《产钱比白脚一倍歇役十年理为白脚》诸篇什中对职役差派的督查；《受人隐寄财产自辄出卖》《田邻侵界》中地方官员对村民争田的处理；再有《争山妄指界至》中"县尉亲至地头"、《户绝·夫亡而有养子不得谓之户绝》中阿甘接脚夫一事惊动了州县和提举司等各级官府，等等。　类似记载，均可表明州县官府对于村落民户的刚性治理。

　　虽因时空之不同，各地容有差异，看似反映"地方""区域"的史料，或正好呈现"全国""整体"的历史镜像；反之，看似显示为"全国""整体"的文献，也难免有以偏概全的成分。据《夷坚志》一书记载，南宋时期，东南一带不少地方官并非日日都在官衙内行政，也会亲自到乡下视察或办公，显示出州县官府对村民治理的实际运作场景。其实，这一历史景象不仅南宋时期存在，早在北宋后期，蔡京登第后，"为钱塘尉，巡捕至汤村"，②类似例证恐难穷举。再

---

① 当然，朝廷或中央政府的制度设计如此，实际执行的绩效，则难免出现偏差。譬如，赵宋朝廷要求官员们劝农，在某些时空下，就往往形同无有。参阅梁庚尧《南宋的农地利用政策》，第3—129页；包伟民、吴铮强《形式的背后：两宋劝农制度的历史分析》，《浙江大学学报》2004年第1期。

② （宋）洪迈：《夷坚志·甲志》卷一六《车四道人》，第138页。

如，绍兴初，南剑州将乐县的县尉蔺敻，"因捕盗至山村"。①绍兴二十九年（1159）冬，抚州宜黄县有剧盗谢军九"聚众百辈，椎埋剽劫，至戕杀里豪董县尉家"。宜黄知县李元佐"适在郡。尉遣弓兵出讨捕，都头刘超者领数十人前行"。②他们的行政作为清晰可见。南宋杨万里在给叶颙所写的行状中道：

> 建之两税，每岁官受赋纳，远民或惮入官府，市人为之代持送官，往往过敛其估，官民交病。公适司纳，为立法革之。先是，市人代送者新幕帝。持白金以供张司纳之官。公悉却之。……知绍兴府上虞县……役民必令民自推货力甲乙，不以付吏，民欣然皆以实应，无欺隐者。赋民必为文书，各书其数与之，期使民自持文书与户租至庭，公亲视其入，给之质剂，皆便之。③

这是州县官员亲自督催税赋责办职役的事例，由此也可看出某些县份对官民之间中介——胥吏或娴熟于官场收纳手续的"市人"之依赖。谨按：此之所谓"市人"，更近乎宋朝之"干人"。《夷坚志》中也有县官亲自督税和劝农的记载，如绍兴二年，李宾王知新淦县，"以宣抚使入境，躬至村墟督赋"，以供应大军络绎过县的粮饷。④王顺伯为温州平阳尉，也"尝以九月诣村墅视旱田"。⑤由上述可见，无论是查贼捉盗，还是督税劝农，都显现出县司官吏在乡间的实际运作。

县官和县吏亲自到乡间办公，往往给村民带来很大的祸害。如赣州宁都县吏李某，"督租近村，以一仆自随。仆乞钱于逋户，不满

① （宋）洪迈：《夷坚志·乙志》卷六《石棺中妇人》，第228页。
② （宋）洪迈：《夷坚志·支景》卷七《王宣二犬》，第934页。
③ （宋）杨万里撰、辛更儒笺校：《杨万里集笺校》卷一一九《宋故尚书左仆射赠少保叶公行状》，中华书局2007年版，第4533—4534页。
④ （宋）洪迈：《夷坚志·丙志》卷一三《洪州通判》，第476页。
⑤ （宋）洪迈：《夷坚志·支丁》卷一〇《平阳杜鹃花》，第1046页。

志，缚诸桑上，灌以粪，得千钱"，①可谓恶劣。贪官污吏，横取巧掠，类似事例，在《名公书判清明集》等史料中还有很多相关记载，以至于有不少"名公"发出"纵吏下乡，纵虎出柙"之感叹，民间则有谚云"打杀乡胥手，胜斋一千僧"，②皆反映普遍性的乡村社会历史影像。

县司官吏有时在乡间行政运行中也会遇到麻烦，有些村落豪横在乡间的关系网络盘根错节，往往干扰地方官府行政运作。譬如：

秦棣知宣州，州之何村，有民家酿酒，遣巡检捕之。领兵数十辈，用半夜围其家。民，富族也，见夜有兵甲，意为凶盗，即击鼓集邻里，合仆奴，持械迎击之。③

并非所有官府理应治理的领域，都被严加管控。譬如：

明州城外五十里小溪村有富家翁造巨宅，凡门廊厅级皆如大官舍。或谏其为非民居所宜，怒不听。④

宋政府对民居之规制，有比较严格的条目。但明州这位富家翁在建造一如官舍的豪宅时，却未见来自官府的劝阻，唯有民众的规劝。成书于北宋政和年间的《作邑自箴》，作者李元弼虽说是"剽闻乡老先生论为政之要"，"著成规矩，述以劝戒"，但其作为县司官吏治理民事的诸多领域，都有紧要而逼真的约束，或可视为宋朝县司管辖村民领域的纲领性文件。

归纳上述可知，宋朝州县官府有针对性地加强了对村落民众的控

---

① （宋）洪迈：《夷坚志·乙志》卷七《宁都吏仆》，第 242 页。
② 《名公书判清明集》卷一《官吏门·申儆·咨目呈两通判及职曹官》，第 3 页；《名公书判清明集》卷一一《人品门·公吏·治推吏不照例褫被》，第 426 页。
③ （宋）洪迈：《夷坚志·乙志》卷一六《何村公案》，第 323 页。《名公书判清明集》一书集聚了诸多豪横为非乡里的案例，兹不赘。
④ （宋）洪迈：《夷坚丁志》卷一四《明州老翁》，第 655 页。

制,在许多领域显露出将皇权"一统到底"的历史趋势。①自唐而宋观之,具体事例增多了,地方官府操控村落的痕迹也更加清晰具体,皇权对于村民的控制似也强化了。②乡役属于皇权刚柔兼容的控制村民的一种管理模式,学者或认定为"半行政化"的一种体制,③呈现出"以民治民"的色彩,本书将于下节考述。

三 "官治"网络下的"民治"模式

有宋一朝,州县官府遍设各地,但有限的官员难以完成对辖区内众多民户的直接管理,尤其是对居住在穷乡僻壤深河巨沟的那部分村民。宋朝推行的乡役制度和重新兴起的宗族制度,是朝廷"民治"——"以民治民"社会控制理念的表现。这一举措既节省了朝廷行政运作的经济成本,又切实起到了管理民众的良好绩效。④这一治理模式,对比于文献湮没较多的李唐及其之前,宋朝的历史镜像就相当明晰。本节首先考察乡役这一属于皇权"神经末梢"的社会控制模式。

两宋中央政府在县级行政之下,设置了乡里、耆管、都保等乡村体制,在形式上借助于行政管理层级的象征性符号,以强化对村落民户的治理。实际上,则以王朝运行的实际需要,按照"以民治民"的职役方式,依靠一部分乡村富豪精英民户协助或替代地方官府管理乡

---

① 在宋朝财政问题领域有此类表述,参阅汪圣铎《两宋货币史》,社会科学文献出版社2003年版,第3页。此处乃借用这一说法。黄宽重以两宋时期的县役弓手为考察对象,也有类似表述,参阅黄宽重《唐宋基层武力与基层社会的转变》,《历史研究》2004年第1期。

② 有关唐朝村民生活之内容,或自张泽咸《唐五代赋役史草》(中华书局1986年版)、张泽咸《唐代阶级结构研究》(中州古籍出版社1996年版)中体悟到粗略的印象,兹不一一穷举赘述。

③ Kung chuan Hsiao(萧公权), *Rural China: Imperial Control in the Nineteenth Century*, Washington: University of Washington Press, 1960, pp. 72-73(萧公权著:《中国乡村:19世纪的帝国控制》,张皓、张升译,九州出版社2018年版,第1页)。

④ [美]道格拉斯·C. 诺斯:《制度、制度变迁与经济绩效》,上海人民出版社2008年版,第3—12页。就宋朝而言,州县官治乃是宋朝的正式规则,而本节与此后所论,属于非正式约束。至于礼法风俗达致的社会控制绩效,则可以视为实施机制有效性。刁培俊:《乡村中国家制度的运作、互动与绩效——试论两宋户等制的紊乱及其对乡役制的影响》,《中国社会经济史研究》2006年第3期,对相关理路有所申论。

村，以此达致既实际操控了村民，又节省行政治理成本的目的。①在其推广过程中，帝国的政权力量也起了重大作用，属于帝国皇权延伸到州县以下的"神经末梢"。在官贵吏贱的宋朝，乡役人并非由中央政府直接任命。据文献记载，乡役人乃由县司胥吏和乡司等直接差派。②赵宋王朝给乡役人所设定的社会角色，是"民"，是"庶人在官者"，是帝国用来"役出于民"、以民治民的吏民，他们要"以职役于官"，其身份却并非"官"。其他诸如职役人是"农民在官"者，"差役之法，使民躬役于官"，"既为之民，而服役于公家"，"保正、长以编民执役"等说法，均表明乡役人只是协助官府处理乡村事务而已，其实际身份并不是官，不属于正式的帝国官僚系统。乡役人的地位低下，没有州县那样固定的办公衙门和办事人员，多半情况下也没有俸禄，更没有象征国家权力的官府印信。所以，严格说来，并不能构成一级完整的国家政权机构。③但乡役及其后来的变型——保甲法，④依然起到了很强的控制绩效——北宋熙丰年间，保甲法混通于乡役法的过程中，乡村民户的控制单位更进一步被压缩。熙宁八年（1075）前后，朝廷规定，保甲编制按照 5—25—250 户设定小保、大保和都保。这较之熙宁三年（1070）朝廷推出的《畿县保甲条例》，以 10—50—500 户设定小保、大保和都保，基层控制范围又缩小了一半。这样，隋唐以来的百户一里、五里一乡的乡村编组形式被打破了，其基层单位被大大压缩了。显而易见，皇权的触角不断向下

---

① 这类乡村富豪精英民户对于村落秩序的控制，当承担乡役有利可图时，则亲身充当；当无利可图时，则往往以诡名挟户等方式，规避或转嫁职役给其他中下等民户，隐于役后，幕后操控乡村秩序；或雇人应役，多有贫寒下户甚至流氓无赖等应役，给村民带来各类侵扰。参阅王曾瑜《宋朝阶级结构》，第173—179、277—291页；及其《宋朝的差役与形势户》《宋朝诡名挟户》两文，俱见王曾瑜《涓埃编》，河北大学出版社2008年版。

② （宋）谢深甫撰、戴建国点校本：《庆元条法事类》，黑龙江人民出版社2003年版，第750页；《宋会要辑稿·食货》六六之二。

③ 参阅刁培俊《宋朝的乡役与乡村"行政区划"》，《南开学报》2008年第2期。

④ 宋朝最初基于保伍连坐制的保甲法，对于村民的控制力是相当显著的，也是皇朝"以民治民"统治理念的体现。参阅吴泰《宋代"保甲法"探微》，载《宋辽金史论丛》第二辑，中华书局1991年版；刁培俊：《南宋"乡村社会"管窥》，袁行霈主编：《国学研究》第24卷，北京大学出版社2009年版，第173—176页。

渗透，下移到更基层的乡村角落，皇权加强乡村控制的意图和努力暴露无遗。结合上节，综括而言，宋朝的村民治理，官治色彩较此前更加浓厚。①

　　作为乡役人，他们一方面是官方设置的国家权力的"神经末梢"，带有"半行政"和"准行政"的色彩，另一方面，无俸禄来源的他们更为自己的利益切切实实地考虑，穿梭、周旋于官府、村民之间，俟有机会，便侵欺弱势之村民，中饱私囊。再者，他们生活在乡间，在地缘性和血缘性两个方面和广大村民们有着千丝万缕的联系——四方八邻、亲族友好，有着更多的"熟人"。这正如费孝通所说"这是一个'熟悉'的社会，没有陌生人的社会"。②乡役人的社会地位、威望、荣耀更多的是来源于这些人的认同，而并非中央官府所赋予的"权力"。出于提高社会地位、威望、荣耀和自己利益最优化的考虑，当官方侵夺村民们不可容忍的利益时，乡役人自发地甚至不得不更多为村民们考虑。换言之，多半会因应"公事"为其"熟人社会圈"考虑，从而站在民众的立场上，与官方或明或暗地唱对台戏；在执行官府政策时，采用一些欺上瞒下的手段，融通于其间，故而我们认定乡役为皇权之下刚柔交织的一种管理模式。有关于此，洪迈《夷坚志》有一则记载：

　　　　乾道辛卯（1171）岁，江浙大旱，豫章（今江西南昌）尤甚。龚实之作牧，命诸县籍富民藏谷者责认粜数，令自津般随远近赴于某所，每乡择一解事者为隅官，主其给纳。靖安县美门乡范生者在此选，其邻张氏当粜二千斛，以情语范曰："以官价较市值，不及三之二。计吾所失，盖不胜多矣。吾与君相从久，宜

―――――――――――――

① 参见前揭习培俊《宋朝乡村精英与社会控制》，习培俊等《宋朝国家权利渗透乡村的努力》。唐朝之前"官治"色彩浓厚，宋朝之后尤其是王安石变法后保甲法与乡役法的混融为一，显现出皇权渗透村落的努力，但也更显现"以民治民"的"民治"色彩日益浓厚，质言之，"民治"亦是"官治"的补充和延伸。唐朝与宋朝类似的村落治理模式，历史痕迹相对模糊。参阅罗彤华《唐代的保伍》一文，今据邢义田等总主编《台湾学者中国史研究论丛·城市与乡村》，中国大百科全书出版社2005年版。

② 费孝通：《乡土中国　生育制度》，第9页。

蒙庇护，盍为我具虚数以告官司。他日自有以相报。"范喜其言甘，且冀后谢，诺其请，为之委曲，张遂不复捐斗升。①

范生显然并未按照官府的规定如实上报藏谷者。他隐瞒的原因在于，他与张氏"相从久"，且张氏允诺"自有以相报"。乡村社会中实际存在有各种"潜规则"，在更多领域中，规范着村民们具体的日常生活，而皇权的监控很难洞幽其微。

作为皇权延伸到县乡政治空间的"神经末梢"，存世文献记载了乡役人以刚性行政运作治理村民的历史场景。譬如村落间出现杀人案件，乡役耆长、保正副等须上报县司处理。《夷坚志》中记载的相关史事很多，因乡役名称改易频仍和各地土俗不同，官方表述和民间称呼多有错乱，里正、里胥、保正、保长、都保、里伍等，均是指乡役人。譬如秦州农家子马简，有一妇人窃取其田间遗粟之穗，被发现后，在打斗中折足而死，马简被"里胥执赴府"。②武陵民郑二其子被人在婚宴上杀死，"大呼投里正，言张二杀我儿。里正捕系张，仍飞报县，主簿李大东摄令事，檄巡检验实"。③县司和乡役一同参与案件的处理。崇仁县农家子妇走失，县司也要里正等"揭赏搜捕"。④钱塘当地有人死亡，县官"即命里正取其骸，付漏泽园"。⑤关于追逮凶杀偷盗，譬如浦城永丰境上村中旅店出现死尸，店主"走报里伍，捕凶人赴县"。⑥尤溪民濮六，无赖狂荡，数盗父母器皿衣物典质，被父母赶出家门，途遇一女赠布帛，出售时被人指认乃其女陪葬品，于是，"呼集都保，诣彼（按指坟墓）实验"；⑦武陵县因村民诉堰水不平，县尉被"请往定验"，道中小憩于一祠宇，见神像悚

---

① （宋）洪迈：《夷坚支景》卷七《范隅官》，第937页。
② （宋）洪迈：《夷坚志·甲志》卷一三《马简冤报》，第116页。
③ （宋）洪迈：《夷坚志·支景》卷一〇《郑二杀子》，第960页。
④ （宋）洪迈：《夷坚志·丁志》卷二〇《巴山蛇》，第705页。
⑤ （宋）洪迈：《夷坚志·支甲》卷四《九里松鳜鱼》，第743页。有关于此，《庆元条法事类》《作邑自箴》《州县提纲》等文献也有来自官方的一些表述，兹不赘列。
⑥ （宋）洪迈：《夷坚志·乙志》卷三《浦城道店蝇》，第205页。
⑦ （宋）洪迈：《夷坚志·三志己》卷二《许家女郎》，第1317页。

然，是往昔所见者，"乃以其事审于里胥"。①均可显现乡役人在村落中的实际运作。

在征派赋役方面，乡役人的具体运作更多出现在村落间诸多"历史现场"。譬如，尝有徽州婺源县怀金乡里胥督租于村民程彬家，因其"以语侵彬"，险些被拥有毒人之术的程彬毒死。②也有不少穷困村民因拖欠赋税，被逼窘迫无奈甚至于无以为生的境地。譬如，筠州新昌县民邹氏"尝负租系狱，逾旬得释"。③均可显现出保正等乡役人在催税派役等村落管理中的实际运作。④

北宋中期以降逐渐重新兴起的宗族组织，在地方社会中具有较多的社会控制职能。⑤明清时期本属民间性的乡族政治化，或说"国家内在于社会"这一模式，或近似社会学家所说的"长老统治"。⑥其实，这也是一种来自皇权的柔性的、"以民治民"的、间接的社会控制模式。自赵宋统治稳定之后，科举与选官制度的变革，导致社会流动加剧，为保持家族的持久富贵，士大夫治家之法的严整与否，日渐进入人们的视野。成文的家范、家训、家规频频出现，成为建立并维护基层社会和家族秩序的准则。据王善军的研究，宗族管理之政治职

---

① （宋）洪迈：《夷坚志·三志辛》卷四《管先生祠》，第1416页。类似事例还可见《夷坚志·支甲》卷一《楼烦道上妇人》、《夷坚志·支丁》卷九《淮阴张生妻》、《夷坚志·支癸》卷一《薛湘潭》等，恕不一一穷举。

② （宋）洪迈：《夷坚志·甲志》卷三《万岁丹》，第20页。

③ （宋）洪迈：《夷坚志·丁志》卷二《邹家犬》，第545页。

④ 傅俊《徐五纳税——南宋乡村居民纳税应役若干情境演绎》《石才应役——南宋乡村居民纳税应役若干情境演绎》本是其博士学位论文的一部分，叙事清晰，史料的阐释融入了想象力，表述极有现场感，惜至今唯有网络版发布于"会讲宋史"而未见正式发表，参阅傅俊《南宋的村落世界》，博士学位论文，浙江大学，2009年，第170—185页。

⑤ 朱瑞熙：《宋代社会研究》，中州书画社1983年版，第98—104页。并见朱瑞熙等《辽宋西夏金社会生活史》，中国社会科学出版社1998年版，第417—418页。傅衣凌说："中国有句老话，'天高皇帝远'，即中央专制主义的势力尚不能深入各地民间的反映。因而中国地主阶级便积极扶植、利用这乡族势力，用以干涉人民经济生活的各方面。"参其《明清社会经济史论文集》，人民出版社1982年版，第7、78—102页。郑振满重申了这一论点，参阅郑振满《明清福建家族组织与社会变迁》（中国人民大学出版社2009年版，第183—194页）及其《清代闽西客家的乡族自治传统》，《学术月刊》2012年第4期。

⑥ 费孝通：《乡土中国　生育制度》，第64页。郑振满：《乡族与国家：多元视野中的闽台传统社会》，生活·读书·新知三联书店2009年版，第9—10页。

能有：维持族内社会秩序，平息族内民众的反政府行为；裁判族内民事纠纷，维护财产继承关系；督促赋税征纳；与州县政权相结合，部分承担了乡村治理职能。①其经济职能包括：生产技术的传授与勤奋风气的倡导；组织赈济灾荒；义庄、社仓等部分公益事业的建设。其教育职能包括：宗族观念的教育，族塾义学的兴建，②对士人求学和科举的资助。③这些士人家族在教育子弟、置产和治生、敬宗收族和坟祭、族人的互助与族产的运营等活动中，④在社会秩序的维持和乡村管理诸领域，同样起着相当重要的作用，也就往往会被村民们视为精英。⑤唯宋朝同居共财大家庭相对于普遍存在的小家庭结构而言，只不过是汪洋大海中的零星点缀，似不宜过分夸大，更不能与代表官方力量的乡役人等相提并论：有时乡役人等面对豪横类强宗大族，催征时束手无策；有时豪强大户也勾结乡役人等，借以逃避税役负担。不同情况下，两者的关系会有很大差别。所以，全面考察其社会控制和乡村治理绩效，仍很重要。

---

① 宋朝法制规定：乡间富民大户才能承当耆长、户长、保正长等主要色役，不但管理乡间烟火盗贼等治安管理事务，也更多地承担起村落中民户赋税催纳之事。一般的富民家族大都有承担乡役的可能，而且，乡役耆长也规定由官户承担。参见习培俊《宋朝耆长制度初探》（2008 年 8 月，参加台湾"中研院"历史语言研究所主办的"传承与创新：九至十三世纪中国史青年学者研讨会"国际学术研讨会宣读论文）。虽然，目前还很难搜集到更多的史料以为佐证，但这种现象是可以推想的。

② 如四明楼氏家族的对乡曲义庄的推动，德兴张氏家族厚经营而热心公益等，都是很好的说明。参阅黄宽重《千丝万缕——楼氏家族的婚姻圈与乡曲义庄的推动》《乡望与仕望——厚经营的张氏家族》，收入氏著《宋代的家族与社会》，国家图书馆出版社2009 年版，第 103—136、203—226 页。

③ 如居住在浮梁界田的李仲永"晚年退闲，于所居之东三里间，自立义学，且建孔子庙"（《夷坚志》三志己卷一〇《界田义学》）。参阅前揭王善军《宋代宗族和宗族制度研究》，第 259—267 页。另外，宗族的族规家法，也在多方面限制族内民众的行为，努力使其服从于家法族规的规范，第 69—85 页。

④ 宋朝部分家族义田的建置，请参阅王善军《宋代宗族和宗族制度研究》，第 64—68页。还可参看陶晋生《北宋士族——家族·婚姻·生活》，台北"中研院"历史语言研究所专刊 2001 年版，第 65—99 页。

⑤ 有关士人家族及其在乡间的精英形象的自我塑造或被塑造，请参阅梁庚尧《豪横与长者：南宋官户与士人居乡的两种形象》，《新史学》1993 年 12 月第 4 卷第 4 期；梁庚尧：《家族合作、社会声望与地方公益：宋元四明乡曲义田的源起与演变》，载《中国近世家族与社会学术研讨会论文集》，台北"中研院"历史语言研究所 1998 年版，第213—237 页；黄宽重：《宋代的家族与社会》，台北东大图书公司 2006 年版，第 124—131、155—169、256—261 页等。

宋朝村落内的尊老族长等，在宗族内乃至县乡之中，也往往拥有相当大的影响力，近年学界已有很好的成果可资说明。①《夷坚志》中也有一些记载，如前揭宣州何村有一个酿酒的民户，是本村 "富族"，当巡检下乡追办凶案时，富族 "见夜有兵甲，意为凶盗，即击鼓集邻里，合仆奴，持械 [梃] 迎击之"。②最堪代表的一例是既为显官、又为族长的满氏族长：

> （淮南望族满少卿）叔性严毅，历显官，且为族长。生素敬畏，不敢违抗，但唯唯而已，心殊窘惧。③

一个家族普通的族众，敬畏族长，竟至于 "心殊窘惧"，族长的影响力、权威性由此可见一斑。《名公书判清明集》中也有类似记载。有关村落民户分家析产、收养立继之事，官府更多依靠家族族长、房长及其他尊长等，这在宋朝法律中也有所显现。譬如《清明集》中，"僧归俗承分，案即今监族长并监乡司根刷何氏见在物业"；"凡立继之事，出于尊长本心，房长公议"；"在法：户绝命继，从房族尊长之命"。其中有一位名叫王圣沐的族长 "握立继之权，专事教唆卖弄，前后词诉，此人必入名其中"。④但是，一旦涉

---

① 综论性成果可参王善军《强宗豪族与宋代基层社会》，《河北大学学报》1998 年第 3 期；《北宋青州麻氏的忽兴与骤衰》，《齐鲁学刊》1999 年第 6 期；并其《宋代宗族和宗族制度研究》，河北教育出版社 2000 年版。个案研究相当丰富，参阅郭恩秀《八〇年代以来宋代家族史中文论著研究回顾》，《新史学》第 16 卷第 1 期，2005 年 3 月。不但元末明初的地方社会是一个乡豪权力支配的社会，就文献的考察，早在宋朝既已如此，黄宽重《宋代的家族与社会》，尤其是该书最后一章概括性的提升、总结，最具代表意义；王善军：《宋代世家个案研究》，人民出版社 2019 年版。取径珍珠倒卷帘之法，自后向前看，某些历史的痕迹也可显现一二，另请参阅刘志伟《从乡豪历史到士人记忆——由黄佐〈自叙先世行状〉看明代地方势力的转变》，《历史研究》2006 年第 6 期。

② （宋）洪迈：《夷坚志·乙志》卷一六《何村公案》，第 323 页。

③ （宋）洪迈：《夷坚志·志补》卷一一《满少卿》，第 1650 页。

④ 分别见于《名公书判清明集》卷一《官吏门·申儆·劝谕事件于后（真德秀）》，中华书局 2002 年版，第 13 页；卷七《户婚门·立继·吴从周等诉吴平甫索钱》，第 204 页；卷七《户婚门·立继·官司斡二女已拨之田与立继子奉祀》，第 214 页；卷八《户婚门·立继·父子俱亡立孙为后·所立又亡再立亲房之子》，第 264 页。

及立继之事，则"出于祖父母、父母之治命，而昭穆相当，法意无碍，虽官司亦不容加毫末其间"。①这似乎表明，在皇权礼法规范下，只要于"法意无碍"，则"官司亦不容加毫末其间"，在家族既有族规等约束之外，百姓们依然拥有一定程度的"自在生活"。

小农之间的合作组织还有很多。就宋朝而言，义役、义田、义学、义庄、义仓等，也大致属于民间的"自治"（民治，宋史原始资料中的"以民治民"）组织。这类最初的民间组织，在官方介入后，就逐渐被"官方化"了，但在实际运作过程中，民间自我管理的成分依然突出，尤其是组织者往往依据乡间的自我约定实际运行，就更凸显出某种"自治"色彩。②宋朝乡间百姓共同遵循的"乡原体例"，大致也是介于官民之间的一种约束力，③似更多体现为"民治"色彩而存在于两宋乡村的诸多领域。

四 纲常理念教化——化有形为无形的柔性意识观念控制

自秦汉以还传承多年的儒家纲常理念，也是赵宋朝廷用以控制村民的一大举措。④实际上，在社会控制研究领域，当下史学界多所忽

① 《名公书判清明集》卷八《户婚门·立继·后立者不得前立者自置之田》，第271页。
② 王德毅：《南宋义役考》，今据氏著《宋史研究论集》，台北商务印书馆1993年修订版；漆侠：《南宋的差募并用到义役的演变》，王仲荦主编：《历史论丛》第5辑，齐鲁书社1985年版；葛金芳：《从南宋义役看江南乡村治理秩序之重建》，《中华文史论丛》2007年第1期；[日]伊藤正彦："義役"——南宋期における社会的结合の一形態》，《史林》（京都大学史学研究会）75—5，1992年；[日]寺地遵：《義役·社倉·鄉約》，《広島東洋史学報》第1号，1996年；梁庚尧：《宋代的义学》，《台湾大学历史学报》1999年24期；王善军：《宋代族塾义学的兴盛及其社会作用》，《中国史研究》1999年第2期；陈荣照：《论范氏义庄》，收入《宋史研究集》第18辑，台北"国立"编译馆1988年版；邢铁：《宋代的义庄》，《历史教学》1987年5期；邓小南：《追求治水秩序的努力——从前近代洪洞的水资源管理看"民间"与"官方"》，今据行龙、杨念群主编《区域社会史比较研究》，社会科学文献出版社2006年版，第19—39页。
③ 参阅包伟民、傅俊《宋代"乡原体例"与地方官府运作》，《浙江大学学报》2008年第3期。
④ 江筱婷：《宋代地方官的教化活动——以两浙路为考察中心》，硕士学位论文，台湾大学历史研究所，2006年。王亚南指出："在中国，一般的社会秩序，不是靠法来维持，而是靠宗法、靠纲常、靠下层对上层的绝对服从来维持；于是，'人治'与'礼治'便被宣扬来代替'法治'。"参阅王亚南《中国官僚政治研究》，中国社会科学出版社1981年版，第42—43页。另见该书第73—74页。

略的、以纲常礼教约束人们的行为，是传统儒家学说的一大社会控制功能。费孝通指出：中国的乡土社会是"礼治"的社会，儒家传统的效力影响甚深。①依据《仪礼》《礼记》的有关内容，风俗及基于风俗而形成的习惯法是中国古代"礼"的重要组成部分。这些惯例产生于日常生活，是人们日常言行的准则。如果人们的言行，包括交往之中的进退揖让，符合礼的准则，就会受到舆论的赞扬。而违反或不合乎礼的言行，就会受到舆论的嘲讽，甚至强力制裁。②《礼记·祭统》："凡治人之道，莫急于礼。"《汉书》卷二二《礼乐志》："人性有男女之情，妒忌之别，为制婚姻之礼；有交接长幼之序，为制乡饮之礼；有哀死思远之情，为制丧祭之礼；有尊尊敬上之心，为制朝觐之礼；哀有哭踊之节，乐有歌舞之容，……故婚姻之礼废，则夫妇之道苦，而淫辟之罪多；乡饮之礼废，则长幼之序乱，而争斗之狱蕃；丧祭之礼废，则骨肉之恩薄，而背死忘先者众……"③礼法相融，是传统中华帝制时代社会控制的重大特点之一。以"礼"为准则建立的中国传统伦理观念，深深地烙印在民心深处，形成独具特色的民族品格和中华文明。特别是宋朝之后，儒家知识的普及，佛教教义的儒化及其宣扬普及，导致"宗法伦理庶民化"④的趋势骤增，纲常理念在精神层面影响了越来越多的普通民众。甚至有社会学家认为："一个负责地方秩序的父母官，维持礼治秩序的理想手段是教化，而不是折狱"；"社会秩序不需要外力的维持，单凭个人的本能和良知即可"。⑤这里，个人的本能和良知，无疑也就更多地渗入了传统的伦理道德观念。

除了刚性地执行皇朝的政策法令外，一些州县官也声称自己身为

① 费孝通：《乡土中国　生育制度》，第49页。他还认为：礼并不是靠一个外在的权力来推行的，而是从教化中养成的个人的敬畏之感，使人服膺；人服礼是主动的（第51页）。在一个熟悉的社会中，我们会得到从心所欲而不逾矩的自由。这里所说的自由与法律所保障的自由不同。规矩不是法律，规矩是"习"出来的乡俗（第10页）。
② 参阅马小红《礼与法：法的历史连接》，北京大学出版社2004年版，第78—79页。
③ 《汉书》卷二二《礼乐志》，中华书局1962年版，第1027—1028页。
④ 郑振满：《明清福建家族组织与社会变迁》，中国人民大学出版社2009年版，第172—182页。
⑤ 费孝通：《乡土中国　生育制度》，第54、49页。

地方官，还推行柔性的纲常教化观念，作为辅助，管摄民心。宋朝地方官教化意识增强，再加上日益增多的地方士人群体的积极参与，尊老尚齿、建构和谐乡里秩序和礼义伦理观念，从而导民循礼，劝民行善，化民从俗，致民孝悌，蔚成风尚；当然，地方官的教化实践还包括禁毁淫祠、封赐庙额、劝谕旌奖孝悌等。这些切近百姓日常生活的教化理念，广泛地嵌入基层民众意识之中并产生了越来越深刻的影响。①家范家训、民间丧葬祭祀和婚姻等礼仪，地方官对于义门、孝行、妇德和隐逸的旌表，以及谕俗文等榜谕，均深化了官方教化理念，强化了朝廷对普通民众的精神束缚。②譬如有地方臣僚言其任地方官"惟以厚人伦，美教化为第一义。每遇厅讼，于父子之间，则劝以孝慈，于兄弟之间，则劝以爱友，于亲戚、族党、邻里之间，则劝以睦姻任恤。委曲开譬，至再至三，不敢少有一毫忿疾于顽之意。剽闻道路之论，咸谓士民颇知感悟，隐然有迁善远罪之风，虽素来狠傲无知，不孝不友者，亦复为之革心易虑"；③"本司以劝农河渠系衔，水利固当定夺；本职以明刑弼教为先，名分尤所当急"。④或宣称"宣明教化，以厚人伦而美习俗也。故自交事以来，凡布之于榜帖，形之于书判，施之于政事，莫不拳拳然以入事其父兄，出事其长上者，为吾民训。今既数月矣，近者见而知之，远者闻而知之，其比闾族党之间，自宜详体此意，长者勉其少者，智者诲其愚者，贤者诱其不肖者，相率而为礼义之归，而旧俗为之一变矣"，进而认为欲移

---

① 王美华发表数篇论文讨论相关问题，如《官方礼制的庶民化倾向与唐宋礼制下移》，《济南大学学报》2006年第1期；《唐宋时期地方官教化职能的规范与社会风俗的移易》，《社会科学辑刊》2006年第3期；《地方官社会教化实践与唐宋时期的礼制下移》，《辽宁大学学报》2010年第3期；《乡饮酒礼与唐宋地方社会》，《社会科学辑刊》2010年第4期；《唐宋时期乡饮酒礼演变探析》，《中国史研究》2011年第2期。王美华：《礼制下移与唐宋社会变迁》，中国社会科学出版社2015年版；及其《唐宋时期的学校教育与学礼演变》，辽宁大学出版社2016年版。
② 杨建宏已发表数篇论文讨论相关问题，均收入氏著《宋代礼制与基层社会控制研究》，湖南人民出版社2010年版。张文昌：《制礼以教天下——唐宋礼书与国家社会》考察了王朝礼典庶民化与私礼的行用，台大出版中心2012年版。
③ 《名公书判清明集》卷一〇《人伦门·母子·母讼其子而终有爱子之心不欲遽断其罪》，第363页。
④ 《名公书判清明集》卷一〇《人伦门·宗族·恃富凌族长》，第392页。

易移俗推行乡饮酒礼是一个很切当可行之法,"观其致尊逊以教不争,致洁敬以教不慢,父坐子立以教孝,老坐少立以教悌,序宾以贤以贵德,序坐以齿以贵长,序馔以爵以贵贵,饮食必祭以示不忘本,工歌必献以示不忘功,燕及沃洗以示不忘贱,凡登降辞受献酬之义,笾豆鼎俎之器,升降合乐之节,无非教也。当是时也,父与父言慈,子与子言孝,兄与兄言友,弟与弟言顺,少而习焉,长而安焉,其父兄之教,不肃而成,其子弟之学,不劳而能"。①在现实社会实践中,也确实有一些地方官推行了乡饮酒礼,且对当时的基层社会化礼为俗有所推进。

移风易俗以利教化,是统治者的一大柔性治理策略。早在雍熙二年(985),宋太宗曾针对邕、容、桂、广等地不合于礼的特殊风俗,命地方官柔性开导:

> 邕、容、桂、广诸州,婚嫁、丧葬,衣服制度,并杀人以祭鬼,疾病不求医药,及增置妻孥等事,并委本属长吏,多方化导,渐以治之,无宜峻法,以致烦扰。②

两宋期间还有许多类似柔性治理的举措。对于民间的一些非法组织或伤风败俗之举,州县官府也要严加戒饬,如官府宣告"访闻本路所在乡村,多有杀人祭鬼之家,平时分遣徒党,贩卖生口,诱略平民,或无所得,则用奴仆,或不得已,则用亲生男女充代,脔割烹煨,备极惨酷,湘阴尤甚。今仰诸县巡尉,常切跟辑,知县尤当加意。应有淫祠去处,并行拆毁,奉事邪鬼之家,并行籍记,四路采生之人,并行收捉,邻甲照已排立保伍,互相举觉……镂榜晓示"。③再如村夫羊六、杨应龙"因醉争道",羊六诬陷杨白昼抢劫一案中,

---

① 《名公书判清明集》卷一○《人伦门·乡里·勉寓公举行乡饮酒礼为乡间倡》,第395—396页。

② (宋)钱若水等撰,范学辉校注:《宋太宗实录》卷三四,中华书局 2012 年版,第385—386页。《宋会要辑稿·刑法》二之三。

③ 《名公书判清明集》卷一四《惩恶门·淫祀·行下本路禁约杀人祭鬼》,第545—546页。

州县官府也揭穿了羊六的无赖行径。①官府判案之后，也往往将判决书（断由）"帖本县备榜本保本里，使邻里通知"，以起到警示的作用。②

由上述可知，宋朝村落基层也大致遵循了社会学家所指出的：礼治就是对传统规则的服膺，生活各方面、人和人的关系，都有着一定的规则。行为者对于这些规则从小就熟习，不问理由而认为是当然的。长期的熏陶教育已把外在的规则化成了内在的习惯。维持礼俗的力量不在身外的权力，而在身内的良知，所以这种秩序注重修身，注重克己，试图通过对民众意识深处的劝导，达致社会教化的目标，从而达致期待中的乡村社会和谐稳定的秩序。③

五　余论

当"中国传统乡村"渐行渐远地沉睡于历史记忆和历史文献之中，努力挖掘与再现那些过往的图像，尽力保存、呈显依稀沉寂的历史旧影，意义深远。近年来，随着史学研究视角的逐步下移，中国传统乡村社会的研究备受关注，而生活在村落中的广土众民究竟是怎样一种生存状态？村民们究竟是否被皇权的"枝干"（州县）及其"神经末梢"（乡耆、都保等乡役"半行政化"体制）"官治"体系完全牢牢掌控了呢？如果是，那具体究竟是怎样的一种情况？如果不是，是否存在村民们"自在生活"的历史景象？其日常生活世界尤其精神世界又是怎样的？村落秩序是如何构建的？实际上，这一研究视角是由村落民户自下而上反观王朝管理和控制的互动过程。就两宋而言，已有成果静态描述居多，动态考察和互动研究较为鲜见，还不曾全面呈现多元、立体而丰富多彩的历史影像。本书试图在已有研究的基础上，通过对宋王朝皇权一元化时代州县行政"官治"及乡役等体

---

① 《名公书判清明集》卷一三《惩恶门·妄诉·以劫夺财物诬执平人不应末减》，第497页。
② 《名公书判清明集》卷一三《惩恶门·诬赖·以累经结断明白六事诬罔脱判昏赖田业》，第511页。
③ 费孝通：《乡土中国　生育制度》，第55页。

制下"民治"的考察，指出宋朝乡村社会并非皇权的"真空"地带，王朝权威以一种刚性形式向乡村渗透的趋势相当明显。同时，村民们在传统"礼治""习俗惯例"等儒家伦理纲常理念的约束下生活——同样来自王朝的柔性的教化理念深入民心，起到了很强的维持社会秩序的治理绩效。广大村民们生活在这一网络之下。在传统帝制时代，皇朝对于村民的治理，要么是刚性的、显在的、直接的社会控制，如官僚行政层层推展的法制；要么是柔性的、潜存的、间接的意识领域的教化理念管摄民心。刚与柔、显与隐、直接与间接的交糅、融合，则其统摄力更具隐蔽性，治理绩效也更加显著。在赵宋皇朝不断强化中央集权的治理模式下，官本位是无所不在的，换言之，"官治"的影响力几乎是无所不在的；"民治"是"官治"的延伸和变异，是"官治"的附庸。

　　较之前朝，两宋时期"民治"模式的凸显，以及上述几种治理模式的糅合，充分显示出天水一朝村民治理模式的多元化，为避免官民之间、贫富之间的矛盾和阶级分化，其治理举措日益隐蔽，更趋深入。但本书特别阐发的是，在日常生活的很多领域中，尤其在一些村民"私"的领域中，天水一朝的皇权似持漠视、无视的姿态，或无法完全介入其中，只能听任村民们"自在"地生活，颇类似于《乡土中国》所描述的中国传统乡村：中国"乡土社会里的权力结构，虽则名义上可以说是'专制'独裁，但是除了自己不想持续的末代皇帝之外，在人民实际生活上看，是松弛和微弱的，是挂名的，是无为的"。中国传统时代的乡村治理是"无为政治"，是"长老统治"。① 但是，历史文献显露宋朝村民的这种"自在生活"，并非"皇权不下

---

① 费孝通：《乡土中国　生育制度》，第63、59、64页。徐勇近来撰文认为：东方中国的自由主义是农民自由主义，核心要素是自由农民的自主性和积极性。这种在自由小农经济基础上产生的农民自由主义作为一种日常生活状态，潜藏于经济社会生活之中国，创造了世界无与伦比的农业文明。东方自由主义传统，是中国特色的自由体系。参阅其《东方自由主义传统的发掘》，《学术月刊》2012年第4期。

县"模式下的"无为而治"，也并非西方语境下的"乡村自治"①。宋朝村落间官治的控制体系及其各种变异的官治网络是无处不在的，所有村民都被笼罩在这一网络之下。在中国"秦制"以后"天下事无大小皆决于上"的皇权一元化体制中，凡土地、赋税、产权、工商业等基本经济形态，都是皇权统摄权力的延伸。王毓铨认为："秦制"经典性的描述是"九州之田，皆系于官"；百姓的"身体发肤，尽归于圣育；衣服饮食，悉自于皇恩"。中国"秦制"后的权力形态远不仅是简单的统治理念，更是一整套高度缜密的制度结构，其中起关键作用的是支撑权力机器运行的那套犬牙交错的制度保障系统，中国一切重要经济现象的第一属性都由此决定。他还有如下描述：

> 农民（明代的"农户"）的身分不可以说是"自由的""独立的"。他们的人身和其他编户的人身一样是属于皇帝的。……皇帝可以役其人身，税其人身，迁移其人身，固着其人身。止要他身隶名籍，他就得为皇帝而生活而生产而供应劳役；而不著籍又是违背帝王的大法的。……在古代中国的编户齐民中，自由和独立的事实是不存在的，可能连这两个概念也没有。②

就赵宋一朝而言，由于州县官员设置太少，所辖地方村落民户太多，所以显示官治力量的不足，宋朝政府采取了"以民治民"的"民治"策略，作为"官治"治理模式的延伸和补充，希望使之起到类如"官治"的同样绩效——乡役体系和家族、宗族组织等填补了这一缺漏。传统中华帝制政府人身控制的目的，无非是从根本上解决税役征发和稳固其统治秩序，从隋唐大索貌阅到宋朝的租佃制下的官治、民

---

① 刁培俊曾撰文描述宋朝村民生活状态，参见刁培俊《宋朝乡村精英与社会控制》，《社会科学辑刊》2004年第2期；刁培俊等《宋朝国家权力渗透乡村的努力》，《江苏社会科学》2005年第4期。此后谭景玉发表《宋代乡村社会"自治"论质疑》（《山东大学学报》2008年第6期）一文强调，在宋朝乡村社会之中，根本就不存在西方话语下的"自治"。

② 王毓铨：《〈中国历史上农民的身分〉提纲》，今据其《莱芜集》，中华书局1983年版，第377页。

治交织的控制模式之转变，可见官府控制民户模式的变化，在"以民治民"和教化理念大力推行的貌似松弛的治理模式外表下，更多显现出皇权控制的隐蔽、深入和无所不在。譬如宋朝财赋的征收，虽一再显现出征收和财政运转的困窘，但支撑皇朝三百余年持续发展的动力，无疑依然来自赵宋王朝日益强化的赋役征发体制；而从农民暴动未能推翻政权的角度看，赵宋皇朝民众控制举措也达致相当可观的绩效。进而言之，自唐至宋，无论社会如何演进，皇权控制村民的"官治"模式多元化了，也更加隐蔽，渗透力更强了。①

在以往学者们的一般印象里，村民们只要不曾导致社会秩序的紊乱，能够及时足额地完成官府交给的赋役征发，似乎就可以在"私"的社会空间下享受更多的"自在生活"。换言之，即便皇权控制的网络几乎无处不在，但在官治和民治控制网络之下，在村民日常生活的诸多领域，王权根本就没有力量管理，也懒于管理的空间——允许民户"自在生活"。其前提是民户安分守己，维持好村落基层社会秩序的稳定，按时足额缴纳赋税、应差服役。这样的一种生活方式，自己治理、管理自己的日常生活（即"以民治民"），与西方话语中的所谓"自治"并非同一意涵。但是，一旦在上述各方面村民行事稍有不顺合于皇权或官府，就会动辄得咎。就这一意涵而论，村民们的"自在生活"是有局限的，是皇权网络之下的一种社会生活。另外，正如前文所已揭示，纲常伦理礼教等教化理念的统摄力，经由长期之传布，尤其是宋朝读书识字群体之激增，已渗入民心，其管摄民心的绩效自不可小觑。概言之，宋朝村民们是在遵循皇权"礼法而治"和儒家纲常理念教化等控制网络之下所谓"无为而治"的"自在生活"。显而易见，这种所谓的"自在"的生活是有局限的，并未完全脱逸出

---

① 有关赋役征派和财政运作，请参阅汪圣铎《两宋财政史》，中华书局 1996 年版；包伟民《宋代地方财政史研究》，中国人民大学出版社 2010 年版。关于宋朝农民战争史的研究，代表性成果请参阅赵继颜《中国农民战争史》之四《宋辽金元卷》，湖北人民出版社 1991 年版；最近研究请参阅王世宗《南宋高宗朝变乱之研究》，刘馨珺《南宋荆湖路的变乱之研究》，均为台湾大学文史丛刊，出版时间分别为 1987 年、1994 年。

"官治"之庞大坚实的网络。①皇权对于村民们的控制绝非"挂名的，是无为的"，远非"无为而治"；"国家不在场"的历史场景是该王朝—村民视域对于"国家"不会带来丝毫有害行为才呈现的历史假象。由此引申而来，近年来再度热论的"皇权不下县"的观点，似也有着修正的空间。②

（这一部分文章在修改过程中，包伟民先生启迪尤多，且蒙程民生、张邦炜、戴建国诸师长教导，谨此致谢；高楠、薛政超、耿元骊、张传勇、罗艳春、鲁鑫、熊亚平、杨辉建等学友的切当批评，亦感荷于心。）

---

① 换一视角观察，或可认为："官治"和"民治"这些直接或间接来自官方社会控制领域的秩序，或可视为"人为制造"的秩序（artificial order），也称为被指导的秩序或外力产生的秩序。实际生活中，村落民户之间自然形成的秩序（exogenous order），或许可视为自我成长的秩序、自我组织的秩序。借此村民们才可以相安无事地生活在邻里之间。而日常生活世界中的诸多细节，村民们其实更多地生活在既非人为又非自然的"自发的秩序"之中。参阅[英]弗里德里希·冯·哈耶克著《法律、立法与自由》第一卷《规则与秩序》，邓正来译，中国大百科全书出版社 2000 年版，第 54—60 页。

② 秦晖总结[德]马克斯·韦伯、费孝通、温铁军等学者的论点，概括出"国权不下县，县下惟宗族，宗族皆自治，自治靠伦理，伦理造乡绅"，参阅其《传统中华帝国的乡村基层控制：汉唐间的乡村组织》，今据氏著《传统十论》，复旦大学出版社 2003 年版，第 3 页。另请参阅[美]Kung chuan Hsiao（萧公权），*Rural China：Imperial Control in the Nineteenth Century*，Washington：University of Washington Press，1960 年出版（中译《中国乡村——19 世纪的帝国控制》，张皓、张升译，九州出版社 2018 年版）；[美]杜赞奇：《文化、权力与国家：1900—1942 年的华北农村》，王福明译，江苏人民出版社 2010 年版；瞿同祖：《清代地方政府》，范忠信译，法律出版社 2003 年版；张静：《基层政权：乡村制度诸问题》（今据修订版。浙江人民出版社 2000 年初版），社会科学文献出版社 2019 年版；胡恒：《皇权不下县？——清代县辖政区与基层社会治理》，北京师范大学出版社 2015 年版；苟德仪：《清代基层组织与乡村社会管理研究——以四川南部县为个案的观察》，中华书局 2020 年版；高寿仙：《"官不下县"还是"权不下县"？——对基层治理中"皇权不下县"的一点思考》，《史学理论研究》2020 年第 5 期。

第六章 赵宋王朝对乡村社会的柔性治理

中国传统乡村社会变化相对缓慢，往往不会随朝代鼎革而发生剧烈改变。费孝通先生在《乡土中国》中指出：中国村落里生活的农民，是"在一个熟悉的社会中"，"会得到从心所欲而不逾矩的自由"。中国传统乡土社会的秩序维持，是无治而治的"礼治"社会。所谓的"从心所欲而不逾矩的自由"，或许近似于不受约束的"自在生活"。赵宋一朝的村民，在具体日常生活中的诸多"国家不在场"的"私"领域，皇权是没有能力控制个人的日常活动的，所以，宋朝乡村中的农民确实在很宽阔的领域内享有"自由自在"的生活。对于宋朝农民的研究，学界以往很少以"自下而上"的视角去体察农民生活的历史面相。而宋朝村民生活的世界是多姿多彩的，努力展现其物质生活和精神生活的世界，构建村民视角的日常生活样貌，让我们在城市化日新月异的今天，或可更多窥测渐行渐远的传统乡村历史中那些斑驳的旧影。

一 皇权"不在场"

在民众信仰领域，宋朝开始普遍对民间神祇进行封赐，官府试图通过封赐来驾驭民间神祇的力量。官府引导鼓励民众祭祀灵验祥善的神祇，禁止祭祀邪淫之神。但事实上，中国的村民是最讲求实际的，来自庙堂之高那些虚无缥缈的"指令"，在他们看来都很遥远。在他们的世界里，许多难以解释和处理的事务，只能求助于冥冥诸神。村民秉持"唯灵是信"的理念，官方的封赐制度并不能阻止世俗村民信奉祀典之外的神祇。村民的信仰，往往内在于精神生活领域，如果没有仪式，外在看来无影无踪，皇权的触角无论如何延伸，要对其严密监控甚至完全改变其信仰，则难以奏效。

面对乡村中的广土众民，来自皇权的控制网络相当有限，多半难以抵达社会的最基层。在宋朝，乡村中的主户本应有自己的田产家业，但也有为人雇佣者，如有村民某"常为人佣贩涉远，在家之日少"。《夷坚志》中的"抚民冯四，家贫不能活，逃于宜黄，携妻及六子往投大姓。得田耕作"。民户贫穷不能生存，逃难他乡，佃种有田人家的土地，这样一种生存生活过程，往往是皇权难以监控的。诸如此类村民"私"领域的活动：衣食住行、婚丧嫁娶、礼俗礼仪、宗教信仰、乡规民约、社会规范等，大多也是皇权不在场的场合。

就赵宋一朝对乡民的管理而言，皇权的政治制度设计是较完善的，但这并不能代表实际绩效也是令人满意的。广大乡民在乡间日常生活中的某些行为，逃逸于法规之外，也多是皇权的触角难以控制的——来自皇权的控制力是相当有限的。如《名公书判清明集》中的许多豪横乡里的案例（大多是富豪农户或官户欺凌自耕农和佃农），就凸显皇权在基层社会中的软弱无力，难以真正控制社会秩序以良性发展。

二　"官治"网络笼罩田园景象

皇朝更多关注的是财赋和劳力的来源，以及社会的和谐稳固，此外的一切，似乎都难以进入朝廷的视线。但事实上，宋朝乡村中的广大民户，生活在一个庞大而细密的网络中，其中有来自皇权向乡间渗透的"官治"控制网络。它表现为刚性的州县行政管理，各种法规对民众的约束，以及"以民治民"的"半官方化"的乡役制度。再者是柔性的儒家纲常理念的教化和同样属于"以民治民"模式的宗族网络。由于宋代儒士人数的激增与纲常教化观念广泛传布，所以，给人的印象是，整个社会控制网络几乎是无所不在的，事实果真如此吗？

对于广大村民而言，"天高皇帝远"，但来自皇帝的各种信息和网络又似乎是无所不在的，村民大都具有浓厚的王朝认同理念；对于朝廷而言，广土众民，是朝廷良性运行的财赋和人力基础，控制这些资源，是每一个王朝的梦想。但是，对于宋朝村落中的广土众民来说，在"官治"与"民治"交织下，更直接的控制模式是朝廷的"以民治民"——以宗族、乡役等模式，力图将皇权的每一根神经末梢都围绕在村民周边。在村民日常生活的"私"领域中，皇权是没有足够的行政力量完全介入其中的。中国聚族而居的农民基本上是不流动的。似乎过着"不知有汉，无论魏晋""山中无甲子，寒尽不知年"的"自在生活"。实际上，只要乡村民众按时缴纳赋税，保持乡间社会秩序的稳定，皇权的控制是相对无力或疏散的，但这并不意味着皇权控制的若有若无或是说"无为而治"。一旦村民的这些"自在生活"影响到皇权及其政府机器的正常运转，来自皇权的官府控制网络又是无所不在的。

三　沉睡的记忆

中国传统村民生活是相对自由的，皇权的控制是相对疏松的，村民物质和精神生活也是多姿多彩的。在"中国传统乡村"渐渐沉睡于历史记忆的今天，再度呈现历史旧影，从传统历史中国的乡村汲取养分，建构美丽中国的历史图像，将成为学者的一大责任。

第七章　北宋弓箭手的军事作用

晚近以来，世人多认为：赵宋一朝经济繁荣、文化昌明，然对外军事方面却连连败北，乏善可陈，究其实，这与其强干弱枝的治国理念当有莫大的关系。①面对周边少数民族政权的相继崛起，赵宋王朝的军队反击不力，并逐渐不再主动作战，而是被动防御。宋军内部，由于禁军战力不济，难以独挡夷狄于国门之外，故乡兵、蕃兵、义勇、保丁等辅助军种便先后得以重用，弓箭手即是一例。依宋制，弓箭手属乡兵之一。②其制：招当地土人以入佃官田的方式应募为兵，平时力耕务农并参与集教，有警则应征参战为缓急之用。北宋时期，弓箭手主要分布于陕西河东两路，旨在防御党项人入侵。经过长期的战争考验，弓箭手素质优良，作战骁勇，确实成为宋廷防御外敌、巩固边防的重要军事力量。所以，结合北宋一朝的社会经济运转，研究弓箭手这一军事建制的发展历程，对了解北宋乡兵的作用，及其在对夏军事战略的成败，颇有学术价值。

对北宋之弓箭手，国内学界已有初步研究，其中尤以魏天安《北

---

① 学界对于"强干弱枝"的治国之道，导致宋王朝"积贫积弱"的消极影响已经达成共识。相关论著，可参见蒋復璁《宋代一个国策的检讨》，《大陆杂志》1954年第9卷第7期，今据《宋史研究集》第1辑，台北"国立"编译馆1980年版，第407—450页；赵铁寒《关于宋代"强干弱枝"国策的管见》，《大陆杂志》1954年第9卷第8期；今据《宋史研究集》第1辑，台北"国立"编译馆1980年版，第450—453页；漆侠《赵匡胤与宋专制主义中央集权的发展》，今据氏著《求是集》，天津人民出版社1982年版，第347页。

② （元）马端临：《文献通考》卷一五二《兵考四·兵制》，中华书局1986年版，考一三二七下栏。

宋弓箭手屯田制度考实》《宋代弓箭手营田制度的兴衰》两文最为周详和深入。①朱德军以俄藏黑水城文献为中心发表了《宋代西北边境弓箭手供给问题的历史考察》，提供了新的资料和视角。②已有成果多以弓箭手营田、屯田之制为核心，立足于经济的角度，探讨有关弓箭手制度的样貌和相应的运行方式。作为一种军事建制，弓箭手的军事作用，却常被忽略。故本章拟转换视角，试图从军事的角度，考察北宋弓箭手的发展轨迹，王朝政策性安排和转变，及其所体现的军事价值、对后世的影响等，或可稍补缺漏。

一　弓箭手创设的背景

弓箭手的最早原型可追溯至唐代"团结兵"。唐代军队除禁军外，可分为"健儿""团结兵"两大类，前者即职业雇佣兵，后者却是一个笼统的概念，涵盖兵募、防丁、屯丁等各色军队。"团结兵"有别于"健儿"的主要依据是：选自民丁、国家征调、耕战相兼、以时番代。③以上"团结兵"若干的特征，或可表明其乃后世"弓箭手"之滥觞。

五代后周时期，以"弓箭手"为名的军事建制也曾见诸史籍。史载"周广顺初，镇州诸县，十户取才勇者一人为弓箭手，余九户资以器甲、刍粮。是岁，诏释之，凡一千四百人"。④又"周广顺中，点秦州税户充保毅军，教习武技，逃死即以佃地者代之。遇征役，官给口粮，有马者给刍菽。是岁，发渭州平凉、潘原二县民治城壕。既

---

① 分别载《河南大学学报》1988 年第 4 期；《中国社会经济史研究》2006 年第 1 期。李清凌、汪天顺等学者也有相关论文发表，因其议题展开的深度与广度，都难以和魏天安的研究相提并论，故兹不赘述。最近，陈瑞青《黑水城文献所见宋代蕃兵制度的新变化》一文在细节上有所推进，载《民族研究》2010 年第 3 期，第 101—103 页。

② 朱德军的研究指出：孙继民《俄藏黑水城所出〈宋西北边境军政文书〉整理与研究》（中华书局 2009 年版）收录汉文军政文书 109 件，其中涉及弓箭手供给者不下 40 件，可填补宋代史料的空白，并为长期以来诸多悬而未决问题的解决提供现实的可能。朱德军：《宋代西北边境弓箭手供给问题的历史考察——以俄藏黑水城文献为中心》，杜建录主编：《西夏学》第五辑"首届西夏学国际论坛专号（上）"，上海古籍出版社 2010 年版。对此，我们多所参考，谨此致谢，但录文改动较多。

③ 张国刚：《唐代团结兵问题辨析》，《历史研究》1996 年第 4 期。

④ （宋）李焘：《续资治通鉴长编》卷二，建隆二年十二月，中华书局 2004 年版，第 57 页。

毕，因立为保毅军弓箭手，分戍镇寨，能自置马者免役，逃死者以亲属代焉。盖因广顺之制也"。①由此可以发现，五代时期的弓箭手和宋因之而立的保毅军弓箭手，都与唐代团结兵有相同之处：（1）征调当地百姓为兵；（2）负责"分戍镇寨"；（3）朝廷只负担征役时的口粮、刍菽。

我们所考察的北宋时期"弓箭手"，与前代又有些许差异。就目前文献所见，它最早设置于宋真宗朝，朝廷意在借以守护西北边疆免遭党项人的侵扰。景德二年（1005）五月癸丑，知镇戎军曹玮言："军境川原夷旷，便于骑战，非中国之利。请自陇山而东，缘古长城凿堑以为限。"朝廷"从之"。他又建言：

> 边民应募为弓箭手者，皆习障塞蹊隧，解羌人语，耐寒苦，有警可参正兵为前锋，而官未尝与器械资粮，难责其死力。请给以境内闲田，永蠲其租，春秋耕敛，出兵而护作之。

"习障塞蹊隧，解羌人语，耐寒苦"，这是朝臣观察到的弓箭手的最大优点；而"有警可参正兵为前锋"，则是其真正目的所在。朝廷随后就有诏书颁布，其详云：

> 人给田二顷，出甲士一人，及三顷者出战马一匹。设堡戍，列部伍，补指挥使以下，校长有功劳者，亦补军都指挥使，置巡检以统之。②

朝廷随后就下诏书，在鄜、延、环、庆、泾、原、并河东州军，以给田募役的方式开始了北宋政府以弓箭手备边的军事策略。换言之，宋朝弓箭手实行了给田募役的方法，与前代弓箭手比较，存在一些差异。

---

① 《续资治通鉴长编》卷一六，开宝八年，第356页。
② 《续资治通鉴长编》卷六〇，景德二年五月癸丑条，第1338页。

后周实行征兵制，宋朝弓箭手则实行了给田募役之法。"给田募役"是指朝廷以官田拨与承佃户，承佃户出人丁刺为弓箭手，承担一定的戍边任务。宋朝政府规定：弓箭手每人给田二顷，有马者加五十亩，在某些地区还收取少量赋税。朝廷有关弓箭手租赋的规定因时因地而有别，大概是先蠲免租赋，后收半租，最后河东路收少量的租税，其他地区免租。①换言之，"给田募役"是北宋弓箭手最显著的标志，故我们也以这一招募方式作为识别北宋弓箭手的主要依据。通过这一办法，宋廷不仅在西北边疆招募到大量的民户充当弓箭手，且于至和二年（1055）把它推广到了宋辽边界，进而逐渐把它纳入乡兵体系中，希望借此来增强王朝北方和西北方的国防实力，防御来自党项人和契丹人的军事威胁。

弓箭手出现的背景，与宋夏战争有紧密的联系。太平兴国七年（982），宋太宗一反宋太祖的做法，对西北地区当地酋首采取削藩政策，引发了夏州党项贵族李继迁的叛乱。历经十多年的征剿，宋廷不仅没有平定叛乱，反被西夏人牵制，导致沿边的陕西地方经济亦处于崩溃边缘。在这一背景下，赵宋政府的对夏政策也开始自主动攻击转向防御。正是在这样的背景之下，知镇戎军曹玮于景德二年（1005）建议，创置了弓箭手制。此后，宋夏时和时战，双方的和平局面到宝元元年（1038）元昊上台时被打破。②两年后，宋夏战争爆发。此次交战，宋军一败涂地。因战争带来的军事、经济双重压力，宋王朝随之出现了严重的统治危机。③在这一背景下，弓箭手制应运而起。当时，众多朝臣纷纷提倡发展时称"土兵"的民兵力量，其中宋庠、陈执中、贾昌朝等人则明白指出弓箭手的价值所在。④其出于

---

① 参阅前揭魏天安文。

② 《续资治通鉴长编》卷二〇四，治平二年正月癸酉条，第4936页。

③ 有关宋仁宗朝与党项李氏交战带给中原王朝的危机，可参阅吴天墀《西夏史稿》，广西师范大学出版社2006年版，第49页注释1。又见漆侠《王安石变法》（增订本），河北人民出版社2001年版，第51页。

④ （宋）宋庠：《元宪集》卷三二《答内降手诏垂询西陲方略》，《丛书集成初编》本，中华书局1985年版，第342—343页；《续资治通鉴长编》卷一二六，康定元年三月庚申条，第2982—2983页；《续资治通鉴长编》卷一三八，庆历二年十月戊辰条，第3317—3318页。

纾解军事、经济上困窘局面的考量是显而易见的。早在宝元二年（1039），当时的秦凤路经略安抚使夏竦就曾对此有所表述：

> 陕西防秋之弊，无甚东兵，……今募土兵，一则劲悍便习，各护乡土，人自为战。二则识山川道路，堪耐饥寒。三则代东兵归卫京师。四则岁省刍粮钜万。五则今岁霜早，收聚小民，免至春饥，起而为盗。六则增数十指挥精兵，詟伏贼气，乃国家万世之利。①

由此可见，弓箭手在军事和经济上的优点，当是其在北宋边境面临扰攘不息的特殊时期兴起的重要原因。

二　弓箭手的军事作用

宋夏战争一方面促成了弓箭手的创设，战局的变化影响到王朝对其的重视程度，并因宋对夏战略上由守转攻，而导致弓箭手的官府既定角色发生变化；另一方面，弓箭手制的推行促发了宋对夏的军事优势。然而，前此相关研究对后一方面始终重视不足。我们以为，弓箭手屯田制的终极目的依然是赢得战争，换言之，弓箭手屯田制因其军事作用才凸显出来。所以，如若全面认识北宋弓箭手，不可回避地要论及其军事作用。因此，弓箭手对战争的影响，即其具体的职能和作用，颇有做全面考察之必要。

弓箭手的职能不仅有经济、军事类型上的差别，而且还表现在其演化过程。这里对弓箭手的讨论和评价，都以其所具有的军事意义为最终指向。

北宋时期弓箭手的备边职能，在下面一条史料中有些许显示：

> 熙宁七年（1074）冬十月壬辰，中书条例司乞五路弓箭手、寨户，除防拓、巡警及缓急边事许一面差拨外，若修城池或和雇

---

① 《续资治通鉴长编》卷一二五，宝元二年闰十二月，第2958页。

夫、马、牛、驴，即申经略、安抚、钤辖司指挥。……从之。①

　　结合这则资料，归纳起来，北宋朝廷给它设定的职能主要包括：戍守巡边、省费备军、战斗御敌、修筑工事等。下文将一一展开考察。

(一)戍守巡边

　　宋制弓箭手担任守卫边疆的职责，在边臣的奏疏中已有所表露。如天圣二年（1024）九月，陕府西路转运使范雍曾上疏说，原州地处偏远，边防要务全仰赖新旧弓箭手"分番极边防托"，故即便是旧弓箭手（保毅军弓箭手）也不可废止。②史料证明，宋朝弓箭手从创设伊始至解体，一直担负着守卫边疆的职能，可以说这是它最重要最基本的军事作用。

　　宋真宗朝起，宋对党项人防御战略逐渐定型。在曹玮的大力倡导下，弓箭手的部署范围逐步扩大，也逐渐担负起戍守边疆、巡防备边的任务，并进而配合了边境堡寨的修筑。关于后者，史料记载：

> 　　大中祥符三年（1010）八月甲寅，镇戎军请于军东北十五里筑宁远堡，以弓箭手守捉。③

第二年九月，曹玮任泾原钤辖时又建言：

> 　　陇山外笼竿川熟户蕃部以闲田输官，请于要害地方立堡寨，募弓箭手居之。且言：异时秦、渭有警，此必争之地也。诏可。④

---

① 《续资治通鉴长编》卷二五七，熙宁七年冬十月壬辰条，第6280页。

② 《宋会要辑稿·兵》四之一至二。

③ 《续资治通鉴长编》卷七四，大中祥符三年八月甲寅条，第1684页；守捉：据（宋）欧阳修《新唐书》卷五〇《兵志》："唐初，兵之戍边者，大曰军，小曰守捉，曰城，曰镇，而总之者曰道。"中华书局1975年版，第1328页。此处，即把守边境的戍守军队。

④ 《续资治通鉴长编》卷七六，大中祥符四年九月丁丑条，第1734页。

另有记载云:

> 大中祥符七年（1014）五月，镇戎军言："昨闻托新壕包括
> 山林甚多，近西人多伏林莽以害往来，乞沿壕立堡以弓箭手防
> 托。"从之。①

宋夏战争爆发后，朝廷加快了招募和任用弓箭手的步伐，其"防
托守把"的职责定位进一步得以强化。庆历年间，边臣郑戬大力招募
蕃汉弓箭手，他此番的作法，目的自然是出于"共捍西贼""疆场之
防"的考虑。②弓箭手防御职能还可见于朝廷下发的诏书之中：

> 嘉祐六年（1061）五月，诏："陕西逐路经略安抚司，沿边
> 州军所置寨户弓箭手，专令防托边界，累曾约束训练[案："练"
> 原作"谏"，误。]，今后所属专切提点……"③

当时的宋夏战事，赵宋处于被动防守的地位，弓箭手边防戍守的
职能显然是配合此项战略而推行的。抑或是出于对潜在边事的顾忌，
宋廷在河东对辽边境也有弓箭手部署，④其警戒契丹侵掠的意图是不
言而喻的。职是之故，此时文献记载中，弓箭手巡边防守的史例较

---

① 《宋会要辑稿·兵》四之二。
② 《续资治通鉴长编》卷一四四："庆历三年冬十月甲子，陕西四路经略安抚招讨使郑戬
言：'德顺军生户大王家族元宁等以水洛城来献。……今若就其地筑城，可得蕃兵三
五万人及弓箭手共捍西贼，实为封疆之利。'从之。"第3486页；《续资治通鉴长编》
卷一五九，庆历六年九月戊寅朔"知并州郑戬言：麟、府二州有并塞闲田，可招弓箭
手一二万人，计口给田，以为疆场之防。从之"。第3845页。
③ 《宋会要辑稿·兵》四之四。谨按上海古籍出版社《宋会要辑稿》整理本，未曾出
校，第8679页。
④ 按：宋在辽对境设立弓箭手的记载不少，可见《宋会要辑稿·兵》四之四，至和二年
四月条；同书职官四八之一二八，至和元年八月条；元祐年间，朝臣在论罢韩缜的奏
章中再次透露了对辽边境设弓箭手的证据，详见《续资治通鉴长编》卷三七〇，元祐
元年闰二月，殿中侍御史吕陶的奏章，第8960页；《续资治通鉴长编》卷三七一，元
祐元年三月戊辰右司谏苏辙的奏章，第8988—8989页。

少，以垦田耕种为务者偏多。

宋神宗朝及其后，宋夏战局逆转，虽新募边地弓箭手戍守边防的职任一如既往，但是，其实质作用却转变为巩固新占领土（失地）乃至以攻势出击。①史料记载：

> 熙宁三年（1070），秦凤路经略使李师中言：“前年筑熟羊等堡，募蕃部献地，置弓箭手。迄今三年，所募非良民，初未尝团结训练，竭力田事。今当置屯列堡，为战守计。……置堡之法，诸屯并力，自近及远筑为堡以备寇至，寇退则悉出掩击。”从之。②

元丰四年（1081）九月庚戌，熙河路都大经制司言：“兰州西使城川原地极肥美，兼据边面，须多选募强壮，以备戍守。熙河民兵惟北关最得力，又地接皋兰，岁入特厚，刍粟充衍，人马骁勇，今既复兰州，遂可广行选募。欲乞除留置官庄地，并募弓箭手，人给二顷。……”从之。③

元祐元年（1086）秋七月辛酉，措置熙河兰会路经制财用孙路言：“兰州定西城一代新边地土，除已招置弓箭手外，有旷土万余顷，未曾修筑堡障，而有贼马钞掠之虞。请自兰州东关堡东修葺质孤、胜如护耕二堡，及于禹职六族中森摩干滩内、定西城东、玉楼山各筑堡护耕，差役人共与本地分弓箭手相兼守御。”诏刘舜卿相度，如合修筑，即渐次兴修。④

绍圣三年（1096）九月十四日，权发遣熙河兰岷路经略司公事王文郁言：“龛谷寨系极边控扼冲要之地，……合修充守御，以龛谷堡为名。以胜如堡巡检于龛谷堡置廨宇，管干龛谷、胜如两堡弓箭手公

---

① 参阅李华瑞《宋夏关系史》，中国人民大学出版社 2010 年版，第 218—220 页。按：详细介绍宋城寨堡的情况与作用，可参阅《宋夏关系史》第八章，第 221 页。
② 《宋史》卷一九〇《兵四·乡兵一》，中华书局 1985 年版，第 4713 页。
③ 《续资治通鉴长编》卷三一六，元丰四年九月庚戌条，第 7652 页。
④ 《续资治通鉴长编》卷三八二，元祐元年秋七月辛酉条，第 9303 页。

事，兼道路巡检，差步兵四百人相兼守御。"从之。①

若结合当时的军事背景，可以发现，弓箭手的屯田、筑堡等行为，不只是为了发展生产，维持生存，实乃意在对新占领土的巩固和开发。当然，为达到这一目的，宋人还实行了诸多经济政策作为长久之计。宋哲宗绍圣、元符时期至北宋末，弓箭手戍守的堡寨则显示其明显的战略意义。因为凭借堡寨，宋军一方面可以护耕力田，维持补给，另一方面则可以相互支援，配合作战，而堡寨据点本身则是一项蚕食敌方领土，破坏敌方经济的战略部署。看似职责依旧的背后，弓箭手已俨然成为进攻西夏的先头部队和主要力量。

北宋中后期，宋夏双方交恶已久，无论战和，两方实质上都处于敌对状态，宋夏边境也时常会有间谍活动或叛逃事件。所以，除了警备边防外，宋朝弓箭手还兼具刺探军情，抓捕叛逃、间谍，甚至兼具纠察的任务。如庆历六年（1046），朝廷诏令陕西经略司"密谕缘边官吏及蕃部弓箭手"，以计捕获"投入西界之人"。②治平四年（1067）二月，泾原路经略司报告，巡检弓箭手指挥使麻英在蕃人的帮助下，捕获"西蕃首领拽罗钵、鸠令结等二人"。③元丰六年（1083）五月丁酉，朝廷因鄜延路"蕃弓箭手副指挥使乙轻斩先走投西界探事人"一事，而对乙轻给予迁资赏绢的嘉奖。④元祐元年（1086）正月，左正言朱光庭建议朝廷告谕"地分蕃部首领及弓箭手人员、把边将校等"，一旦发现"边人与夏国私相交易"，即"治之"。⑤诸如此类的记载，均已显现出弓箭手所发挥的这些作用。

由上述可知，弓箭手戍守边疆的职任或可说渊源有自，战争的出现则强化了它已有的职能和既定的角色定位；而宋夏敌我双方的实力的转变，无形中改变了弓箭手守备的实质效能。上引史料中弓箭手被大量部署在新复地的例子，便是有力的证明。防御与进攻的职能转

---

① 《宋会要辑稿·方域》二〇之一四。
② 《续资治通鉴长编》卷一五八，庆历六年二月戊辰条，第3821页。
③ 《宋会要辑稿·蕃夷》六之六。
④ 《续资治通鉴长编》卷三三五，元丰六年五月丁酉条，第8071页。
⑤ 《续资治通鉴长编》卷三六四，元祐元年正月辛亥条，第8725页。

化，反映了弓箭手地位潜在的提升，而长期的战争环境也使其实际效能得到更深入地发掘。这就为弓箭手军事职能的多样化创造了有利条件。

（二）省费备军

"兵马未动，粮草先行。"在冷兵器作战时代，战争的胜利更离不开后勤的有力保障。①北宋强敌皆在北部、西北部边地，而粮食高产区和稳产区却在南方。②所以，每逢行军作战之际，宋朝都需筹措调运大量军需粮草。宋夏战争以来，宋军因粮草问题而败北的情形并不少见。③所以，粮草对战争的意义极其重大。这就与赵宋朝廷财政经济状况紧密联系起来。宋廷之所以重用弓箭手等乡兵，其原因之一便是他们在宋夏战事过程中的经济助力。北宋弓箭手的经济作用具体体现在以下三个方面。

1. 代正兵以省军费

宋夏战争爆发后，宋廷屯兵西北，防御西夏扰攘，即成为王朝重要的国防部署内容。但是，无论作战还是相持状态下的戍边，庞大的军费开支对沿边的陕西、河东等地，都是一项沉重财政负担。此时，弓箭手代正兵戍守边境，除了可辅助正兵防边备战外，亦兼具了纾解朝廷财政压力的功效。

面对强敌党项，宋朝禁军表现欠佳，力多不逮，又蠹耗军粮。反观弓箭手，它一可代正兵抗战戍守，二可省正兵之耗，故宋人多以省费为主要考量而大力倡行以弓箭手替代正兵，并力主将这一举措付诸实践。如大中祥符九年（1016），宋廷于西边要处修筑南市城，曹玮就"请用秦、渭五州兵及近寨弓箭手，城而居之，异日戍兵代还，则

---

① 参阅史继刚《宋代军用物资保障研究》，西南财经大学出版社 2000 年版，第 1—122 页。
② 漆侠：《中国经济通史·宋代经济卷》，经济日报出版社 1999 年版，第 154 页，第 256—260 页。
③ 有关粮草问题影响战局的论文，可参见梁庚尧《宋代社会经济史论集》上册，《壹·西北边粮与宋夏战争》单元有三篇论文讨论这一问题，分别为《边粮运输问题与北宋前期对夏政策的转变》《宋神宗时代西北边粮的筹措》《北宋元丰伐夏战争的军粮问题》，允晨文化实业股份有限公司 1997 年版，第 16—59 页。

别募勇士三千为南市城弓箭手"。①梁适在庆历时帅秦凤路,也曾
"斥近边土田募弓箭手自占,减戍兵东还……"②赵离为管勾鄜延路
机宜文字时,上营田议说:"……今陕西虽有旷土,而未尝耕种,朝
廷屯戍不可彻,而远方有输纳之勤。愿以闲田募民耕种,以纾西顾之
忧。"此后的实践证明了他的设想是颇具远见的。③元丰七年
(1084)七月,知太原府吕惠卿建议宋廷在"横山一带两不耕地"招
募汉蕃弓箭手承佃或置营田军,以便代戍兵省边费。④凡此均可表明
当时士大夫以弓箭手发挥一线作战部队的设想和建议。

在息兵休战之时,弓箭手代兵省费的优点发挥出很大的作用,在
战时条件下则必然更具战略价值。熙宁年间,宋神宗经略熙河地区,
因用兵频仍,军粮需求浩繁,后勤补给多有不继,弓箭手的省费之利
即有所表现,当时,赵宋皇帝和臣僚均曾发表过类似言论。⑤

宋哲宗、徽宗两朝,在备边防御之外,弓箭手继续发挥减省军费
的作用,如元祐七年(1092)春正月壬子,环庆路帅章楶上破贼伐谋
之策。他在陈述招抚横山土著的策略时说:"……因其归附之众,使
之耕垦,招置汉、蕃弓箭手数千人,以壮屏蔽,然后戍兵可省,粮馈
之费可损。"⑥元符二年(1099)夏四月癸酉朔,他建议在天都山一
带南牟会等处建一州两寨,并以秦凤路旧额正兵、蕃汉弓箭手、马步
人屯戍,同时依新建州及两寨"招置蕃汉弓箭手,使之力耕种艺,三

---

① 《续资治通鉴长编》卷八六,大中祥符九年三月丙午条,第1974—1975页。
② (宋)杜大珪:《名臣碑传琬琰集·上集》卷二八,《宋史资料萃编》影印本,文海出版社1969年版,第812页。
③ 《续资治通鉴长编》卷二三二,熙宁五年四月己未条,第5630页。
④ 《宋会要辑稿·食货》二之六,元丰七年七月十日条。
⑤ 《宋史》卷一九六《兵十·屯戍之制》:熙宁五年(1072),诏徙河州军马驻熙州,熙州军马驻通远军,追召易集,可省极边军储。帝尝曰:"穷吾国用者,冗兵也。其议徙军于内郡,以弓箭手代之,冀省边费。"第4899页。《续资治通鉴长编》卷二六二,熙宁八年四月癸酉:"上批:'熙河路全乏钱粮,恐误边计,可速经画。'乃遣潍州团练推官杜常相度措置,增招弓箭手。欲以减戍兵,纾边馈也。"第6398页。《宋会要辑稿·兵》四之七,熙宁九年五月条:秦凤路转运判官孙迥言:"乞令熙河路经略司与提举弓箭司同共据本路见在弓箭手编排,选定系堪充代正兵之人,所贵不至虚费财用。"从之。
⑥ 《续资治通鉴长编》卷四六九,元祐七年春正月壬子条,第11212页。

年之后积谷必多，却可稍稍裁减戍守东兵"。①崇宁三年（1104）五月乙酉，王厚上收复鄯、廓等州等地捷报，报告说对于"西蕃王子董氈、瞎征、温谿心等"人田土，他已令"逐州尽行拘收入官，摽拨创置弓箭手"，并盛赞此法能够"应付边备，可省戍兵经久岁费，为利甚博"。②

宋人曾公亮称弓箭手为"陕西以土人愿徙边者，给田，置堡，有寇则战，无事力农"者。③由于宋代西北边境地区，应募充当弓箭手者并非尽皆汉民，不少"羌人熟户"也投身其中。随着应募的"蕃部益众"，则"弓箭手多蕃兵矣"，④这就使得"蕃弓箭手"事实上成为弓箭手群体中一个重要类别。学者或以"汉蕃弓箭手"称之。就弓箭手的供给而言，平时虽"悉无衣廪"，但在"上番""恩赏""募选"之时，可以支取"口食""衣赐"。据朱德军的研究，朝廷对此进行严格的管理，"程序化"是它最突出的特点。朱德军就《俄藏黑水城文献》中属于《宋西北边境军政文书》类别展开讨论，他认为这些文书对宋史研究的价值当是提供传统文献所缺载的内容，故我们有关宋朝西北军政文书的叙事，则多移录该文。因宋朝向来有军人"上番人给口粮，有功迁补"的惯例，⑤弓箭手亦复如此。其"上番"的支给主要包括"口食""衣赐"两个方面。

2. "口食"支给

《俄藏黑水城所出〈宋西北边境军政文书〉整理与研究》中收录两份关于"宣和七年十一月金汤城管下烽火八铺兵士"对于"口食"问题申状的文书。第一份文书为《北宋宣和七年（1125）十一月金汤城申第七将状为勘会管下烽火八铺兵士口食等事》（一）：

① 《续资治通鉴长编》卷五〇八，元符二年夏四月癸酉朔，第12096页。

② （宋）杨仲良：《皇宋通鉴长编纪事本末》卷一四〇，《宛委别藏》本，广陵书社；江苏古籍出版社1988年版，第39册，第4377—4378页。又见（清）黄以周：《续资治通鉴长编拾补》卷二四，中华书局2004年版，第809—810页。

③ （宋）曾公亮：《武经总要·前集》卷一六上，《原国立北平图书馆甲库善本丛书》影明刻本，国家图书馆出版社2013年版，第483册第197页。

④ 《宋史》卷一九〇《兵四·乡兵一》，第4725页。

⑤ 《宋史》卷一九一《兵五·乡兵二》，第4735页。

要今年四月至八月分，本城管下烽火八铺，逐／

烽上番弓箭手口食，其上件逐月分／

每月合请口食若干……①

第二份文书是《北宋宣和七年（1125）十一月金汤城申第七将状为勘会管下烽火八铺兵士口食等事》（二）：

［前缺］／

依准／

指挥。本城寻勾追到烽火铺头侯八等 供 ／

析，系本城管下守坐烽火蕃兵铺头，所有……／

侯八等今年四月至八月分八铺逐烽众 兵 ／

上番口食，每月大尽请细色贰拾捌硕贰／

斗贰胜（升），小尽贰拾柒硕贰斗陆胜（升）。自来依……／

久例，逐铺每月尅除经历纸札糜费，每铺／

细色贰斗，八铺计壹硕陆斗未请，逐月 分 ／

共合 请 口食壹伯（百）叁拾伍硕叁斗捌胜（升）。 内 ……／

拾柒硕陆斗玖胜（升），于万全寨寄纳斛斗 内 。……②

由前揭两份文书可知，在第一份金汤城"管下烽火八铺兵士"的申状中，他们是"每月合请口食"，即"逐月分（份）"进行"口食"支请。第二份文书记载"侯［候］八等今年（宣和七年）四月至八月分八铺逐烽火众兵上番"的"口食"，则表明官方完全根据每月的天数进行发放。

---

① 孙继民：《俄藏黑水城所出〈宋西北边境军政文书〉整理与研究》，中华书局 2009 年版，第 87—88 页。

② 孙继民：《俄藏黑水城所出〈宋西北边境军政文书〉整理与研究》，第 27—28 页。

3. "衣赐"支给

北宋弓箭手"上番"常常动辄数月，"长行"倾向日益明显，①所以有关的"衣赐"就需要按时令（一年两季）发放，故称"春冬衣赐"。又因弓箭手平时为"民"，当"上番"时才有资格支领"衣赐"，故亦称"身份衣赐"。孙继民先生公布宋朝弓箭手"衣赐"文书两份，第一份为《南宋建炎二年（1128）九月高雅等申状为请领春冬衣赐等事》：

> ……
> □正月内，蒙／
> 经略　使衙将本将军前人马发遣归家歇泊，有郭武经准将雅／
> 等存留在澄城县把隘防托，直至八月内，蒙／
> 经略　使衙　指挥，将雅等发回归将歇泊。所有雅等冬春衣赐，
> 并未曾请领。切念本指挥先歇泊人兵春冬衣赐，并已定请了当，唯有雅等，并不曾请领。……②

另一份文书则是《南宋建炎二年八月妇人阿罗等申将领、团练状为夫男曹进等领身分衣赐制造衣装事》载：

> ［妇］人阿罗等
> 右阿罗等，伏为有夫男曹进、赵祐、赵鬆等三［人］，／
> 系蕃落第七十二指挥马军，先于今年⑤／
> 月内，差往澄城县把隘使唤，至今未回。所／
> 有夫男曹进等今年春冬衣赐，并不曾请／

---

① 孙继民：《俄藏黑水城所出〈宋西北边境军政文书〉整理与研究》，第156—157、172—173 页。
② 孙继民：《俄藏黑水城所出〈宋西北边境军政文书〉整理与研究》，第156—157 页。

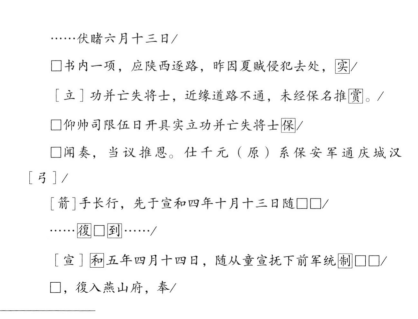

领。念夫男曹进见今应付从军使唤［今］/

已是秋寒，并各赤露。今状披告/

将领　团练，乞申/

保安军支给夫男曹进等身分衣赐，制造/

衣装，裹送前去军前装著。①

　　两文书撰写的时间分别为南宋建炎二年的八月与九月，第一份文书载弓箭手高雅等"存留在澄城县把隘防托"；第二份载"蕃落第七十二指挥马军"曹进、赵祐等被"差往澄城县把隘使唤"。这些弓箭手"衣常（裳）破损""并各赤露"，"秋寒"之际，在其他兵种已"请了春冬衣赐"的情况下，这些人"并不曾请"，故"乞申"是状。因"衣赐"的数量文书未载，故难以具体确定。

（三）"恩赏"支给

　　自古以来，国家为了激励军人建立功勋，常设"赏格"以为褒奖。如《北宋宣和某年六月第七将弓箭手仕千自申状为催促早日赐推恩事》载第七将弓箭手仕千：

　　……伏睹六月十三日/

　　□书内一项，应陕西逐路，昨因夏贼侵犯去处，实/

　　［立］功并亡失将士，近缘道路不通，未经保名推赏。/

　　□仰帅司限伍日开具实立功并亡失将士保/

　　□闻奏，当议推恩。仕千元（原）系保安军通庆城汉［弓］/

　　［箭］手长行，先于宣和四年十月十三日随□□/

　　……復□到……/

　　［宣］和五年四月十四日，随从童宣抚下前军统制□□/

　　□，復入燕山府，奉/

---

①　孙继民：《俄藏黑水城所出〈宋西北边境军政文书〉整理与研究》，第172—173页。

　　□笔转壹资。蒙/

　　□略使衙出给到承局文帖壹道。自后却蒙/

　　□略使衙指会追取了当，至今未蒙/

　　［推］恩。伏乞/

　　□将备状申所属，早赐催促推/

　　□施行。谨具申　　　（此处有签押）/

　　［后缺］①

　　该文书为第七将发给鄜延路帅司的牒文，陈述原保安军通庆城汉弓箭手（长行）仕千曾随宣抚使童贯参与对夏战争并立战功。因"道路不通""未经保名"，以致未被"推赏"，故请求帅司"推恩"赏赐。为赏军需要，各军常设"备赏斛斗"，若财政不敷，可向上级请求摊认这笔开支。《北宋宣和七年十一月金汤城杜肇申第七将状为马彦照对今年正月内请荞麦及据状备申延安府照会马彦趃走事》，虽无赏额的具体记载，但这种情况无疑是存在的，其文略曰：

　　［前缺］/

　　据仓司马彦状：先于今年［四月内］蒙/

　　延安府右狱勾追，摊认制戎［城］备赏斛斗。直至今/

　　年九月内，妨始到城勾当。……②

（四）"募选"支给

1. 招募支给

　　宋朝弓箭手的招募，朝廷"给赐"之物，一般为布帛、衣装、鞋类，而非钱财。孙继民先生公布了三件文书记载其事，其中第三件文书则比较详尽而具体地规定招兵所需诸物的比例关系，现抄录原文如下：

---

① 孙继民：《俄藏黑水城所出〈宋西北边境军政文书〉整理与研究》，第165—166页。
② 孙继民：《俄藏黑水城所出〈宋西北边境军政文书〉整理与研究》，第46—47页。

保安军　牒　第七将／

□来文契勘本将名阙军兵不少。所有□／

□招军例物,乞下所属支给施行。当军／

□军资库勘会得并无见在例物。及官／

□库于事报人衣物内,纽折招军例物。／

□去后回据状申,今纽折得下项衣赐,／

可以折支招军例物。伍分需等行遣／

招军例物,伍分除木绵支给本色外,合／

用细绅。／

绢伍足壹丈,／

绅肆足。／

本库勒专副王易等检计到事,故／

［后缺］①

2. "拣选"支给

有时,宋政府出于特定的军事需要,往往会"拣选"弓箭手。现将《北宋靖康年间（1126—1127）保安军牒第七将为拣选汉弓箭手疾赴当司事》的文书迻录如下:

……前处分,于诸将密差下项已指／

□□□□……前佰……／

……前处分,望不移刻,移当司科／

□数目,只得于本将所管正兵汉／

弓箭手内依数拣选,支给衣装粮／

……,支给口券。内正兵所属,借请两／

……,须即于今月贰拾陆日到延……／

［安］府。其今来所差人兵,除亲□……／

---

① 孙继民:《俄藏黑水城所出〈宋西北边境军政文书〉整理与研究》,第112—113页。

□□种人[并]□[科]□□□□/

［后缺］①

宋政府在进行"拣选"弓箭手时，通常会支给他们一定数量的财物，如"衣装粮"以及作为这些"衣装粮"支取凭证的"口券"，以此作为相关的凭证。

关于"勘会"金汤城烽火八铺兵的"口食"，《北宋宣和七年十一月金汤城申第七将状为勘会管下烽火八铺兵士口食等事》为题，现将四篇文书的原文迻录如下：

（1）［前缺］/

依准/

指挥。本城寻勾追到烽火铺头侯八等[供]/

析，系本城管下守坐烽火蕃兵铺头，所有……/

侯八等今年四月至八月分八铺逐烽众[兵]/

上番口食，每月大尽请细色贰拾捌硕贰/

斗贰胜（升），小尽贰拾柒硕贰斗陆胜（升）。自来依……/

久例，逐铺每月克除经历纸札縻费，每铺/

细色贰斗，八铺计壹硕陆斗未请，逐月[分]/

共合[请]口食壹伯叁拾伍硕叁斗捌胜（升）。[内]……/

拾柒硕陆斗玖胜（升），于万全寨寄纳斛斗[内]……/

支请。侯八等并以数请领数足外，有陆拾/

柒硕陆斗玖胜未请，出给会子，令勘请人[韦]/

侁收执。所供是实。其未请斛斗为本城/

急缺军粮，别无宽剩斛斗，是致出给会[子]/

令请人收执后，逐旋纳到移运斛斗支给[足]/

已支小麦，系是蕃落将李进请领，已曾支［散］/

---

① 孙继民：《俄藏黑水城所出〈宋西北边境军政文书〉整理与研究》，第22—23页。

了当。今将李进元陈乞请斛斗文状 在……/①

（2）［金］ 汤 城/

……使将牒：坐准/

［延］安府牒，请依应勘会前项合要事件，及将交……

……支凭文历一齐，希公文分付与差去人赍擎前……/

［来］，今勘会到下项，须至申具者。/

要今年四月至八月分，本城管下烽火八铺，逐/

烽上番弓箭手口食，其上件逐月分/

每月合请口食若干，自来有无久 例 ，/

逐铺每月克除经历纸札 糜 费 ，□/

有每月克除若干，及要上件逐月 分 /

共合请口食若干。内若干于万 全 寨 /

寄纳斛斗内支请。若干未请出到 寄 /

仓会子，为何因依未支，及已支斛 斗 /

小麦，是与不是蕃落将李进请领， 委 /

实曾无支散了当。亲将逐烽□/

挣 足 状，未请斛斗寄仓会子/

［后缺］②

（3） 件公 □□追……/

□要今年正月二十一日，苗知城 将 潘 大夫已俸白米……/

拾陆硕交旁，分付与专典高仲等，于 铺 /

户处掇借白米。后来高仲等将交旁……/

折请出粗色荞麦，支凭交旁及要/

高仲等为不覆苗知城，一面于李都监/

处折请粗色断遣。因依勘断公案同/

---

① 孙继民：《俄藏黑水城所出〈宋西北边境军政文书〉整理与研究》，第27—28页。
② 孙继民：《俄藏黑水城所出〈宋西北边境军政文书〉整理与研究》，第87—88页。

封前来。/

依准/

指挥勘会。今年正月二十一日，苗知城将将领/

潘大夫已俸白米壹拾陆硕交旁，分付与专/

典高仲，于铺户处借摄白米。后来高仲等 将 /

上件交旁折请出荞麦。其上件白米交/

旁壹拾陆硕折请出荞麦时，于本仓内毁/

讫，其时于文历内支破了当，其旁于见支人 粮 /

交旁卷内依月份黏讫。其见支人粮交旁， 前 /

亦先蒙　使府右狱追取前去。及高 仲 /

等不覆苗知城，一面于李都监处折请粗 色 断 /

遣 。因依公案□□□赍擎前去□□□/

［后缺］①

（4）［前缺］/

指挥勘会。杜都监元于王期处 买 □□/

壹伯贰拾硕交旁，并所出寄仓会子。即/

本官先已管勾西人行李， 赴 /

阙未回本城，即不见得系是何名色人合 请 /

交旁；所出会子系是何名字，致难以检□。/

亦不见得若干支本色或籴本。所有籴本□/

历见在保安军，供攒运使取索。及出 给 □/

本收附，已差人前去请领去讫。□……/

［后缺］②

从中我们不难了解北宋末年西北地区严格而规范的供给出纳制度。

---

① 孙继民：《俄藏黑水城所出〈宋西北边境军政文书〉整理与研究》，第 93—94 页。
② 孙继民：《俄藏黑水城所出〈宋西北边境军政文书〉整理与研究》，第 180—181 页。

综上所述，可以肯定，弓箭手代正兵以省军费的作用是相当大的，在"口食""衣赐""恩赏""募选"和"拣选"支给等方面，并不一定与正规军发送同样的质量和数目，它不仅能省却部分军费开支，还能缓解边地百姓为运输军粮而担负的沉重劳役，而弓箭手的此项作用在战时更有利于保障宋军在边区长久驻扎。

3. 垦田以助军储

弓箭手的创设因战争而起，故其屯田制的措置也蕴含在经济上对军事的支持。这表现在：首先，河东充当弓箭手的民户需缴纳一定的租税，以此增加国家财赋。起初，弓箭手享受朝廷"永蠲其租"的优待，但在财政困窘不堪的局势下，①这一尚属初创阶段的制度很快被朝廷新的税制所打破。史载：

> 天圣六年（1028）夏四月戊寅，诏渭州、镇戎军新招弓箭手，涅其左手背以别之，仍给新开壕内田，岁所收租半予之，余充本处公用。②

此系陕西路的情况，但后来不知何时取消了弓箭手纳税之制。陕西乃宋夏交界之缘边位置，宋廷可能是基于该路久遭党项人骚扰，百姓亦饱受战争劳弊的考量，才取消了弓箭手租税之制。

相较于陕西，河东的战事较少，故弓箭手纳税之制得以长期实行，河东路弓箭手缴纳租课的政策也几经变化，其最早可追溯至景德四年，而到了熙宁六年之后才趋于定型，并沿用至北宋亡国。③存世

---

① 有关北宋仁宗朝之后乃至北宋晚期，国家财政入不敷出的困窘局面，当时臣僚们多有反映。今人相关论著，参阅漆侠《王安石变法》（增订本），河北人民出版社 2001 年版，第 20—27 页；漆侠《宋代经济史》，中华书局 2009 年版，第 407—414 页；汪圣铎《两宋财政史》，中华书局 1995 年版，第 2—188 页；包伟民《宋代地方财政史研究》，上海古籍出版社 2001 年版，第 164—169 页等，均可显现无遗。因各个时期臣僚奏疏繁多，恕不赘列。

② 《续资治通鉴长编》卷一〇六，天圣六年四月戊寅条，第 2470 页；《宋会要辑稿·兵》四之二。

③ 《宋会要辑稿·兵》四之二三，政和五年九月条下小字注："本路（河东路）弓箭手请射官地所出租课则例系自景德四年至熙宁六年立定，即非本司（提举河东路弓箭手司）今来创有增添。"

相关记载不多，其中如下文献应是最确切的反映：

> 至和二年（1055），韩琦奏订镐议非是，曰："……今代州、宁化军有禁地万顷，请如草城川募弓箭手，可得四千余户。"……诏具为条，视山坡川原均给，人二顷；其租秋一输，川地亩五升，坂原地亩三升，毋折变科籴。仍指挥即山险为屋，以便居止，备征防，毋得擅役。①

此后，显示该路弓箭手纳税之制的记载，还见于元丰三年（1080）的宪州，当地百姓有谎称一地"荒地千余顷"，并可"置弓箭手五百人，岁输租米三千石"者。稍后，此谎被当地官员识破。②相关记载在宋徽宗朝略有增多，如政和五年（1115）四月，提举陕西河东路弓箭手何灌申请画一事中，即有河东弓箭手租子隶属于经略司的建议。③同年八月和九月，河东弓箭手司又先后上奏对比弓箭手和佃户所缴纳租税的多少，并请示朝廷指挥。④

综合上述，可见在河东路弓箭手需纳税，虽然其税务负担只及该路佃户租数五分之一，同时还存在偷逃税课的种种问题，但与战事频发的陕、熙、湟、鄯等地"无一毫之入"⑤的情况相比，积少成多的少量租课，对于宋军军粮储备总是有所助益的。

其次，在纳税之外，弓箭手还被官府以市籴的方式补助边粮。譬如宋神宗时代，朝廷就曾下令以籴买的方式取利于弓箭手，而此项举措适用于所有弓箭手。

> 熙宁七年（1074）河东并边大稔，令转运司增旧籴三分……

---

① 《宋史》卷一九〇《兵志四·乡兵一》，第4712—4713页。又见《续资治通鉴长编》卷一七八，至和二年二月丙午条，第4317页。

② 《宋会要辑稿·兵》四之九。

③ 《宋会要辑稿·兵》四之一九至二二。

④ 政和五年八月事见《宋史》卷一九〇《兵志四·乡兵一》，第4722—4723页；同年九月事见《宋会要辑稿·兵》四之二三。

⑤ 《宋史》卷一九〇《兵志四·乡兵一》，第4719页。

而陕西和籴，以钱茶银绸绢籴于弓箭手。①

熙宁八年（1075）六月丁巳，"诏权秦凤等路提点刑狱郑民宪，相度熙河路以见钱、茶、银、绸绢分数增籴，茶、银、绸绢并平估，毋亏弓箭手，如有未便，具以闻"。②

宋徽宗时期，朝廷仍然利用市场的手段来剥取弓箭手的劳动果实。如政和五年（1115）四月，提举陕西河东弓箭手何灌曾制定均籴弓箭手的各种规定。③另外，崇宁年间，朝廷也曾俵籴弓箭手，④均可表明此制的推行概况。

弓箭手屯田制原本是一项旨在维持其自身生产生活的供养方式，宋廷酬之以田土，则是为了省却部分军费开支。但是，在财政持续困窘的北宋中后期，统治者永远不会满足于既得的财赋。所以，只要还能从弓箭手身上攫取更多，官府一定还会设置各种名目加以搜刮。⑤譬如针对所有弓箭手的和籴、俵籴等。从客观的角度来看，弓箭手的不幸，对政府储备军粮、支援战争是有积极作用的。

4. 开发地方

弓箭手对于政府的经济助力，还应包括耕种广阔的生荒地，开发新土地资源。土地开发，生活资料增多，当地经济就会步入良性发展

---

① 《宋史》卷一七五《食货三上·和籴》，第 4242 页

② 《续资治通鉴长编》卷二六五，熙宁八年六月丁巳条，第 6516 页。

③ 《宋会要辑稿·兵》四之二一记载："政和五年（1115）四月，提举陕西河东弓箭手何灌申请画一下项：一、弓箭手自来均籴虽分等第，缘物力贫富不同，遂至轻重不均。今欲乞上等均籴三硕，中等二硕，下等一硕，依在市中价，及乞依崇宁弓箭手敕本户结籴法，预借价钱。其新招到人，权免二年均籴。"

④ （宋）陈均：《皇朝编年纲目备要》卷二七，（崇宁三年）春正月，加邢恕官条下注文，第 679 页。

⑤ 由于持续的财政危机，南宋朱熹和清人赵翼对宋政府苛取于民的看法，或庶几近之。朱熹曾说"古者刻剥之法，本朝俱备"。《朱子语类》卷一一〇《朱子七·论兵》，中华书局 1986 年版，第 2708 页[《朱子全书》（增订本）。《朱子语类汇校》，（宋）黄士毅集，徐时仪、杨艳汇校，上海古籍出版社 2016 年版，第 2691 页]；赵翼在其《廿二史劄记》卷二五《宋制禄之厚》中说宋王朝："财取于万民者，不留其有余。"中华书局 1984 年版，第 534 页。何忠礼：《宋代官吏的俸禄》，《历史研究》1994 年第 3 期；张全明：《也论宋代官员的俸禄》，《历史研究》1997 年第 2 期；李华瑞：《宋、明税源与财政供养人员规模比较》，《中国经济史研究》2016 年第 1 期。

的轨道。人口往来增多，即可促使地方商业发达。如此，朝廷便可因之设立榷场、互市、置市易司。①如此一来，政府既可从贸易中获取马匹等战略物资，又能直接赚取商业利润，还可征收各项赋税，均可为战争提供财物上的支持。熙宁年间，王韶曾言："渭源至秦州，良田不耕者万顷，愿置市易司，颇笼商贾之利，取其赢以治田。"这一建议得到朝廷的认可。②市易司的推行取得了很大的成功，至熙宁七年（1074），通远军一地就"收本息钱五十七万余缗"。③于是，熙宁十年（1077），朝廷令新设熙河路各地均以市易司为名设置榷场。④宋廷除了利用市易司"笼商贾之利"，还会通过收取商业税来扩大财源。⑤这在元丰四年（1081）十一月，泾原路转运判官张大宁上言之中即可发现：

> 臣观胡芦河一川，南北平坦，地皆沃壤，若有堡寨可依，则其田尽可募弓箭手广令垦辟。若蒙朝廷开允，即乞下臣或别委官相度地利，止以遣回空夫并力修筑。若堡寨既成，则地基酒税⑥并可经画，资助军费。

对于他的建议，皇上深表赞同，并派遣卢秉措置经划。⑦

宋廷重用边民土著、发展民兵组织的策略是极为成功的，弓箭手既可守疆又能拓土的表现即是明证。然而，弓箭手的创设不单是出于

---

① 参阅祝启源《唃厮啰——宋代藏族政权》，青海人民出版社 1988 年版，第 222—228 页。
② 《宋会要辑稿·食货》三七之一四，熙宁五年三月二十六条。又见《宋史》卷三二八，第 10580 页。
③ 《续资治通鉴长编》卷二五〇，熙宁七年二月庚辰，第 6093 页。
④ 《续资治通鉴长编》卷二八六，熙宁十年十二月甲午，第 7000 页。
⑤ 参阅李华瑞《宋夏关系史》，中国人民大学出版社 2010 年版，第 303—305 页。
⑥ 地基税，又称地基钱、地基税钱、官地钱、地课钱、白地钱等。两宋坊郭户征收的地税，实类地租。详见 [日] 草野靖《宋の屋税地税について》，《史学杂志》第 68 卷第 4 号，1959 年；邓广铭、程应镠主编《中国历史大辞典·宋史卷》，上海辞书出版社 1984 年版，第 109—110 页；王曾瑜《宋朝的坊郭户》，今据氏著《涓埃编》，河北大学出版社 2008 年版，第 509—511 页。
⑦ 《续资治通鉴长编》卷三一九，元丰四年十一月辛卯，第 7713 页。

增强军力的考虑，其经济上有助于军事、财政亦是一个重要因素。所以，弓箭手也是维持长久战争的补给线。弓箭手屯田之制，既解决了弓箭手自身生存，又减少了正兵守边的开支，还通过缴税和其他方式支援了宋军，亦发展当地生产，看似没有带来可观的直接经济效益，但因之发展起来的各种产业却可成为补助军备的源泉之一。①

(五) 战斗御敌

弓箭手成为先头战斗部队是其职能演变的一大飞跃。宋夏兵戎相见之后，宋廷尽管最终以守策应敌，但弓箭手顽强的战斗力在担任边防任务时就有所体现，时人多有"壕外弓箭手尤为劲勇"，"弓箭手、蕃落骑精强"，"汉家以山界属户及弓箭手为善战"，"唯熟户、弓箭手生长极边，勇悍善斗"之类的评价，②甚至有的边将声称他们可以当正兵作战。③由此可见，宋人对弓箭手的作战能力已有相当深的认识。只是碍于当时宋廷的战略部署，弓箭手没有太多发挥功效的机会和舞台。

宋神宗朝以后，由于对西夏战争和自身战斗力的提升等客观需要，弓箭手逐渐成为正规军的一部分，直接参与各类大小作战。在北宋中后期的开边行动中，时或发现许多战役中都隐约活跃着弓箭手的身影。如治平四年（1067）宋夏战事再起，双方先后在绥州、庆州一

---

① 案：有关弓箭手的屯田制作为宋军长期补给的方式的论述，又可参见程龙《北宋西北战区粮食补给地理》第六章，社会科学文献出版社 2006 年版，第 97—127 页。而赵宋朝廷和臣僚在弓箭手补给过程中的言行及其作为，则请参阅朱德军《宋代西北边境弓箭手供给问题的历史考察——以俄藏黑水城文献为中心》，杜建录主编《西夏学》第五辑"首届西夏学国际论坛专号（上）"，上海古籍出版社 2010 年版。

② 《宋史》卷一九〇《兵四·乡兵一》，第 4713 页。《续资治通鉴长编》卷一二五，宝元二年闰十二月，第 2954 页。《范文正公集·政府奏议》卷下《奏陕西河北攻守等策》，页四左；又见于《续资治通鉴长编》卷一四九，庆历四年五月壬戌朔，第 3600 页。（宋）司马光：《温国文正司马公文集》卷三一《西边劄子》，《四部丛刊初编》本，上海书店 1989 年版，第 5 页左；又见《续资治通鉴长编》卷二〇六，治平二年十二月甲辰，第 5009 页。

③ 《续资治通鉴长编》卷一七〇皇祐三年二月丙午记载："泾原经略使夏安期上《弓箭手阵图》。初，安期选弓箭手万三千人，分隶东西路都巡检下。属岁丰稔，召至州大阅，技击精强，且言可当正兵五七万。既图上阵法，乃降诏奖谕。"第 4081 页；《续资治通鉴长编》卷一三五："（庆历二年夏四月）庚辰，知渭州王沿请刺本路弓箭手三万人充军，从之。"第 3236 页。

带展开激战。弓箭手参战的记载即见诸史籍。其详云：

> 熙宁三年（1070）十二月庚午，泾原路经略司言："夏人夜引轻骑过边壕，钞掠镇戎军三川寨、独家堡，弓箭手巡检赵普伏兵壕外，邀其归，击之，获马十二匹而还。"上批："观其应敌，颇有智数，可迁普一资。"①

在经略河湟的熙河之役中，宋人多次利用弓箭手配合正兵。

> 熙宁五年（1072）秋七月己亥，诏差镇戎军定川寨弓箭手巡检赵普、三川寨张进、德顺军中安堡马伦、通边寨魏奇各领去年经略司指挥团结防秋第一等弓箭手共三千五百人有奇，马二千六百足（匹）有奇，常排次准备策应秦凤路通远军。②

> 熙宁五年（1072）十月丙申，诏知德顺军景思立专以本将军马策应镇洮军。初，镇洮之役，上遣思立将泾原第六将军马并第一等弓箭手五千骑助之，人皆精勇敢战，所向克捷。时以木征余党尚怀旅拒，故有是诏。③

弓箭手参战的证据，还可从朝廷的军赏中得到印证。如熙宁六年时，朝廷至少三次赏赐弓箭手料钱或提升官资，以奖励他们策应或攻讨河州等地的战斗。④

宋神宗朝第二次伐西夏时，弓箭手也曾参与其中。

> 元丰四年（1081）六月辛巳，手诏："应熙河路及朝廷所遣四将汉蕃军马，并付都大经制并同经制李宪、苗授，依阶级法总

---

① 《续资治通鉴长编》卷二一八，熙宁三年十二月庚午条，第5304页。

② 《续资治通鉴长编》卷二三五，熙宁五年秋七月己亥条，第5717页。

③ 《续资治通鉴长编》卷二三九，熙宁五年十月丙申条，第5818页。

④ 《续资治通鉴长编》卷二四四，熙宁六年四月乙巳条，第5936页；《续资治通鉴长编》卷二四四，熙宁六年四月甲午条，第5940页；《续资治通鉴长编》卷二四六，熙宁六年八月丁酉条，第5999页。

领，照应董毡出兵，俟得蕃中要约时日，斟酌机会调发，随处驻劄（扎）。如董毡欲得兵马过界共力攻贼，选官部分本路蕃弓箭手，量所用人数以往。……"①

弓箭手先后多次、密集地参与了开拓熙河和对西夏的大小多次战役，其中蕃弓箭手还曾捉获西夏的驸马。②从弓箭手的战绩和频繁获赏的事实看，其对宋廷最终控制熙河、挟制西夏起到了不小的作用。

宋哲宗朝后期，宋廷罢和复战，章楶先后陈浅攻、进筑二策，③弓箭手在这两个策略中始终扮演重要的角色。元祐六年（1091）九月十四日，环庆路经略使章楶即建议说，与西夏作战：

> 臣勘会备边之策，守御并施。……谓宜乘间捣虚，扰耕践稼，勿限其常为浅攻之计，皆付之逐路帅臣，审度而为之。……悉任其施设。不必全用正兵，蕃汉弓箭手，最为可任，益之以选募士兵，参杂于蕃兵之间。……反复思之，无逾此策。伏乞朝廷更赐详酌指挥。④

元祐七年（1092）春正月壬子，环庆路帅章楶献进筑横山之计时曾有上奏云：

> ……西贼所恃以为固，所仰以为生者，皆横山也。横山之北，沙漠隔限，今若磨以岁月，乘其众怨，徐议进筑堡栅，据要害，擅地利，因其归附之众，使之耕垦，招置汉、蕃弓箭手数千人，以壮屏蔽，然后戍兵可省，粮馈之费可损。横山幅员千里，彼见我尽得形势，皆不敢安居耕作，非徒横山不安也，灵夏岂无

① 《续资治通鉴长编》卷三一三，元丰四年六月辛巳条，第7592页。
② 《续资治通鉴长编》卷三五六，元丰八年五月丙辰条，第8519—8520页。
③ 有关浅攻、进筑战术的战略意义，可参阅曾瑞龙《拓边西北——北宋中后期对夏战争研究》，香港中华书局2006年版，第140—145页。
④ 《续资治通鉴长编》卷四六六，元祐六年九月壬辰条，第11130—11132页。

忧惧哉？……①

回顾绍圣、元符年间的开边成果，历史无可辩驳地证明了章楶两策的巨大成功，相信弓箭手在其中一定发挥了其应有的军事作用。以上史料都直接或间接地证明了弓箭手实际已同正兵一样，冲锋陷阵，浴血奋战，为国效力。

弓箭手原本是不离乡土的边防军，是民兵的一个种类，但因战功卓越，有时也会被派往外地讨伐叛乱，参与武力围剿。如熙宁九年（1076）夏，朝廷曾调发西北之兵讨伐交趾，此事可在以后的若干条史料得到印证。②宋廷围剿泸州少数民族叛乱也是其中一例。这也可从皇帝的批示和赏赐中得以证实：

> 元丰三年（1080）夏四月，入内东头供奉官、泸州勾当公事韩永式乞差熙河都虞候吕昱为指使。上批："昱本熙河弓箭手，累立战功，补都虞候，近私随韩存宝讨夷贼，……可与三司军将，令带随行。"③

元丰四年（1081）三月戊戌，诏泸州将、副，皇城使、雅州刺史姚兕等次第迁官，或减磨勘年；诸军弓箭手、义军勇敢效用，招安将获首级、重伤者，迁资，轻伤赐帛有差；……以韩存宝保明功状故也。④

此外，元祐三年（1088）春，盗发于陈、蔡、颍之间，朝廷也曾令"募弓箭手骑兵于渭州"，派往京西北路参与弭盗行动。⑤

---

① 《续资治通鉴长编》卷四六九，元祐七年春正月壬子条，第11212页。
② 《续资治通鉴长编》卷二八〇，熙宁十年二月壬寅条，第6866页；《续资治通鉴长编》卷二八一，熙宁十年三月辛酉条，第6883—6884页；《续资治通鉴长编》卷二八三，熙宁十年七月丙子条，第6941页。
③ 《续资治通鉴长编》卷三〇三，元丰三年夏四月甲寅条，第7386页。
④ 《续资治通鉴长编》卷三一一，元丰四年三月戊戌条，第7551页。
⑤ （宋）秦观：《淮海集》卷三八《蔡州敕书奖谕记》，《宋集珍本丛刊》本，第27册第407页上栏。

如所周知，宋朝行"强干弱枝"之策，各地发生叛乱，地方军力很难一举荡平。①因此，朝廷多会调拨正规军队协同剿灭，而以上诸例则再次说明弓箭手的战斗力是足可与正兵相提并论的。

要之，经过长期的战争洗礼，弓箭手业已成长为一支可以与正兵媲美的精锐部队。宋朝把军制改革推广到弓箭手之中，并将其纳入正规的"将"的作战单位，似也证明了这一点；而"精勇敢战，所向克捷""锐兵劲骑""素号骁勇"的评价则是对它顽强战斗力的最好诠释。②尽管弓箭手可与正兵相当，又骁勇善战，但是，按照宋廷的军事部署，在战斗中却多充当附属的角色，或"为游兵"配合主力，或帖附正兵冲锋，或担负"策应""救援"任务。它受到的不公平待遇以及难以担当大任的现实，反映了赵宋王朝对民兵组织的不信任。这无疑是与王朝"防弊"的"祖宗家法"密不可分的。③

（六）军事工程

如前所述，弓箭手充当防御外敌的边防部队，作为一项重要的防御环节，堡铺、城寨便是其不可或缺军事据点，它也是屯兵储粮、控扼要地、加强防御的有力保障。所以，每于边境构筑堡寨或其他工事的时候，朝廷都会发动驻泊军队或民兵百姓参与其中，弓箭手亦不例外。

宋夏开战之后，宋廷为了警备党项人，加强防御，堡寨是一项相当重要的战地工事。其具体兴筑，则主要依靠厢军、义勇、弓箭手等

---

① 北宋时期宋江等人的反叛，州县和朝廷无所措手足的困窘，即可资为证。参阅华山《宋江三十六人何以能横行齐魏》，《光明日报》1955年3月31日，收入氏著《宋史论集》时冠名于《〈水浒传〉和〈宋史〉》篇目之中，齐鲁书社1982年版，第140—145页。另请参阅张政烺《宋江考》，《历史教学》1952年1月号，收入氏著《文史丛考》，中华书局2012年版。南宋时期，宋廷对地方武力的提防，也可略见一斑，参阅黄宽重《南宋地方武力——地方军与民间自卫武力的探讨》之"绪论"和"结论"，国家图书馆出版社2009年版，第2—4、267—272页。

② 《续资治通鉴长编》卷二三九，熙宁五年冬十月丙申，第5818页。张方平：《乐全先生文集》卷二六《论事·论讨岭南利害九事》，影印宋刻本，《北京图书馆古籍珍本丛刊》之八九册，书目文献出版社1998年版，第87页。《宋会要辑稿·兵》四之一八，政和二年十二月三十日条。

③ 按：有关北宋朝廷对军队猜忌和地方势力削弱，参阅漆侠先生《宋太宗与守内虚外》，今据氏著《探知集》，河北大学出版社1999年版，第151—167页；邓小南《祖宗之法——北宋前期政治述略》，生活·读书·新知三联书店2006年版，第197—210页。

民兵组织来完成，有时也会有正兵参与。庆历三年（1043）十二月，陕西宣抚使韩琦就曾以"镇戎军及山外弓箭手，今年差役修城，已有劳苦之嗟，来春止令增筑所居城堡，必自无辞"为由反对修筑水洛城。①尽管如此，朝廷最终还是承认了筑水洛城的事实，并赏赐了兴工的兵员等。②熙宁年间，秦州修毕利城擦珠堡也是仰赖当地义勇、弓箭手等民兵修筑的，时任秦凤路走马公事的王有度就曾陈述此事。③

宋夏战争以来，宋对西夏的防守主要采取沿边置堡建寨的措施，而类似这种军事性质的工程必然依靠民兵等力量。熙丰年间，宋朝展拓熙河地，战争中军队以堡寨为根基，但当地偏远，民兵难得，当地驻军、弓箭手投入兴筑的例子也随之增多。譬如：

> 熙宁六年（1068）十月丙申，上批："闻河州修城禁军、弓箭手、厢兵，自兴工五十余日，缘身衣装渍裂始尽，虽日得雇钱，而募人助役，尤为劳费。可量与支赐，禁军人给绢一匹，弓箭手、厢兵人给钱千，仍候分屯日给之。"④

熙宁七年（1069）七月己未，岷州修城毕工，赐诸军特支钱，禁军五百，厢军、弓箭手、蕃兵、义勇三百。改岷州缘边安抚使司为洮东安抚司。⑤

元丰六年（1083）十月庚子，提举秦凤路刑狱、权知秦州吕温卿言："鸡川、甘谷，地广百里，正当贼冲。鸡川虽有十井，沙浅无源；甘谷城草创二丈六尺。欲乞检计鸡川别修水寨，及增筑甘谷城高三丈五尺，其人工将来防春日就发两将下汉蕃弓箭手，材料、钱粮令

---

① 《续资治通鉴长编》卷一四五，庆历三年十二月辛丑条，第3512—3513页。
② 《续资治通鉴长编》卷一五一，庆历四年秋七月壬申条："赐修水洛城禁军及弓箭手缗钱。"第3666页。
③ 《宋会要辑稿·方域》二〇之一。
④ 《续资治通鉴长编》卷二四七，熙宁六年十月丙申条，第6031页。
⑤ 《续资治通鉴长编》卷二五四，熙宁七年七月己未条，第6225—6226页。

转运司应副。"从之。①

宋廷经略熙河地区大获成功，在新复地修筑城寨，不仅关系着宋军能否以城寨为中心耕垦荒田，进行经济开发，而且它对新占（复）地的巩固也起到了重要作用。由此而言，弓箭手等军队参与城寨修筑的意义便可想而知了。

宋哲宗亲政之后，朝廷用章楶之计进筑城寨，不再是为了防御外敌，而是占领西夏人耕地以削弱其经济基础的一种手段。②所以，弓箭手参与新筑城寨堡障的工作仍然继续。如元祐七年（1092）四月，秦凤路经略司以"今方农事之际，又去秋灾伤，蕃汉弓箭手缺乏，兼对境贼马啸聚，且须专治御备之计"为由，请求来年春天"增修陇阳、达罕、吹藏堡"，后得到宋廷同意。③绍圣四年（1097），为了防止"为贼所乘"，宋廷下诏提醒"陕西、河东等路经略司及提点熙河兰岷等路汉番弓箭手锺傅，如兴役，非事机交急，毋得夜役兵"。④再如：

> 绍圣四年（1097）年六月己丑，诏赐兰州增展金城关入役厢禁军、弓箭手、蕃汉兵民特支有差。⑤

元符二年（1099）五月丙辰，胡宗回言：进筑白豹、瓦当觜城寨毕工。诏入役禁军、厢军、弓箭手、蕃兵等各赐钱有差。⑥

综上而言，弓箭手在宋哲宗开边活动中频繁地参与城寨修筑，相信这和当时宋廷以弓箭手为"浅攻"力量分不开的。

---

① 《续资治通鉴长编》卷三四〇，元丰六年十月庚子条，第8191页。
② 参阅马力《宋哲宗亲政时西北边费增加对财政经济的影响》，《西北史地》1988年4期；马力：《试论王安石开拓荆湖"蛮"地》，《宋史研究论文集》（1992年年会编刊），河南大学出版社1993年版；马力：《宋哲宗亲政时对西夏的开边和元符新疆界的确立》，《宋史研究论文集》（1987年年会编刊），河北教育出版社1989年版；曾瑞龙：《拓边西北——北宋中后期对夏战争研究》，第141页。
③ 《续资治通鉴长编》卷四七二，元祐七年四月甲子条，第11268页。
④ 《宋会要辑稿·兵》六之一五。
⑤ 《续资治通鉴长编》卷四八九，绍圣四年六月己丑条，第11600页。
⑥ 《续资治通鉴长编》卷五一〇，元符二年五月丙辰条，第12140页。

众所周知，宋朝官方主导的各种工程大多是依靠军队，尤其是厢军来完成，但有时也会和雇百姓以助工役。朝廷用兵西北，城寨堡铺是最大的用工项目，但地处远疆则因人手有限，难免需要动员一切人力参与兴工。况且，因堡寨的保护性功能，弓箭手大都需要堡寨为依托以保证其正常地生产和参与军事作战。所以，弓箭手、禁军、厢军以及其他民兵组织都会参与进来，为赢得胜利贡献自己的一分力量。

北宋末期，君主昏庸，奸臣当道，政治腐败，军事颓废，弓箭手各项制度亦难以独善自存。面对无力更改的政治局面，弓箭手组织最终也随着王朝的覆灭而走向解体。但是，北宋王朝的灭亡并不意味着弓箭手制度的终结。有鉴于它在战争中的优异表现，在南宋前期川陕地区便看到了它的"复活"。①然而，弓箭手的影响更多则体现在人们取其制度一端而运用于实际，而文献的记载则表明这种运用很可能波及周边乃至后世王朝。②

三 余论

宋朝军事制度弊病丛生，对外作战少有胜绩。面对周边少数民族政权军队的彪悍骁勇，宋王朝禁军不是败迹连连，就是疲于应付，军事行动又往往引发经济上的困难。这在宋廷对抗党项政权时体现得最

---

① 《建炎以来系年要录》卷一二六：绍兴九年二月己未，左承事郎陈最建议道："河南之民，自金人蹂践以来，习于战斗，……适丁（于）此时，因其部分，申以府兵之法，使自为守，民必乐从。"后朝廷令东京同留守郭仲荀措置，仲荀则以近城闲田募弓箭手。中华书局 2013 年版，第 2381—2382 页。又见《宋会要辑稿·兵》四之三一。《三朝北盟会编》卷一六九，绍兴六年二月二日庚戌《赐川陕宣抚处置使司诏》条有"弓箭手依旧职名收管"之语，第 1221 页下栏。《建炎以来系年要录》卷一三二："绍兴九年九月戊戌，直徽猷阁、利州路提点刑狱公事宋万年为永兴秦凤等路提刑兼提点弓箭手措置营田……皆用楼炤议也。"第 326 册第 772 页。其他有关资料，另见《建炎以来系年要录》卷一三一，绍兴九年八月己未条，第 326 册第 763 页；同书卷一三三，绍兴九年十一月戊寅朔条，第 326 册第 782 页。《建炎以来系年要录》卷一九九，绍兴三十二年夏四月甲戌条，第 327 册第 857—858 页。

② 《金史》卷一五《宣宗本纪中》：金兴定二年（1218）六月甲辰，枢密院为防蒙古入侵命令："河东各路义士、土兵、蕃汉弓箭手，宜于农隙教阅，以备缓急。"第 337 页。《金史》卷九八《完颜纲传》，第 2175 页；《金史》卷一二二《纳合蒲刺都传》，第 2663—2664 页。契丹辽朝亦有弓箭手的记载，见《续资治通鉴长编》卷二七三记载："熙宁九年三月辛巳，雄州言，北界于两属费家庄六村各差强壮六十人置弓箭手，每夜更宿，欲移文涿州诘问。从之。"第 6696 页。

为典型，于是原属于乡兵之一的弓箭手便于此时走上了历史舞台。凭借其对财政经济和军事上的双重优势，弓箭手很快成为保卫赵宋王朝西北边疆的重要国防力量。

宋朝给田募役弓箭手之制源自战争引发的军事与财政经济的双重压力。宋夏战争则是弓箭手的幕后推手，它不但促使弓箭手的诞生，而且一直左右着其制度与职能的变迁。而且，弓箭手也为战争做出了巨大的贡献。北宋弓箭手在战争中起到的作用可以归纳为四个方面：戍守捍边、耕垦备战、战斗御敌、军事工程。通过以上四个方面的考察，可以发现，弓箭手无论是在经济上，还是在军事上，都直接或间接地推动了宋对夏逐步形成的战略优势。

正是因为弓箭手具有两方面的优点，北宋以及后继王朝都曾重建或仿效其制，发展地方武力，作为巩固国防或抵御外侮有效手段。① 在王朝正规军队难以措其手足、节节败退、防边无力的社会背景下，弓箭手似乎以其顽强的生命力在提醒世人重新认识宋朝，重新审视原有的观点。

最后，作为乡兵的一种，尽管弓箭手骁勇善战，可当正兵，但其地位始终处于宋朝军事体系的最下层，这从其请给、赏赐、迁转速度等方面都有明显的反映。造成这一局面的根源应是宋朝统治阶级长期恪守的防弊理念。② 正是因为其地位低下，故弓箭手在北宋战争中发挥的军事作用自然有限，况且它只是北宋庞大民兵队伍的一部分，因此，我们不应对其做过高估量。

（本章发表时署名刁培俊、贾铁成）

---

① 参阅前揭黄宽重《南宋地方武力——地方军与民间自卫武力的探讨》一书。
② 参阅邓广铭《宋朝的家法和北宋的政治改革运动》，《中华文史论丛》1986 年第 3 辑，今据氏著《邓广铭学术论著自选集》，首都师范大学出版社 1994 年版，第 139—161 页。邓小南：《祖宗之法——北宋前期政治述略》，生活·读书·新知三联书店 2006 年版，2015 年修订再版。赵宋一朝"以防弊之政，为立国之法"的理念可谓深入脊髓，所导致的后果，以今人之"后见之明"，我们不免存在过多苛责，朝廷和时人却沉浸其中，熟视无睹，视为理所当然。我们所极力批判的宋人治国理念，又难免脱离历史现场的"后见之盲"。后人对于前朝历史的研究，"所谓真了解者，必须神游冥想，与立说之古人处于同一境界"，"跳入"和"越出"都有其认识的局限。

第八章　元代乡役主首制度探微

——兼与宋代乡役的比较

中国传统帝制时代王朝对于村落中广土众民的治理，在县级行政机构之下，一般设置乡里之制。同时采取社会教化之功能，于思想领域强化儒家的顺从观念；二者双管齐下，以达致理想的社会治理绩效。各个时代名称虽或有异，但实质性的社会控制模式，却大多相沿不变。①蒙古入主中原后，在继承发展前朝制度的基础上，也有所变更。对于广大的南方地区，元代的基层组织编制，在南宋时期乡都之

---

① 学者或谓"国权不下县"，或谓传统中华帝国时代具有严格的基层控制体系。费孝通、傅衣凌等前辈学者多持前论，认为传统乡村社会是散漫、和谐的自然社会，皇权政治"在人民实际生活上看，是松弛和微弱的，是挂名的，是无为的"，参阅费孝通《乡土中国 生育制度》，北京大学出版社 1998 年版，第 63 页；傅衣凌则以为，中国传统社会的政治体制，大致可以分为"公"与"私"两大系统。所谓"公"的系统，主要是指国家政权；所谓"私"的系统，主要是指乡族组织。在一般情况下，国家政权很难深入基层社会，乡族组织是官僚政治的必要补充。参阅傅衣凌《中国传统社会：多元的结构》，《中国社会经济史研究》1988 年第 3 期；在乡村基层社会之中，存在着家族组织对于村落众民的有效管理和控制，在很大程度上实现了乡村自治的理想，请参阅郑振满《明清福建家族组织与社会变迁》，今据中国人民大学出版社 2009 年版，及其《乡族与国家：多元视野中的闽台传统社会》，生活·读书·新知三联书店 2009 年版，以及《清代闽西客家的乡族自治传统》，《学术月刊》2012 年第 4 期。有关后者，参阅秦晖《传统中华帝国的乡村基层控制：汉唐间的乡村组织》，今据氏著《传统十论》，复旦大学出版社 2003 年版。笔者个人倾向于传统帝制时代的双管齐下，广土众民的所谓"自在生活"，也是建立于无所不在的庞大坚挺的皇权网络的笼罩之中的。

制的基础上，乡村一般分为乡、都二级，而城市为隅坊制，①此外，部分乡村地区（尤其是北方）在更小的村一级还设立社制。②这种形

_____

① 已有成果包括，曾资生：《宋、金与元的乡里制度概况》，《东方杂志》第40卷第20期，1944年10月；茧庐：《元代的乡社》，《中国内政》第5卷第5期，1953年5月（此篇笔者迄未寓目，甚憾）；杨讷：《元代农村社制研究》，《历史研究》1965年第4期；丁国范：《关于元代的里甲制度》，《元史及北方民族史研究集刊》第3期，南京大学学报专辑1978年12月，第15—20页；李逸友《黑城出土文书》（汉文文书卷）卷二对元代黑城亦集乃路的居民和建制有所涉及，科学出版社1991年版；乔幼梅：《元代江南地区的役》，载氏著《宋辽夏金经济史研究》，齐鲁书社1995年版，第252—271页。她认为："元代江南地区的役，直接来自南宋"，"继承了已经倒退的南宋役法，即以差役为主，以义役和雇役为辅"，"有的名称虽有改变但役的性管未变"。陈衍德也以赋役的角度，对此有所研究，参见其《元代农村基层组织与赋役制度》，《中国社会经济史研究》1995年第4期；仝晰刚：《元代的村社制度》，《山东师范大学学报》1996年第6期；陈高华、史卫民：《中国经济通史·元代经济卷》，经济日报出版社1999年版，第92—97页；胡兴东：《元代"社"的职能考辨》，《云南师范大学学报》2001年第4期；胡兴东：《元明清时期南方民族基层社会控制制度的变迁》，《中南民族大学学报》2005年第5期；刁培俊：《试论元代乡村精英与社会控制——兼与宋代的比较研究》，元代社会文化暨元世祖忽必烈国际学术研讨会会议论文，2004年夏，天津；高翠兰：《元代基层职事人员研究》，硕士学位论文，河北师范大学2009年；柴福珍等：《元代的农村基层社会管理》有简略梳理，《贵州社会科学》2010年第1期；鲁西奇：《元代乡里制度及其实行的北南方差异》，《思想战线》2019年第5期。上述诸多论著我们都认真拜读，然而正文之中很少与之商讨者，乃在于浅见以为，除高翠兰学位论文等少量成果之外，皆未能超越杨讷和陈高华论著（陈高华与史卫民合著《中国政治制度通史·元代》，人民出版社1996年版；前揭《中国经济通史·元代经济卷》）之论域。笔者认为：元政府在广袤的南方乡村之中普遍设置乡都之制，并非拆散原有自然形成的村落，重新编组民户以为乡都。实际上，多依据乡村民户的多寡之实际情况，在原来一些自然聚落的基础上，加上了乡都之名，纳诸官府乡都之制。乡都之制的建立并没有改变、打乱了原来的乡村聚落形态。这一现象，自秦汉以还均有存在。参阅邢义田《治国安邦：法制、行政与军事》之《汉代案比在县或在乡》，中华书局2011年版，第329页。换言之，一般农村聚落即使被纳入了乡都之制，其原本取决于地理自然条件和农耕活动方便性的居住形态大概也不会改变，诸如村落须择具有较好的自我保护、一定水源（饮用和灌溉）、居住地的房屋距离农耕田地较近、可较容易取得薪柴的地理环境等因素；换言之，村民们不会仅仅因为行政管理的便利或乡都之制的整齐划一的需要而迁移、分割或集中（第281页）。当然，中国亦有不少极为分散而居的村落，甚至一两户、三五户、三五十户这样分散居住的例子。虽然秦汉距蒙元时代已属较远，但山地、平原、高原和湖泊水域等不同空间下生活的农民，他们对于村落或聚集地的选择之考量是相似的。侯旭东：《渔采狩猎与秦汉北方民众生计——兼论以农立国传统的形成与农民的普遍化》，《历史研究》2010年第5期。

② 元朝之社长（制度最初设置理念为负责劝农）、明朝之粮长（制度的设置理念为负责催税），均与其他朝代单设乡里制度催督赋税、稽查盗贼等有所差异。自唐宋元明乡村管理体制的长时段视角考察这一课题，作者目前之学力尚有所不逮，追讨之心自存于内，翔实研讨，有待异日。有关中国历代乡村管理体制的演变，学界讨论很多，最近

制与汉唐以还的乡里制存在一些差异，也与明清时期的乡村治理体制有所不同。①元代南方不多数汉人聚居区内的乡村基层管理，承袭金代以职役管理基层的体制，在乡设里正，乡之下设都，都设主首。②里正、主首成为元代乡村基层体系的职役人员。大德七年（1303），江西福建道奉使宣抚共同制作江西路府州县的里正主首编制，其详云：

> 每一乡拟设里正十名，每都主首（以）上等都分拟设四名，中等都分拟设三名，下等都分拟设二名，依验粮数，令人户自行公同推唱供认。如是本都粮户极多，愿作两三年者，亦听自便。上下轮流，周而复始，仍每年于一乡内自上户轮当一乡里正、各都主首。如自愿出钱雇役者，听从自便。如该当之人愿自亲身应役者，亦听。仍从百姓自行推唱，定愿认役人户粮数、当役月日，连名画字入状，赴本管州县官司更为查照无差，保勘是实。置立印押簿籍，一本付本都收掌，一本于本州县收掌，又一本申解本路总管府，类申行省……③

仔细阅读上述记载可知，有元政府对乡村主首等制度的设想是：

(接上页)具有代表性的综括性论著，或当推赵秀玲《中国乡里制度》（社会科学文献出版社1998年版）一书，作者对学界已有成果的总结，请参阅该书《绪论·乡里制度研究的回顾前瞻》抑或赵秀玲《中国乡里制度研究及展望》（《历史研究》1998年第4期）；梁方仲：《明代粮长制度》，上海人民出版社2001年版。

① 通论性研究，请参阅赵秀玲《中国乡里制度》，社会科学文献出版社1998年版。各断代的专题和个案研究，数量繁多，恕难一一赘列。

② 杨讷先生认为："乡都置里正，村社设主首、社长，这是元代南北普遍施行的地方基层制度。"（参阅其《元代农村社制研究》，第120页）。就目前我们阅读文献的情况看，元朝南方有乡都之制，北方设有社制，尚未看到北方设有乡都之制的文献。为此，笔者曾在2012年8月天津南开大学"元代国家与社会国际学术研讨会"期间，先后当面请益于陈得芝、刘迎胜、姚大力三位前辈，尤其是非汉文文献是否存在相关记载的问题，得到了三位前辈悉心赐教，谨此致谢。

③ 《大元圣政国朝典章》（下文简称《元典章》）卷二六《户部一二·赋役·户役》"编排里正主首例"，初以北京中国广播电视出版社1998年版影印元刻本为基础收集材料，后以陈高华等整理本校对，即中华书局、天津古籍出版社2011年版，第970—971页，下同。

每乡设置里正十名，每都按户数的多寡分为上等、中等、下等三个等级，不同等级的都设置不同数额的主首——上等都分设主首四名，中等都分设主首三名，下等都分设主首二名，并尽量使每一主首所管理户口范围大致相同；充当主首职役的民户，一般应为本都内粮食（田产）较多者，他们可以亲身充役，亦可雇人代役；官府是依据民户田产多寡轮流差派不同富有民户服主首职役的。

主首制度设立之初，还出现了超额设置的现象。如至元二十八年（1291）六月，中书省奏准："诸理民之务，禁其扰民者，此最为先。凡里正公使人等（贴书亦同），从各路总管府拟定合设人数，其令司县选留廉干无过之人，多者罢去，仍须每事设法关防，毋致似前侵害百姓。"①里正、主首属于政府的公使人，各路根据人户的众寡而设置适当的人数，超过拟定人数，导致产生了十羊九牧的局面，反而会侵害百姓更多的利益。

元代后期，江浙地区有些乡都可能废除了主首，而只设里正；或是减少主首名额，每都设一名里正，"元各都设里正、主首，后止设里正，以田及顷者，充催办税粮。又设社长劝课农桑，皆无定额"。②明嘉靖《太平县志》卷三云："元役法，县各四隅设坊正，外则乡设里正，而都设主首。后以繁剧难任，每都设一里正，主首则随其事之难易而多寡之，专以催输税粮，追会公事。"③由此可见，乡村中主首员额的设置，官府在实际推行中并不完全依据户口多寡而设，还会依据乡里宽狭、治安情况等而有所差别。如朝廷曾"令亲民州县官从新勘量所管乡都地面远近、户计多寡，可设里正、主首名

① 《至正条格》（校注本）卷二五《条格·田令》"理民"，首尔韩国学中央研究院2007年版，第42页；《通制条格校注》卷一六《田令·理民》，方龄贵校注，中华书局2001年版，第451页。
② 《吴兴续志》，《永乐大典》卷二二七七《湖·湖州府三》，中华书局1986年版，第886页。有关于此，陈高华：《元代江南税粮制度新探——读〈上虞县五乡水利本末〉》（原载《中国社会科学院研究生院学报》2002年第2期，今收入《陈高华文集》，上海辞书出版社2005年版，第55—70页），《中国经济通史·元代经济卷》已有考察，兹不赘。
③ 《嘉靖温州府志》卷三《食货志·役法》，《天一阁藏明代方志选刊》第17册，上海古籍书店1964年版，第18页右。

数"。①而且，在阅读元代文献过程中，一般只看到县级的有关记载，但关于具体乡都的等级划分是否依据民户多少而设、主首人数设置等相关史料较少。这或许说明都分的划分只是一种理想状态，实践与设想能否一致，恐难一概而论。②

主首不仅是元代的差役名目，更是这一时期乡都基层社会的实际负责人，在乡村中发挥了重要的管理职能。一般情况下，乡村职役人员既协助官府，又需独当一面。

一 元代主首乡村治理的主要职能

在女真金朝，里正的主要职能是催督赋役、劝课农桑，主首的职责则在于辅佐里正，且担负起禁察非违的工作。金朝与北宋乡村职役之制类似，在村落中还设置乡役壮丁，协助主首，负责巡警盗贼。同时，户计簿工作也由主首主持完成，主首负责登记和统计各户男女老幼的姓名和年龄，按时向上呈报。③在猛安谋克部村寨中，则是由寨使取代主首管理户口，填报家责手实。④元朝主首在职责上同样继承了金朝，辅佐和协助里正，催督差税和禁察违法。由于元朝在不同时空之中另外又设置了社长，专门负责劝课农桑，使得"凡催差办集，自有里正、主首……"⑤因此，与金朝相比，元朝主首减少了劝课农桑这一职能，其职能表现出更加专业化的趋势。《至元新格》对里正、主首的职责作了概括说明：

---

① 《元典章》卷二六《户部一二·赋役·户役》皇庆元年四月，第972页。
② 宋元乡村民户的分布与乡都的设置，或有较多类似，尤其是南方。有关于此，请参见习培俊《宋朝的乡役与乡村"行政区划"》，《南开学报》2008年第1期。
③ 元代乡村职役的设置，与宋朝很多近似之处，如北宋前期设有里正、户长、乡书手、耆长、壮丁，至北宋后期和南宋时期，设都副保正、大小保长和承帖人等，其职能和设置情况，均较多类似之处。由此可见，前后朝代之制度性延续，多过于制度之"断裂"。20世纪中后期的若干年来，在"唐宋社会变革论"的喧闹声中，学者太多地关注了朝代更迭之际的"差异"，更多忽略了其中的"延续"与"共通"。参阅习培俊《在官治与民治之间：宋朝乡役性质辨析》，《云南社会科学》2006年第4期。
④ 《金史》卷四六《户口》，中华书局1975年版，第1031—1032页。清乾隆官修《续文献通考》卷一二《户口一》，浙江古籍出版社2000年版，第2883页。
⑤ 《通制条格校注》卷一六《田令·理民》，第451—452页。

> 诸村主首，使佐里正，催督差税，禁止违法。其坊村人户、
> 邻居之家，照依旧例以相检察，勿造非违。①

"使佐里正，催督差税，禁止违法"，成为主首职能的一个概括。但在其本职之外，主首受官府指使，在基层还承担起其他的诸多事务，在乡村经济事务、治安管理、狱讼工作，以及社会公益和公共事务中，或辅佐里正，或独当一面，都发挥了重要的社会管理作用，兹就各个方面再做详细考察。

（一）催督差税

元政府征税采取逐级科敛之制，县级官府是朝廷官僚机构的最基层，也是最直接向百姓征税的官府机构。②一般情况下，县级官府采取科摊下放的方式，将赋税的科征工作下放给乡、都的职役里正、主首，县级官府只是高高在上地监督其完成。③乡役人催督差税这一工作，本身包括两个方面：一是催督民户缴纳赋税，二是催督民户承担徭役。

在元代地方征税体系中，每个县都有固定的税课数额，县级官府不得随意变更，各乡都的税课数额也是固定的。主首和里正依据县级官府提出的纳税总额，根据辖下民户的资产等级，参与县司制定各民户具体缴纳的税物种类与数额，并向上级官府报备。在得到县级官府的同意后，主首凭官府的文书向各民户征收，具数纳课，统一上缴。同时，税额名目也是由所在乡都主首向上递呈，之后出榜公告，向村民说明所纳税项名目。乡村中的各种赋税，包括商税、杂税等，也都是由主首人等完成催纳任务。在元朝统治者的乡村治理和基层控制理念之下，其制度性设计为"县乡有门摊者，可委廉干县官、省会、钱务、吊下、主首人等，自行供具各该月课、门摊等税见数，将不合收

---

① 　《元典章》卷六〇《工部三·役使·祗候人》"至元新格"，第 2006 页。
② 　陈高华：《元代江南税粮制度新探——读〈上虞县五乡水利本末〉》，《中国社会科学院研究生院学报》2002 年第 2 期，今据前揭《陈高华文集》，第 55—70 页。
③ 　有关元代州县征收赋税和财政概况，请参阅李治安先生《元代县官研究》之"县官征税派役"一节，收入《元代政治制度研究》，人民出版社 2004 年版，第 194—200 页。陈高华、史卫民：《中国经济通史·元代经济卷》和高树林《元代赋役制度研究》（河北大学出版社 1997 年版）均有较宏观和广泛的考察。前揭陈高华《元代江南税粮制度新探》一文有更详细的研讨。

税名项出榜罢去。外认定门摊，与日收税，撮算比附，每月额
办"。①

主首需催督民户按时到指定地点缴纳税课。如山东沿海地区，民
户每月需赴州县盐局缴纳桩配的盐税，"其盐货在先令濒海去处桩
配"。但是，民户由于农忙，或是无钱纳税，而常有逃税、欠税的行
为。因此，县司便督促主首出榜公告，催督民户或是强制民户赶赴盐
局，完成摊派盐货的任务，"又立主首赍信牌、立限约，催督民户，
赴州县官局关买"。②

另外，里正和主首还一起参与县司对民户徭役的差派工作。至元
二十八年（1291）六月，中书省对科拨差役的建议为：

> 诸差科户役，先富强后贫弱，贫富等者，先多丁后少丁。开具
> 花户姓名，自上而下，置簿挨次。遇有差役，皆须正官当面点定该
> 当人数，出给印押文引，验数勾差，无致公吏、里正人等放富差
> 贫，那移作弊。其差科簿仍须长官封收，长官差故，次官封收。③

里正、主首等依据差科簿挨次点定人户当差，不许放富差贫，将
点定情况报告上级官府，经上级官府验证同意后，才由州县长官发出
官印文书，最终点定该当差人户。

由于元代税役征派的主要依据是资产，而资产需以文字的形式记
载在鼠尾簿上，自然，鼠尾簿便成为科差的主要凭证。因此，主首催
督差税的职责，便延伸到对鼠尾簿的查核上。元代胡祗遹对鼠尾簿有
详细的说明。④今按，鼠尾簿以户计为基础，按户等的"三等九甲为

---

① 《元典章》卷二二《户部八·课程·契本》"税契用契本杂税乡下主首具数纳课"，第
888页。另外，本书第961页对此也有阐述。
② （元）魏初：《青崖集》卷四《奏议》，《文渊阁四库全书》本，台北商务印书馆1986
年版，第1198册，第749页。
③ 《至正条格》卷二七《条格·赋役·科拨差税》，第71页。《元典章》卷三《圣政
二·均赋役》之《至元二十八年六月中书省奏准至元新格》，第73页。
④ （元）胡祗遹：《紫山大全集》卷二三《县政要事》，《文渊阁四库全书》本，第1196
册第410页。

差"编排，因此鼠尾簿一方面具有户籍管理的作用，另一方面，各级政府以它作为推排赋役、处理财产纠纷的依据，是官府管理村民的重要凭借。由于主首与邻佑、社长等基层人员对乡村基层情况相当熟悉，共同向官府保证鼠尾簿的真实性，查询人户丁口、产业登记情况的真实性与变动性，并及时向官府报备。而且，三者之间相互监督，如果上级官府发现鼠尾簿虚而不实，从而责罪，首先就得由主首等人承担失于觉察的罪责。

主首不仅对鼠尾簿上登记的资产进行核实，还参与对所辖区域资产的管理。如某户逃亡时抛下屋宇等资产，官府"督令邻里及本土主首或典或卖，以充本户合该差发，有馀则官分其半，吏分其半"；①或令主首招纳新的民户租佃无主之田，用以充实当地的租税。当辖内民户典买田土之时，主首等人也需在场充当保人，"今后站户如必消乏，典卖田土，当该社长、里正、主首、亲邻并元签同甲站户，从实保勘是实，止于同甲户内互相成交"。②这样，即可保证土地交易的顺利进行，也使主首明晰田土买卖交易双方的情况，保证鼠尾簿记载之准确，以便赋税的承替转移。主首等乡役人也参与了差科簿攒造的管理，由于史缺有间，寓目者有限，我们还无从寻觅到主首等乡役人具体参与的一手文献。③

① 《紫山大全集》卷二二《论逃户》，第396页。
② 《元典章》卷一九《户部五·田宅·典卖》"站户典卖田土"，第698—699页。
③ 有关唐宋时期的差科簿，学界已有比较详尽的研讨，请参阅王永兴《敦煌唐代差科簿考释》，《历史研究》1957年第12期；朱雷《唐代前期的"差科"——吐鲁番敦煌出土"差科簿"的考察》，载张国刚主编《中国中古史论集》，天津古籍出版社2003年版；戴建国：《宋代籍帐制度探析》，《历史研究》2007年第3期。元朝相关研究，请参阅陈高华等《中国经济通史·元代经济卷》，第583—614页，而具体涉及者尚未获寓目。相关史料请参阅《至顺镇江志》卷二《乡都》"旧宋各都设立保长，归附后，但藉乡司酬官物，厥后选差里正、主首"，江苏古籍出版社1999年版，第19页。《至顺镇江志》卷一三《驿传》："本路人户地瘠民穷，别无出产，除当里正、主首诸项差科，复当六处马站，役事繁重，逃亡死绝，实可哀怜。"（第550页）《元典章》卷三《圣政二·均赋役》："均平赋役，乃民政之要。今后但凡科着和雇和买、里正主首、一切杂泛差役，除边远出征军人及自备首思站赤外，不以是何户计，与民一体均当。"（第76—77页）卷一二《吏部六·吏制一·儒吏》"儒吏考计程式"："备有邻人、主首并元籍青册，谙显与一千人无雠无亲。"（第429页）卷一七《户部三·户计·逃亡》"逃户抛下地土不得射佃"："各处亲民官吏、乡司、里正、主首并在官，一切人等不无射佃。"（第609页）卷二三《农桑·立社》"社长不管徐事"：通州靖海、

　　里正、主首对村民资产的管理不仅涉及上述无主之田，还包括乡里公共资产。牛、马等牲畜，在元朝农村是很重要的生产物资，和奴婢、其他牲畜、达官贵人狩猎时的鹰犬等，统称为"不阑奚人口、头疋"，由里正、主首等人统一管理。"今后莫若改委各处文资长官提调，凡有（不）[孛]阑奚人口、头疋，责付里正、主首收养，立法关防，用心点检，毋致逃易、隐匿、瘦弱、倒死。按月申报，每岁于（三）[二]月、九月二次送纳，实为便益。"①不阑奚人口、头疋，不允许村民私自隐藏，如有发现私藏者应立即送交官府，由官府送回原籍的主首之处。"各路多出文榜，排门粉壁，不以是何人等，若有新旧收着底不阑奚人口、头疋诸物，管限三日内申送所在官司。如有隐藏，或违限不解赴官，许邻佑诸人首告得实，将犯人痛行断罪，告人约量给赏。若坊里正、乡头、社长、主首人等知而不首者，依上断罪。"②显而易见，政府责令主首人等对不阑奚人口、头疋负起觉察的责任。其中，对牛马的管理更显严格，即使死了的牲畜也不允许私自宰杀、开剥或取筋。村民必须向所在官司报告，取得同意后才允许宰杀或开剥。如村落远离县城，村民可先向该处里正、主首报备，之后再由主首等人向官府呈报。《元典章》记载大德七年（1303）福建宣慰司承奉江浙行省札付中有"今后若有因病倒死，及老病毁折，不堪

　　（接上页）海门两县"下乡其间，见有勾集人户，编排引审次序支请，尽系保长居前，里正不预"，"社长近年多以差科干扰，今后催督办集，自有里正、主首，使专劝农"（第925—926页）。卷二五《户部一一·差发·影避》"役下影占户计当差"："仰照勘不以是何投下、诸名色影蔽有田纳税富豪户计，从本省分拣，与其余富户一例轮当里正、主首，催办钱粮，应当杂泛差役。"（第964页）《户部一一·差发》"验贫富科赴库送纳"："照得钦奉圣旨条画节文：'请应当差发，多系贫民，其官豪富强，往往侥幸苟避。'已前合罕皇帝圣旨：'诸差发，验民户贫富科取。今依验人户事（业）[产]多寡，品搭高下，类攒鼠尾文簿科敛。'钦此。"（第962页）等。《元典章》卷一〇《租税·军兵税》"弓手户第差税"："弓手税粗，例应人户包纳，为缘文案不明。司县官吏、里正、主首人等高下其手，各路止是一概带征。其中奸弊甚多，人户不知各路头免粮数设令，多包无凭折证，民甚苦之。"（第953页）

① 《通制条格校注》卷二八《杂例·阑遗》，第683页。《元典章》卷五六《刑部一八·阑遗·孛阑奚》"移易隐占孛阑奚人口等事"对这条文叙述略有不同，第1865页。

② 《元典章》卷五六《刑部一八·阑遗·孛阑奚》"拘收孛阑奚人口"，第1860页。以《大元圣政国朝典章》（影印元刻本，中国广播电视出版社1998年版，第2026—2027页）对勘。

为用牛马,钦依已降圣旨事意,申报所在官司。若离远窝,于当处里正、主首告报过开剥。仍常禁治诸人,毋得因而宰杀牛马"。①

主首催督差税的职责,不仅体现在协助官府对民户赋役的科征工作,还延伸到对资产的登记管理等乡村经济事务之中。在这一类经济事务中,主首成为官府和村民之间的沟通中介。官府将科征差税的权力下放给主首等基层职役人,并有官府在旁对主首等进行监视督促,从而与主首等职役人员共同完成乡村的各项事务。

(二)禁察非违

除了协助里正催督差税外,禁察非违也是主首的主要工作之一。主首肩负监督村民的责任,禁止村民违法乱纪,同时排门粉壁,传布官府的各种政令,晓谕百姓遵纪守法。而且,主首还协助官府追捕盗贼,处理乡都违法事件,维护乡村社会治安的稳定。

为保证诸色户计制度的运行,元朝规定各种户计一旦入籍,便不许更动,而且世代相袭。元代各地赋役数额固定,但因各地贫富差距,而造成各地赋役轻重不一,这使得赋役沉重地区的逃户现象频繁,或存在漏籍户计情况。②这样一来,对逃户或漏籍户计的监督核实,也便成为主首任务之一。据《元典章》记载"各路在逃军民并漏籍户计,仰本处官吏、主首人等常切用心收拾,尽数申报。如有隐藏占使、私取差发者,仰究治施行"。③如果官府在其管理区域抓获了逃户,主首人等如不是首捕之人,还有可能受到禁约不严的惩戒。如大德元年(1297)闰十二月建宁路承奉行省札付"惟复责令捕盗官司,督责里正、主首人等,排门粉壁,无致停藏,许令诸人经官首告。或军官人等何处乡都捉获逃役军人,里正、主首人等禁约不严,亦行惩戒,甚为允当"。④对里正、主首知而不首的惩罚,从元初到元末呈现越来越严厉的趋势,如大德八年(1304)时断三十七下,至

---

① 《元典章》卷五七《刑部一九·诸禁·禁宰杀》"倒死牛马里正主首告报过开剥",第1898页。

② 参阅黄清连《元代户计制度研究》,台湾大学文学院文史丛刊1977年版,第68—99页。

③ 《元典章》卷六《台纲二·体察》"察司体察等例",第156页。

④ 《元典章》卷三四《兵部一·军役·逃亡》"逃军窝主罪名",第1198页。

大元年（1308）断六十七下，延祐七年（1320）断五十七下。①这似表明主首所承担的责任也呈不断增加的趋势。官府通过惩戒和连坐政策，依赖民户间的相互举报、监督，以及依靠主首等乡村职役人员的主动监督协助，维持乡间的统治和治安秩序。

在元代，盗贼即使释放之后，一般仍被刺字，转发回原籍并收充警迹人，②由原籍所在的主首等人羁管，"无令出入"："本处社长、主首、邻佑常加检察，但遇出处经宿或移他所，须要告报得知"；③"若经五年不犯者，听主首与邻人保申除籍"。④由此可见，警迹人受其所在村落主首等人的监督管理，其行动受到一定的限制。但经过五年的考察期后，如没有再犯，则可由主首等人向官府作证明人，除掉其警迹人的身份。

采生虫毒、祈赛神社、聚众赌博等事，是元朝官府所严令禁止的事情。但是，在强调血缘和家族脉系浓厚的村落中，由于村民间的互相包庇，或是乡村的偏僻闭塞，其禁止工作一般很难开展，只能依赖于民众的相互举报，以及里正、主首等对乡村的监督。因此，主首要经常对辖区内的民户进行教育并监督，及时向官府举报违法行为，即所谓"督勒合属，常切严行禁治，及排门粉壁，晓谕人民，递相觉察"⑤。邻居、主首、里正、社长等人，对此类事件常加钤束，如若发现而不向官府举报，则需承担起禁治不严、有失觉察的罪过，责罪也

---

① 《元典章》卷三四《兵部一·军役·军驱》"拘刷在逃军驱"，大德八年六月，第1292页。《元典章》卷三四《兵部一·军役·军驱》"拘刷在逃军驱"，至大元年三月，第1294页。《大元圣政典章新集至治条例》之《刑部·人口·逃驱》"探马赤军人逃驱"，延祐七年五月，据陈高华等点校本《元典章》，第2242页。

② 警迹人指的是，凡犯盗窃或强盗初犯、罪不至死者，在其项、臂刺字，列入特殊户籍，加以监督，称为"警迹人"，即那些被官府实行重点管理和重点控制的民众。参阅刘晓《元代的警迹与警迹人》，《北大史学》第2辑，北京大学出版社1994年版，第239—246页；杨一凡：《元代警迹制度》，《中国法制史考证》甲编第五卷《历代法制考·宋辽金元法制考》，中国社会科学出版社2003年版，第764—768页；阮剑豪：《释元代"警迹人"》，《西南交通大学学报》2009年第2期。

③ 《元典章》卷四九《刑部一一·诸盗·警迹人》"警迹人转发元籍"，第1830页。

④ 《元典章》卷四九《刑部一一·诸盗·警迹人》"盗贼刺断充警迹人"，第1672—1673页。同一条文见于《元典章》卷四九《刑部一一·诸盗·警迹人》"拘钤不令离境"，第1831页。

⑤ 《元典章》卷四一《刑部三·诸恶·不道》"禁治采生虫毒"，第1424页。

较重。据官府规定:"坊里正、社长、主首有失钤束,知而不行首告,减为从者,罪一等",①与犯人一样受到惩戒,但惩戒等级低于犯人。

"生子不举"是江南一带的风俗,汉唐以降及至赵宋一朝,均颇为盛行②。元代依然。但是,元人或视溺子为违反人伦之事,在元代是与杀人一样的刑事案件,以故杀罪论,受到政府的严令禁止,"今后如有似前溺子之人,许诸人告首到官,犯人依故杀子孙论罪。邻佑、里正、主首有失觉察,并行治罪"。③监督村落民户是否溺子,也成为主首的职责之一。

印造伪钞和买卖伪钞,属刑事案件,罪责较重,主首、社长等人不管是否知情,都需承担责任。"禁治不严、失觉察者,各地分当该巡捕军兵三十七下,捕盗正官及镇守巡捕军官各决二十七下,坊里正、主首、社长一十七下。"④

主首不仅对普通民众的行为监督举报,还包括对过往军人或官员等的举报。南方镇守军官、军人因督管不严,常有骚扰百姓的行为,"都省照会枢密院行下各路奥鲁官,若有似此军官人等骚扰军户,许当该乡村里正、主首、社长、邻佑人等,赴所在官司陈告到官,依例取问断罪"。⑤当他们有不法行为时,主首、里正等人赴上级官府举报,由上级官员对此类事件进行处理。

同时,乡村基层的主首、里正等能详悉州县官员的在任情况,因此主首、邻佑人等在州县官员的考核信息传递渠道中便占有很重要的位置。如官员在丁忧守缺期间,因病、遇亲丧等事而不能赴任时,中央政

---

① 《大元圣政典章新集至治条例》之《刑部·刑禁·禁聚众》"禁治集场祈赛等罪",第2248页。

② 请参阅李贞德《汉隋之间的"生子不举"问题》,载《"中研院"历史语言研究所集刊》第66卷第3分,1995年,第747—812页。刘静贞:《不举子——宋人的生育问题》,稻乡出版社1998年版。大陆学者陈广胜(《宋代生子不育风俗的盛行及其原因》,《中国史研究》1989年第1期)和臧健(《南宋农村"生子不举"现象之分析》,《中国史研究》1995年第4期)也有讨论,可资参阅,兹不赘述。关于"溺子"一事,正如上文揭示者,汉唐以来多有,尤其是南方福建、江西等地,元明的情况或亦复杂多变,目前学界尚措意者无多,值得用心关注。

③ 《元典章》卷四二《刑部四·诸杀·杀卑幼》"溺子依故杀子孙论罪",第1458页。

④ 《元典章》卷二〇《户部六·钞法·伪钞》"禁治伪钞",第736页。

⑤ 《通制条格校注》卷七《军防·禁治扰害》,第325页。

府很难及时获悉，极有可能导致官位空缺而无人办公。据史料记载：

> 今后若有已除未任，遭值丁忧、患病、事故等官，令亲邻、主首人等随即呈报所在官司，申覆合干上司，委正官、首领官各一员，不妨本职，常切提调，每季于季报内依式开写明白，在内关申省部，在外申覆行省，将应有所属通例，移咨都省，查勘铨注。若应申报而不申报者，从监察御史、廉访司纠察。又已除官员急缺者，照依旧例，除装束行程外，百日不到任作缺。其余守缺人员，过期不行赴任，随即作缺。①

显而易见，朝廷的设想是由该处主首等人乡役举报官员守缺情况，令中央省部获悉而别行铨注，再由廉访司等对官员做出处理。从中亦可看到，就制度层面来看，主首等只有申报的任务，没有处理事务的权力。当官员离任或调职所填写的解由体式，②官府一般也责成主首人等照勘功过，"寻勒司属（谓仓场、库务、六房、里正主首头目人等）照勘得本官自到任至得替日，中间并无公私过犯、侵欺借贷粘带一切不了事件"。③

另外，主首等乡役人还会参与一些举荐官吏的工作中（或属其特定职务）。至元三年（1266）四月，刑部议到防御盗贼事理，"各处官设写船埠头，〈今〉[令]里正、社长、主首举保住近江河有税产无过人户承充"。④主首等举荐可靠民户，充当埠头此类官吏，从而负责过往船只的写赁和验证旅客文引。举荐官吏的工作虽不直接属于禁察非违的范围内，但是，由于这类官吏的职责是防御盗贼，因此，举荐工作也就由主首等人承担。⑤

---

① 《大元圣政典章新集至治条例》之《吏部·职制·作阙》"官员事故申官作阙"，第2058—2059页。
② 解由，是指官吏调任时的证明文书，参阅《元典章》卷三《圣政一·劝农桑》。
③ 《元典章》卷一一《吏部五·职制二·给由》"解由体式"，第398—399页。
④ 《至正条格》卷二九《条格·捕亡》"防盗"，第101页。
⑤ 《至正条格》卷二九《条格·捕亡》"防盗"，第101页。

榜谕是官府政令传播达致村落百姓的主要途径，主首排门粉壁，①向百姓传播官府的各种信息，将州县官府与乡都百姓联系起来，也是其禁察非违的工作之一。关于这一方面，存世文献记载尤多："各路多出文牓，排门粉壁。不以是何人等，若有新旧收着底不兰奚人口、头疋诸物，管限三日内申送所在官司"；②"惟复责令捕盗官司，督责里正、主首人等，排门粉壁……"；③"……督勒合属常切严行禁治，及排门粉壁，晓谕人民，递相觉察"。④主首向百姓宣传朝廷和地方官府的政令、盗捕信息、赋税征纳等内容，使百姓明晰官府政令，从而使他们不致于冒犯法令，达到禁察非违、维持乡村社会治安的目的。《元典章》中即多有"令社长、里正、主首、各处官司、肃政廉访司常加体察，毋致愚民冒触刑宪"⑤类似的记载。

作为县乡交接之间村落的职役人员，主首还负责向上级陈告公事，包括上述提到的民众聚啸、强窃盗贼杀人、伪造宝钞、私宰牛马等公事，还涉及官员任职监察等。而当那些违法违规事情发生时，上到刑事案件，下至败坏风俗之类，该乡都的主首都可能承担连带的责任，因禁治不严而受到惩罚。总之，在官府看来，主首为民户的行为作担保，担保他们的行为遵纪守法；如果乡民违犯，主首则需承担一定的责任。同时，由于主首等人掌握基层信息，对官员考核的信息来源、官吏的举荐等事，朝廷也多责由主首等承担。由此，主首就必须自觉地承担监督本都的责任，举报村民的违法行为，以维护乡村社会治安。

（三）狱讼工作

"辅佐里正，催督差税，禁察非违"，是主首职责的一个纲领性

---

① 关于排门粉壁、榜谕，可参考高柯立《宋代的粉壁与榜谕：以州县官府的政令传布为中心》，原曾以《宋代粉壁考述——以官府诏令的传布为中心》《宋代州县官府的榜谕》为题，载《文史》2004 年第 1 辑和《国学研究》第十七卷，北京大学出版社 2006 年版，今据邓小南主编《政绩考察与信息渠道：以宋代为重心》，北京大学出版社 2008 年版，第 411—460 页。申万里：《元代的粉壁及其社会职能》，《中国史研究》2008 年第 1 期。

② 《元典章》卷五六《刑部一八·阑遗·李兰奚》"拘收李兰奚人口"之"又"，第 1860 页。

③ 《元典章》卷三四《兵部一·军役·逃亡》"逃军窝主罪名"，第 1198 页。

④ 《元典章》卷四一《刑部三·诸恶·不道》"禁治采生虫毒"，第 1424 页。

⑤ 《元典章》卷三《圣政二·明政刑》"二（大德七年三月诏）"，第 112 页。

概括。但是，在实际执行中，主首还常常承担额外的任务，参与狱讼事务就是其中之一。在村落刑事案件中，自报案、查案、开庭到结案等一系列事务之中，都可看到主首的参与。①当村民发生争论时，先由社长、或村中德高望重之人、乡老等出来调停；一般情况下，如调停无效，民户才会上报到官府争讼。当乡村中案件申诉进入法律程式时，严格依照制度规范运作，官司相关人员的勾换、官司的证人、狱讼等案件程式的作证监视等，一般也俱由主首等人执办。主首在其中多以司法保人的身份参与。

一般情况下，当村落间发生凶杀案件时，如果死者实无亲属申告，官府允许邻佑或当地坊里正、主首、头目等中间人申告；若死者仍有亲属，里正、主首等均不能滥以代告，由死者亲属陈告。其余诉讼，凡与地方治安有关的刑事案件，由里正、主首等人陈告，其余民事案件应由百姓自行陈告，主首乡役人等不能对此干预。②

在村落百姓向官府报案之后，官府便介入查案的过程。在检尸等程式中，主首作为中人和证人，需到场监视。检尸分为初检和复检，在初检中不委巡检，由正官"呼集亲邻、主首躬亲监视，一同子细检验，复检官吏回避初检"。③检尸法式中需写明邻人、主首等人辨认尸首，办验检尸，官府并责由主首等人对检尸报告的真实性进行保证。从初检至复检，其间尸首和自尸首脱下的衣物，也责付尸亲和里正、主首共同收管，听候复检。复检时，官府仍需呼集主首、里正等人到场监视复检，保证复检的真实性。在验尸的过程中，仵作需要用到的验尸法物等，一般临时令里正、主首或被告方去采办，"所用银钗，仵作行人临期多是取办于里正、主首或邻佑人等及被告之家"。④但是，由于不能保证这些银器的真伪，有可能使验尸发生错

---

① 陈高华《元代的审判机构和审判程式》一文已有述及，今据陈高华《陈高华文集》，上海辞书出版社 2005 年版，第 108—156 页。

② （元）王与：《无冤录》卷下《四、死无亲属不许邻佑地主坊正申官》："[死者]果系身死不明，实无亲戚人等申告，许令邻佑、地主，或当该坊里正头目从实申官，依理追问……"《续修四库全书》第 972 册，上海古籍出版社 1995 年版，第 510 页。另参《元典章》卷五三《刑部一五·诉讼·听讼》"词讼不许里正备申"，第 1904 页。

③ 《无冤录》卷下《十二检尸不委巡检》，第 512 页。

④ 《无冤录》卷下《验尸法物银钗假伪》，第 504 页。

误。因此，后来为体恤民户和保证验尸结果的准确性，改由官府统一令工匠生产验尸法物，从而保证验尸结果的准确，同时也减免了主首为官府采办验尸法物的一项负担。

诉讼案件开庭之前，需由官府发放信牌，令主首等人去至村都呼唤官司相关人等，"州有追逮，不许胥吏足迹至村疃。唯给信牌，令执里役者呼之"。①皇庆元年（1312）八月，在袁州路宜春县潘壬一（名天祥）打死刘仁可一事中。有主首乡役参与乡村治理的实际案例之一。究其本末：刘仁可为本县乡役主首，他"立限发牌，勾唤天祥，为钟奇叔告佥田事。自合依限出官"，②但在主首刘仁可勾换时，刘仁可与当事人发生矛盾而导致凶杀。从主首刘仁可携公文勾换天祥，去听对钟奇叔所告佥田公事中，可知主首实际承担催督、勾换官司相关人员的职责。

官衙开庭时，许多人会受到官司的牵连，被传唤至公衙。"两人争讼牵连不干碍人，四邻、乡戚、乡老、主首、大户，见知人数十家废业随衙"，③传唤的人员不仅有原被告双方，还包括与他们认识的一系列周边亲属等人员，其中就有主首。原被告双方所在都分的主首了解双方情况，又加上受到官府信赖，所以会被官府传唤至公衙，甚至留守公衙，作为听对官司的证人。

当官司结案时，在结案文书中的逐人文状，包括"正犯人招款""干连人词因"等，也需要该都主首作为中人，对文书中的证词做出保证。犯人、妇人、奴婢、苦主、奴主等人，在官府的逐人文状上详细地说明年龄、健康、婚姻等情况，并备有主首等人的保证，"备有邻人、主首并元籍青册，谙显与一干人无雠不亲"。④

因此，虽然狱讼工作不是主首等乡役人的本职所在，甚至只能说是县司官员们的本职工组，但是，作为负责乡里事务的主首，需充当乡民和官府的中间人，为双方传达信息，承担了许多事责。一般而

①　《元史》卷一八二《许有壬传》，中华书局1976年版，第461页。
②　《元典章》卷四二《刑部四·诸杀·故杀》"木槌打死人系故杀"，第1437页。
③　《紫山大全集》卷二二《论农桑水利》，第394页。
④　《元典章》卷一二《吏部六·吏制一·儒吏》"儒吏考试程式"，第429页。

言，主首为官府向村民保证案件核实的真实性，同时也为村民和官府双方充当保人。这一中介性沟通环节的重要性，只有身处那个时代的广土众民方才体认得到。

（四）参与地方公共事业

由于主首与州县地方官府的密切联系，村落有一些公共事务和公益事业需要与官府进行沟通时，也大多由主首这类职役人员与官府交流，共同处理地方事务。其中包括水利灌溉工程、村民救济和慈善事业、修桥补路等事项。但是，随着时间的推移，由于县级行政中财政运转不利，这类原本属于县级行政官府的职责，却越来越多地成为主首职役户们所必须处理的事务。①

水利是农村一项重大事务，关涉农业生产的产量和村民生活的基本所需，而农业生产情况，又与国家财赋收入紧密相关，故历朝历代均相当重视。大德年间，元朝专门在江浙等处设立了行都水分监，分监官员与里正、主首等共议水闸的启闭、利用等水利管理工作。譬如，此时嘉兴等地分监讲议杉青闸的启闭问题，便会与当地主首商议。②由此可见，主首和里正、社长代表其辖内民户，与官府商议，共同布攸关本都的农业生产的水利事项。

当乡都发生水旱灾害或风灾等自然灾害时，需要朝廷给予救济时，也是由主首等乡役人向官府告灾，再逐级上报至中央，由朝廷派发官粮。③但主首也常借谎称告灾这一环节盗取国家钱粮，以中饱私

---

① 有元一代，地方州县财政困窘的局面，江南三省更甚。李治安《元代中央与地方财政关系》（原载《南开学报》1994年第2期）已有揭示。就宋朝而言，县级官府的财政处置权越来越低，许多本属于县级官府的行政事务，就不能不越来越多地仰仗于乡村富豪和主首等乡役人员具体操持。对此，苏力《元代的地方精英与基层社会》一书（天津古籍出版社2009年版）有所揭示，但不曾在主首等乡役人员中更多举证，殊感遗憾。或许，自中唐两税法推行以来，在"上供""留使""留州"分流尤其是"足上供"举措下，不但宋朝地方财政尤其是县级财政面临了这样的窘局，元朝也是如此，乃至于明朝，亦难逃这一制度性陷阱。参阅包伟民《宋代地方财政史研究》，上海古籍出版社2001年版；郑振满《明后期福建地方行政的演变——兼论明中叶的财政改革》，《中国史研究》1998年第1期，第147—157页。

② 《水利集》卷八《嘉兴等处分监讲议杉青闸如何启闭》，《四库全书存目丛书》本，齐鲁书社1996年版，第170页。

③ （元）谢应芳：《龟巢稿》卷一六《上周郎中陈言五事启·除民瘼》，《四部丛刊三编》本，商务印书馆1936年版，第38页。

囊，如大德十年奏，"上海县人户凌瑞告四十九保主首蒋千五提领等将熟田五顷三十一亩，该粮二百九十八石捏合灾伤，将别项田移易指引，冒破官粮"。①

总之，催督赋税和禁察非违为朝廷对主首最初设定的法定职责，随着时间的推移，乡村事务的增多，也逐渐向其他方面，包括经济、司法、社会公益等与之相关的事务延伸，成为乡村基层"义务"的办事人员和事实上的管理者。明人追忆元朝主首职能时则概括为"专以催输税粮，追会公事"。②但是，有许多事务的操办，大部分主首等职役人员却并非出于自愿。这是因为，在专制主义层级社会下，他们被隔离于正式的官僚机构之外，因受到官府徭役制度的强制，而执行管理乡村的责任。③主首只有努力完成政府所强加的事责，才能顺利将差役交替，将职役事责转移到下一个当役民户家中。县级官府是元代朝廷官僚机构中最基层的行政单位，直接对百姓征收赋税，但在实际执行中，县级官府必须依赖于主首这类村落基层职役人员。而主首所面临的事务也在不断增加，其专业化趋势不断加强，在乡村基层中发挥的作用也越来越重要。

二 主首职能的混乱及制度施行中的偏离

主首是乡都的负责人，还常承担本职（"役"）以外的其他事务，导致其"职责"的混乱，越权谋利之事时有发生，或是社会问题

---

① 《水利集》卷五《开河工役三年以后议拟裁剪》，第60页。
② 《嘉靖太平县志》卷三《食货志·役法》，第18页右。
③ 宋人曾言：里正等乡役人是"既为之民而服役于公家"，参见（宋）刘挚《忠肃集》卷三《论助役十害疏》，裴汝诚等点校本，中华书局2002年版，第52页。（宋）李焘：《续资治通鉴长编》卷二二四，熙宁四年六月庚申刘挚所言，中华书局2004年版，第5447页。类似说法，可见（元）脱脱等《宋史》卷一七七《食货上五·役法上》，中华书局1985年版，第4295、4299页。职役人是"以职役于官"的，此语见于清代《皇朝文献通考》卷二一《职役考》，浙江古籍出版社1988年版，第5044页。南宋人反映催税甲头"皆耕夫，既不熟官府，且不能与形势、豪户争"，见（宋）李心传《建炎以来系年要录》卷四四，绍兴元年五月戊午，文海出版社影印本，第1812页。或说其"散居乡村，为寄编户"参见（宋）陈傅良《止斋先生文集》卷三五《与阃帅梁丞相论耆长壮丁事》，《四部丛刊初编》本。或许，宋元此类问题是有其共通性的。

变化多端难以应付，或是主首因科差职责繁重而逃避应役，和社长、里正制度等大致相同，主首制度也经历了一个从推行较好到难以顺利推行的过程。

主首、里正和社长，同为乡村基层的职役，且各有分工。但在实际执行中，三者在职责上常常发生交叉与混乱的现象，这一境况在元朝前期尤为明显——社长在元朝中后期多已停废。如社长本专为劝农而设，"诸社长本为劝农而设，……今后凡催差办（办）集，自有里正、主首，其社长使专劝农"；教化民众也是社长的职责，王祯《农书》中记载："今国家累降诏条，如有勤务农桑、增置家业、孝友之人，从本社举之，司县察之，以闻于上司，岁终则稽其事。或有游惰之人，亦从本社训之。不听，则以闻于官而别征其役。"①再有，至元七年（1270），元世祖制定的社制，社长以教督农桑为事，需"推举年高、通晓农事、有兼丁者"，负责基层的农事和教化。其实际功效和设置基本上局限在了元朝（初期）的北方地区；②"使专劝农"的社长与"按比户口，催督赋役，劝课农桑"和"禁察非违"的里正、主首本来就存在诸多不同。而在元初北方的村落中，社长、里正、主首等三者，却往往是共同协助基层官府管理乡村的所有事务。事实上，在元朝初期，三者职责分工虽然明晰，但在实际施行中，多有不断混乱的趋势。《至元新格》对理民之务有专门的表述：

　　诸村主首，使佐里正，催督差税，禁止违法。其坊村人户邻居之家，照依旧（列）[例]，以相检察，勿造非违。

　　诸社长本为劝农而设。近年以来，多以差科干扰，大失元立社长之意。今后凡催差办集，自有里正、主首，其社长使专劝课。③

---

① （元）王祯：《农书》卷一《孝弟力田》，清乾隆武英殿刻本。
② 《通制条格校注》卷一六《田令·农桑》，第457—462页。参阅杨讷《元代农村社制研究》，《历史研究》1965年第4期，第126页。
③ 《至正条格》卷二五《条格·田令·理民》，第42页；《通制条格校注》卷一六《田令·理民》，第451页。

　　这几则史料中显示出最重要的信息是，诸村落间的主首，协助里正，主要负责催督差税，不能以差科干扰社长，因社长本为劝农而设。而就"诸社长本为劝农而设。近年以来，多以差科干扰，大失元立社长之意。今后凡催差办集，自有里正、主首，其社长使专劝课"中的意涵而言，则社长多有参与村落间"催差办集"诸事者。事实上，元政府前后诏令即存有重叠者，譬如至元二十八年（1261）颁布的《至元新格》记载："诸论诉婚姻、家财、田宅、债负，若不系违法重事，并听社长以理谕解，免使妨废农务，烦扰官司。"①这是官方设定的社长明显参与村落社会中诸多事务的表现。换言之，上揭史料中的信息明确表述了主首和社长之间的职能区分，而实行过程中却出现了职能交叉重叠、混乱不已的状况。

　　另外，在一些臣僚奏议和朝廷反复的诏令之中，则反复强调社长与其他职役的分别，也从一个侧面反映出社长、主首、里正三者之间出现职责混乱的现象，其实质越来越趋于一致。②正如前已揭示者，在多数情况下，社长与主首是里正的助手，共同协助里正处理乡村事务，形成了里正、主首、社长为首的乡、都、社不同建构的治理模式。史料记载，至元二十四年（1287 年）六月，行御史台据监察御史所呈饶州路纠察运粮一事中：

　　　　江南税户自归附以来，日益凋瘵。除水旱站赤、牧马、淘金、打捕、医、儒诸项占破等户外，其余户计应当里正、主首、和买和雇一切杂泛差役，已是靠损。其各路并司县牧民之官不为用心存恤，因缘为奸，比比受害。③

---

① 《通制条格校注》卷一六《田令·至元新格》，第 452 页。
② 譬如（元）许有壬《至正集》卷七四《农桑文册》云："文册之设，本欲岁见种植、垦辟、义粮、学校之数，……社长、乡胥家至户到，取勘数目，幸而及额，则责其答报之需；一或不完，则恃其有罪，恣其所求。"《元人文集珍本丛刊》第七册，新文丰出版有限公司 1985 年版，第 337—338 页。这一境况或为传统中国农村之常见现象，有关宋朝史事，刁培俊曾有探索，参阅其《分工与合作：宋朝乡役职责的演变》，《河北大学学报》2005 年第 4 期。元朝史事，抑或近之。搜寻史料，容再举证。
③ 《元典章》卷二一《户部七·钱粮·押运》"纠察运粮扰民"，第 778—779 页。

由上述可知，因科差繁重，主首制逐渐趋于消乏。再者，主首利用其职责，也多干预民间词讼。如大德三年（1299）四月，江西行省申告"各处捕盗司、巡检司，除额设司吏、弓手外，又行将引泼皮、无名弓手、提控人等，将带空头文引，与里正、主首、局干人等捏合事端，私受白状"，①即主首等人以此骚扰平民，抢夺钱物，致使民户破产，乡民对此深恶痛绝。对此，江西道廉访司作了严格限制："今后除地面啸聚强窃盗贼、杀人、伪造宝钞、私宰牛马许令飞申，其余一切公事，听令百姓赴有司从实陈告，乡都里正、主首、社长、巡尉、弓手人等不许干预。"这里是有明确规定：除了与地方治安有关的刑事案件外，其他事情则不允许主首等乡役人干预。②

元代制度强调里正、主首等的专司职役，不允许官员将其他社会事务强加于主首等职役人身上，违者则严加治罪。据延祐五年（1318）三月元朝官方文献记载云"诸司所设里正、主首之役，本以催督租课。今后合严所属官吏，毋得似前将一应为事人数泛滥责付羁养，违者治罪，牒可出榜"，③试图减轻主首的沉重负担。事实证明，官方的制度规定，一旦落实于地方，大多数境况下则无异于一纸空文。对于这一"官府本位"群体周边的一种社会存在，为了政绩，为了更多的侵略于民，真正的官僚系统根本就不会切实地执行。朝廷的诏令一而再、再而三地下达，反复重申，就越是表明地方州县的实行越加离谱。

当然，元朝官府也一再要求加强主首人员的内在素质。《通制条格》记载云"凡里正、公使人等（贴书亦同），从各路总管府拟定合设人数，其令司县选留廉干无过之人，多者罢去"，④即选廉干之人充当。但是，由于朝廷更强调主首由富户轮流充当，对内在素质的强调只是一种形式，当役民户能否达至优良之内在素质，端在于各官员能否切实地认真、具体考察。显而易见，这对于来自外乡不熟悉当地

① 《元典章》卷五三《刑部一五·诉讼·听讼》"巡检不得接受民词"，第1750页。
② 《元典章》卷五三《刑部一五·诉讼·听讼》"词讼不许里正备申"，第1750页。
③ 《大元圣政典章新集至治条例》之《刑部·刑禁·禁骚扰》"坊里正主首羁养罪人不便"，第2247页。
④ 《通制条格校注》卷一六《田令·理民》，第451页。

社会实况的官员而言，是相当困难的一件事；再有，面对一县之内广大的村落而言，在千千万万的民户中认真选择当差役人，无论如何都是一件烦琐、劳动量巨大且实际是难以完成的工作。而且，主首不公不法，很大程度上与无薪俸和无偿事责太多有关。地方官府不断将各项基层事务摊派到此类职役人员身上，但是，有薪俸的官员尚且有谋私行为，更何况是在基层事务繁重又无薪俸支撑的民户，主首利用"职役"这一有利的、政府提供的空间来谋利的行为也就更易于理解了。

关于主首利用职役这一环节为非作歹之事，官府的解决方案是，一再重申强调主首的职责范围，并利用廉政官员加强对主首的监督，加大对主首的惩罚管制，意在防止其侵夺于民现象的产生。但是，离开了这些熟悉基层乡村的乡役人，县级官员们几乎无所作为。①所以，主首谋私害民的行为也就无法断绝。即便如此，在官方看来，主首等职役人员在乡村基层发挥的作用越来越重要，成为县级官府和乡村民众之间一个不可或缺的社会力量，直接达致了村落秩序的稳定和民间文化的延续。但是，就制度层面来看，主首制度的设定和实行过程中，又有着诸多最初设定者难以料想到的弊端。由上述可知，主首制度的实行，确实对有元一朝南方诸多区域内村落社会秩序的构建，做出了相当重要的贡献；然而，由于制度本身的缺陷，更由于专制皇权监控村落地方社会的力量之不足，主首制度也逐渐衍变成紊乱村落社会秩序的"半官方"的力量。有关于此，值得更加周详地铺排、梳理文献，做更多的探讨和发掘。

三 元代主首制度与宋朝乡役相关制度的比较

相较于赵宋一朝尤其是南宋时期的乡都之制，元代的主首制度更接近于北宋时期的耆长之制和北宋后期延续至南宋时期乡都之制下的

---

① 参阅刁培俊《"税赋弊源皆在乡胥之胸中"——南宋中后期东南路分乡司在赋役征派中违法舞弊的表现及其社会内涵》，《中国社会经济史研究》2012 年第 1 期。

保正之制。①耆长之名，源于五代，后周时以之主掌乡村事务。②宋初的职役制度，在保障乡村社会安定方面，亦以耆长主其事，由其率领乡役壮丁，"逐捕盗贼"。③宋太祖建隆三年（962）十二月十六日，诏："乡村内争斗不至死伤及遗漏火烛，无指执去处，并仰耆长在村检校定夺，不在（再）经官申理，其县镇不得差人团保。"④说明耆长在乡民争斗、烟火安全防护等事务中，原来还要向县司申报处理，此后则可以单独处理。在开宝七年（974）"废乡，分为管"的诏旨中，以耆长"主盗贼词讼"。⑤其他如防备烟火，修补桥道，以及与户长、乡书手一起攒造五等户簿等，也都属耆长的职责。天禧元年（1017），屯田员外郎谢商言：如果乡村有"蝗虫为害，伤食田苗"的情况，本地的耆长、壮丁需要"限当日申县"。⑥

---

① 中国学者回顾这一领域学术史的文章，请参阅刁培俊《当代中国学者关于宋朝职役制度研究的回顾与展望》，《汉学研究通讯》（台北）2003 年第 3 期，增订收入《宋史研究通讯》2004 年第 1 期；朱奎泽《20 世纪 80 年代以来国内两宋乡村政权与社会控制研究述评》，《甘肃社会科学》2007 年第 1 期；谭景玉《宋代乡村组织研究·绪论》，山东大学出版社 2010 年版，第 1—34 页；贾连港《宋代乡村行政制度及相关问题研究的回顾与展望》，《中国史研究动态》2014 年第 1 期；王旭《宋代乡的建置与分布研究——以江南西路为中心》，西安地图出版社 2015 年版，及其《宋代县下基层区划的"双轨制"研究》，博士学位论文，暨南大学，2017 年 6 月。傅俊《理论、文本与现场——宋代乡村研究省思》，包伟民、刘后滨主编《唐宋历史评论》第一辑，社会科学文献出版社 2015 年版，第 237—266 页。此外，侯鹏：《宋代差役改革与都保乡役体系的形成》，《社会科学》2015 年第 8 期；侯鹏：《经界与水利——宋元时期浙江都保体系的运行》，《中国农史》2015 年第 3 期。高森：《论宋代县乡役在土地清丈中的职责》，《河南大学学报》2018 年第 3 期。包伟民发表有：（1）《宋代乡制再议》，《文史》2012 年第 4 辑；（2）《中国近古时期"里"制的演变》，《中国社会科学》2015 年第 1 期；（3）《新旧叠加：中国近古乡都制度的继承与演化》，《中国经济史研究》2016 年第 2 期；（4）《宋代乡村"管"制再释》，《中国史研究》2016 年第 3 期。恕不一一赘列。
② （宋）王溥：《五代会要》卷二五《团貌》："周显德五年十月诏：诸道州府令团并乡村，大率以百户为一团，选三大户为耆长。凡民家之有奸盗者，三大户察之；民田之有耗登者，三大户均之。仍每及三载，即一如是。"
③ 《宋史》卷一七五《食货上五·役法》，中华书局 1985 年版；《文献通考》卷一二《职役一》，中华书局 2011 年版。
④ 《宋会要辑稿·兵》一一之二，中华书局 1957 年版。
⑤ 《宋会要辑稿·职官》四八之二五。
⑥ 《续资治通鉴长编》卷八九，天禧元年五月戊戌朔，中华书局 2004 年版，第 2058 页。

乡村逃户抛田，耆长需向官府汇报，以便官府安排耕佃事务。①在兴修水利工程时，也需"乡耆审取诣实"。②乡民输送税物到县司，路上也有可能遇见劫盗，官府也责令耆长等乡役人，在沿途保护、援助。《宋史·食货志》载：

> 民输夏税，所在遣县尉部弓手，于要路巡护，后闻扰民，罢之。止令乡耆、壮丁防援。③

"豪势人户"侵耕陂泽之地，还需耆长及时发觉，并举报县司，以免"容纵人户侵耕"，④影响农田灌溉。

咸平三年（1000）前后的一则史料表明，耆长等还要巡查山林，防止民户砍采林木：

> ……节级……者邑（都？）头……兼贴河东县，勒近寺耆长、所由、巡检不得采□林木。至太平兴国三年，蒙知府李补缺出榜，亦差马军节级罗崇嗣与县司弓手、耆长等九人巡林半月；至太平兴国五年，蒙知府王学士与主僧希海出榜贴差耆长巡林；到至道元年七月内，蒙杜太傅与主僧元爱出榜，亦贴河东县耆长三人，巡检应有入山采紫薪，军人百姓等……⑤

宋神宗熙宁八年（1075）闰四月，朝旨罢耆壮之役，而代以都副保正和承帖人。⑥元丰八年（1085），朝旨再次由耆长、壮丁取代都副保正、承帖人，主掌乡村治安管理事务。随后又规定，允许原来充任保正、承帖人等役的民户，如果自己情愿，可以再充为耆壮。也就

---

① 《宋会要辑稿·食货》一之二二，天圣三年九月。
② 《宋会要辑稿·食货》七之一二，庆历五年九月。
③ 《宋史》卷一七四《食货上二》，第4203页。
④ 《宋会要辑稿·食货》七之一八。
⑤ 北京图书馆金石组编：《北京图书馆藏中国历代石刻拓片汇编》，第38册，《楼岩寺四至记》（咸平三年刻，石在山西永济），中州古籍出版社1990年版，第3页。
⑥ 《续资治通鉴长编》卷二六三，熙宁八年闰四月乙巳，第6436—6437页。

是说，朝廷允许以保甲制下的保正等名目充任乡役耆长、壮丁等，这便成为后来乡役、保甲可以兼充的制度源头，也就是南宋人所说的"元丰旧制"。

历经元祐更化和绍圣之变后，上述这种都副保正等兼充耆壮乡役的制度，似乎更便于州县政府对乡村民众的治理，到南宋，更成为许多地区推行的一项制度。①而无论是只设耆长，不设保正，或者只设保正，不设耆长，或者是以保正兼充耆长，自北宋后期以至整个南宋时期，耆长和保正的职责都明显地越来越具体化了，也出现了日渐增多的趋势。

"乡村盗贼、斗殴、烟火、桥道公事"，须由"耆长主之"；②稽查户口，编造丁口文账和五等户簿，也需耆长承担；③

> 逐耆长所管乡分图子阔狭，地里村分四至，开说某村有某寺观、庙宇、古迹、亭馆、酒坊、河渡、巡铺屋舍、客店等若干，及耆长、壮丁居止，各要至县的确地里，委无漏落，诣实结罪状连申，置簿抄上；内寺观、庙亭馆倒塌，酒坊、客店开闭，仰即时申举，以凭于簿内批凿。寺庙等依旧兴修，坊店复有人开赁，亦仰申报。④

换言之，乡村的地理、村分四至，寺庙馆铺，客店酒坊，古迹河渡等具体事务的变更，也需耆长查明后向县司申报；官员下乡的迎送和供应酒食，逆旅之客病宿的请医治疗或死后安葬，以及无主坟茔的

---

① 《宋会要辑稿·食货》六六之八六："乾道五年五月八日，刑部侍郎汪大猷言：'国家立保正之法，缘法中许愿兼耆长者听。故数十年来，承役之初，县道必抑使兼充，不容避免。'"《宋会要辑稿·食货》六五之九八，一四之四三至四四同。《宋史全文》卷二五上；楼钥：《攻媿集》卷八八《敷文阁学士宣奉大夫致仕赠特进汪公行状》。
② （宋）朱熹：《朱文公文集》卷二一《论差役利害状》，四川教育出版社 1996 年版。
③ 《淳熙三山志》卷九，《宋元方志丛刊》影印本，中华书局 1990 年版；《宋会要辑稿·食货》一一之一三，又六九之一八至一九，六五之九〇至九一。
④ （宋）李元弼：《作邑自箴》卷三《处事》，闫建飞等点校：《宋代官箴书五种》，中华书局 2019 年版，第 22 页。

管理等，也均由耆长责办；①协助督税乡役依限征催税赋，催纳坊场钱，将户绝者的田产籍没入官等，也由耆长负责；②耆长还要承受县司各种文引、文帖、告示，然后遍告乡里，解送乡县之间的公事和罪犯。③如：

> 耆长各置承受簿一面，壮丁置脚历一道，凡承受诸般判状帖引等，及交付与壮丁缴跋文字并将簿历对行批凿，内有耆长亲自赴县缴跋者，逐案批收。各须将簿历随身准备取索点检。④

北宋人吕南公曾言："凡异时耆壮之职分，皆移于邻伍（今按：实则为保伍）之家矣。"⑤他有以下的一番议论：

> 夫联邻伍为保甲，以检责奸偷，讥诃逋逃，此熙宁以前县大夫间亦行之，而民间晓此甚熟矣。何有今日旷然大变，吾君吾相之盛心推遍海内，而书生犹不知乎？……前奉论之时，县所下期会诸文，月数十于保正所，而耆长所受或十余而已。盖保正虽豪，而其职则总统众长，其受符于县，则退而关付于众长，众长又轮转而付之其属户。此官所许者也。而且越乡跨里，责其办事，事未必办，则官不得无惩艾之威，此民臀所以流丹相照也。⑥

---

① 《宋会要辑稿·食货》六八之一一二；《茅亭客话》卷二《王客》，《文渊阁四库全书》本。

② （宋）李元弼：《作邑自箴》卷八《知县事榜》今据《宋代官箴书五种》，中华书局2019年版，第50页；《宋会要辑稿·食货》七〇之四，五之三〇；《跨鳌集》卷二〇《上王提刑书》，文渊阁四库全书本。

③ （宋）李元弼：《作邑自箴》卷七《榜耆壮》；《宋会要辑稿·食货》六五之九二。

④ （宋）李元弼：《作邑自箴》卷七《榜耆壮》，闫建飞等点校，《宋代官箴书五种》，中华书局2019年版，第43页。

⑤ （宋）吕南公：《灌园集》卷一四《与张户曹论处置保甲书》，《文渊阁四库全书》本，第1123册第140页。

⑥ （宋）吕南公：《灌园集》卷一四《与张户曹论处置保甲书（又书）》，《文渊阁四库全书》本，第1123册第141—143页。

绍兴十九年（1149）四月，宋高宗与秦桧君臣也就乡役保正、耆户长发表了一些议论。秦桧曰："保正、耆户长元立法，[保正、耆长]止令管烟火桥道，今承文书、市物、雇夫，以至县官之所私用，种种责办。"①

对于耆长的诸多职责，李元弼《作邑自箴》卷七《榜客店户》和《榜耆壮》有较为详细的记载。在保正兼充耆长时，保正还有另外的职责，以及许多法外"职责"，诸如到县司听候差使，或任由县司官吏私自借用承担一些工役，以及各种名目的钱物需索，等等。②

由上述可知，自北宋后期至南宋时期，耆长、保正的职责确实是更加具体化，也逐渐增多并延伸至催税职能了。耆长和保正（副）等乡役也越来越多地承担起诸多的社会公共事务。上述宋朝乡役耆长的乡村管理职能与前后的变迁，大致与元代的主首之制类似。由此可见，自宋迄于蒙元一代，在乡村社会控制领域内，前后朝代制度延续和社会发展类似的情景居多。这似乎也可回应了另外一个学术议题：自宋至元，是历史的断裂抑或是历史的承续，"宋元明历史过渡"的层面由此而跃然可见。③

（附记：这一部分由刁培俊于 2003 年秋初立论，并搜集了若干

---

① 《建炎以来系年要录》卷一五九，绍兴十九年四月己未，第 5053 页。

② 《宋会要辑稿·刑法》二之一二一；《朱文公文集》卷七九《约束不得搔扰保正等榜》。黄繁光先生将之明确为钱物支应和劳力支使等，参其《论南宋乡都职役之特质及其影响》一文，载台湾宋史座谈会编《宋史研究集》第 16 辑，台北"国立"编译馆 1986 年版。

③ 参阅 Paul Jakov Smith & Richard von Glahn, edstors. , The Song-Yuan-Ming Transition in Chinese History, Cambridge, Mass: Harvard University Press, 2003。 另请参阅李治安《元代及明前期社会变动初探》，《中国史研究》中国社会科学院历史研究所建所 50 周年增刊，2005 年印刷；李治安《两个南北朝与中古以来的历史发展线索》，《文史哲》2009 年第 6 期。萧启庆《中国近世前期南北发展的歧异与统合——以南宋金元时期的经济社会文化为中心》，《清华历史讲堂初编》，生活·读书·新知三联书店 2007 年版，第 198—222 页；李伯重《有无 13、14 世纪的转折：宋至明江南农业的变化》，收入氏著《多视角看江南经济史 (1250—1850)》，生活·读书·新知三联书店 2003 年版，第 21—96 页；按：该文实则前揭 The Song-Yuan-Ming Transition in Chinese History 英文本之中译。李治安：《元和明前期南北差异的博弈与整合发展》，《历史研究》2011 年第 5 期。

史料，建构了基本思路；2009 年后，苏显华协助搜讨了部分资料，参与了史料排比等一系列工作。最后，全文由刁培俊最后润饰整合修订。谨记于此。另，本文先后承蒙学友张国旺先生、前辈王曾瑜先生和黄宽重先生从具体字句到论述过程，均给予批评教正；戴建国先生则提示须增加主首等乡役人参与差科薄一事；包伟民先生则教导需自长时段的角度做学术史的反思；《文史》匿名审稿专家也给予很好的修改建议，谨此一并致以深深谢意。由于各种因素，未能完全按照诸先生赐教者一一修改，所有不当之处文责自负。)

第二编

区域中国与地方历史

第一章 "唐宋社会变革"假说的反思与 区域视野下的"历史中国"

一 "唐宋社会变革"假说——"回到内藤湖南"

自 20 世纪初期,日本著名汉学家内藤虎次郎(字炳卿,号湖南,1866—1934)提出宋代近世说,后经其弟子宫崎市定及再传弟子宫川尚志等人的发展,由"Naito Hypothesis"(内藤假说)到"唐宋社会变革论",遂成为学术界瞩目的一个研究范式。①流风所及,自 20世纪 50 年代以降,欧美汉学界也积极参与其中,追随、质疑和辩难之作琳琅满目,层出不穷。②近 20 年来,中国学者尤其青年学人更

---

① [日]内藤湖南:《概括的唐宋时代观》,[日]宫崎市定:《东洋的近世》,均见刘俊文主编《日本学者研究中国史论著选译》第一卷《通论》,中华书局 1992 年版。[日]宫川尚志在 *The Far Eastern Quarterly* 1955 年 8 月份发表 "Sung Society: Change within tradi-tion",以英文向学界宣扬 "Naito Hypothesis";有关内藤湖南和宫崎市定唐宋变革论议题原设定之论域,柳立言《何谓"唐宋变革"?》(《中华文史论丛》2006 年第 1期)对此进行了认真解读,从学理上辨明了"唐宋变革论"论旨。

② 如刘子健等主张两宋之际社会变迁的见解,参阅刘子健《中国转向内在》,江苏人民出版社 2000 年版。[美]Robert P. Hymes(韩明士),*Statesmen and Gentlemen: the Elite of FU-Chen, Chiang-His, in Northern and Southern Sung*(Cambridge University Press,1986)也踵随乃师 Robert M. Hartwell(郝若贝),*Demographic, Political, and Social Transformation of China*,750-1550,Harvard Journal of Asiatic Studies,42-2,1982。林小异等中译本《750—1550 年间中国的人口、政治及社会转型》,参阅[美]伊沛霞、姚平主编《当代西方汉学研究集萃·中古史卷》,上海古籍出版社 2012 年版;参阅林岩译本《750—1550 年中国的人口、政治与社会转变》,王水照主编《新宋学》第三辑,上海人民出版社 2014 年版。之后,大致持同样论点。有关欧美学界对"内藤假说"的讨论,请参考 James T. Liu and Peter J. Golas 合编 *Change in Sung China: Innovation or Renovation?* Lexington, Mass.: D. C. Heath and Co., 1969。直至 20 世纪 80 年代后,复经

多置身其中，争论热潮持续升温。或谓唐宋变革论是"一项富有创见的发明"；①是"中国古代史研究的重要问题"②，这一"学术命题，不断释放出鲜活的问题意识，催生出新的学术生长点，其题虽旧，'其命维新'"等等，似高山响磬，不绝于耳。③

———————————

（接上页）Robert M. Hartwell 和 Robert P. Hymes 的辩难，欧美汉学界生发更多商讨。详参包弼德《唐宋思想的转型》，载《中国学术》第 1 卷第 3 期，商务印书馆 2000 年版；张广达《内藤湖南的唐宋变革说及其影响》(载邓小南、荣新江主编《唐研究》第 11 卷，北京大学出版社 2005 年版）做了目前最为详尽的史学史追溯，兹不赘列。李华瑞主编《"唐宋变革论"的由来与发展》（天津古籍出版社 2010 年版）更集中展现了中国学者的讨论深度与热情，是一部讨论相当齐备且深入的论文集。近年更有 Smith Paul J & Richard Von Glahn, *The Song-Yuan-Ming Transition in Chinese History*, Harvard University Asia Center, 2003，学界多所商讨。[日]葭森健介撰、马彪中译：《唐宋变革论于日本成立的背景》，《史学月刊》2005 年第 5 期。参阅萧启庆《中国近世前期南北发展的歧异与统合——以南宋金元时期的经济社会文化为中心》，《台湾师范大学历史学报》第 36 期，2006 年，今据《清华历史讲堂初编》，生活·读书·新知三联书店 2007 年版；赵世瑜：《明清史与宋元史：明清史与宋元史：史学史与社会史视角的反思——兼评〈中国历史上的宋元明变迁〉》，《北京师范大学学报》2007 年第 5 期。杨永亮：《内藤湖南"宋代近世说"文化探赜》；黄艳：《内藤湖南"宋代近世说"研究》，分别为东北师范大学 2015 年和 2016 年度博士学位论文；黄艳：《"贵族政治"与"君主独裁"——内藤湖南"宋代近世说"中的史实问题》，《古代文明》2014 年第 4 期；黄艳：《唐宋时代的科举与党争——内藤湖南"宋代近世说"中的史实问题》，《古代文明》2015 年第 4 期；黄艳：《从"宋代近世说"到日本的"天职"——内藤湖南中国论的政治目的分析》，《四川大学学报》2016 年第 3 期。杨永亮：《论甲午战争中内藤湖南的文化使命》，《社会科学战线》2015 年第 8 期；杨永亮：《日本近代的文化解析——内藤湖南所谓"日本天职"的文化内涵》，《东北史地》2015 年第 5 期；李华瑞：《唐宋史研究应当翻过这一页——从多视角看"宋代近世说(唐宋变革论)"》，《古代文明》2018 年第 1 期；杨际平：《走出"唐宋变革论"的误区》，《文史哲》2019 年第 4 期。

① 前揭张广达文。窃以为在中文学界，邱添生和张其凡两位学者前后推动，颇有学术之先机。胡如雷、张泽咸、罗祎楠、李华瑞、李庆、黄宽重等学者均有讨论。《文史哲》2005 年第 1 期、《江汉论坛》2006 年第 3 期、《河南师范大学学报》2006 年第 2 期等还专栏刊载了诸多学者一系列专题文章；王水照自文学史的角度，也多有讨论，参阅《王水照自选集》，上海教育出版社 2000 年版。并其《重提"内藤命题"》和《南宋文学的时代特点与历史定位》，《文学遗产》2006 年第 2 期和 2010 年第 1 期。近十数年来，文史哲领域硕博士学位论文，更是繁富不已，恕难一一赘列。

② 参阅《中国史研究》2010 年第 1 期"'唐宋变革论'与宋史研究"之编者按。

③ 牟发松：《"唐宋变革说"三题》，《华东师范大学学报》2010 年第 1 期。刘俊文主编：《日本学者研究中国史论著选译》第一卷《通论》出版时，译者将内藤湖南《概括的唐宋时代观》初刊《历史与地理》的时间计算错了，署为 1910 年，实为 1922 年。后人多昧而不察，此次致误后留下太多遗憾。牟发松先生在张广达述及、追溯内藤湖南"唐宋变革论"在 1909—1920 年前后不断丰富反复发表的基础上（参阅前揭文，《唐研究》第十一卷，第 12 页，注释 14），强调指出该论首次问世的时间是 1909 年，比此前学界认定的 1922 年提前了 13 年。

毋庸置疑,"唐宋变革论"是一个具有较强历史解释力的学术命题,它对于深刻认识唐宋时期的社会发展和演进起到了相当大的促进作用。然而,也需要注意到,当今国内讨论"唐宋变革论"者多不明其真正的学术内涵,而借助"唐宋变革论"这一国际话语而自说自话,或简单地将某些议题的讨论时段置诸唐宋两朝,自名"唐宋变革",而从根本上远离了内藤湖南、宫崎市定本来之论旨。本书为了讨论的准确,暂且"回到内藤湖南"。内藤湖南最初并未完整地提出所谓"唐宋社会变革论",实乃其弟子池田诚、宫崎市定等归纳而出。其最初借鉴了欧洲文艺复兴时代的历史分期说,"从学术上"将唐宋历史划分为截然不同的两个阶段:唐朝是"中世"的结束,宋朝是"近世"的开始。这一过渡期表现出从贵族政治到君主独裁、人民经济地位上升、文化的民众化倾向、民族意识高扬等中国近世特征。所谓唐宋变革,是"唐宋之交"从"中世"到"近世"的转移。倘回到内藤假说诞生的时代,可以发现,这一学说并非单纯从学术出发,实则暗含有内藤湖南"国际共管"论的思想依据,是为日本国侵占中国服务的。①本书暂不涉及内藤湖南提出唐宋变革论的深层政治思想背景,仅就其学理层面讨论。

在研究中,亦有学者以"变迁""转变""转折"等取代"变革"等术语,但似无改其研究旨趣。正如柳立言所说:"Transformation"——"变革"和"Change—Transition"——"转变""转折""变化"的词义,宜需明辨。变化、转变者,世间万物均处于不停地运动和变化之中,当属渐变,是包含不分大小(范围)、不分轻重(程度)和不分缓急(速度)的变;"变革"则应为剧烈性的质变,是近乎"革命性"(revolutionary)的重大转变(例如,推翻帝制建立共和民主)。

在内藤等"遥距感知经验"(借用美国学者克利福德·吉尔兹的心理分析概念)视角下阐释中国的话语里,依照宫崎市定等内藤湖南后学"历史中国"的图像,在唐宋之际,政治(譬如从门阀贵族政治

---

① 赵轶峰:《明史以外看明史》,《学术月刊》2010 年第 6 期;李华瑞:《唐宋变革论的由来与发展》上篇,《河北学刊》2010 年第 4 期。

到君主独裁、选官与任官、兵制与法律、党争性质、平民地位）、经济（譬如货币经济、土地制度等）和社会文化艺术诸领域内，均发生了巨大的社会变革。那么，这一国际性学术命题究竟在怎样的"历史"层面反映了"历史中国"的社会发展实际呢？它能涵括所有唐宋时代的社会内容吗？

　　数年前，笔者曾提出：打破朝代限制，从历史的"长时段"看学术问题，可见许多历史事物延续多于断裂，但"长时段"视野下考察唐宋历史，并非讨论"唐宋变革"，也并非所有问题都可以放诸唐宋变革的模式下加以探讨。即便是唐宋间发生的变革，也并非社会发生"断裂"般的突变，所有一切不是都在一瞬间完成。中国社会历史发展历程中，传统的力量往往相当顽强，我们也应在关注变化的同时，关注其间的不变和继承。即使某些社会领域发生变革，抑或有变革先后乃至出现反复。①进而言之，在中国历史发展进程中，社会延续是历史发展的主流，是主体；变革和断裂是支流，是部分。唐宋社会哪些领域发生了变化，哪些仍旧延续，随着时空变换，具体问题具体分析，才有可能获得更趋客观的认识。以唐宋社会做比较，并非所有一切领域都发生了所谓"变革"；即便是变化的领域，也并非毫无例外地发生在"唐宋之际"。实际上，唐宋之际有三条根本性的领域是延续和深化的，是不曾发生剧变的：（1）从社会经济史领域着眼，在宗法一体化社会结构下，以租佃制为主的农业社会是延续和发展的，广袤国土上农民日出而作、日落而息的耕作方式、吃喝穿住等家庭日常生活，亦应变化无多。（2）在政治体制方面，皇权至上的专制主义中央集权及其等级授职制总体上是走向深化的；政治系统内虽因科举大盛而产生了一如欧美学者所盛赞的社会流动洪流，但就官僚队伍的整体构成而言，由荫补入官者（官僚世袭）依然占据了整个官僚队伍的大多数，唐宋两朝并无质的区别；在"刑不上大夫"的法律规范下，有法不依、执法不严的境况以及行政运作的人情化、无序化，唐宋两朝亦无质的区别。（3）在思想文化社会领域，独尊儒术的状况也不曾

---

① 刁培俊：《由"职"到"役"：两宋乡役负担的演变》，《云南社会科学》2004 年第 5 期。

在根本上发生改变。传统的儒家纲常理念规范人心的行为规则，或在
南北朝、唐、五代时期受"胡风"影响较多，礼崩乐坏，社会秩序紊
乱，以至于欧阳脩等主流儒家卫道士大声呼吁："世道衰，人伦坏，
而亲疏之理反其常，干戈起于骨肉，异类合为父子。"①入宋后，经
过儒士们的努力，传统的儒家纲常理念基本返回中唐以前的传统之
中，并在原有基础上进一步深化，经两宋不断增多的读书识字群体的
传布而更加深入民心。而佛教和道教的信仰及其在民间的传布，也与
此前唐朝相比没有发生质的改变。再有，唐宋男女婚恋的自由度也不
曾发生剧烈变化。②即便是在唐宋时期确实发生变化的一些领域，也
并非千篇一律，或是唐朝前后期即发生了变化（譬如从府兵制到募兵
制的变革），或是唐宋之际（譬如科举制，唐朝强调门第，宋太宗朝
之后才开始强调出身；中国古代经济重心的南移与政治中心的东移这
一划时代的变化等）。③由此观之，作为一种学术"假说"的唐宋社
会变革论并不能将所有问题囊括在内，也并不是一个完美无缺的学术
命题。下面，谨从宋朝乡村职役、元丰改制、身丁钱物的征收等三个
方面，论述"唐宋变革论"不贴合中国历史客观之实际，并进一步反
思"唐宋变革论"这一学术命题。

二 "唐宋变革论"之反例
——对乡村职役、元丰改制、身丁钱物的考察

从宋朝乡役制、元丰改制和身丁钱物的征收三个方面来观察，它
们或者不能纳入唐宋变革论所设定的"唐宋之际"这一时段，或者有
反复而不能一概而论，或者在区域差异方面展现出"不变"的社会内
容，皆与"唐宋变革论"论题有悖。

---

① （宋）欧阳脩等：《新五代史》卷三六《义儿传》，中华书局1974年版，第385页。
② 刘祥光：《婢妾、女鬼与宋代士人的焦虑》，收入《走向近代：国史发展与区域动
   向》，台北东华书局2004年版。改写之后收入氏著《宋代日常生活中的卜算与鬼
   怪》，台北政大出版社2013年版。
③ 上述主要参阅王曾瑜《唐宋变革论通信》，收入氏著《纤微编》，河北大学出版社
   2011年版，第212—217页。

（一）乡村职役制——唐宋村民管理者的具体变化时段

有关"唐宋变革"表现在政治、经济、社会和文化等领域的变化具体时段，内藤湖南最初认定是在"唐宋之际"。当今讨论唐宋变革的学者，也大都认同这一划分，即唐朝灭亡到北宋建立之间；或说中唐至宋初，即 8—10 世纪，内藤及其弟子多如此认定。那么，具体到中国帝制时代乡村民户的管理制度——乡官制和乡役制，自唐至宋，究竟是怎样的一种变化过程呢？

首先，有关乡官制转变为乡役制的时间及其反复。①在唐宋时期，里正等乡役的社会地位，就文献资料所呈现的历史表象看，确实发生了一些变化。中唐以前的里正等，是帝国政权领域的"乡职"，是衔接于县政的一级行政建构，似乃《韩非子·外储说右》所谓"明主治吏不治民"的社会控制模式。唐代史料显示，里正等乡官一般在应差之时，都有免除部分赋役的优待；相对于宋朝的职役人员而言，一般可任职多年，且有一定的晋升空间；从王朝规定的着装上看，也与普通民众不同。②"当乡何物贵，不过五里官"的"乡官"之说，③或许是当时人们普遍性的认识。然而，中唐以降则不然，此前的乡官已沦落为人人避之唯恐不及的"贱役"。对此，马端临在其《文献通考·职役考二》中大发议论。④由此可见，中唐至两宋，虽然称其为职役，但里正等"职"的一面渐被侵夺，"役"的一面日益凸显——这一"职""役"之间，政治身份的变化悬殊。之所以发

---

① 有关这一论断前辈学者早有揭示，参阅梁方仲《明代粮长制度》第二版，上海人民出版社 2001 年版，第 7 页；白钢《中国农民问题研究》，人民出版社 1993 年版，第 134 页；魏光奇《清代直隶的差徭》，《清史研究》2000 年第 3 期，等等。大致与此相对应的是，日本学者有一学术预设：宋朝之前王朝对村落中广土众民的治理，采取了直接控制的模式，此后则采取间接控制的体制。参阅鲁西奇等《"画圈圈"与"走出圈圈"——关于"地域共同体"研究理路的评论与思考》，载周宁主编《人文国际》第四辑，厦门大学出版社 2011 年版，第 144 页。

② 参阅张泽咸《唐五代赋役史革》，中华书局 1986 年版，第 366—372 页；张泽咸：《唐代阶级结构研究》，中州古籍出版社 1996 年版，第 181—187 页。

③ 《王梵志诗》卷二《当乡何物贵》，项楚校注，上海古籍出版社 1991 年版，第 707 页。

④ （元）马端临：《文献通考》卷一三《职役二》，中华书局 1986 年版，第 140 页中。士大夫之鄙视乡役，另见（宋）李廌《师友谈记》，中华书局 2002 年版，第 34 页。

生这一变化，就两宋而言，这是在内外交困、中央和地方财政持续入不敷出的窘境下，为了在财政上集权中央和王朝机器的有效运转，帝国自身有机体不断侵蚀其"神经末梢"利益的表现。

其次，乡官制和乡役制下村落民户范围的改变及其反复。自唐至宋，乡村中的直接管理者，其概略为：第一，不仅包括由乡官到乡役这一身份性的转变；第二，在乡役人"管理"的范围方面，自唐朝"诸户以百户为里，五里为乡"，改变为五代十国和宋初的 100 户左右，再转变为熙丰后 250 户为一都保、25 户为一大保、5 户（或为虚设）为一小保的形式。乡村中乡役人负责催驱赋役、防治烟火盗贼等事务的乡里（乡都保）范围缩小了不少。理想化统一化的制度付诸实际执行，往往发生很大的演变——因地制宜，因俗而治的境况在此显现，至少宋代潼川府路泸川县即为一"特例"。①就此而言，自中唐开始直至北宋，乡村管理者变化过程中发生了不少的曲折、反复，直到北宋后期才逐渐固定下来。倘若以此验之"唐宋变革"，时段上抵牾不合，其间的反复更难以毕现"历史中国"的真实面相。

（二）元丰改制——官僚体制领域的反例

宋神宗时推行的元丰官制改革也可视为"唐宋变革"说的一个反例。北宋前期，士大夫们普遍不满于沿袭于唐末五代、弊端重重的官僚体制。这主要表现为：其一，名实不符，官外有官。如所周知，宋朝官制的一大特点就是官、职、差遣三者分离，由此带来的弊病也就难以一一毕述。譬如，宋初延循唐制，省部寺监的官，备员充数而已，基本没有实际的职掌。吏户礼兵刑工六部的尚书、侍郎与左右谏议大夫等，都空存其名而无其实。于是，北宋前期朝堂内外出现了"虽有正官，非别敕不治本司事，事之所寄，十亡二三"，"居其官不知其职者，十常八九"②的混乱局面。以至于司马光慨叹"今之所谓官者，古之爵也；所谓差遣者，古之官也。官以任能，爵以畴功。今

---

① 参阅《永乐大典》卷二二一七《泸州志·乡都》引曹叔远《江阳谱》，影印本，中华书局 1986 年版，第 633 页；刁培俊：《两宋乡役与乡村秩序研究》，南开大学 2007 年度博士学位论文。

② 《宋史》卷一六一《职官志一》，中华书局 1985 年版，第 3768 页。

官爵混淆，品秩紊乱，名实不副，员数滥溢，是以官吏愈多而万事益废"。①其二，机构严重叠合，官吏虽多而事废。宋初的许多官制设置，一个机构可以办理的事情，多半情况下会同时设置好几个机构。究其实，皇帝的用意是在分割主管臣僚的事权，防止其专权。譬如宰相的事权一分为三，设中书门下、枢密院、三司使；军事机构则设有兵部、枢密院和三衙，以互相牵制。这样一来，衙门之间互相牵制，做事则相互推诿，以至于行政效率相当低下。其三，冗官冗禄，国蠹财乏。宋初以来，科举录取人数不断增加，荫补入官的人员更是屡增不减，即便是官僚机构叠床架屋，冗官冗吏的局面势所难免。所有这些，催生出了宋神宗朝的官制改革。

熙宁末年，宋神宗令臣僚校勘《唐六典》，以之为蓝图，设定各级官署，规定官员编制和职权、官阶。元丰三年（1080）时，在蔡确和王珪的协助下，对职官制度进行了改革。其主要做法有：依《唐六典》复三省六部九寺五监之制，以正官名；罢文武散阶及吏人带文武散阶、检校官、宪衔等虚衔；确定了一些新的官品和寄禄官的新格，重新制定了三省六部、御史台、秘书省和九寺五监的条例与《元丰禄令》，改革了荫补时限，等等。②简言之，这次改革基本上是对中唐以来差遣等制度的一次反复，是对唐中叶到北宋以来官制领域的一次较大变动。显而易见，如果将元丰改革也纳诸"唐宋变革"这一论域，则难以按照"唐宋变革论"给定的时段和研究范式，对号入座。

（三）中唐两税法实施后"丁口之赋"的残存

自汉唐以来，中国各代王朝以控制村落民户人丁的办法，征收赋税，差派徭役。人头税成为漫长中国历史上农民无法脱离的枷锁。传统中国所谓"编户齐民"就是将所有民户纳诸王朝的控制体系，有产则有税，有丁则有役。纳粮当差是村民们对王朝应尽的义务。编户齐

---

① （宋）司马光：《传家集》卷二一《乞分十二等以进退群臣上殿劄子》，《文渊阁四库全书》本，第 1094 册第 221 页。
② 本节主要参阅《中国大百科全书·中国历史·辽宋西夏金史》，中国大百科全书出版社 1988 年版，第 343—344 页；龚延明：《北宋元丰官制改革论》，《中国史研究》1990 年第 1 期。

民必须在官府著籍,俾便纳税当差。不著籍为"脱漏户口",律有惩罚。①隋朝的输籍定样,大索貌阅,唐朝宇文融括户等,就是针对隐匿人口、诈老诈小等行为所做出的对策。学界传统观点认为:唐朝将传统帝制时代主要农业税从"以人丁为本"的租庸调转变为"以资产为宗"的两税法,此后农民对王朝的人身依附渐趋松弛。但是,就目前宋朝的资料来看,"丁口之赋"依然在一些地区存在,尤其是在四川以外的南方诸路还大量地征收。据南宋陈傅良记载:"如福州每丁三百二十五,自太平兴国五年定纳钱一百;福州长溪有温、台等州投过一千七百余户二千余丁,每丁亦三百二十五,自景德二年定依温、台州见纳钱二百五十;苏州每丁纳米,自淳化五年定纳钱二百;睦州每丁六百九十五,处州每丁五百九十四,自咸平三年许将绢折纳。"朝廷虽屡有除放之举,奈何"府县占吝,奉行不虔",②以至南宋各地犹有征收。李心传曾说:"闽、浙、湖、广丁钱,在国初,岁为四十五万缗。大中祥符四年七月,尝除之,后又复。"③梁太济详细考察了南宋时期各地蠲免、恢复的过程,指出宋朝两浙路身丁盐钱之完全丁税化又永与除放,荆湖北路纯州平江县之一度按丁定税,均表明"以丁身为本"的赋役制度在彻底退出历史舞台之前是有着曲折反复的。学者或认为在宋朝时候已经出现了"摊丁入亩"的趋势,而究诸史实,仅是个别地方的特例,远没有形成一股潮流。更有甚者,有学者明确认定:赵宋朝廷蠲免身丁钱的做法仅仅是一个假象。④显而易见,两税法后的唐宋社会,虽然官方文献显示身丁钱处于逐步除放的过程之中,但人丁税还是存在着,并且在中国南方一些地区普遍

---

① 王毓铨:《〈中国历史上农民的身分〉写作提纲》,氏著《莱芜集》,中华书局 1983 年版,第 366 页。
② 陈傅良:《止斋先生文集》卷二六《乞放身丁钱劄子》,四部丛刊初编本。
③ (宋)李心传:《建炎以来朝野杂记·甲集》卷一五《身丁钱》,中华书局 2000 年版,第 328 页。
④ 有关身丁钱物,本节参阅王德毅《宋代身丁钱之研究》,氏著《宋史研究论集》,修订版,台北商务印书馆 1993 年版;梁太济《身丁钱物的除放过程》,今据氏著《两宋阶级关系的若干问题》,河北大学出版社 1998 年版;葛金芳《两宋摊丁入亩趋势试析》,《中国经济史研究》1988 年第 3 期;杨宇勋《取民与养民:南宋的财政收支与官民互动》,台湾师范大学历史研究所专刊 2003 年版。

存在。

要之，追溯内藤"唐宋变革论"议题之源，究其论旨，除上述三个方面之外，唐宋时期尚有哪些"悖论"和"反例"的个案难以框定在既定议题范围之内，尚需更多地追索和探讨。

三　"唐宋变革论"的反思与"区域差异"视野下的"历史中国"

中国广袤国土内各个区域千差万别，兼民族众多，姿态各异。譬如，区域间的经济发展之不平衡，以及政治制度运行、礼法下达实行诸多领域，均难以皇朝一体化下整齐划一的发展进程一概而论。对此，学者早已揭示，甚而建构出"华北模式""关中模式""江南模式""岭南（华南）模式"，等等。①就制度领域而言，隋及唐前期基本实行的是"北朝"制度，而后又在统一国度内实施了南朝线索与北朝线索的整合。到中唐以后，王朝整体上向"南朝化"过渡。南宋承袭唐宋变革成果，它所代表的南朝线索充当主流，辽、夏、金、元反映的北朝线索作用显赫。元朝统一后，南方与北方差异依然存在，导致国家制度层面亦呈现南、北因素的并存博弈。明中叶后改为南制占主导，才重新回归到代表唐宋变革成果的南制方面且得以升华发展，"元和明前期整合与发展"说或可修正风靡一时的"宋元明过渡"论。②就其中华南地区的研究而言，"在大一统的概念下，在不同的时空里实行同一个制度，可以存在着极大的分歧。理由很简单：明清帝国均拥有庞大的地域和人口，东、南、西、北各个部分的地理环境有极大差异，风俗也各不相同；不同的地区，在帝国内也扮演着不同的角色；更为重要的是，不同的地域即使经历过共同的王朝历史，也各自有着内容很不相同的本地历史过程"。可谓道破中国各区域间存

---

① 近年来地方史研究如火如荼，对传统中国区域间的差异，许多学者均有揭示，兹不赘叙。参阅杨念群《"地方性知识"、"地方感"与"跨区域研究"的前景》，收入行龙等主编《区域社会史比较研究》，社会科学文献出版社 2006 年版；戴一峰《区域史研究的困惑：方法论与范畴论》，《天津社会科学》2010 年第 1 期；唐仕春《心系整体史——中国区域社会史研究的学术定位及其反思》，《史学理论研究》2016 年第 5 期。

② 李治安：《两个南北朝与中古以来的历史发展线索》，《文史哲》2009 年第 6 期；李治安：《元和明前期南北差异的博弈与整合发展》，《历史研究》2011 年第 5 期。

在差异的实有历史面相。①对于区域史或曰地方史的研究，学者们希望通过在"地方""区域"的"个体"研究中，努力凸显和构建"国家"（中华帝国之统一王朝）"整体史"；希望通过"小历史"精细描述，进而推动"大历史"整体构建，以凸显"历史中国"的整体图像。②中国这种存在已久的政治、社会和文化发展的区域性差异，有着独特的发展和前进轨痕。就文献记载和学者认知来说，关于中国历史上的"南"与"北"，近来有学者指出，过去多年来一般性认识，文献中的"南方"多是"中原中心论"或"北方中心论"意涵下的"南方"，是"王朝历史之下的南方地区史"，而不是"南方地区的中国史"。无论是华夏（中原）士人的叙述与书写，南方士人立足于"南方"的叙述和书写，还是南方"民众"的叙述和阐释，都会杂糅入"中原色彩"，从而导致了人们普遍认知中南北的差异。③实际上，宋朝文献中存在中原人（泛指北方人）认识中的"南方""南方人"与"南方社会"，抑或是南方人自己体认中的"南方""南方人"与"南方社会"，以及南方人有意识地展现给中原人（北方人）的"南方""南方人"与"南方社会"。④就个人理解，蒙元之前的王朝，即便是南方士人抑或为"南方"书写的各地人士，均难免或绝大多数具有"中原中心论"的意涵。这种有意识或无意识导致的区域性文献记载及学人的认知差异，似乎还仅是中国传统社会中区域差异的一个侧面镜像，而非全部。千差万别的中国各地民风民俗，不同少数民族间的巨大差异，尚非已有文献所能一一完整毕现。文献所显示的既已如此，展现在学者面前的，自然就更难揭示区域历史视域下传统

---

① 科大卫、刘志伟：《标准化还是正统化？ ——从民间信仰与礼仪看中国文化的大一统》，《历史人类学学刊》第 6 卷第 1、2 期合刊，2008 年。

② 陈春声指出："区域社会的历史脉络，蕴含于对国家制度和国家'话语'的深刻理解之中。如果忽视国家的存在而奢谈地域社会研究，难免有'隔靴挠痒'或'削足适履'的偏颇。"参阅其《走向历史现场》，《读书》2006 年第 9 期。

③ 参阅鲁西奇《人群·聚落·地域社会：中古南方史地初探》之《中古历史的南方脉络·代序》，厦门大学出版社 2012 年版。

④ 参阅习培俊《南宋"乡村社会"管窥——以〈夷坚志〉所见南方资料为主的初步考察》，袁行霈主编《国学研究》第 24 卷，北京大学出版社 2009 年版，第 185 页。

中国的全部蕴含。就此而言，简单地以"唐宋社会变革"概指帝制中国时期所有区域内的内容，涵容所有的历史面相，无论如何是失于单一性的一种研究模式，难以概括多元化、立体空间内纷繁复杂差异巨大的"历史中国"。

事实上，无论是日本学者内藤湖南提出的唐宋社会变革论，还是美国学者 Robert M. Hartwell(郝若贝)及美籍华人刘子健先生等提出的两宋之际社会变革论，①在乡村职役、元丰改制、身丁钱物的征收等问题上似都难有确当的印证：(1)时段上存在差距、制度上产生了曲折和反复；(2)难以据上述断定唐宋时期发生了"根本性的变革"，从中更难找寻出"近世"文明（类如"文艺复兴"）的历史影像；(3)忽略了纷繁复杂的区域差异。故此而言，所谓的唐宋社会变革，并非社会发生"断裂"般的突变，所有一切都不是在一瞬间完成。中国社会历史发展历程中，延续传统的力量往往相当强大。从历史的"长时段"看问题，可见许多历史事物延续多于断裂。因为历史的发展是多元、多途的，复杂不已，难以一概而论。即使社会发生变革，抑或有变革先后乃至出现反复。易言之，延续是历史发展的主流，是主体；变革和断裂是支流，是部分。哪些发生了变革，哪些仍旧延续，随时空变换，具体问题具体分析，庶几可有更趋客观的认识。单一研究范式，未必能够涵盖所有历史中国的问题。对于来自欧美中心观的学术命题，对于"挑战与迎战""东方专制主义""停滞社会"

---

① ［美］Robert M. Hartwell（郝若贝）, Demographic, Political and Social Transformations of China, 750—1550, 载 *Harvard Journal of Asiatic Studies*, 42-2, 1982, pp. 365—442。林小异等中译本《750—1550年间中国的人口、政治及社会转型》，参阅［美］伊沛霞、姚平主编《当代西方汉学研究集萃·中古史卷》，上海古籍出版社2012年版；参阅林岩译本《750—1550年中国的人口、政治与社会转变》，王水照主编《新宋学》第三辑，上海人民出版社2014年版；［美］刘子健：《略论南宋的重要性》，今据氏著《两宋史研究汇编》，台北联经出版事业公司1987年版，第79—85页；［美］刘子健：《中国转向内在》，第4—8页。由 Robert P. Hymes 执笔的《剑桥中国史》宋代卷的第二部第八章，对全球汉学界耳熟能详的"Hartwell-Hymes假说"中关于中古士人精英的观点做了大幅的修正，请参阅 John W. Chaffee and Denis Twitchett, ed., The Cambridge History of China, Vol. 5, Part 2, Sung China, 960—1279, Cambridge, UK and New York: Cambridge University Press, 2015, pp. 526—664. 参阅王锦萍《近二十年来中古社会史研究的回顾与展望》，邓小南主编《宋史研究诸层面》，北京大学出版社2020年版，第106—120页。

"超稳定结构"等论点，我们需在批判中扬弃。即如发源于日本的唐宋变革论，亦宜谨慎辨析，虽不必在中国强盛的今日而自我满足地张扬自我，在"唱盛中国"①的格调下远离学术层面而大谈建构学术意义上的"中国模式"，似也不必随队于域外学人之后亦步亦趋，甚至于"我们不要枉费气力，去找一些无足轻重的转变来印证唐宋变革，也不要找一些不曾转变的东西来反驳唐宋变革"。②当然，为了更真切地发掘"历史中国"，我们当然需要别具只眼，超越中国局限，在"贴近感知经验"下力求"从周边看中国"，但也需力求在中国历史的叙事中理解"历史中国"，恪守"中国立场"。③事实上，美国学者柯文、黄宗智等和我国一些著名学者，都先后清醒地认识到"中国中心观"历史追索和理念的转变，对于重新、更加切近地考察中国史的重要性。④依照具体问题具体分析的态度，采取本土化的视野，认真解构已有的学术命题，理性地认真考辨，中国学者应有属于自己的角度和问题点。进而言之，只有立足于本土文化资源，尤其是注重其中的区域性差异，以传统中国自身的发展模式透视历史中国的镜像，锻造出具有中国特色的中国人的宏观学术命题，才能引领国际学术讨论，闪耀出中国学人的智慧光芒，这是未来青壮派学人的肩头之责任、使命和应有的气度。

---

① 卢汉超：《中国何时开始落后于西方：论西方汉学中的"唱盛中国"流派》，《清华大学学报》2010 年第 1 期；卢汉超：《中国从来就是一个开放的国家吗——再论西方"唱盛中国"》，《清华大学学报》2012 年第 3 期；卢汉超：《唱盛中国：西方学界的当代中国重估》，《史林》2013 年第 3 期。

② 柳立言：《何谓"唐宋变革"？》，第 169 页。

③ 参阅葛兆光《宅兹中国·自序》，中华书局 2011 年版。

④ [美]柯文：《在中国发现历史》（增订本），中华书局 2002 年版，第 55—60 页；[美]黄宗智：《经验与理论：中国社会、经济与法律的实践历史研究·前言》，中国人民大学出版社 2007 年版，第 2 页；马克垚：《困境与反思："欧洲中心论"的破除与世界史的创立》，《历史研究》2006 年第 3 期；包伟民：《中国史研究："国际化"还是"中国化"》，《历史研究》2008 年第 2 期；包伟民：《走出"汉学心态"：中国古代历史研究方法论刍议》，《中国社会科学评价》2015 年第 3 期。学者们一方面探求"本土化、规范化、国际化"（林毅夫文，《经济研究》1995 年第 10 期），另一方面也追问"建构纯粹的'中国范式'是否可能"（刘擎文，《文汇报》2009 年 8 月 9 日）。

第二章 "税赋弊源皆在乡胥之胸中"

——南宋中后期东南路分乡司在赋役
征派中违法舞弊的表现及其社会内涵

　　作为宋朝职役之一，乡司在赋役征派和乡村基层社会管理等方面，对村落民户影响很大。它处于王朝和基层社会之间的"权力空隙"中，是专制皇权的"神经末梢"，在政令的上通下达、县政和乡村之间起着较为关键的枢纽性衔接作用。有关于此，日本学者周藤吉之、梅原郁和我国学者王棣、张谷源等，从制度史的角度，对两宋乡司的职责、地位的变化等进行了初步探讨。①然而，在南宋时期，乡司在执行赋役征派时，具体采取了哪些手段营私舞弊以违法征派的，州县官员又是如何不顾宋专制朝廷法令的明文规定，对违法乡司从轻处罚，以及导致这些现象的社会原因等，对于我们了解宋代的乡司，宋朝职役的性质及其影响宋国家赋役制度的具体执行情况，以及广大民户在缴税服役方面所遭受的非法侵扰等，都极具考察的价值。而立

---

① ［日］周藤吉之：《宋代州县的职役和胥吏的发展》，载《宋代经济史研究》，东京大学出版会1962年版；及其《宋代乡村制的变化过程》，《史学杂志》第72卷第10期，1963年，今据氏著《唐宋社会经济史研究》，东京大学出版会1965年版。［日］梅原郁：《宋代的乡司》，《刘子健博士颂寿纪念宋史研究论集》，日本同朋舍1989年版。王棣：《宋代乡司在赋税征收体制中的职权与运作》，《中州学刊》1999年第2期；王棣：《论宋代县乡赋税征收体制中的乡司》，《中国经济史研究》1999年第2期；王棣：《从乡司地位变化看宋代乡村管理体制的转变》，《中国史研究》2000年第1期；王棣：《宋代乡书手初探》，载张其凡等主编《宋代历史文化研究》，人民出版社2000年版。张谷源：《宋代乡书手的研究》，台北中国文化大学史学研究所1998年度硕士学位论文。张谷源文承蒙台湾淡江大学黄繁光教授惠赠，谨此致谢。

足于区域社会的观察，自南宋东南地区尤其是福建一带进行考察，似可见区域社会的一般性特点，从而有利于从区域而窥测南宋统治区内的诸多历史事实。作为珍贵的一手文献，《名公书判清明集》是反映南宋中后期东南路分（尤其是福建路）基层社会的重要史料，①其中也有许多反映乡司职役人员在县乡衔接领域的所作所为，一个个鲜活的案例再现了近千年前的历史现场，凸显出南宋中后期福建路一带区域社会的诸多历史面相，值得更进一步展开多元的立体探讨。

一 宋朝职役、乡役与乡司职役概况

赵宋朝廷对于乡村民户的管理，采取了"职役"制度的方式。所谓"职役"，就是各类民户"既为之民，而服役于公家"，②"散居乡村，为寄编户"③，这些职役人员以"民"的身份为官府服役。宋朝职役既是"徭役"的一种，即马端临所说"为乡长、里正者不胜诛求

---

① 陈智超：《宋史研究的珍贵史料——明刻本〈名公书判清明集〉介绍》，收入不署撰人《名公书判清明集》，中华书局1987年版，2002年重印本，第650—651页。

② 参见（宋）刘挚《忠肃集》卷三《论助役十害疏》，裴汝诚等点校本，中华书局2002年版，第52页。（宋）李焘：《续资治通鉴长编》卷二二四，熙宁四年六月庚申刘挚所言，中华书局2004年版，第5447页。类似说法，可见（元）脱脱等《宋史》卷一七七《食货上五·役法上》，中华书局1985年版，第4299、4295页。职役人是"以职役于官"的，此语见于清代《皇朝文献通考》卷二一《职役考》。南宋人反映催税甲头"皆耕夫，既不熟官府，且不能与形势、豪户争"，见（宋）李心传《建炎以来系年要录》卷四四，绍兴元年五月戊午，文海出版社1969年版影印本，第1812页。（清）徐松：《宋会要辑稿·食货》六五之七七至七八（食货一四之一八至一九，六六之七三同）："田家夏耕秋收，人各自立不给，则多方召募，鲜有应者。今甲头当农忙一人出外催科，一人负担赍粮，叫呼趋走，纵能应办官司，亦失一岁之计；以一都计之，则废农业者六十人。一县一州一路以往，则数十万家不得服田力稼矣……今甲头皆耕夫，岂能与形势之家、奸猾之户立敌，而能曲折自伸于私哉？"由（元）马端临《文献通考》卷一三《职役考》（中华书局1986年版）"唐宣宗时，观大中九年之诏，然后知乡职之不易为，故有轮差之举。自是以后，所谓乡亭之职至困至贱，贪官污吏非理征求，极意凌蔑，故虽足迹不离里间之间，奉行不过文书之事，而期会追呼答箠比较，其困踣无聊之状，则与以身任军旅土木之徭役者无以异，而至于破家荡产不能自保，则徭役之祸，反不至此也。然则差役之民，盖后世以其困苦卑贱同于徭役而称之，而非古人所以置比间族党之官之本意也"可知，充当乡役的民户并不具有多少行政权威，他们不但不为官僚士大夫层所尊重，乡民百姓也难以像敬重州县官员那样敬重乡役人。

③ （宋）陈傅良：《止斋先生文集》卷三五《与闽帅梁丞相论耆长壮丁事》，《四部丛刊初编》本。

之苛，各萌避免之意，而始命之曰户役矣！"但又不同于前代所说的"徭役"。①在宋朝职役制度中，根据民户服役地点（州县、乡村）的不同，又可分为州县役和乡役。乡役，即乡村职役制度，有些宋人就曾这样指称，如《嘉定赤城志》《琴川志》和《淳熙三山志》，都在"职役"条下专列有"乡役"的条目，或专列乡村职役的差派名目和人数。②这表明，至少早在南宋时期，"乡役"已成为较固定的称谓，用以专指保正等差役役人了（此外，宋人有时还泛指"乡户充役"之意）。本书所考察的乡役，就是指乡村民户中的主户在乡间服劳役（徭役）的一种制度，也常常用来指那些在乡间服役的民户，我们称为乡役人。③他们主要负责乡间的赋役征派、烟火盗贼等治安管理，以及一些公共事务的管理等。乡书手（乡司）就是宋朝的一种乡役。

---

① 有关"徭役""职役"（差役）和"夫役"的概念，有必要加以区分。中唐以前，关于徭役，大多是指的马端临之所谓"在军旅则执干戈，兴土木则亲畚锸，调征行则负羁绁，以至追骨力作之任"。对于王朝而言，徭役是全体民户均需承担的一项义务。这其实相当于宋人所说的"夫役"。唐宋时期，夫役基本上具有了大致相当的内容。梁太济：《两宋的夫役征发》（原载《宋史研究集刊》，浙江古籍出版社1996年版，今据氏著《两宋阶级关系若干问题研究》，河北大学出版社1998年版）；张泽咸：《唐五代赋役史草》（中华书局1986年版）及其《略论六朝唐宋时期的夫役》（《中国史研究》1994年第4期，第66—76页），即可发现，夫役与职役之间，是有着截然不同的内涵的。宋朝的所谓职役，其实是"以民役于官"，换言之，就是以民户的身份，为官府当差服役。这种职役是轮流乡间富有资产的民户来承担的。也就是马端临之所谓"役民者逸，役于官者劳，其理则然。然则乡长、里正，非役也……"
② （宋）陈耆卿：《嘉定赤城志》卷一七《吏役门》，中华书局1990年影印《宋元方志丛刊》本，第7419页；（宋）孙应时：《琴川志》卷六《乡役人》，第1213页；（宋）梁克家：《淳熙三山志》卷一四《版籍五·州县役人》，第7898页。
③ 王曾瑜、雷家宏两位先生也以"乡役"作为考察这一研究对象的名称。参见王曾瑜《宋朝的差役和形势户》，《历史学》1979年第1期，第74—88页；并其《宋朝阶级结构》，河北教育出版社1996年版，第308页。雷家宏：《略论宋代乡役的职责》，《北京师范学院学报》1988年第3期，第75—80页；雷家宏：《略论宋代乡役的性质》，《晋阳学刊》1989年第2期，第81—85页。个别学者不用"乡役"或"州县役"的名称，而是以"户役"指代（源自马端临《文献通考·自序》《续资治通鉴长编》卷一七九至和二年四月辛亥等）。"户役"者，应是"按户等派役"之意。谷更有：《唐宋国家与乡村社会》，中国社会科学出版社2006年版，第38—59页）。按户差役，名曰"户役"，自有其意，但窃认为若依州县、乡村来划分职役，户役之说尚需斟酌，或再行仔细解读史料加以认真阐释。

马端临《文献通考》卷一二《职役考一》，将宋朝职役制度的概况，描述如下：

> 国初，循旧制：衙前以主官物，里正、户长、乡书手以课督赋税；耆长、弓手、壮丁以逐捕盗贼；承符、人力、手力、散从官以奔走驱使；在县曹司至押、录，在州曹司至孔目官，下至杂职、虞候、拣、掐等人，各以乡户等第差充。①

从历时性的角度，南宋陈耆卿（1122—1200）所著《嘉定赤城志》所述两宋乡役名称变换，较为详细：

> 建隆初，里正、户长掌课输。里正于第一等差，户长于第二等差，乡书手隶里正，于第四等差。……熙宁五年，罢户长。六年，行保甲法，始置保正副、大小保长讥察盗贼。七年，令耆长、壮丁、乡书手并给雇钱。既而，轮保丁充甲头催科。……元祐元年，复差役法，复令户长催科，罢保甲。绍圣元年，复雇耆户长、壮丁，寻复保正长法，令诸县雇募保正副、大保正（笔者按：当为"长"字）、催税甲头、承帖人。二年，以催科甲头皆下户，不集事，改付大保正（长），一税一替。建炎元年，罢户长，复甲头。绍兴七年，复大保长催科。九年，令保正长专掌盗贼烟火，不许承文帖及课输事。三（按：此字为衍字，当删）十一年，令甲头仍旧催科。二十八年指挥，以三十户为一甲，选欠（税）多者一人为甲首，催甲内税，乾道间罢，自后变户长为催头，吏旁缘为奸，其弊有不可言者……②

《宋史·食货志·役法上》也记载：宋初，循唐五代旧制，在乡村中设里正、户长、乡书手"课督赋税"，都是轮流差派（即所谓之

---

① 《文献通考》卷一二《职役考一》，第127页。《宋史》卷一七七《食货上五》（第4295页）所载略同。
② 《嘉定赤城志》卷一七《吏役门·乡役人》，第7419页。

差役）乡村民户中较富有的第一、二或第三等主户承担。开宝七年（974），诏令"废乡，分为管，置户长主纳赋，耆长主盗贼词讼"。①此外，三年一次攒造户等簿，也由耆长、户长和乡书手共同承担。宋神宗朝，王安石变法改革，先后推出募役法（或称雇役法、免役法）和保甲法等。②然而，熙丰后期却逐渐与乡役法混同为一了。这主要表现为以都副保正、承帖人取代耆长、壮丁逐捕盗贼，以大小保长或催税甲头取代户长等负责催纳赋税。自此，都副保正等也就相应地转化为乡役人。两宋乡役之制，虽然因时因地而有所差异，③但是，北宋后期直至南宋时期，就大多数地区而言，或是在役名上差派原来的户长、耆长等（乡书手则于元丰前后上升为县役——更多场合下被宋人名之曰乡司），或是以都副保正、大小保长、承帖人及催税甲头承担乡役之责。虽此后又有元祐改制、绍述之变等反复，但是，北宋晚期和南宋时期，各地多以后者为主。此外，在南宋一些地方（如福建路）还有所谓"兼差"之制。④

由上述可见，随着社会的发展，到北宋中后期和南宋时期，乡役制度和乡书手制度均发生了很大的变化。北宋初期，作为乡役之一，乡书手一般是每乡只设一名，差充和投名并用，北宋中期以后，则多以投名充任，直至南宋。其职责，在北宋初期，一般是协助里正、户长"课督赋税"。⑤北宋中期以后，随着宋代役制的演变，其地位逐

---

① （清）徐松：《宋会要辑稿·职官》四八之二五，中华书局 1957 年影印本（下同）。
② 《宋会要辑稿·兵》二之五；《续资治通鉴长编》卷二一八，熙宁三年十二月乙丑，第 5297 页；《宋史》卷一九二《兵志六》，第 4767 页。
③ 参阅习培俊《从"稽古行道"到"随时立法"——两宋乡役"迁延不定"的历时性考察》，《中国社会经济史研究》2008 年第 3 期。
④ （宋）陈耆卿：《嘉定赤城志》卷一七《吏役门》；（宋）陈傅良：《止斋先生文集》卷二一《转对论役法劄子》，《四部丛刊初编》本。勾勒上述役法变化的已有研究如黄繁光《宋代民户的职役负担》（博士学位论文，台北中国文化大学，1980 年。承蒙黄教授慨赠大作，谨此致谢），漆侠：《宋代经济史》（上册第 11 章，上海人民出版社 1987 年版）等。有关"兼差制"则参 Brian E. Mcknight, *Village and Bureaucracy in Southern Sung China* 之第四章，Chicago: The University of Chicago Press, 1971。
⑤ 《宋史》卷一七七《食货志·役法上》，第 4295 页。

渐上升，尤其到南宋时期，逐渐上升为县役，且明显地职业化和胥吏化了。①其职责则逐渐承揽了乡村赋役征派的全过程——推排物力、攒造和编制五等版簿、编制两税簿籍、租税钞的编制注销和登记存档、租税的推割，以至乡役的点派、灾情的统计上报、税租的减免，等等。在南宋时期，乡司处于县乡交接点上的枢纽性的地位，成为国家政令上通下达的关键角色，在赋役征派等诸多方面起着极为重要的社会作用。而从乡书手、书手逐渐变为乡典、乡司、乡胥、乡吏的名称变化，亦可看出乡书手胥吏化的大致过程。也就是说，北宋中后期尤其是南宋时期，乡书手已经不再是乡村的一种差役，而是逐渐转为胥吏化的县役。而在两宋时期的官与吏的差别却是判若云泥的社会背景之下，乡司身为胥吏，地位是很低的。

二 南宋乡司在赋税征收过程中违法舞弊的表现

在赵宋一朝，同其他皇权王朝无甚区别，"赋税是官僚、军队，教士和宫廷的生活源泉，一句话，它是行政权力整个机构的生活源泉"；"赋税是政府机器的经济基础，而不是其他任何东西"。②北宋欧阳修曾反映："臣伏见兵兴以来，公私困弊者，不惟赋敛繁重，全由官吏为奸。每或科率一物，则贪残之吏先于百姓而刻剥。老缪之吏恣其群下之诛求。朝廷得其一分，奸吏取其十倍，民之重困，其害在斯。"③南宋时期，乡司在赋税征收过程中并未完全遵行宋专制朝廷

① 参阅前揭[日]梅原郁《宋代的乡司》，载《刘子健博士颂寿纪念宋史研究论集》，日本同朋舍1989年版。王棣：《宋代乡司在赋税征收体制中的职权与运作》，载《中州学刊》1999年第2期；王棣：《论宋代县乡赋税征收体制中的乡司》，《中国经济史研究》1999年第2期；王棣：《从乡司地位变化看宋代乡村管理体制的转变》，《中国史研究》2000年第1期；王棣：《宋代乡书手初探》，载张其凡等主编《宋代历史文化研究》，人民出版社2000年版；张谷源：《宋代乡书手的研究》，硕士学位论文，台北中国文化大学史学研究所，1998年，等等。谨按：中国宋史学界关注这一学术议题，限于日文资料的难以搜寻抑或识读日文之艰难，很多学者疏于对[日]周藤吉之所撰《宋代乡村制的变化过程》的真正参考和引用，即便是有人参考，则又陷于翻译以为己见的误区。笔者不敏远甚，初入门径之时，自大心态作祟，也自陷其中而不自知，深可叹惋。程郁教授中译本，收入常建华主编《中国乡村社会史名篇选读》，上海教育出版社2020年版，第94—159页。
② 《马克思恩格斯选集》第一卷，第697页；第三卷，第22页，人民出版社1972年版。
③ （宋）欧阳修：《欧阳文忠公文集》卷九七《再论按察官吏状》，《四部丛刊初编》本。

的赋税征收政策，而是普遍具有违法舞弊行为，他们或利用各类簿书钞籍的攒造和揩改，营私舞弊；或完全抛开簿书钞籍，"飞走卖弄"，①随意枉为，违法害民。

在簿籍上的违法行为。南宋时期乡司在簿籍上违法舞弊，主要表现在两个方面：一是利用推排物力，攒造户等簿、赋税簿之机，收受赃赂，或将高赀之家定为中下等户，或为诡户隐产的豪强形势户提供可乘之机，或抛开簿籍，任意取敛；二是在征收赋税之时，收受豪户贿赂，乘机涂改已攒造成的簿籍，转嫁豪户负担给中下等乡村民户。

在《名公书判清明集》一书之中保存了几则案例，清晰呈现了南宋时期东南路分赋税征收过程中，乡司职役人员的违法舞弊行为。卷三《赋役门》中，《财赋造簿之法》《州县不当勒纳预借税色》《顽户抵负税赋》《已减放租不应抄估吏人赀产以偿其数》等则，大致可见乡司役人在其中活动的影子。其中，卷十一《乡司卖弄产税》是最具代表性的一则，其详云：

> 当职昨到安仁，有贵溪百姓诉乡司邵远卖弄产税者，其词甚哀，已行不追赴司。十九日入界，一日之间，诉乡司者三十一状，内诉邵远者十六状，诉郑兴者七状，诉郑富者七状，或专状，或同状，伛偻拜伏哀告者四十二人。阅其状，皆重催白數，胁取钱物，无异虎狼之吞噬，盗贼之劫掠。并生穹壤间，与我皆同气，为民父母者，得不恻然动心乎？邵远照台判疾催追，郑富两名帖县，限一日解赴行司，徐佽系罪犯吏，乃复出害民，帖县追上，杖一百，押送外寨拘锁，限一日申。……当职巡历，所以待本县者厚矣，知县切不可庇小吏，以伤大体。②

就这一案例所见，乡司邵远卖弄产税，被当地百姓兴诉连连，竟

---

① （宋）真德秀：《真文忠公文集》卷一二《申将前知建康府溧阳县王棠镌降事》，上海商务印书馆《四部丛刊》缩印本 1936 年版。
② 《名公书判清明集》卷一一《人品门·公吏·乡司卖弄产税》，中华书局 1987 年版，2002 年再印本，第 423 页。

有三十一状之多。经调查，原因是乡司等人还有重复征纳赋税、缴纳赋税后打白条（下文还有详细文献再现此事并非一人一地所发生者）、威胁民户巧取其钱物等违法舞弊之事。

宋人有言："县道财赋本源全在簿书，乡典奸弊亦全在簿书。"①靖康之难后，因历经战乱，南宋许多地区的簿书文籍漫湮失落，乡村的户等簿、税租簿也同样丢失了许多，而"簿书乃财赋之根柢"。②簿籍的重要性就在于直接关系国家财政税收，故需重新攒造。在这一过程中，乡司便凭借职务之便，"得以肆意为奸"。③宋代规定税籍簿"三年一推排"，由于"乡司为奸"，其中弊病百出。④乡村民户的赀产、丁口以及依据赀产、丁口所攒造的各种簿籍，是很复杂的。宋朝实行官员乡贯回避制度，地方官员多是"异乡之人"，不熟悉辖区乡村民户的具体情况，兼以任期太短，也不利于他们熟悉政务，所以，这些簿籍的攒造便需依赖那些"长子孙于其间"⑤的吏胥们来完成。而熟悉当地民户具体情况的吏胥们便与当地"里豪""株连作伪，以为牢不可破之计"。⑥乡村"每岁催科"时，并非州县官员亲自下乡征收，而多是"勒乡司代承"。⑦乡司便趁征收赋税的机会，勒索民户，营私舞弊。有时豪强形势户也惧于乡司的职权，贿赂乡司，以"嘱托乡司承认些少税役"，用"暗行印押契赤，批凿簿书"的手段，⑧将他们的赋税负担转嫁给其他民户。南宋士大夫陈耆卿在为黄泽民所写的墓志铭中也记载，在丽水县"胥吏弄财赋，不问输未输，混为一籍，贿至，籍立改，以上户产移下户，下户冤，不堪

① （宋）陈襄：《州县提纲》卷四《整齐簿书》，《丛书集成初编》本，中华书局1988年版。

② 《名公书判清明集》卷三《财赋门·财赋造簿之法》，第62页。

③ （宋）楼钥：《攻媿集》卷二六《论主簿差出之弊》，《四部丛刊》缩印本，上海商务印书馆1936年版。

④ （宋）留正：《皇宋中兴两朝圣政》卷五六《孝宗皇帝十六》，文海出版社1967年版，第2105页。

⑤ （宋）陆九渊：《陆九渊集》卷八《与赵推》，中华书局1980年版，第112页。

⑥ （宋）陈襄：《州县提纲》卷四《奏请正簿书》。

⑦ 《名公书判清明集》卷三《赋役门·乞用限田免役》，第84页。

⑧ （清）徐松：《宋会要辑稿·食货》六一之六五。

命"。①此外，还有"揩易簿案"的情况。据南宋著名文人洪迈《容斋随笔·三笔》卷四载："郡县胥吏揩易簿案，乡司尤甚。民已输租税，朱批于户下矣，有所求，不遂，复洗去之，邑官不能察。"南宋士大夫胡梦昱在其《竹林愚隐集》卷七四指出有乡司"肆欺籍账、隐账，隐漏税苗，诡甲户为乙户，指土著为逃移"，或"随时更改"，②即胡乱涂改等各种情况。也有乡司"据其'草簿'以催科"，以致出现"飞走产钱，出入卖弄，无所不至"，"指未纳为已纳，已纳为未纳，皆惟其意所欲"③的现象。可见乡司违法舞弊的手法是多种多样的，以至于出现了某些乡村中下民户缴纳税赋时，"一斛至加五斗"，④两斛至缴三斛的情况，甚而"贫民下户至有已纳而更输"，但是那些"豪猾之家"却得以与乡司勾结起来，"苞苴把持，或至于幸免"。⑤乡司的违法舞弊，不但破坏了宋政府的赋税征收政策，而且加重了广大乡村中下民户的生活负担。

按照宋代赋税制度规定，民户缴纳税租，官府应"依条合抄录人户应纳实数，预给凭由"；⑥民户缴纳完毕，应当面"给钞销注"。⑦然而，税租纳毕的"凭由"，"但凭乡司印给"，由于不法乡司从中舞弊，"其间脱漏增加，情弊不一"，⑧以致"有已纳钱物不即时销簿，多端邀阻，致成挂欠，重叠追扰"。其中，也有的乡司在不法民户"盗打白钞出卖"之时，与揽户一起"兜收人户租税入己，更不到官，惟藏白钞以备论诉"。⑨对于那些居于偏僻乡野的民户，乡司知其不谙朝廷政令，更是侵欺不已。譬如"两浙丁钱，……况畸零合钞少者四户，多者八户，或一二十户，无缘人人得钞，乡司作弊，重

① （宋）陈耆卿：《筼窗集》卷八《黄君（泽民）墓志铭》同此，《文渊阁四库全书》本，台北商务印书馆有限公司1986年版，第1178册第72页。
② （宋）陈襄：《州县提纲》卷四《整齐簿书》。
③ 《名公书判清明集》卷三《赋役门·财赋造簿之法》，第62页。
④ 《宋会要辑稿·食货》九之九。
⑤ （宋）楼钥：《攻媿集》卷二六《论主簿差出之弊》。
⑥ 《宋会要辑稿·食货》九之二八。
⑦ 《宋会要辑稿·食货》三五之一一。
⑧ 《宋会要辑稿·食货》九之二八。
⑨ 《宋会要辑稿·食货》七〇之一四三。

叠追呼"。①绍兴十二年（1142）十一月癸巳，李椿年上书指陈经界法推行过程中的十种弊害，其中多种弊端与乡司在簿籍上的违法舞弊有关。②

两宋时期，乡村豪强形势户诡名挟户、隐产逃税的情况，是普遍存在的。③"按诡户之税，独豪右作此弊也，盖其乡司相与为奸"，"内外相比，以欺县官"，④也害及其他中、下民户。诡名户的收益是相当可观的，所以"如一家一岁，因诡名而得免百缗之赋"，就常常会"以其十五以酬乡胥"，甚至连一些形势户也"不敢不与也"。为什么呢？倘若不贿赂乡司，"来岁归并其诡户而重科之矣"。⑤其中也有虚称女户"与人吏、乡司通同作弊"。⑥利欲熏心的乡司们的非法行为，即使被州县官员发现，他们仍然对豪户们加以庇护。如民户中有以宗室之女赵八郡主为名，诡户隐产，判官范西堂在判词中说："本厅去冬遍牒五邑，取乡司知委，分析收退，各要分明，缴状回申，已行遵禀。今索到差账，犹作一户具呈，可见[乡司之]奸猾"，"此非乡司、役案之奸而何？"⑦对于诡名隐户等现象，宋政府多次诏令禁止，但都收效甚微。南宋淳熙年间，户部奏请，凡诡名隐户者，"许人告首，告中者，给其产之半充赏"⑧。然而，那些诡名户本来就是由乡司一手造成的，自不揭发，只会隐庇之并借以自庇。即使其他民户进行揭发，乡司也会竭力包庇。另外，州县官员的各种需求，也多责令乡司等取办。为了应付州县官员的各种钱物需求，"为手

① 《宋会要辑稿·食货》一二之一五。
② （宋）李心传：《建炎以来系年要录》卷一四七，《文渊阁四库全书》本，台北商务印书馆有限公司1986年版，第327册第57页。（宋）王之望《汉滨集》卷九《论部民诉经界书》中也反映说，潼川一路乡司等走弄取贿，牵连枝蔓，为害不轻。《文渊阁四库全书》本，第1139册第779—780页。
③ 参阅王曾瑜《宋朝的诡名挟户》，《社会科学研究》1986年第4—5期，今据氏著《涓埃编》，河北大学出版社2008年版，第556—582页。
④ （宋）郑克：《折狱龟鉴》卷六《李南公》，《文渊阁四库全书》本，台北商务印书馆有限公司1986年版，第729册929页。
⑤ 《宋会要辑稿·食货》七〇之九一。
⑥ 《宋会要辑稿·食货》六五之一〇一。
⑦ 《名公书判清明集》卷三《赋役门·差役·以宗女夫盖役》，第76—77页。
⑧ 《宋会要辑稿·食货》七〇之七六。

分、乡司者，岂有将己财奉县官，不过就簿历之中，恣为欺弊"。①上述种种，皆可见南宋时期乡司利用簿书钞籍的违法舞弊是何等的猖獗。

南宋时期，乡司完全抛舍簿籍，"揽纳税租"，"受乞财物"②随意征收税租的现象也很突出。如江东路信州铅山县的乡司詹春、张庆就靠这种手法，"飞走卖弄，凿空生事"，收受财物，"计其取受，不知几千百贯"。③又如信州贵溪县的乡司邵远等人，卖弄产税，巧设名目，贪污受贿，被民户告上县府，"阅其状，皆重催白敷，胁取钱物"。④显然是毫无根据的勒索。南宋时期的黄榦在其《勉斋集》卷三〇载新淦县"形势之家买诱胥吏，并以职田为官田请买，遂使一千二百余石之职田，一旦尽变而为豪民之田"，"至其请买之时，又与乡司通同减落等色，以肥为瘠，以上为下，量纳价钱，包占膏腴。名曰起理二税，而[实]所输绝少"。这样的后果则是"失陷县道之财赋"。⑤更有一些被称为"名公"的官员在审理乡司的违法案件中，未列出是何名目而导致"罪如牛毛"⑥的史例，所有这些，多为乡司在无凭无据的情况下敲诈勒索民户，害公害民以为一己私利的现象。这就是陆九渊所说的"簿书契要无可考据，事又有不在簿书契要者"。⑦又如《名公书判清明集》卷三载范西堂所判的《倍役之法》中的案例，显然也属于这一情况。

三　南宋乡司在点派差役过程中违法舞弊的表现

反映南宋中后期东南路分社会状况的《名公书判清明集》，在其

---

①　（宋）袁采：《袁氏世范》卷中《处己·官有科数之弊》，第115页。

②　（宋）谢深甫：《庆元条法事类》卷四七《赋役门一》；卷三二《财用门三》，黑龙江人民出版社2002年版，第625页，第502页。

③　《名公书判清明集》卷一一《人品门·公吏·二十状论诉》，第422页。

④　《名公书判清明集》卷一一《人品门·公吏·乡司卖弄产税》，第423页。

⑤　（宋）黄榦：《勉斋先生黄文肃公文集》卷三〇《新淦申临江军及诸司乞申朝廷给下卖过职田钱就人户取回》，《北京图书馆古籍善本丛刊》，书目文献出版社1987—1992年版，第634页。

⑥　《名公书判清明集》卷一一《人品门·公吏·恣乡胥之奸》，第424页。

⑦　（宋）陆九渊：《陆九渊集》卷八《与赵推》，第111页。

《赋役门·差役》中收录了几篇案例,其中《比并白脚之高产者差役》中有下述文字,再现了江西路蕲春一带乡司违法舞弊的现象:

> ……蕲春守义坊缺役,自去年三月定差,至今年五月索案,犹未结绝。据所追到通计八名,内张世昌产钱三十六贯,明现产钱二十四贯,谢通产钱一十七贯,系是白脚,合与比并差充。……今展转供牵,淹延逾岁,迄无定说。……且三名白脚,其体一同,舍产钱三十六贯,而差及二十四贯,虽使强认,乌能绝词。……又观定役之初,乡司具账,乃于张世昌名下朱批税色曰:十三年夏税。即此一节,已见为欺。

由这道判词之中,可以清晰看到,乡司收受了张世昌的贿赂,从而在差派乡役过程中,并未按照王朝法制施行,而是降低了张世昌的产钱,"不曾有山园田湖之分",虚瞒了产业,导致产钱比张世昌还少很多的其他民户不公平地被当差服役。乡司伍琏等人从中违法舞弊,给县司判断和民间社会带来了诸多的烦扰和不安定因素。同样,在《倍役之法》《父母服阕合用析户》《以宗女夫盖役》《限田外合计产应役》《限田论官品》《限田外合同编户差役》六道案例中,也均在大致相同的领域,反映出乡役职役人在村落之中,违法舞弊的真实场景。其中,多半闪现出了乡司以及都副保正等职役人的身影。

宋代地方胥吏对于两宋役制变革的影响是很突出的,单就南宋时期的乡司而言,在点派乡役人时,大体上也存在利用各种簿籍营私舞弊,或根本无凭无据,任意点差两种形式。

揩改各种簿籍。两宋一直以户等的高下作为点派差役的依据。宋代点派差役,"依物力高下,人丁多寡,歇役久近,参酌定差"[1]。在点派差役时,应"先将等第簿令[乡司]逐乡抄出,用朱书某年某曾充某役,曾不曾为事故未满抵替,今空闲实及几年,然后更将物力并

---

[1] 《宋会要辑稿·食货》一四之二二。

税簿点对子细，方可依条定［差］"。①在攒造五等户簿、五等丁产簿等过程中，乡司与当地豪户勾结起来，随意升降、隐漏、揩改簿籍的现象，不但影响到赋税征收的公平与否，而且也直接影响了差役点派的公正性与合法性。史载："比年以来，乡司、案吏于造簿攒丁，差大小保长之际，预行作弊"，②造成了"不实不公"③的现象。绍兴十二年（1142）十月四日，户部看详，"如当行人吏、乡司同以物力高强人户匿在小保，及故有隐落差互，意在邀求，先差不应充役人户"。④"当行人吏或乡司受情增减物力"，导致"定差不当"。⑤有时州县官员也"纵容案吏、乡司，受上户计嘱，抑勒贫乏之家充催税保长，更不照应省限，多出文引，遍行点追。到限比磨，每承一引，必巧作名目乞觅钱物，仍将逃亡倚阁税赋抑令陪（赔）备，［民户］或至破家失业"。⑥有州县官员的怂恿和庇护，乡司们更是胆大包天，为所欲为了。

抛开簿籍，任意点派。南宋时期的某些乡司完全置簿籍于不顾，在点派差役时，"往往不照条法定差"⑦的现象也大量存在。据《昼帘绪论·差役编第十》载："今之乡司差役，率是受赂，甲诉不当，则转而差乙，乙诉不当，则转而差丙；此风尤不可长。使前之所差非，则乡胥岂得无罪？前之所差是，则今岂应复改？而至于三耶？"《州县提纲》卷二也有类似记载："吏因差役并缘为奸，如差甲，得赂，辄改差乙；差乙，得赂，辄改差丙。本差一户，害及数家，争竞扰扰，久而莫定。"有时则"事在昨日，或移在今日；事在

---

① （宋）胡太初：《作邑自箴》卷四《处事》，《四部丛刊》缩印本，上海商务印书馆1936年版。
② 《宋会要辑稿·食货》六六之七五。
③ 《宋会要辑稿·食货》六六之三〇。
④ 《宋会要辑稿·食货》一四之二八至二九。
⑤ 《宋会要辑稿·食货》六六之二一。
⑥ 《宋会要辑稿·食货》六六之二四。
⑦ 《宋会要辑稿·食货》六六之二八。

上半日，或移在下半日"，①以至"差役无凭，习以成风，恬不为怪"。②这些都说明了南宋时期的乡司在点差派役之时，高下其手，任意差派现象存在的事实。有时一里保正本应只差一名，但由于乡司们随意差点，致使"三名并追"。③他们没有任何依据，如此点差，无非是利用职务之便，捞取民户的贿赂而已。南宋官员范西堂在审理《父母服阕合用析户》一案时，则发现了乡司"不与开户"的"奸欺"行为。④其实，"大抵一乡役次，乡司、役案，梦寐知之，不便从公与之定差，盖欲走弄以其私，追逮一人，则有一人之费。不伐其谋，何惮不为？"道出了乡司随意点差的个中原因。对于隐产诡户的豪强上户，乡司们在收受其贿赂之后，不但有意延长其歇役时间，而且向官府隐瞒其家赀，借此减轻其差役负担，以转嫁给其他中下民户。⑤这样的现象在南宋社会中是很多的。一般的州县官员对此不管不问，听任乡司随意点差，或根本就不明了内情，被乡司们摆布，玩弄于股掌之间。⑥只有一些精明干练、勤于政事、谙于县政的官员，才会发现乡司违法营私，揭穿其西洋镜。而更多的情况下则听之任之，故而民户差役的摊派，大多无从据实轮差。这是导致两宋役制败坏的一个重要原因。同时，中下等民户不得不承担被乡司与豪强形势户勾结所转嫁的各种差役负担，其生活状况之窘迫、蒙蔽之深，是可想而知的。

四 宋朝法制、州县官员对违法乡司的处罚及其深层内涵

对于乡司在赋役征派过程中的违法舞弊行为，依其情节轻重，宋政府也制定了相关条法加以处罚。对于"受乞财物"的乡司，《庆元

---

① （宋）梅应发：《开庆四明续志》卷七《排役·行移始末》，《宋元方志丛刊》影印本，中华书局1990年版，第6000页。
② （宋）陈襄：《州县提纲》卷四《整齐簿书》，《宋代官箴书五种》，中华书局2019年版，第144页。
③ 《名公书判清明集》卷三《赋役门·差役·倍役之法》，第75页。
④ 《名公书判清明集》卷三《赋役门·差役·父母服阕合用析户》，第75页。
⑤ 《名公书判清明集》卷三《赋役门·差役·比并白脚之高产者差役》，第74页。
⑥ （宋）袁采：《袁氏世范》卷二中《处己·官有科数之弊》，第115页。

条法事类》卷四七中规定："加受乞监临罪，参等杖罪，邻州编管，徒以上配本州"，或依其贪赃多少处以"杖罪，钱伍拾贯。徒以上罪，钱壹佰贯"；或依重禄之法，"徒一年；一伯（佰）文徒一年半，一伯文加一等，一贯流二千里，一贯加一等"。①参用杖、徒、配三种刑罚，以量罪定刑，严惩枉法。由此看来，对于乡司在赋役征派过程中的徇私舞弊，宋廷法制基本上是"有法可依"的。然而，从地方州县官员对乡司的处罚实例来看，其中则多有从轻处罚的倾向，与法律规定之间存有一定的差距。

譬如，对于在税租征收中徇私舞弊的乡司，有的官员处之以"杖罪，勒停"；②对于隐庇诡名挟户的乡司处以"徒二年，配千里"，③或"杖一百"，④对于移减税务者处以"决配，亦黥面配五百里外"，⑤可见处罚是轻重不一的。即使被称为"名公"的官员，在处罚贪赃违法的乡司时，也多不相同。如前揭江东路信州贵溪县的乡司邵远等人，"卖弄产税"，"名公"蔡久轩对其严加戒饬，并对曾有过犯，"复出害民"的乡吏徐先处以"杖一百，押送外寨拘锁"。⑥信州铅山县的乡司詹春、张庆向民户乞索财物，巧立名色，为害乡里，致使县中许多民户破荡产业，妻子流离，罪大恶极，蔡久轩对其处以"各脊杖十二，配一千里"，⑦则是较重的处罚。而南宋的一些士大夫都注意到乡司为害乡里，败坏朝廷乡村的税役政策的现象，建议朝廷对其重重处罚——"决配远恶州军，籍没家产"，⑧"并依重禄法断配"⑨。然而，从现有的资料来看，那些因乞取财物的乡司们所受的处罚，多半是"永不收叙"，即开除吏职，或同时处以杖罚。如江

① （宋）谢深甫：《庆元条法事类》卷三六《库物门一》，第508页，第565页。
② （宋）谢深甫：《庆元条法事类》卷三二《财用门三》，第501页。
③ 《宋会要辑稿·食货》七〇之七六。
④ 《名公书判清明集》卷三《赋役门·差役·以宗女夫盖役》，第77页。
⑤ 《宋会要辑稿·刑法》四之一八。
⑥ 《名公书判清明集》卷一一《人品门·公吏·乡司卖弄产税》，第423页。
⑦ 《名公书判清明集》卷一一《人品门·公吏·二十状论诉》，第422页。
⑧ 《宋会要辑稿·食货》七〇之一二九。
⑨ 《宋会要辑稿·食货》七〇之一三三。

南东路信州玉山县的乡司周森，"罪如牛毛"，判官吴雨岩对他的处罚是"决脊杖十五，只刺配饶州"。既然是罪大恶极，自当重重处罚，以示惩戒，但"名公"对其处罚后，又以"庶免走逸"①为名，找借口加以袒护，而并非刺配至远恶州军。

对于在点派差役过程中徇私舞弊的乡司，所受处罚情况也与上述其在赋税征收中违法所受处罚大致相同。如，对于在点派差役中"先差不应充役人户"，"意在邀求"的乡司，致惹出民户诉讼的，处以"徒二年"，"勒停，永不得叙理"②的处罚；对于编排差役簿"不公不实"的乡司，处以"永不收叙"；③对于上述隐匿高强户的赀产，先差不应充役民户的乡司与人吏，判以"徒二年科罪，勒停，永不得叙理"。④对于在倍役法下随意点差的乡司判"杖六十"⑤等处罚。显然，上述这些违法乡司所受处罚大都不是重罚。

从上述可知，宋政府对于乡村民户的赋役征派是有一定规章制度可循的，但乡司们在实施过程中却"上下其手"，制造出诸多的社会弊端。而对于这些违法营私的乡司的处罚，宋代的法制也大体是"有法可依"的，但其实际所受处罚却与法律规定（杖徒配三刑参用以示重罚）有着较大差别。原因何在呢？

首先，南宋时期，乡司不但是朝廷政令上通下达的主要角色，而且逐渐掌管了乡村赋役征派的整个过程，成为介于县乡之间政府财政管理的极为关键性人物，在南宋时期的赋役征派等方面具有一定的积极作用。另外，则对南宋基层社会带来消极影响。我们知道，宋代县级政府设官较少，偌大一县的民户家产人丁等诸多簿书期会，为数很少的几个人又如何能够胜任？"官人者异乡之人，吏人者本乡之人，官人年满者三考，成资者两考。吏人则长子孙于其间。官人视事，则

---

① 《名公书判清明集》卷一一《人品门·公吏·恣乡胥之奸》，第424页。
② 《宋会要辑稿·食货》一四之二八至二九。
③ 《名公书判清明集》卷三《赋役门·差役·倍役之法》，第75页；同书卷三《赋役门·差役·父母服阕合用析户》，第75页。
④ 《宋会要辑稿·食货》六五之八五。
⑤ 《名公书判清明集》卷三《赋役门·差役·倍役之法》，第75页。

左右前后皆吏人也，故官人为吏所欺，为吏所卖，亦其势然也。"①
更何况州县官在迁转法下走马灯般地迁转，难以熟悉生疏州县的具体
社会背景，更难以了解地方的风土人情等。②再者，以儒经为业科举
入仕的州县官员，他们多年业习的四书五经，并不能为其治理一州一
县之政、处理各种簿书钞籍提供智慧和指导。正如陆九渊所说："书
生腐儒，又以经术为之羽翼，为之干城，沮正救之势，塞惩治之路，
潜御其侮，阴助其澜。"③一旦就任州县官员，为了完成朝廷规定的
各项任务，他们只能依靠那些"长子孙于其间"④且谙悉乡村民户实
情的乡司胥吏们协助办理。而胥吏们则乘机哄骗欺瞒这些来自"异乡
之人"⑤的官员，上下其手，违法营私。一县之政，名属知县掌管，
实由乡司等胥吏操纵。进一步分析，有些州县官员很清楚，"税赋弊
源皆在乡胥之胸中"，⑥如果将这些乡司刺配远恶州军，当职官员
"恐向后欲整顿版籍，更无知首末乡胥"。⑦将其刺配邻近州县，一
但县政催理税役遇到什么困难，则仍需其充当知县的"顾问"，或更
惧其道出一县弊源，为公众所知。另外，州县官员"吃者、著者、日
用者，般挈往来，送遗给托，置造器用，储蓄囊箧，及其他百色之
须"，皆"取给于手分、乡司"。我们知道，南宋时期，宋金、宋蒙
（元）战事频仍，庞大的军费和各级政府的财政开支日益增多，地方
财政长期处于入不敷出的窘境，在这种情况下，州县办公费用较少，
知县们需赖乡司完成赋役征派的任务，和取办一县行政的日常开支；
县司多在"法外"向乡司勒索钱物等现实问题，使得州县官员对于乡

①　（宋）陆九渊：《陆九渊集》卷八《与赵推》，第112页。
②　参阅苗书梅《宋代官员选任与管理制度》，河南大学出版社1996年版，第254—333
　　页；朱瑞熙：《中国政治制度通史·宋代卷》，人民出版社1996年版，第713—
　　724页。
③　（宋）陆九渊：《陆九渊集》卷五《与徐子宜》第二书，第68页。《宋会要辑稿·职
　　官》六〇之三九记载："盖居官者迁徙不拘岁月，而为吏者传袭及于子孙。"
④　（宋）叶适：《水心别集》卷一四《吏胥》，点校本《叶适集》，中华书局1961年版，
　　第808页。
⑤　（宋）陆九渊：《陆九渊集》卷五《与赵子直》，第69页。
⑥　《名公书判清明集》卷一一《人品门·公吏·去把握县权之吏》，第427页。
⑦　《名公书判清明集》卷一一《人品门·公吏·恣乡胥之奸》，第424页。

司的徇私舞弊"往往知而不问",甚者"又与之通同作弊",①这也是官员们隐庇乡司违法的一个原因。从而可知,当职官员的庇护,"恣乡胥之奸",或"护吏而疾民,阳若不任吏",即使"有一二行遣,形若治吏,而伪文诡辞,谄顺乞怜者,皆可回其意"。②这是违法乡司未能依法判罪的制度上的原因。在这种情况下,即使"罪如牛毛"的乡司,州县官员也不曾严加惩罚、铲除,而是设法隐庇,或仅以"永不收叙"聊以塞责。故陆九渊说:"公人之所从得志,本在官人不才。"③或如言者云"当官者一日不勤,下必有受其弊者……"④"前后相承,吏强官弱。县令御吏弗严,遂致黠胥玩令……"⑤另外,乡司在南宋社会中的重要性,决定了他们的所作所为和政府对他们的宽容。如果真正精明干练的州县官员"亲阅簿书,而依公点差,则民自无词",⑥乡司们违法营私的机会也就相应减少,县政也会随而清明。南宋后期的汪思温深知作为一县长吏,需亲自执政,"不使一吏预其间",⑦才能够做到全县民户不会因为赋役的纠纷而有狱讼。然而,这样的官员毕竟是少数。

其次,南宋时期的赋役法令屡次改更,各路州县因时因地不尽一致的赋役制度也是造成乡司徇私舞弊的一个主要原因。⑧譬如,沈括《梦溪笔谈》卷九《人事》记载北宋时两浙路的情况:"两浙田税,亩三斗。钱氏国除。朝廷遣王方赟均两浙杂税。方赟悉令亩出一斗。使还。责擅减税额。方赟以谓亩税一斗者,天下之通法。两浙既已为王民,岂当复循伪国之法。上从其说。至今亩税一斗者,自方赟始。

---

① (宋)袁采:《袁氏世范》卷二中《处己·官有科敷之弊》,第 115 页。
② (宋)陆九渊:《陆九渊集》卷五《与徐子宜》第二书,第 67 页。
③ (宋)陆九渊:《陆九渊集》卷五《与徐子宜》第二书,第 68 页。
④ (宋)真德秀:《政经》,《文渊阁四库全书》本,台北商务印书馆 1986 年版,第 706 册第 454 页。
⑤ 《名公书判清明集》卷一一《人品门·公吏·黠吏为公私之蠹者合行徒配以警其余》,第 435 页。
⑥ (宋)汪应辰:《文定集》卷五《论罢户长改差甲头疏》,《文渊阁四库全书》本,台北商务印书馆 1986 年版,第 1138 册第 632 页。
⑦ (宋)孙觌:《鸿庆居士集》卷三七《宋故左朝议大夫直显谟阁致仕汪公墓志铭》,《文渊阁四库全书》本,台北商务印书馆 1986 年版,第 1135 册第 402 页。
⑧ 参阅包伟民《宋代地方财政史研究》,中国人民大学出版社 2011 年版,第 137—170 页。

唯江南、福建犹循旧额。盖当时无人论列，遂为永式。"再有，绍兴二十一年（1151）十月二十八日，前权发遣临江军（一作左朝请大夫）王伯淮言："临江军倚郭清江县，有税钱四十余贯，苗米四百余石，人烟田产并在筠州高安县新丰乡第一、第二等户，其税苗却坐落在本县修德乡。上项税苗在经界法谓之窝佃，在乡村谓之包套。未经界之前尚可追理，经界既定，两县各随产经量，承认本乡元额税苗，则清江有税无田，高安有田无税。本军不绝人户陈诉。虽累行关移，乞随产坐落苗税，而高安不即承受。又两县一时结局，清江不免以无田之税增均于元额之田，高安即以无税之田减均于元额之税。是高安得偏轻之利，清江得偏重之害矣。谨按国朝淳化癸巳岁，诏建临江军，取筠州之潇滩镇为清江县，割高安之建安、修德两乡以隶。盖当时新丰与修德地界相接，以故税苗有交乡窝佃之弊。"①上述两段史料，均反映出宋朝各地赋税不平衡的景象。另外，两宋吏胥在大多情况下是不支付吏禄的，他们需利用手中的职权勒索民户或收受贿赂而生存。这些制度上的缺漏是乡司胥吏得以违法舞弊的重大弊源。

再次，宋代乡村豪强形势户数量的扩大和力量的增强，也是乡司在征派赋役中不能依法办公，而是庇富欺贫的一个原因。②宋代科举制度的发展，使得许多中下层地主得以释褐为官，官僚队伍进一步扩大。这些官员及其大批恩荫的子弟都具有免役的特权。而在宋代土地私有制迅猛发展的情况下，上面这些人多在乡村占有大量的土地，正如王曾瑜先生前已揭示者，诡名子户、诡名隐产等都是他们违法减免赋役负担的手段。由这样一批人作为依靠的乡村豪强形势户，不但敢于行贿乡司以减免赋役负担，而且敢于以暴力抵抗征派赋役的乡司。

---

① 《宋会要辑稿·食货》七〇之一三二，参校李心传《建炎以来系年要录》卷一六二绍兴二十一年十月二十八日条，本处均据前揭包伟民《宋代地方财政史研究》，第146—147页。

② 林文勋先生近年来提出"富民社会"这一学术概念，也认为宋朝富民总体数字较之前朝有所增加，参阅其《唐宋财富力量的崛起与社会变革》《唐宋社会"富民"阶层的崛起及其历史意义》《中国古代"富民社会"的形成及其历史定位——兼论中国古代史的主线与体系》（原载《中国经济史研究》2006年第2期、《史学理论研究》2006年第2期）等文，并收入氏著《唐宋社会变革论纲》，人民出版社2011年版，第94—166页，第328—340页。

复次，以儒经为业入仕的官员士大夫们虽然没能力处理好烦琐的县乡政务，而必须依赖胥吏，但是县政一旦出了漏子，这些能诗会文的士大夫在向上级汇报时，或其亲朋后人记载他们的事迹时，就会将责任一股脑儿推到胥吏们身上。现存史料多是儒学为业者所为，绝少当时身为乡司胥吏者的手笔，所以我们现在见到的只是胥吏们如何营私舞弊，如何在县乡政务中为非作歹，而丝毫不涉当时身为州官县令的士大夫。汪应辰"不知所以害民者在人不在法"①的论断中的"人"，实应包括官和吏两类，而并非单指乡司等胥吏，而此语也确实点中了宋代赋役制度败坏民户的弊源之所在。

"官弱吏强"是宋朝士大夫们纷纷反映的一个问题。其中，最关键的问题点何在？ 前人多含糊其辞，而忽略其中官吏之间狼狈为奸的环节。②在"官无封建而吏有封建"③的宋王朝，那些被视为"立地官人"④的吏役（州县职役人多因承担职役而为吏，学者也多称为吏役；⑤乡村职役或地位更低，但其上下其手、上欺下瞒的手段，及其在村落中的影响力，当与州县职役人大致相当）在基层村落的行为，更多影响了州县行政的实际运作。事实上，类如陈智超先生所揭示者，"官之贪者不敢问吏，且相与为市；官之庸者不能制吏，皆受

---

① （宋）汪应辰：《文定集》卷五《论罢户长改差甲头疏》。

② 陈智超：《宋史研究的珍贵史料》初步发掘了其中的深层社会内涵，颇有价值，该文附录于《名公书判清明集》，第 669—671 页。高美玲：《宋代的胥吏》，《中国史研究》1988 年第 4 期；张正印：《宋代司法中的"吏强官弱"现象及其影响》，《法学评论》2007 年第 5 期；廖峻：《宋代"公人世界"中的官吏共生与制衡》，《法学杂志》2010年第 3 期；贾芳芳：《宋代的豪强势力及其与地方官府的关系》，《河南大学学报》2009 年第 1 期等文，皆有探讨。

③ （宋）叶适：《水心别集》卷一四《胥吏》。（宋）李之仪：《姑溪居士后集》卷一九《故朝请郎直秘阁淮南江浙荆湖制置发运副使赠徽猷阁待制胡公（叔微）行状》中记载北宋晚期宋徽宗也曾说："东南习俗狷狡，因缘为吏，而又家世相资，在官者何以制之。吏强官弱，非痛惩之，则法令在其股掌间矣。"

④ 《州县提纲》卷一《防吏弄权》。

⑤ 参阅王曾瑜《宋朝的吏户》，台北《新史学》第 4 卷第 1 期，今据氏著《涓埃编》，尤其是第 419—420 页。事实上，本文倘若补充王曾瑜先生前揭文及其《宋朝的差役和形势户》（原载《历史学》1979 年第 1 期，亦收入氏著《涓埃编》）一文的诸多案例和资料，论证则会更加周延。限于篇幅，今从简，并谨附识于此。

成其手";有的知县则"纵吏受赇,贪声载路",乃是狼狈为奸的结果。①《名公书判清明集》卷一一蔡杭《冒役》云"推原其由,皆贪官暴吏与之志同气合,容纵冒役。所以行案贴写,半是黠徒,攫拿吞噬,本无餍足。既经徒配,愈无顾藉,吮民膏血,甚于豺虎。前后监司非不严禁,往往官吏视为具文,名曰罢逐,暗行存留",诚然,信然! 如果仅从宋朝法典不严密、专制官府有法不依等角度剖析,则难见历史之真相。

最后,从专制王权时代朝廷行政制度的运行实况来看,南宋乡司在赋役征派中徇私舞弊现象的出现,也与中国传统社会中,王朝行政管理实际上只到县衙一级,县乡之间存在有较为明显的"权力空间",②中央对乡村社会的有效监控极为松弛有关,③也与宋统治政策中极力弱化行政官员上下级之间的隶属关系,所有品官原则上都要由朝廷决定有关。上述问题也是中国古代行政制度运行和社会发展过程中的普遍现象。正如前辈学者业已指出的,《名公书判清明集》一书所反映的,是中国传统社会的普遍性现象,而非个案。地方官府和豪强大族、地方官府与平民百姓(主要是农民)的关系,是宋史研究的一大问题,值得更多学者在中国传统的专制主义中央集权的等级授

---

① 《名公书判清明集》卷二《官吏门·澄汰·汰去贪庸之官》,第40页;卷二《官吏门·封移·缪令》,第59页。李心传:《建炎以来系年要录》卷八九绍兴五年五月丙戌记载,南宋初期李椿年曾指出:"所谓吏强官弱者,非吏挠权之罪,官不知法之罪也。明乎法,则曲直轻重在我而已,吏岂得而欺乎? 今之士大夫以为法家者流而莫之学也。"同书卷六〇绍兴二年十一月庚午纪事中记载,洪拟也曾说:"近时吏强官弱,官不足以制吏。官有以财用不给罢者,吏未尝过而问也。官有以刑名失当罢者,吏未尝过而问也。官有罪,吏告之,有司治之惟恐后;吏有罪,官按之,则相疑曰'岂宽纵致然耶?'"中华书局2013年版,第1719、1199页。均表明吏人(宋朝尚有"公人"以区别之)和官员之间存在着千丝万缕的联系。

② 刁培俊等:《宋代国家权力渗透乡村的努力》,《江苏社会科学》2005年第4期。

③ 就南宋乡村职役问题而言,朝廷缺乏针对职役人有效的管理、监督举措。以至于职役人徇私舞弊行为,普通州县官不过是罢免其职役职责而已;在这天高皇帝远的广土众民村落间,普通村民即便是状诉职役人,又能有几人获取成功? 几时尚得受理? 如正文史料所揭示《名公书判清明集》卷一一《乡司卖弄产税》中能够发现问题,大胆处理乡司邵远的官员("名公")者,又能有几多?

职制视域下，更多关注地方社会问题。①

当然，还需思忖的问题是，本书取资多限于南宋中后期的东南部，也就是江南西路和福建路等东南中国的资料。由此，我们看到了这一区域内的历史面相。那么，这样的历史面相是否也同时存在于南宋其他区域？也就是近年来学界颇多讨论的区域史研究中"个性"与"普遍性"的关系问题，换言之，由个别区域为考察对象所获取的结论，是否还需要取样更为丰富，区域选样更加多元，结论才更加周延、确当。就这一问题而言，显而易见，答案是不言自明的。当然，我们着重凸显了乡司胥吏徇私舞弊及其法外操控、侵掠村落百姓的一面。相对于帝制朝廷和整个国家的运转而言，乡胥们的催驱赋役为中央和地方财政的有效运行，做出了一定的贡献，他们自然也会考虑到村落间"熟人社会"的诸多因素，所作所为存在有正能量的一面。梁庚尧教授曾以"豪横与长者"为题考察居乡官户和士人的社会形象，在乡村社会的实际景象之中，乡胥们也和居乡的官户、士人一样，在不同的时间、空间，面对不同的社会群体的时候，他们往往既是长者又是豪横，时或是长者时或是豪横，表现出其多元的社会形象。这自然也是不容忽视的。

---

① 王曾瑜：《治辽宋金史杂谈》，《河南大学学报》2010 第 3 期，今据氏著《纤微编》，河北大学出版社 2011 年版，第 6—7 页。王曾瑜：《回眸中国古代地方政治的贪腐与黑暗》，《史学集刊》2011 年第 1 期，今据氏著《纤微编》，第 55—74 页。贾芳芳：《宋代地方政治研究》，人民出版社 2017 年版。

第三章　官府与寺僧:宋元明公益活动的历史书写

——以闽南为中心的考察

中国历史上灾异荒旱等自然环境的剧变,给人类带来了诸多灾难。为应对突如其来的天灾,除历朝官府努力兴办各种救助措施之外,在危难之际,社会中的各类群体,也不计名利参与其中,起到了官府力量不能达致的社会救助绩效。本章所谓"公益活动",即指为公众利益而兴办的相关活动,譬如各种慈善救济活动,以及造桥、修路、亭廊修建等相关公共事务。宋元明时期的闽南(本章泛指今厦漳泉及其周边区域),在这一领域内集聚了各种社会力量,诸如官府、富人商宦、寺僧、儒士乃至普通民众等。他们基于不同的动因,或单独参与,或协作而为,积极投入,为社会兴造福祉。在信仰观念杂糅的闽南,公益活动的发展会呈现出怎样的历史面相? 究竟哪些社会力量更多参与其中,前后有无变化,何以如此等,均引人瞩目,值得深入研讨。就目前寓目之存世文献显示,宋元明历史时段内闽南地区发生的灾异荒旱等问题,在官民各个社会阶层应对环境剧变的过程中,官府之外,寺僧和儒士都曾较多参与。但在具体实践中,寺僧与其他社会群体之间究竟是怎样的一种互动关系? 这又映衬出宋元明时期闽南一地怎样的社会面貌? 宋元以来各类文献的历史书写及今人视域内的闽南乃繁华富庶之地,大多情况下,难以将灾异荒旱、社会中存在贫弱人群等纳诸视线,从而忽略了社会公益活动的展开。学界已有相关研究大多只是梳理既有历史书写下的各类图像,力求呈现过往痕迹的人与事，却常常忽略这一颇富学术魅力的历史议题丰富多彩、纷繁复杂的深层内涵。我们取径历史发展变化的"过程"、各类事物和社会阶层之间的"关系"和"互动"，试图呈现长时段视域下的这一历史面相，进而思忖历史记忆的书写与存世状况，追索方法论意义上的历史研究进路。①

一　儒佛相互影响中的公益理念追索

中国历史发展至唐宋历史时期，儒佛道三教混融的局面已经形成。在宋元明程朱理学日益浸入普罗大众心灵的这一时期，在思想观念领域居官方主导地位的儒家学说，其理论核心即"仁"。"仁民""爱物"，融汇于儒家学说之中，传布于世人思想观念深处。汉代董仲舒《春秋繁露》提出"仁者，恻怛爱人"。唐朝韩愈《原道》云："博爱之谓仁，行而宜之之谓义。"将仁之范围上升至"博爱"，且认为行之而谓"义"，将仁、义相结合进行阐释。对此，宋朝理学家们进行了更为翔实的阐述。程颐认为"仁主于爱，爱莫大于爱亲。爱则仁之施，仁则爱之理也"，"仁之道，只消道一公字"；他认为"仁之施"为爱，"仁之道"为公。朱熹又进一步阐释："作善者降之百祥，作不善者降之百殃。是以人之祸福，皆其自取。未有不为善而以谄祷得福者也，未有不为恶而以守正得祸者也"；"一念之善则恶消矣，一念之恶则善消矣，故曰：'苟志于仁矣，无恶也。'又曰：'未有小人而仁者也。'"②在此前后的儒家士大夫们也多论述为善成仁之益。对于人君而言，南宋真德秀认为"止于至善"在于"止在于仁，

---

① 关于宋元明时期公益活动的研究，尤其官方公益事业方面，学界已出现大量的成果，有关学术史，请参阅王菲菲、刁培俊《20世纪以来宋元时期闽南经济与宗教信仰研究的回顾与展望》，王日根等主编：《厦大史学》第4辑，厦门大学出版社2013年版。对于佛教的参与，具体到福建地区的探讨，请参阅黄敏枝《宋代佛教社会经济史论集》，学生书局1989年版；游彪：《论宋代福建路的寺院经济》，《中国史研究》1991年第1期，改写后收入氏著《宋代寺院经济史稿》，河北大学出版社2003年版。

② （宋）朱熹：《晦庵先生朱文公文集》卷五一《答董叔重》，《朱子全书》，上海古籍出版社、安徽教育出版社2010年版，第2350页；《晦庵先生朱文公文集》卷一二《己酉拟上封事》，第621—622页；《晦庵先生朱文公文集》卷四一《答程允夫》，第1867页。

需是行爱人利物之政，使鳏寡孤独各得其养，昆虫草木咸遂其生，如此方为至，若只姑息小惠，非仁之至也"①。"仁"之根本在于施行仁政，朱熹就曾指出：

> 诸葛武侯之治蜀也，官府次舍、桥梁道路，莫不缮理，而民不告劳。盖其言曰："治世以大德，不以小惠。"其亦庶几知为政矣。又云："君子能行先王之政，使细大之务无不毕举，则惠之所及亦已广矣。"②

显然，他是在倡导：为人君必须行先王之仁政，诸如"官府次舍、桥梁道路"等勤为兴修，使其"惠"广布于普罗大众。换言之，从人君至百姓，各有己任，但其根本思想无不提倡仁爱、慈恤、广德，行善济施，终以"治国平天下"。这是儒家为公求仁之旨归。而在具体实践中，对于理学氛围浓厚的福建地区，正是这种仁义、慈爱学说指导着地方官吏、士人阶层开展公益活动。儒家"仁"的理念在各个场合被儒宦们不同程度地实践着。这种深层理念在指导思想上的部分一致，自佛教传入中华以来，即已存在，且与人性之本真暗合。爱、慈、德、善也正是佛教的基本教义之一。在佛寺寓居之人，士人阶层占主要部分，且大多情况下士人与僧人的关系甚为友善。③在儒佛道的混融趋势下，明代莆田人林兆恩这样认为：

---

① （宋）真德秀：《西山先生真文忠公文集》卷一八《讲筵进读大学章句手记》，《四部丛刊初编》景明正德刊本，上海书店1989年版。

② 《晦庵先生朱文公文集》卷四〇《答何叔京》，第1811—1812页。

③ 宋朝一些著名士大夫多与寺僧交往，且关系密切，学界已多有考察，可参阅顾吉辰《宋代佛教史稿》，中州古籍出版社1993年版；蒋义斌《宋儒与佛教》，台北东大图书公司1997年版。何兆泉：《宋代浙江佛教与地方公益活动关系考论》（《浙江社会科学》2009年第10期）论述佛教与儒家士大夫之间的关系，他指出在"'与士大夫共天下'的宋朝，僧侣们也很明白，要获得社会的真正认同，必须首先获得儒家士大夫的理解"。事实上，这种紧密的关系却不仅仅出现在宋朝，元明时期也相当明显。谨按：北宋君臣讨论的"与士大夫治天下"和上引"与士大夫共天下"是完全不同的两种表述。邓小南先生区分了"为治"和"共治"，着重建构并论述前后时段和宋朝的"共治"，参阅邓小南《祖宗之法：北宋前期政治述略》，生活·读书·新知三联书店2006年版，第408—421页。

欲朝廷即古皇帝、老子、释迦之道以变今道释无父之俗，俾天下寺观僧道悉得娶妻生儿，以服行黄、老、释迦之教，外住廨舍，日则至寺观中选主焚修，讲明经典，兼以儒门《孝经》《论语》等书，冠婚丧祭乡射等礼，入而讲经，出而事事，其不愿者听如儒门之子为农为工商，归还原籍，使生息滋炽，人民殷阜，无有自遗于人伦之外而大行圣人之教。①

其中深刻反映出，宋明以来儒释之间的边界渐趋模糊，佛教对儒士凡俗的影响愈加深入而多元，甚至有人弃儒从佛。由于长期存在这样的多边互动，在对"慈善""德行"等思想观念践行时，双方对于"善"的积极追求和投入，必然促使他们更多参与实际的公益活动之中。那么，历史文献呈现出的具体公益活动实践，又是怎样的历史景象呢？

二 官府、僧侣在公益实践过程中的主导与被主导

宋元明时期闽南公益活动中，官府多见参与其中，而僧侣们的活动更是常见，二者的互动联系呈现变动且多元的历史面相。寺僧对于公益活动的参与，按性质大致可分为两类：一种即服务型，其中包括房舍服务、旅游驿站服务、赈贫济灾以及祈雨等；另一种即建筑工程型，除了常见的造桥、铺路、水利工程建设外，僧寺对于府治、亭廊、民间信仰庙宇的建设也积极参与。然而无论哪种活动的兴办似都有官府存在，在史料中频现的"令""命""择""使""委"等字眼，无不表示出这种参与大多是在官府直接或间接主导下进行的。诸如驿庵的设置，是最为明显的一例。宋代"所名为庵者，当时置传，路远驿疏，寄宿无所，有司酌道里中，随铺立庵，会僧主之，予以赡田，以待过客"。②可见这类驿庵，多为"有司"特意而为，解决过客

---

① （明）何乔远：《闽书》卷一二九《英旧志》，明崇祯刻本，《四库全书存目丛书》（史部第 207 册），齐鲁书社 1996 年版，第 338—339 页。

② （明）何乔远：《闽书》卷三七《建置志》，《四库全书存目丛书》（史部第 204 册），第 705 页。

"路远驿疏"问题，而僧人所扮演的角色仅仅是依指令行事，服务过路行人。在福建地区，山水重障，行途多有阻碍。这样的驿庵大量存在，确实解决了不少行人的难题。相关文献显示，在各类社会服务性活动中，对于义冢的管理，也多是在官方指令下进行的。譬如晋江县漏泽园，明嘉靖四年（1525）"守高越重建，缭以垣墙，命东禅寺僧守之"。①即官府"命"寺僧"守之"。

寺僧参与的地方公共工程活动，除了部分由寺僧主动修建外，大多是与官方"合作"。这种合作，官府为主办方，僧人或出钱，或出力，官方对其委任除以上"命""令"等直接的委命，有时甚至以度牒为诱。②如在救荒之中，"今以度牒一本度一人为僧，而活百十人之命，何惮而不为"。宋淳熙九年（1182），"敕勘会已降指挥，令广东、福建帅臣晓谕，愿为僧道之人，每名备米一百石，请换度牒一道"。③这种诱导在公共工程建设方面也广泛存在，如漳州府龙溪县虎渡桥（即江东桥）的修建，即使如此。虎渡桥在南宋嘉熙元年（1237）"厄于火，乡寓陈正义谓宜以石为梁，会守李侍郎韶捐私帑现钱五十万、僧牒一道为之倡，又拨本州南寺免泛科钱年余三十贯相其役，寓公颜侍郎颐仲复捐俸助之……桥东西各有亭及庵"。④李韶捐钱"五十万"，以及"僧牒（按：即度牒）一道"作为倡导兴修江东桥的财物支持。官府对于僧人的这种委任，甚至在宋朝已形成"祖例"，其详云"州县凡有营缮修造等大役，官司量以钱付僧家，仍授之规模而责成焉。至有不给，则令彼出陪（赔）补亦不离公家常住之

① （清）周之镶修，周学曾、尤逊恭等纂：《道光晋江县志》卷六八《冢墓志》，《中国地方志集成》（福建府县志辑之二五），上海书店出版社 2000 年版，第 944 页。
② 所谓度牒，乃自唐朝天宝六载始，由官府颁发所给，用于证明僧尼身份的凭据，多用绫绢或纸制造。宋英宗朝后，官府出卖度牒成为弥补财政亏空的一种手段，有时竟超过朝廷一年总收入额的十分之一。发放度牒也成为官方控制僧尼数量的主要举措。参阅林天蔚《宋代出售度牒之研究》，收入中华丛书编审委员会主编《宋史研究集》第四辑，台北"国立"编译馆 1969 年版，第 309—360 页。
③ （元）张光大：《救荒活民类要·救荒报应》，影印明刻本，《续修四库全书》史部政书类，第 846 册，上海古籍出版社 1995 年版，第 75 页。
④ （明）罗青霄：《（万历）漳州府志》一三《龙溪县·桥渡》，（明）彭泽修等编纂：《明代方志选》，学生书局 1965 年版，第 237—238 页。

财，于吾民免被扰，而闾里获安息"。①

那么，在兴办社会公益活动时，为什么官方在众多的社会群体中，多数委命于寺僧呢？　首先看宋朝陈淳《拟上赵寺丞改学移贡院》建议赵寺丞利用僧寺改移贡院的记载：

> 举漳州之产而七分之，民户居其一，而僧户居其六。于一分民户之中，上等富户岁谷以千斛计者绝少，其次数百至百斛者亦不多见。类皆三五十斛、无担石之家，终岁营营为仰事俯育之计，且不能以自给。则为漳之民户者甚贫，在官司绝不可更有丝毫之扰……以灭伦败教，不耕不蚕，块然一无用之髡（僧），独无故窃据而奄有之，闲居以安享之。所与坐食之众，上寺不过百人，其次不及百人或数十人，其下仅五六人，或止孤僧而已，则岁费类皆不能十之一。所谓九分者，直不过恣为主僧花酒不肖之资。是果何为也哉？　故今公家凡有创造，无求诸他，惟尽第彼僧门产业之高下，而画吾宇屋界分之大小之财付之，且量支吾公帑之财，为之开端，而后取办责成焉耳，绝无出一引，绝无差一吏。②

据陈淳之言可知，僧寺作为官府的委命对象，最直接的原因在于其占有社会的大部分财富。自北宋中期以降至明中叶，地方财政日益困窘的局面时续呈现，官府的财政常常不足以完成这类事务的兴办，③只能仰赖于财力雄厚的僧寺。在公益活动中，尤其是公共工程

---

① （宋）陈淳：《北溪大全集》卷四七《上傅寺丞论民间利病六条》，《宋集珍本丛刊》，第 70 册第 273 页。

② （宋）陈淳：《北溪大全集》卷四三《拟上赵寺丞改学移贡院》，《宋集珍本丛刊》，第 70 册第 252 页。

③ 两税法在中唐之后的历史进程中实施之后，在帝国财政领域发生的变化，请参阅陈明光《唐代财政史新编》，中国财政经济出版社 1991 年版，1999 年印本，第 203—319、381—411 页；梁太济《"五赋"及其所体现的两税法的演进》，原题《宋代两税及其与唐代两税的异同》，原载日本《中国史学》第 1 卷，收入氏著《两宋阶级关系的若干问题》，河北大学出版社 1998 年版，第 215—246 页；以及包伟民《宋代地方财政史研究》，中国人民大学出版社 2011 年版，第 114—136 页；郑振满《明后期福建地方行

的举办，依靠寺庙力量的例子并不鲜见，如福州府福清县万安里香严上下洋的修建，宋天禧二年（1018）"僧师振募八千缗，筑长九百丈，高五尺，原倍之，斗门三，泥门五，凡十一年乃成"。①僧师募钱达"八千缗"，历时"十一年"，可知确实费时费力费财。而漳州民贫，且地方官府财政预算中大多不曾预设公益活动和公共工程的开支，官府强调"在官司绝不可更有丝毫之扰"，此乃官府难以支持的晦饰之词，从另一侧面映射出南宋地方官府财力极端困窘。再如南宋刘克庄在《浚河纪略》中对淳祐年间福清县城河水濬修的记载，赵汝愚也参与其事，鉴于"役不可已，民不可劳"，且呈现出"询于众""虚心以听"的历史影像，最终将官府视野转移到寺院：

> 先是，寺产满百钱者濬三尺，产二百以下皆敷［丁］。公令产满百者濬二尺而已，濬内河者半之。负郭三邑寺产三百以下，余十县寺产六百以下者皆免敷。遂画界限，度丈尺，总以十大寺，而余寺分隶焉。近寺募工，远寺助费，率以产满百者助二工。按籍给由，下之十县，以僧督僧，吏拱手不得与。寺尤远而输未至者，先兑库钱……

直到淳祐十年（1250）九月，十日而兴修完毕，"用工四万六千有奇，工给宝瓶楮三通，不过敷楮十四万，而百年水道，唾手而复"。②如上所论，地方官员按照寺产的多少，将疏浚的任务分派至各个寺院，近寺出工，而远寺也需出钱"助费"，并且实行"以僧督

（接上页）政的演变》，《中国史研究》1998 年第 1 期，今据氏著《乡族与国家：多元视野中的闽台传统社会》，生活·读书·新知三联书店 2009 年版；游彪《论宋代福建路的寺院经济》，《中国史研究》1991 年第 1 期，改写后收入氏著《宋代寺院经济史稿》，河北大学出版社 2003 年版。

① （宋）梁克家纂修：《（淳熙）三山志》卷一六《版籍类七·福清县·水利》，《宋元方志丛刊》，中华书局 1990 年版，第 7918 页。

② （宋）刘克庄：《后村先生大全集》卷九〇《福州濬外河》，今据辛更儒校注本《刘克庄集笺校》，中华书局 2011 年版，第 3839—3840 页；比勘以（明）喻政主修《（万历）福州府志》卷五《舆地志五》，《文渊阁四库全书》本，海风出版社 2001 年版，第 63—64 页。

僧"的巧妙办法，最终历时三年便"唾手而复竣事"。然而，官方的这种主导作用，有时甚至是一种行政的刚性命令，如前所论的僧人通过庆祝佛祖生诞获利一事，南宋乾道四年（1168），寺庙曾通过庆祝佛祖生诞而获利，"岁大饥，谷价腾涌，成市会首有取至三千余缗。王参政之望为帅，闻之，谕令籴谷赈济，不服，乃尽根治，尽拘其钱入官，自是遂绝"。①在官方的强制下，部分钱财最后被用于赈济，但这种所谓之参与，却并非僧寺情愿。由此可见所谓之公益活动，实际上导致了官府强抢豪夺于僧寺。帝制时代类如上述打着"公益活动"的招牌而将负担强加于各类社会群体者，恐并非仅见于此。

地方官员不但充分利用僧寺财力，也多利用"人力"，其表现为"令僧募缘"，"命僧董役"等，似还有更为深刻内涵，即不但令僧人招募民众参与，且"僧人"自身之力也在官府指派范畴之内。南宋高宗绍兴间，延平府南溪诸滩的修建过程中：

> 郡守上官愔等既开黯淡滩，愔复议大开诸滩。有僧祖日者，能相滩势，因命董其役。漕司助钱百万凿此滩……而南溪之险悉平。②

由祖日"董其役"，其缘由在于其"能相滩势"。而这一"能相滩势"的能力，存在两种可能：其一即祖日经常参与此类水利工程修建，故有一定的经验，懂得如何操作，得到广泛的信任。福建地区确有这样的僧人，其修桥数目一般不限于一座，如宋僧守净，"有道术，安平朝天门楼、兴化军安利桥、延平可渡桥、武荣金鸡桥，皆其所建"。③据《晋江县志》记载：

> 了性禅师，弟子守净。绍兴中，开元东西两塔灾，至淳熙而

---

① 《（淳熙）三山志》卷四〇《土俗类·岁时》，第8249页。
② （明）黄仲昭修纂：《（弘治）八闽通志》卷九《地理》，福建人民出版社2006年版，第243页。
③ 《闽书》卷七《方域志》，《四库全书存目丛书》（史部第204册），第139页。

性两建之。绍熙间，净建资圣僧寺塔、嘉泰塔、继新塔，庙、岩、堂、庵、桥凡十有七；其与性之建弥陀殿，创安溪龙津桥、晋江安济桥，盖功力相等云。①

由此可见僧人参与造桥之积极，守净几乎以造桥为职业，且桥梁的修造也并非拘于一地。如此众多公益活动的参加，必定会使得僧人具有一定专业经验，也成为官府愿意委派他们的原因之一。②

其二即所谓的"法术"，这一说法可在木兰陂的修造中得到印证。关于木兰陂的修建，在宋人郑樵的记载中，有长乐人钱氏女和林姓叟先后出资十万缗兴建，但皆未成功。熙宁初年，有季长者至，始有绩效。绍兴十八年（1148），冯元肃再次治理，惠及周边百姓。③这一过程，在明人笔下，则成为另一版本：北宋治平间长乐钱媪及林从世"相继筑陂溪山流，随筑随溃"，均未果，直至熙宁八年（1075）李宏应诏而来：

有僧智日相地下流木兰山下，规筑之。力开沟百余，以导彼之流；作十门，启闭诸沟之水。设涵泄，疏通斗门所不及。复筑塘为田，以授于民。莆田万余顷赖以溉之。邑人立庙，春秋祀之。④

---

①　《道光晋江县志》卷六〇《人物志·仙释》，第 832 页。

②　宋朝尤其是南宋僧寺参与桥道修造者，前后不绝如缕，学界也多有瞩目，举其要者，可参阅方豪《宋代佛教对泉源之开发与维护》及其《宋代僧徒对造桥的贡献》，收入中华丛书编审委员会编《宋史研究集》第 11 辑、《宋史研究集》第 13 辑，台北"国立"编译馆 1978 年版、1980 年版；程光裕：《宋代泉州僧侣参与修建之桥梁》，《徐规教授从事教学科研工作五十周年纪念文集》，杭州大学出版社 1995 年版。

③　郑樵：《夹漈遗稿》卷二《重修木兰陂记》，《文渊阁四库全书》本，第 1141 册第 513 页。

④　（明）王应山修、陈叔侗、卢和校注：《闽大记》卷四九《行事六》，中国社会科学出版社 2005 年版，第 610 页。美国学者 Hugh R. Clark（自名柯胡，另一中译名克拉克）著 Portrait of a Community: Society, Culture, and the Structures of Kinship in the Mulan River Valley (Fujian) from the Late Tang through the Song (Hong Kong: The Chinese University Press, 2007) 收集丰富文献，力图再现木兰溪赵宋已还的历史场景，颇可参阅。笔者也搜讨部分学界鲜见之地方志文献，近期也拟再做考察。

对于此事，《闽书》中也有两处相关记载，一曰智日"为宏相址"，①二曰"智日能夜役鬼物，且起视之，竹表遂多"。②僧能"夜役鬼物"杂入太多虚无迷信的色彩，但不能否认，李宏修陂的成功，绝对不能脱离智日的"相址"之助。而这种"相址""相滩"的能力，或以为乃僧人终日修炼才能持有的"法力"。僧人的"神秘"是历来佛教神秘色彩所赋予的，因此也使其赢得了更多的影响力。

官府对于僧人"人力"或可言之"僧力"的利用，还表现在委任其"募缘"。社会公益活动的展开，尤其是公共工程的修建，很多是由官方主导，但是资金来源多是集资而来，正如论者所言："古者修理桥梁多出于官，今也多出于民。"③对于这样的重任，就文献阅读印象而言，官方大都会委任给僧寺。因为佛教提倡施舍福田之说，再加之福建地区佛教信仰氛围之浓厚，僧人的"募缘"效果明显，而地方官员对此早有深刻认识，这也成为官方委派僧人的原因之一。如明漳州府南门桥二次修缮：

> 初，桥之毁也……民献王子述等乃相率诣县，自言愿出资修造，俾斯桥复完，称使君心，龙溪令李君白其事，公乃约二守罗李二公、别驾吴公、节推梁公捐俸为之倡。而李君及南靖令曾君、漳浦令许君继之。计直授事，则使君主之；鸠工课作，则李令司之；百姓愿输资者，命浮屠智海任之，佐以释氏施舍之说，凡敛金钱二十八万四千七百有奇……夫儒者之道，以济人利物为心，而感之以至诚；佛氏之道，以慈悲方便为教，而诱之以福利。④

针对此事，《漳州府志》编纂者按语云：南门桥二次修理，"实召僧行钦、智海主之。二僧果能广乞民财以集厥事，书之以见漳民之好

---

① 《闽书》卷二三《方域志》，第440页。
② 《闽书》卷二三《方域志》，第428页。
③ 《漳州府志》卷二《漳州府》，第37页。
④ 《漳州府志》卷一一《漳州府·重修城南石桥记》，第202页。

义，而浮屠氏之能致人有如此云"。①除却官吏捐俸之外，百姓愿意出资者，"命浮屠任之"，以佛教慈悲、施舍、福田之说，进行劝谕，实为良策，稍后"浮屠氏之能致人"敛金"二十八万四千七百"，达致一个较理想的效果。

以上是从官方的角度进行的分析，那么对于这样的委任，从僧人角度而言，又是怎样的态度？ 如若他们乐意从之，其缘由为何？ 其中一种可能即部分公益活动与僧寺的切身利益息息相关。如漳州府漳浦县十七都开元陂，"有南北二埭，灌开元寺僧田三十余顷"。②而福建地区僧寺所占田亩数量极多，③如须确保田亩的收入，水利工程的修建就显得异常重要。相对于拥有少量田地的普通民户而言，僧寺在无形中就有责任承担起这一任务。如此一来，对于其修造的积极参与便易于理解了。同时，寺院不仅仅承担修建这些工程，甚至还担负起日常的疏通管理之职责，但这种"管理"在一定程度上也会成为侵占、控制水利工程使用权的凭借。如明朝漳州府海澄县鸿福埭，"灌田十顷，旧法济寺僧掌之，为豪右侵占。成化十八年（1482），知府姜谅褫以与民，重修筑之，改曰丰乐"。④"旧法济寺僧掌之"显现鸿福埭长期为法济寺所管控，其中也透露出各种社会力量间博弈对抗之复杂，僧寺、富豪、官员、平民各扮演着不同的角色，但起始是由僧人"掌之"的。

对僧人而言，官方的委派并非在何时都是有效的，如宋代德化县云龙桥的修建，庆元五年（1199），"桥圮，知县事叶益命僧了性募移今所，未就。嘉定中，知县事季端谊命邑人林士元等成之"。⑤由此不能明确看出云龙桥重修的"未就"原因，但也难免有僧人不从之可能。《淳熙三山志》里的一则史料则明确显示出僧人的"不就"情

---

① 《漳州府志》卷二《漳州府》，第 37 页。
② 《漳州府志》卷一九《漳浦县水利》，第 359 页。
③ 参见前揭黄敏枝《宋代佛教社会经济史论集》，第 119—127 页；游彪《宋代寺院经济史稿》，河北大学出版社 2003 年版，第 107—115 页。
④ 《漳州府志》卷三〇《海澄县水利》，第 632 页。
⑤ （清）鲁鼎梅主修：《（乾隆）德化县志》卷四《山川志》，德化县地方志编纂委员会 1987 年印，第 100 页。

景，就出现在宋代宁德县临海里赤鉴陂的修建中，北宋元祐四年
（1089）：

> 土民林圭与灵泉寺僧养誉，以陂下田户百六十均所费，上为
> 桥，号泗州，延三十余丈，石址。又于陂西水际里筑堤，上广二
> 丈，长二里……其后日堕岁弛，张［涨］水决坏四十余丈，深二
> 丈。宣和七年，储知县委僧修筑，不就。斗门今尤存。①

关于赤鉴陂、泗州桥以及堤坝的修建，元祐时期，由僧人和邑人
共同完成；宣和年间，官府委托僧侣修筑，最终结果却"不就"。当
然，这里无从得知"不就"的具体原因——究竟是财力不济、人力不
足，抑或是僧侣未曾真正着手，恐难以遽断。倘乃僧侣出于一己之
私，抑或官府压榨过甚，则可能存在僧人对官方以"弱者的武器"进
行轻微反抗。再如南宋陈淳在《上傅寺丞论民间利病六条》中则有更
为明确的记载，有些寺僧具体在公益活动之中，对于形成祖例的安排
则另有不寻常的操作：

> 后来诸僧院设计厚赂都吏，去其籍，遂破元例，而有事复数
> 之民，民遂被扰，而僧家安养端坐无为矣。自是，有司行遣，作
> 辍不常。存心公明正大者，则宁役无用闲僧而不忍扰吾民；以种
> 福田为心者，则无暇虑及吾民而惟恐一毫有伤于佛子。②

据此可知，寺院对于官府的委派和掠取，有时通过强硬抵抗，有
时则委婉通过贿赂胥吏而不从官方的指令，最后却由当地民众承担。

在公益活动的实践过程中，官方与寺院双方的多元互动关系，不
仅仅表现在官方对于僧人公益活动的主导，另外，僧人有时也能对官
方的行为起一定的指导作用。如宋朝漳州府南桥之兴造：

---

① 《（淳熙）三山志》卷一六《版籍类七》，第7923页。
② （宋）陈淳：《北溪大全集》卷四七《上傅寺丞论民间利病六条》，《宋集珍本丛刊》
本，第70册第273页。

前年之厄，说者皆以为南桥之激。南桥之造，特出于卿（乡）大夫林寺丞听一庸僧之臆见，不佥谋诸善阴阳者。漳水本安静，而聚石以激之，冲突号怒，一如建剑湍险之声，将何以自宁？　南桥之造，盍造于出云馆，以漳水自此而下为翻弓之势，不纯腰带之绕，正阴阳家所忌。桥造于此，则下流有钤束不足忌，而上流有关锁，风气藏聚盘礴，自足以为雄胜。然此事已失，重大难整，更不必深论。①

据此可知，南桥的修造是缘于"林寺丞听一庸僧之臆见"而为。我们暂不论南桥之建是否合理，且将关注点放在林寺丞身上。一般而言，桥梁的修造多为官方主导，然而参与者也如陈淳所讲不谋于"善阴阳者"，而单单听取了"庸僧"的意见。原因何在？　这是否也体现了僧人在整个公益活动中拥有相较于"善阴阳者"更多的发言权，抑或为官者私利作祟而断以己意？　这似乎透露出些微更为深层的历史蕴涵，即在福建地区，佛教僧人势力相对较强盛，他们有时可以按照自己的意愿，在某些事务中做出自己的判断，而非完全听命于官府的指派。当然，于己有利端是寺僧投诸其中的关键之所在。综括言之，就文献显示，寺僧更多实际投入操作，地方寓公、士绅等也多参与，但在整个公益活动中，最终的主导权依然多半操控在官府手中。②

三　公益活动中的僧寺与其他社会群体

公益活动的举办除却官方为主体外，部分普通民众也积极参与其

---

① （宋）陈淳：《北溪大全集》卷四三《拟上赵寺丞改学移贡院》，《宋集珍本丛刊》本，第 70 册第 250—251 页。

② 卜正民针对明朝后期士绅对于佛寺的具体捐赠、佛寺之与地方社会的互动，以及晚明与晚宋的比较，做了较为清晰的研究，请参阅（加）卜正民著，张华译《为权力祈祷——佛教与晚明中国士绅社会的形成》，江苏人民出版社 2005 年版。

中，如富民阶层、①普通邑人等以男性为主的群体，以及少量女性也参与其中，那么在具体的践行中，他们是否也与僧寺之间存在着千丝万缕的联系呢？ 普罗大众的信仰、佛教的劝谕，呈现在公益活动中有着多元的历史面相；而来自官方或寺院的雇佣及其合作，也从另外的侧影中映射出宋元明闽南公益活动的多元历史面相。

（一）劝谕与信仰

如前所论，官方对僧寺参与公益活动的主导，其委命责任之一即"募缘"，对"百姓愿输资者，命浮屠任之"。如此看来，在公益活动的参与过程中，从思想层面来讲，在官方的主导下，二者之间最突出的关系即僧人对百姓的劝谕。那么，为什么官方要将这种劝谕委任给僧人，而邑人等又会听从僧人的劝谕呢？ 首先，在劝谕过程中，"慈善""福田""因果报应"等观念，不仅是僧人本身参与公益活动的主导思想，而且也成为其劝谕信众的说辞。这些说辞容易为普通百姓所信服，如永春县万岁山太平寺的修建，"僧灵政以因缘果报之说，循循善诱，一唱百和，近悦远来，贫而吝者输财，瘠而庸者效力，不约而办，不戒而成"。②此例仅为太平寺的修建，但是因缘果报之说，着实在民众之中产生了重要影响，"善有善报恶有恶报"的思想深深植入人心。③官方委命僧人进行劝谕，如前所论的漳州城南石桥修建，"百姓愿输资者，命浮屠智海任之，佐以释氏施舍之说"，正所谓"夫儒者之道，以济人利物为心，而感之以至诚；佛氏之道，以慈悲方便为教，而诱之以福利"。④抑或正是官府对果报理

---

① 近年来林文勋教授倡导中国历史上的"富民社会"研究，作为社会中间层的富民，积极参与社会公益活动，为地方社会营造福祉，提升富民精英及其家族的社会影响力，是其中最主要的一个方面。参阅林文勋《中国古代"富民社会"的形成及其历史地位》，《中国经济史研究》2006年第2期。林文勋等：《中国古代"富民"阶层研究》，云南大学出版社2008年版。梁庚尧：《家族合作、社会声望与地方公益：宋元四明乡曲义田的源起与演变》，《中国近世家族与社会研讨会论文集》，台北"中研院"历史语言研究所1998年版，今据邢义田等主编《台湾学者中国史研究论丛·家族与社会》，中国大百科全书出版社2005年版，第338—363页。

② 《闽书》卷一二《方域志》，《四库全书存目丛书》（史部第204册），第224页。

③ 关于因果报应说，参阅刘静贞《宋人的冥报观——洪迈〈夷坚志〉试探》，《食货月刊》复刊第9卷第11期，1980年，第454—460页。

④ 《漳州府志》卷一一《漳州府·重修城南石桥记》，第202页。

念的利用。

另外，民众对僧人和佛教的信仰，还在于僧寺带给民众实实在在的利益。宋元明时期，福建地区闽学盛行，吸引着大部分的士子。然而诚如《安溪县志》所载"近县数都，彬彬业儒，盘郁山村，则罕诗书。疾信祷不服药，治丧颇尚浮屠"，①仅在郡县等地"彬彬业儒"，对于那些处于深山之中的村落，则"罕诗书"。这一现象，在福建可能也不仅仅局限于安溪一地。对于这些"罕诗书"的地区，甚至不见"彬彬业儒"的地方，他们所信仰的是那些关切到自身利益，为自己带来实实在在好处的人或"神灵"。②在那心智蒙昧的时代，对于天、地、人三界诸多祥瑞灾异等无以解读认知之时，民众对于佛道信仰的笃诚似乎是无所不在的。如泉州晋江县乌屿：

> 四面皆水，屿上可居民，砌石为沉桥。宋宝祐中，僧道询募建石桥，名凤屿盘光桥……道询少遇丫角髯道人，授以丹丸，遂朗悟内典，精勤修行，耐烦忍垢。漳泉之人翕然信服。若惠安峰崎山之青龙桥、獭窟屿桥，皆其所建。③

由于道询精勤修行，造桥使民得到便利，故深获漳泉民众的信从。再如瓯宁人暨存真：

> 结庵建阳冲源居之，出入常有朵云覆其上……乡人请祈雨旸，有呼即应。有疾者，饮以法水，寻愈。绍兴元年，洛田詹公瑾作庵移居之。二十二年六月十九日坐化，异香满室，遂塑其身，祀诸郡，有祷皆应。赐谥定应善济大师。④

---

①　（清）庄成主修、沈钟、李畴同纂：《（乾隆）安溪县志》卷四《风土》，《中国地方志集成》（福建府县志辑之二七），上海书店出版社 2000 年版，第 483 页。

②　中国传统社会之中，普通民众"凡灵则信"的信仰特点，在［美］韩森所著《变迁之神：南宋时期的民间信仰》（包伟民译，浙江人民出版社 1999 年版）一书中即有揭示。

③　《闽书》卷七《方域志》，第 142 页。

④　《闽大记》卷五二《外传一》，第 707 页。

由于暨存真帮民祈雨、治愈疾病而得到人们的敬仰，甚至在其死后，得获奉祀，逐渐发展成为当地的一种信仰。如此之类，最为明显的即是直到今天仍为人们信仰的清水祖师，其除了为民祈雨外，也曾建造双济桥、谷口桥等。①正是这些让民众得到切实利益之僧人，最终赢得了民众对整个佛教以及僧人群体的信任和信仰，同时也使得他们的劝谕起到更好的作用。民众从对僧人本人的信仰逐步发展到奉祀，而僧人在这个过程中，也被神化，由此披上了"神秘"的外衣。如德化县香林院，"宋时有神僧来此，虎跪迎之"，②看似十分荒谬，但这样的信仰之风，在福建地区尤为浓炽，甚而给官府带来某些困扰。如闽俗中每年农历三月八日为庆佛生日：

> 是日，州民所在与僧寺共为庆赞道场……此风盖久矣……绍兴三年，复就万岁寺作第一会。是日，缁黄至一万六千余人，凡会，僧俗号"劝首"数十人，分路抄题，户无富贫，作如意袋散俵，听所施，了亡免者，真伪莫考。

在官方强制的禁令下，农村乡舍之间，部分奸人仍能够借佛生日获利，正因为存在着一批奉佛如命的信徒们，而关于"愚民奉佛，往往私立塔庙"之事也绝对不少。③

综上所论，僧人对公益活动的参与促进了民众对佛教的信仰，另外，似又可探寻出僧人参与公益活动的潜在原因，即吸引更多的信众。正如宋代在重修供奉王审知之忠懿王庙时，罗畸自云："浮屠氏好谈因果以劝世，而忠懿喜营塔庙，其功德在佛之徒为多，若使反其所施以治其庙像，是使浮屠氏之说益信也。"④意在王审知曾"喜造塔庙"，笃信佛教，故僧人应为其修建庙宇才能使得佛说"益信"。

---

① 《（乾隆）安溪县志》卷三《山川》，第460页。盛行于闽台之间的吴真人信仰，或与此类似，参阅郑振满《吴真人信仰的历史考察》，今据氏著《乡族与国家：多元视野中的闽台传统社会》，生活·读书·新知三联书店2009年版。

② 《（乾隆）德化县志》卷八《祠宇志》，第224页。

③ 《西山先生真文忠公文集》卷二四《永春大夫御史黄公词记》，第6页。

④ 《（淳熙）三山志》卷八《公廨类二》，第7862页。

文献记载虽是吉光片羽，但对于整个佛教而言，施舍之众数不胜数，所以僧寺只有大量地参与公益活动，便民济世，才能使得佛说"益信"，吸引更多的信众。特别在福建地区，由于宋元时期海外贸易的大力发展，一些域外宗教传入，在一定程度上影响了佛道势力的发展，不同信仰之间的竞争也就在所难免。如在元朝佛道之间大辩论中，有这样一则记载：

> 这释道两路各不相妨，只欲专擅自家，遏他门户，非通论也。今先生言道门最高，秀才人言儒门第一。迭屑人奉"弥失诃"，言得生天，"达失蛮"叫空谢天赐与，细思根本，皆难与佛齐。①

其中迭屑（tarsa）指基督教徒，弥失诃指景教（基督教，一名也里可温），达失蛮指回教（Dashmand，或译答失蛮；Danishmand，或译答亦失蛮，指伊斯兰教教士；Musulman，木速鲁蛮或木速蛮，指伊斯兰教教徒）。这一番话，便是出于佛教徒排斥他教的说辞，也由此可以看出当时各个宗教之间的相互竞争。再如元朝大德八年（1304）江浙行省准中书省咨"禁也可里温搀先祝赞"，②即基于基督教的过分兴盛，引起了僧人的不满而受到压制。③综括而言，面对不同信仰竞争的时候，寺院对公益活动的积极参与或可成为其确保地位的手段之一。

（二）合作与雇佣

僧人与邑人等其他普通民众主体之间除了以上所论思想层面的劝谕与信仰关系外，在具体的实践中，尚存在着合作雇佣关系。如福州府福清县龙首桥，在元祐二年（1087）时，由"敛石僧显光及乡人林

---

① （元）释祥迈：《大元至元辨伪录》卷三，《北京图书馆古籍珍本丛刊》第77册，影印元刻本，书目文献出版社1988年版，第516页。

② 《元典章》卷三三《礼部·释道》，陈高华等整理本，中华书局、天津古籍出版社2010年版，第1143页。

③ 有关元代佛道与基督教、伊斯兰教的传播及盛行，请参阅陈高华、张帆、刘晓《元代文化史》，广东教育出版社2009年版，第79—85、387—436页。

日进复募缘，为梁三十，长二十二丈，改名坦覆"；①泉州府晋江县吟啸桥，咸平中，"邑人王养及僧行珍所造"；泉州府同安县西安桥，"邑人许宜与僧宗宣所建"。诸如此类，桥梁皆为僧人与里人合作。此外，还有部分塘陂的修建亦是如此，如晋江县陂洋塘，淳熙七年（1180），"邑人林邦闻与僧了性始累石埒之"；宁德县赤鉴湖西陂，"宋土民林圭与僧养誉筑堤做堰以灌田"。②另外，尚有一些乐善好施之人，雇募僧人的现象，如元至正十四年（1354）岁饥，晋江人赵深道：

> 于中和堂设粥食饿者，所活甚众。既而大疫，死者相枕藉。深道造舟，施轮其下，募众僧以长绳挽曳，沿街搜索。或遇门闭，辄排以人，所埋瘗不可数计。有司以闻，表其门曰"义士"。③

即募僧人埋瘗死者。再如晋江县湮浦埭的修建，宋治平二年（1065），洪水埭坏，逮至南宋绍兴六年（1136），"邑人李密、李国表，复请筑于令洪元英，以僧祖派、体柔领其事"。④这两则记载都是在邑人的主导下，雇募僧人参与其事，共同济世利民。当然，文献中当有更多同类案例可以举证，时空或异，其理则同，兹不赘。

四 余论

综上所论，由于地方财政之困窘，宋元明时期地方官府兴办社会公益的能力，揆诸情理，应并不显著，而更多依赖于非官方力量。闽南社会各界对于社会公益活动的兴办，寺僧的影响力无疑应是很大的，文献记载中也更多呈现出他们积极活动的身影。除佛寺的力量

---

① 《（弘治）八闽通志》卷一七《地理》，第463页。
② 《闽书》卷八《方域志》，第146页；卷一二《方域志》，第217页；卷八《方域志》，第151页；卷三一《方域志》，第600页。
③ 《闽大记》卷四九《行事六》，第622页。
④ 《闽书》卷八《方域志》，第150页。

外，尚有一些其他的参与主体，如官府、士人阶层，以及普通民众等。那么在具体的实践过程中，各个公益主体之间不免多元互动。

首先，寺院与官方、士人之间，在思想层面，自宋代以来儒释道三家逐渐出现合一的趋势，历经宋元明长时期的发展，到明代之后更为显著。各派相互影响，但对于慈善、仁爱等思想的强调都近乎是一致的。如宋真宗在其《释氏论》中讲道："以为释氏戒律之书，与周、孔、荀、孟迹异道同，大指劝人之善，禁人之恶"；①在实践层面，由于僧寺本身所具有的特点，僧人的参与部分受到官方的主导，然而就僧人方面而言，这种主导作用并非绝对有效，并且在官方公益活动开展时，有时官吏会听取僧人意见，受其影响。

其次，僧人对于公益活动的参与，还与富民、邑人等其他公益活动主体有着千丝万缕的联系。在思想层面，如前所论，由于僧人特殊的身份，在官方的主导下，多被官府委命用于劝谕群众，而这种劝谕的有效性正是基于群众对僧人的信仰。在实践层面，二者也存在着合作雇佣关系。

最后，在整个公益活动的践行中，毋庸置疑，地方官府似无可怀疑地主导着整个机制地运行，从认知层面上对统治思想的控制，到实践层面对僧人的直接委命，或是对普通民众的间接劝谕，都发挥了重要作用。福建地区寺院作为一种社会力量在民间影响极大，目前文本呈现出其在官方为主导的公益事业中发挥了重大作用。同时透过这种互动，可以更深层地发掘出僧寺参与公共事业的原因，除了佛教在思想层面"慈善""福田""因果报应"等教义的指导外，寺院的热心参与还与其他社会因素有关。其或因为僧寺占有社会大部分财富，或因僧人造桥修路等实践经验丰富，或因僧人所具有的"法术""募缘"能力等，在官方的主导下，积极参与地方公益活动。质言之，这种参与也是基于佛寺自身的利益，如为掌握各个水利工程的使用和管理权，或为吸引更多的信众等。

自赵宋迄于朱明，当时中国域内一旦出现灾异荒旱等问题，各王

---

① （宋）李焘：《续资治通鉴长编》卷四五，咸平二年七月丙子，第961—962页。

朝无一例外地要求当地或各地官府第一时间内开展社会救助等举措，以减免灾异荒旱给社会带来的各种恶果。宋朝尤其，更以募兵等作为处理灾变的一种措施。在灾异荒旱过于猛烈的时候，就显露出官府救助的力量之有限，朝廷和各级官府也趁机严督富民巨商出资出力，救荒济世。在这样的危难时期，即便是方外世界，也定会纳诸帝国视线。至于地方公益诸如修道建桥开渠引水诸端，官府也多督促富民巨商乃至寺院道观等所谓社会力量积极参与其中。在这一过程中，官府的督劝也多半会变自愿为强制，富民巨商等也多半不能拒绝来自官府的劝导。①这或许是宋元明时期帝国一贯的举措。这一本来为营造社会福祉的事情，也就逐渐融入了官方越来越多的强硬态度，这抑或当属传统中国帝制时代的特质。

由前揭所考察之闽南社会公益活动中各类社会群体的参与，可以发现，宋元明三朝帝制中央政府和地方官府，其参与的力度，对比于僧寺和拥有救助世人于水火的慈善思想的各类富豪民户，都相当逊色。这一方面与国家财政的收支、地方财政的持续性困窘有着莫大的关联，另一方面也显示出这一时期"民间力量"的生成与强大。南宋之后，福建读书科举的热情持续暴涨，虽历经蒙元短暂的停歇，至朱明一朝，科举入仕的儒士人数却是急剧增长。②城居大不易，待缺、致仕（退休）、丁忧和未能跻身仕途的儒士越来越多地选择了乡居，

---

① 可参阅李华瑞《宋代救荒史稿》，天津古籍出版社2014年版，第525—545页。
② 参阅[日]青山定雄《五代における宋福建の新兴官僚》，日本《中央大学文学部纪要史学科》第7号，1961年；梁庚尧：《宋代福州士人与举业》，台北《东吴历史学报》第11期，2004年6月。萧启庆：《元朝科举与江南士大夫之延续》和《元朝南方士人分布与近世区域人才升沉》，收入氏著《元代的族群文化与科举》，联经出版事业公司2008年版，第147—210页；刘晓东：《明代士人生存状态研究》，吉林文史出版社2002年版；刘晓东、赵毅：《晚明基层士人社会生活谫论》，吉林文史出版社2006年版；陈宝良：《明代儒学生员与地方社会》，中国社会科学出版社2005年版，第296—412页。居乡的官员和儒士之增多，并不一定代表着选择城居的就相对减少。二元化处理这一社会问题稍显简单，事实上，那些富豪高官及其子弟们（中等人家也未必就不向往城居）依然向着城居甚至居住于首善之地。Robert P. Hymes 著 *Statesmen and gentlemen, the Elite of Fuchou Chiangsi, in Northern and Southern Sung*, Cambridge: Cambridge University Press, 1986；包伟民：《精英们"地方化"了吗？——试论韩明士〈政治学与绅士〉与"地方史"研究方法》，邓小南、荣新江主编：《唐研究》第11卷，北京大学出版社2005年版，第653—672页。

抑或在乡间买田置产，自己经营或交由干人打理，他们之中的部分成员因从事各种与乡梓有关的事务而转化为乡绅。①这些凭借科举而起的地方士绅越来越多地关注和经营家族周边的社会，其社会影响力的彰显和壮大，使得来自这一群体的富豪人家更多参与其中，显示出社会力量参与公益活动的热情。僧寺虽然持续参与，但自我表彰的文字书写相对不多，难以与儒士群体力量的壮大与历史书写的增多相比，话语权的拥有与否，导致了地方士绅更多参与这一历史面相地呈现。

就此议题，追索历史记忆的书写与存世的过程，进而可见，历史记忆的有选择性，导致了存世文献的片面性，也就带给历史研究者认知历史的不完全性。②明清以降，文献浩如烟海，学者或未能竭泽而渔搜讨史料，吉光片羽，即率尔操觚，以碎片化、片面化的文本意欲呈现历史的多元、整体风貌，且以文本优美，睿智覃思，史识高妙，妄自标榜，自以为得。或云横看成岭侧成峰，窥一斑而见全豹。实不

----

① 梁庚尧：《南宋官户与士人的城居》《南宋城居官户与士人的经济来源》，今据氏著《宋代社会经济史论集》下册，允晨文化实业股份有限公司 1997 年版，第 165—218 页。梁庚尧：《家族合作、社会声望与地方公益：宋元四明乡曲义田的源起与演变》，收入"中研院"历史语言研究所出版品编辑委员会编《中国近世家族与社会学术研讨会论文集》，今据邢义田等总主编《台湾学者中国史研究论丛·家族与社会》，中国大百科全书出版社 2005 年版，第 338—363 页。黄宽重：《宋代的家族与社会》，国家图书馆出版社 2009 年版。柳立言：《宋代明州士人家族的形态》，台北《"中研院"史语所集刊》第 81 本第 2 分，2010 年 6 月第 290—291 页；柳立言：《科举、人际关系网络与家族兴衰：以宋代明州为例》，常建华主编：《中国社会历史评论》第 11 卷，天津古籍出版社 2010 年版，第 1—37 页。

② 历史书写的倾向性是任何高明的史家都难以避免的，自 20 世纪 70 年代前后欧美逐渐兴起的后现代主义史学则从更极端的视角颠覆历史的真实性，给人启发之余，也不免批判性反思。无论是美国的理查德·罗蒂（1931—2007）和法国的雅克·德里达（1930—2004）等如何引导，中国史学界在 20 世纪 90 年代之后的踵随和反思，学者面临了解构文本、意义、表征和符号等一系列概念和理论。在史学界引入这一理论的，罗志田和王晴佳抑或是较早的学者，参阅罗志田《后现代主义与中国研究：〈怀柔远人〉的史学启示》，《历史研究》1999 年第 1 期；王晴佳《后现代主义与历史研究》，《史学理论研究》2000 年第 1 期。我们更集中地阅读 Hayden White（海登·怀特）的几本书和相关研究，其中包括《后现代历史叙事学》，中国社会科学出版社 2003 年版。[美]海登·怀特著：《元史学：十九世纪欧洲的历史想像》，陈新译，彭刚校（译林出版社 2004 年版）；[美]海登·怀特著：《形式的内容：叙事话语与历史再现》，董立河译，文津出版社 2005 年版。王明珂集中讨论了历史的表相与本相、文本与情境、文本结构与情境结构等，颇具哲思。参阅王明珂《反思史学与史学反思：文本与表征分析》，上海人民出版社 2016 年版。

知至此境地，则无异于缘木求鱼、盲人摸象，障目一叶、遮蔽森林，亦是历史研究者自我设置的一大陷阱。前辈或谓"上古史乃冒险家的乐园"，①而中古近世史学，似亦宜作如是观。此史学界之通识。智者逞其智而为者寡，不为者盖众。陋者追慕上乘境域而学力或有所不逮，研究文本遂流于碎片化片面化。世间智者少且达致上乘者少之又少，而陋者盖多，多则易以多成俗，日久陋俗则易混淆本真。显然，这篇文字似亦应归属此类。当然由于史缺有间，这一漫长历史时期内，蒙元时空下的历史情境依然模糊。作为塑造中国传统帝制时代缩影的社会群体，无论是官员儒士，抑或是寺僧、凡夫俗子，他们的言行是否且在多大程度上塑造或改变了中国历史发展变化的轨迹，从宋元明闽南社会公益活动的参与过程而言，历史发展过程中的"断裂"与"持续"依然是一个富有无穷魅力的学术议题，②也仍需将更多群体的历史作为置诸宋元明长时段的历史视野下加以考察。

（本章发表时署名刁培俊、王菲菲）

---

① 著名秦汉史学者邢义田曾说："……古史的材料十分稀少，有关基层社会者，尤为零星。……古史是冒险家的乐园。治古史凭借想象的部分往往多于材料所能建构者，但终不免强为之说。这又是一险。"参阅邢义田《汉代父老、僤与聚族里居》，《汉学研究》第1卷第2期，1983年，今据邢义田、黄宽重、邓小南总主编《台湾学者中国史研究论丛·城市与乡村》之文末补订文字，中国大百科全书出版社2005年版，第51页。

② 近年"宋元明历史过渡"论题（Paul Jakov Smith & Richard Von Glahn, *The Song-Yuan-Ming Transition in Chinese History*, Cambridge (Massachusetts) and London: Harvard University Asia Center and Harvard University Press, 2003），学界多所商讨。帝制中国时空之下，传统之渗透力强大，远超乎域外学人之丰富想象，延续多于断裂，抑或根本就不存在严格意义上的历史断裂，所谓的延续也多发生了这样或那样的或隐或显的变化，值得深入抉发其浅层表相与实质内核，立意于长时段视域下更多研讨。李治安先生《元代及明前期社会变动初探》（载《中国史研究》2005年增刊）、《元和明前期南北差异的博弈与整合发展》（载《历史研究》2011年第5期，收入氏著《元史暨中古史论稿》，人民出版社2013年版，第223—245、275—306页）之学术取径，别开新域，值得更多关注。

第三编

两性无别与有别

第一章　芳名遗踪

——宋代女性人名用字探考

在重男轻女的传统帝制时代，相对于男性而言，留下名字的女性是相当少的。就宋朝历史而言，留下名字的女性也相当之少。南宋赵彦卫《云麓漫钞》卷一〇中曾有"妇人无名"的说法，或为当时社会尤其是下层社会之常态。虽然能够查阅到的宋代女子名字极其有限，但通过初步考察，亦可大致发现其中的某些命名规律，并可借此一侧影稍窥天水一朝曾经繁盛辉煌的社会面貌。有关中国帝制时代女性的名字问题，前人研究较少，在已有成果中，目前仅见焦杰《唐代妇女名字的特点》和刘琴丽《浅议唐代的女名》①等有限的几篇论文，且

---

① 刘增贵：《汉代妇女的名字》，初刊《新史学》第7卷第4期（1996年12月），收入邢义田等总主编《台湾学者中国史研究论丛·妇女与社会》，中国大百科全书出版社2005年版。田恒金：《从〈春秋〉〈左传〉看先秦时期女性的名字及其文化内涵》，《河北师范大学学报》（哲学社会科学版）1998年第3期。焦杰：《唐代妇女名字的特点》，《中国史研究》2001年第3期；刘琴丽：《浅议唐代的女名》，《华夏文化》2002年第2期。王子今、王心一：《走马楼竹简女子名字分析》，初载《吴简研究》第1辑，崇文书局2004年版，第264—265页，今据王子今《走马楼竹简女子名字分析》，收入氏著《古史性别研究丛稿》，社会科学文献出版社2004年版。焦杰：《从中国古代女性名字的演变看社会性别文化的建构》，《郑州大学学报》（哲学社会科学版）2006年第6期。宋史研究领域内的相关研究有，朱瑞熙等《辽宋西夏金社会生活史》第一章《称谓与排行》（中国社会科学出版社1998年版），王曾瑜《略论宋代的避讳、称呼和排行》（《文史知识》1998年第3期）及其《辽宋西夏金的避讳、称谓和排行》（收入氏著《点滴编》，河北大学出版社2010年版）等，都涉及宋代的人名问题，但多为男性。杨果：《从宋代妇女名字看社会性别文化建构——以宋人笔记为中心》，《武汉大学学报》（哲学社会科学版）2014年第1期。男性名字，双名与单名问题，自春秋迄于汉晋时期称名与否显示了人之尊卑、统属、责任，抑或单名双名的使用以及华夏文化的南方化问题，请参阅侯旭东《中国古代人"名"的使用及其意义——

以罗列和归纳概括为主要叙事方式。就寡陋所闻，关于宋代女子名字方面的研究，专论尚未获睹。我们拟通过分析目前已查阅到的女子名字，例证远不足以呈现穷举之后的整体面貌，但似亦可结合宋代社会文化发展的历史，初步探考宋代女子命名的特点，剖析其原因，俾或稍能填补这一研究空白。①

一　宋代女性的命名特点

(一)宋代女名多带女性称谓之字,如"娘""姐""姑"

宋代女名有很多带有女性称谓的字，如"娘""姐""婆""姑"之类，在这四种称谓中，以"娘"最为普遍。虽然有些特殊群体中女性有艺名等现象，但仍可大致呈现出宋代女性命名的一般性特征。有关于此，尚可进一步细分为以下几种命名特点。

1. 姓氏+数字+娘

在目前已查阅到的史料中，这种取名的方式相当普遍，如《梦粱录》中记载的官妓有"金赛兰、范都宜、唐安安、倪都惜、潘称心、梅丑儿、钱保奴、吕作娘、康三娘，桃师姑、沈三姑等"。②《武林旧事》中打弹者"林四九娘（女流）"，射弩儿者"林四九娘（女流）"，女毬则有"韩春春、绣勒帛、锦勒帛、赛貌多，倪六娘，后辈倪、女急快"。③《夷坚甲志》卷一六《郑畯妻》亦记载北宋福州

（接上页）尊卑、统属与责任》，《历史研究》2005 年第 5 期；魏斌：《单名与双名：汉晋南方人名的变迁及其意义》，《历史研究》2012 年第 1 期。

① 谨按：拙作发表约一年半之后，得以拜读前辈杨果教授《从宋代妇女名字看社会性别文化建构》此篇大作。杨果教授称："有关唐宋以后女名的研究相当薄弱，迄今尚无专文。"于此可见，拙作浅陋，自不入著名前辈法眼。杨教授大作的主要内容反映在中文摘要中的是："在以宋人笔记为中心的史料中，有 680 余例宋代女性名字，涉及社会各阶层妇女，总体上呈现出显著的'女性气质'，体现在四个主要方面：对女性生理性别'阴柔'的凸显，对女性社会角色'从属'的定位，对女性内在品德'贤顺'的规定和对女性外在姿容'美艳'的期待。这种'女性气质'是社会性别文化的产物，是宋代社会按照其主流文化要求而设定的女性标准形象，反映的是社会性别文化的建构过程。"这一论题堂奥浅陋，虽有些地方不免雷同，但仍给我们很多启发，所以这次修改，已尽力汲取了杨老师这篇力作的精华。

② （宋）吴自牧：《梦粱录》卷二〇《妓乐》，中华书局 1985 年版，第 191 页。

③ （宋）周密：《武林旧事》卷六《诸色伎艺人》，中华书局 1991 年版，第 155—156 页。

有一女名为"泰娘"。①《重刊兴化府志》卷二九《李长者传》所载
南宋时参与兴修木兰陂的大名鼎鼎的钱四娘。《名公书判清明集》中
有"绍存日生二女名四二娘、四四娘……胡喆生二女，名胡四十娘、
五十娘，亦早死"；"曾千钧亲生二女兆一娘、兆二娘……"俞梁"仅
有女俞百六娘"②。《名公书判清明集》记载的诸如此类的名字还有
周八娘、洪七娘、施百二娘、郑三娘、郑八娘、季五娘、徐百二娘、
徐四娘、周五十娘、季三娘，等等。③这种取名方式或较简单，名字
中间的数字大致可以反映此人在家或家族中的排行。如上面提及的
"兆一娘，兆二娘"为"曾千钧亲生二女"。但像"胡四十娘、胡五
十娘"之类或不属于上述情况。清人俞樾《春在堂随笔》卷五记载：
"元制，庶民无职者不许取名，止以行第及父母年齿合计为名。"后
又写道："按言姓第，不言姓名，疑宋时里巷细民，固无名也。"或
许，这种按父母年龄之和取名的方式，也适用于宋代某些女子的名

① 我们使用的《夷坚志》版本，是中华书局1981年整理本。其实，《夷坚志》在宋朝之
后流传甚广，但版本不一，尤其是明明初期至今，散佚较为严重，换言之，中华书局
本是一个并不完善的版本，后人窜入者亦在所难免，学者多有补正者，譬如康保成
《〈夷坚志〉辑佚九则》，《文献》1986年第3期；李裕民《〈夷坚志〉补遗三十
则》，《文献》1990年第4期；李剑国《〈夷坚志〉成书考——附论"洪迈现象"》，
《天津师大学报》（社会科学版）1991年第3期，及其《宋代志怪传奇叙录》，南开大
学出版社1997年初版；增订本，中华书局2018年再版；赵章超《〈夷坚志〉佚文小
辑》，《文献》2004年第4期。潘超《〈夷坚志〉前四志误收他志小说考辨——以日本
静嘉堂所藏宋刻元修本补刻叶为线索》，《文献》2018年第6期。海内外《夷坚志》研
究的论题十分丰富，恕难一一穷举。
② 《名公书判清明集》卷六《户婚门·争田业·争田业》，中华书局1987年版，2002年
重印本，第177页；《名公书判清明集》卷七《户婚门·女受分·遗嘱与亲生女儿》，
第237页；《名公书判清明集》卷九《户婚门·取赎·孤女赎父田》，第315页。
③ 分别见《名公书判清明集》卷六《户婚门·争田业·伪冒交易》，第172页；卷六
《户婚门·争田业·争田业》，第177页；卷六《户婚门·争田业·王直之朱氏争
地》，第186页；卷七《户婚门·孤幼·官为区处》，第230页；卷七《户婚门·孤
寡·正欺孤之罪》，第234页；卷七《户婚门·孤寡·宗族欺孤占产》，第236页；卷
九《户婚门·违法交易·鼓诱寡妇盗卖夫家产业》，第304页；卷一三《惩恶门·妄
诉·妻自走审乃以劫掠诬人》，第500页；卷一三《惩恶门·妄诉·姊妄诉妹身死不
明而其夫愿免检验》，第501页；卷一四《惩恶门·贩生口·禁约贩生口》，第549
页。类似还可见于施耐庵、罗贯中《水浒传》第二七回中张青的妻子"人都唤他做母
夜叉孙二娘"，第四八回中王矮虎的妻子"一丈青扈三娘"，以及第一〇四回中的"段
三娘"等，似均属此类。参见《水浒传》，上海古籍出版社2004年版，第248、445、
894页。

字，如"胡四十娘"，可能是在父母两人年龄加起来四十岁的时候生孩子；而"胡五十娘"则是在父母年龄加起来五十岁的时候生孩子。这样的平均二十岁、二十五岁确实是适育年龄。但对于"俞百六娘"就难以判断，无论是父母双方加起来是一百零六还是一百六十，都令人疑惑。或许，若非一个庞大的家族之内的排行，像"百六"这样的数字可能还有其他的意义，抑或乃男方年龄较大，而女方年龄较小情况下生育的子女。对于这种取名方式而言，作为称呼，姓特别重要，因为无论是排行还是父母年龄相加等方法，都极有可能出现重名的现象。如此一来，就得靠姓来加以区分。如此之类，似表现出宋代女子命名的随意性。

2. 某字+娘

洪迈《夷坚三志辛》卷二《彭师鬼孽》中载有"女觋郝娘"。曾慥《类说》卷四《摭言》则有"楚娘、闰娘，妓之尤者"的记载。此外，与晏殊有关的"萧娘"、陈密的侍儿"素娘"。①由以上两例可知，苏娘、楚娘、闰娘都是当时女子之名字。而类如倩娘、秀娘、春娘、息娘等也比较常见。这种名字比起中间是数字的名字正式很多，听起来也很雅致。而倩、秀、春之类的字眼，有着一定的内涵，在我们现代取名的时候也比较常用。吴处厚《青箱杂记》卷三中载岭南风俗"韦全女名插娘……韦庶女名睡娘"。《名公书判清明集》中则有归娘、舍娘、秀娘、真娘等。②

带"姐"的命名方式跟与带"娘"字的命名方式类似，如《梦粱录》卷二〇提及的私妓"苏州钱三姐、七姐……鼓板朱一姐，媳妇朱三姐……婺州张七姐、蛮王二姐、搭罗邱三姐"，以及"女占赛关索、嚚三娘、黑四姐"；还有《夷坚三志壬》卷一〇《解七五姐》中有少婢名曰"张二姐"；房州人解三师所生一女名七五姐；《名公书判清明集》中"昨使王褒为媒，议娶其后夫刘贡元所生女刘一姐，陈

---

① 唐圭璋：《全宋词》所收晏殊的《清平乐》，第92页；苏轼：《鹧鸪天》，第288页。谨按：有关《全宋词》部分的引述，我们并未追溯、回到第一手文献。

② 分见《名公书判清明集》卷五《户婚门·争业下·继母将养老田遗嘱与亲生女》，第141页；卷六《户婚门·争山·争山》，第198页；卷八《户婚门·女承分·处分孤遗田产》，第287页；卷九《户婚门·违法交易·已出嫁母卖其子物业》，第296页。

监却生词论赖，辄妄称议娶女儿，先嫁魏景宣所生女魏荣姐"；其中还有胡五姐、周兰姐等，①均是命名中含有"姐"字者。

在宋朝，带"姑"的女性称谓（名字）也有一些，除前举《梦粱录》中桃师姑、沈三姑外，还有《夷坚乙志》卷一六所载"方城县……村民刘姑者、弃家入道"。而诸如《名公书判清明集》卷八《处分孤遗田产》中的解七姑、洋姑之类，这类似大多与民众道教信仰有关。换言之，人名用"姑"字多为宋人对女道士的专用称谓，似不属真的人名。

（二）宋代女名多用叠字和"女"字偏旁

明人徐应秋《玉芝堂谈荟》卷一四《三字名》云"宋宣仁太后小名滔滔，朱端朝娶妓马琼琼，……钱塘妓苏小小，达希盈盈，官妓灼灼……善和坊妓端端，武氏妓赛赛，张虞卿妓英英……"《金史纪事本末》卷十中记载有"杭妓吕小小"，《宋史·列女传》记载南宋端平年间有"毛惜惜者，高邮妓女也"。《梦粱录》卷二十《妓乐》私妓名单有沈盼盼、普安安、徐双双等。《夷坚支乙》卷九《王瑜杀妾》所载南宋绍熙五年（1194）江东兵马钤辖王瑜之妾名为"何燕燕"；以及徐君猷的家姬"懿懿"、与南宋名臣史浩有关的"迁迁"、赵长卿的歌姬"盼盼"、韩世忠曾孙见过的小姬"胜胜"等，②可见宋代女名用叠字者很多。

《南宋杂事诗》卷二云："《周守忠集》女子之名作偶，联韵语。""联韵语"者，似较为好记，且显得亲切、活泼，有些用字也可以充分体现女子娇柔、美好的特点。由此或可看出当时名字中出现这么多叠字的原因。一般而言，取名用叠字者，多为文人儒士者流。即便是妓女自取名，在当时，她们接触的也多是文化水平较高的人，或者本身就是才女，只因家道中落，才沦落风尘。留下"浣花溪上风光

---

① 《名公书判清明集》卷九《户婚门·婚假·诸定婚无故三年不成婚者听离》，第350页；另分见卷五《户婚门·争业下·争田合作三等定夺》，第143页；卷七《户婚门·遗腹·辨明是非》，第240页。
② 唐圭璋编：《全宋词》，中华书局1965年版，苏轼的《减字木兰花——赠君猷家姬》，第322页；第1282页"迁迁"；赵长卿《水龙吟》，第1805页；卢祖皋《临江仙》，第2412页。

主，燕集瀛洲开幕府。商岩本是作霖人，也使闲花沾雨露。父兄世业传儒素。何事失身非类侣。若蒙化笔一吹嘘，免使飘零飞绣户"，这首《玉楼春》描绘的尹温仪，即"本良家女，后以零替，失身妓籍"。①

杨果教授指出：宋朝女性的人名用字，在字形的选择上，带女字偏旁部首的字词，如娘、娥、姬、媛、妙、媚、娇、妍、奴等是宋代妇女命名的常用字，有金姑、月姊、真姬、月娥、妙婉、淑媛、巧姝、花媚、娇奴等。选用这些字，能直接表明个体的性别身份。女性的名字与社会文化所认定的女性生理特征相一致，不仅用来指代女性的生理性别，更成为女性的社会性别符号。其中在宋代女名用字里，"奴"字的使用频率很高，涉及各个阶层，在嫔妃、婢妾中尤为集中。如徽宗的嫔妃有近 20 人以"奴"为名，三宝奴、红奴、月奴，金奴、阿奴、星奴、富奴、娇奴、元奴、香奴、小奴等；而在 57 例婢妾名中，称"奴"的就超过了 10 例，如馨奴、柔奴、均奴、庆奴、宜奴等。女子以"奴"为名，无疑是用来表明其在主人面前的卑微。即使贵为嫔妃也不例外，她们的存在只是为了满足男性君王的享乐需要。可见，尽管有着贵贱、贫富等差别，但从总体上看女性比之于男性是身份地位卑下的。②

(三) 宋代女名中多展现女子品行、智慧的词

《南宋杂事诗》卷一载："演史为张氏、宋氏、陈氏，说经为陆妙慧、妙静，小说为史惠英，队戏为李端娘，影戏为王润卿。"《淮海集》记载有一位姓徐的主簿有"女三人，曰文美、文英、文柔"③。毕仲游《西台集》卷一三《判西京国子监宋公墓志铭》记载一位姓宋的官员："女生两男子三女子……女曰福和、福延、福因，皆已嫁。"《宋史》卷二四八中有记载徽宗 34 位公主封号，虽不列人名，但如嘉

---

① 陈耀文：《花草粹编》卷六《小令》，河北大学出版社 2007 年版，第 119 页。
② 杨果：《从宋代妇女名字看社会性别文化建构——以宋人笔记为中心》，《武汉大学学报》（哲学社会科学版）2014 年第 1 期，第 113—114 页。
③ （宋）秦观：《淮海集笺注》卷三六《徐君主簿行状》，徐培均笺注本，上海古籍出版社 1994 年版，第 1174—1175 页。类似还可见《水浒传》第五一回中白秀英、第九七回中的"琼英"、第一〇一回中的童娇秀等，参阅《水浒传》，第 470、845、877 页。

德帝姬、荣德帝姬、顺淑帝姬、安德帝姬、茂德帝姬、寿淑帝姬、安淑帝姬、崇德帝姬、康淑帝姬等，其封号用字都很典雅。由此可见，展现女子品行、智慧的字如"德、端、淑、文、慧、惠、静、顺、秀、英"等多出现在宋代女名或称谓之中。

（四）宋代女名中有大量与"佛""道"有关的词语

前揭《南宋杂事诗》中载陆妙慧、妙静，应是与佛教信仰有关的人名。《皇宋通鉴长编纪事本末》卷一二七《徽宗皇帝》载有"虞仙姑"者；吴淑《江淮异人录》载有"女道士萧冷然在鹤台……"《续资治通鉴长编》卷九一中载天禧二年四月戊寅"以嵩山故种放宅及兴唐观基山林赐女道士王道真，仍禁樵采……"而《夷坚甲志》卷七中信仰佛教的张老汉，他孙女的名字就叫"张佛儿"。《缘督集》卷一九《福清寺始末记》中参与修寺院的"廖觉真"。诸如虞仙姑、萧冷然、王道真、张佛儿、廖觉真等女性名字，可以体现当时社会中宗教信仰的人名用字或对女性的称谓。

质言之，宋朝社会承袭了晋唐以还的佛教和道教信仰，而宋朝女性信仰佛道者甚多。之所以宋朝女性有这类人名用字，当与其父母等亲人的佛道信仰有关，自然也难免有些女性在拥有识字能力之后的自命名。

（五）宋代女名中有花或颜色、珠宝以示珍贵之词

清人焦循《剧说》中有如下文字："钱玉莲，宋名妓，从孙汝权，某寺殿成，梁上提'信士孙汝权同妻钱玉莲喜舍'。"①《宋史·列女传》记载处州有女名（或为艺名）白牡丹。《靖康要录》卷一五载有"高伸家女使刘梅寿"；《耆旧续闻》载："东坡有妾名曰朝云、榴花……"②周密《癸辛杂识·别集》卷下记载高炳如妾名"银花"；《全宋词》所收录吴子云家姬号"爱菊"。③虽然女名中带花的已列出了上述的钱玉莲、刘梅寿、榴花、金翠莲，但是就目前已寓目

① （清）焦循：《剧说》卷二，《续修四库全书》，第1758册第573页。
② （宋）陈鹄：《耆旧续闻》卷二，《文渊阁四库全书》，第1039册第593页。《水浒传》第三回中的金翠莲、第二四回中的潘金莲，皆是此类命名方式。《水浒传》，第28、204页。
③ 唐圭璋编：《全宋词》，第3495页。

的资料发现，宋代女名带花的并不是很多。宋代女性名字中带颜色的例证，譬如《夷坚支志丁》卷四中有"袁州娼女冯妍"，《醉翁谈录·丙集》卷一记载之处州林五郎"只生一女，名素姐"。《名公书判清明集》卷七《遗腹·辨明是非》有周兰姐，等等。以上文献中提及的白牡丹、冯妍、素姐、周兰姐等都是名字中带有颜色的。

　　宋人叶廷珪在《海录碎事》卷七下《妾门》中记载："绿珠生白州双角山下，越俗以珠为上宝，生女名珠娘，生男名珠儿，绿珠之字由此而称。"由此可见，以珠为名是越俗。此外，在《野客丛书》卷一六中亦有"以女名珠者，珍爱之意。彭宠女名女珠，牛僧孺爱姬名珍珠"的记载。其实，分析"珠"字的偏旁可知为"王"，"王"即寓有"玉"之意。由此扩展，宋代与"玉"有关的女性名字也有不少，如苏琼、王幼玉①等。

（六）姓氏前+阿字

　　南宋赵彦卫《云麓漫钞》卷一〇载："唐人号武后为'阿武婆'，妇人无名，第以姓加阿字。今之官府妇人供状，皆云阿王、阿张。盖承袭唐之旧云。"可见宋代妇人多以"姓氏前+阿"来称呼，这个特点在《名公书判清明集》中得到大量的印证。如卷四载"熊资身死，其妻阿甘已行改嫁，惟存室女一人……"该书卷六《争田业》载："照得闾丘辅之曾祖名绍，娶阿张为妻……"再如该书中提及之阿王、阿陈、阿张、阿甘、阿陆、阿周、阿戴、阿邵、阿林、阿姜、阿李、阿朱、阿沈、阿王、阿张、阿陈、阿孙……②再如北宋时期震惊

① 刘敬圻、诸葛忆兵：《宋代女词人词传》，吉林人民出版社1999年版，第203页。《全宋诗》卷七八一，北京大学出版社1993—1998年版，第905页。

② 《名公书判清明集》卷四《户婚门·争业上·熊邦兄弟与阿甘互争财产》，第110页；卷六《户婚门·争田业·争田业》，第177—178页。卷四《户婚门·争业上·罗械乞将妻前夫田产没官》，第107页；卷七《户婚门·立继·已有养子不当求立》，第214页；卷八《户婚门·立继类·利其田产自为尊长欲以亲孙为人后》，第258页；卷四《户婚门·争业上·熊邦兄弟与阿甘互争财产》，第110页；卷七《户婚门·孤幼·欺凌孤幼》，第229页；卷八《户婚门·立继类·治命不可动摇》，第269页；卷八《户婚门·义子·背母无状》，第294页；卷九《户婚门·离婚·婚嫁皆违条法》，第352页；卷一〇《人伦门·孝·孝于亲者当劝不孝于亲者当惩》，第383页；卷一一《人品门·公吏·籍配》，第415页；卷一二《惩恶门·奸秽·吏奸》，第447页；卷

一时的谋杀亲夫案中的阿云。①诸如此类，恕不赘列，皆为姓氏前加"阿"字以别于他人的命名方式。

（七）其他命名缘由

在阅读资料过程中，还发现有其他一些相当有趣的女性命名方式，如据《夷坚乙志》卷二《张梦孙》载："毗陵张汝楫维济，绍兴十三年，知明州奉化县，其子妇李氏孕及期。维济梦故人陈郁文卿来，曰'相别十六年矣，今欲与君为孙何如？'维济喜，明日语僧日智曰'文卿，佳士也，吾必得贤孙，可贺我。'已而，李氏乃得女，遂名之曰梦孙。"可见张梦孙取此名与其爷爷做的梦有关。又如前揭《癸辛杂识·别集》卷下《银花》载："高炳如亲书与其妾银花一纸云：'庆元庚申（1200）正月，余尚在翰苑。初五日成得何氏女，为奉侍汤药。又善小唱，凡唱得五百余曲；又善双韵，弹得五六十套。初九日，来余家。时元宵将近，点灯会客，又连日大雪，因名之曰银花'。"可见高炳如小妾的取名与当时的天气有很大的关系。

至于《名公书判清明集》中记载的其他女性名字如来安、李良子、秋菊、公孙、郑孝德、郑孝纯，等等，②当是另外取名的方式。还有一些士大夫家庭中女性的名字，譬如苏轼的亡妻王弗③，等等，这些难以归类者较多，下文表格中可见概略，恕不一一赘列。概言之，就目前所见，宋代女性名字的命名方式大概有以上诸种特点。

二　从女性的名字看宋代社会面貌

一个时代往往有一个时代独具的特征，天水一朝的女性名字，也

(接上页)一二《惩恶门·奸秽·因奸射射》，第448页；卷一三《惩恶门·告讦·资给诬告人以杀人之罪》，第487页；卷一四《惩恶门·赌博·因赌博自缢》，第530页；卷一二《惩恶门·奸秽·吏奸》，第447页；卷一二《惩恶门·诱略·诱人婢妾雇卖》，第451页；卷一三《惩恶门·妄诉·妄论人据母夺妹事》，第499页。

① （宋）苏辙：《龙川略志》卷四《许遵议法虽妄而能活人以得福》，中华书局1982年版，第19页。
② 《名公书判清明集》卷四《户婚门·争业上·罗柄女使来安诉主母夺去所拨田产》，第115页；卷七《户婚门·孤幼·官为区处》，第230页；卷八《户婚门·立继类·继绝子孙止得财产四分之一》，第251页；卷四《户婚门·女受分·阿沈高五二争租米》，第238页；卷四《户婚门·遗嘱·女合承分》，第290页。
③ 《苏轼文集》卷一五《亡妻王氏墓志铭》，中华书局1986年版，第472页。

或多或少地折射出两宋社会历史的某些风貌。

（一）职业性

众所周知，自传统帝制时代的文献来看，中国女子的地位普遍较低，女子多是男子的附属品，"男尊女卑"是贯穿于整个中国传统社会的一种普遍现象。这也是女子名字的记载较男子为少的主要原因。从已钩沉到的宋代女性名字进一步探究，可以发现，留下来名字的这些女子有很强的职业性特征。这些人普遍集中于词人、妓女、伎艺人、与佛道有关的女性群体之中（见表1）。

表1　　　　　　　　　　　**留下词句的宋代女性名字**

姓名	社会角色	作品	出处	姓名	社会角色	作品	出处
李清照	诗人、词人，号易安居士	如梦令·常记溪亭日暮	第 4 页、第 86 页	朱淑真	诗人、词人，号幽栖居士	忆秦娥·弯弯曲	第 35 页、第 143 页
魏玩	词人，出自世家	好事近·雨后晓寒轻	第 187 页	孙道绚	诗人，号冲虚居士	滴滴金·月光飞入林前屋	第 233 页
吴淑姬	诗人，贫家女	长相思令·烟霏霏	第 241 页	张玉娘	诗人，号一贞居士	苏幕遮·月光微	第 338 页
严蕊，字幼芳	天台营妓	卜算子·不是爱风尘	第 246 页	张淑芳	低微，樵夫之女	更漏子·墨痕香	第 290 页
谭意哥，小字英奴	低微，樵夫之女，后流落长沙为妓	极相思令·湘东最是得春先	第 222 页	陈凤仪	歌姬	一络索·蜀江春色浓如雾	第 176 页
美奴	士大夫陆藻的侍儿	卜算子·送我出东门	第 210 页	乐婉	杭州歌姬	卜算子·相思似海深	第 227 页
罗惜惜	浙东罗仁卿女	答幼谦·幸得那人归	第 329 页	聂胜琼	杭州歌妓	鹧鸪天·玉惨花愁出凤城	第 228 页
唐婉，字蕙仙	陆游前妻	钗头凤·世情薄	第 243 页	曹希蕴	据说是名臣曹利用的族孙女	西江月·零落不因春雨	第 207 页
王清惠	昭仪（女官）	满江红·太液芙蓉	第 269 页	袁正真	南宋宫人	长相思·南高峰	第 272 页

姓名	社会角色	作品	出处	姓名	社会角色	作品	出处
金德淑	南宋宫人	望江南·春睡起	第 273 页	洪惠英	会稽歌宫调女子	减字木兰花·梅花似雪	第 242 页
张师师	北宋京都歌妓	西江月·一种何其轻薄	第 310 页	黄舜英	太守之女	虞美人·一从骨肉相抛了	第 312 页
越娘	某人小妾	西江月·一自东君去后	第 308 页	刘彤,字文美	章文虎之妻	临江仙·千里长安名利客	第 334 页
李秀兰	皇后	减字木兰花·自君去后	第 304 页	朱希真,小字秋娘	朱将仕女	失调名·苦汝临期话别	第 326 页
章丽贞	南宋宫人	长相思·吴山秋	第 271 页	苏小小	妓女	减字木兰花·别离情绪	第 303 页
赵才卿	成都歌妓	燕归梁·细柳营中有亚夫	第 230 页	钱安安	北宋京都歌妓	西江月·谁道词高和寡	第 311 页
春娘	金陵人,其他不详	阮郎归·胡虏中原乱似麻	第 331 页	胡惠斋	平江人,尚书黄由之妻	百字令·小斋幽僻	第 251 页
僧儿	广汉营妓	满庭芳·团菊苞金	第 231 页	金淑柔	不详	浪淘沙·雨溜和风铃	第 263 页
谢福娘	官妓,后适张时	南歌子·闲傍药栏西	第 323 页	梅娇	吴七郡王之妾	满庭芳·一种阳和	第 313 页
杏俏	吴七郡王之妾	满庭芳·景傍清明	第 315 页	苏小娘	吴七郡王之妾	飞龙宴·炎炎暑气时	第 317 页
楚娘	歌妓	生查子·去年梅雪天	第 322 页	苏琼	官妓	西江月·韩愈文章盖世	第 203 页

　　资料来源：此表据刘敬圻、诸葛忆兵所著《宋代女词人词传》（吉林人民出版社 1999 年版）一书编制，表中的"出处"即为该书的页码。

　　表 1 整理的留下词句的女子有 40 名，其中妓女（包括歌妓）有 14 名，占了 35%；总体而言是社会地位较低的女子（包括妓女、

妾、侍女、宫人之类）有 24 名，占 60%；社会地位较高者有 14 名，占 35%；地位不详者 2 名，占 5%。进一步分析表 1 中社会地位较低的宋代女子群体，可以发现，妓女（包括歌妓）14 名，妾 4 名，侍女 1 名，宫人 3 名，其他 2 名。由此可见，在社会地位较低的这一群体中，妓女占了很大的比例，约为 58%。进一步分析可知，在整个留下词句的女子群体中，妓女这一社会群体占了 35%，数量与社会地位较高的女子群体相同。存世宋朝文献中，存留下许多宋代妓女的名字，譬如《宋史》卷二一九《列女》中的义妓毛惜惜，《宋诗纪事》卷二六中的妓女刘淑女，《吹剑录外集》"娼女"马淑，《锦绣万花谷》卷一七中被称为书仙的娼女曹文姬和娼女徐月英，《夷坚丙志》卷六娼女红奴儿，《夷坚支志甲》卷四娼女李柔，《夷坚支志丁》卷四娼女冯妍，《夷坚支志戊》卷三之娼女李妙，《梦粱录》卷二〇之官妓金赛兰、范都宜、唐安安、倪都惜、潘称心、梅丑儿、康三娘、沈三如、钱保奴、吕作娘、桃师姑，和私妓熊保保、钱三姐、季惜惜、吕双双、胡怜怜、沈盼盼、晋安安、徐双双、钱七姐、朱一姐、朱三姐、张七姐、王二姐、邱三姐、杨三妈、马二娘、陈三妈、张三娘、朱七姐、王四姐、吴三妈、徐六妈、彭新、姚玉京，等等。由上述留名的妓女的数目之多，也可以反映出宋代娼妓业之盛。

以上所揭，资料取径或近乎偏，但似勉强呈现历史本相的一个部分。以南宋时期的古体小说《夷坚志》为中心做另一表格，似更确当。请参阅表 2。

表2	《夷坚志》所见女性名字
姓名	出处
莺莺	甲志卷三《段宰妾》，第 22 页
张佛儿	甲志卷七《张佛儿》，第 55 页
韩秀	甲志卷八《饶州官廨》，第 70 页
银儿	甲志卷九《惠吉异术》，第 79 页
四娘	甲志卷一一《五郎鬼》，第 97 页
英华	甲志卷一二《缙云鬼仙》，第 101 页
黄十一娘	甲志卷一三《黄十一娘》，第 114 页

续表

姓名	出处
马仙姑	甲志卷一五《马仙姑》，第 127 页
郑泰娘	甲志卷一六《郑峻妻》，第 143 页
解三娘	甲志卷一七《解三娘》，第 148 页
英华	乙志卷二《蒋教授》，第 196 页
张梦孙	乙志卷二《张梦孙》，第 197 页
张十二娘	乙志卷四《张文规》，第 224 页
秦二娘	乙志卷八《秀州司录厅》，第 250 页
宋道华	乙志卷一一《玉华侍郎》，第 272 页
金尼	乙志卷一一《金尼生须》，第 277 页
甘美	乙志卷一三《牛触倡》，第 294 页
张三六娘	乙志卷一七《女鬼惑仇铎》，第 328 页
宁儿	乙志卷一七《鬼化火光》，第 330 页
徐十八婆	乙志卷一七《十八婆》，第 333 页
阮玉	乙志卷一九《贾成之》，第 344 页
春莺	乙志卷一九《吴祖寿》，第 348 页
徐十七娘	丙志卷五《徐秉钧女》，第 406 页
红奴儿	丙志卷六《红奴儿》，第 412 页
邓八嫂	丙志卷一〇《生肉劝酒》，第 448 页
施三嫂	丙志卷一一《施三嫂》，第 457 页
蓝姐	丙志卷一三《蓝姐》，第 473 页
张宗淑	丙志卷一四《张五姑》，第 482 页
酥酥儿	丙志卷一五《燕子楼》，第 495 页
小红	丙志卷一九《饼家小红》，第 522 页
刘三娘	丁志卷二《刘三娘》，第 552 页
王真真	丁志卷四《孙五哥》，第 564 页
萧三娘	丁志卷四《司命府丞》，第 565 页
夏二娘	丁志卷七《夏二娘》，第 596 页
李四娘	丁志卷七《大庾疑讼》，第 598 页
王意娘	丁志卷九《太原意娘》，第 608 页
龙铁师	丁志卷九《龙泽陈永年》，第 613 页
武元照	丁志卷一四《武真人》，第 653 页
田三姑	丁志卷一五《田三姑》，第 661—662 页
蓝粥	丁志卷一八《紫姑蓝粥诗》，第 687 页

姓名	出处
张珍奴	丁志卷一八《张珍奴》，第688页
英华	丁志卷一九《英华诗词》，第692页
三娘子	支甲卷二《阳武四将军》，第720页
闻韵奴	支甲卷三《闻氏女子》，第730页
李柔	支甲卷四《李柔》，第741页
唐四娘	支甲卷五《唐四娘侍女》，第745页
蔡嬉，字婧娘	支甲卷七《蔡筝娘》，小名次心，后更字为筝娘，第762页
喜奴	支乙卷一《朱琪家儿》，第798页
翟八姐	支乙卷一《翟八姐》，第802页
小红	支乙卷四《小红琴》，第821页
何燕燕	支乙卷九《王瑜杀妾》，第866页
庆喜	支景卷四《庆喜猫报》，第913页； 支丁卷五《潘见鬼理冥》，第1002页
圣七娘	支景卷五《圣七娘》，第919页
孙小九	支景卷八《小楼烛花词》，第944页
张三娘	支景卷八《张三娘》，第946页
王百娘	支丁卷一《王百娘》，第969页
柔奴	支丁卷二《安妾柔奴》，第978页
安儿	
迎儿	支丁卷二《张次山妻》，第981页
郑行婆	支丁卷三《郑行婆》，第990页
冯妍	支丁卷四《袁娟冯妍》，第996页
福安	支丁卷五《夏巨源》，第1004页
安安	支丁卷六《陈六官人》，第1012页
阿徐	支丁卷六《阿徐入冥》，第1013页
王道奴	支丁卷六《乌江魏宰》，第1016页
戚苏娘	支丁卷九《戚彦广女》，第1035页
张二姐	支丁卷九《张二姐》，第1041页
李妙	支戊卷三《池州白衣男子》，第1071页
张五七娘	支戊卷四《张氏煮蟹》，第1080页
张阿感	
庆奴	支戊卷六《余氏婢梦报榜》，第1097页

续表

姓名	出处
薛倩	支戊卷九《董汉州孙女》，第 1123 页
王兰	支庚卷三《张通判》，第 1160 页
潘十六娘	支庚卷五《过椿年》，第 1171 页
廿八	支庚卷一〇《叶妾廿八》，第 1213 页
杨韵	支庚卷一〇《杨可人》，第 1213 页
吴淑姬	支庚卷一〇《吴淑姬严蕊》，第 1217 页
严蕊	
吴盈盈	三志己卷一《吴女盈盈》，第 1306 页
李妹	三志己卷一《长安李妹》，第 1309 页
程喜真	三志己卷二《程喜真非人》，第 1315 页
张马姐	三志己卷四《张马姐》，第 1328 页
京娘	三志己卷四《暨彦颖女子》，第 1329 页
眄眄	三志己卷五《朱妾眄眄》，第 1341 页
怜怜	三志己卷五《赵不刊妾》，第 1342 页
陈馨奴	三志己卷六《赵氏馨奴》，第 1346 页
边换师	三志己卷七《边换师》，第 1356 页
曹一娘	三志己卷九《曹三妻》，第 1375 页
张七姐	三志己卷九《叶七为盗》，第 1375 页
祁酥儿	三志辛卷一《祁酥儿》，第 1386 页
三娘	三志辛卷二《永宁寺街女子》，第 1398 页
赵寿儿	三志辛卷三《昆陵僧母》，第 1409 页
屈老娘	三志辛卷四《屈老娘》，第 1416 页
赵喜奴	三志辛卷九《赵喜奴》，第 1452 页
萧九姐	三志辛卷九《萧氏九姐》，第 1453 页
胡一姊	三志辛卷九《焦氏见胡一姊》，第 1456 页
康奴	三志壬卷二《聂伯茂钱鸽》，第 1478 页
何师韫	三志壬卷二《懒愚道人》，第 1479 页
端端	三志壬卷五《钱妾端端》，第 1503 页
岳楚云	三志壬卷七《周美成楚云词》，或排行七，第 1521 页
惠柔	三志壬卷七《惠柔侍儿》，第 1522 页
桂奴	三志壬卷一〇《颜邦直二郎》，第 1543 页

续表

姓名	出处
解七五姐	三志壬卷一〇《解七五姐》，第 1544 页
雪香	补卷三《雪香失钗》，第 1568 页
汤七娘	补卷四《汤七娘》，第 1577 页
赵十五嫂	补卷四《赵乳医》，第 1585 页
贾四娘子	补卷六《人鸡墓》，第 1607 页
真珠族姬	补卷八《真珠族姬》，第 1624 页
孟花不如	补卷一〇《花不如》，小名，第 1636 页
吴四娘	补卷一〇《崇仁吴四娘》，第 1637 页
魏十二嫂	补卷一〇《魏十二嫂》，第 1640 页
张福娘	补卷一〇《朱天锡》，第 1641 页
周瑞娘	补卷一〇《周瑞娘》，或排行十一而呼十一娘，第 1642 页
杨三娘	补卷一〇《杨三娘子》，第 1643 页
葛秀	补卷一一《宣城葛女》，第 1647 页
曹三香	补卷一三《曹三香》，第 1665 页
阿全	补卷一五《奉化三堂神》，第 1693 页
吴丑儿	补卷一六《卖鱼吴翁》，第 1695 页
蔡五十三姐	补卷一六《蔡五十三姐》，第 1697 页
张婆儿	补卷一七《湖田陈曾二》，第 1710 页
黄六娘	补卷二〇《大乾庙》，第 1739 页
董二娘	补卷二二《姜五郎二女子》，第 1754 页
进奴	
王千一姐	补卷二二《王千一姐》，第 1754 页
李二婆	补卷二五《李二婆》，第 1775 页
崔春娘	三补《崔春娘》，第 1801 页
多喜	三补《张婢神像》，第 1813 页
仪珏	三补《临川倡女》，或排行二十二，第 1815 页

表 2 所揭示的宋朝女性名字特点，与表 1 类同，唯恐重复，不再一一对应归纳。

此外，存世宋朝文献也保存下一些女性伎艺人的名字，譬如《梦粱录》卷二〇之女毡罽三娘，《武林旧事》卷六之女毡赛貌多、绣勒帛、黑四姐、女急快、锦勒帛、韩春春，同书同卷演唱杂剧·诸宫调的王双莲，讲小说的史惠英，"射弩儿"林四九娘，演杂剧的慢星子

236

等，由此可知，有许多伎艺人被时人所记忆，这与她们的职业有很大的关系。宋代经济繁荣，娱乐业随之而兴盛。当时称娱乐表演为伎艺，许多伎艺人活跃在宋代的城市、乡镇里，表演说话、清唱、戏剧、音乐、舞蹈、杂艺等诸般伎艺。他们或者在宫廷、官府、邸第演出，或者在瓦子勾栏、酒楼茶馆、路边、广场、朝会、风景名胜做场。伎艺人有男有女，而女性占了其中相当高的比例，一般而言，其社会地位较低。①

在宋朝社会中，许多信仰佛教或道教的女性，历史文献中也记载下了她们的名字，譬如《皇宋通鉴长编纪事本末》卷一二七之道人虞仙姑；《云笈七签》记载了大量此类女性名字，如卷三〇之道上归（字帝子）、卷三一之九真帝君大女太一郁书（字畤丘），兰和九真帝君中女太一气精（字抱定），陵和九真帝君少女太一郁墨（字天凡）；卷四三之道缠旋（字密真），卷四六之道华正，卷八四之道王进贤，卷九七之王母第十二女青娥（字愈音），卷一一六之上清仙人黄观福，卷九七之卫罗国王之女皇妃（字丑瑛），卷九八之王母第十三女媚兰（字申林）和王母小女婉罗（字勃遂）等；《齐东野语》卷一二记载有占卜者何仙姑，《夷坚三志辛》卷二中的女觋郝娘，《鸡肋编》卷上中的女巫王奉先，以及《续资治通鉴长编》卷九一中的女道士王道真，《江淮异人录》中的女道士萧冷然等，之所以会有这么多与佛、道有关的女名留下来，这与宋代的宗教信仰相当普及是分不开的。两宋时期，佛教和道教信仰均相当盛行，以至于女性命名或其称谓，也包涵了更多信仰的因素。②

（二）阶层性

在两宋时期，贵贱之间的社会阶级划分相当清晰。如果按社会阶层分类，宋代女性似可粗略分为三类：平民家的女子属于中层；官宦富豪之家的女子有一定社会地位的或可称谓"贵"女子；社会地位很

---

① 梁庚尧：《宋代伎艺人的社会地位》，邓广铭、漆侠主编：《国际宋史研讨会论文选集》，河北大学出版社1992年版，第89—97页。今据氏著《宋代社会经济史论集》，允晨文化实业股份有限公司1997年版，第110—117页。
② 朱瑞熙等：《宋辽西夏金社会生活史》，第221页，第228—229页。

低的如婢妾佣人等则称其为"贱"女子，属于下层。通过本章第二部分的考述，可进一步分析这些留下名字的女子的社会阶层。由中可以发现，不同社会阶层给子女取名或有一些差异。一般而言，平民和下层家的女子或多用"娘""阿""姐"等，而且带"娘"字时一般是与数字相连的。用数字加"娘""姐"和"阿"等来命名，缺乏文化内涵，相对简单易行，所以较适用于识字率很低、社会地位比较低下的一般平民。

下层社会中的"贱"女子，诸如丫头、婢妾之类，取名的随意性是可想而知的。上文中列举了所查到的这一阶层女子的名字。譬如《武林旧事》卷一中的女童琼华、绿华，《耆续旧闻》卷二中的家妾榴花、朝云，《锦绣万花谷》卷一七诗人王晋卿之女奴秾李、昭华，《事文类聚·后集》卷一七中的观察使李耕之女奴却要，《三朝北盟会编》卷一一二中的邓绅家使女刘娇奴及其卷九八中的丫环招儿，《靖康要录笺注》卷一五中的高伸家女使刘梅寿，《夷坚丙志》卷一五中的某人家妾酥酥儿，《补注东坡编年诗》卷一〇中的裴家女使夏沉香，《墨池编》卷五中的官奴玉澜，《续资治通鉴长编》卷一七七中的女奴迎儿，《癸辛杂识·别集》卷下之妾银花，乃至《水浒传》第七回中的丫环锦儿和第四五回迎儿，等等。这一阶层的女子取名用字内涵相对较少。

"富贵"阶层的女子大多来自有一定社会地位的人家，其父母给子女取名字相对讲究，多用秀气、端庄、智慧之词。偶尔也有用"娘""姐"之类的字，但数量较少。譬如《投辖录》所载枢密邓洵任之女邓五经，《云笈七签》卷一一九所载某"太守"之女长寿，官员陆游之前妻唐婉（字惠仙），官员赵明诚之妻词人李清照，《东窗集》卷九所载宋高宗皇太后韦氏的侄女韦十娘，《宋季三朝政要》卷六所载文天祥之女文柳娘、文环娘，《绝妙好词笺》卷一所载李长卿之女李秀萼（字英华），《西台集》卷一三所载某县尉之女福延，咸淳《重修毗陵志》卷三〇《纪遗》所载胡坚常之女胡淑修，《挥麈录·第三录》卷二所载某监酒使臣之女张甫，《淮海集》卷一六所载官员徐主簿之女徐文柔、徐文美、徐文英，《夷坚甲志》卷一三所载黄秀才之女黄十一娘及该书卷一七所载解通判之女解三娘,《西台集》卷一三所载某县尉之女福和、福因,《吾汶稿》卷六所载王炎午侄女王慧一娘,《清异录》卷二所载太府少卿潘崇之女妙玉,《昌谷集》卷一五所载曹彦约长女曹如范、次女曹如璧,等等。

(三)婚姻状况

在传统时代,女性结婚后,往往成为男性的附属品。女性婚前被父母家人亲戚称名字,婚后大多会渐渐少用或不用,对其的称谓中,多半含有丈夫家族姓氏的色彩,往往以"某某(丈夫姓)氏"(类似于"某某妻")、"某某(孩子名)母"所代称。换言之,婚前婚后,宋代女子的名字及别人对女子的称谓,前后多有差别。前揭《名公书判清明集》中记载诸多"阿+姓氏"者,或是婚后周围人群对其原有姓氏的称呼,而不再称呼其名。由此,似可大致显现出女子未婚与已婚的称谓区别。这似与古代儒家传统三从四德中的"未嫁从父,既嫁从夫"的纲常理念有密切关系,也充分反映宋代虽然是一个文化昌明、相对自由开放的社会,程朱理学的诸多对女性不利的理念虽并未普及渗透于整个社会,但大多数贫下阶层女子的社会地位依旧比较低下。①

三 男性笔端的女性人名用字与两宋社会

由上文可知,宋代女子的取名一般具有如下特点:或带有明显的女子称谓,或多叠字,或能展现女子品行、智慧,或与佛、道等宗教信仰有关,等等。进一步探究这些女子的名字,可以发现,在宋代,留下名字的女子多具有大致相同的职业——以青楼女子和艺伎人、显贵富豪之家的女子居多,存世文献中只有《名公书判清明集》《夷坚志》等少数资料存留了下层女性的名字。在宋朝,不同社会阶层的父母给女子取名,也会有一定的差异,而是否结婚也在女子命名或称谓中有较大变化。进而言之,在留下名字的宋代女性之中,名字典雅且

---

① 朱瑞熙等:《宋辽西夏金社会生活史》,第109页。另参阅李华瑞《宋代妇女地位与宋代社会史研究》,邓小南主编《唐代女性与社会》,上海辞书出版社2003年版,第905—906页。

富有内涵者，多为社会的中上层，极少数歌姬等下层女性拥有典雅名字者，则多半是文人雅士帮他们命名的，或仅是其艺名；在男尊女卑的中国传统帝制时代，儒家的纲常理念已经深深地浸润在宋人的脑海深处；虽然程朱理学在社会中的影响力还不甚巨大，但随着时代的向后演进，在整个帝制中国时代，女性的地位呈现出越来越低的趋势。

宋史史料的流传过程中，儒士精英们更以儒家纲常理念来书写这些历史记忆，导致了存世文献之中宋代女性的名字远较历史事实为少。应该说，在那个时代，每一个女性都会有自己的名字，只是被历史记载下来的甚少，这与当时全体民众识字率较低有关，更与历史书写的倾向性有紧密联系。即便是儒士官宦家庭的女性，后人在写墓志铭或行状的时候，也多冠诸姓而无名，这样的情况几乎比比皆是；也许，正是受到了传统儒家纲常礼俗观念的影响，那些官僚士大夫也以为，他们母亲姐妹姑姨以及妻女的名字，也是不足为外人道的——不合于礼俗，或是最重要的原因。方氏女、钱氏妇、广州女、从四妻袁氏、孙大小娘子、王氏二妾、白衣妇人、朱氏乳媪……类如这样的女性称谓，是两宋社会的普遍现象。宋朝留下了大量的墓志碑铭，其中女性单独被书写的部分，也大多没有留下名字，遑论依附于男性墓志碑铭之中的大量女性。我们在这些断章残篇之中的搜寻追考，无疑只能是吉光片羽和管中窥豹，远不足以呈现女性名字及其宋朝那个社会发展、文化昌明、经济腾飞时代的所有面貌。历史已成过往，女性人名用字也蕴含着属于那个时代的文化和社会气息。如今，在男女平等的观念下，回溯千百年前宋朝两性社会不平等的男性独尊的历史，毫无疑问，从"女性主义"或"女权主义"的视角出发，全然剔除男性视角是不可取的一种研究取径。①

---

① 这一部分的资料收集曾得到张文燕、王亚兴两位同学的大力协助；《夷坚志》女性姓名的统计，则端赖张海颖、张明菲两位同学的协助，谨此致谢。

第二章 "说法"与"做法"

——北宋女性"既嫁从夫"规范的践行

鉴于中唐五代以还政治、社会秩序的紊乱和伦理观念的沦丧，赵匡胤登基后，北宋前期的君臣们开始思忖恢复与重建知识、思想和信仰世界的有效性。他们不但要重建国家权威与秩序，还要全面建立制度化的文化支持系统，以重新确立宏观架构下的思想与社会秩序。[①]作为其中的一个方面，已婚女子遵从怎样的社会规范，才能达致社会秩序统合的理想蓝图，也成为北宋前期儒士官僚们关注的一个重大问题。文献显示，按照先秦汉唐以来的儒家纲常理念，北宋前期的官僚儒士们力图重建符合他们理想的女性社会规范体系，提出了一系列的"说法"，强调"三从"就是其中之一。但是，在这一规范下，北宋时期女子们具体的"做法"究竟是怎样的、在"说法"和"做法"之间又存在着怎样的差异？ 为何会存在这一差异？ 尤其是到了南宋和蒙元时期，随着理学官学化的浸润而将这些传统的纲常理念传布于广土众民，与女子有关的社会规范是否发生了更大的变化。这些问题似乎均值得认真思讨，以便还原北宋秩序建构和被实践过程中的诸多社会历史场景。

一般女子都将扮演"女""妇""母"三种社会角色，"三从"是

---

① 葛兆光：《中国思想史》第二卷《七世纪至十九世纪中国的知识、思想与信仰》，复旦大学出版社 2004 年版，第 170—184 页。

中国传统儒家对女性的定位。①自"三从"理论诞生，就长期停留在理想状态。据学者研究，由汉迄唐，女性的社会角色并未局限于男性、儒士们设定的这三类角色，而在更广阔多元的舞台上发挥她们的才能，在诸多领域发生了举足轻重的社会影响。②以往人们普遍的印象是，女性地位的高涨似仅止于唐代，宋代儒学重新强调妇女"三从四德"等伦理观念，使得宋元以降女性的社会地位急剧下降。③

---

① "三从"之说，最早出自《仪礼·丧仪》："妇人不二斩者，何也？妇人有'三从'之义，无专用之道。故未嫁从父，既嫁从夫，夫死从子。故父者，子之天也。夫者，妻之天也。妇人不二斩者，犹日不二天也。"［（汉）郑玄注、（唐）贾公彦疏：《仪礼注疏》，影印十三经注疏本，中华书局1962年版，第871页］"四德"则出自《周礼·天官·九嫔》："九嫔掌妇学之法，以教九御：妇德，妇言，妇容，妇功。各帅其属，而以时御叙于王。"［（清）孙诒让注：《周礼正义》，中华书局1987年版，第552页］汉代董仲舒在《春秋繁露·顺命七十》将君臣、父子、夫妻的社会角色关系上升到天命的高度："子不奉父命，则有伯讨之罪，卫世子蒯聩是也；臣不奉君命，虽善以叛言，晋赵鞅入于晋阳，以叛是也；妾不奉君之命，则媵女先至者是也；妻不奉夫之命，则绝夫不言及是也，曰：'不奉顺于天者，其罪如此。'"（中华书局2011年版，第195页）

② 关于唐代妇女的研究，高世瑜《唐代妇女》（三秦出版社1988年版）认为唐代女性虽未能超脱男尊女卑的约束，但唐代礼教较为松弛，女性还是享有较高的地位和自由的。段塔丽《唐朝妇女的地位》（人民出版社2000年版）认为唐代女性在"为人女""为人妻""为人母"的角色中，实际家庭地位要高于唐代法律所体现的女性地位。姚平《唐代妇女的生命历程》（上海古籍出版社2004年版）认为唐代社会对婚姻礼仪较为通融开放，对女性"继嗣"责任的要求也较为松弛（尤其是中唐之前），因而唐代女性的生活相对自由开放。

③ 北宋以前，历代不乏关于女性社会角色、操守的议论。汉代儒学提倡"三从四德""三纲五常"的言论尤多。刘向《古列女传·魏曲沃妇》："夫男女之盛，合之以礼，则父子生焉，君臣成焉，故为万物始。君臣、父子、夫妇三者，天下之大纲纪也，三者治则治，乱则乱。"（四部丛刊初编本）（汉）班固《白虎通》："妇人无爵何？阴卑无外事，是以有三从之义：未嫁从父，既嫁从夫，夫死从子，故夫尊于朝，妻荣于室，随夫之行。"［（清）陈立注：《白虎通疏证》，中华书局1994年版，第21页］魏晋到唐代中前期，礼教色彩相对淡薄，但也不乏提倡女子"三从四德"的言论，比如欧阳询《艺文类聚·婚》："男率女，女从男，夫妇之义由此始。妇人，从人者也。幼从父兄，嫁从夫，夫死从子。"（中华书局1965年版，第712页）唐代中后期儒学复兴，以"三从"为评判女子生平标准渐多。（唐）白居易《白氏长庆集·唐河南元府君夫人荥阳郑氏墓志铭》中赞颂墓主人的文辞："昔漆室、缇萦之徒，烈女也；及为妇，则无闻。伯宗、梁鸿之妻，哲妇也；及为母，则无闻。文伯、孟氏之亲，贤母也；为女为妇时，亦无闻。今夫人女美如此，妇德又如此，母仪又如此，三者具美，可谓冠古今矣。"（《白居易文集校注》，中华书局2011年版，第225—226页）在中国古代女性地位的研究中，女性"三从"角色的问题也颇受关注。陈顾远《中国婚姻史》就专门论述过夫妇相从的问题。高世瑜《中国古代妇女家庭地位刍议——从考察"三从"之道切入》（《妇女研究论丛》1996年第3期）则整体论述了"三从"规范与中国古代妇

北宋前期，士大夫试图建立新的价值体系和伦理观念，欧阳修、司马光、苏洵、苏轼、程颐、程颢等人都曾做出过尝试，司马光还撰写有《家范》《书仪》来阐发其理想的家庭规范，也延续、重申前代为女性设定的家庭生活中的诸多规范——强调"妇德、妇言、妇容、妇功"。①他甚而指出：

> 为人妻者，其德有六：一曰柔顺，二曰清洁，三曰不妒，四曰俭约，五曰恭谨，六曰勤劳。夫，天也；妻，地也。夫，日也；妻，月也。夫，阳也；妻，阴也。天尊而处上，地卑而处下。日无盈亏，月有圆缺。阳唱而生物，阴和而成物。故妇人专以柔顺为德，不以强辩为美也。②

其他譬如鼓励女子出嫁后以夫为纲并且从一而终，强调男女的内外之别，甚至对女性的个性做出"柔顺方为有德"的评判标准，等等。官僚儒士们的讨论相当之多，因其大同小异，故恕不赘录。那么，女性"三从"的社会角色是否一如儒家的理想状态？ 本章着重从北宋时期与妇女生活相关的材料入手，考察女性生活受重建儒家伦理观念"既嫁从夫"规范的影响究竟有多深，进而探讨宋朝社会秩序的一个侧影。需要说明的是：第一，本章材料多取自文人文集中的墓志铭、行状、家传，其中难免有虚饰的成分，但从宋人撰写墓志的情况来看，仍可从中提炼出一些较为真实可靠的信息；③第二，由于寓目之存世文献多偏重中上层家庭女性的记载，本章取资所限，对于下

（接上页）女实际家庭地位的差距。李贞德：《女人的中国中古史——性别与汉唐之间的礼律研究》（《中国历史世界——统合的多元的发展》，汲古书院2002年版，第468—492页）也涉及"三从"之礼、律与女性实际生活的关系。而就宋朝女子"既嫁从夫"的研究，寡陋目前尚未寓目。李华瑞：《宋代妇女地位与宋代社会史研究》，收入邓小南主编《唐宋女性与社会》，上海辞书出版社2003年版，第905—916页。

① （宋）司马光：《家范》卷六《女》，《文渊阁四库全书》本，第696册第691页。
② （宋）司马光：《家范》卷八《妻上》，《文渊阁四库全书》本，第696册第708页。
③ 关于宋人撰写墓志的情况，参见刘静贞《北宋前期墓志书写活动初探》，《东吴历史学报》第11期，2004年，第59—82页。前朝历史情况，可参阅徐冲《从"异刻"现象看北魏后期墓志的"生产过程"》，《复旦学报》（社会科学版）2011年第2期；修改后收入余欣主编《中古时代的礼仪、宗教与制度》，上海古籍出版社2012年版。

层女性的历史面相的发掘，尚很欠缺。

所谓"既嫁从夫"，按照儒家规范，女子出嫁后应"从夫"，以丈夫及夫族的利益为转移。①尽管也有人对"从夫"内容提出不同理解，但在儒家建立的人伦理论系统中，家庭的主导仍需是丈夫。那么，北宋时期既嫁从夫的理论多大程度上被女性实践了呢？婚嫁后的女性是否对夫家的任何事情都没有处理权、建议权了呢？关于这一点，可自以下两方面展开考察：一是妻子本身是否有能力影响丈夫及其家族，主要体现在哪些方面；二是已嫁女的本家②在女子出嫁后扮演了怎样的角色。

当然，从历史记忆的角度分析，目前存世的有关北宋女子既嫁从夫的这些史料，它们之所以被记载，有可能乃是记载者（男性的官僚儒士们）以为此事是异于常态的，所以才落笔成文。而那些千千万万属于他们认定为"常态"的，换言之，即女子们顺乎既定规范的行为，因为太普遍而熟视无睹，所以绝大多数湮没于历史的汪洋大海之中了。当然，在墓志碑铭等文字的写作过程中，执笔者出于揄扬和褒赞的心态，又揉进了多少历史本相根本不存在抑或以一当十的笔墨，则在于研究者是否立足于史料批判的视角加以审视了。

一　已嫁女在丈夫家族中的影响

已嫁女理论上归属丈夫的家族，这一点远在宋代之前就已经确立。不过"归属"并不一定就意味着已嫁女在夫族中毫无地位和影响。在儒家力求实现"既嫁从夫"、丈夫绝对主导家庭秩序的北宋时期，女性究竟多大程度上被这种理念所规范，她们的个人能力在家庭生活中有多少用武之地？存世文献中展现出多元的历史图像。

---

① 参见刘祥光《婢妾、女鬼和两宋士人的焦虑》，收入《走向近代：国史发展与区域动向》，台北东华书局 2004 年版，第 45—84 页。收入氏著《宋代日常生活中的卜算与鬼怪》已做修改，台北政大出版社 2014 年版，第 253—322 页。

② 对"本家"的概念限定，参见陈弱水《隋唐五代的妇女与本家》一文，他认为："本文所谓'本家'，与今天一般所说的'娘家'范围差不多，是指出嫁女子的本生家庭及其兄弟所组成的家庭。"今据氏著《隐蔽的光景——唐代的妇女文化和家庭生活》，广西师范大学出版社 2009 年版，第 3 页。

北宋已婚女性并非一味服从、顺从于丈夫。"河东狮吼"便是北宋时期夫妇关系逸出常态的极端案例。①即便是南宋高宗时不可一世的秦桧，也是出了名的"惧内"。②此外，监督丈夫的所作所为，力劝丈夫提高自身修养的宋朝女性依然相当之多。譬如，苏颂记载的宋仁宗年间曾任将作监主簿的毕从古之继室陈氏，即是一个显例：

> 尝勉其夫（与）子以义，而安于贱贫。正议（毕从古）叹曰："使吾不足于小官者，夫人之助也。"③

又如《范太史集》中，宋英宗时为集贤院学士、判西京御史台的李兑之妻钱氏：

> （公）每退朝，夫人必从容讽切以古之忠义；其出藩于外，则劝以尚德缓刑。④

两者虽说都只是勉励丈夫忠义之道、监督丈夫的个人行为，但这种劝勉显然是为丈夫所接受且是乐于听从的，也是受到社会舆论褒扬的。

再者，北宋时期已婚女性还在教育孩子的问题上有一定的主动

---

① "河东狮吼"自宋朝以来就被视为惧内的代表性说辞，其说参见（宋）祝穆《事文类聚·后集》卷一五《人伦部·河东狮子》："东坡谪黄州，与陈慥季常游。季常自以饱禅学，而妻柳氏颇悍，季常畏之，至或诟骂未已，声达于外。东坡因以诗戏云：'谁似龙丘居士贤，谭空说有夜不眠。忽闻河东狮子吼，拄杖落手心茫然。'柳郡望河东，盖借用《传灯录》河东狮子吼也。"《文渊阁四库全书》，第 926 册第 234 页；又见佚名《锦绣万花谷·前集》卷一六（《文渊阁四库全书》，第 924 册 219 页），（宋）洪迈：《容斋随笔·三笔》卷三《陈季常》（上海古籍出版社 1978 年版，第 447—448 页）等。参阅鲍家麟等《"妒妇"、"悍妻"以及"惧内"——唐宋变革期的婚姻与家庭之变化》，收入邓小南主编《唐宋女性与社会》，上海辞书出版社 2003 年版。
② 秦桧"惧内"，参见王曾瑜《荒淫无道宋高宗》一书中的研究，中国书籍出版社 2016 年版，第 257 页，第 262—263 页。
③ （宋）苏颂：《苏魏公文集》卷六二《寿昌太君陈氏墓志铭》，中华书局 1988 年版，第 955 页。
④ （宋）范祖禹：《太史范公文集》卷三八《工部尚致仕李庄公许昌郡夫人钱氏墓志铭》，《宋集珍本丛刊》本，第 24 册 389 页。

权。文献资料中虽不乏父亲亲自教育子女的记载，但在大多数家庭中，相对于男性，女性更多负有教子的责任。虽然这也是儒家理想秩序中理所当然的部分，但我们关注的是，北宋女子在教育儿女的问题上是否"从夫"，究竟能做些什么。从对子女日常教育的角度来看，母亲的权力是比较宽松的。程颐、程颢的母亲侯氏亲自承担儿子的日常教育之责：

> 颐兄弟幼时，夫人勉之读书，因书线帖上曰："我惜勤读书儿。"又并书二行，曰："殿前及第程延寿。"先兄幼时名也；次曰"处士"。及先兄登第，颐以不才罢应科举，方知夫人知之于童稚中矣。宝藏手泽，使后世子孙知夫人之精鉴。[1]

苏洵年轻时常宦游四方，苏轼、苏辙兄弟的日常功课，多由母亲程氏亲自教授：

> 夫人喜读书，皆识其大义。轼、辙之幼也，夫人亲教之。常戒曰："汝读书勿效曹耦，止欲以书自名而已。"每称引古人名节以励之，曰："汝果能死直道，吾无戚焉。"已而，二子同年登进士第，又同登贤良方正科目。[2]

当然，能够亲自教儿子读书，女性自身具备良好儒学素养很重要，程氏就是如此。她的教育和引导，对苏轼、苏辙的人生影响极大。苏辙在为苏轼所写的墓志中回忆道：

> 公（苏轼）生十年，而先君宦学四方。太夫人亲授以书，闻古今成败，辄能语其要。太夫人尝读《东汉史》至《范滂传》，慨然太息。公侍侧曰："轼若为滂，夫人亦许之否乎？"太夫人

---

[1] （宋）程颐、程颢：《河南程氏文集》卷一二《上谷郡君家传》，中华书局1981年版《二程集》，第655页。

[2] （宋）司马光：《温国文正公文集》卷七六《苏主簿夫人墓志铭》，四部丛刊初编本。

曰："汝能为滂，吾顾不能为滂母耶？"①

由此看来，在日常教育中，母亲的确更了解孩子各方面的情况。不过，一旦遇到大事，母亲便处于从属的地位。侯氏自己曾说过，作为母亲，不应该帮儿女掩饰错误：

> 先公凡有所怒，必为之宽解，惟诸儿有过则不掩也。常曰："子之所以不肖者，由母蔽其过而父不知也。"②

这似乎即已映衬出父亲的主导作用。这则史料给人的印象是：在程家，母亲教育的权力是十分有限的。但从另一个角度看，作为已婚女性的侯氏虽未必能够全权处置孩子的所有问题，但其关键性作用和影响是显而易见的：丈夫听妻子的报告，是帮孩子掩饰，抑或如实报告，由妻子决定。其中隐含的意思就是，丈夫是可以被蒙蔽的。因此，关于子女教育这一点，在"从夫"的既有规范下，北宋已婚女性有着一定的自主权。

在人们以往的普遍印象中，传统社会的女子大多无甚经济来源，必须依靠丈夫或者夫族，因而在许多家庭事务中只能"从夫"。③北宋时期的已婚女子也是如此吗？ 从以下文献记载看，上述观点恐尚难遽尔断定。

张耒《福昌县君杜氏墓志铭》记载，李廷老之母杜竦于绍圣五年

---

① （宋）苏辙：《栾城后集》卷二二《亡兄子瞻端明墓志铭》，四部丛刊初编本。这则记载常常被文史学者引述，以为褒赞少年苏轼的鸿鹄之志。但苏辙笔墨间是否存有类如艺术家的粉饰和溢美之词，尚需再做斟酌。有关于宋朝家庭中母亲教育子女的史事，请参阅粟品孝《宋代士人家庭教育中的母教》，载漆侠主编《宋史研究论文集》，河北大学出版社 2002 年版。

② （宋）程颐、程颢：《河南程氏文集》卷二〇《上谷郡君家传》，中华书局 1981 年版《二程集》，第 654 页。

③ 有关宋朝女性的财产权，学界讨论相当繁富，兹不赘，请参阅柳立言《宋代分产法"在室女得男之半"新探》（上、下）多有新意，台北《法制史研究》第 5—6 期（2004 年）。李华瑞对此有一相当全面的总结性研究，参阅其《宋代的妇女地位与宋代社会史研究》，收入邓小南主编《唐宋女性与社会》，上海辞书出版社 2003 年版。

（1097）去世，其时李廷老正在衡州衡阳令任上，对其母生前长期承担养家重任的情况记忆犹新：

> 李公（李廷老父亲）素贫，不治生事，夫人为均节其有无（亡）以济。由此李公之仕宦得以直己行义而不累于私。①

在苏辙的笔端，欧阳脩的夫人薛氏也是夫家养家糊口的中坚力量：

> 文忠平生不事家产，事决于夫人，率皆有法从。②

从中可知，北宋士子们无论是否进入仕途，都不以将家庭经济交给妻子为不妥，还往往以"不为俗务所扰"而自命清高。司马光针对苏洵一家的情况，把这种读书仕进与养家糊口的矛盾叙述得更为具体：

> 府君年二十七，犹不学，一旦慨然谓夫人曰："吾自视，今犹可学，然家待我而生，学且废生，奈何？"夫人曰："我欲言之久矣，恶使子为因我而学者，子苟有志，以生累我可也。"即鬻出服玩，鬻之以治生，不数年遂为富家。府君由是得专志于学，卒成大儒。③

由上述诸例可见，在不少北宋儒士家庭中，女性参与治生、维持家境非常重要。"治生"这个沉重包袱由妻子来承担，固然也是以丈夫志向为转移的结果，不过，同时也使得已婚女性在诸多家事中增添了话语权和影响力。

---

①　（宋）张耒：《张耒集》卷六〇《福昌县君杜氏墓志铭》，中华书局1998年版，第887页。

②　（宋）苏辙：《苏辙集》卷二五《欧阳文忠公夫人薛氏墓志铭》，中华书局1990年版，第419页。

③　（宋）司马光：《温国文正公文集》卷七六《苏主簿墓志铭》，四部丛刊初编本。

如果说监督丈夫"修身",在教育子女的问题上掌握较多实际的主动权,参与"治生",使丈夫不以生计累,俾便其读书仕进,都只能算是"贤内助"的表现,只是女性在"从夫"规范中衍生出来的影响力,对"从夫"的秩序并无大的突破,而有些已婚女性却由"内"延伸向"外",参与了"厅堂事"甚至国家大事。譬如苏轼的妻子王弗,不但过问苏轼在外的公私一应事务,甚至帮苏轼"相人":

> 轼有所为于外,君未尝不问知其详。曰:"子去亲远,不可以不慎。"日以先君之所以戒轼者相语也。轼与客言于外,君立屏间听之。退必反复其言曰:"某人也,言则持两端,惟子意之所响,子何用与是人言。"有来求与轼亲厚甚者,君曰:"恐不能久。其与人锐,其去人必速。"已而果然。①

由此我们可知,苏轼不但不反对王弗"隔屏"听闻,反而乐于接受王弗的建议,还盛赞其才。这与那些倡导重建儒家秩序中鼓吹的"女子无才便是德""妇主于内"的从夫之道截然相反。宋钦宗时官至相位的徐处仁的夫人陈氏,是另一个颇为相似的例子。早在宋徽宗时,她便十分关注丈夫在朝堂上的一言一行,并时时提醒丈夫谨慎处事:

> 每奏事,归必问见上安所陈,上开纳否。尝诏,丞相病,已无下拜。当是时,蔡鲁公耄老,徒损拜数而不得免焉,或以是为公荣。夫人愀然,曰:"忌者至矣,其能久乎?"未几,果坐谗,出知扬州,其先见如此。②

外戚符惟忠之女符氏(1021—1078),于景祐年间嫁给儒士张宗

---

① （宋）苏轼:《苏轼文集》卷一五《亡妻王氏墓志铭》,中华书局1986年版,第472页。
② （宋）汪藻:《浮溪集》卷二八《吴国夫人陈氏墓志铭》,四部丛刊初编本。

雅。符氏在丈夫官卑职小的时候，曾助其断狱：

> 给事（其夫张宗雅）居常与士大夫议论，夫人多窃听之，退
> 而品第其人物贤否，无不曲当。尤喜闻政事与狱讼之疑难者，悉
> 能区别情伪，裁之义理。故给事所治有异政，号为良吏，抑夫人
> 之助也。①

张宗雅的政绩优异，或更多得益于符氏的行政、司法才能之参
与。能谋善断的女性还有任遵圣之妻吕氏。宋仁宗朝，任遵圣在郴州
任上时，恰逢朝廷征讨侬智高，军费问题使他陷入左右为难的窘境，
吕氏却果断地阻止了丈夫的错误决定：

> 会王师讨侬寇，道过境，窘于饷馈，议敛来岁赋，入贷民财
> 以济之。守将难其说，遵圣又从往议。夫人止之曰："竟不从可
> 遂已乎？莫若专达以办事，虽得罪，何愧？"其善虑而断，又
> 非妇人之所能也。②

由此看出，吕氏的"善虑"也是得到肯定的。女子以其外事之才
帮助丈夫断事者，屡见不鲜。大约生于宋仁宗时期、卒于建中靖国元
年（1101）的李仲琬自小便有才名，十七岁嫁给当时名士董文和。董
文和字景仁，曾任曹州司户，为人高洁，处事中规中矩，多亏李仲琬
为其出谋划策，解决各种复杂的政治、人际纠纷：

> 景仁为司户曹州，性方洁，不能轸转俗子间。会将葬龙图
> 公，而为部使者故勒以事，不得行。因大哭，欲即解组去，夫人
> 止之，曰："君须禄我董氏冢，妇挟而子以往，何忧不集？"遂

---

① （宋）陈襄：《古灵集》卷二五《崇国夫人符氏墓志铭》，《宋集珍本丛刊》本，第9
　册第67页。
② （宋）吕陶：《净德集》卷二七《夫人吕氏墓志铭》，《文渊阁四库全书》本，第1098
　册第214页。

及，其吉卜以堋。①

龙图公即董文和之父董沔。董沔在世时，曾坐镇陕州，一度面临如何应对党项人的问题。李仲琬就曾劝公公对西夏人采取安抚措施，以利于边境的稳定：

> 其舅沔以直龙图阁知陕州。一日，外哗甚，夫人遽窥牖，则白刃夹闼而立，问之，羌初入贡，故严兵见之。夫人曰："异哉所以示远人者，乃尔耶，弗已，则勒监军阴儆备可也。"龙图公从之。羌顿首曰："前所过州皆遇我如囚，今乃睹中国大体。"大悦而去。②

前述两例中，赵宋朝廷征讨侬智高，宋夏关系紧张，都不利于社会稳定，仕宦难有舒缓之道，却赖智谋女性出谋划策。靖康末年的乱世则更是让北方士大夫家族手足无措，而此时莱州推官张应辰之妻王氏却表现出了"不让须眉"的主见和气魄：

> 晋江（张应辰）为莱州推官，一日，其守出，夫人自牖窥之，谓晋江曰："人不忌其上，鲜不为患者。今卒骄矣，盍白守为备乎？"守不听，数日而乱。作乱定，人悉玩安不能去，夫人独曰："是不可留也。"……晋江以中奉在商，于道阻不通，议所向，夫人曰："东南，天子在焉，尚何问？"遂渡江，居金陵。不旋踵，莱州陷，仕族无脱者。③

以上六位女性都是通过丈夫、公公参与军国大事之中。这种参与，有一个普遍的共同点：女性隔着屏、牖来参与外事（以上六位女

---

① （宋）晁补之：《济北晁先生鸡肋集》卷六六《李氏墓志铭》，四部丛刊初编本。
② （宋）晁补之：《济北晁先生鸡肋集》卷六六《李氏墓志铭》，四部丛刊初编本。
③ （宋）汪藻：《浮溪集》卷二八《王夫人墓志铭》，四部丛刊初编本。

性，除陈氏和吕氏，均曾隔着屏户听外间谈话）。①当然，是否采纳其建议的决定权还是掌握在丈夫、公公手中。尽管如此，妻子在家中过问军国大事是被允许的，丈夫、公公采纳建议的标准显然是"有理与否"。这几位女性的建议并不因"妇人之见"而被摒弃。由此看来，北宋女性的活动空间并不限于"内"，还可通过一些渠道延伸于"外"，②能够在一定程度上介入丈夫在外的事功。

综上而言，由北宋已婚女性对丈夫产生影响的四个方面来看，女性个人的素质是很重要的因素。劝夫修身，自身必须明辨礼义是非；揽教育子女之权，自身则必须精通诗书；做家庭经济支柱，女性就需要具备经济头脑；参与军国大事的决断，更要求女性具备政治甚至军事才能。具备这些素质和才能的女性，在儒家"从夫"理念的大方向中，却不必事事"从夫"，甚至能够利用"从夫"的既有规范，扩张自己的影响力，获得一定的权益和夫家的尊重。

二 已嫁女本家对其行事的影响

女子出嫁后，生身之本的家庭对其生活还有重要的影响。陈弱水先生详细讨论过唐代妇女出嫁后与其本家的关系。③本章则考察北宋已婚女子与其本家的关系，由此探考女子本家对其行事乃至对儒家

---

① 关于宋代女性在牖户间听断政事的研究，参见邓小南《"内外"之际与"秩序"格局：兼谈宋代士大夫对于〈周易·家人〉的阐发》："她们显然都感觉到了自己处身于'内''外'之间的为难，也都在找寻着'内''外'之间可供她们存身的罅隙。……这些夫人所站立的'户屏之间'，正是前堂与后室、外厅与内房的联系空间。就位置而言，因其处于牖户之后，可以归入'内'的范围；而选择此处站立，显然又是因其通向'外'室。就站立者关心的问题而言，亦属内外兼而有之：一方面'窃听'的是夫君子弟接触的'外人'与'外事'；而另一方面，这些外人、外事又因其与夫君子弟的关系而变成了'内人'们有理由关心的内容。"邓小南主编：《唐宋女性与社会》（上），上海辞书出版社2003年版，第101—102页。
② 关于女性"内"与"外"的研究，参见邓小南《宋代士人家族中的妇女：以苏州为例》，从宋代苏州士人家族"妇女的社会实践活动来看，她们中的不少人事实上管理着家族产业，成为家族事务正常运转所倚重的对象；其中有些更以不同的方式辅助乃至介入了夫君子嗣的事业。"原载袁行霈主编《国学研究》第五卷，北京大学出版社1998年版，第527页。今据邓小南《朗润学史丛稿》，中华书局2010年版，第289页。
③ 参见陈弱水《隋唐五代的妇女与本家》，收入前揭氏著《隐蔽的光景——唐代的妇女文化和家庭生活》，广西师范大学出版社2009年版，第3—162页。

"从夫"教条的影响。嫁为人妻后，女子与本家的关系并不因"从夫"的规范而全然忘却"娘家"，依然在金钱、权力、知识等各方面有千丝万缕的联系。

（一）本家的财富支持

首先考察本家对女儿女婿的经济资助。读书人为生计所扰，有时会选择让妻子经理其家，参与"治生"，如此一来，与本家往还较多的妻子就有可能以本家之财"倒贴"，尤其是本家富足者。沈遘记载了一则宋太祖、宋太宗时武昌节度掌书记李文览之女李氏的例子：

> 侯（蒋侯，其夫）世儒者，家衡阳，甚屡从学四方，及成昏，依李氏未去兄子，偕省其世父也。将西游京师，无资以治，严夫人为释金条，脱以赐之，直十余万钱，偕由是能成就其业，决科成名。①

这里叙述了李氏夫家甚贫，依妻族生活，可以推断，夫人所赐者不是其本家所赠就是嫁妆，其来源都是李氏的本家。与此类似，毕仲游笔下原是后周太子太师宋彦筠之六世孙、嫁给王暕的宋氏，时常代表王家，资助王暕已嫁姊妹：

> 殿中君（宋氏之舅）生六女，皆嫁傍近士大夫，家贫不给，夫人调护之甚厚，不能自任则廪之，舍止未定，则为室庐以招之。有缓急，则推金帛以赒之。②

这就不仅仅是金钱周济了，本家还提供暂居之地，可见已嫁女子对本家的依赖程度之高。本家富足的女子有可依赖之所，而中产之家的女子也有可能得到本家的资助，《曾巩集》记载知成都府双流县事周旻：

---

① （宋）沈遘：《云巢编》卷九《福昌县太君李氏墓志铭》，四部丛刊三编本。
② （宋）毕仲游：《西台集》卷一四《清源王太君宋氏墓志铭》，《文渊阁四库全书》本，第1122册第186页。

> 君（周旻）少孤，力学不问生业，事母以孝称。其在仕也，
> 嫁姊之贫者，君常分月俸三之一以奉之。①

姐弟俩幼时丧父，弟弟仕进后，将俸禄分出一部分来资助已出嫁的姐姐。这更加说明出嫁女子与本家的密不可分，甚至要依赖本家兄弟的金钱资助才能生存。

北宋时期，本家对已嫁女的金钱资助通常惠及女儿、女婿及外孙。吕陶《净德集》记载宋真宗、宋仁宗时期的名士张惟德与其岳父的关系时，有这样一段话：

> 君袁氏婿僚，凡婿七人。袁富族也，为之婿者，或私其赀币
> 以豪，君独不尔。袁父母尝厌他婿之求欲，以余积委君，则再拜
> 避谢，卒不以一金自污。

对于女婿接受妻家馈赠的问题，该篇墓志随后便发表了一句议论：

> 女有归矣，父母爱之而私以金币，虽受之，未为大过。君独
> 无取，岂临财不苟其得欤？ 彼求而惟日不足者闻君行谊可
> 愧矣。②

在北宋，已嫁女及女婿接受女子本家财富是可以理解的。时议所诟病的，并非袁家其他几位女婿取妻家财富的做法，而是他们贪得无厌的行为。从中可知，已嫁女本家的影响很大程度取决于本家的财富。财富是现实问题，从妻家获取钱财而一味彰显男子乃一家之主、处处辖治其妻者，恐非少数。这也本非儒家宣扬的"从夫"伦理所能够完全纳入规范的。

---

① （宋）曾巩：《曾巩集》卷四三《秘书丞知成都府双流县事周君墓志铭》，中华书局1984年版，第591页。
② （宋）吕陶：《净德集》卷二八《赠大理评事张府君墓表》，《文渊阁四库全书》本，第1098册第218页。

上述女性本家非富即贵，文献中也有男家尚未崛起的案例：李氏家世显赫，其夫却是尚未"决科成名"的儒生；王睐的六位姐妹也是嫁给家贫的士大夫；周㫤随着周㫤仕进的成功，与周㫤姐姐夫家之间的差距逐渐拉开，同样形成了女家较男家富贵的局面；袁氏的本家更是"财大气粗"。除周㫤姐姐的案例以外，其余三例都清楚地表明，富贵之家的女儿嫁的是儒生、士大夫，这与宋人的择婚取向有关。由于科举为儒士带来了出人头地的机会，而已经显达的人家又难以保证自家地位的世代延续，让女儿选择中下层的儒士缔结婚姻，是一种可以期待的政治投资。其中，表现得较为明显的就是李氏一例，其夫不负众望，科考成名。周㫤一例也可作为佐证，周㫤姐姐与其夫家大有可能一开始都比较贫穷，但周㫤登科仕进，周家与周㫤姐姐的夫家门当户对的格局就被打破了，可见儒生这支"潜力股"之崛起。也正因为如此，宋代出现"榜下捉婿"的夸张现象也就不足为奇了。①

（二）本家对已嫁女家庭的知识与权力关照

除财富外，北宋时期，本家可为已嫁女子提供的资源还有知识和权力。财富是显而易见的，而知识和权力是潜在的，它们又怎样变成可以使用的资源呢？

先从知识说起，北宋科举发展迅速，儒学知识是贫寒之士步入宦海的重要途径。倘若女子出身科举世家或书香门第，那么知识就是本家给她带来的重大资源，可以帮助还在寒窗苦读的丈夫以及立志于学的儿子。比如杨徽之的外孙宋敏求就受其外家影响极大：

> 公无子，一女前夫人所生，三岁而失所恃，继夫人躬自鞠毓，逮于笄字，历选良匹，遂归谯公。……子即常山宣献公（宋敏求）也。公薨时，（宋敏求）方十龄，而超异夙成，克荷后事。图书素业，一以付之。惟宣献公以文章道德显赫两朝，佐佑仁皇，再登宰政，号令风采，为时宗工。虽德业所基本乎世阀，

---

① 张邦炜：《宋代的"榜下捉婿"之风》，原载《未定稿》1987年第4期，收入氏著《宋代婚姻家族史论》，人民出版社2003年版，第62—90页。

而绪风课绍，抑自外门。①

尽管，抑或是杨徽之无子，墓志上才夸大了杨家对外孙的影响，但仍能从中看出外家在宋敏求成长中的巨大影响。

文同记载有曾任官泸州的任伋之夫人宋氏"教诸子与其婿学，至夜分，读书声未绝，夫人亦不去房下"。②这是不仅教其子学习，还教女婿学习的案例。还有跟随母亲的兄弟（即舅氏）学习的儒士，晁补之就曾自叙道：

> 自我为儿时，从寿光夫人于外氏，舅爱我厚，导我于学甚恩，窃不自少，谓舅才业可任重，而迍不偶。其敢嫌于戚，以没舅美？③

知识教育、促进举业只是本家帮助已嫁女的一方面。更有高官显宦者，直接恩荫女婿、外孙、外甥入仕。如生活于宋太宗、宋真宗时期的王枢：

> 故工部侍郎凌公策时为转运使，赏其神俊，妻以爱女。凌公后典成都，得任异姓为官，以荫试将作监主簿，非其好也。④

王枢以岳父凌策恩荫入仕，虽对此不甚满意，但他也不得不承认岳父为其启开仕途前导这一事实。还有舅舅将外甥引入仕途者，晏殊就非常主动地为其外甥李冕奏请官职：

---

① （宋）苏颂：《苏魏公文集》卷五一《翰林侍讲学士正奉大夫尚书兵部侍郎兼秘书监上柱国江陵郡开国侯食邑一千三百户食实封二百户赠太子太师谥文庄杨公神道碑铭》，中华书局 1988 年版，第 769 页。
② （宋）文同：《丹渊集》卷四〇《任郎中夫人宋氏墓志铭》，四部丛刊初编本。
③ （宋）晁补之：《济北晁先生鸡肋集》卷六八《右通直郎杨君墓志铭》，四部丛刊初编本。
④ （宋）胡宿：《文恭集》卷三九《故秘书王公墓表》，《文渊阁四库全书》本，第 1088 册第 958 页。

（李冕）弱冠与弟茂元省其舅晏临淄公（晏殊）于京师，至数月，请归，临淄公曰："迟之，比上郊天，吾奏尔一官去。"君辞曰："幸在举子后，足以俟时。茂元少失学，问舅必恩之，于义为允。"临淄公叹息从之。①

李冕虽婉拒舅舅的好意，但在李茂元入仕的问题上，晏殊还是起了关键性作用。在科举拥塞的"The Thorny Gates"（"窄门"），可叹多少寒门士子无此机会，②也足以证明本家的权势实在是已嫁女所拥有的一种重要资源。程俱在一篇墓志铭也提及："时鲁公位冠枢府，诸婿往往官中都，夫人不以夫为言，亦不以远宦为慊也。"③墓志铭主人曾氏是宋徽宗时为相的曾布（即文中之鲁公）第五女，墓志铭提及此事是为了体现曾氏不嫌弃跟随丈夫四处奔波的品格，但从另一个侧面也体现出曾布的其他女儿对本家权力资源的利用——诸女婿都凭着岳父曾布的"关系"留在京城为官。由此可见，北宋时某些儒士依靠妻子本家权势谋取政治资源的现象相当普遍。

由上述可知，北宋社会不仅重财富，也重权势。除了科举入仕之外，权势的恩荫入仕者也不在少数。④如果外家有财富、有地位，向外家靠拢在当时也是士子们很正常的选择。不过这种做法始终违背北宋儒家重建伦理秩序的理想，既违背了"从夫"原则——既嫁为人妇，就应注意和本家保持距离，一切以夫家为准，⑤也多多少少违背了儒家的道德情操。由这一侧面的考察可知，儒家理想的伦理秩序在

---

① （宋）吕南公：《灌园集》卷二〇《故袁州李君墓志铭》，《文渊阁四库全书》本，第1123册第182页。

② 参见［美］John W. Chaffe（贾志扬）著 *The Thorny Gates of Learning in Sung China：A Social History of Examinations*，New York：State University of New York Press，1985，即中文本《宋代科举》，东大图书股份有限公司1995年版。

③ （宋）程俱：《北山小集》卷三一《宋奉议郎孺人曾氏墓志铭》，四部丛刊初编本。

④ 关于宋代荫补官员的情况，参见游彪《宋代荫补制度研究》，中国社会科学出版社2001年版。

⑤ 关于当时对既嫁女子与本家应保持距离的观点，参见（宋）司马光《家范》卷七"夫"的规范，论夫妇之道时所举事例，如梁鸿妻、鲍宣妻，本出富贵之门，嫁人后皆抛开本家优越的条件，随丈夫过清贫的日子，受到司马光极力的赞赏。这种观点在墓志材料中也有所体现。如（宋）柳开《河东集》卷一四《宋故穆夫人墓志铭并序》

北宋社会的实际影响还是有限的。

（三）已嫁女子与本家频繁来往，甚至长期在本家居住

前述本家对已嫁女家庭的财富、权势和知识方面的影响，但是，即便本家影响力再大，已嫁女子还是要生活在夫家。然而，文献记载中却有已嫁女与本家长期不分离的状态。

范祖禹曾提及宋神宗时知光州程嗣弼（1027—1086）之妹因病不能随丈夫到任，由自己的兄长来照顾：

> 女弟荣国夫人适今中书右丞相韩公。初韩公为陕西转运使，荣国病留京师，公迎致第，与韩氏二甥朝夕左右，召医尝药，奉事甚笃。①

荣国夫人由兄长来照拂，是有较充分的理由的，因丈夫在外地当官。另有一些长期在本家居住的女性，她们的理由就未必充分。譬如在吕陶所撰一方墓志铭中，墓主的父亲杨塾是乡里长者，得赠朝请郎，其长女就是典型的"出嫁也从父"案例：

> 朝请公（杨塾）长女既适朝散郎宇文昭度，爱之，留于家。与君共居三十年，内外无间言。②

宇文昭度的妻子出嫁后还住在本家——父亲"爱之"，实在称不上令人信服的理由。杨塾"析产为二"，一份给长住于本家的长女，

（接上页）中转述柳开父亲的一段言论："人之家，兄弟无不义，尽因娶妇入门，异姓相聚，争长竞短，渐渍日闻，偏爱私藏，以至背戾，分门割户，患若贼雠，皆汝妇人所作，男子有刚肠者，几人能不为妇人言所役，吾见多矣。"（四部丛刊初编本）"异姓相聚"一言，足以证明儒家理想秩序中对媳妇（异姓）的排斥，媳妇的家族就是所谓"异姓"的后盾，对"异姓"家族侵夺自己家族的利益，是绝难容忍的。

① （宋）范祖禹：《范太史集》卷三八《朝议大夫致仕程公墓志铭》，《宋集珍本丛刊》本，第 24 册第 390 页。

② （宋）吕陶：《净德集》卷二二《朝奉大夫知洋州杨府君墓志铭》，《文渊阁四库全书》本，第 1098 册第 187 页。

另一份给儿子杨敦夫,且儿子"乃占土瘠"。①虽时空变换,我们至今都能从字里行间读出杨塾对女儿的偏爱,但从周边史料中,却没有发现这种偏爱在当时所遇到的阻挠。文中"内外无间言"一句最能说明问题:一个主观感情的理由就能让"内外无间言",这说明血缘感情的理由是为当时社会所接受的,本家父母恩爱感情也可成为"从夫"规范的突破口。北宋西南华阳名士张崇文之女、阎路之妻张氏,是另一个类似的例子:

> 夫人少孤,外祖张崇文春卿携养于其家。……(春卿)既老,无子,止有女及夫人在左右,恭愿柔懿,动响礼法,薰渍善术,该涉文史,徽德婉行,闻之间里。②

这篇墓志记载张氏留居外祖父张崇文家,张氏之姨妈(张崇文之女)也陪伴其左右,这或可说明张崇文虽无子,却也并非无人照顾。由此推导,张氏在本家长住的理由便不得而知了,但其结果还是以德行闻乡里。就周边的反映和墓志书写者的印象看,这种做法也为时人所接受。贾黯在北宋初期以直言劝谏著称,其母陈氏在其年幼时便离开夫家,回本家居住:

> 公母陈氏,继母史氏。公幼时,陈归其宗,少府戒公:"能取名第作官,则往视母。"及公登第,日果得所愿焉。公迎陈母归,致其欢养。③

陈氏归居本家的原因也不得而知。

由上述观之,诸多案例似足以表明北宋时期女性"出嫁从夫"并

① (宋)吕陶:《净德集》卷二二《朝奉大夫知洋州杨府君墓志铭》,第1098册第187页。
② (宋)文同:《丹渊集》卷四〇《华阳县君杨氏墓志铭》,四部丛刊初编本。
③ (宋)刘敞:《彭城集》卷三四《贾公行状》,《文渊阁四库全书》本,第1096册第338页。

没有后世认为得那么死板，不居住在夫家的女性大有人在，时人似都也不足为奇，另外，这些案例中多难窥见男性的身影，具体原因应有不同。

三　余论

从上文对"出嫁从夫"规范在北宋时期实施执行的考察中，不难发现，文献中那些不曾提及女子彰显自我存在、谋求自我独立品性的文字，多半可认定在北宋社会中大多女性是遵从了"既嫁从夫"的儒家纲常理念的。在这样的家庭中，夫权确实仍占上风。而本章所揭诸多女子，多突破了既有的规范，显示出她们在厅堂内外的各种才能。女子个人的种种能力，能够影响到丈夫、夫族甚至社会的许多领域，其中，出嫁女本家在女子婚姻生活中的影响力也不容小觑。

除了从文献分析出来的直接结论，我们还可推断，在北宋儒家伦常的重建中，社会给女性设置"三从"角色和诸多条条框框，但在实际生活中，女性可利用既有规范来为自己创造比较宽松的环境，为自己赢得些许权力和在家庭中的尊严。有关于此，或大致表现为：第一，拥有知识资源的女性较易在儒家纲常规范中找到突破口，能找出理论依据便行得通。北宋女性的平均知识水平，就本章所揭史例而言，还是比较高的，这使得她们在突破既定社会规范的过程中占据了有利地位。第二，北宋女性的经济地位并不低，女性可以通过各种方式成为家庭经济支柱，参与"治生"和"外事"，并不全然遵从"三从"等理念。第三，虽说北宋科举兴盛，但恩荫入仕者也不在少数，对一般人来说，所有可以入仕升官的渠道无所不用，这就为女子本家在其家庭生活中的影响力提供了极大的扩展空间：男性若能够借女家资源入仕或者升官，在北宋科举竞争激烈的环境下，儒士们更不会计较是谁"从"谁，名利之驱动力使然也。而普通家庭内夫妻关系究竟如何？虽说千人万相，但在宋朝传统纲常理念深度渗透的情境下，妻子的社会地位未必一如本章所揭之中上层女性。此外，自李唐到北宋，已婚女子社会地位是否随着历史发展而有所变化，就本章的考察而言，似变化无多，这一议题颇值得再行深入探考。就史料显示而言，这一倡导遵循规范与在践行中再造规范的过程，反映出北宋时期女性在家庭中依然持有相当高的社会地位，而在对资料选择"选精"与"集粹"的视角下，北宋上层女性的诸多日常和一般生活面相、普通女性（尤其是社会中下层女性）的生活面相，尚于遮蔽掩映之间，难以多元立体地丰满展示。

（本章发表时署名刁培俊、王艺洁）

第三章　孝道与纲常的悖逆

——北宋女子"夫死从子"规范的践行

赵匡胤登基后，鉴于中唐五代以还国家、社会秩序的紊乱和伦理观念的沦丧，北宋前期的君臣们开始了恢复与重建知识、思想和信仰世界的有效性。其中，不但重建国家权威与社会秩序，还着重建立制度化的文化支持系统，以重新确立宏观架构下的思想秩序和社会伦理秩序。作为社会秩序的一个侧面，女子遵从怎样的社会规范，才能达致社会秩序统合的标准，也成为北宋前期朝臣和儒士们密切关注的话题。按照传统的儒家纲常理念，他们力图重建符合他们理想的女性社会规范体系，前前后后提出了一系列的"说法"，强调"三从"就是其中之一。但是，北宋时期女子们究竟展示出怎样的一些具体"做法"、在"说法"和"做法"之间又存在着怎样的偏差？① 这些问题又反映出怎样的一种社会样貌？ 凡此种种，均值得认真思忖，以便思考中华帝制时代秩序建构和实践过程中的诸多历史场景。

如所周知，"三从"是中国儒家为女性设定的社会角色框架，即将女性的社会角色定位在"女""妇""母"这三大角色之中。然而，自"三从"理论诞生起，似乎便长期停留在一种理想状态。考诸史书，可以发现，由汉迄唐，女性的社会角色并不局限于"三从"规范之下，这是学界共识。但这种观念似乎仅止于唐代，对于唐代以后的

---

① 强化"说法"与"做法"之间的区分，以比较理性化的视角切入宋史研究的，是邓小南教授所倡导的，参阅其《祖宗之法：北宋前期政治述略》，生活・读书・新知三联书店 2006 年版，第 13—14 页。

女性，尤其是 20 世纪 90 年代之前以往人们普遍的印象是，宋元以降，女性的社会地位急剧下降。①这一印象并非偶然形成，究其原因，宋代儒学尤其是理学家们重新强调妇女"三从四德"是导致这种印象形成的一大关键。尽管历代均不乏关于女性社会角色、操守的议论，②而历史演进到北宋前期，伴随着重建儒家伦理秩序的潮流，儒士们纷纷著书立说，重新强调女性"三从四德"的社会角色和责任，如司马光以其《书仪》《家范》来阐发其理想的家庭规范，也延续前代为女性设定了在家庭生活中的诸多规范。③高高在上的皇后皇太后们，即便在垂帘听政的过程中，也难以摆脱儒士们孝道与遵循女子规

---

① 女性地位的整体研究一直是妇女史关注的问题，宋代女性地位的研究也是其中的一环。关于妇女史通论中的宋代部分，陈东原《中国妇女生活史》（商务印书馆 1998 年影印版，第 129—173 页）对宋儒、社会看待妇女的态度均有论述。宋代女性地位较前代有所下降是以往较普遍的印象，相对于下降的趋势和程度，学界也有不同的意见。一种是认为宋代女性的地位较前代有明显下降，徐规先生就持此观点，他认为经济问题是导致宋代女性地位下降的原因，使其被禁锢在家庭之中。参见徐规《宋代妇女的地位》（硕士学位论文，1945 年），收入《仰素集》，杭州大学出版社 1999 年版。另一种相反的观点认为，宋代女性的地位不降反升，譬如宋东侠《宋代妇女的社会地位》，中国文史出版社 2006 年版；[美]伊沛霞《内闱：宋代的婚姻与妇女生活》，江苏人民出版社 2004 年中译本；柳立言先生近年来有系列视角独特的考察，参阅其《宋代分产法"在室女得男之半"新探》，收入氏著《宋代家庭与法律》，上海古籍出版社 2008 年版；柳立言《南宋在室女分产权探疑》，《"中研院"历史语言研究所集刊》第 83 卷第 3 分，2012 年 9 月，等等。相关研究，仅择联系紧密者，其他恕不一一赘述。
② 关于宋代以前女性社会角色、操守的议论，如[汉]刘向《古列女传·魏曲沃妇》："夫男女之盛，合之以礼，则父子生焉，君臣成焉，故为万物始。君臣、父子、夫妇三者，天下之大纲纪也，三者治则治，乱则乱。"（四部丛刊初编本）班固："妇人无爵何？ 阴卑无外事，是以有三从之义：未嫁从父，既嫁从夫，夫死从子，故夫尊于朝，妻荣于室，随夫之行。"[（清）陈立注：《白虎通疏证》，中华书局 1994 年版，第 21 页]魏晋到唐代，礼教色彩相对淡薄，但也不乏提倡女子"三从四德"的言论，比如欧阳询《艺文类聚·婚》（中华书局 1965 年版，第 712 页）："男率女，女从男，夫妇之义由此始。妇人，从人者也。幼从父兄，嫁从夫，夫死从子。"唐代中后期儒学复兴，以"三从"为评判女子标准渐多。白居易撰《唐河南元府君夫人荥阳郑氏墓志铭》（《白居易文集校注》，中华书局 2011 年版，第 225—226 页）中赞颂墓主人的文辞"昔漆室、缇萦之徒，烈女也；及为妇，则无闻。伯宗、梁鸿之妻，哲妇也：及为母，则无闻。文伯、孟氏之亲，贤母也；为女为妇时，亦无闻。今夫人女美如此，妇德又如此，母仪又如此，三者具美，可谓冠古今矣。"
③ 比如（宋）司马光《家范》卷六《女》强调女性应该："清闲贞静，守节整齐，行己有耻，动静有法，是谓妇德；择辞而说，不道恶语，时然后言，不厌于人，是谓妇言；盥浣尘秽，服饰鲜洁，沐浴以时，身不垢辱，是谓妇容；专心纺绩，不好戏笑，洁齐酒食，以奉宾客，是谓妇功。"《家范》卷八《妻上》（《文渊阁四库全书》本，第 696 册

范的舆论。①那么，儒士们在理论上的强调究竟对现实的影响如何？在婚姻、家庭与社会之中，宋代女性的地位真的就一落千丈吗？女性"三从"的社会角色是否一如儒家的理想状态？在目前关于宋代女性婚姻家庭的研究中，大部分研究表明，宋代妇女在自身婚姻的问题上，自主的空间的确不大，②"在家从父"是能够得到"贯彻"的。但是，婚后是否"从夫"并且从一而终，学者们的认识则略存在一些偏差。总体而言，北宋时"出嫁出夫"基本上是女性家庭生活的主导性社会规范，尽管实际执行起来并不严格，女性在宏观规范之下，有一定的权力空间，然至少大多女性"从夫"的倾向是难以改变的。③而"夫死从子"，且不论事实如何，从理论上来说，"夫死从子"与儒家"孝道"就存在相互矛盾之处。如此一来，宋朝女性们到底应该遵从于哪一种社会规范呢？"夫死从子"，到底有没有在现实生活中被执行，执行到什么程度，便成为进一步揭示宋代女性面对儒士提倡的"三从"之"说法"，究竟会采取怎样的"做法"的关键，由此探考北宋女性的社会地位，具有相当重要的价值。本书通过搜讨相关史料，探讨北宋时期女性"夫死从子"的"做法"，希望或能呈现出些许"说法"与"做法"的弹性，进而在吉光片羽间一瞥北宋女性社会生活的零落片段。不过，在此需要说明的是：第一，这项研究材料多取自文人文集中的墓志铭、行状、家传，其中难免有虚饰的成

（接上页）第708页）："为人妻者，其德有六：一曰柔顺，二曰清洁，三曰不妒，四曰俭约，五曰恭谨，六曰勤劳。夫，天也；妻，地也。夫，日也；妻，月也。夫，阳也；妻，阴也。天尊而处上，地卑而处下。日无盈亏，月有圆缺。阳唱而生物，阴和而成物。故妇人专以柔顺为德，不以强辨为美也。"

① 北宋章献明肃刘皇后、慈圣光献曹皇后、宣仁圣烈高皇后、宋哲宗时的太皇太后高氏等，尤其是高氏以母改子的论说中，更可见最高统治层对孝道的认知。参阅刘静贞《社会文化理念的政治运作——宋代母/后的政治权力与位置试探》，《宋史研究论文集》，河南大学出版社2014年版。

② 张邦炜：《婚姻与社会·代》，四川人民出版社1989年版；陶晋生：《北宋的士族妇女》，《"国家"科学委员会研究汇刊：人文及社会科学》第3卷第1期，1993年；《北宋士族——家族·婚姻·生活》，台北"中研院"历史语言研究所2001年版；[美]伊佩霞：《内闱：宋代妇女的婚姻和生活》，江苏人民出版社2004年版。

③ 参阅习培俊、王艺洁《北宋女性"既嫁从夫"规范的践行》，《社会科学战线》2013年第7期。

分，但从宋人撰写墓志的情况，仍可从中提炼出一些较为真实有效的信息；①第二，由于存世文献偏重中上层女性的记载，这一研究取资所限，对于下层女性的历史面相的发掘，尚很欠缺。

女子出嫁后遭遇丧夫之痛，在北宋的史料中并不稀见。由于文章主题所限，我们只选择在丧夫这一境况下有儿子的女性。由于母亲之于幼小的儿子，与母亲之于成年儿子，有着十分显著的差别，因此，我们将讨论分为两大部分：一是夫死子幼的诸多情况，二是儿子成年之后的境状。

一　"子幼未有所从"

少年丧父，中年丧妻，老年丧子，从古至今，都是世间凄凉不幸之事。正由于不幸并非大多数家庭之"常态"，于历史记忆者而言也属异常，故而多见于文献。对于男子，年幼丧父，也就意味着作为母亲的女性中青年丧夫。夫死子幼，母子未来的前路都面临着极大挑战。这时，通常母亲尚处于中青年，母亲的家人健在者也较多，所以出现怎样的变数，给人诸多想象的空间。那么，北宋女性在夫死子幼的情境下，会有怎样的"做法"，是遵从"夫死从子"的规范，还是另谋出路？　从文献的搜讨中，我们发现，在"夫死子幼"的情况下，几乎不会出现"从子"的情况。换言之，宋儒们讲大道理者居多，母亲一般不会盲从于顽童之志，而是由母亲暂时为自己和孩子抉择一条出路。按照宋代女子丧夫后为自己和幼子选择的不同出路，大致分为三种类型：一是再嫁，二是回归本家或者依靠其他与自己有血缘关系的亲属，三是未曾再嫁也未回本家。其与儿子的关系，也由此而略有差异。

（一）再嫁

关于宋代女子再嫁的问题，陶晋生、柳立言、张邦炜等先生都从

---

① 关于宋人撰写墓志的情况，参见刘静贞《北宋前期墓志书写活动初探》（《东吴历史学报》第 11 期，2004 年，第 59—82、77 页）："尤其是表扬墓主的书写要求，既引发了不少撰述者的焦虑——唯恐作品不能取信世人，却也见证了不少另类的价值观与秩序理念。"事实上，墓志铭写作的侧重点各揣心机，譬如欧阳修在撰写吕夷简墓志铭时更多乃其"政客心态"作祟，容当另论。

不同角度有过专门研究，①基本上论定宋代女子改嫁的情况颇多，当时的法律与习俗都是允许的。由于这一讨论已相当详尽，虽本章并不将妇女的改嫁、再嫁作为考察重点，但亦需涉及。因为，不管是由本家主导的还是依照女子个人意愿的再嫁，都是违背"夫死从子"这一原则的——儿子只能处于是否随母亲改嫁的境地，根本谈不上"夫死从子"。譬如苏颂的妹妹就曾携子再嫁：

> 始予妹适宋氏，未久而寡，子幼未有所从。有言希荀家行慈睦可托，遂以归之。②

类似的还有范纯仁笔端提到的卫希道："少孤，从母夫人再适吴氏"，③等等。就阅读文献的印象而言，这种携子再嫁的情况不胜枚举，不过多是儿子幼小时才有的情况。儿子长大成人后，有的还会找回自己的本宗，范仲淹就是这一时期最著名的例子：

> 公生二岁而孤，母夫人贫无依，再适长山朱氏。既长，知其世家，感泣去之南都。……祥符八年，举进士，礼部选第一，遂中乙科，为广德军司理参军，始归迎其母以养。④

宋神宗时曾任翰林学士的钱藻，也和范仲淹有着相似的遭遇：

> 公幼孤，家贫母嫁，既长，还依其族之大人，刻励就学，并

---

① 参见陶晋生《北宋妇女的再嫁与改嫁》，《新史学》第6卷第3期（1995年）；柳立言《浅谈宋代妇女的守节与再嫁》，《新史学》第2卷第4期（1991年）；前揭张邦炜《宋代妇女再嫁问题探讨》；陶晋生《北宋士族——家族·婚姻·生活》，台北"中研院"历史语言研究所专刊2001年版。
② （宋）苏颂：《苏魏公文集》卷六一《朝请郎致仕李君墓志铭》，中华书局1988年版，第941页。
③ （宋）范纯仁：《范忠宣公集》卷一五《内殿承制阁门祗候卫君墓表》，北京图书馆2005年中华再造善本，集250。
④ （宋）欧阳修：《欧阳修全集》卷二一《资政殿学士户部侍郎文正范公神道碑铭》，中华书局2001年版，第332页。

日夜，忘寝食，于书无所不治，已通其大旨。①

就上述两例看来，不管儿子长大后如何选择，幼时也只能"父死从母"，而并非母亲"夫死从子"——年幼的儿子尚懵懂不知世事，只能由寡居的母亲操控自己连同幼子的未来。

（二）回归本家或依靠其他非夫族的亲属

当然，女子丧夫之后并非都会选择再嫁。对于一些丧夫的女性而言，再嫁还是另谋出路，或着眼于经济情况，或着眼于亲情归属。而对于一些出身较好的女子来说，她们所出生的家庭——本家，②社会地位较高，经济条件较好，就可以成为这些女性丧夫之后的一个稳妥依靠。女子的本家包括女子的本族，女子本人的父母、祖父母、兄弟等亲属，都是可以供女子选择跟随的亲戚。从北宋社会中上层女性的史料中可以看到，这些女性丧夫后携子回归本家的案例不在少数。当然，也有少数女子选择跟随已出嫁的女儿、姐妹等女性亲属。这些女性亲属虽然不一定属于严格意义上的本家亲属，然因其系女子本人血缘维系的亲属，而非女子夫家亲属，我们暂把这一类案例也放到这一部分讨论。简而言之，北宋时丧夫后不留在夫家，而是选择携子归依本家父母兄弟或依靠与自己有血缘关系的女性亲属的女性，都是需要侧重讨论的对象。因为从儒家理论上来说，女子出嫁后归属于夫家，不再属于娘家。女性丧夫后离开夫族，并且带着儿子到自己的亲属家族中生活，不但显然不符合"夫死从子"之道，也对女性出嫁"移天"的教条有所变通。对此，我们分门别类，加以梳理。

1. 丧夫后携子回归本家

女子的本家有各类可以依靠的亲属，但由于一些材料中并没有显现出女子回本家依靠的具体亲属，或者由族中照顾，或者材料不清晰

---

① （宋）曾巩：《曾巩集》卷四二《故翰林侍读学士钱公墓志铭》，中华书局1984年版，第571页。

② 关于"本家"的理解，参见陈弱水《隋唐五代的妇女与本家》："本文所谓'本家'，与今天一般所说的'娘家'范围差不多，是指出嫁女子的本生家庭及其兄弟所组成的家庭。"今据氏著《隐蔽的光景——唐代的妇女文化和家庭生活》，广西师范大学出版社2009年版，第3页。

而无法判断，因此我们只能把此类情况理解为归依本族。比如陈襄曾记载宋神宗熙宁时知枢密院事的陈升之（1011—1079，原名陈旭）之母窦氏：

> 及令公之亡也，才为泰州军事推官，举家萧然，无所依庇。太夫人乃以丞相与其季女归鞠于外氏。①

尹洙《故太常博士致仕何君墓志铭》记载，宋仁宗景祐时以太常博士致仕的何操"三岁而孤"，被"养于外氏"，后来"能自树立，三十始举进士"，显然就是由外氏负责抚养长大的。②尹洙还曾记载景德二年（1005）进士及第、康定元年（1040）病逝于蕲州任上的张弃"五岁而孤"，由"母夫人携以归其族"，③情景颇多类似。

北宋文献中还有丧夫女子携子长途跋涉回到外家（娘家）的情况，比如皇祐元年（1049）三月中进士的陶叔献，同年四月病卒于京师，"诸朋友宾客既相与敛赗，殡君于国东门外"，其妻唐氏则"携其二男一女归江陵外家"。值得注意的是，陶叔献的母亲孙氏此时尚在世，也十分需要人照顾：

> 孙夫人老无所归，遂养于其外孙戴显甫，吕寿终。④

在孙夫人"无所归"的情况下，唐氏依然选择带着儿女回自己娘家。从史料中也并未读出时人对此发表任何非议，说明当时女性丧夫之后，选择回本家是广为人们接受的。

除了较为笼统提及女子外家的材料之外，还有一些材料清晰反映

---

① （宋）陈襄：《古灵集》卷二五《秦国太夫人窦氏墓志铭》，《宋集珍本丛刊》影南宋刻本《古灵先生文集》，第 9 册第 68 页。
② （宋）尹洙：《河南集》卷一五《故太常博士致仕何君墓志铭》，四部丛刊初编本。
③ （宋）尹洙：《河南集》卷一六《故朝散大夫尚书兵部郎中知蕲州军州兼管内劝农事护军赐紫金鱼袋张公墓志铭》。
④ （宋）沈遘：《沈氏三先生文集·西溪文集》卷四〇《陶叔献墓志铭》，四部丛刊三编本。

出北宋女子丧夫之后，由本族地位较高的亲属做主，将女子与其子接回本族抚育、照顾。比如程颐、程颢的堂姊程氏，就由她的叔父程珦（即程颐、程颢的父亲）做主，接回程家居住，并且由程家负责其子的教育，甚至帮助程氏的女儿再嫁：

> 伯母刘氏寡居，公奉养甚至。其女之夫死，公迎从女兄以归，教养其子，均于子侄。既而女兄之女又寡，公惧女兄之悲思，又取甥女以归，嫁之。①

从这些清晰或笼统的记载中，可以大致看到，北宋时期，无论是女子丧夫后自己做主携子回归本族，还是女子的本族"主动"伸出援手，将孤儿寡母接回本族照顾，都未遵从"夫死从子"的规范，主导丧夫女子归属的，多半是女子本人，或者是她的本家。

2. 丧夫后携子依本家父母、祖父母等直系亲属

女子的父母和祖父母是其本家亲属中最重要，也是最具血缘亲情的人。尽管父系社会强调同姓的直系亲缘为正统，但从现代遗传学和心理学的角度来讲，男家和女家的亲缘和感情都没有太大分别，所谓世系"正统"是人为设定的。北宋时期儒士们的重建伦常，也正是致力于此。重建谱系就是其行动之一，无论"欧谱"或"苏谱"的谱学模式，都没有把出嫁女的本家摆在明确的谱系地位上。②因此女子丧夫后携子依靠自己的父母，是违背儒家重建伦理秩序的精神的，更是违背"夫死从子"规范的。即便如此，依然有许多实际的反例，反映出社会的更多现实。比如刘挚就曾在《忠肃集》中回忆，自己十岁时父母双亡，依外祖父成长：

① （宋）程颐、程颢：《二程集》卷一三《先公太中家传》，中华书局1981年版，第651页。
② 关于宋代苏洵、欧阳修的谱法，冯尔康先生认为，宋代宗谱一个很重要的目的就是提倡宗法，力行教化，推动宗族建设。参阅冯尔康等《中国宗族社会》（浙江人民出版社1994年版），冯尔康《中国宗族制度与谱牒编纂》（天津古籍出版社2011年版）。钱杭在《宗族的世系学研究》中认为："在父系世系观念确定以后的中国社会，宗族之世系底线不可能被突破，外亲的地位和影响也始终被限定在'宗亲'之近亲属的范围之内。"复旦大学出版社2011年版，第143页。

> 某生十年，而考妣弃其孤，实鞠于外祖父赠秘书监陈公，是
> 时公以疾退居东平里第。将没，以刘氏孤属其五子，某当时窃自
> 惟念亲既不得而见之终，乃幸得诸舅，从之其庶矣乎。①

刘挚的外祖父对外孙可谓情重，临死前还将其托付给自己的儿子
（刘挚的舅舅，即墓志铭传主陈仲明等五兄弟）。这其中亲情的纽带
就是刘挚已经去世的母亲。范纯仁曾记载韩亿与其外孙苏澄之间的关
系，虽略显隐晦，但依然可以窥知一二：

> 母夫人韩氏，参知政事忠宪公之息女、今丞相观文殿学士南
> 阳公之女兄也。生君（苏澄）一子而嫠，见其神意爽异，曰：
> "此子吾可托其终也。"遂自誓不复嫁，教养勤至，尽养母之
> 道。未成童，以外祖参知政事忠宪公荫补试秘书省校书郎。②

这里虽未明言韩氏丧夫后携子跟随父亲韩亿，但强调其子苏澄
"未成童"就以外祖荫补官，韩氏母子究竟有多么依赖韩亿，由此可
见一斑。

3. 丧夫后携子依本家兄弟等男性旁系亲属

除了父母、祖父母之外，北宋女子丧夫后选择依靠兄弟的实例也
不少。因为女子丧夫之时，她们的父母多数已年迈甚至已经去世，而
兄弟多值壮年，③且有从小一起长大的情分，比起依赖父亲，携子依
兄弟生活似乎更为长久稳妥。前文所揭刘挚就是典型案例：本来他是
由外祖父抚养，但外祖父毕竟已经年迈，未到其成年就去世了，最后
还是将其托付给舅舅。

---

① （宋）刘挚：《忠肃集》卷四〇《陈仲明墓志铭》，中华书局 2002 年版，第 297—
298 页。
② （宋）范纯仁：《范忠宣公集》卷一五《朝奉大夫知华州苏君墓志》，《宋集珍本丛
刊》本，第 15 册第 485 页。
③ 关于宋代女子丧夫时的年龄，[美]伊佩霞在《内闱：宋代妇女的婚姻和生活》一书中
估计："我研究的夫妇中，5% 的妻子 30 岁丧偶，13% 的 40 岁，将近 20% 的 45 岁丧
偶。"江苏人民出版社 2004 年版，第 166—167 页。

苏颂曾提及，葛闳（1002—1072）曾知信州上饶县、江阴军、漳州、台州，他所到任官之地，均十分主张尊奉儒学。从孝友的角度出发，他将寡妹接回，并且养育了四位外甥：

> 女兄先适苏州司法参军冯彭年，既寡，并其四子取归以鞠育之，至于成立。①

同书还记载了元祐元年（1086）诏拜工部尚书、后改吏部，次年进资政殿学士兼侍读、未拜而卒的孙永养视两位寡妹（一嫁李氏，另一嫁张氏）及外甥之事，再其"病亟"之际，仍尽全力为外甥之族谋求进身之资：

> 二妹以寡归，养视于家，教其子学。以任子恩荐大甥李氏子，而以张生犹未及。公病亟，语憻（孙永之子）曰："遗奏当先之，幸上哀怜，泽及张族，吾目瞑矣。"后卒如言。②

邹浩《道乡先生邹忠公文集》中也有类似案例，宋仁宗时入仕，曾任监楚州粮科等职的张次元不仅把寡居的姐妹接到自己家中奉养，还帮助其子女读书、嫁娶：

> 女兄归都官员外郎蔡天球，惟一女；女弟归著作郎石约，惟一子宽民，尚幼，皆丧其夫，取以归，俾无愁叹，终其身。又择名士以归其女，今朝进郎通判庐州凌浩则其婿也；择师友以成宽民，其后中进士第。③

---

① （宋）苏颂：《苏魏公文集》卷五七《光禄卿葛公墓志铭》，中华书局1988年版，第875页。此处卷数与文字，据《宋集珍本丛刊》本，第12册第665页，并与《文渊阁四库全书》本对勘而定。

② （宋）苏颂：《苏魏公文集》卷五三《资政殿学士通议大夫孙公神道碑铭》，第805—806页。

③ （宋）邹浩：《道乡先生邹忠公文集》卷四〇《故朝请郎张公行状》，《宋集珍本丛刊》影明成化六年刻本，第31册第306页。

宋神宗时以父张存荫任将守作监主簿、安武军节度判官的张保孙养其姐的情况也与上述极其类似：

> 姊适李氏，夫亡，其家不贫，公养姊于家，为其甥男女嫁娶。①

尽管张保孙的姐姐夫家并不贫困，但还是选择了依靠兄弟生活。再如王珪《华阳集》中《太常少卿直昭文馆知郑州寇公平墓志铭》：

> 故参知政事蔡文忠公（蔡齐），公之舅也。公少孤，依外家，以逮于成人。文忠公视公如己子，而公外祖母楚国太夫人尤爱怜之。天圣五年，以文忠公恩，为试将作监主簿，当除莫州郑县主簿，换沂之沂水县，未几，弃官归为学。②

其中虽暂时未提到寇平的母亲当时是否在世，由后文提到"丁母忧时，文忠公已捐馆"，③可以推测，寇平是幼年丧父后，由母亲带回其本家依舅氏蔡齐的。

当然，女子丧夫后，不一定非要与兄弟同住才算"依兄弟"，经济上依赖兄弟其实也基本算是"依本家兄弟"。如李昭玘《乐静集》中的《吴彦律墓志铭》：

> 王氏寡姊寝疾，累年以亡，奉养送终，无一不具，又买田以活其孤。④

---

① （宋）范祖禹：《范太史集》卷三九《朝请郎致仕张公墓志铭》，《宋集珍本丛刊》影清钞本《太史范公文集》，第 24 册第 393 页。

② （宋）王珪：《华阳集》卷五五《太常少卿直昭文馆知郑州寇公平墓志铭》，《文渊阁四库全书》本，第 1093 册第 403 页。

③ （宋）王珪：《华阳集》卷三八《太常少卿直昭文馆知郑州寇公平墓志铭》。

④ （宋）李昭玘：《乐静集》卷二九《吴彦律墓志铭》，《文渊阁四库全书》本，第 1122 册第 399 页。

吴彦律的寡姐虽然没有在丧夫后立刻回本家依靠弟弟，但累年疾病缠身，均由弟弟奉养并且送终，此后吴彦律还购田地赠其甥。文同《丹渊集》中也记载皇祐元年（1049）进士、历任万州司户参军等职的陈叔献（1017—1068）为寡姐及外甥置田地：

> 姊二人贫且孀，君指腴田二顷，赒之终身。以及其甥，又为经营其家，使其族之狠忿暴戾者不敢犯。①

上述诸多案例都将养视孀居姊妹及外甥作为一种"美谈"，说明一些女子在丧夫后携子依兄弟家是当时社会舆论可以接受的。文献中也有外甥主动向外舅求助的，譬如朱处仁在天禧四年（1018）上任歙州黟县令的途中，病重弥留之际，让妻、子去向其外舅求助：

> 夏五月，舟至宋，（朱处仁）疾甚，叹曰："吾日出险艰，得官以庇族，洁躬奉法，不敢以欺，死固有命。然子幼家无资，何以奉母？幸外舅官于淮泗，可亟往，以吾诚告之。"言毕而逝，时五月朔也。享年三十有九。逾宿至泗，遂蒿葬于佛庙。徙旅于真，诸孤家白沙，从吕舅之庇也。②

其中已经折射出朱处仁某种选择求助的意识，就是吕氏外舅做官，有条件"庇"其孤。如果朱处仁自己的家族有人具备这种条件，自然也会被列入托孤的考虑对象。③大观元年（1107）病重去世的宋靖与朱处仁的遭遇和所做决定有着惊人的相似：

---

① （宋）文同：《丹渊集》卷三八《秘书丞陈君墓志铭》，四部丛刊初编本。
② （宋）苏舜钦：《苏舜钦集》卷一四《歙州黟县令朱君墓志铭》，中华书局1961年版，第220页。
③ 朱处仁自己家族的确无人可依，参见苏舜钦《苏舜钦集》卷一四《歙州黟县令朱君墓志铭》："贼平，道华之渭南，逢吕令居焉，语曰：'汝父戕于难，今汝幼又孤，能至此以遇我，天也。山东道阻，当留无往，必教育使汝成而后行，可乎？'从之。吕令嘉其谨强向学，善视若诸子，遂许以女妻之。"中华书局1961年版，第220页。

通直郎知温州平阳县事宋君讳靖，字子直，以大观元年七月疾革，顾其子瀹、溥、泾而言曰："彭城虽吾乡，然田荒屋坏，不可恃以久。吾爱常州文物盛，又汝外氏所在，汝必葬吾于常而居焉。 从舅学，吾死无憾。"①

在北宋文献中，还有父母双亡跟随舅舅的境况，如宋祁记载曾跟随宋太宗讨伐河东的高审钊的际遇：

……（高审钊父高谕）见武宁军节度使王公全斌，异其人，与厚相结，以女妹妻之，既皆不永。于是，君（高审钊）生三岁矣，王公怜其孤，鞠为己子，因姓王氏。②

高审钊暂时改从母族姓氏，后又跟随王全斌四处征战，③足见外舅对高审钊的人生影响至深。而宋徽宗时任右文殿修撰的李夔就没那么幸运了，同样幼失怙恃，养于外家，但长期未能得到外家亲人的重视，直到舅舅黄履之发现了这匹"千里马"，人生前路才得以发展畅达：

公幼孤，鞠于外家，成童犹未知书，而颖悟绝人。舅氏大资政黄公擢第归，一见器之，使赋诗，有惊人语，因授以书。凡耳濡目染，过即成诵，至日数千言。 自是于六经、诸子、百氏之书，下至毛、郑笺传，期年之间，无所不窥。学日进，文日益有名，从黄公游，咸推先焉。④

---

① （宋）邹浩：《道乡先生邹忠公文集》卷三六《宋子直墓志铭》，《宋集珍本丛刊》本，第 31 册第 269 页。

② （宋）宋祁：《景文集》卷五九《故崇义使高府君墓志铭》，《文渊阁四库全书》本，第 1088 册第 569 页。

③ （宋）宋祁：《景文集》卷五九《故崇义使高府君墓志铭》："（高审钊）数计事军中，又痛折节下士，所交皆贤豪，故王公爱重绝诸子，奏任右班殿直。王公被诏率九将伐蜀，君侍行。"

④ （宋）杨时：《龟山先生全集》卷三二《李修撰墓志》，《宋集珍本丛刊》影明万历十九年林熙春刻本、傅增湘校本，第 29 册第 529 页。

在文献中，也有北宋女子丧夫后携子依靠晚辈（外甥等）的情况。文同《丹渊集》就讲述了罗致恭（982—1041）与外兄（即罗致恭母亲的外甥）生死与共的故事：

> 君既生七年而孤，与母阎依外氏于唐安，由是为其郡人。顺贼叛，唐安先遭兵，君始九岁，其外兄阎太古携君遁逃，伏匿草野。贼诛，太古收敛其所藏书，与君日夜讲读。君能暗诵《尚书》，自《尧典》至《秦誓》，一起不绝。太古每称爱之，授以《左氏春秋》，尽通其学。君复以其所能勉励太古之子颙，故有文行，为西南名人。①

这则记载中，罗致恭的姑表兄长阎太古是一个非常鲜明的形象。逃离李顺叛难之后，罗致恭母子主要由阎太古养视，阎太古教育罗致恭，也负责供养自己的姑姑阎夫人。刘挚《忠肃集》中也记载范遵道（圣涂）"养孀姑于家，而与其子游，出处友爱，人不见其为外兄弟也"。②

若说前例，阎太古与罗致恭的年岁应该相差较多，罗致恭九岁时，阎太古或已成年，养孀姑、教育表弟当然不成问题。后者之中，范遵道与其表兄弟显然年岁相若，那么范遵道的孀姑为何由外甥而非其亲生儿子来赡养呢？出现这种情况，或许是范遵道的姑姑早年丧夫，携子依其兄弟——范遵道的父辈，直到孩子成年也不曾离开兄弟家，于是出现了被侄子孝养的情况。夫死不但不从子，儿子成年后仍然长期住在女性自己兄弟家中，由侄子供养，"夫死从子"的规范在此真是打了不少折扣。

4. 丧夫后携子依已嫁女儿、姐妹等女性亲属

前面主要分析了北宋时期女子丧夫后携子依本家男性亲属的情况，当然也不能忽略与女子有血缘关系的女性亲属的作用。她们虽不

---

① （宋）文同：《丹渊集》卷三七《屯田员外郎罗君墓志铭》，四部丛刊初编本。
② （宋）刘挚：《忠肃集》卷一四《范圣涂墓志铭》，第292页。

属严格意义上的本家亲属，然因其系女子本人的血缘亲属，而非女子夫家亲属，因此也是笔者要讨论的内容。郑獬《郧溪集》中就有这么一位孙广夫人崔氏，"初归大名孙君"：

> 及孙君卒，夫人孤居，益贫，挈二稚儿入京师依姨氏。久之，姨又卒，夫人抚二儿以泣曰："吾不忍儿之无以毓也。"乃再归高密赵君，二儿乃得成立。①

崔氏丧夫后找寻可以托孤的第一考虑就是京师的姨氏（自己的姐妹），姨氏去世后不得已才再嫁。司马光在为自己的姨表兄弟吴颢撰写墓志的时候也曾提及，吴颢的母亲（即司马光母亲之妹）曾经向姐姐求助：

> 邻水府君（吴颢之父吴元亨）娶于秘阁校理聂君某，于某（司马光）为从母。邻水府君之没也，先妣在郑。君（吴颢）衰经来，入门哭且拜；问故，又哭，先妣命与某处。②

其中虽然未曾明言司马光家是否长期收留聂氏母子，但聂氏的确曾向自己的姐姐求助，吴颢至少也与司马光曾经相处过一段时间。

反复思忖上述史料，稍作归纳，我们隐约能够感受到，对于北宋时期的女性而言，夫死之后何去何从的问题，并不是儒家一句"从子"就可以规范所有女子的。这些女性的选择更多的是考虑到实际问题，比如本家亲属的经济能力、仕宦、权势，等等。正是因为儿子尚年幼，所以才要考虑跟随哪一亲属、在什么环境下对儿子的成长更有利这些实际问题。但无论如何，在这个阶段，儿子多半必须听从母亲的安排及母亲家的家长的布置，多半不可能反过来——"夫死从子"。

---

① （宋）郑獬：《郧溪集》卷二二《崔夫人墓志铭》，《文渊阁四库全书》本，第1097册第316页。
② （宋）司马光：《温国文正公文集》卷七五《宋故进士吴君墓志铭》，四部丛刊初编本。

（三）未曾再嫁亦未回本家

上文述及北宋时期女子丧夫后能够选择的两条出路，再嫁和回归本家，那么，当时的丧夫女子除了这两条依赖亲戚而生存的道路以外，是否还有别的选择呢？　比如继续留在夫族，或者自立门户，自力更生，答案是肯定的。那么，这些丧夫后既未曾再嫁，又没有回归本家的女子是否"从子"呢？　由史料而知，北宋时期，丧夫后独立抚养幼子的女性，不但很少遵从"夫死从子"的现象，反而多数还会扮演"又当爹又当妈"的角色，内外大小事务巨细无不操劳者大有人在。换言之，儒家"夫死从子"的教条在这里几乎无用武之地。在北宋士人家庭中，若是丈夫尚在人世，妻子对儿女尚有局部的教育权；丧夫后，母亲则掌握绝大部分教育权，儿子则必须听从母亲的教育。①

范祖禹《保宁军节度观察留后东阳郡公妻仁寿县君李氏墓志铭》记载的李氏，熙宁初年，她的丈夫东阳郡公宗办去世后，她严格督促儿子学习：

> 夫人持戒绝荤茹，澹泊缟素若将终身，训诸子孙以学，继东阳之业，诸子服其教，菲饮食，耽经史，窬寐勤劳，数年之业成……②

这里，诸子对于母亲，只有"服其教"的份。当然，并不是每名北宋女子都能够具备"亲自教学"的才能，但只需识字便可以检查儿子背书，明事理就能够为儿子找良师益友，典型的案例就是陈襄《古

---

① 关于宋代母教，参见粟品孝《宋代士人家庭教育中的母教》，载漆侠主编《宋史研究论文集》，河北大学出版社 2002 年版，第 474—488 页。作者将母教在家庭教育中的地位分为"助夫教子"和"独立教子"两种。比如二程、二苏的母教就是"助夫教子"的情况，可参见程颐、程颢《二程集》卷二〇《上谷郡君家传》（中华书局 1981 年版，第 635—655 页），司马光：《温国文正公文集》卷七六《苏主簿夫人墓志铭》（四部丛刊初编本），苏辙《栾城后集》卷二二《亡兄子瞻端明墓志铭》（《苏辙集》，中华书局 1990 年版，第 1117 页）。本章夫亡教子的情况则属于"独立教子"。

② （宋）范祖禹：《范太史集》卷四七《保宁军节度观察留后东阳郡公妻仁寿县君李氏墓志铭》，《宋集珍本丛刊》本，第 24 册第 445 页。

灵集》中提到的大理寺丞钱访之妻吴氏（1002—1070）：

> ……大理君（钱访）早世，家益困，诸孤累然，二子长文、长卿尚僶（稚），未有所识。夫人攻苦食淡，躬自诲之，损资币使就学，暮归必考其业，而验其记诵之精否。平居督戒，不得妄与人游，常所往来，必一时闻人。每客至，夫人从户窥之，信贤欤，为亲具酒食，数延见，不厌也。一有非是，立诚以绝。故二子稍长，皆好学而文，吴中多以夫人教子为法。①

自然，儿童也有顽皮叛逆的，可依然要听从母亲的教育。熙宁六年（1073）中进士的郭幾因少时不爱学习而被母亲训斥：

> 君少时不以科举为意，其母切责曰："尔既不治生事，又不笃于进身，吾守尔何待？"遂以辞学得官。②

相反，也有母亲会为儿子读书过于勤奋而苦恼，宋太宗时卓有名声的杨大雅（原名杨侃）少年时代就因此而受到母亲的管制：

> 府君幼失其父，有志节，不群诸儿，母元夫人独爱之。……及长，尤好学，日必诵书数万言，或昼夜不息，临食至失匕筋。已而，疾其目，元夫人夺藏其书，府君盗之，亡邻家以读。③

杨大雅偷偷读书，非常勤奋，母亲把书藏起来，他私自拿出来跑到邻居家读书，实质上还是惧怕母亲，其中断无"夫死从子"之迹象。

由上述可知，很多母亲对儿子的教育渗透到了儿子人生的方方面

---

① （宋）陈襄：《古灵集》卷二五《夫人吴氏墓志铭》，《宋集珍本丛刊》本，第9册第59页。

② （宋）李复：《潏水集》卷八《朝邑县令郭君墓志铭》，《文渊阁四库全书》本，第1121册第81页。

③ （宋）欧阳修：《欧阳修全集》卷六二《谏议大夫杨公墓志铭》，第909—910页。

面。在费心教子的过程中，当然必须要有经济支持。北宋士人家庭由女性承担家庭生计者并不稀见，①而丈夫去世后，女性的家庭经济地位则更显重要。比如苏颂《苏魏公文集》中提到的宋仁宗年间历任将作监主簿、兖州通判、寿州通判，官终驾部郎中的毕从古继室陈氏，在丈夫去世后拒绝投靠睢阳族人，"遂家淮圻，躬自纺绩以自给"；②又如李昭玘记载陈仲孙妻卞氏"不幸中寡，克艰于家，四方田桑，罔有虈芽，率身布蔬，履俭时力，弗谋于亲"。③这都是女性自食其力、支撑家庭经济的例子。

文献中还记载了一些极具经济头脑的女性，比如李觏的母亲：

> 既而生觏，十四年而先君没。是时家破贫甚，屏居山中，去城百里，水田裁（才）二三亩，其余高陆，故常不食者。夫人刚正有计算，募僮客烧薙耕耰，与同其利。昼阅农事，夜治女功。斥卖所作，以佐财用。④

在可利用的田地较少、李家又缺乏壮年劳动力的情况下，李觏母亲精打细算，雇用僮客来精耕细作，坐分其利；自己又开辟副业，供养儿子，的确是一位非常精明的母亲。李觏对其母"刚正有计算"的评价，可谓精准。

当然，宋朝文献中还有用知识创造财富的女性，文同《丹渊集》中就记载了一位刘氏夫人，宋仁宗时，她跟随丈夫施益之赴任知平定军乐平县，不久施益之病逝，刘氏护丧还乡后，担任起了亲族的"教

---

① 北宋士人家庭由女性支撑经济的情况，例如张耒《张耒集》卷二五《福昌县君杜氏墓志铭》："李公素贫，不治生事，夫人为均节其有亡以济。由此李公之仕宦，得以直已行义而不累于私。"（中华书局1998年版，第886页）又如司马光《温国文正公文集》卷七六《苏主簿夫人墓志铭》："府君年二十七，犹不学，一旦慨然谓夫人曰：'吾自视，今犹可学，然家待我而生，学且废生，奈何？'夫人曰：'我欲言之久矣，恶使子为因我而学者，子苟有志，以生累我可也。'即罄出服玩，鬻之以治生，不数年遂为富家。府君由是得专志于学，卒成大儒。"（四部丛刊初编本）
② （宋）苏颂：《苏魏公文集》卷六二《寿昌太君陈氏墓志铭》，第955页。
③ （宋）李昭玘：《乐静集》卷三〇《寿安县君卞氏墓志铭》，《文渊阁四库全书》本，第1122册第409页。
④ （宋）李觏：《李觏集》卷三一《先夫人墓志》，中华书局1981年版，第359页。

书先生"十余年,以谋求日常生活的费用:

> 夫人携诸孤奉輤车还成都,至则旧产已空,萧然无一椽之屋以居。寄人舍下,合聚闾巷亲族良家儿女之推齿者,授训诫,教书字,逾十年,获所遗以给朝夕,仅取足,不营于他。①

然而,不是每位北宋女性都有田地、纺织技术或者文化知识,亦有"砸锅卖铁"为生计操劳者,比如范雍(981—1046)的母亲,范雍"十岁而孤,家甚贫,太夫人遣公就学,常质衣为资"。②如此看来,北宋一些女子丧夫后,要全权负责儿子各项事务。虽也是以儿子为中心,确实能"附会"上"夫死从子"的规范,但我们仅就此时的家庭支配权来看,权力在母而不在子,也就说不上是真正的"夫死从子"了。有时,母亲的决策也未必以儿子为中心,表现得较为明显的就是搬家这等涉及长途跋涉的问题。比如嘉祐年间位至枢相的田况的夫人富氏:

> 公薨,子幼,夫人葬于颍昌阳翟县。初公买第于洛,夫人遂徙家焉。③

我们看不出富氏搬家是围绕儿子所做的决定,不管其原因是什么,毫无疑问,搬迁的主导是女主人。

大约生于宋仁宗时期、卒于建中靖国元年(1101)的李仲琬自小有才名,十七岁嫁给当时的名士董文和。董文和后来卒于招安主簿任上,李仲琬自己的父母此时已经去世,她只好带着儿子进入京师——实乃贫困无奈之举,并非围绕儿子的决定:

---

① (宋)文同:《丹渊集》卷四〇《文安县君刘氏墓志铭》,四部丛刊初编本。
② (宋)范仲淹:《范文正公集》卷一四《资政殿大学士礼部尚书赠太子太师谥忠献范公墓志铭》,四部丛刊初编本。
③ (宋)范祖禹:《范太史集》卷三九《永嘉郡夫人富氏墓志铭》,《宋集珍本丛刊》本,第24册第391页。

于时大夫公（李仲琬父李无竞）已殁，母安丰君呼延氏又殁，夫人（李仲琬）悲哀甚，且贫无依，乃与其子耘俱来京师，教耘读书。①

由上述可知，在北宋时期，女子丧夫后，不仅能够支配年幼儿子的绝大部分事务，还能决定家庭的迁徙此类大问题，而且并非一切都以儿子为中心，这与此时儒家力图重建的纲常秩序——"夫死从子"，偏差相当之大。

二　夫死，有子已成年

夫死子幼的女子生计及其是否遵从"夫死从子"的情况，已如上述，此外，丧夫的女子对成年儿子是否仍有影响力，主要体现在哪些方面，也是讨论北宋女性是否遵从"夫死从子"规范的重要方面。

前面讨论到女性丧夫后再嫁的情况，然再嫁的女性未必都是比较年轻或者孩子比较小的，苏舜钦就记叙过宋仁宗时王质任荆南转运使时经手的一个案例：

（王质）主漕荆南也，尝权府事，有媪诉其妇之见逐，无所归。公召而诘之，妇曰："舅始亡，姑即嫁去，既穷而归，奉养甚谨；后取吾金，又嫁，今复穷而归，故不敢舍。"②

显然，这是在儿子已经成家立业后，女子丧夫再嫁的情况，而且似乎是中下层社会的例子。案件中的这位老媪总共嫁了三次，无论是回到儿子家中接受奉养，还是一次又一次出嫁，她的选择都是"一切向钱看"，几乎没有多少道德观念夹杂其中。由此可见，至少在北宋时期，女子"夫死从子"的理想秩序在中下层民众中的影响，这一观点有待商榷，普通女子的实际行事多半比士大夫阶层所要求者淡薄许

① （宋）晁补之：《济北晁先生鸡肋集》卷六六《李氏墓志铭》，四部丛刊初编本。
② （宋）苏舜钦：《苏舜钦集》卷一六《朝奉大夫尚书度支郎中充天章阁待制知陕州军府平晋县开国男食邑三百户上护军赐紫金鱼袋王公行状》，中华书局1961年版，第249页。

多。但就上述女性的境况而言，似乎中上层女性也多半未曾严格执行"夫死从子"这一儒家伦理。

儿子已经成年的寡居女性一般由儿子来奉养，在儒家伦理纲常中似也是"天经地义"之事。不过，现实中仍然会有反例。蔡襄就曾记载，宋仁宗时国子监丞葛实的妻子尹夫人把自己的母亲接到夫家供养，而不是让自己已经做官的兄弟来奉养母亲：

> （尹夫人）母杨氏，诸子随官远方，夫人念母之老，迎归以养，年八十余，终于夫人之家，即葬近墅。①

就文献显示的信息来看，此时尹夫人的父亲已经去世，而母亲杨氏分明有多个儿子，却由已嫁女来赡养，在已嫁女的夫家去世。夫死不跟随儿子到任，反从女儿女婿，这在当时看来似乎也是情有可原的——考虑到杨氏年迈，不能随子之远官的变通之法。

北宋时期妻子对丈夫的行为，尤其修身齐家的诸多方面，可以进行劝勉，是"相夫"的重要内容之一。母亲对成年儿子的这些方面也有相当的发言权，且不同于妻子对丈夫的劝谏，母亲诸多方面的教导更是做为儿子不得违抗的母训，比如苏颂就提到王田在修葺房屋的时候，被母亲一顿教训：

> （王田）自终亲丧后，不复主家事，门内之治，一以委诸弟，惟茸居第日，往河外购良材，归则亲督工程，颇务崇壮。是时，太夫人在堂，见而召诸子，语之曰："中令（其父王博文）既弃捐，若辈复安用此大屋乎？"②

从上述文字中可以明显地体会到这位太夫人的声色俱厉的责难，

---

① （宋）蔡襄：《莆阳居士蔡公文集》卷三六《尹夫人墓志铭》，北京图书馆2004年中华古籍再造善本，集073，《宋集珍本丛刊》本，第8册第253页。

② （宋）苏颂：《苏魏公文集》卷五七《太常少卿致仕王公墓志铭》，第859页。今据《宋集珍本丛刊》本，第12册第665页，作卷五七。

后经王田一番恭敬而诚心的解释，才得以释怀。不过，在目前寓目的墓志材料中，可能出于某种虚饰，这种严苛的直接描述并不多。我们只能从成年儿子对待母亲的态度来判断是所谓"母从子"，还是"子孝母"，甚至"惧母"。

《范太史集》就记载到宗室昌国公赵仲骓之妻安氏，丧夫时已是子孙满堂，其中肯定有成年儿子，在安氏面前都只能顺从听命，甚至有一些畏惧的表现：

> 既而，公先夫人捐馆，夫人执姑舅及公之丧，哀毁尽礼，戒子孙必以慈俭为称首，子孙服其教训，循以为法。①

还有宋神宗时曾担任西上阁门使王渊的母亲延安郡太君夏氏：

> 延安（夏氏）后公（王渊）二年殁。疾且革，犹曰："吾不得死于吾子之手为大恨。"审斯言则平日之承顺颜色有以慰母心者可知也。②

由此可以看出，王渊在世时，对母亲的态度极为恭敬。

不可否认，上述例子均是儿子在家里顺从母亲的情况，那么，儿子在外做官是否会受到母亲的干预，此时儿子又是否能够以孝顺母亲为先而处断某些事情呢？　毕仲游《西台集》中记载有一位田孺人，她的丈夫郭忠谏元丰五年（1082）不幸战殁，她与婆婆卫国太夫人从小教育儿子郭体仁，对儿子做官上任的旅途也很是在意：

> 方孺人之寡也，其子体仁数月以父（郭忠谏）战殁得官，及长，调监南京楚丘县酒税，卫国命随其子之官，孺人辞不可，乃

---

①　（宋）范祖禹：《范太史集》卷四九《赠开府仪同三司昌国公妻同安郡君安氏墓志铭》，《宋集珍本丛刊》本，第 24 册第 455 页。

②　（宋）苏颂：《苏魏公文集》卷六○《西上阁门使王公墓志铭》，第 923 页。

使体仁自之官。①

儿子长大了，祖母出于爱护，对媳妇和孙子发出了命令；母亲出于各方面的考虑，让儿子独立上任。于此可以看出，郭体仁的母亲和祖母在其成年以后，还一直有着各方面的发言权，教导着他的生活。

程俱《北山小集》记载了周氏帮助儿子理清力役征发问题一事。周氏子郭三益，字慎求，宋徽宗时为吏部员外郎。郭三益初入仕宦时，曾任常熟丞常平使者，遇到了征发力役的难题：

> 慎求（原文为避宋孝宗赵昚讳，"慎"字以"御名"代之）为常熟丞，常平使者调苏、常、湖、秀四州之人浚治青龙江，分地程役，而常熟丞所部前期告办，使者留丞俾常熟人傔役，以助他邑，不如期者，丞重留吾人，即引所部归，使者怒檄追甚急，慎求以为戚。夫人曰："青龙之役，连数郡，其分地程，役赋廪食，宜皆已上闻，今我工前办何名复役之？使者倘再思行，悔矣。虽然，汝不可无会，第无以所部从也。"慎求如教，已而使檄，止勿来。其明识可记者如此，可不谓贤母哉？

从文字中可以明显读出，此次"青龙江之役"的情况相当复杂，涉及青龙江沿线各段地区征发力役的协调与配合。周氏的意见虽然并不具体，但是甚有见地，把应该做的和不应该做的都明确地点拨了出来，为初出茅庐的郭慎求提供了很清楚的方向，因此，郭慎求对母亲的建议自然也言听计从。有意思的是，就是这样一位母亲，自己却曾经说过"吾妇人不当知门外事"这样的话：

> 慎求为人刚介自信，人固莫敢以事请顾。尝有祈太夫人者，夫人辄曰："吾妇人，不当知门外事。"后数日，其人复来理前

---

① （宋）毕仲游：《西台集》卷一四《田孺人墓志铭》，《文渊阁四库全书》本，第1122册第184页。

语，夫人则谢曰："老人善忘，不记所言矣。"终不为关说。而犹常戒属其子曰："县治近乡间，当以绝请托为先务。"①

从语境中我们可以分析出来，周氏是非常明白儒家针对女性所做的规范的。不过从前面所举的例证来看，睿智的周氏显然并非"不知门外事"，对于企图通过她来达到请托目的的人，"妇人不当知门外事"反倒成了"挡箭牌"，儒家的纲常理论也被周氏巧妙地利用了。从另一个角度来说，之所以有人希图通过周氏"走后门"，也正是因为周氏在儿子仕途的各个方面都有着十分重要的影响。

王安石的母亲吴氏对儿子的仕宦也有比较重要的影响：

> 方其（吴氏）隐约穷匮之时，朝廷尝选用其子（王安石），坚让至于数十，或谓可强起之，夫人曰："此非吾所以教子也。"卒不强之。及处显矣，其子尝有归志，而以不足于养为忧。夫人曰："吾岂不安于命哉？安于命者，非有待于外也。"其子为知制诰，故事，其母得封郡太君，夫人不许言，故卒不及封。②

这则史料讲了三件母亲对儿子有影响的事情：一是替已成年的儿子"坚让"，且母亲似乎有"全盘否决权"，虽然也有可能是王安石以母命来达到拒绝征用的目的，但吴氏毕竟替儿子顶住了压力，取得了"卒不强之"的效果；二是王安石显赫时，就是否归退的问题征求过母亲的意见，吴氏的意思很明显也很坚决——听从儿子的判断和意见，恬恬然"安于命"；三是母凭子贵，按例应封郡太君，看似算是"夫死从子"了，但由于母亲坚决"不许言"的态度，终未及封。亦可见即便是"母凭子贵"，也需尊重母亲自身的意愿。

同样为作宰辅的儿子提意见，前文提及陈升之母亲窦太夫人则表

---

① （宋）程俱：《北山小集》卷三一《朝议大夫郭公宜人墓志铭》，四部丛刊续编本。
② （宋）曾巩：《曾巩集》卷四五《仁寿县太君吴氏墓志铭》，中华书局1984版，第610页。

现得十分委婉：

> 丞相居中书一年，以机务废养，辞解政柄，方天子慨然有意三代之治，深倚一二辅弼臣谋立法度。事初改更，中外讻讻，莫不属望丞相有以扶持安静之，咸以不当去为言，独太夫人谓丞相曰："吾老矣，不宜久处高位，以重天下之责，上或见察，恳辞可也。"①

　　墓志铭"中外讻讻莫不属望"云云，显然有夸张的成分，但是否辞解政柄的确是陈升之政治生涯中一个非常重要的问题。这一问题多半和政治风云变幻纠缠在一起，最终的决定也多为现实政治所需。尽管如此，母亲的建议至少为辞政柄提供了绝佳的"台阶"。仔细品读上述文字可以发现，窦太夫人虽然表达委婉，但实际上已经下了"命令"，让儿子"恳辞"，急流勇退。那么作为儿子，不听从母命辞退就是不孝。在政治斗争中，母亲的意愿是一个让朝廷不能拒绝、让舆论"闭嘴"的理由，无论是王安石，还是陈升之，似乎都很好地体现出这一点。这也正是说明，在仕途上也听从母亲的意愿和建议，孝顺于母，是为当时人所广泛认同的，即便是朝堂大事，母亲们也大可不必"夫死从子"。
　　除此之外，还有潜移默化影响儿子为官风格的母亲，嘉祐八年（1063）中进士的袁默之母席氏就是一例：

> 思正（即袁默）为高邮军司理，以狱用。而夫人雅不喜笞辱人，思正尤以此治狱，常主于情而不负胜以法也。②

　　儿子治狱，不违背母亲的行事风格，当然也是尊重、顺从母亲的表现。

---

① （宋）陈襄：《古灵集》卷二五《秦国太夫人窦氏墓志铭》，《宋集珍本丛刊》本，第9册第68页。
② （宋）沈括：《长兴集》卷二六《席氏墓志铭》，四部丛刊三编本。

由上述可见，为人之母，不论是在家中疾言厉色训诫成年儿子，还是直接对儿子在外的仕宦治事产生影响，在北宋时期，都是社会舆论能够接受甚至赞许的。统而言之，无论是幼子还是成年之子，多半情况下，顺从母亲的教训才是符合规范——孝道的做法。或许可以说，在那个时代，"孝义"在大多数情况下还是压过了"夫死从子"的规范。

三　"选精""集粹"与男性儒士的历史书写

从上文对北宋时期女性在丧夫之后诸多"做法"的分析中，可以获知，"夫死从子"作为儒家重建纲常秩序的理论，在夫死子幼的情境之下，北宋女性更多考虑的是实际生存生活问题，几乎难以实践"夫死从子"的规范。这表现在：一则女性在丧夫后再嫁者甚多，二则丧夫后携子回本家或依靠其他女子、自己亲属的案例也不少，三则即便丧夫后的女性不再改嫁也不回本家，仍然对幼子有较强的管教权力，对家庭事务也起着重要的主导作用。就算儿子已经成年并且在外做官，不少女性也更多规范、教导儿子的行事，未必遵循"夫死从子"的规范。因为"夫死从子"的理论与孝道的理论存在冲突，一方面身为人母的女性，尤其是那些出身较好、文化水平和个人素质较高的女性，更容易利用"孝道"来或显或隐地对抗"夫死从子"，为自己争取较有利的地位；另一方面作为儿子，即便出将入相，遵从母亲的教诲、做一个孝子也是相当重要的。由此言之，重孝道，尊母亲，是北宋多数儒士们遵循的礼俗。

当然，我们也不能忽视另一个关键问题。从史料存世情况分析，"夫死未必从子"的这些史料，它们之所以被记载，有可能乃是记载者（官僚儒士们）以为此事是异于常态的，所以才落笔成文。那些常态的，普通女子们顺乎规范的诸多行为，似因太普遍化而易于被人忽视和遗忘，所以大多数埋没于文献的汪洋大海之中了。即便如此，我们还是可以通过对这些存世的、异于常态的史料的梳理，来看"孝道"与"夫死从子"纲常产生的矛盾，北宋女性具体"做法"的变通，可以看到北宋儒家伦理秩序重建过程中，那些"做法"与"说法"不能对应的历史面相。于此,似亦可稍窥北宋时期伦理道德、家庭秩序的构建和呈现之一斑。就史料显示而言,这一倡导遵循规范与在践行中再造规范的过程,似乎反映出北宋时期女性在家庭中依然持有相当高的社会地位,而在历史记忆及存世资料"选精"与"集粹"的视角下,北宋上层女性的诸多日常和一般生活面相、普通女性(尤其是社会中下层女性)的生活面相,尚于遮蔽掩映之间,难以多元立体地更多丰满展示;即便如此,我们还是可以通过对这些存世的、异于常态的史料的梳理,来看"孝道"与"夫死从子" 纲常产生的矛盾,北宋女性具体 "做法"的变通,可以透露出在北宋儒家伦理秩序重建过程中,那些"做法"与"说法" 不能对应的历史面相。于此,似亦可稍窥北宋时期伦理道德、家庭秩序的构建和呈现之一斑。而就《夷坚志》等文献以个案浸入的方式,进一步考察南宋时期女性日常生活世界,并借此稍窥宋朝伦理道德和家庭秩序的历史面相,抑或能揭示这一领域的另外历史面相,对这一议题的尝试性探索,笔者拟异日勉力为之。

(本章发表时署名刁培俊、王艺洁)

第四编

学源有自·史家与追忆

第一章　天水换新天，古史见新颜

——著名历史学家漆侠先生学术贡献述略

漆侠先生是新中国培养的第一代马克思主义史学家、教育家。在50余载的史学研究和教学工作中，他在中国农民战争史、中国古代经济史以及中国古代史领域的其他诸多重大问题，尤其是在宋辽夏金史方面进行了广泛而深入的研究，视野广阔，造诣精深，著述宏富，做出了巨大的学术贡献，取得了世人瞩目的学术成就，并形成了独具特色的治学方法和学术思想，在教书育人方面也取得了突出的成就，堪称是继往开来的一代史学大家，也是才气磅礴，集学术造诣、教育能力于一身的一位学人。他一生勤奋学习马克思主义理论原著，为他的治学奠定下了深厚的理论基础，并始终旗帜鲜明地坚持运用马克思主义理论为指导治史、执教、育人。因此，被誉为"一位真诚的马克思主义史学家"，①在河北大学这样一所二流大学创建了堪称世界一流的"一个无中生有的事业"。②先生之学，博大精深，浩浩乎无际涯。予疏才寡知，虽勉力撰出此文，但恐仍不能窥其学于万一。世有闻先生之风，欲抉先生之学者，予日日引领敬俟之。

值此先生冥诞一周年之际，特修改经先生生前过目之习作前半部

---

① 王曾瑜：《一位真诚的马克思主义史学家》，《河北大学报》2001年11月20日，收入王曾瑜《丝毫编》，河北大学出版社2009年版，第502—507页。
② 黄宽重：《一个无中生有的事业——敬悼漆侠教授》，收入《漆侠先生纪念文集》，河北大学出版社2002年版，第616—619页。

先期发表，以敬奠于先生之灵前。①为行文方便，文中省去尊称，特此说明。

一 生平与学术简历

漆侠（1923.3—2001.11），字剑萍，笔名方若生、万钧、范今、季子涯等，山东省巨野县人。1944 年考入昆明国立西南联合大学历史系，1946 年秋后转入北京大学历史系继续学习，毕业后旋考入北京大学文科研究所史学部攻读研究生，导师为著名宋史专家邓广铭先生（1907—1998）。1951 年 3 月任中国科学院（今中国社会科学院）近代史研究所助理研究员，兼任范文澜先生学术助手，深获范文澜先生的教导和提携。1953 年 12 月转入天津师范学院（今河北大学前身）任教，此后历任天津师院、天津师大和河北大学历史系讲师、副教授（1961）、教授（1979）。1984 年 1 月，经国务院批准，获得中国古代史博士学位授予权。生前曾任河北大学宋史研究室主任、社会科学研究所所长、历史研究所所长、教育部省属高校人文社会科学重点研究基地宋史研究中心名誉主任和学术委员会主任，河北大学资深教授、博士生导师，河北大学出版社总编辑；并兼任中国史学会理事（1984—2001）、中国农民战争史学会理事长（1981—1992）、中国宋史研究会会长（1992—2001）、河北省历史学会会长、河北省政协常委、河北省民盟副主委、河北省社科联副主席等职。我国著名唐史专家胡如雷先生曾誉之为"河北省社会科学界的一面旗帜"。他先后

---

① 谨按：本章是漆侠先生在世的时候，某一报刊的约稿，先生嘱我完成且亲自修改了两次，之后因故却未能及时刊登，不意先生遽尔辞世，发表时又做了大量修改。当然，我们深知：漆侠也许算不得绝世的学术大师，也不是完美无缺的圣人。但是，受限于他生活的时代背景，他的平生事业，同时代可以比肩者，或可用辛弃疾《贺新郎·甚矣吾衰矣》"二三子"概括，请参阅刘永佶《自缘身在最高层——悼老友漆侠先生》。学界针对漆侠先生治学领域的研究，请参阅刘秋根《中国马克思主义经济史学方法论的思考——以〈中国经济通史·宋代经济卷〉为中心》，原载《史学理论与史学史研究》2007 年卷；毛曦、王善军《漆侠先生对马克思主义史学理论与方法的运用》，《史学理论研究》2008 年第 3 期；李华瑞《跟随漆侠师学宋史》，《历史教学》2012 年第 1期；李华瑞《漆侠与 20 世纪中国马克思主义历史学》，均收入姜锡东主编《漆侠与历史学》，河北大学出版社 2012 年版。

发表学术论文 160 余篇，出版有著作《隋末农民起义》《唐太宗》《王安石变法》《宋代经济史》《宋学的发展和演变》（遗著）《求实集》《知困集》《探知集》《历史研究法》（遗著），出版合著《秦汉农民战争史》、与邓广铭先生合著《两宋政治经济问题》、与乔幼梅先生合著《辽夏金经济史》等；主编中国宋史研究会主办的《宋史研究论文集》多卷，《宋史研究论丛》（共四辑。至 2020 年已出 28 册），与邓广铭先生一起主编《国际宋史研究论文集》《中日宋史研讨会中方论文选编》等，主编享誉海内外宋史学界的《宋史研究丛书》（已出两辑 15 册），其他还参编有《中国大百科全书·辽宋夏金史》、十卷本《中国改革通史》、四卷本《中国封建社会经济史》（与田昌五共同主编），等等。漆侠不幸辞世后，由河北大学宋史研究中心师生共同编辑出版的 12 卷本《漆侠全集》（河北大学出版社 2008 年版），收录漆侠先生著作 9 种，论文集 3 种，未发表的教材和讲义 4 种，总 500 余万字。由漆侠主编、王曾瑜亲自主持、六十多位专家学者合作完成的七卷八册《辽宋西夏金代通史》（人民出版社 2010 年版），分为政治军事、典章制度、社会经济（上、下）、教育科学文化、宗教风俗、周边民族与政权、文物考古史料等卷，以近 400 万字的篇幅，在中华大一统和各民族平等的理念编写的、包括 10—13 世纪中国境内全部政权历史的大型断代通史。该书于 2013 年荣获教育部优秀成果二等奖，并荣获河北省社会科学特别奖。

二　关于宋辽夏金史的研究

在辽宋夏金史的研究领域，20 世纪的百年之中，除邓广铭在宋代史中的开拓性研究之外，漆侠的辽宋夏金史的研究，对于这一时期学术研究的推动和开拓，堪称为继往开来的一代大家。他在宋辽夏金史诸多问题的拓荒性开创性研究，无限丰富了宋代史的研究内容，显现出其极为深厚的学术造诣。

漆侠以治辽宋夏金史而享誉史坛。多年以来，他一直以辽宋夏金史的研究为他的主要研究方向，是这一领域内、继邓广铭先生之后的又一史学名家。1987 年，景戎华就在《读书》杂志上发表文章，称其"马克思主义理论底蕴深厚，遍览天水一朝之史料，信手拈来，斐然成文"。①此后，宋史专家王曾瑜也认为，漆侠"通读过二十四史，他不仅精通宋史，而且对秦汉到隋唐辽金的各代史，都有相当的研究"，他"学识渊博，是同时代学者中的佼佼者"，是我国20世纪宋辽夏金史研究领域中，继邓广铭之后的又一卓有成就的史学名家，是"宋史学界的又一位泰斗"。②漆侠的史学成就，确实在这一领域的研究成果之中得到了较为充分的体现，其中对王安石及其变法等政治史方面的研究，尤其是在宋代经济史领域的开创性研究，以及对宋代思想文化史（宋学）的研究等方面尤为突出。

20世纪80年代以前，我国学者对于宋辽夏金史的研究，相对于日本学界和我国史学界其他断代史的研究而言，是较为落后的。张荫麟、蒙文通、陈乐素、邓广铭、张家驹等先生在20世纪上半叶的拓荒研究，并未引起中外学界太多重视；直到"文化大革命"过后，宋辽夏金断代史的研究，才得以广泛展开。这一时期，在宋辽夏金的断代史的研究中起着巨大推进、引导作用的，除已故邓广铭之外，无疑非漆侠莫属。③他的宋辽夏金史研究，其中对王安石及其变法等政治史方面的研究，尤其是经济史领域的开创性研究，以及对宋代思想文化史（宋学）的研究等，都充分显示出他对于天水一朝历史的熟稔与研究的深度与广度，其成就之卓著，贡献之突出，在史学界则是众所周知的。

（一）对王安石及其变法等政治史方面的研究

漆侠在宋史研究领域中最引人注目的成就，首先应推他对王安石及其变法的研究。1950年代及其以后，漆侠的王安石变法研究，是在纵观天水一朝之史实，盱衡有宋一代政治史的基础上展开的深入钻

① 景戎华：《造极赵宋，堪称辉煌——读近年出版的几部宋史专著有感》，《读书》1987年第5期。
② 王曾瑜：《一位真诚的马克思主义史学家》，《河北大学报》2000年11月20日，收入王曾瑜《丝毫编》，河北大学出版社2009年版，第502—507页。
③ 黄宽重：《海峡两岸宋史研究动向》，《历史研究》1993年第3期；王曾瑜：《宋史研究的回顾与展望》，《历史研究》1997年第4期。

研。《王安石变法》一书，①纵观了王安石变法的全局，紧紧抓住了贯穿变法运动全部过程中变法派与反变法派（保守派）的斗争线索，由此进而考察变法派、保守派代表或维护了什么人的利益，各派政治力量在斗争过程中的变化，变法过程中的快慢迟滞，变法及其与西夏、契丹之间的关系等诸多重大历史问题，得以清晰再现。该书具有时代特色，先是对资产阶级历史学家有关王安石变法研究的种种歪曲与诬蔑进行了批判，使王安石变法这一富有开创性革命性的历史事件祛除了层层迷雾，重又闪现出其灿烂光辉。然后，对宋封建国家的政治、经济概况进行了探研，对封建统治危机下，封建士大夫的改革要求与酝酿、以及改革条件的成熟进行了精详的论述，尤其是对王安石变法的内容和实质以及变法过程中的两次斗争浪潮的分析、论述，是他的用心致力之处，发前人所未发。足见他对这一事件的掌握是何等的全面、深邃、透彻。他的研究使得过去湮没不彰的王安石及其变法，在人们心目中有了全新的、深入的认识。此书附录中对各个新法中史料的校正，则显示了他在校勘学方面的史学功底，而这一点常常为学界所忽视。

毋庸置疑，有关王安石变法的研究，是北宋时期最具关键性的政治、经济的重大事件，漆侠对此进行了全方位的深入探研，显现出他科学运用马列理论与驾驭史料的深厚功力，其分析问题、解决问题的底蕴和学养得到淋漓尽致的发挥。关于历史上的王安石及其变法，漆侠的研究在史学界的影响极为深远，目前大中小学的教材都采用了他的研究成果。可以说，这是一部以马列主义理论作指导，与丰富详赡而又考辨精审的史料有机结合所取得的成功之作，也是奠定他在史学

---

① 该书系漆侠先生在邓广铭先生指导下1951年完成的研究生毕业论文，由上海人民出版社1959年初版，1979年再版，2001年由河北人民出版社推出增订本。在这部书增订再版的时候，漆侠夫子自道："'文章千古事，得失寸心知。'依我来看，这本书的情况是，第一部分有关宋代立国规模和专制主义集权制度，来自先师邓恭三先生多年的研究，是经得住时间的检验的。第二部分有关新法的制定和实施，是通过对大量事实材料的钩稽而写成的，但无任何出奇制胜之处，只要认真读书都可以达到或超过现有水平。第三部分有关变法过程中的斗争，是我用心思索致力之处，为前人从未道及的。不论怎样说，这本书不是依样葫芦，而是力图打破陈规，把王安石变法的研究纳入科学的研究轨道。"

界崇高地位的成名之作。该书出版后，不但国内史学界，连同研究中国史以精细著称的日本史坛，也称为以唯物史观写出的最有深度的一部史学专著。邓广铭先生在晚年修改其学术名著《北宋政治改革家王安石》一书的时候说："在（20世纪）五十年代后期，上海人民出版社印行了漆侠教授的《王安石变法》一书，对于熙宁新法进行了认真探索，超越了前此所有的同类著作。"①也有人说，到目前为止，在王安石变法的研究中，无论从理论高度上，还是在史料的占有上，都很难有人能够完全超迈这一部著作。在《王安石变法》增订本序言中，他对自己的这部成名作做了一些说明。他说：

> 随着认识的不断提高，我觉察到过去的研究，是平面的而不是立体的，是静态的而不是动态的，必须通观变法全局而予以把握，才可能弥补过去研究中的缺失和不足，使这个研究迈入一个较高的层次。

这部书中的对于新法的制定和实施，他是通过大量事实材料的钩稽而写成的。关于变法过程中的斗争，是他的用心致力之处，为前人所未措意者。

《王安石变法》这部著作出版后，赢得史学界一片赞誉，但是，漆侠并未停留在已有的成绩上，而是继续进行探讨。有关王安石及其

---

① 邓广铭：《北宋政治改革家王安石》，人民出版社1997年版。当然，邓广铭先生也随后就指出："……似乎可以说已使王安石的变法得到了平反，但他对于实际作为变法的精神支柱的'三不足'原则，处理得却仍嫌含混：他既以为'三不足'之说纯粹是反对派所造的谣言，已被王安石在神宗面前加以否认；却又以为，这个谣言颇符合于王安石的为人；在其叙述推行新法的全部过程当中，也并无一处把它与'三不足'原则搭上关系。用《春秋》责备贤者的书写笔法，我们似乎不妨说，对于驱动王安石变法改制的核心力量，亦即对于王安石厉行变法改制的思想、心态中最为本质的东西，漆侠教授也还把握得不够准确。"有关王安石变法研究的集大成性回顾研究，另请参阅李华瑞、郭志安《评邓广铭、漆侠五十年来对王安石及其变法的研究》，《河北学刊》2003年第3期；李华瑞《王安石变法研究史》，人民出版社2004年版。窃以为，作为大宋王朝的臣僚，王安石如真能无所忌惮地大声倡导"三不足"作为变法改革的核心精神，则王安石历史形象之高大，古往今来，恐唯此一人尔。倘若他内心深怀"三不足"之精神，实际言行也体现出来，但并不在朝野内外高声呼吁"三不足"，则其伟岸形象有所降低，但却更符合帝制时代的君臣之道。

变法研究一系列论文的完成，就是很好的证明。他在给郑熙亭《汴京梦断》这部历史小说所写的序言中，进一步认为王安石变法代表着自耕农民特别是其中的上层农民的利益，从而使得有关的研究取得了更深层次的理解。①

漆侠对有宋一代政治史的研究，早在 20 世纪 50 年代初，以《赵匡胤与赵宋专制主义中央集权制的发展》一文而博得史学界的推重。这篇论文将赵宋创建伊始，中央集权制的形成过程及其发展状况作了深入的研究。此文对赵宋皇帝既怕兵，又想利用兵来维护其统治的矛盾心理，以及赵匡胤在有宋一代"守内虚外"这一基本国策制定中的作用等，以充分而具体的史料加以细致入微的分析、刻画，得出了明彻而深邃的结论，被资深史学家评为解放后研究宋代政治上层建筑中最好的一篇。写于 1990 年代的《宋太宗与守内虚外》一文，对上述观点又进一步加以阐发，揭示出宋初统治者加强专制政治统治的深层内涵。在《范仲淹集团与庆历新政》一文中，他对宋仁宗朝的政治形式、范仲淹等的改革努力及其失败等进行了研究。他认为，以范仲淹为首的出身于中下层的地主阶级，在这一时期登上了历史舞台，在政治发展过程中具有巨大的作用。②这些多是发前人所未发之覆，得出了独到的新见，揭示出那一时期深层次的历史内容。其他如宋辽战争的系列研究、契丹建国初期的皇位继承、女真族从原始社会向奴隶社会的过渡、契丹斡鲁朵制以及宋金战争的社会分析、从《辽史》列传的分析看辽国家体制、宋元时期浦阳郑氏家族研究等一系列重大政治问题的深入研究，对于我们了解 10—13 世纪中国古代政治史有着很大的帮助。

（二）对辽宋夏金经济史的研究

景戒华曾经说，漆侠在宋代经济史研究中的三大建树，"有的是发前人所未发，有的已为史坛广泛接受"；其创获之丰"特别是已经

---

① 郑熙亭：《汴京梦断》，花山文艺出版社 1994 年版。

② 以上三篇论文分别载于《历史教学》1954 年第 12 期；《历史研究》1992 年第 4 期；田余庆等主编《邓广铭先生九十华诞纪念论文集》，河北教育出版社 1998 年版。

震惊了素以治宋代经济史著称的日本史坛"。①确实，应该说漆侠在宋史研究领域中的另一个引人瞩目的学术丰碑就是 1987—1988 年，由上海人民出版社隆重推出的皇皇 93 万余言《宋代经济史》，上下两巨册。②这是国家社科"七五"重点课题中国古代经济史断代研究率先完成第一部断代经济史。该书共分五编三十二章，各编分别为：宋代农业生产与土地诸关系、宋代手工业生产及手工业诸关系、宋代茶盐酒矾的生产和封建国家专利制度、宋代商业的发展及其与周边民族海外诸国的贸易关系、宋代社会经济生活的诸方面。该书基本上论述了两宋社会经济发展变化的方方面面，展现出赵宋王朝 320 年间的经济发展状况。其中，关于宋代农业中单位面积产量的统计、棉花和不少经济作物的生产等诸多课题，都是他的开拓性研究，予以填补的。宋代地租形态中的各种表现形式，以及货币地租的出现与发展状况，也同样是他首先做了系统的论述。诸如以上的开拓性的创获，以及富有理论性的归纳概括，书中还有许多。特别是在宋代手工业生产方面，《宋代经济史》中占有二百余页的篇幅。手工业生产不仅资料零碎，生活在现代社会中的人对很多手工艺的了解，反而很是困难，以往的研究又是片断的、零星的。完全可以说，《宋代经济史》的问世，将宋代手工业生产的研究，提高到了一个全新的水平。

《宋代经济史》一书中，对宋代地区发展不平衡性的宏观概括，是该书最富特色的宏观论断："北不如南，西不如东。"即宋代，如果以淮水为界，则淮水以北的地区不如淮水以南的地区，亦即北不如南。如果以峡州为中轴，北至商雒山，南至海南岛，划一南北直线，在这条线的左侧，即宋代西部诸路，除其中的成都府路、汉中盆地、梓州遂宁等河谷地区的农业生产堪与闽浙诸路媲美外，其余地区都远落在东方诸路的后面。而以上两个区分也不大相同，北不如南表现在

---

① 景戎华：《造极赵宋，堪称辉煌——读近年出版的几部宋史专著有感》，《读书》1987年第 5 期。

② 漆侠：《宋代经济史》，上海人民出版社 1987 年、1988 年初版；经济日报出版社 1999年以《中国经济通史·宋代经济卷》再版；收入"中国文库·史学卷"，由中华书局2009 年再版，新式排版后字数 102 万字；收入"津沽名家文库"第一辑，由南开大学出版社 2019 年再版。

量的方面，差距较小，而西不如东，则不仅有量的差别，而且具有质的差别。这一精当论断的提出，他首先在纵的方面，自隋唐至宋进行了一个宏观考察，同时又是在地域的纵、横两个方面的考察，二者都是基于他敏锐的史家眼光和卓越的史家史识概括出来的。在这里，我们看到的是以丰富史料和科学的分析相结合而得出的宏观论断，充分显示出他高屋建瓴的思考问题的方式和卓越的史家史识。

《宋代经济史》一书的成就，王曾瑜、乔幼梅等诸多前辈学者均做了全面的评论。①国家、社会也给予了多项奖励：该著曾先后荣获河北省社会科学优秀成果一等奖、国家教委建国以来首次全国高校人文社会科学优秀成果一等奖（1995）、国家社会科学研究项目优秀成果二等奖（1999）、首届郭沫若中国历史学奖二等奖（2000）等。他认为：纯经济史研究的主题是各个历史阶段历史时期生产力与生产关系矛盾运动的历史，生产力一定要研究，研究它正是为了说明生产关系的许多关键性的问题，说明生产关系亦即经济制度如何在生产力的制约下演进变动的。由此可见他的经济史研究是生产力与生产关系并重的。也从而可见，他在把马克思主义理论与中国历史实际相结合上所做的巨大努力，从而取得了巨大的成就。总之，《宋代经济史》一书是在马克思主义理论指导下，理论与实际、宏观与微观紧密结合，"致广大而尽精微"，同时运用了历史考据学方法、统计计量方法、历史比较方法等，把宋代经济发展的框架构建起来，并且有血有肉地再现了宋代经济的丰富内容，因而也是一部首尾贯穿，逻辑严密，议论风发的巨著，是一部填补空白的奠基性著作。有学者称为集大成之作，应该说是当之无愧的。"此书既总结了过去，也开拓了未来，确是一部里程碑式的著作，不论从中国经济史研究的角度看，还是从宋史研究的角度看，都是如此。"②

在宋辽夏金史研究领域，漆侠的又一巨大成就，是在完成《宋代

---

① 王曾瑜：《中国经济史和宋史研究的重大成果》，《晋阳学刊》1989 年第 4 期；乔幼梅：《评〈宋代经济史〉》，《文史哲》1989 年第 6 期。张邦炜：《中国大陆近十年来的宋史研究》，日本《中国史学》第 1 卷，1991 年 10 月。

② 王曾瑜：《中国经济史和宋史研究的重大成果》，《晋阳学刊》1989 年第 4 期，收入王曾瑜《锱铢编》，河北大学出版社 2006 年版，第 588—599 页。

经济史》之后，他又与山东大学乔幼梅教授共同完成了国家社科"七五"重点规划项目、也是中国古代经济断代研究的第二部专著《辽夏金经济史》。他主要承担了其中辽夏经济史的撰著。该著着力探索了10—13世纪我国北部边疆契丹辽国、党项夏国的社会经济发展过程，并在论述其社会生产力发展的同时，对其经济关系从原始社会到奴隶制、封建制的演变进行了较为深入的探讨。在契丹、党项经济关系的演变中，则紧紧抓住氏族后期形成的宗族这一经济实体，进行了认真的分析，指出了宗族实体内部和外部条件的变化，认为从宗族实体中形成了奴隶制和封建制。这一论述为此前研究中所未有的创新研究，同时在这一断代史研究中填补了一项学术空白，对经济史、民族史和断代史的研究都有着巨大的推动作用。我们知道，辽夏金史是一个举步维艰的研究领域，而就其经济史加以研究，难度更大。他抓住了历史研究的难点，知难而上。首先将辽夏金经济史问题放在了中国古代历史发展的长河中做贯通性的研究，以期跳出单纯论述某个朝代断代经济史问题的窠臼（这也是他治学的一贯特色），给辽夏金的经济发展一个明确的历史定位，从而为客观地评价少数民族在整个中华民族历史发展的作用提供了坚实可靠的基础。在这部著作中，他还着重论述、揭示出汉民族在这三个王朝社会经济发展中的重大作用，及其与周边民族的经济联系、相互影响作了可贵的探索。而对于契丹与从宗族角度解决少数民族政权的社会类型的分析，则是在此书中诸多创见中最具特色的两大见解。其驾驭这所有一切的，则是他依然坚持了以马克思主义指导，研究这些少数民族王朝统治下的理论问题做了更深层次的总结。①该书绪论指出："经济史是研究社会生产中生产力与生产关系的相互联系，相互制约和相互作用的，并从联系、制约和作用中观察它们之间的发展和变化。"这是与《宋代经济史》一书研究的指导思想，是一脉相承的。此著先后荣获河北省社会科学优秀成果一等奖、全国高等院校社会科学优秀成果二等奖等多项奖励。他对宋辽夏金经济史的开创性研究中，确实在上下贯通上和理论高度上

---

① 李锡厚、王曾瑜：《评〈辽夏金经济史〉》，《历史研究》1995 年第 3 期。

显示出他理论素养的底蕴深厚和广博的史家造诣，其磅礴大气也由此得以凸显。

要之，他对于宋辽夏金经济史的研究，始终坚持以马克思主义的理论为指导，并以生产力与生产关系的相互关系中，与中国历史客观实际相结合，作出了可贵的努力。也正是这种努力，使得他的中国古代经济史的研究达到了一流的尖端水平，在这一领域的研究中堪称开山的一代史家。

(三)晚年对宋学的研究

漆侠在宋辽夏金史研究中的学术贡献，还体现在他晚年在宋学（宋代的学术思想史）研究方面所取得的成就。20 世纪 90 年代以来，漆侠对宋代的学术思想史展开了多层面、深层次的研究。他自己曾经说，这主要得益于他在大学时代及其后广泛阅读了史学、哲学、文学、经济学以及军事学、地质学等领域的大量书籍，从而使得他的知识积累并未局限于单纯的史学一个方面。在西南联大学习期间，他选修了冯友兰的中国哲学史课，也为他在这一时期的研究奠定下一定的学术基础。[1]

发表于 1995 年的《宋学的发展和演变》一文，是他对宋学的一个总体论述，将宋学发展与演变具体过程作了宏观的论述。[2]这篇长文对与汉学相对立的宋学的形成的历史与社会背景、在庆历新政时期宋学形成阶段的代表人物和学说、宋仁宗英宗时期宋学发展阶段的四大学派——荆公学派、温公学派、苏蜀学派和以洛、关为代表的理学派，对南宋时期宋学演变阶段过程与各大学说都进行了较为深入的研究，文末论述了宋学演变的社会历史背景，并特别提出，思想史的研究，必须与该时代的政治和经济等社会状况紧密结合，找出其相互关联，相互作用的线索，这样，思想史的研究方能摆脱单纯的从思想到思想的研究，才能够无限拓展思想史研究的深度和广度。可以说，这是他从事史学研究几十年所沉积而发的一大创见。

---

① 参见刁培俊《漆侠教授访谈录》，《历史教学问题》2000 年第 1 期。
② 发表于《文史哲》1995 年第 1 期。

自 1995 年直至去世前，他一直专注于宋代学术思想史的研究。其中，他就中庸之道与司马光哲学、释智圆与宋学、晁迥与宋学、荆公学派与辩证法哲学，儒家的中庸之道与佛家的中道义、王雱及其哲学思想、张载的哲学思想及其社会观等一系列问题展开了深入的研究。王安石与张载的辩证法、社会观的比较研究、苏轼蜀学与程氏洛学的对比、宋代文风、政风和学风的关系，欧阳修、宋初三先生、叶适、陈亮、朱熹的史学思想等进行研究。在这一系列研究中，除个别问题，是他在已有研究基础上另辟蹊径，进行深入钻探之外，大多数问题都是由他首次提出并做了深入的研究的。对于王雱这位年轻有为、才华横溢的思想家，自北宋后期以至于今的近千年间，一直湮没无闻，是他首先拨开重重的历史迷雾，使之在中国思想史的园林中大放光彩的。他对朱熹的"存天理，灭人欲"有一精当的比喻：他说，譬如吃饭，如果仅仅要求吃饱，那就是天理；如果不仅仅要求吃饱，而且还要求吃好，那就是人欲。这其中还有一个标准问题。地主阶级把鸡鸭鱼肉作为其吃饱的基本要求，而平民百姓则以粗茶淡饭作为其"天理"的标准。二者是有很大的区别的。他结合南宋陈亮的社会经济背景对其思想进行了深入剖析，从而成为他在宋学的研究中结合社会经济背景研究思想史最具代表的一篇力作。诸如此类，在许多问题上他都有自己的真知灼见，发前人所未发之覆，提出了一些重大问题。可以预见，他的《宋学的发展和演变》一书的出版，对于新宋学的建立以及这段历史时期学术思想史的研究，将会起到很大的促进作用。①

三 关于中国农民战争史及其相关理论的研究

中华人民共和国成立伊始，需要在意识形态领域树立以马克思主义为指导的新的科学理论体系，以社会主义的新史学取代旧史学，来适应新社会的发展需要。当时，作为"五朵金花"之一的农民战争史

---

① 上述论文大多已经公开发表，由河北人民出版社 2002 年推出《宋学的发展和演变》一书，后来，该社联合人民出版社 2011 年再版。

是学术界研究的一大热点。在这一学术风潮的影响之下，20 世纪五六十年代，漆侠曾致力于中国农民战争史的研究，出版了《隋末农民起义》《秦汉农民战争史》两部著作，发表了《正确认识历史上的封建统治阶级和封建王朝》《农民是地主阶级的对立面，还是地主阶级的后备军》等多篇论文。《隋末农民起义》这部出版于 1954 年的著作，①是他在农民战争史研究领域的第一部专著，该书全面考察了隋末农民起义的史实，提出了许多新见。在辨析对刘黑闼评价问题上，他从肯定"统一战争"是社会历史发展总过程中一种积极、进步的因素立论，并紧密结合隋末社会现实及其与周边少数民族政权的关系，对于刘黑闼的起义，作了全面的否定，并就其勾结突厥，分裂祖国的统一给以批判。他认为，历史是一种客观存在，历史研究者不能主观地加以褒贬，在农民战争的性质问题上，拔高与贬低都是有欠允当的。农民战争自始至终都具有自发的反封建压迫的性质。而"自发性质"是农民起义中的一个普遍规律，之所以如此，乃是因为农民是小生产者，根本不理解封建经济制度，因而，他们的斗争就只能局限于封建经济制度的范围内，局限于维护和发展自己的小私有制和小农经济，也就决定了农民斗争有反封建的要求，但摆脱不了封建的枷锁的内在矛盾性质。在这种情况下，封建生产关系就因之而延续下来，并因农民的斗争而得到发展和巩固。这样的分析，同时又是对于封建专制主义层层剥削和压迫下的农民的战争，是为了"发家致富"，"使自己成为地主"，"成为官员"等论调的一个有力的批驳，也是在我国 20 世纪 50 年代特定的社会环境下，"左"倾思潮极端泛滥之时，他保持沉静的思考，得出的较为科学的结论。《秦汉农民战争史》则是我国建国以来第一部这方面的专著，是一部拓荒之作，开风气之先。该著就秦汉农民战争的社会历史背景、农民战争的具体进程、农民战争推动历史前进的作用以及其基本特征作了全面的总结。其中，通过对秦汉三次农民战争的考察，概括出这样一条规律："革命斗争—被迫让步，再斗争—再让步。"又指出："从这个规律性的发展

① 由华东人民出版社 1954 年出版。

中，可以看出：封建统治集团的让步，是农民革命斗争的一个直接结果。"他对于这一论点进行了较为详尽的论述，在当时学术界引起了强烈的反响。①其实，他早在1953年发表的《正确认识历史上的封建统治阶级和封建王朝》一文中，即已讨论了这一看法。此后，又于1966年3月10日，在《文汇报》上刊发《农民战争与让步政策》一文，再次参加了讨论。"文化大革命"之初，对这一问题的批判与争论也就随之而来了。"文化大革命"过后，他对此前的研究工作做了总结，他认为，一个学术观点的提出，固然非唐突提出；多年之后，唐突地以后来的观点全然取代之前的观点，都不免武断。

在农民战争的历史作用问题上，漆侠认为，真正推动封建社会发展前进的，是人民群众，只有人民才是历史的创造者。农民战争的社会历史进步作用，是不能够轻易抹杀的。

《正确认识历史上的封建统治阶级和封建王朝》《农民是地主阶级的对立面，还是地主阶级的后备军》等文，②在农民战争史的相关理论和研究中，有新的突破。他以其丰厚的马列主义理论素养，结合了中国农民战争的历史实际，深刻剖析了中国农民是地主阶级的对立面，而不是后备军。该文在以下几个方面，对这一问题进行了逐层的分析：农民是反对地主，还是向往地主？　农民是以革命思想为指导，还是以封建思想为指南？　是农民的革命政权，还是封建政权？是反对地主阶级，反对封建制度，还是都不反对？　最后，则在理论的高度上，就以下几个方面加以深入的剖析，从而严厉批驳了错误的史学观点，这对于澄清农民战争的性质的理性思考具有重要的指导意义。由于他在农民战争史研究领域的诸多建树，1981年被选任中国农民战争史研究会第二届理事长。

漆侠在农民战争史研究领域以及我国封建社会内部分期的研究中的另一大创见，就是他的"二黄分期"说。他认为，黄巾起义和黄巢起义，是我国古代封建史上具有重大转折意义的两次农民战争，且有

① 由生活·读书·新知三联书店1962年出版，1979年再版。
② 原载《新建设》1963年第7期、《哲学研究》1964年第3期，收入《求实集》。

划段意义的阶级斗争，成为另一时代的起点。这两次农民战争的爆发，对于当时的封建社会具有极大的影响，在历史发展阶段上具有划时代的意义，在封建社会分期讨论中，他以其独到的见解而自成一家，足见其对中国古代史已经做到了贯通性、深入性的思考。在 20 世纪 50—70 年代，轰轰烈烈的农民战争史研究中，应该说，他是持有独到见解，保持较为清醒头脑进行科学研究而又建树颇丰的一家。

改革开放以来，漆侠在农民战争史的研究中还做了一些工作，自 1981 年起，他担任了中国农民战争史学会的理事长，为推动和发展这一学科做出了贡献。他对五六十年代以来的农民战争史研究进行了总结。①另外，他还对宋代的王小波、李顺起义进行了研究，并进一步分析了宋代的农民经济思想。②进入 90 年代以后，他还为《钟相杨幺起义考》写了序言，进一步发展了他对农民战争史的观点，他认为，我国古代农民战争史的研究，经历了一个"之"字形的发展过程，对以前的研究，不能一笔抹杀，要看到他们的成绩，同时找出其中的不足，以进一步深入的探讨。③

四 对中国古代史诸多重大问题的研究

漆侠熟读过二十四史等大量史学载籍，在淹贯中国古史的基础上，对于自秦汉魏晋到隋唐、宋辽夏金，乃至元明的历史，都进行过独到而深入的研究，得出诸多独到的见解。对此，张泽咸、王曾瑜等学者都多有赞美之词，并认为在他这个年龄段中的以及之后的学者，多半未能达到他的广度。在历史发展的长河中作贯通性的纵横研究，反映出他敏锐的史家史识和底蕴深厚的史学功力。王曾瑜和张邦炜先后撰文称：他在经济史方面，有三个引人注目的观点：一个是把中国封建经济制度划分为三个阶段，认为战国秦汉时期处于封建制度确

① 参阅其《建国以来中国农民战争史的研究》；姜锡东、王晓薇：《漆侠先生与中国农民战争史研究》，《河北大学学报》2011 年第 5 期。
② 参阅漆侠《论"等贵贱、均贫富"》，《中国史研究》1982 年第 1 期，收入《知困集》；并请参阅《宋代经济史》第五编《宋代社会经济思想》。
③ 漆侠：《陈士谔陈致远〈钟相杨幺起义考〉序》，该书由岳麓书社 1998 年出版，该序收入《探知集》。

立、封建依附关系发展的阶段。魏晋隋唐时期处于庄园农奴制阶段。宋元明清时期处于封建租佃制占主导地位的阶段。另一个是将中国封建时代的生产发展状况描绘为两个马鞍形，认为从战国到秦汉为第一个高峰，魏晋下降，隋唐上升，两宋形成了第二个高峰，元又下降，明清再恢复发展，并基本达到两宋水平。再一个是把宋代经济发展不平衡的总体状况概括为北方不如南方、西部不如东部，强调："北不如南，是量的差别，西不如东，则不仅是量的差别，而且是表现了质的差别。"再如他著名的"两个马鞍形"说，将中国封建社会经济制度的发展阶段作了宏观性的概括。他具体地从冶铁技术和铁制生产工具的发展、人口的增长，垦田面积的扩大和单位面积产量的提高四个方面进行了翔实的考察，从而得出这一富有概括性的理论性的史学论断。①在《中国封建时代兵制的变革与封建经济制度的关系》一文中，他就战国秦汉时期的全民兵役制及其瓦解、魏晋隋唐时期的世兵制及其向府兵制的转化与宋元明清时期占主导地位的募兵制度作了深入的上下贯通的系统研究，从而得出了如下的结论：（1）各个时期兵制的创建及其改革，都是受到各个时期封建经济制度——经济基础的制约的。（2）各个时期的兵制反转过来又为它所借以树立的经济制度服务。（3）在各个历史时期的封建经济制度中居于支配地位的，或者说这一时期封建经济制度的代表者，不是别的，而是各个时期的地主阶级。故此，所谓各个时期的兵制为经济基础服务，从根本上说，也就是为各个时期的地主阶级服务，成为地主阶级从事阶级斗争、约束广大劳动者的得力工具，这样也就充分体现了兵制在这一国家的内部职能，更能反映出阶级社会中阶级斗争的本质。②对于中国封建地主阶级问题，他着重指出，封建地主阶级的产生同私有土地的发展有密不可分的关系，这比自奴隶主转化而来的更原始、更重要。作为殷周奴隶制社会根源的村社制度，在土地私有制发展过程中，出现了土地集中的现象，封建生产关系由此形成并发展起来。奴隶主也随之变成

---

① 张邦炜：《中国大陆近十年来的宋史研究》，日本《中国史学》第1卷，1991年10月。
② 参见《知困集》，河北教育出版社1992年版。

了封建地主。宋元明清时期是我国封建租佃制占主导地位的阶段，从佃客、自耕农中分化出了一批佃富农、富农和小地主、在国有地如学田中出现了二地主，使封建租佃制更加复杂化，地主阶级中不仅有大中小的区别，而且其中官僚地主从宋到清一直占重要地位。特别重要的是，宋以后，官僚、地主、商人高利贷三者相结合，对社会经济的变革起着严重的阻碍作用。①诸如此类以及中国古史领域的二十等爵制度与封建制度（他考察了自商鞅变法至东汉末季的五百四十多年中，这个制度发生了较大的变革，认为它推动了贵族特权阶层的形成，加速了农民的分化和依附化，从而对这一阶段封建制度的发展和阶级构成起着重大的影响和作用）、从农民的分化看汉代社会的性质、司马迁及其《史记》《宋书》的人物列传，以及唐宋之际社会经济制度的变革及其对思想文化领域的影响，关于曹操（他认为，评价一个历史人物，只能以他自己的历史为依据，而不能给以任何主观上的附加。对于曹操这个三国时期的杰出人物，不能虚无地一笔抹杀他在历史上的作用，但也不能过分地歌颂他的活动。他从曹操镇压黄巾起义和是否违背黄巾起义的目的，关于兼并战争统一战争和曹操统一北方的作用等方面入手，进行了考察，认为曹操是对人民犯过不小的罪行，但他还是当时历史的促进派）、李密（他从追随杨玄感起兵反隋，参加并领导瓦岗起义军反隋，和在统一战争中的作用等三个方面入手，论述了李密这个相对较为复杂的历史人物在历史上的作用）、史可法的评价等诸多问题的分析，有的是他在史学界首次提出的新见解、新发现，有的则是他对史学界激烈讨论热点问题所提出的自己的新观点。

　　他具有广博的知识积累和卓越才识的另一表现，是他对于中国古代史记编纂形式的探源研究以及对于历史科学研究的基本方法——历史考据方法的探索、司马迁及其《史记》的研究、和宋代文献资料的精深分析、史学史、史料学的深入思考。在前一问题中，他根据《世本》《文海》《元朝秘史》等的记载，参考了大量的我国先民的文化积

---

①　《历史研究》1983 年第 5 期，与高树林先生合作。

存，结合了我国奴隶社会父家长时代的特征，对结绳记事、口头传说到文字记载这样一个古代史记编纂的体例与形式的演革做了系统的、深入的研究。有几位学者都认为，这样的学术问题，只有学术功力达到一定的高度之后，才有可能提出并加以系统的研究，从而揭示出我国古代史记编纂的源和流。①后一问题，是他根据史学界只重视理论而忽视史料，特别是轻视历史考据学的问题而提出的。他在这篇长文中，将考据方法对于历史研究的重要作用作了全面的论述，并将之上升到理论的高度。在《王安石的〈明妃曲〉》、对宋代农事诗、"三言""二拍"史料性研究、浦阳郑氏家族等一系列论文，以及对"鏖糟陂""刍狗"的考证，等等。可以说，他对于这类史学问题的研究，更加充分地体现出他作为一代史学大家所思考、所研究的问题是多方面、深层次、宽领域的。

五　治学思想和教学方法

作为一位在史学界辛勤耕耘了半个多世纪的史学工作者，在长期的教学和科研工作中，他形成了独具特色的治学思想和教学方式。对于历史研究，他认为，历史科学是对史料（包括文献的和实物的）诠释和运用的一门学问。历史科学建立在客观历史实际的基础之上，因而包括文献和实物在内的各种材料是第一位的——而对史料的诠释和运用则决定于史学工作者的主观认识，主观认识的正确与否又决定于史学工作者的观点和方法。他认为："多掌握史料，并以科学的理论驾驭史料，是历史科学发展的基础。"②"历史科学是对史料（包括文献的和实物的）诠释和运用的一门学问。历史科学建立在客观历史实际的基础之上，因而包括文献和实物在内的各种材料是第一位的；而对史料的诠释和运用则决定于史学工作者的主观认识，主观认识的正确与否又决定于史学工作者的观点和方法。"

---

① 参见王曾瑜《一位真诚的马克思主义史学家》。
② 参阅《辽夏金经济史》乔幼梅教授所作后记中对漆侠学术思想的总结，河北大学出版社1994年初版，1998年再版，经济日报出版社以《中国经济通史·辽夏金经济卷》再版。后者见他为刁培俊题留的墨宝。

这里所说的科学理论，主要是指马克思主义的科学理论。他始终强调的也是理论的学习，并多次在著述中加以强调，并严厉批驳了那些不学习马克思主义，却对之妄自评判的观点。他认为：考据方法是历史科学研究的基本方法，而马克思主义的方法是历史科学研究的最高层次的研究方法。鉴于此，有的学者曾将他的治学归结为：马克思主义+乾嘉考据学。然而，注重坚持运用马克思主义的理论，但并不是除此之外，一概排斥。他说，学好马克思主义理论是最重要的前提，除此之外，无论别的什么理论，只要有长处，有利于历史科学的发展，都可以学，但他们决不可以取代马克思主义。他一再强调，应该把马克思主义理论同中国历史发展的实际有机结合，理论与实际结合，才是真正发挥了理论的指导作用。

多年以来，他对中国古史的研究，总是贯以"大历史"的思想展开的。他的治学特点是大手笔、大格局、大刀阔斧。他常说："只学历史，学不好历史；只学宋史，学不好宋史。"还说："博学未必有高识，而高识一定是建立在博学的基础上。要在专（或断代史）的基础上通（通史）；要在通的基础上专。只有博览群书，博采众学科之长，才能在其中抽出精华，用自己的头脑思考，才能逐渐孕出高识，才能成为合格的史学工作者。"他建议研究生们，不要一味埋首于史籍的阅读，要广泛阅读包括哲学、文学、政治经济学等在内的诸学科书籍，通过对诸学科知识的汲取，才能提高认识解决历史问题的能力。只有博见才能掌握材料，了解客观实际，克服无知；只有贯一，即学习马列主义，以马列主义贯穿、统率事实材料，才能使我们的研究真正进入科学的领域。他正是这样汲取知识，展开研究的。他的言传身教，对后学产生了很大影响。

漆侠认为，学术研究要抓关键性的学术问题，"擒贼先擒王"，只有抓住了关键性的问题，并以之为基础，上牵下带，许多联系性的学术问题才会得到很好的解决。要宏观着眼，有大的气势，学术研究才能够达到一个更高的层次。在有些问题上，为了解决较大的学术问题，他往往不拘小节，行文犹如画家泼墨，一挥而就；犹如黄河之水，奔涌而出，一泻万里。

　　他为人正直，威武不屈。1966 年，他因在《文汇报》发表《农民战争与让步政策》一文，遭到当时历史系师生的批判。他坚持自己的学术观点，强调说：如果这是政治问题，我就放弃；如果这是学术问题，我就坚持。其凛然学者之风，堪称楷模。

　　在学术研究中，他注重朴实的学风，并培养学生的创新意识。他认为：一个史学工作者，必须保持朴实谨严的优良学风，在商品大潮的冲击下，要自觉抵御物欲的诱惑，要努力保持学术这一方净土的纯洁。他正是一位学风严谨朴实的史学家，在他的论著中，无论是外国学者的已有成果，还是国内中青年学者的一得之见，凡他认为可取的，一概在文中注明，从不掠他人之美以为己有。正是在他的影响下，河北大学历史研究所一直保持着优良的学风。在学术研究中，他提倡就一代或某一重大问题、有代表性的问题进行深入的研究。他说在学术研究中，宁为鸡先，不为牛后。提出一个新的观点，即使错了，也比什么都提不出来强。正确的要坚持，而错误的则要改正。但是，创新必须建立在科学求实的研究基础上，不要为标新立异而创新。那种空泛，大而无当的甚或拾人牙慧的所谓"创新"，要坚决避免。他还认为，一个学术观点的提出，必须经过历史的实际的考察，要经过长时期的考验。那种遇到了正确的批评仍然执迷不悟的做法是不正确的，同样，那种一遇到批评就改变自己观点的做法也是不正确的。他半个多世纪以来的学术生涯是这样的，他对自己的研究生也是这样严加要求的。名师、严师出高徒，如今，活跃于宋史学界的漆门弟子，有许多已是学有专长的青年学者，成为各高校的力量。

　　作为一位国际知名史学家的同时，正如上面所述，他还是一位优秀的教育家。他执教鞭已五十余载，已然桃李盈门。1981 年受国家教育部的委托，由他主持举办了全国高校宋辽夏金史师资培养班。自1982—2001 年，他已先后招收硕士生 40 余人，博士生 20 人。长期以来，形成了他独具特色的培养方法。他的《坚持以马克思主义理论为指导，治史、执教、育人》经验，荣获国家教委 1989 年国家教委首次全国高校教学成果特等奖。他对研究生的培养，注重了以下几个方面：（1）首先狠抓基本功。强调要抓好三个基本，即基本理论、基本知识、基本技能。（2）加强马克思主义理论的学习，对每届研究生都布置至少十部马列原著，让学生深入阅读，写出读书报告。（3）指导披览文献，开设多门课程，但考试均以读书报告的形式交上，以提高学生的写作能力。（4）指导学位论文，必须使之在新材料、新见解、新观点。（5）因材施教，发挥研究生的主动性。（6）鼓励创新和培养严谨求实的治学作风相结合。（7）教学与育人相结合，身教与言教并重。

综上所述，他的历史研究，既注重科学理论的学习和运用，又注重史料的收集分析和淘洗，二者相辅相成，有机结合，他之作，既是注重宏观性贯通性的"大历史"视野中的系统性，又注重微观性问题的反复提炼。特别是他在中国农民战争史、古代经济史和宋辽夏金史方面的突出成就和卓越贡献，以及古代经济史领域的开创性研究，真堪称大气磅礴的一代史学名家。

六　人师风范

作为著名的历史学家、教育学家，他不仅于学术有重大的贡献，而且"学高为师，身正为范"，品德高尚，为人热情。他于学术自强不息，坚忍不拔，与学生则诲人不倦，提携后学，诚以待之。笔者侍立门墙以来，耳闻目睹，其较突出者，略举如下数事。

他在提携后学，培养学生等后继人才方面是不遗余力的。他诲人不倦，为培养后学倾注了大量心血。他在物质上对学生的帮助，在学术上提携、厚待学生的作法，早在十多年前就为宋史专家王曾瑜所称赞。据了解，他先后为近二十位青年学者撰写过专著的序言，一方面是鼓励年轻的学者专注于科学的研究，踏踏实实地从事学术工作，另一方面则实事求是地对作者所做的工作给以实际的、确当的学术定位，使他们既看到成绩，又要找出自己继续努力的方向。他主编的《宋史研究丛书》两辑15册，就充分反映出他提携后学的努力。

他在学术界名望甚高，却一直很是谦虚。这在他的三部论文集的序言中和平时的教学和科研中都有所体现。他虚怀若谷，谦虚向学，追求不止的学者精神风貌，也影响了他诸多的弟子门生。他一再强调，一个有志于学术钻研的人，不会也不可能将衣食钱财这些东西看得过于重要。对于一个学者的一生"算总账"，看的是他的学术贡献有多么大，而不是看他官当得多么高，钱挣了多少。千万不要在这些问题上浪费精力。

作为跨世纪的一代史学名家，事业心极强的他到晚年仍旧早出晚归，自强不息，笔耕不辍，探知不已。强烈的事业心和进取心是漆侠取得如此崇高的学术地位的主要原因之一。他在晚年的时候，曾经联合史学界的同行，想整理宋史研究的主要史料《宋会要辑稿》；他申报了国家项目，想在 10 年左右的时间内，完成《辽宋夏金史》断代大工程；还想着培养几名宋史方向的专业研究人员，使他一手创建的河北大学宋史研究中心成为学术界人所公认的、真正的宋史研究重镇，研究的力量长期发展壮大。

附一 应无所住而生其心
——记著名历史学家漆侠教授

自从 1953 年离开中国科学院（今中国社会科学院）近代史所，登上天津师范学院（今河北大学前身）的讲坛，至今，史学家漆侠先生已经执教于河北大学 45 载了。

漆侠先生是我国卓有成就的著名史学家，也是河北省第一位博士生导师。他是山东省巨野县人，生于 1923 年。早在中学时代，他就树立了远大的志向。他于 1944 年考入国立西南联合大学。1948 年自北京大学历史学系毕业后，旋入北大文科研究所史学部读研究生，师从一代名师邓广铭教授。其研究生毕业论文《王荆公新法研究》，即后来修改出版而蜚声海内外的史学经典名著《王安石变法》，超迈了此前所有的相关研究，也备受导师和学界前辈的称赞。1951 年 3 月，先生被分配到中国科学院近代史研究所工作。在这里，他勤奋学习马列主义理论，为提高理论水平而废寝忘食，不舍昼夜。漆先生治学最大的特点就是"坚持马克思主义理论治学、执教、育人"（同题教学成果荣获 1989 年国家教委首次全国教学成果特等奖）。先生马列理论素养深厚，博学卓识，史论结合，眼界开阔，见解独到。其治学往往于宏观着眼，多高屋建瓴气势恢宏之作；于微观入手，又不乏钩稽史沉披沙沥金之笔。在通读二十四史等大量古籍、淹贯五千年中国古史的基础上，几乎在每一断代史中，他都有其独到的见解。已发表的百余篇学术论文中，其中部分已经结集为《求实集》和《知困集》。漆先生在中国农民战争史、中国古代经济史、辽宋西夏金史诸领域致力尤深，创获最多。《隋末农民起义》及其主著《秦汉农民战争史》两部著作，是把中国农民战争史研究推进到新的高度的开拓性之作。所有这些，都是在五六十年代繁忙的教学之余，先生求实求真，勤奋钻研所取得的优秀成果。

十年动乱期间，漆先生被迫中止了他的教学科研工作。1966 年 8 月，被抄了家。他多年以来积累的 300 多万字的卡片资料，以及许多未发表的文稿（包括十六七万字的《章惇年谱》在内），都被抄走。二十多年的心血，悉付东流。然而，他并没有怨天，也没有尤人，而是以坚强的毅力，振作精神，一切从头开始。自 1973 年下放返校后，他整日沉浸于文献的海洋之中，从基本资料入手，抉剔爬梳，条分缕析，兀兀穷年，孜孜以求。京、津、冀等地多所图书馆都留下了他刻苦披览文献的身影。多年辛苦不寻常，1981 年年底，一部皇皇 90 余万字的《宋代经济史》初稿业已完成，1987—1988 年由上海人民出版社付梓。这是一部开创了中国古代史研究新局面的"填补空白的奠基性著作"，出版后在国内外史学界引起了强烈的反响，被誉为"中国经济史和宋史研究中的一部里程碑式的专著"，并于 1995 年荣获国家教委人文社会科学优秀成果历史类一等奖。其后，与乔幼梅合著《辽夏金经济史》的出版再次赢得了一致好评，被专家誉为"拓荒之作"，该书于 1995 年国家教委优秀图书奖与台湾中兴文艺奖。同是在 1995 年，漆先生《宋学的发展和演变》长文发表，该文是漆先生将社会经济关系与社会意识形态紧密结合，深入探讨所取得的又一大创获，为中国思想史的研究提供了可资借鉴的方法与理论框架。由于漆先生的卓越成就，《中国大百科全书·中国历史》史学家栏目收入了他的小传。此外，漆先生还多次应邀前往美国、日本、新加坡讲学，为传播中国传统文化，加强国际学术交流，将中华文明推向世界做出了巨大贡献。

作为国际知名的史学家，漆先生在半个多世纪的学术生涯中，一直都是在自强不息，刻苦钻研中度过的。如今，进入古稀之年的他，仍然精神矍铄，像许多勤奋的年轻学人一样，每天早出晚归，心无旁骛，潜心学术，笔耕不辍。1998 年，在修订完《宋代经济史》与《辽夏金经济史》之后，漆先生对于宋学的研究兴趣不减，仍在进一步深入钻研；断代专史《辽宋金史》已经酝酿动笔；三届 5 名博士生与 6 名硕士生还都有待他的悉心培养；中国宋史研究会仍由漆先生主持全面工作……漆先生曾经在他的自述中引《金刚经》中的一句话"应无所住而生其心"。纵观他半个多世纪以来的学术追求之路，这正是他对于学术无限钟爱的献身精神与锲而不舍、自强不息、登高不止精神的真实写照。

附二　漆侠先生和我

先生猝然去世的噩耗传来，确乎难以令人置信。然而，面对铁一般冰冷而确凿的现实，我顿时陷入了巨大的震惊和无边的沉痛之中。跪在先生的床前，看着先生安详而沉静的面容，一种难以用语言表述的痛楚撕咬着我震颤不已的心：先生，您，就这么，走了吗？ 在难以自抑的泪眼中，七年以来，与先生交往的往事，又一幕幕闪现在脑海之中……

初识先生，是 1994 年的 10 月 14 日。那一夜，先生在七教的阶梯教室，为河北大学全校学生做报告。我逃了历史系的课，去一瞻入学以来屡屡听人说起，慕名已久，而不得拜识的史学名家漆侠先生的风采。而这一夜，却自此注定了我与先生的师生之缘。

那一年，先生 71 岁，但仍然精神矍铄，神采奕奕。先生的报告，知识蕴含量相当丰富，信息量很大，或先秦诸子，或宋儒哲言，或精粹史料，或英语名篇，先生随口道来，妙语横生，文采斐然，真知灼见一如秋季里丰实谷米的清香，飘扬在偌大的教室中，盈满学子的耳膜。教室里不时响起热烈的掌声和会心的笑声。我为先生的博学卓识所深深地折服了。先生还讲了抗战时期，他在四川绵阳六中和昆明西南联大求学时的艰苦岁月，劝勉大家珍惜今天的大好时光，好好学习；讲了河北大学宋史研究在国内外学术界的地位，以及先生学术研究和培养学生的宏伟计划……我又为先生那老而弥笃的事业心、进取心所感染了。报告会之后，先生欣然为我题字留念："多掌握史料，并以科学的理论驾驭史料，是历史科学发展的基础。"（1999 年夏天，先生又兴致盎然的以毛笔书赠。言简意赅，治史箴言，墨浓纸香，至今珍存。我不知道，是否在漆门诸多高弟之中，我是否是唯一一个拥有这样墨宝的学生）

自此之后的大学时期，我还有过数次接触先生的机会，而更多的则是敬畏于先生的广博学识，自己却浅陋无知，除有几次斗胆前往请教疑难，和求赠《宋代经济史》下册（因当时图书馆只能借阅到上册），此外不敢与先生过多的交谈，更多的则是时不时敲响高聪明博士的家门。而第一次单独拜见先生，先生教导初学者的读书要点，和见我紧张而问起我家乡劳模吕玉兰的对话，至今难忘。时常，则是远远地注视着先生行色匆匆地走在上下班路上的身影。

1998 年年初，我复回母校，以破釜沉舟的勇气，再次报考先生的研究生，3 月后，与先生的接触才日益增多，渐渐得以朝夕请益，亲聆謦欬。这年初夏后的两年多内，请益更多，并几乎每周都有至少三次或五次，多则每日即有三五次，每次短则一二十分钟，长则一两个多小时的聆听教诲的机会。我常想，余生何幸，竟得一代名师的传道授业解惑？ 也就在那个夏天，先生就不断给人提起：如果考不上研究生，他将想法把我调入河大。几年中，先生在学识上的言传身教，以及这一句话，时时震动着我这颗感恩的心。

先生对我的教诲和关爱，是终生难忘的；先生对我为人处世的教导，也是终生难忘的。先生对我的教诲，一是论文的指导，二是课上课下数百次的知识传授。1998 年 3 月，师侍之初，获悉先生欲寻一学生从事宋代役法的研究。思考一番之后，遂斗胆请命，不料竟获先生恩允。并教导说：宋代役法是一个很复杂的问题，有学者已经做了一些工作，自己也有过研究，但是还有许多问题没有弄清。先生要求：（1）先写一篇总结前人已有研究的文章。这篇文章不能写成时下流行的记"狗肉账"式的，要突出重点，按研究成绩的大小，依时间先后，作一回顾。然后，努力探寻下一步要做的工作。（2）不要单就宋代的役法而研究宋代役法，有关宋代的政治、经济、思想文化和社会问题等，都要多看书，多思考；更重要的是，要多看宋代前后各朝代的相关问题的内容和研究成果，主要抓住王安石改革差役为募役的历史进步意义，进行考察。先生指出：宋代的差役之法，远继魏晋，近承隋唐，是源远流长的。对募役法的历史进步作用，先生早在1959年出版的成名作《王安石变法》中已经进行了开拓性的研究。几年以来，我努力遵循先生的指导，在学习理论知识的同时，已经按先生的指导，完成了那篇回顾性的文章，并经先生的再三指导，写成定稿。然而，就在前几天，先生还在听我对有关职役问题的学习汇报（并说起未来是否考博等打算），惜乎未看到修改后的定稿，就遽归道山了。

先生那睿智的头脑和丰富的知识积淀，每每闪出智慧的火花，照亮后学求知的道路。同样，在每一次的谈话中，都会给我许多知识。除了在《历史研究法》和宋史专题课课堂上的所得之外，先生对我的教诲，或在他的办公室里，或在接送先生的路上，或在数十次陪先生输液的床前，或是帮着先生整理、校对文稿和书稿的时候。而先生在治学方法上的教导与点拨，则更是弥足珍贵的。先生不止一次地讲：学术研究，一定要抓关键问题，抓大的方面，"擒贼先擒王"。不要鸡零狗碎，眉毛胡子一把抓，"贤者得其大者，不肖者得其小者"；"取法乎上，得乎其中；取法乎中，得乎其下"。什么是"史识"？从这些方面就可以反映出来。要在博（贯通）的基础上约（专题研究），要在约的基础上再求博。"光学历史，学不好历史；光学宋史，学不好宋史"。只有贯通古今，博览群书，才会在学术上有大的作为。"博学未必有高识，而高识一定是建立在博学的基础上的"。要努力学习马列主义理论，多看一些哲学方面的书，另外，政治学、经济学等社会科学方面的书，都要看。在掌握科学的理论的基础上，考据的方法是最基础的研究方法，史学注重的是实证研究。其实，这正是先生书赠给我的那句赠言的精要。如今，想起这些话，晶莹的泪光里，脑海中盈满了先生那会心的笑容和爽朗的笑声。

先生对我的关爱，除了学业上的不断教导之外，还对我生活上的许多细小之处，给予关怀。1998 年，我放弃了工作返回母校，准备考研，先生担心我的生活保障，数次提及。这年夏天，先生看我像是一个认真"念书"的，曾几次说："你要学好外语，争取考上。如果考不上，我想法把你调进来。"再如暑夏时期，先生安排我住在一个较凉爽的地方（他的办公室，有空调），让我休息好，以便学习好。再如先生知道我有胃病，每逢冬季天寒，就嘱告我要多穿衣服，注意保暖，甚而好几次要拿出钱给我去治病。有一次，我抓来中药，自己却没有熬药的药罐和必备的火炉。先生听说后，担心我不会熬药，几次要我到先生的家中去，说他家的保姆最会熬药了；最令人难忘的是，有几次，先生还让我与他分享别人送给他的碗口大的水蜜桃、香瓜、石榴、西瓜等，而那次的水蜜桃只有四个，先生吃一个，我吃一个，剩下的再拿回家给年迈的师母分享……先生对我的好，就像慈父一样。

先生对我其他方面的教育，是在为人处事方面。2000 年的 6 月末，先生训诫我：一个学者，不但在学术上不能有畏难情绪，要知难而上，而且也不要有骄傲情绪。"吾生亦有涯，吾知亦无涯"。学问是没有止境的。不要取得一点点成绩就沾沾自喜，不要因为自己多掌握了一点知识就轻视别人。先生对我的骄傲情绪进行了严厉的批评，并训告我要善与人处，达到"又红又专"。2001 年春天和夏天，则三四次以一位理科教师为例，教育我说："如果你是一个草包蛋，别人压你，那你是活该；如果你不是一个草包蛋，别人想压你，也是早晚都压不住的。"也一再以自己为例，谈起他在中国科学院近代史所范文澜先生身边工作时、"文化大革命"中所发生的一些事情。我生性愚钝，虽一再努力，在先生生前，也许未能达到先生的严格要求。

先生是一代名师，史学大家，他的学术贡献是极为卓著的。中国农民战争史、中国古代经济史、中国古代史诸多重大问题、宋代思想文化史等诸多领域，先生都有其独到的见解和重大建树和创获。《王安石变法》《宋代经济史》和即将出版的《宋学的发展和演变》，以及160余篇论文，都是后学攀登学术高峰时的必读之作。而先生历尽曲折，备受艰难，仍然锲而不舍，持之以恒，对学术孜孜不倦地追求的奋斗精神和敬业精神，更是我们学习的榜样，永远激励着我们前进。

亲聆教诲的余音还在萦绕，陪同先生一同走过的花园在初冬中依然有树绿花红，先生办公室的纸笔尚在，散满的办公桌上展开的书和卡片还在，未完成的论文稿还在，著述还在，而先生，确已离开了我们。"绛帐已空，文史新难问何人？"（南开大学历史系叶振华先生所撰挽联）这似乎是无数后学如我的无奈的慨叹。

先生，又是冬季了，天冷了，路滑，您，一路走好……

第二章　漆侠教授著作编年目录

著作

1.《隋末农民起义》,（上海）华东人民出版社 1954 年 7 月版

2.《唐太宗》（笔名万钧）,（上海）学习生活出版社 1955 年 4 月版

3.《王安石变法》,上海人民出版社 1959 年 3 月初版,1979 年 1 月再版；河北人民出版社 2001 年 9 月增订本

4.《秦汉农民战争史》（与宝志强、段景轩、李鼎芳合著）,生活·读书·新知三联书店 1962 年 6 月初版,1979 年 9 月再版

5.《求实集》,天津人民出版社 1982 年 4 月版

6.《宋代经济史》（上、下）,上海人民出版社先后 1987 年 2 月、1988 年 7 月初版；《中国经济通史·宋代经济卷》,经济日报出版社 1999 年 1 月再版；收入"中国文库·史学卷",由中华书局 2009 年再版,新式排版后字数 102 万字；收入"津沽名家文库"第一辑,由南开大学出版社 2019 年再版

7.《两宋政治经济问题》（与邓广铭先生合著）,（上海）知识出版社 1988 年 11 月版

8.《知困集》,河北教育出版社 1992 年 5 月版

9.《辽夏金经济史》（与乔幼梅合著）,河北大学出版社 1994 年初版、1998 年 3 月修订版；《中国经济通史·辽夏金经济卷》,经济日报出版社 1998 年 8 月再版

10.《探知集》，河北大学出版社 1999 年 12 月版

11.《宋学的发展和演变》，河北人民出版社 2002 年 10 月出版，与人民出版社联署 2011 再版

12.《历史研究法》，河北大学出版社 2003 年 12 月版

13.《漆侠全集》，12 卷本，河北大学出版社 2008 年 11 月版

编著

1.《中国大百科全书·中国历史·辽宋西夏金史卷》（副主编），中国大百科全书出版社 1988 年 5 月版

2.《宋史研究论文集》，1987 年年会编刊，（与邓广铭先生共同主编）河北教育出版社 1989 年 6 月

1994 年年会编刊，河北大学出版社 1996 年 1 月版

1996 年年会编刊，云南民族出版社 1997 年 12 月版

1998 年年会编刊，宁夏人民出版社 1999 年 12 月版

2000 年年会编刊，河北大学出版社 2002 年 7 月版

3.《宋史研究丛书》

第一辑，10 种，河北教育出版社、河北大学出版社 1992—1999 年陆续出版

第二辑，5 种，河北大学出版社 1999—2001 年陆续出版

4.《宋史研究论丛》

第一辑，河北大学出版社 1990 年 4 月版

第二辑，河北大学出版社 1993 年 9 月版

第三辑，河北大学出版社 1999 年 4 月版

第四辑，河北大学出版社 2001 年 5 月版

5.《中日宋史研讨会中方论文选编》（与邓广铭先生共同主编），河北大学出版社 1991 年 5 月版

6.《国际宋史研讨会论文选集》（与邓广铭先生共同主编），河北大学出版社 1992 年 8 月版

7.《中国封建社会经济史》（四卷本，与田昌五先生共同主编），齐鲁书社、（台北）文津出版社 1996 年 11 月版

8.《中国改革史》(一卷本),河北教育出版社 1997 年 12 月版

9.《中国改革通史》(十卷本),河北教育出版社 2000 年 1 月版

10.《辽宋夏金代通史》(七卷本),人民出版社 2010 年 12 月版

论文

1947 年

1.《摧兼并(王荆公新法精神之一)》,《经世日报·读书周刊》第 65 期,1947 年 11 月 1 日

2.《宋代对武人的防制》,《经世日报·读书周刊》第 72 期,1947 年 12 月 31 日

1948 年

3.《北宋元祐旧党的贬逐》,笔名"范今",《经世日报·读书周刊》第 76 期,1948 年 1 月 28 日

4.《尹洙、王安石论"校事"》,《申报·文史》第 9 期,1948 年 2 月 2 日

5.《李觏与孟子》,《申报·文史》第 17 期,1948 年 4 月 3 日

6.《李觏不喜孟子》(上、下),《申报·文史》第 18—19 期,1948 年 4 月 10 日、4 月 17 日

1950 年

7.《北宋熙宁时代农田水利事业的发展——王安石新法研究之一》,《光明日报》1950 年 6 月 21 日

1951 年

8.《王安石新法的渊源》,《历史教学》1951 年第 4 期

1952 年

9.《论王安石的保甲法》,《光明日报》1952 年 2 月 2 日

10.《范仲淹的历史地位》,《大公报》(上海)1952 年 2 月 7 日;《进步日报》1952 年 2 月 8 日;《中国历史人物论集》,生活·读书·新知三联书店 1957 年 2 月版;《探知集》

11.《胡适的实验主义与其历史学的反动本质》,《大公报》(上海)1952 年 5 月 15 日;《进步日报》1952 年 5 月 16 日

12.《包拯是一个什么样的人物》,《历史教学》1952 年第 10 期

13.《关于史可法的评价问题》,《历史教学》1952 年第 12 期;《中国历史人物论集》,生活·读书·新知三联书店 1957 年 2 月版;《知困集》

1953 年

14.《学习斯大林学说,反对历史工作中的教条主义》,《大公报》(天津)1953 年 3 月 26 日

15.《关于"高级中学本国近代史(上册)"》,《人民日报》1953 年 4 月 18 日

16.《由批评初级中学课本〈中国历史〉第一册引起的几个问题——答读者韦立群同志》,《人民日报》1953 年 6 月 30 日;《文汇报》1953 年 7 月 8 日

17.《关于王丹岑的〈中国农民革命史话〉》,笔名"张戈阳",《光明日报》1953 年 7 月 11 日

18.《关于李密问题的讨论》,笔名"张戈阳",《光明日报》1953 年 9 月 19 日

19.《关于新社会制度发生于旧社会制度中的问题》,《新建设》1953 年第 9 期

1954 年

20.《论李密在历史上的作用》,署名"方若生",《历史教学》1954 年第 3 期;收入《中国农民起义论集》,(北京)五十年代出版社 1954 年 8 月版;《中国历史人物论集》,生活·读书·新知三联书店 1957 年版;《求实集》;《探知集》

21.《方腊的起义》(与钱君晔合著),收入《中国历史人物论集》,(北京)五十年代出版社 1954 年 8 月版;《中国历史人物论集》,生活·读书·新知三联书店 1957 年 2 月版;《中国农民起义论集》,生活·读书·新知三联书店 1958 年 7 月版

22.《有关隋末农民起义的几个问题》,《中国历史人物论集》,(北京)五十年代出版社 1954 年 8 月版;《求实集》

23.《秦末农民战争》,署名"漆侠等",《中国历史人物论集》,

（北京）五十年代出版社 1954 年 8 月版；《中国历史人物论集》，生活·读书·新知三联书店 1958 年版；《中国农民起义论集》，生活·读书·新知三联书店 1958 年 7 月版；《河北大学学报》1962 年第 2 期

24.《宋朝的"差遣"和"通判"的职责和性质怎样区别?（问题解答）》，《历史教学》1954 年第 10 期

25.《赵匡胤与宋专制主义中央集权制的发展》，署名"季子涯"，《历史教学》1954 年第 12 期；《求实集》

26.《伟大的史学家司马迁》，署名"齐力"，《中国历史人物论集》，五十年代出版社 1954 年版；收入李光璧、钱君晔主编《中国历史人物论集》，生活·读书·新知三联书店 1957 年 2 月版；《探知集》

1955 年

27.《宋代手工业简况》，署名"季子涯"，《历史教学》1955 年第 5 期；收入香港存萃学社编:《宋辽金社会经济史论集》，（香港）崇文书店 1973 年版

1956 年

28.《关于我国农民战争史的研究》，《人民日报》1956 年 12 月 4 日

1957 年

29.《从农民的分化看汉代社会性质》，《天津师范学院科学论文辑刊》（人文）1957 年 1 月版；《探知集》

30.《学习宋代历史的一个读书报告》，《历史教学》1957 年第 2 期

31.《读〈宋书·徐豁传〉和〈王弘传〉——试释晋代占田制度》，署名"子涯"，《天津日报》1957 年 6 月 1 日；《求实集》

1958 年

32.《女真建国及建国初期的社会状况》，《教学理论与实践》1958 年第 1 期

33.《关于中国古代中世史封建社会部分的分期分段问题》（执笔），《历史教学》1958 年第 11 期

1959 年

34.《关于曹操评价的根本问题》（执笔），《天津日报》1959 年 5 月 16 日；收入《曹操论集》，生活·读书·新知三联书店 1960 年 1 月版；《求实集》

1960 年

35.《关于中国农民战争的性质问题》，《光明日报》1960 年 2 月 18 日；《天津师大学报》1960 年第 2 期；《中国封建社会农民战争问题讨论集》，生活·读书·新知三联书店 1962 年 2 月版

1961 年

36.《中国封建社会历史分期问题》（执笔），《河北大学学报》1961 年第 1 期

37.《我国封建社会中农民的经济地位》，《河北日报》1961 年 6 月 23 日

38.《二十等爵与封建制度》，《历史教学》1961 年第 11—12 期；《求实集》

1962 年

39.《关于皇权主义问题》，《天津日报》1962 年 1 月 3 日；《求实集》

1963 年

40.《论王安石变法》，《人民日报》1963 年 5 月 16 日；《求实集》

41.《正确认识历史上的封建统治阶级和封建王朝》，《新建设》1963 年第 7 期；人民日报理论宣传部、文艺部编：《历史人物评价问题论文选》1965 年；《探知集》

42.《谈观点材料的统一》，《天津日报》1963 年 11 月 6 日

1964 年

43.《农民是地主阶级的对立面，还是地主阶级的后备军？》，《哲学研究》1964 年第 3 期；《求实集》

1966 年

44.《农民战争与让步政策》，《文汇报》1966 年 3 月 10 日

1976 年

45.《地震不可怕，人力能胜天——读〈梦溪笔谈〉关于登州地震的记载》，署名"万钧"，《辽宁日报》1976 年 8 月 30 日

1977 年

46.《坚决响应华主席的号召》，《河北大学学报》1977 年第 3 期

1978 年

47.《王安石的哲学思想》，《河北大学学报》1978 年第 3 期；《求实集》

48.《读〈李自成〉——论农民的革命民主主义》，《文史哲》1978 年第 6 期；《求实集》

49.《关于中国封建经济制度发展阶段问题》，《山东师范学院学报》1978 年第 6 期；《求实集》

1979 年

50.《漫谈宋史学习》，《书林》1979 年第 1 期；《求实集》

51.《宋代货币地租及其发展》，《河北大学学报》1979 年第 1 期；《求实集》

52.《宋代学田制中封建租佃关系的发展》，《社会科学战线》1979 年第 3 期；《求实集》

53.《农民战争是推动中国封建社会历史发展的动力》，《光明日报》1979 年 12 月 18 日

54.《对于社会历史发展的动力问题》，《河北大学学报》1979 年第 4 期；《求实集》

1981 年

55.《宋辽金史研究的"大有"年》，《中国历史年鉴》（1979 年），人民出版社 1981 年版

56.《宋代的瑶族和壮族》，《中南民族学院学报》1981 年第 3 期

1982 年

57.《司马迁的调查访问方法——读〈史记〉札记之一》，《求实集》

58.《谈〈史记〉中的"太史公曰"——读〈史记〉札记之二》，

《求实集》

59.《关于宋代人口的几个问题》,《求实集》

60.《宋代以川峡路为中心的庄园农奴制》,《求实集》

61.《宋代植棉考》,《求实集》;与《宋代植棉续考》合并后收入《探知集》

62.《宋代纺织手工业生产的发展以及纺织手工业生产的各种形式》,《求实集》

63.《宋代地租形态及其演变——兼论地价及其与地租的关系》,《求实集》

64.《女真族从原始社会向奴隶制社会的过渡》,《求实集》

65.《西晋末年以流民为主的各地起义》,《中国农民战争史研究集刊》第一辑,上海人民出版社 1979 年版;《求实集》

66.《论"等贵贱,均贫富"——宋代农民的政治经济思想》,《中国史研究》1982 年第 1 期;《知困集》

67.《宋代封建租佃制及其发展》,《陕西师大学报》1982 年 4 期

1983 年

68.《读书杂志》,署名"范今",香港《华侨日报·文史双周刊》1983 年 1 月 8 日,第 27 期;1982 年 11 月 25 日;1984 年 5 月 13 日,第 59 期

69.《宋代农业生产的发展及其不平衡性——从农业经营方式、单位面积产量方面考察》,《中州学刊》1983 年第 1 期

70.《怎样研究宋史》,《文史知识》1983 年第 9 期;书林编辑部:《怎样学习中国历史》,上海人民出版社 1985 年版;《学史入门》,中华书局 1988 年 6 月版;《知困集》

71.《猛安谋可在中原的土地占有制和红袄军起义》,《中国农民战争史研究集刊》第四辑,上海人民出版社 1983 年版

72.《关于宋代差役法的几个问题》,《宋史论集》,(郑州)中州书画社 1983 年 8 月版;《知困集》

73.《中国封建地主阶级的形成和演变》(与高树林合著),《历史

研究》1983 年第 5 期；《中国封建地主阶级研究》，中国社会科学出版社 1988 年版；《知困集》

74.《宋辽金史》（研究状况，与乔幼梅合著），《中国历史年鉴》（1983 年），人民出版社 1983 年 10 月版

1984 年

75.《宋代商业资本和高利贷资本》，《宋史研究论文集》（1982 年年会编刊），河南人民出版社 1984 年 7 月版；《两宋政治经济问题》

1985 年

76.《南宋从差募并用到义役的演变》，王仲荦主编《历史论丛》第五辑，齐鲁书社 1985 年 1 月版

77.《宋代市舶抽解制度》，《河南大学学报》1985 年第 1 期；《知困集》

78.《宋代在我国历史上的地位》，《文史知识》1985 年第 2 期；《知困集》

79.《诸葛计同志〈唐末农民战争战略初探〉序》（1984 年 2 月 10 日），天津人民出版社 1985 年 3 月版；《知困集》

80.《建国以来中国农民战争史的研究》，《中国农民战争史研究集刊》第四辑，上海人民出版社 1985 年 6 月版；与《关于我国农民战争史的研究》合并后收入《知困集》

81.《陈亮的经济思想》，香港《明报》月刊 1985 年 10 月号

1986 年

82.《论吕惠卿的经济思想》，香港《明报》月刊（第 21 卷第 1 期）1986 年 1 月号

83.《宋代社会生产力的发展及其在中国古代经济发展过程中的地位》，《中国经济史研究》1986 年第 1 期；《两宋政治经济问题》

84.《再论王安石变法——王安石逝世九百周年》，《河北大学学报》1986 年第 3 期；《知困集》

1987 年

85.《关于宋代雇工问题——宋代社会阶级构成探索之一》，《河北大学学报》1987 年第 3 期；《知困集》

1988 年

86.《宋朝草市 机户 客户 蜀洛朔党争 宋神宗赵顼 墟市 元丰改制 元祐更化 镇 王安石 制置三司条例司 主户》,《中国大百科全书·中国历史·辽宋西夏金史》辞条, 中国大百科全书出版社 1988 年 5 月版

87.《〈三言二拍〉与宋史研究》,《河北大学学报》1988 年第 3 期;《知困集》

88.《关于南宋农事诗——读〈南宋六十家集〉兼论江湖派》,《河北学刊》1988 年第 5 期;《知困集》

89.《宋代封建经济制度的演变》,《两宋政治经济问题》

90.《宋代的土地占有和社会的再生产》,《两宋政治经济问题》

91.《宋代手工业生产的发展》,《两宋政治经济问题》

92.《宋代手工业内部诸关系的变革》,《两宋政治经济问题》

93.《宋代城市经济和商业的发展》,《两宋政治经济问题》

1989 年

94.《孟庆斌同志〈泊头市梨业志〉序》(1988 年 9 月 15 日), 河北教育出版社 1989 年 4 月版;《知困集》

95.《契丹辽国建国初期的皇位继承问题》,《河北师院学报》1989 年第 3 期;《知困集》

96.《宋元时期浦阳郑氏家族之研究——宋元社会阶级结构探索之一》,《刘子健博士颂寿纪念宋史研究论集》, 日本同朋舍 1989 年 9 月版;《知困集》

97.《契丹斡鲁朵(宫分)制经济分析——辽社会经济结构研究之一》,《河北大学学报》1989 年第 4 期;《知困集》

98.《关于王安石变法研究中的几个问题》(与郭东旭合著),《中国史研究》1989 年第 4 期;《知困集》

99.《坚持以马克思主义为指导治史、执教、育人》,《高等教育学报》1989 年第 4 期;《中国高教研究》1989 年第 4 期;《河北大学学报》1990 年第 3 期; 又名之《坚持以马列主义为指导执教, 育人——漆侠教授的看法与作法》, 转载于《中国高等教育》1990 年;

《探知集》

1990 年

100.《宋代榷盐制度下封建国家、商人与亭户、备丁、小火之间的关系》，《郑天挺先生纪念论文集》，中华书局 1990 年 3 月版

101.《〈宋史研究论丛〉第 1 辑序》，河北大学出版社 1990 年 4 月版

102.《人生需有指路灯》，《中国青年报》1990 年 5 月 15 日

1991 年

103.《报刊必须坚持双百方针必须坚持马克思主义方向——从一篇文章的遭遇谈起》，署名"范今"，《河北大学学报》1991 年第 1 期；《探知集》

104.《宋太宗第一次伐辽：高梁河之战——宋辽战争研究之一》，《河北大学学报》1991 年第 3 期；《探知集》

1992 年

105.《〈哲学的使命〉评介》，《探索与求是》1992 年第 2 期

106.《宋太宗雍熙北伐——宋辽战争研究之二》，《河北学刊》1992 年第 2 期；《探知集》

107.《辽国的战略进攻与澶渊之盟的订立——宋辽战争研究之三》，《河北大学学报》1992 年第 3 期；《探知集》

108.《中国封建时代兵制的变革与封建经济制度推移的关系》，《知困集》首发

109.《范仲淹集团与庆历新政——读欧阳修〈朋党论〉书后》，《历史研究》1992 年第 3 期；《探知集》

110.《宋代植棉续考》，《史学月刊》1992 年第 5 期

111.《九百年前一场伟大改革的再现——〈汴京梦断〉序》，《河北学刊》1992 年第 6 期；与郑熙亭联名发表《关于长篇小说〈汴京梦断〉的序言和通信》，《河北师院学报》1992 年第 4 期；后单独书名以《郑熙亭教授〈汴京梦断〉序》刊于《河北日报》1993 年 2 月 23 日，转载于《光明日报》1993 年 10 月 13 日第六版；《宋史研究论丛》第二辑；《汴京梦断》由花山文艺出版社 1993 年出版；《探知集》

112.《〈南皮县志〉序》（1992 年 2 月 15 日），河北人民出版社 1992 年 12 月版

113.《王育济〈天理与人欲〉序》（1992 年 8 月 7 日），齐鲁书社 1992 年 12 月版；《宋史研究论丛》第二辑；《探知集》

1993 年

114.《〈任丘市志〉序》（1992 年 2 月 20 日），书目文献出版社 1993 年 1 月版

115.《中国古代史记编纂形式探源》，《中国史研究》1993 年第 2 期；《探知集》

116.《刘宝辰编著〈花冈暴动——中国"劳工"在日本的抗日壮举〉序》（1992 年 10 月 30 日），人民出版社 1993 年 7 月版；《探知集》

117.《〈宋史研究论丛〉第 2 辑序》，河北大学出版社 1993 年 9 月版

118.《姜锡东〈宋代商业信用研究〉序》（1991 年 9 月 5 日），河北教育出版社 1993 年 9 月版；《探知集》

119.《契丹的役》，《宋史研究论文集》（1992 年年会编刊），河南大学出版社 1993 年 12 月版

1994 年

120.《论辽夏金经济的发展及其历史地位》（与乔幼梅合著），《河北学刊》1994 年第 1 期

121.《从对〈辽史〉列传的分析看辽国家体制》，《历史研究》1994 年第 1 期；《探知集》

122.《弘扬中华文明的壮举》，《河北日报》1994 年 12 月 11 日；《中国图书评论》1995 年第 1 期

1995 年

123.《宋学的发展和演变》，《文史哲》1995 年第 1 期；《探知集》

124.《李华瑞〈宋代酒的生产和征榷〉序》（1994 年国庆前夕），河北大学出版社 1995 年 3 月版；《探知集》

125.《乔幼梅〈宋辽夏金经济史研究〉序》（1995 年 4 月 18 日），齐鲁书社 1995 年 5 月版;《探知集》

126.《刘秋根〈中国典当制度史〉序》（1993 年 3 月 20 日），《河北大学学报》1995 年第 3 期; 上海古籍出版社 1995 年 7 月版;《探知集》

1996 年

127.《〈宋史研究论文集（1994 年年会编刊）〉序》（1995 年 5 月 29 日），河北大学出版社 1996 年 1 月版;《探知集》

128.《晁迥与宋学——儒佛思想的渗透与宋学的形成》,《河北大学学报》1996 年第 3 期;《探知集》

129.《〈巨野县志〉序》（1993 年 2 月 10 日），齐鲁书社 1996 年 6 月版;《探知集》

130.《释智圆与宋学——论宋学形成前儒佛思想的渗透》,《新加坡国立大学中文系学报》1996 年单行本;《探知集》

1997 年

131.《杨倩描同志〈吴家将——吴玠、吴璘、吴挺、吴曦合传〉序》（1995 年 4 月 25 日），《河北大学学报》1997 年第 3 期; 河北大学出版社 1996 年 8 月版;《探知集》

132.《漆侠自述》,《中国社会科学家自述》，上海教育出版社 1997 年 12 月版

133.《〈宋史研究论文集（1996 年年会编刊）〉序》（1997 年 8 月 4 日），云南民族出版社 1997 年 12 月版;《探知集》

134.《宋太宗与守内虚外》,《庆祝邓广铭教授九十华诞纪念论文集》，河北教育出版社 1997 年版;《探知集》

1998 年

135.《陈士谔、陈致远〈钟相杨幺起义考〉序》（1999 年上元节），岳麓书社 1998 年 6 月版;《探知集》

136.《释智圆〈闲居编〉跋》,《河北大学学报》1998 年第 3 期;《探知集》

137.《〈中国改革通史〉序言》（与姜锡东合著），《河北大学学

报》1998年第4期；（十卷本），河北教育出版社2000年1月版

138.《杨渭生主编〈两宋文化史研究〉序》（1998年8月15日），杭州大学出版社1998年12月版

1999年

139.《王安石的〈明妃曲〉》，《中国文化研究》1999年春之卷；《探知集》

140.《悼念恩师邓广铭恭三先生》，《仰止集——纪念邓广铭先生》，河北教育出版社1999年3月版；《探知集》

142.《〈宋史研究论丛〉第3辑序》，河北大学出版社1999年4月版

143.《释"釐糟陂里叔孙通"》，《河北大学学报》1999年第3期

144.《儒家的中庸之道与佛家的中道义——兼评释智圆有关中庸中道义的论点》，《北京大学学报》1999年34期

145.《"在齐太史简，在晋董狐笔"——以献身的精神投入历史学》（"史学与社会"笔谈），《河北学刊》1999年第5期

146.《荆公学派与辩证法哲学》，《河北学刊》1999年第6期

147.《〈宋史研究论文集〉（1998年年会编刊）序》（1999年7月15日），宁夏人民出版社1999年12月版

148.《读先师邓广铭教授〈北宋政治改革家王安石〉》，《光明日报》1999年12月13日（刁培俊执笔缩写）；全文收入《探知集》

149.《论历史科学研究的基本方法——历史方法探索之一》，《探知集》

2000年

150.《高聪明〈宋代货币与货币流通研究〉序》（1999年7月20日），河北大学出版社2000年1月版

151.《王善军〈宋代宗族与宗族制度研究〉序》（1999年6月15日），河北教育出版社2000年1月版

152.《唐宋之际社会经济关系的变革及其对文化思想领域所产生的影响》，台湾大学历史系《转变与定型：宋代社会文化史研讨会论文集》；《中国经济史研究》2000年第1期

153.《陈峰〈武士的悲哀——北宋崇文抑武现象透析〉序》（1998年7月9日），陕西人民教育出版社2000年3月出版

154.《裴汝诚〈半粟集〉序》（1999年7月25日），河北大学出版社2000年6月版

155.《高纪春〈宋史·本纪考证〉序》（2000年1月7日），河北大学出版2000年10月版

156.《王安石、张载哲学比较研究——兼论张载的社会观》，《郑天挺先生百年诞辰纪念文集》，中华书局2000年6月版

157.《释"天地不仁，以万物为刍狗；圣人不仁，以百姓为刍狗"义》，《河北大学学报》2000年第5期

158.《王雱：一个早慧的才华四溢的思想家》，《中国史研究》2000年第4期

2001年

159.《〈历史教学〉50周年纪念》，《历史教学》2001年第1期

160.《〈包拯研究与传统文化——纪念包拯诞辰千年论文集〉序》（2000年5月），安徽人民出版社2001年1月版

161.《〈宋史研究论丛〉第4辑序》，河北大学出版社2001年5月版

162.《宋学的形成与文风、学风、政风的变革》，《中国社会历史评论》第三卷，中华书局2001年6月版

163.《欧阳修在宋学形成中的先锋作用》，《宋史研究论丛》第四辑，河北大学出版社2001年6月版

164.《马克思主义史认识历史最有效的工具》，邹兆辰、江湄、邓京力著《新时期中国史学思潮》，当代中国出版社2001年6月版

165.《胡瑗在经学和教育上的杰出贡献》，《天津社会科学》2001年第4期

166.《浙东事功派代表人物陈亮的思想与朱陈"王霸义利之辨"》，《河北大学学报》2001年第3期

167.《苏轼"蜀学"与程颐"洛学"在思想领域中的对立》，《河北学刊》2001年第5期；《何兹全教授九十岁论文集》，北京师范大

学出版社 2002 年 6 月版

168.《周长山〈汉代城市研究〉序》(2001 年 4 月 16 日)，人民出版社 2001 年 10 月

169.《我为校庆献一言》，《河北大学报》2001 年 10 月 20 日校庆特刊

2002 年

170.《朱熹与史学》，《历史教学问题》2002 年第 1 期

171.《中庸之道与司马光哲学》，《揖芬集——张政烺先生九十华诞纪念文集》，社会科学文献出版社 2002 年 5 月版

172.《李志贤〈杨炎及其两税法研究〉序》(2001 年 2 月 4 日)，中国社会科学出版社 2002 年 6 月版

2003 年

173.《论历史研究的方法》，《中国文化研究》2003 年冬之卷

2004 年

174.《我的学习路程》，《河北大学报》2004 年 3 月 10 日第四版，4 月 10 日第四版

2006 年

175.《东向阳日记》，《历史学家茶座》第三辑（总第 3 辑），山东人民出版社 2006 年版

第三章 主流与潮流

——傅衣凌20世纪60年代前的史学研究 与国际学术主流趋向

1930年，著名学者陈寅恪曾讨论学术"预流"的问题，他指出：

> 一时代之学术，必有其新材料与新问题。取用此材料，以研究问题；则为此时代之新潮流。治学之士，得预于此潮流者，谓之预流（借用佛教初果之名）。其未得预者，谓之未入流。此古今学术史之通义，非彼闭门造车之徒，所能同喻者也。①

此之所谓预流者，得入学术之主流也。潮流者，或谓诸多流派之一也。未必所有潮流皆为主流，也未必主流即曾是潮流。由潮流入主流，诚不易为。在诸多名家之中，当代著名历史学家傅衣凌即为得入学术主流——"预流"的学者之一。

傅衣凌（1911—1988），原名傅家麟，笔名休休生，福建福州人，是中国20世纪著名的历史学家，尤其在明清史研究领域成就卓著；他是中国社会经济史学的主要开创者、奠基者之一。傅衣凌先生致力于历史研究工作半个多世纪，论著等身，影响深远。最引人瞩目

---

① 陈寅恪：《陈垣敦煌劫余录序》，《历史语言研究所集刊》第1本第2分册，1930年6月，今参见《金明馆丛稿二编》，生活・读书・新知三联书店2001年版，第266页。

的是，他的研究方法"与法国年鉴学派的最新动向步调一致"，①开风气之先；其诸多学术观点，发凡起例，振聋发聩，反响不绝。他的论著，启发和引领了"第二次世界大战"以后中国和日本、美国等许多明清社会史方面的学者。更引人瞩目的是，在他的学术影响之下，以闽粤地区为主的一批学者，形成了一个以经济史和社会史等跨学科整合为学术特色的研究群体，学术界径称其为"傅衣凌学派"。其门生弟子不但继承发扬傅衣凌的学术理路和成就，而且，在国际性科际整合风潮之中，在中国经济史学派出现分化与重组的新格局下，他们转换思维，勇于丰富和拓展学术新领域，对傅先生所遗留的学术财富做出多方拓展——以历史人类学为标志的华南学派的兴起与兴盛，以海洋史学为探讨对象的研究团队的扩展等，都对丰富、发展和壮大傅衣凌学派做出了成绩，对中国社会经济史的发展产生了极大的影响。

　　之所以选择傅衣凌为研究对象，是因为傅衣凌的学术研究取向具有重要的代表性。从 20 世纪 40 年代至今，其学术理路都在中国、日本甚至是欧美明清史学界产生着一定影响，具有非同寻常的国际性意义。在 20 世纪 40—60 年代那个信息流通、传播迟缓的时代，傅衣凌自偏远的中国东南海疆——厦门走出，引领起了国际性的学术风向，影响了一批又一批的学人追随其后，蔚然成为中国乃至世界学术之主流。之所以将时段限定在 20 世纪 60 年代前，这是因为，20 世纪 60 年代之前，中国的学术发展还不曾完全僵化，一元化的态势虽已呈现，但还存在相对自由的学术空气，百家争鸣的气象也还在很大范围内存在。也正是在这一时期，国际学术潮流正在处于酝酿、形成、发展和传播的重要时段。而恰好也是在这一时期，傅衣凌的研究走在了国际学术风潮的最前沿，自学术潮流的发端而走向了国际学术发展的主流，引领了中国乃至国际学术的发展。

　　本章以 20 世纪 60 年代之前，傅衣凌先生的学术研究理路为中心，努力发掘这一研究理路与同时代国际学术风向的关联，试图揭示

① 杨国桢：《吸收与互动：西方经济社会史学与中国社会经济史学派》，收入侯建新主编《经济—社会史：历史研究的新方向》，商务印书馆 2002 年版，第 8 页；并请参阅王学典《近五十年的中国历史学》，《历史研究》2004 年第 2 期，第 186—187 页。

傅衣凌 20 世纪 60 年代前的史学研究与国际（尤其是法国）学术主流趋向的关系。20 世纪 60 年代后傅衣凌学术发展之理路的考察，容待他日再行探考。

一　傅衣凌学术成长历程与主要成就简述

(一) 傅衣凌受教育和任职经历

1929 年，18 岁的傅衣凌先生考入私立福建学院经济系。他曾热爱文学，后来由于对历史学产生了更深厚的兴趣，于 1930 年转入厦门大学历史系，继续学习。在厦门大学学习期间，他曾与同学陈啸江等组织历史学会，负责编辑出版《史学专刊》，并代理《厦门民国日报》副刊编辑。傅衣凌于 1934 年毕业于厦门大学历史系。1935 年东渡日本，进法政大学研究院，师从松本润一郎攻读社会学。其间曾拟研究日本史，因中日关系恶化，提前回国而未果。1937 年回国后，他历任福建银行经济研究室研究员，协和大学、福建学院、省立师专等校副教授、教授，福建省研究院社会科学研究所研究员兼文史组组长，在各高等院校讲授中国经济史、中国政治思想史、魏晋南北朝史、中国近代史、日本史。50 年代之后，他回到母校厦门大学任历史学系教授，并曾任厦门大学历史学系主任、厦门大学副校长等职。1988 年夏病逝于厦门。

由上述可见，傅衣凌先生早年受过历史学、社会学和经济学的三重学术训练，且曾酷爱文学。这样的学术兴趣和训练，对于他后来创立中国社会经济史学、注重跨学科的学术研究，关系至深。30 年代，刚刚步入史坛的青年傅衣凌，在学术研究的探索道路上，明显地留下了许多中国传统史学的印记。如其早年的论作《秦汉之豪族》《晚唐五代义儿考》《辽代奴隶考》《辽代奥姑考》《元代经略中原多金国豪族考》《桃符考》《关于明末清初中国农村社会关系的新估计》等，其写作和论证的方法，基本沿袭了清代以来的乾嘉考据学风。显而易见，在议题的选择和具体的论证上，这些大都呈现出了作者对于社会史领域的偏好。

（二）傅衣凌的主要论著

傅衣凌的学术领域相当广泛，自秦汉到宋元明清，几乎都有专题论文，而其主要研究领域则侧重在中国明清历史时期，其偏重点多半在社会经济史方向。依论著出版时间先后，大致有：（1）1939 年傅衣凌在永安福建银行经济研究室工作时，曾编著有《福建省农村经济参考资料汇编》一书；（2）《福建佃农经济史丛考》，福州协和大学中国文化研究会 1944 年出版，后修订改名为《明清农村社会经济》，由生活·读书·新知三联书店 1961 年再版，享誉于国际史林；（3）1946 年前后他写成《明代徽商考》一文发表，随后，又发现陕西商人、苏州洞庭商人、福建海商等都是明清时代重要的商人，立足于区域史的研究取径，他逐一对这些区域商人进行了开创性的研究。（4）《福建对外贸易史研究》，由萨士武、傅衣凌、胡寄馨合著，福建省研究院社会科学研究所 1948 年出版。由于该书成于众人之手，且篇幅不大，故不在本章讨论范畴；（5）《明清时代商人及商业资本主义》，人民出版社 1956 年出版；（6）《明代江南市民经济试探》，上海人民出版社 1957 年出版；以上著作，加上其大学阶段前后的一些论著，构成为本章讨论的主要对象。而在 60 年代后，傅衣凌先生还先后出版了《明清社会经济史论文集》（人民出版社 1982 年出版 ）、《明清福建社会与乡村经济》（与杨国桢共同主编，厦门大学出版社 1987 年出版 ）、主编《中国通史参考资料》第 7 册（中华书局 1988 年出版 ）。其遗著尚有：《明清社会经济变迁论》《明清封建土地所有制论纲》《傅衣凌治史 50 年文编》《休休室治史文稿补编》等，都在其门生弟子努力下，陆续出版。2007—2008 年，陈支平教授等整理傅衣凌大部分著述，集合成 6 卷本《傅衣凌著作集》，由中华书局重新出版。

（三）傅衣凌先生的主要学术贡献

1. 傅衣凌的研究方法

傅衣凌先生也曾夫子自道云：其中国社会经济史的研究方法，主要是"在收集史料的同时，必须扩大眼界，广泛地利用有关辅助科学知识，以民俗乡例证史，以实物碑刻证史，以民间文献（契约文书）

证史……"①后来，也有学者进一步总结说，傅衣凌的研究方法主要可归结为以下三点：

一、在搜集史料时，除正史、官书之外，应注重于民间记录的搜集，以民间文献证史；

二、广泛地利用其他人文社会科学学科的理论、知识和研究方法，进行社会调查，把活料与死文字结合起来，以民俗乡例证史，以实物碑刻证史。

三、在探讨经济史中，特别注意区域性的局部分析，以小见大，从微观到宏观，又从宏观审视微观的研究理念。②

李伯重认为"新社会史学派的奠基人是傅衣凌。傅氏早年在日本受过社会学的训练，在研究中特别注重从社会史的角度研究经济史，在复杂的历史网络中研究二者的互动关系；注重地域性的细部研究、特定农村经济社区的研究；把个案追索与对宏观社会结构和历史变迁大势的把握有机地结合起来；强调注意发掘传统史学中所轻视的民间文献如契约文书、谱牒、志书、文集、账籍、碑刻等史料，倡导田野

---

① 傅衣凌：《我是怎样研究中国社会经济史的》，《文史哲》1983 年第 2 期，今据氏著《傅衣凌治史五十年文编》，第 39 页。

② 陈支平、佳宏伟：《追寻中国社会经济史研究的治史路径》，《学术月刊》2009 年第 4 期。这一研究取径与王国维（1877—1927）的二重证据法有一些关联。1925 年王国维提出"二重证据法"主要依托于他利用甲骨文字对商代诸王世系的考订，其《古史新证》有言："吾辈生于今日，幸于纸上之材料外，更得地下之新材料。由此中材料，我辈固得据以补正纸上之材料，亦得证明古书之某部分为实录，即百家不雅训之言亦不无表示一面之事实，此二重证据法惟在今日始得之。"1934 年，陈寅恪在《王静安先生遗书序》总结王国维的学术贡献时指出，"其学术内容及治学方法殆可举三目以概括之"——"一曰取地下之实物与纸上之遗文，互相释证"；"二曰取异族之故书与吾国之旧籍，互相补正"；"三曰取外来之观念与固有之材料，互相参证"。"吾国他日文史考据之学范围纵广，途径纵多，恐亦无以远出三类之外，此先生之遗书所以为吾国近代学术界最重要之产物也。"陈寅恪：《金明馆丛稿二编》，生活·读书·新知三联书店 2001 年版，第 247—248 页。今按：在传统中国文史哲融合为一的时代，天赋异禀者如王国维，其治学理念中更多涵有"取外来之观念与固有之材料，互相参证"的理路，这一取径和当时域外学术风潮传入中国有莫大的关联。

调查，以今证古，等等。在他的影响下，社会人类学的民间取向逐渐得到历史学家的认同，并开始以'从下往上看'的视角和价值立场重新审视历史。在此时期，社会史研究有了长足的发展"。①

总而言之，在半个世纪之前的 20 世纪 40 年代，傅衣凌先生就开始了跨越社会学、历史学、经济学、民俗学等多学科的学术研究，积极开展区域史的研究，注重基层社会的细部考察与宏观审视相结合的学术探索，而在资料运用更是别具特色，基本上是学界最早使用"私"的资料进行史学研究的学者。

2. 傅衣凌的主要学术观点

傅衣凌在其研究中，曾先后提出的中国传统社会"弹性论""早熟又不成熟论""公私体系论"，以及"中国传统社会多元结构论""明清社会变迁论"等，均在当时乃至当今的学界引起了巨大的反响，凸现出其学术论断的洞察力。60 年代之后，在当时整体学术影响的风潮之下，他投身于资本主义萌芽的研究、专注于中国封建社会分期和明清土地制度的研究等所谓"五朵金花"的探讨。中国著名经济学家吴承明先生认为，傅衣凌在晚年所提出的"中国传统社会多元论"和"明清社会变迁论"，是自梁启超先生提出"近世"概念以后，对中国近代史最精辟的看法。②"傅衣凌晚年提出'明清社会变迁论'，提出'从 16 世纪开始，中国在政治、社会和文化方面发生一系列变化'，但因种种原因，这些变化有中断以至倒退，但最后仍未脱离世界经济发展的共同规律。我深佩其说，"③其遗著《中国传统社会：多元的结构》一文，反映出傅衣凌先生晚年勇于自我反省，挑战自我、否定自己的错误观点，勇于反思的伟大学术精神——不惜以

① 李伯重：《回顾与展望：中国社会经济史学百年沧桑》，《文史哲》2008 年第 1 期。
② 吴承明：《要从社会整体性发展来考察中国社会近代化——在"纪念傅衣凌逝世十周年学术座谈会"上的讲话》，《北京商学院学报》1998 年第 2 期。
③ 吴承明：《传统经济·市场经济·现代化》，《中国经济史研究》1997 年第 2 期。李根蟠在《中国经济史学形成和发展三题》一文中也重申了"他（按：指吴承明）很推崇和吸取傅衣凌的研究成果……"，载侯建新主编《经济—社会史》，第 104 页。

今日之我攻昨日之我，为学界所仰望。①包伟民先生曾这样评价说："在这样差不多可称之为先知先觉杰出代表之外，还有一些学者，能够不断地思考，勇敢否定自我，批判陈说，坚持不懈地追随学术发展的步伐，实为促进近代中国史学不断进步的重要推动者，同样应该赢得我们最大限度的尊重。本书所选傅衣凌（1911—1988）《中国传统社会：多元的结构》，是为一例。"②傅衣凌其他学术观点和论断尚多，还需更广泛和深入发抉。

3. 傅衣凌最重要的学术贡献是创建了"傅衣凌学派"

早在十几年前，中国资深学者林甘泉先生即曾提出："傅衣凌学派是解放以后形成的少有的几个学派之一，学术风格独特，有成果，有传人，其弟子是沿着先生的足迹走的。"③以社会经济史为研究对象的傅衣凌学派，其"理论和方法一定意义上已成为经济史学界的共同财富"；④这一学派的创建，影响并带动了一大批学者，其后继者更勇

---

① 此处多曾参考杨国桢、陈支平先生的前揭论文，恕不一一赘列。陈支平先生将其多篇论文赐予参阅，谨此致谢。傅衣凌：《傅衣凌自传》，《文献》1982 年第 2 期；杨国桢：《不断探索前进的艰辛历程——读傅衣凌著〈明清社会经济史论文集〉》，《中国社会经济史研究》1982 年第 3 期；杨国桢：《〈傅衣凌治史五十年文编〉序、跋》，《中国社会经济史研究》1985 年第 4 期；杨国桢、陈支平：《傅衣凌晚年中国社会经济史学思想的发展》，《中国社会经济史研究》1991 年第 1 期；刘永成：《傅衣凌先生在中国资本主义萌芽问题研究上的成就》，《中国社会经济史研究》1991 年第 1 期；吴承明：《要从社会整体性发展来考察中国社会近代化进程——在"纪念傅衣凌逝世十周年学术座谈会"上的讲话》，《北京商学院学报》1998 年第 5 期；刘秀生：《深切缅怀傅衣凌先生——纪念傅衣凌教授逝世十周年学术座谈会侧记》，《中国社会经济史研究》1998 年第 4 期；王日根：《傅衣凌对中国社会经济史学的贡献及启示》，《西南师范大学学报》2001 年第 4 期；杨国桢：《傅衣凌先生的明史情缘》，《中国社会经济史研究》2001 年第 4 期；杨国桢：《吸收与互动：西方经济社会史学与中国社会经济史学派》，收入侯建新主编《经济—社会史：历史研究的新方向》，商务印书馆 2002 年版；高寿仙：《发展而又迟滞，早熟而又未熟——傅衣凌先生的明清社会经济变迁论述评》，今据氏著《明代农业经济与农村社会》，黄山书社 2006 年版，第 239—252 页；陈支平：《傅衣凌与中国社会经济史学》，《大连大学学报》2008 年第 2 期；陈支平：《〈傅衣凌著作集〉与中国社会经济史学派》，《史学集刊》2008 年第 4 期；陈支平：《探寻傅衣凌先生开创中国社会经济史学之路——记〈傅衣凌著作集〉出版恳谈会》，《中国经济史研究》2009 年第 1 期，王日根：《由"体认""自觉"而"升华"：傅衣凌治史对唯物史观的践行》，《近代史研究》2017 年第 5 期，等等。
② 包伟民选编：《历史学基本文献选读·导言》，浙江大学出版社 2007 年版，第120 页。
③ 参阅刘秀生《深切缅怀傅衣凌先生》，《中国社会经济史研究》1998 年第 4 期。
④ 李根蟠：《中国经济史学形成和发展三题》，载侯建新主编《经济—社会史》，第 103 页。

于开拓创新，其中部分学者在"华南学派"的大旗下，推生了"走向田野"的"历史人类学"和"海洋史学"的研究，也相当引人瞩目。至今为止，其中优异者如杨国桢、李伯重、陈支平、郑振满、陈春声、王日根、蒋兆成、唐文基、叶显恩、徐晓望、林仁川、钞晓鸿、刘永华……乃至于三木聪、森正夫、片山刚等学者，或为傅衣凌的入门弟子，承传、发扬光大并拓展其学术衣钵；或为其私淑弟子，延续或发展了其学术理路。① 毋庸置疑，以历史人类学为主要学术旨归的"华南学派"，② 其学术渊源应与傅衣凌提倡的走田野调查之路想通的。需要强调的是，就在第一代传人开拓、延展傅衣凌的学术理路和研究取径的同时，傅衣凌学派更年青一代学者也呈现出一派生机，他们有的正在茁壮成长，有的蓄势待发，有的已是卓有成就的学者。他们大都沿着既有的学术路径，将傅衣凌学派推向更广的空间和更高的层次。就这样，傅衣凌及其后继者前后几代学者的努力，诸多成就都已成为学界众口称誉的学术丰碑，令中外学界引颈而望，翘首于中国的东南。

二　1940—1960 年代法国等国际学术潮流与傅衣凌的研究

著名史学史与史学理论专家王学典在总结已有认识的基础上概括说："傅衣凌在《食货》《中国社会经济史集刊》和'史学研究会'之后，对社会经济史的最大贡献在于他最终完成了这一领域的'范式'构筑，并在此基础上形成了一个学统清晰、特色鲜明的学派。这一社会经济史研究的'范式'是：在研究方法上，把经济史与社会史的研

---

① 参阅林爱玲《傅衣凌学派的学术成就与理路拓展》，王日根等主编：《厦大史学》第三辑，厦门大学出版社 2010 年版，兹不赘述。

② 王传：《华南学派探源》，博士学位论文，华东师范大学，2012 年；赵世瑜：《我与"华南学派"》，《文化学刊》2015 年第 10 期；代洪亮：《中国社会史研究的分化与整合：以学派为中心》，《清华大学学报》2015 年第 3 期；孙竞昊、赵卓：《江南史研究的"新"与"旧"：从华南学派的启示谈起》，《浙江社会科学》2018 年第 1 期；李仁渊：《在田野中找历史：三十年来中国华南社会史研究与人类学》，《考古人类学刊》2018 年 6 月第 88 期；王传：《华南学派史学理论溯源》，《文史哲》2018 年第 5 期。黄向春：《民间文献、数据库与作为方法的总体史》，《光明日报·理论：文史哲》2020 年 2 月 17 日；王蕾等：《从故纸到文献——刘志伟教授谈图书馆民间历史文献整理与研究》，《图书馆论坛》2020 年第 7 期，并参阅王蕾等著《民间历史文献整理概论》，广西师范大学出版社 2020 年版，第 32—44 页。

究有机地结合起来，从社会史的角度研究经济，从经济史的角度剖析社会，在复杂的历史网络中研究二者的互动关系；把个案追索与对宏观社会结构和历史变迁大势的把握有机地结合起来：既'善于透过片断的史料显示历史的归趋，又能从历史的趋向中看出具体史料的意义'；特别注意发掘传统史学所弃置不顾的史料，以民间文献（契约文书、谱牒、志书、文集、账籍、碑刻等）证史，尤重田野调查，以今证古；强调借助史学之外的社会科学理论，尤其是社会学的理论与概念；特别注意地域性的细部研究、特定农村经济社区的研究；等等。从上述特征上看，笔者同意下面这一判断：'傅衣凌的研究方法更接近于法国年鉴学派的经济社会史。'换句话说，傅氏的研究已深预国际史坛的主潮之流。"①杨国桢先生则认为："傅先生并非直接取法于年鉴学派，而是根植于中国社会史大论战和农村性质论战后的中国学术文化土壤，学习和吸收苏联和日本学术界不同流派的研究方法而作出的反思。"②然而，傅衣凌的研究取径究竟源自哪里？20世纪三四十年代日本和苏联学界的潮流究竟是怎样的？傅衣凌这一研究取径与国际学术潮流的关系如何？又如何判断其间的传导递进关系？笔者以为：傅衣凌的学术研究取径，一则来源于20世纪初期至20世纪50年代中国国内学术风潮，对其研究理念的行程起一定的导向作用。二则20世纪初期至20世纪50年代欧美传布到日本的学术研究风向，对傅衣凌的历史研究也产生相当大的影响。上述国际、国内两者的影响，需要结合傅衣凌求学的过程综合来看，方能发现其学术思想发展的具体来源和取径。下文我们结合两者，以时间先后为判断标准，来进一步探讨傅衣凌学术研究取径的来源，并以此与国际学术潮流加以比较。

（一）兰克学派及其影响——与中国传统的实证主义研究理念的比较

19世纪末，西方史学才逐渐独立成为一门学科。1820—1900

---

① 参阅王学典《近五十年的中国历史学》，《历史研究》2004年第2期，第186—187页。
② 前揭杨国桢《吸收与互动：西方经济社会史学与中国社会经济史学派》，第9页。

年，西方各国开始建立并加强档案机构，鼓励使用，展开历史研究。自此至20世纪50年代，传统史学仍占据统治地位。 学界一般以为，19世纪中后期以降，法国兰克（L. V. Ranke，1795—1886）实证学派影响日增，并成为这一时期乃至20世纪早期的西方史学主流。①兰克学派的特征主要体现在：兰克继续普鲁士史学家尼珀尔的观点，为钻研档案和历史事件亲历者的记录，搜求原始档案和追求"客观""据实记事"而努力。他们坚信原始档案的考证和鉴别，即可再现历史的真实。他们标榜其研究的客观性。他们或宣称"我们的杂志将是自由讨论和实证科学的园地，但是它将植根于事实的领地，摒弃政治与哲学的理论与大门之外"。②英国史家阿克顿（Lord Acton，1834—1902）就是这样做的，法国史家库朗热则提出：史学是"不简单的科学"，以及英国史家柏里（John Bagnell Burry，1861—1927）所提出的："史学是不折不扣的科学"，③均是如此。在这一时期，历史研究基本局限于政治史和军事史等领域，精英史学关注点局限于高层。

这一强调实事求是而又不掺入史学研究者任何主观因素的研究取径，与中国清代乾嘉考据学派在很多方面是极为相似的。傅衣凌求学于20世纪30年代，传统的学风在师辈的言传身教之中，也浸润于其认知理念，当是自然之事。④从这一时期傅衣凌的论著来看，以充实丰富的一手史料入手，考察当时的历史史事，也是他最重要的研究取径之一。

（二）年鉴学派同时代欧美学术风向及其影响

20世纪早期，西方社会受到了巨大打击和影响，尤其是1914—

---

① 姚蒙：《法国当代史学主流》，（台北）远流出版事业股份有限公司1988年版，第7页。张广智主著：《西方史学史》，复旦大学出版社2000年版，第303页。

② 1876年《历史杂志》创办人的宣言，原载 *Revue Historique* 创刊号，转载于该杂志1976年4—6月号，第322页。转引自姚蒙《法国当代史学主流》，第7页。

③ [美]弗里斯·斯特恩：《各种各样的历史学》，兰登出版社1973年版，第210—223页；参见罗凤礼《二十世纪西方史学的演变》，《历史研究》1996年第5期，第173页；[美]汤普森："历史学是可以向完全正确的知识前进的"，参阅其《历史著作史》下卷第4分册，商务印书馆1988年版，第623页。

④ 傅衣凌夫子自道。参见傅衣凌《傅衣凌自传》，《文献》1982年第2期。当时的学术风潮，自桑兵《傅斯年"史学只是史料学"再析》（《近代史研究》2007年第5期）一文的分析中即可见一斑。

1918 年后，世界形势发生了巨大的变动。①这一时期，在学界也逐渐出现了开启新学风的迹象。随后不久，倡导"新史学"的学术风潮开始兴起，并逐渐形成为一股巨大的学术风向，影响了西方学术研究。"第一次世界大战"前，就有批判传统史学（如兰克史学）的学者，如德国的狄尔泰（1833—1911）、李凯尔特（1863—1936），意大利的史家克罗齐（1866—1952），英国的特里威廉（1876—1962）、科林伍德（1889—1943）等，他们的共同特征就是：挑战"史学是科学"。这一时期，德国的斯宾格勒（1880—1936）在 1917 年的时候出版了其名著《西方的没落》，英国的汤因比（1889—1975）在 1934 年出版了其名著 12 卷本的《历史研究》，他们均以文化史观挑战传统史学，影响相当大。随后，学界逐渐呈现出"新史学"的研究特点，主要包括：①强调人类生存的基础，是历史研究的主要内容，如人文地理条件、人口状况、生态环境、技术水平等；②强调广泛的社会史研究；③强调跨学科的研究。虽然 19 世纪末的德国学者马克斯·韦伯、奥地利籍的学者弗洛伊德都是提倡跨学科的。但是，这一时期，他们的方法并不受重视。20 世纪 50 年代后，韦伯的作品被大量英译，其方法才逐渐被更多学者所接受。1925 年时，西方学界开始鼓吹跨学科研究的重要性，但是直到 30 年代，学者们才普遍认识到跨学科的重要性，美国史家 Harry Barnes（巴恩斯）就是一例。有学者提出：年鉴学派自始至终就是跨学科研究的最有影响的研究群体。但是，正如学界普遍认识到的，年鉴学派的这一学术旨归，直至 50 年代之后，才更多地为各国学者所重视并采纳；④对史料的批判，扩充史料的范围，各种调查手段都可以进入史学研究的史料范畴。马克·布洛赫一度曾指出，任何文献资料"只有在适当的被询问时，才开口说话"，表明历史家对于史料的取舍，是带有主观性和相对性的。取材越丰富，越能远离偏见。⑤摆脱精英史学，开始将更多视线转移到

---

① 姚蒙：《法国当代史学主流》，第 19 页。[法]弗朗索瓦·多斯：《碎片化的历史学：从〈年鉴〉到"新史学"》，北京大学出版社 2008 年版，第 9 页。

人民大众。①

20 世纪 20—50 年代，"新史学"的兴起和发展，开始了一个历史研究的新纪元，但是，其影响和传播并非一帆风顺，也经历了一个曲折的过程。1919 年，美国史家詹姆斯·鲁宾孙《新史学》出版，他提倡所有人类的一切活动都应在历史研究的范围内，而不能局限于政治史的研究。20 世纪初期至 20 世纪 30 年代，是法国年鉴学派启蒙的重要时期，强调跨学科研究的学术取向，已大致萌芽；而强调"区域"研究的取径，也开始兴起。1929 年，法国年鉴学派兴起，其杂志《经济—社会史年鉴》一开始就提倡整体史的视野和跨学科的研究取径。但是，经历了两次世界大战，中断了学脉的传播，吕西安·费弗尔（1878—1956）、马克·布洛克的论著出版和开始影响法国及其以外的国家，学界普遍认为其具体时段当为"第二次世界大战"之后。②

（三）1900—1950 年代日本史学界的学术风向

日本自明治维新后，就逐渐开始了向西方学习的步伐。20 世纪初期至 20 世纪 30 年代，日本向西方学习的步伐加快了，在各个领域基本上都有所显示。史学界也不例外。这一时期的日本史学，在中国研究领域，还存在受传统乾嘉学派影响的因子，但是，更多的史学家接受了西方人文社会科学方法和理论的影响。对此，学者多有论述，兹不赘述。③

（四）1930—1950 年代中国学界的风潮及其影响

在这一时期，乾嘉考据学派延续下来的传统实证史学的影响力依

---

① 参阅陈启能《徐浩、侯建新〈当代西方史学流派〉·序》，中国人民大学出版社 2009 年版；[德]胡昌智、李孝迁撰：《伯伦汉〈史学方法论〉及其在东亚的知识旅行——代前言》，收入[德]伯伦汉著，陈韬译《史学方法论》，上海古籍出版社 2018 年版，第 1—49 页。

② 参阅姚蒙《法国当代史学主流》，第 93 页。王晴佳：《西方的历史观念》，华东师范大学出版社 2002 年版，第 223 页；另外，有学者指出："在 20 世纪 30 年代，表述史学仍占据统治地位。历史学家们与其他科学保持着距离，为自己的研究划出一块面积不大但非我莫属的地盘。"参阅多斯《碎片化的历史学》，第 24 页。张广智：《西方史学史》，第 303 页。

③ 钱婉约：《内藤湖南研究》，中华书局 2000 年版，第 35—39 页。

旧占据着主流的学术地位。这正如 1919 年胡适《中国哲学史大纲》上卷《导言》中所提出的，在当时"审定史料乃是史学家第一步根本工夫"。但 1919 年以后，由于新文化运动的深入，留学回国学者的倡导，唯物史观很快得到了传播，旧有的观念已受到了冲击。所以，有学者认为，20 年代初的中国史学界是一个"讲方法、用方法的热潮"的时代。西方史学理论方法如兰克学派等，均在这一时期传入中国；何炳松、陈训慈等学者还积极介绍西方新的史学流派，如文化史观等。①这些外来观念对中国传统学术的影响，是相当猛烈的，如王国维对乾嘉考据学有深厚的根底，但他之所以能够成为中国近代实证史学的开创者，得益于他受过西方近代哲学、特别是实证主义哲学的熏陶。他曾经说："伟大之形而上学，高严之伦理学，与纯粹之美学，此皆吾人所酷嗜也。然求其可信者，则宁在知识论上之实证论，伦理学上之快乐论，与美学上之经验论。"②章太炎对传统史学颇多指摘，1902 年他在给梁启超的信中说："惟通史上下千古，不必以褒贬人物、胪叙事状为贵。所重专在典志，则心理、社会、宗教诸学，一切可以培铸入之。"③随后，夏曾佑、刘师培、柳诒徵等人开始尝试用新观点和新方法撰写中国历史。傅斯年在德国留学时，深受 19 世纪德国学风影响，将语言、历史、民族、考古视为一体；④1928 年他出任中央研究院历史语言研究所所长，在《历史语言研究所工作的旨趣》中提出："近代的历史学只是史料学；利用自然科学供给我们的一切工具，整理一切可逢着的史料"；"现代的历史学研究，已经成了一个各种科学的方法之汇集"；又说："我们反对疏通，我们只

---

① 刘俐娜：《试论中国 20 年代初年史学方法的几个新特点》，载《当代西方史学思想的困惑》，中国社会科学出版社 1991 年版，第 213、224 页。稍后，何炳松译的鲁滨逊《新史学》、向达译的班兹《史学》、陈韬译的伯伦汉《史学方法论》、李思纯译的朗格诺瓦和赛诺波《史学原论》和王造时、谢诒徵译的黑格尔《历史哲学》，均在 1936 年出版。参阅林甘泉《二十世纪的中国历史学》，《历史研究》1996 年第 2 期。

② 唐兰：《关于尾右甲刻辞》，《考古社刊》第 6 期，1936 年。参阅前揭林甘泉《二十世纪的中国历史学》。

③ 汤志钧编：《章太炎年谱长编》上册，中华书局 1979 年版。

④ 许倬云：《许倬云自选集·中国历史与世界历史的结合》，上海教育出版社 2002 年版，第 363 页。

是要把材料整理好，则事实自然显明了。一分材料出一分货，十分材料出十分货，没有材料便不出货。"①不难发现，这一时期的许多学者，虽依然重视史料，但均已对跨学科展开研究有所警醒。

在此前后，马克思主义史学的兴起，注重社会经济领域的研究风潮传播开来，也影响了一批中国的历史学者。②也正是受到了马克思主义理论的影响，在 20 世纪 40 年代，中国社会史大论战、农村性质论战在国内学界轰轰烈烈地延展开来，冲击了旧有的藩篱，开启了一个新的研究风向。③李根蟠先生认为，早在 1934 年年末，陶希圣创办《食货》半月刊的时候，中国有关社会经济史领域的论著，已经出现。此前，北平社会调查所的《中国近代社会经济史研究集刊》1932年已经出版。30 年代初，吕振羽、侯外庐、汤象龙、陈翰笙、陶孟和、梁方仲等学者已经开始了社会经济史的研究；《中国近代社会经济史研究集刊》也在不久后改名为《中国社会经济史集刊》④。20 世纪 30 年代开始的中国社会史论战"导致了中国经济史学'社会经济史'传统的形成"。

(五)傅衣凌的研究取径与法国等西方欧美国家、日本学术流派的比较

傅衣凌学术理路的形成与呈现是在 40 年代早期，应以其《福建省农村经济参考资料汇编》尤其是以《福建佃农经济史丛考》一书的出版为标志，确切的年份应为 1944 年及此前三四年间。学者或言其学术取径"与法国年鉴学派的最新动向步调一致"，或如本章所认定的融汇了中外之优秀传统并有其求学过程中的影响，都失之于简单。这里，不妨将以法国年鉴学派形成及其在国外盛行的时间、西方以及

① 《古史辨》第一册《答刘、胡两先生书》，1923 年 7 月 1 日，同上书。《与钱玄同先生论古史书》，1923 年 4 月 27 日，见《古史辨》第一册。
② 王学典：《"二十世纪中国史学"史如何被叙述的》，《清华大学学报》2008 年第 2 期。
③ 在这一时期，中国历史学界存在着许多风潮，王学典的看法是，20 世纪 40 年代中后期，唯物史观的主要流向有：从强调"一般"到注重特殊、从追求致用到向往求真、从偏重方法到兼重材料。参阅王学典《二十世纪中国史学评论》，山东大学出版社2002 年版，第 92—141 页。
④ 李根蟠：《中国经济史学形成和发展三题》，载侯建新主编《经济—社会史》，第 91—95、102—103 页。

包括日本在内的国际学术流派形成与传播的时间，与傅衣凌学术理路形成的时间，加以比较，庶几更能科学地分析和判断。下面，依次一一加以考察。

1. 国际学界跨学科研究取径形成的时间

学界普遍认为，早在 1900 年，法国学者亨利·贝尔（Henri. Berr，1863—1954）创办《历史综合杂志》（*Revue de Synthese Historiue*）被费弗尔誉为"安放在传统史学营垒中的一匹'特洛伊木马'"，①揭示了跨学科学术研究的序幕。1903 年他发表了《历史学方法与社会科学》一文，鼓励历史学家与心理学家和社会学家合作，吹响了科际整合的号角，一个学术全新的流向开始了。②1912 年，美国史学家鲁宾逊（James Harvey Robinson，1863—1936）积极倡导"新史学将利用人类学家、经济学家、心理学家与社会学家关于人类的任何发现"。③而 1929 年在法国兴起的年鉴学派，其第一代学者当初都曾参与到贝尔的学术流向之中，④直至 1929 年创办了著名的年鉴杂志，更加积极鼓倡跨学科的方法研究历史学。其第一代学者费弗尔曾说过："所有的发现不是产生于每个（学科）学科的内部及核心，而是产生于学科的边缘、前沿、交界线，在这些地方各学科互相渗透"；史学必须"把所有这些东西踩到脚下去：过时陈旧的学科隔墙、偏见、陈规及概念和理解的错误所造成的巴比伦式的混乱"。⑤但是，20 世纪 20—40 年代，西方许多学者依然秉持着"当然，如果每个人在研究其各自的合理专业，耕耘于其各自特定园地的同时又致力于理解旁人的成果，这是再好不过的了。但是隔墙是如此之高，以至于阻碍了视线"。⑥实际

---

① 张广智：《西方史学史》，第 264 页。
② 姚蒙：《法国当代史学主流》，第 20—25 页；［英］彼得·伯克（Peter Burke）：《法国史学革命：年鉴派，1929—1989》，刘永华译，第 5 页。
③ ［美］鲁滨逊：《新史学》，1912 年初版，商务印书馆 1964 年版；参阅《法国史学革命·导论》，第 4 页。
④ ［美］伊格斯尔：《欧洲史学新方向》，赵世玲、赵世瑜中译本，华夏出版社 1989 年版，第 55 页。
⑤ ［法］费弗尔：《为历史而战》，第 30 页，参阅姚蒙《法国当代史学主流》，第 50—51 页。
⑥ ［法］费弗尔：《为历史而战》，1953 年巴黎版，参阅姚蒙《法国当代史学主流》，第 27 页。

上，年鉴学派在法国的主流学术地位，直到"第二次世界大战"之后才开始确立。①有学者指出："第二次世界大战"前，年鉴学派的海外盟友和同情者只限于比利时和英国的少数几个学者，"只是到了布罗代尔时代（今按：年鉴学派的第一个阶段为 1929—1946，第二个阶段即布罗代尔时代，1946—1969；第三个阶段为 1969 年后），杂志和运动才在欧洲广为人知"。②或说"发端于马克·布洛赫和吕西安·费弗尔的新思想才开始充分发挥影响"是在 1955 年之后。③依据这一判断，国际性的科际整合方法运用于历史研究并形成为学术的主流，则是在 50 年代之后的事情。④在此之前，即便是"日本对西方学术动态甚为热心，但要找出一项具有年鉴学派传统和风格的日本史研究并不容易"；"不少日本史学家在高等研究院（今按：1947 年费弗尔等人才在法国巴黎创办这一研究院）留学，但他们全部研究欧洲史"。⑤自此可见，当时的年鉴学派尚不是学术的主流，还未引起更多学者的关注和参与其中。傅衣凌的学术取径形成于 40 年代早期，在当时信息传播迟缓的时代，无论如何，都难以短时间内获取远在千万里之外的学术信息，更遑论步其后尘了。如此而言，我们谨作猜测：如非傅衣凌在日本留学之时接受了业已传入日本的西方学说和方法，那么，傅衣凌所履行的跨学科历史研究的学术理路，实际上是暗合了法国年鉴学派的学术取径。或信息传播和交通之迟缓，更因语言

---

① 参阅姚蒙《法国当代史学主流》，第 93 页。另外，有学者指出："在 20 世纪 30 年代，表述史学仍占据统治地位。历史学家们与其他科学保持着距离，为自己的研究划出一块面积不大但非我莫属的地盘。"参阅［法］多斯《碎片化的历史学》，第 24 页。张广智：《西方史学史》，第 303 页。

② ［英］彼得·伯克：《法国史学革命》，第 88 页。［英］杰弗里·巴勒克拉夫：《当代史学主要趋势》指出："坚定不移地推动历史学与社会科学或行为科学的结合是美国的显著特征。这种结合实际上开始于 40 年代和第二次世界大战。"上海译文出版社 1987 年版，第 45 页。

③ ［英］杰弗里·巴勒克拉夫：《当代史学主要趋势》，第 53—54 页；第 67 页。

④ 有学者误以为中国台湾地区学科整合是走在前沿地位的，实际上"从 20 世纪 60 年代中期开始至 1987 年，台湾的史学在内外两个方面都经历了显著的变化……其标志就是将社会科学（社会学、经济学）的方法引入历史研究，从而造成社会史的兴起"。参阅王晴佳《台湾史学五十年（1950—2000）·前言》，（台北）麦田出版社 2002 年版，第 3 页。

⑤ ［英］彼得·伯克：《法国史学革命》，第 93—94 页。

之障碍，笔者更倾向于后一推断。

2. 国际学界社会经济史研究取径发端与盛行的时间

虽然"社会经济史"（Economic and Social History）一词出现在 20 世纪初，20 世纪二三十年代也出版了几部富有代表性的论著，①但是，诚如上文已述，19 世纪中后期乃至 20 世纪早期，西方学界依旧是兰克学派占主流的学术风向，甚至在 20 世纪 50 年代的许多国家，其史学研究依旧停留着精英层面的政治史范畴之内，德国则在 20 世纪五六十年代政治史依然占主流地位。②有学者指出："的确，在 20 世纪初的历史学界，一半以上的论文、四分之三以上的博士论文和教师资格会考题目都集中在政治方面。"③有关经济史的研究开始较多进入历史学者的视野，是 19 世纪晚期才形成的；20 世纪 20 年代"经济史在英国开始表现出与众不同，由此英国成为经济—社会史最早策源地"。随后，英国《经济史评论》（Economic History Review）开始创刊。④1917 年前后，来自德国的马克思主义理论较多扩散开来，尤其是在苏联成为占主导地位的学术潮流，即便在"苏联以外的地区也是一股日益增强的力量"，推生了这一研究旨趣的进一步扩展。⑤1929 年，法国年鉴学派刊始伊始即标明《经济社会史年鉴》，更多倡导社会—经济历史的综合研究取径，其编委会即有经济学家。"1929 年的大萧条结束了无视或蔑视马克思主义的时期。1930 年以后，马克思主义的影响广泛扩展，即便是那些否定马克思主义历史解释的历史学家（他们在苏联以外仍占多数），也不得不用马克思主义的观点来重新考虑自己的观点。"⑥而 20 世纪 30 年代中后期，苏联的学者依然

① 徐浩：《英国经济—社会史研究：理论与实际》，载侯建新主编《经济—社会史》，第 65 页。
② [法]多斯：《碎片化的历史学》，第 90 页。
③ [法]多斯：《碎片化的历史学》，第 18 页。
④ 侯建新：《经济—社会史：整体的和民众的历史》，前揭侯建新主编《经济—社会史》，第 20—21 页；第 66 页。彭卫：《关于经济—社会史研究的几点思考》，载侯建新主编《经济—社会史》，第 39 页。
⑤ [英]杰弗里·巴勒克拉夫：《当代史学主要趋势》，第 12—16 页。
⑥ [英]杰弗里·巴勒克拉夫：《当代史学主要趋势》，第 32 页。

故步自封，停留在政治史范畴内而不敢越雷池一步。①这一社会经济史的研究取向，随后有更多西方学者参与其中，20 世纪 50 年代时，以社会经济史为研究论题的论著也日益增多起来了。20 世纪四五十年代，布洛赫被英国学者视为卓越的中世纪经济史家。②"把经济和社会联系在一起作综合的研究，西方史学界一般认为可追溯到 19 世纪末和 20 世纪初。"③在中国，1930 年代中后期开始了社会经济史研究的一股热潮，接应了域外的这种学术研究取向。傅衣凌区域史的研究取径，与国际主流形成的时间大致相同。由此看来，傅衣凌的社会经济史研究旨趣无疑是受到了这一世界性的学术潮流的影响而形成的，其论著出版的时间 1944 年，也是相当前沿的。

3. 国际学界区域史研究取径形成的时间

年鉴学派的创始人费弗尔在 1912 年的时候出版了其《腓力二世与弗朗士——孔泰》，大致可以看作区域史学最初发端的代表作。但是，正如前文已述者，50 年代前，法国之外的西方欧美国家，其学界翻译年鉴派论著的现象还相当鲜见。年鉴学派直至"第二次世界大战"之后尤其是 1955 年后，才更多地成为世界史学的主流。1950 年代法国区域史复兴出现的同时，是英国地方史的复兴。④其学术影响力还远远不能抵达远在千万里之外的中国。40 年代后期，傅衣凌所从事的区域商人问题的研究，无疑也是走在世界前列的研究理念。

4. 国际学界注重基层"自下而上"的研究取向形成时间

费弗尔 1924 年通过博士论文答辩并出版了其论文《法国大革命期间北方省的农民》，宣扬"从底层观察事件而不再仅仅从高层着眼"。⑤布洛赫 1931 年出版其《法国乡村史》的时候就提出"对乡村记述与乡村习俗的综合研究"的视域。⑥自此之后，更多的学者关注底层社会，"自下而上"的研究取径也蔓延开来。但这毕竟是 20 世纪

---

① ［英］杰弗里·巴勒克拉夫：《当代史学主要趋势》，第 38 页。
② ［法］多斯：《碎片化的历史学》，第 90 页。
③ 齐世荣：《可喜的创新之路》，载侯建新《经济—社会史》，第 3 页。
④ ［英］彼得·伯克：《法国史学革命》，第 100 页。
⑤ 前揭该书第 5 页，参阅姚蒙《法国当代史学主流》第 58 页。
⑥ ［法］彼得·伯克：《法国史学革命》，第 16 页。

50 年代之后的事情了。1944 年傅衣凌所开展的农村社会经济史的研究，这一研究取径，自然是走在世界性学术风向的最前列了。

5. 国际学界新资料取径——契约家谱等私文献的利用开端时间

布洛克曾言"真正唯一的历史就是全部的历史"；"历史材料的广泛性几乎是无止尽的。所有人所说的、所写的、所造的和所接触过的，都能够而且也应当被用来了解人"。①勒高夫在其《新史学》中叶提倡"历史包括人类开始在地球出现后，所做所思的每件事留下的每一个痕迹"；②"新史学扩大了历史文献的范围，它使史学不再限于朗格罗瓦和塞诺博斯所主要依据的书面文献中，而代之以一种多元史料的基础，这些史料包括各种书写材料、图像材料、考古发掘战果、口头资料等。一个统计数字、一条价格曲线、一张照片或一部电影、古代的一块化石、一件工具或一个教堂的还愿物，对于新史学而言都是第一层次的史料"。③中国学者梁启超也曾高呼：中国传统史学"知有朝廷而不知有国家"，"知有个人而不知有群体"，从而倡导方志、族谱、账簿、契约等资料的充分使用。④但是，目前寡陋所见，在中国乃至世界史研究范围内，真正以最基层的非官方文献的"私"的资料，展开切实的史学研究的，似乎确实是傅衣凌第一个发其端的。

三　余论

综而言之，傅衣凌的学术取径，在上述几个领域都是走在世界学术风潮的最前列的，大多学术理路虽曾经前人指引，但切实入手展开研究，却是傅衣凌首开其端。其敏锐的学术洞察力和远见卓识，令后人仰望。我们过去拥有太多的媚外心态，多不重视本土自产的学者，导致了一些错误观念和认识。

---

① ［法］布洛克：《为史学而辩护》第 63 页。参阅姚蒙《法国当代史学主流》，第 50、63 页。
② ［英］彼得·伯克：《法国史学革命》，第 4 页。
③ ［英］勒高夫：《新史学》，上海译文出版社 1989 年版，第 6—7 页。另参阅［英］杰弗里·巴勒克拉夫《当代史学主要趋势》费弗尔的倡导，第 55 页。
④ 傅衣凌：《治史琐谈》，《傅衣凌治史五十年文编》，第 36 页。

《南齐书·文学传论》曾记载了南朝萧子显在回顾了汉魏以来作家作品时，曾言：

> 习玩为理，事久则渎，在乎文章，弥患凡旧。若无新变，不能代雄。

清朝桐城派大家姚鼐也说："为文章者，有所法而后能，有所变而后大。"固然，开风气之先的学者会在第一时间内预测到国际潮流，从而毫不犹豫地开展其研究。傅衣凌的学术理路正是如此，且与国际主流学术的暗合，走在了中国同时代学者的前面，走在了国际前沿，其学术前瞻性固然令人仰望和尊敬。但是，更为令人兴奋的是，其弟子门生踵随乃师开创的学术路径，并进一步开拓创新，则是傅衣凌学派长盛不衰的源泉。

在当代，信息传播异常迅速，史料的数据化常令学术的发展日新月异，以往依赖于史料搜讨多少为衡量标准的学术价值体系，逐渐被考量史识和智商所取代。学术的发展和进步，更多凭借智慧的比拼。所以，当今国际学术发展的趋势，需要更多引领学术风向的学者，时代呼唤"大师"——国际性的学术大师。或许，以下三点勉强可以算作国际学术大师的一个标准：（1）学术研究世界一流，具有巨大的国际影响力；（2）学术研究具有巨大的牵引力，能够引领学术风向，能够引发更多学者追随或做扩散性的研究。（3）有属于自己的学术流派，且有足够多的优秀弟子传承、延续自己的学术路径，并在此基础之上能够勇于拓展新域。

第四章　不仅仅是为了纪念

——追忆刘浦江老师

　　刘浦江老师远游了，获悉噩耗的 1 月 7 日凌晨和此后的几天，我都沉浸在莫名的悲戚和幽怨之中，似有更多的心绪难以排遣。而今，真的要写一篇追忆他的文字，打开电脑的一刹那间，千头万绪和千言万语都盘桓脑海，一时间却又不知写些什么。

一

　　获悉浦江老师患病的消息，还是陈晓伟兄告诉我的。那时的震惊与痛心，难以言宣。我随后给晓伟的言谈中表述：或许，我的悲戚似远逾于浦江老师自身患病的痛苦。我担心的，更多是我心目中学术丰碑的倒坍，邓广铭先生学术谱系中重要一环的断裂——浦江老师应该是邓广铭先生最年轻的学生，亦是传承与发扬邓先生学术最具品格的一位，尤其是在辽金史研究领域。随后的半年间，因为受制于他的静养所需，不能亲自前去探望，通过陈晓伟、赵永磊等几位学弟，我在不同渠道探询着他的病情，心中也不停地暗祷他能化险为夷，平安度过，继续为我心头"竖立"一个"真正学者的表率"，更长时段地延伸、薪传、光大太老师恭三先生的学脉。

　　我和浦江老师真正的交往并不是太多，面对面长时间交谈的次数不超过五次：2008 年 8 月，中研院史语所主办的"传承与创新"会议；2013 年 9 月初，北京大学举办的"宋代政治史研究的新视野"（这次会议中，浦江老师一定要我和他的几位学生一桌共餐，且在饭

355

后和康鹏、林鹄、小林隆道、毛利英介等几个年轻学者一起，在北大西门外的一家冷饮馆小聚），和 2013 年 10 月，南开大学举办的"宋元明国家与社会高端学术论坛"，这三次会议期间，是记忆中我和浦江老师交往最多的。2003—2007 年，我坚持参加邓小南老师组织的读书课，很多次都能见到他，间或都有一些简短的交谈，都属于礼节性的，通电话有六七次，也基本都是他打给我，先后问询学生（包括陈晓伟、苏显华、赵永磊及自厦门大学申请北大学位的其他几位，和南开大学入读北大的张良等）的情况和学术事宜（如厦门大学国学研究院藏石刻梵文《故鉴公法师灵塔记》等），几乎每次通话的时间都是很长。更多的，我是从他的论著中了解他的研究，通过我感知的点滴记忆了解他的敬业精神。

追忆以往，最初真正熟悉刘浦江这个名字，那还是 1997 年我跟在先师漆侠先生身边求学的时候。记得 1998 年 1 月 10 日邓广铭先生辞世，此后的一段时间，漆侠先生一再说及他跟随邓先生求学的诸多往事，感念邓先生的诸多恩赐，同时也就提及浦江老师。1999 年暑假开学后，漆侠先生收到了浦江老师邮寄其《辽金史论》的一个邮包，我按照漆先生的叮嘱，将邮包中其他几本书一一送出，随后开始阅读漆侠先生所获的赠书。漆侠先生当时就说：刘浦江的论文风格和邓先生比较接近，都有一种"磅礴大气"在里面。读完一篇自序，即令我震惊和由衷钦佩。前辈或平辈学者读到的也许是自傲，而我更多以为这里暗含着的是学术追求的境界，是自信，更是纯学术的一种精神。自此之后，我开始不间断地阅读他发表的各类文字，力争一篇不落地阅读；他在日本《中国史学》和稀见论文集中发表的论文，我也多通过邮件，向他索求，而我尤其喜欢读他撰写的邓先生学术史类文章，和评介王曾瑜先生的《金朝军制》、李锡厚先生的《临潢集》，以及《正视陈寅恪》等文。2007 年我任教厦门大学后，也将他的几篇长文作为范本，选为必读，让自己的学生阅读、缩写他的论文。

随着苏显华、陈晓伟等学友前后赴北京大学历史系攻读学位，浦江老师几乎更多地给人说起刁培俊教学生如何如何用心和自有章法（据陈晓伟兄说，2011 年 8 月我在《学位与研究生教育》发表教学经验《知识、方法和能力》小文后，他还特意叮嘱晓伟等认真读一读），随后邓小南老师、李华瑞老师等也在不同场合再三褒扬。作为大学教师的本职所在，竟然被他多次褒扬和赏识，是出乎我意外的事，自然倍感荣幸。对我而言，在更多了解浦江老师自己对于培养学生的情况之后（他对研究生的培养极为用心，始终以高度负责的态度，殚精竭虑地给予深入指导，即便罹患重病，仍逐字逐句审订学生论文，用生命诠释了"师道"二字的深刻含义。当我在追思会上读到《刘浦江教授生平简介》中的这段话时，热泪盈眶），我越来越多地懂得了那是一种师长的鼓励，是一种惺惺相惜的理解，也是他多年来秉承的为师之道。

二

对于辽金史等学术领域，我只有初步了解，自没有资格评价浦江老师的学术；与浦江老师交往并不算多，也不敢妄论他的出处进退与为人处事，好在 2015 年 1 月 21 日追思会前后，包括邓小南、阎步克、荣新江、张帆、李鸿宾、李华瑞等前辈师长，和陈侃理、李鸣飞、苗润博等先进，都撰写文章，或评介浦江老师的为人和"吏才"，或发扬他的学术，都相当中肯，读来受益良多，也让我从更宽广的领域，了解到浦江老师的方方面面。这里，谨就个人对浦江老师的印象，略述一二。

我个人以为，虽然生活在 20—21 世纪的现代中国，浦江老师却是一位很"古典"的学者。我的印象，最为深刻的，大致包含以下三点。

第一，浦江老师对于邓广铭先生知遇之恩的感戴，对于师恩的追记，表现出他发自内心深处的"尊师"情节。一般以为，尊师重道，是中华民族的传统美德，何需赘言？孰不知，在当今中学、大学校园，"尊师"已如"敬老适所以贱老"一样，越来越成为一种"说辞"，越来越成为"远古"的"古典"。浦江老师是尊师的典范，值得我特别尊敬。他在十几篇文章中满怀深情地弘扬邓广铭先生的治学成就和学术精神，也一再对 1987 年 10 月 8 日那个"阳光灿烂的秋日"铭记难忘，对邓先生"总是心存一份深深地感激，刻骨铭心"，对于邓先生将"一个普普通通的青年，没有高学历，当时也还没有在学术上做出任何成绩"的他调回北大任教而铭感在心，并在邓先生去世之后，不但在学术研究领域，秉承邓先生的教导，开拓创新，而且一而再、再而三地在各类报刊发表文章，发扬光大邓先生的学术精神。而浦江老师在去世前，特意叮嘱学生和家人将他安葬在距邓广铭先生墓园的邻近处，或便于"它"（邓先生之墓）能够"看"得见、"听"得到"他"（"它"，浦江老师之墓），更是饱含了浩瀚如烟渊深似海的旷世师生情谊。这已经不是单纯的感戴师恩，这已远远地超乎普通世人的所谓尊师。他自己曾经说："我不是邓先生的入室弟子，从来不敢以门生自诩，恐有僭伪之嫌。甚至在他的遗体告别仪式上，我都没有勇气站到邓门弟子的行列中去。但可以肯定的是，在我一生的学术道路中，邓先生是最重要的一位引路人，他对我的影响是决定性的。若是要编'学案'的话，我自认为是邓先生的嫡系亲传。"记得 2008 年 8 月 13 日晚，在台北一同参加"传承与创新：九至十四世纪中国史青年学者探讨会"时，他兴致勃勃地跟我们几个年轻人说学界的趣事和奥运会的各个赛程，其中就有一句：你们看平田茂树他们日本学者很熟悉自己的学术谱系，我建议你们也编一个中国宋史研究的学术谱系。在我看来，漆侠先生"头白犹期序三千"，他一定也是想要自己编入"恭三学案"，从而"纪念我的恩师邓广铭先生"吧?！后来，厦门大学历史系的部分学生，在我的引导下，团队作战，搜求百端，曾经编写过 20 世纪以来的宋史研究学术系谱，惜乎并不成熟。

浦江老师撰写的纪念邓广铭先生的文章，不仅仅是对恩师的感铭，在我看来，更多的是对恩师的学术追慕，对恩师学术高起点、卓越追求的践履。我对史学史也有浓厚兴趣，但拜读浦江老师的这些文章，我更多地体悟到，这其中体现出中华传统师弟传承的诸多美德。漆侠先生和王曾瑜先生多次强调：对于老师最好的纪念，应该是发扬光大老师的学术，而在此基础上做出推进性的研究。就辽金史和北方民族史等诸多研究领域而言，浦江老师切切实实地做到了，尤其是他以民族语文为解读取径的做法，更是引领和指示了学界未来的途径。《南齐书·文学传论》曾记载了南朝萧子显在回顾了汉魏以来作家作品时，曾言："习玩为理，事久则渎，在乎文章，弥患凡旧。若无新变，不能代雄。"信矣夫？！

第二，浦江老师在教导研究生方面，也是颇为"古典"的做派，是传统师弟传承中的那种模式，令我敬佩。陈晓伟、苏显华等和我教学往还较多的学弟，报考他的（还有几位报考北大其他教授）研究生的时候，他都给我打来 20—40 分钟甚至更长一些的电话。在电话中，他会详细询问我对他（她）的了解，上过什么课，作业表现、学年和毕业论文、领悟能力、兴趣和爱好等；有些他不清楚的问题，他会反复追问，几近穷追不舍，有些几乎令我难以更细致的回答。后来，赵永磊、张良两位具有南开大学求学经历的学弟报考北大，他同样也打来了电话或发来邮件，向我了解他们的各种情况。他的这种一丝不苟的敬业精神，无论是作为北京大学历史学系的系副主任，还是作为研究生的导师，把好研究生推荐入学这个"卡口"，都可以视为对北大传统的固守，也自然是师辈优良传统的延续。信息资料易于获取、独生子女居多的当今中国，大学和研究生阶段的教育，需更新和建设相应的教学指导模式，既激发学生的学习兴趣，又需切实有效地在德智和言行出处进退等各个领域顺势引导，方可培养出 21 世纪的新一代优秀学者；传统教学模式不革新，将难以适应这一时代的要求。教师教导模式的更新，将会延续并影响到更下一代教育成效。我个人以为，浦江老师既承继了前辈培养研究生的优良做法，又适应了新时代新发展新境况，2000 年前后十几年内中国最优秀、最认真负责的辽金史领域的研究生导师，非他莫属。

2012 年夏，我从厦门大学调回南开大学任教，陈晓伟数次从北京到天津找我聚会。两次很深的记忆是，在和我的对话交流过程中，陈晓伟不断地收到浦江老师的短信，不断地需第一时间回短信；即便是 2014 年上半年，浦江老师当时已在患病静养中，还是一如往常，不间断地短信，那一次还给晓伟打来时间较长的电话——是关于博士学位论文的具体指导，以及关于工作安排的叮嘱。作为一位研究生导师，传道授业解惑之外，还要对研究生的安身立命问题，一而再再而三地叮嘱、指导，浦江老师的人格魅力，也深深地感染了我。当初上学阶段，曾经有人说，漆侠先生是将对研究生的培养，当作了自己学术大厦的组成部分。而今，浦江老师又何尝不是如此，甚至有过之而无不及。后来，我也了解到刘浦江老师对于康鹏、邱靖嘉、苗润博等学友的教导和关切，几乎无一不是如此，也越来越敬仰浦江老师作为"人师"的伟岸形象和导师魅力。

第三，浦江老师的学术研究，也饱含着"古典"的因子。辽金等北方民族史的研究，自当属于"古典"的范畴，而将民族语文（契丹文、女真文、古突厥文、今古蒙古语等）作为这一领域研究的辅助，像他这种贯通北方民族史的视野和研究取径，已经使他跳出了传统辽金史学的藩篱，真正进入更为超远的学术境界。更重要的是，浦江老师还自己编著有《二十世纪辽金史论著目录》，与康鹏兄合作编著《契丹小字词汇索引》两部工具书，还引领着数位青年新锐全力修订中华书局二十四史之《辽史》；据我所知，此前，他和邓广铭先生一起，曾经将繁难不堪的《三朝北盟会编》一书加以点校整理。此外，他还讲授如下研究生课程：《四库全书总目》研读、《三朝北盟会编》研读、《辽史》研读、契丹小字石刻研读。尤其是上述这些学术工作，在他人看来，或颇有"笨伯"的意味。在我看来，这也是很"古典"的，值得尊敬的。众所周知，当今中国高校的评鉴机制中，工具书和古籍整理，很多学校是不算数的，更不能作为代表作参加晋职和各类的评奖活动。或曰"古之学者为己，今之学者为人"。在"为人之学"繁盛如斯的今天，这样的研究取径，自是很"古典"的。

三

浦江老师在治学、为师等诸多领域，都是我们的楷模。我最爱诵读他倡导的两句治史箴言，其一：

　　对于研究课题的选择，我向来有两个原则：一是追求重大题材，即关注重要的、关键的、核心的问题；二是追求难度系数，偏好难度较大的、前人没有发现或者未能解决的问题。因为一般来说，这样的研究可以具有更为恒久的学术价值。

其二：

有的学者在将论文结集出版时，声称为保持原貌而不对文章加以改动，那样一来，岂不只是旧文的汇集重刊而已？我颇疑心这是懒惰的一个借口。（均据《松漠之间·自序》）

于我而言，不仅仅为了纪念和追忆浦江老师的风范，我更加追慕他那"古典"的认真负责的做事风格和高屋建瓴、一丝不苟的治学精神，追慕他那坚持纯学术价值观的人生至高信念。他不仅是一位优秀的学者，一位令学生难以忘怀的教学名师，他更是不可替代的一代著名史学家。

浦江老师英年辞世的那天，我曾勉力撰写"探赜白马青牛运拓新境已有鸿文传百代，覃研长山黑水延展古今定存盛名谱千秋"（经赵永磊学弟润饰）；"恭三学脉殿军无，我恨天公收英才"。言不成文，谨此追忆我敬慕的刘浦江老师。

第五章　那一代学人对"先生"的爱

20 世纪 50 年代前后出生的一代学人，对于他们的授业恩师——"先生"的那种深挚的爱，是我们这一辈年轻人难以想象的。

2015 年 10 月 10 日，这是一个秋高气爽的日子，来自海内外一百多位学者，齐聚在海河边的南开园，共同追忆著名历史学家、一代学术宗师杨志玖先生（1915—2002），纪念这位辞世 13 年的回族老人百年诞辰。会议在南开大学历史学院江沛院长从容沉静的主持下，从龚克校长热情洋溢又充满深情的讲话中，从刘泽华先生那沉稳漫长的"石家庄方言"语调中……我更多体悟到我的这位太老师是一位"真人"，是一位"诚信、仗义、宽容、正直"，学识渊博的学者。张国刚老师、李治安老师、王晓欣老师，以及过去多年与杨先生有着这样或那样学术往来的学者们，在沉静幽深的南开大学东方艺术中心大楼中，追念这位来自山东周庄、在国难当头的岁月里，走过北京大学的红楼，行走在昆明李庄西南联合大学、中研院史语所、南开大学的漫漫长路中的长者。他在南开大学从教 61 年，培育了蔡美彪、张国刚、李治安等学界顶尖高手、著名学者，也作育了其他领域不胜枚举的国家栋梁。

那一天的清早，我漫步在大中路冲天白杨、黄叶围径的校园，凉凉的秋风一阵阵吹拂，掀动树干和我的头发，簌簌作响。我一直在默默地沉思：来自哪里的力量，团聚了如此多的、来自世界各地的一百余人，许多行走迟缓、头发莹白、多年隐而不见的老先生都出现在纪念会中，来这里追念一位已经逝去的历史学教授？ 慢慢地，我理解了张国刚、李治安教授等这一辈学者对于他们的"先生"厚实而真挚的爱。

一

杨志玖先生被后学者誉为"亦师、亦父，仁者、智者、学者"，是20世纪中国学界一位笃实的回族学者，在隋唐史、元史和中外关系史等诸多领域，发表了一系列独出机杼的见解，在海内外影响深远。他精于考证，论著颇具论战精神，为文一丝不苟，文笔清新流畅，见解超远，识见深蕴。譬如，早在1941年，他以在《永乐大典》中发现了马可波罗到达过中国的资料，撰写出《关于马可波罗离华的一段汉文记载》（重庆《文史杂志》第1卷第2期，1941年12月）而享誉于中外史林。20世纪以来，中外关于"马可波罗到过中国吗"的驳论，前波后浪，层出不穷，但杨志玖先生坚持己见，不断推进自己在这一领域的研究，多年来坚持和中外学者认真地切实商讨，卓见自呈，历久不衰。这让我们看到，只要他认定自己的理论和见解凿凿确然，就充满信心，绝不随波逐流，也绝不让步。再如关于元代的探马赤军、唐代藩镇问题等，在当时学界讨论的一些重大问题（譬如土地制度、农民战争），他也积极参与其中，努力发出属于自己的学术音符。他出版于1955年的《隋唐五代史纲要》，是一本15万字的小书，全书线索清晰，简明扼要，纲张目举，要言不烦，内容提纲挈领，文笔清新流畅。相比于同时代出版的另外两种著作（岑仲勉《隋唐史》、吕思勉《隋唐五代史》），杨志玖先生的"纲要体"更适合于低年级大学生修读通史的需要。中国历史著作的章节体模式在中华人民共和国成立前并没有完全形成，它是在1949年后特别是50年代形成的。杨志玖先生的《隋唐五代史纲要》就是其中的典范之一。

容易被人忽略但又令人念念不忘的，是杨志玖先生在郑天挺（1899—1981）、谭其骧（1911—1992）、吴泽（1913—2005）先后参与主编的《中国历史大辞典》中所付出的时间和才识。惊醒地意识到就这一点，怦然震惊了我的心扉。这部900余万字的辞典，自1978年开始启动，1984年开始陆续分册出版，是迄今为止新中国编纂出版的第一部特大型历史专门辞典。它网罗齐备，包含了五千年中华文明的基本内容，全面准确地反映出中国历史的概貌。全书收词近 7 万条，涵括了中国古代政治史、经济史、军事史、思想史、文化史、教育史、法制史、科技史、民族史、风俗史、宗教史、外交史等各个领域，依据历史朝代和专门领域分为先秦、秦汉、魏晋南北朝、隋唐五代、宋、辽夏金元、明、清和民族史、历史地理、思想史、史学史、科技史等十四卷，被誉为当今世界上最全面、最权威的中国历史百科全书。第一任编委会主任兼主编郑天挺先生 1981 年年底就辞世了，新续编委会主任谭其骧先生在 1982 年就患病在身，另一位主编吴泽先生也长期远离京津居于上海，多是无暇顾及。杨先生不仅是全书的主编，还是隋唐五代卷的主编。前后 20 余年，主编的诸多责任，其实大多是杨志玖先生默默承担的，而辞典编纂需要逐条订正，核对增补，耗人心神，杨先生可谓是呕心沥血。他才是真正的、名副其实的主编。杨志玖先生默默地付出了，无怨无悔。这样忘我无私的投入时间和才识，不是每一个学人都能做到的。这种学术奉献精神，是值得当今学人追思的。

2003 年的那个夏天，李治安师赠我杨志玖先生《陋室存稿》一部，但当时我只是粗略浏览，未曾精读，直到前几年的一个夏天，才拿出大段时间，真正一字一句地认真拜读太老师的这部著作。我对杨志玖先生的认识，才真正进入一个"具同情之了解"的境界。他的论著，构思巧妙，言简意赅，玲珑剔透，识见深蕴，都是独树一帜，具有绵长的学术影响力的。他的那些简短而洗练的短文，充盈着学术识见，短小精悍，说理透彻，给人启迪，我尤其喜读。

杨志玖先生具有不倦的求知精神，求学之心老而弥笃，多年来坚持每天阅读英文资料。他先后学习过日语、阿拉伯语、俄语、法语、德语、波斯语、蒙古语等多种语言，有的已有相当深的造诣，但他近七十岁时犹自和本科生一起坐在课堂上进修德语，八十岁时还要学习计算机操作，全然一副活到老学到老的典范形象。他对学术问题，孜孜以求，虚心请教于先进学人哪怕是他的晚辈。他在投老之年完成的那部 40 余万字的《元代回族史稿》，更可见其老而弥笃、锲而不舍的旺盛科研追求。

熟悉杨志玖先生的他的那些老学生，说他相貌文雅，具有大家之风，为人谦和，平易近人，行事低调，生活简朴，甘居"陋室"，知足常乐："人好"在南开园是出了名的；他视学生一如子弟，谆谆教诲，亲切指导，悉心培育；杨志玖先生老年时患有眼疾，但他仍不愿麻烦学生，即使是有事情求助学生，也总是念念不忘，事后三番五次地表示谢意。他敢于冒天下之大不韪，顶住各方面的压力，1957 年为雷海宗先生鸣不平，写信给《人民日报》：你们曲解了雷海宗先生。1990 年前后，在艰难的时刻，他敢于担当，排除异议，力主著名画家范曾回南开任教。这是一个正直学人应有的铮铮风骨，于当时于今日而言，都是难能可贵的。

杨志玖先生学术的一生，就隋唐史、元史等领域均做过深入的研究，发表各类文字 179 篇，总计约 170 万字。我懵懂青涩年岁中，曾经不止一次地以论著的数量和我所认知的"影响力"对比前辈们的学术成就。就魏晋隋唐史领域而言，岑仲勉（1886—1961）、陈寅恪（1890—1969）等前辈自不必说，杨先生这一辈年龄相差无多的学者中，唐长孺（1911—1994）、何兹全（1911—2011）、周一良（1913—2001）、王仲荦（1913—1986）、韩国磐（1919—2003），甚至稍微年轻一些的田余庆（1924—2014）、黄永年（1925—2007）、胡如雷（1926—1998）等，或独树一帜，或沉潜求实，其成就均为学界所共睹，高山仰止，令人瞩望；蒙元史研究领域，冯承钧（1887—1946）、韩儒林（1903—1983）、翁独健（1906—1986）、邵循正（1909—1972）等先生均在各一研究领域根深叶茂，独领风骚，论著更多与海外汉学界接轨。杨先生介于其中，虽然成就不菲，但似乎不怎么显山露水。我所熟悉的宋史研究领域，除了宋史泰斗邓广铭先生（1907—2008）和漆侠先生（1923—2001）两位前辈论著多达数百万字，而堪称为一代名师的陈乐素先生（1902—1990）、张荫麟先生（1905—1942）、张家驹先生（1914—1973）、李埏先生（1914—2008）、徐规先生（1920—2010）等，终其一生，研究论著均在一百万字左右，但他们均不失为一代宗师的学界地位。那个时代的学者，期刊远没有如今繁多，社会各界和高校对于"先生"们的评价也并非当下的单一量化标准和非顶尖期刊不可晋职，"先生"们更多沉潜求实，惜字如金，没有真知灼见的文章，罕动笔墨，他们都不屑于写作和发表。那时，是一本书主义的时代，是三五篇高质量论文即可为学界万众瞩目的时代。当然，一位学者、一位教坛名师，其研究论著的数量与质量，及其作育人材的成就，是难以以数量计的。

杨先生生活的时代，历经了20世纪中国国难当头、中华人民共和国开创、艰难曲折的"文化大革命"和改革开放的新时期。张国刚先生曾说："时代的剧变给知识分子人生道路的影响往往是后之学人所难以想象的。不仅个人的政治命运会受到严峻的考验，而且学者的治学道路也会因此而改变。传统会在这时候发生断裂，而历史却在断裂中蜿蜒向前。从学人的角度看，学术史也可以看成是学者命运改变的历史。而这种改变有的时候明显可见，有的时候却是浑然不觉的。"邓广铭先生说：

（以辽宋金史为主要研究对象）这样一个学术研究领域之所以形成，以及它之所以长时期不曾有所拓展改变，从主观方面说，当然是我自己学力的局限使然，我根本不具备淹通古今中外的条件，不可能从事于浩瀚无垠的古今中外之学，所以只有画疆自守。从客观方面说，则是为我所居处的人文环境、时代思潮和我国家我民族的现实境遇和我从之受业的几位硕学大师所规定了的。①

杨志玖先生又何不如是，艰辛备尝、踉踉跄跄地走过了属于他的那个20世纪的中国！？　论著字数并不能完全说明学术水平，尤其是经历过外辱烽烟的年代、火红的年代、革命的年代的这辈学人，能有170余万字留存于世，已是难能可贵。学者的一生，真知灼见，倘若

① 邓广铭：《邓广铭学术论著自选集·自序》，今据《邓广铭全集》第十卷，河北教育出版社2005年版，第421—422页。

有三五挺立枝头、傲然卓立、经久不息,亦自近乎不朽之域。

二

杨志玖先生早年的学生范曾,捐助了装帧典雅印制精美的《杨志玖文集》的出版和这次学术纪念会,他已经 66 岁的学生李治安教授拿出自己的一笔巨款,也投诸这一盛会之中。杨门弟子感念和追思师恩的真挚与诚敬,还可以看到我的导师李治安先生不惮烦难、事必躬亲、不忽丝毫、慎密布排,王晓欣老师亦亲力亲为、踏实而周到的参与会务,张国刚老师的鼎力辅助和操持。他们,为人弟子,这样的行事,为的是纪念他们的恩师诞辰百年,以此缅怀他们远游九原归真太虚的先生。就学术薪传而言,有蔡美彪、张国刚、李治安这三位传人,相信杨先生归真天国,仍会笑影盈盈。

学生对于先生深挚的爱,我还有着另外更多的记忆。对于我学术谱系中最先一脉的太老师邓广铭先生,我印象中最深刻的,有这样一段话:

> 到 1951 年 1 月内,我闻悉傅先生(斯年,1896—1950)逝世的消息之后,顾不得我应与他划清界线的大道理,不禁在家中失声痛哭起来。①

我的硕士研究生导师漆侠先生,在他的老师邓广铭先生 1998 年 1 月 10 日去世的时候:

> 及至听到这不幸消息,作为我这个追随先生达半个多世纪之久的老学生来说,不由自已地沉浸在无限哀痛之中……②

著名学者葛剑雄在他的老师、中国著名历史学家谭其骧先生患病

---

① 邓广铭:《怀念我的恩师傅斯年先生》,今据《邓广铭全集》第十卷,第 308 页。
② 漆侠:《悼念恩师邓广铭恭三先生》,今据《漆侠全集》第九卷,河北大学出版社 2009 年版,第 262 页。

行走不便时,多年来全方位悉心照料,这连很多子女对父母都难以做到。在谭其骧先生辞世后,葛剑雄先生更撰写出厚实的一部《悠悠长水:谭其骧传》。①北京大学英年早逝的刘浦江(1961—2015)教授,去世前请家人和学生将他葬在距他的老师邓广铭先生墓园邻近的地方,为的是能够让"它"(邓先生的墓碑)可以看得到"自己"(的墓碑),更是饱含了浩瀚如烟渊深似海的旷世师生情谊。这已经不是单纯的感戴师恩,这已远远地超乎普通世人的所谓尊师。

晨曦斑斑驳驳地洒落高大白杨的枝头,我心中念起邓广铭先生的失声痛哭,漆侠先生"不由自已地沉浸在无限哀痛之中",刘浦江先生去世后将自己葬在老师墓园旁侧……回首再看到不远处"纪念杨志玖先生诞辰一百周年隋唐宋元时期的中国与世界国际学术研讨会"的红色巨型会标,以及李治安师灰白头发行进在清冷晨曦中的身影。在这里,我们看到了 20 世纪 50 年代前的诸多学人,对于他们的先生——恩师深挚的爱。

三

中华民族数千年来的传统,天地君亲师,师长、先生,是仅次于"天地君亲"之后,人伦之中最为亲近的关系。对于师长、先生的敬爱,传统中有"一日为师,终生为父"的古训。先生对于门生弟子的培养教导、治学与人生的诸多关爱,在很多方面,是父母远远不能给予的。更有不少先生,视学生一如子弟,视门生的学脉传承为终生最大的追求——他们追求的不仅仅是火传得薪,他们追求的更多的是薪火相传。那些敬畏学术,把"师者,传道、授业、解惑"视为人生至高理想的教授,真正传承了古往以来为师者的本真,传承起中国教育事业最值得珍惜和追念的为师之道。因此,在他们辞世、归真多年以后,就有其门生弟子抑或再传,更多追念着先生的诸多的好,铭感着先生的再造之恩。

① 葛剑雄:《悠悠长水:谭其骧前传》《悠悠长水:谭其骧后传》,华东师范大学出版社1997 年版、2000 年版,合并为一名之曰《悠悠长水:谭其骧传》,广东人民出版社2014 年版。

　　当今中国独生子女时代的师生关系，学生考试成绩不佳，怪老师；学生在校园内和同学之间出了矛盾和摩擦，怪老师；学生在校内运动或者自由活动时候出现了磕磕碰碰，当然也要怪老师……老师担负了许多本不应该承担的"职责"和"义务"。我们要求教师是一颗蜡烛，牺牲自己照亮别人。然而"私"心占据主导的社会观价值观作祟，却有越来越多的人忽略和轻视了传统的师弟之情。而今，中学教师忙于分数、评比、办辅导班，面对了来自社会各界众多的压力。大学教师则多是忙于科研，炮制论文和专利，无暇、无心也无奈更多如传统时代教育模式那样的言传身教。信息资料易于获取、国际化日趋迅猛、独生子女居多的当今中国，大学和研究生阶段的教育，需更新相应的教学指导模式，既激发学生的学习兴趣，又需切实有效地在德智和言行出处进退等各个领域顺势引导，方可培养出21世纪的新一代优秀学者；传统教学模式不革新，将难以适应这一时代的要求。教师教导模式的更新，将会延续并影响到更下一代教育成效，影响到整个民族的整体素质和未来走向。在师生关系如此错离传统的今天，长此以往，我们的师生关系何从找回类如1950年代之前那种纯粹、深挚的样子呢？

　　追怀那一代人对"先生"的爱，留给我们的，难道只有敬慕，让历史优良传统的风华绝代随风而去吗？　慎终追远，敬慕师长，爱戴我们的"先生"，是中华民族的传统美德。把凯撒的还给凯撒，把本属于传统的回归传统，尊师重道，我们希望这样的传统更加绵延久长。

第五编

史论·求美与求真

第一章　政局演进与唐宋士族
转型的经济元素
——浅议唐宋士族研究的问题与方法

中国传统社会中，门阀士族和赵宋以降的家族、宗族，是构成"历史中国"的一项重要内容。这一问题的研究，对促进深入了解传统中国，意义重大。宋朝社会的历史特性，士人家族的发展演进，有别于汉晋隋唐时代的门阀士族。着眼于皇权社会控制、士族自身的发展演进、士族对于皇权治理举措的迎拒互动，相比于晋唐和明清，宋朝士人家族问题的研究，如果更加注重其间的政局变动、经济元素，自问题意识之建构和研究方法之创新入手，或可稍改当下被视为已"走入瓶颈"的研究现状，在"告别家族史研究"之后，重开新局。

一　晋唐、两宋士族史研究之比较

近十余年来，宋史学界关于士人家族研究与晋唐史学界士族研究迥异：后者的研究热潮，一波又一波；而前者在 20 世纪 90 年代至 21 世纪 10 年代产生过一段研究热潮后，现已渐显沉寂。何以如是？ 当然与不同时代士族的重要性有关，举其荦荦大端者，似可从以下诸方面试加探讨。

第一，晋唐士族与两宋士族的"历史本相"之同与异。

首先，关于"士族"的概念之转变。晋唐士族大多专指门阀士族，而宋朝士族多指士人家族和宗族。在宋朝社会中，家族、宗族是有区别的，"我们以共同祖先作为圆心，把只包括有服亲的小同心圆称为'家族'，而将包括有服和无服亲的大同心圆称为'宗族'是合符宋人用意的。综上而言，'家族'的最大范围是五服之内，而'宗族'有时指五服之内，有时则指五服之内和之外的共祖亲属"。①前者是世卿世禄社会下的政治士族，后者是急剧社会流动背景下以士人为主构建的家族或宗族。倘若笼统而言晋唐和两宋之为"士族"，则对其间存在的巨大差异忽略过甚。

其次，晋唐和两宋士族在各自时段的重要性不同，其社会影响力也有很大差异。晋唐士族可以呈现出"王与马，共天下"的政治格局，门阀士族的政治、经济、社会影响力举足轻重；宋朝士族的理想化追求是帝王"与士大夫治天下"，以"与百姓治天下"相区隔，士族对于朝廷、州县官府的影响力相比于晋唐时代已望尘莫及。

最后，晋唐士族可以挺立数百年而持续发展，宋朝士人家族持续鼎盛一二百年者已属鲜见。

第二，学界既有研究积累之差异。

首先，两晋六朝隋唐士族的研究，国内前辈著名学者在这块学术园地精耕细作，反复耕耘，已有相当成熟的学术议题和深厚的学术积淀；日本和欧美学人或自个案入手以"碎片化臻于极致"凸显"非碎无以立通"的学术追求，或在贯通性整体史视域下归纳、概括，提升出若干富有学术建构意义的话题，形塑成多种研究"范式"或"命题"，概括和建构出多种"类型"，甚至形成了更高层次的方法和学术理路。譬如关陇集团、贵族政治、寄生官僚、豪族共同体、寡头政治，乃至酝酿出中国帝制社会长期停滞论、历史分期论，等等。其研究成果数量之繁富，是众所瞩目的。有学者指出："新时期的中古史研究，兴旺中蕴含着隐忧，成果积累丰厚，研究起点高，是学科发展的优势所在……"②两宋士族研究起步较晚，1995年时相关成果较

---

① 柳立言：《宋代明州士人家族的形态》，台北《"中研院"史语所集刊》第81本第2分，2010年6月，第300—305页。

② 陈爽：《漫说中古史研究中的旁证》，《文汇学人》2018年4月13日（第337期）。陈先生接着说："但史料稀缺，选题难觅，也成为后继学人的共同困惑，充分借鉴前辈学者对于旁证研究的经验与手段，提出新的假说，或许成为新时期中古史研究深化的途径之一。"

少，学者称"十分单薄，如同花园中稀疏地长出的几棵幼苗，有待人们去栽植、浇水、施肥"。①90 年代后期方有学者积极倡导，譬如 1995—1998 年，黄宽重、柳立言两位先生"宋代的家族与社会"研究计划，联合了十二位学者展开个案性、区域性家族研究，1998 年《中国近世家族与社会学术研讨会论文集》在台北的出版或为一界标；②此后，王善军《宋代宗族和宗族制度研究》则进一步自制度层面推动了宋朝士族的研究。③这一时期宋朝士族研究，在选题和方法上也多有步晋唐士族研究后尘的痕迹，除了早期类似整体史视域下的宏观归纳，90 年代之后的研究，大多是个案性的考察，④据柳立言先生 2010 年时的统计已有中文和外文论著 350 种以上，⑤但似远不能以"繁富""深邃""致密"六字称之。

其次，各自关注的重大议题不同。晋唐士族研究领域的学者更多关注上层的社会建构、政治动向和政局影响，即便是区域性个案研究，也多取径"内化"研究的学术理路。学者反复追讨乡举里选、政治影响、郡望建构和谱系塑造，比较区域士族群体，考问士族政治抑或皇权政治，在学术版图上建构地域集团、政治群体、士族系谱、阶层流动等介于微观和宏观维度之间的选题，归纳州郡型集团和山川流域型集团以凸显地域性特征，探讨士族的身份认同，在家族史、地域史和政治史多维度拓展深化，在传世文献相对量少和新出土碑志资料相对又少的晋唐士族研究领域，比拼智慧的质与量、多与寡，其间的

① 朱瑞熙：《大陆"宋代家族与社会"研究的回顾》，《大陆杂志》第 90 卷第 2 期，1995 年 2 月，今据朱瑞熙、程郁《宋史研究》，福建人民出版社 2006 年版，第 278 页。
② "中研院"历史语言研究所出版品编辑委员会编：《中国近世家族与社会学术研讨会论文集》，台北"中研院"历史语言研究所 1998 年版。
③ 王善军：《宋代宗族和宗族制度研究》，河北教育出版社 2000 年版。
④ 郭恩秀：《八○年代以来宋代宗族史中文论著研究回顾》，台北《新史学》第 16 卷第 1 期，2005 年 3 月，第 125—157 页；粟品孝：《宋代家族研究论著目录》和《宋代家族研究论著目录续一》，分别载于《宋代文化研究》第八辑、第十三和十四合辑，四川大学出版社 1999 年、2006 年版，第 305—311 页，第 822—833 页；粟品孝：《组织制度、兴衰沉浮与地域空间——近八十年宋代家族史研究走向》，《社会科学战线》2010 年第 3 期，第 81—87 页。
⑤ 柳立言：《宋代明州士人家族的形态》，台北《"中研院"史语所集刊》第 81 本第 2 分，2010 年 6 月，第 290—291 页。

学术蕴含极为丰富。①相对于晋唐士族研究，除了徐扬杰《宋明家族制度史论》等学者宏观研究之外，②宋朝士族研究的议题大多立足于"地方社会""社会流动"领域展开讨论，而远离朝廷、政局走向，目前个案性成果大多关注其组织制度、兴衰浮沉、婚姻仕宦、科举振兴、社会网络、地方影响、社会流动等议题。经过多年的学术积累，王善军《宋代宗族和宗族制度研究》和黄宽重《宋代的家族与社会》或可视为集大成之作。梁庚尧《家族合作、社会声望与地方公益：宋元四明乡曲义田的源起与演变》一文，或可视为这一领域具有代表性的一篇力作。③

至于两宋之际精英地方化的讨论，也是内在于"地方社会""社会流动"议题的。④在这一过程中，晋唐士族史研究领域，许多域外学者（尤其是欧美和日本学者）以及60年代之后的中国台湾学者借助于社会科学、行为科学诸领域理论和方法，浸入历史学的研究之中，获取了新的灵感，牵引出富有新意的学术议题。相对于晋唐史研究，宋朝士族研究归纳、类型形塑、范式建构尚不多见，且议题的鲜明度与晋唐士族史的研究不能相提并论。但是，在宋史研究领域，前揭多数议题则正如柳立言先生所说："我们以累积的历史知识加上经验法则便可知其大概，若要回答更深入的问题，则心余力绌。"⑤因为有些议题完全可以"可想而知""不证自明"，从明清家族史研究以"珍珠倒卷帘"的方式，诸多历史镜像隐约若现，逆向推演，但就

① 范兆飞：《中古太原士族群体研究》，中华书局2014年版，第1—17页；范兆飞：《北美士族研究传统的演变——以姜士彬和伊沛霞研究的异同为线索》，《文史哲》2017年第3期，第19—40页。
② 徐扬杰：《宋明家族制度史论》，中华书局1995年版。
③ 梁庚尧：《家族合作、社会声望与地方公益：宋元四明乡曲义田的源起与演变》，收入"中研院"历史语言研究所出版品编辑委员会编《中国近世家族与社会学术研讨会论文集》，第213—237页。
④ 包伟民：《精英们"地方化"了吗？——试论韩明士〈政治家与绅士〉与"地方史"研究方法》，邓小南、荣新江主编：《唐研究》第11卷，北京大学出版社2005年版，第653—672页。柳立言先生的学术反思颇具代表性和总结性，参阅柳立言《宋代明州士人家族的形态》，台北《"中研院"史语所集刊》第81本第2分，2010年6月；柳立言：《科举、人际关系网络与家族兴衰：以宋代明州为例》，常建华主编《中国社会历史评论》第11卷，天津古籍出版社2010年版，第1—37页。
⑤ 柳立言：《宋代的家庭和法律·前言》，上海古籍出版社2008年版，第1页。

宋朝历史文献而言则是史缺有间，巧妇难为无米之炊。在追求实证研究取径下，仅靠勤奋和智慧并不能奏效，某些学术议题能够圆融论证，更靠若干运气。

再次，晋唐士族史研究，前后数代学人在此一领域比拼、考验自己的智慧，不但中型、小型之议题相当丰富，而且宏观建构的贯通性作品亦屡见不鲜，其研究的精细化程度令人叹为观止。相比而言，两宋士人家族的研究基本上尚处于叙事型学术建构阶段，大多是平面推进，往往是同一架构不同家族和不同时空的另一个"模型"再呈显。相对而言，不单单就"社会"和"文化"角度立意，同时融汇政治的、经济的、法制的、军事的等层面，以立体的、多元的、纵深型的、智慧深蕴的整体史视域下的研究成果，尚不多见。晋唐士族史的研究已达致攻坚克难方可显炫学者智慧的境地，而两宋士族史的研究无疑多半尚属浅表性学术叙事，以资料排比、凸显个案为主，缺乏显著的类型性归纳、结构型提升和纵深型研究。

最后，晋唐士族史研究学术积累雄厚，起点相当之高，议题和范式之酝酿充溢了学人智慧。相比而言，宋朝士族史研究的学术积累尚处于垦荒开创阶段。这自然与不同时空下"士族"概念不同、士族之政治和社会影响力差异巨大有关，当然也与学人智慧贡献于此的多寡有关。宋朝士人家族的纵深型探求，尚待更具解释力和建构型的议题之酝酿与抉发。

二 唐宋士族转型的经济元素

学者很早就发抉出"唐宋之际社会门第之消融"①这一学术命题，此后，宋代"婚姻不问阀阅"论题也获得更多学者的认同。②在这一研究过程中蕴含了政局演进对于士族的影响与互动，也蕴含有社会流动的学术预设。但是，自更长时段和整体史视域考察士族在唐宋时期的演进，其中皇权统治的一元化制度设计历程、经济元素影响与

①　孙国栋：《唐宋史论丛》，（香港）商务印书馆2000年增订版，第211—308页。
②　张邦炜：《试论宋代"婚姻不问阀阅"》，《历史研究》1985年第6期，第26—41页。

互动，尤其值得更多关注。

秦始皇建国后，如何更好地处理与王公贵族诸侯的关系，加强皇权，稳定秩序，也随之摆在了他的面前。汉代之后帝国的分封与削藩，各朝皇帝对于皇族、分封诸侯的提防与掣肘，足见皇权控制的制度性设计，正在步步削夺分封出去的权力，以达致集权中央的目的。唐朝藩镇割据带给朝廷的苦恼，宋朝则"以防弊之政，为立国之法"，赵匡胤兄弟借所谓"杯酒释兵权"的方式，以经济利益作为交换，保证了皇帝的集权。晋唐朝廷对于门阀士族的控制心思，与宋朝以降朝廷对士人家族的管理，同样反映出朝廷制度性举措针对自外于皇权控制的各种组织、集团的提防与管治。削夺世族的特权，将之转化为皇权可控、社会流动急剧的士人家族，唐宋士族的演进与变化，也足以反映出这一趋势。逮至宋仁宗拆散累世同居的江州义门陈氏，有着严防尾大不掉、不利管控的考量。①自南朝隋唐门阀士族助推朝廷管控天下，到中唐藩镇割据，再至天水赵宋一朝削夺大将兵权，守内虚外，以文抑武，收地方财权等举措，皇权制度性管控皇权之外的任何集团、组织的意图是相当明显的。唐宋政治格局演进的步伐，也就意味着集权中央，不再放纵地方性势力自由发展的统治意念。

自唐迄宋，士族究竟是怎样经营其"经济"的？　宋朝士族研究领域，尚缺乏明晰的呈显。针对唐朝士族，学者大多认为，科举制尚未完全推动社会流动之加剧，唐朝士族家庭相对仍属稳定，而在世卿世禄的家族背景下，族人不必考虑政治地位，不必务农经商也不用究心吃喝花费。入宋则不然，科举制加速了社会流动，士人家族难以持久，必须考虑经济元素，集大地主、商人和官僚三位一体的浦江郑氏家族或为例证，这样的经营模式遂成为宋朝士族一般性特征。②

宋朝士族发展历程中经济元素的影响及其与政治格局、社会发展秩序的互动，自当成为我们密切关注的学术议题。究其原因，中唐之

① 许怀林：《陈氏家族的瓦解与"义门"的影响》，《中国史研究》1994 年第 2 期，第157—165 页。
② 漆侠：《宋元时期浦阳郑氏家族之研究》，今据《漆侠全集》第八卷，河北大学出版社2009 年版，第204—206 页。

后，土地私有制如滚滚黄河之怒潮，奔涌不息；宋朝以降，失去世卿世禄保护伞的官僚家庭及其家族，与大田产主和富商巨贾们一样，都需用心经营，方可保持家业之不坠。两税法之后的赋役改革，从税丁到税产的推动，使得诡名隐产、诡名挟户替代了诈老诈小逃税役于深山远谷；两税三分制之下，州县官府与中央朝廷的税收按比例分成也基本固化下来，而地方财税无限向中央聚拢的趋势也成为社会常态。①而唐宋帝国整体运转模式的转变，譬如赵宋一朝募兵制、内重外轻的边防格局、重文轻武、以防弊之政为立国之法的立国思路等，均对宋朝士人家族带来了巨大的冲击。宋朝士族家产富庶与产业多寡，田产、商业、家庭手工业等又是怎样具体经营的？士族究竟是如何纳税应役的？"在地化"的士族对地方社会产生了怎样的影响？经济因素究竟在多大程度上影响士人家族之持续兴盛？我们认为既有成果还不能清晰回应这些问题。

宋朝士族融官僚、商人、大地产主、诗词散文作家或艺术家等四位一体，他们或勤劳致富，或对普通民户巧取豪夺以致富，这是他们经营自己产业和家族的常态，甚而有学者提出"豪横与长者"这样二元化的论题。②多数家族把自己标榜为"理学名门""世显以儒"，既凸显出儒家士子的书写倾向，也将那些根本缺乏儒家背景的财富家族描绘成主流家族形象，其间有意或无意地忽略了宋朝武将家族的存在。③也有学者总结目前对士人家族盛衰的研究发现"经济是基础，科举是关键，联姻很重要，关系不可少"。④但是，至于宋朝士人家族究竟怎样具体经营其产业这个"基础"的，漆侠先生的《宋元时期

---

① 包伟民：《宋代地方财政史研究》，中国人民大学出版社 2011 年版；陈明光：《唐代后期地方财政支出定额包干制与南方经济建设》，《中国史研究》2004 年第 6 期，第 93—106 页。

② 梁庚尧：《豪横与长者：南宋官户与士人居乡的两种形象》，今据氏著《宋代社会经济史论集》下册，台北允晨文化实业股份有限公司 1997 年版，第 474—527 页。

③ 这一领域的重要著作凸显出两宋少量武将家族在某些时空之间的巨大影响力，譬如杨倩描《吴家将——吴玠吴璘吴挺吴曦合传》，河北大学出版社 1996 年版；王智勇《南宋吴氏家族的兴亡：宋代武将家族个案研究》，巴蜀书社 1995 年版；何冠环《攀龙附凤：北宋潞州上党李氏外戚将门研究》，（香港）中华书局 2013 年版。

④ 张邦炜：《黄宽重〈宋代的家族与社会〉读后》，《历史研究》2007 年第 2 期，第 170—179 页。

浦阳郑氏家族之研究》描述郑氏家族家产运营概貌；①柳立言先生的《从赵鼎〈家训笔录〉看南宋浙东的一个士大夫家族》呈现赵氏家族同居共财、聚族而居状态下共产与私产的状况，似属于理想状态的追摹，而非实际运转的实例。②王善军先生的《宋代宗族和宗族制度研究》上编"宗族公产"一节，下编"同居共财大家庭"和"基层社会中的强宗豪族"两节，考察宋代家族之家产概貌。学者还倡导以《颜氏家训》《袁氏世范》《郑氏规范》《家训笔录》相比照，探索前后时代家族经济运营的线索。冯尔康等《中国宗族史》③对宋元宗族族产形态的考察，呈现出祭田、义田、义学田三类名目；学界对于范氏义庄的研究可谓多矣，但基本仍停留在文本解读层面，难以构建出经济脉动逼真的历史现场。

　　一个宋朝士族的长期鼎盛，正常运转，就理想状态而言，大致应具备以下要件：子弟们拥有较好的读书业儒环境，每一代族人之中都有精英人才科举入仕，当然人数越多越好；即便稍差，也得每隔一两代人就有科举入仕者，且仕途顺畅、稳定，能够步步高升；士族具有良好的社会网络，尤其是与上层官僚有较好的持续的人际往还，与州县官吏、周边宗族关系友善；可以凭借联姻手段，攀援更高的权贵官僚；在乡里，则其田产经营良性运作，每年都有充足的田租收成，家族中有子弟可以胜任与官方打交道，有子弟擅长经商盈利，族中财产堪称富裕；有子弟胜任与乡邻友善相处，在乡里拥有良好的声誉；族内子弟和睦相处，妻女儿媳友善和美；族众共同遵守国法和族规，长时期保持良性运转，等等。④就《袁氏世范》《郑氏规范》和范氏义庄的有关内容，结合既有家族的个案研究，目前，还不曾找到一个完美的样本，可以比较完整地呈现出宋代士族经营田产、商业、手工业的状况，族产的具体分配，在纳税应役及与州县官吏打交道过程中的幽微曲折。

---

① 漆侠：《宋元时期浦阳郑氏家族之研究》，今据《漆侠全集》第八卷，河北大学出版社2009年版，第204—206页。
② 柳立言：《宋代的家庭和法律》，上海古籍出版社2008年版，第153—210页。
③ 冯尔康等：《中国宗族史》，上海人民出版社2009年版，第181—188页。
④ 参阅前揭先师漆侠先生之《宋元时期浦阳郑氏家族之研究》，第204—206页。

上述《袁氏世范》等虽然描述了家族运营过程中应该如何如何，但具体操作则付之阙如，这当然与中唐两税法改革之后税产制度的推行有关。这次改革导致了富豪之家"财不外露"作法的长期延续——外露财富的结果往往是更多税役负担和各种官府侵剥的降临，也给我们清晰观察富豪和士人家族经济运转之历史实相带来了巨大困难。①

三 "走出"士族？——问题与方法

学界对于宋朝士族的研究，在兴家、科举仕宦、社交网络、家族组织、社会影响，以及祠堂家庙、祭祖、族谱、族规家训等方面，已做出很好的个案性研究。对于类型性归纳、总结、概括、提升等，有些学者已经尽力而为，但仍难摆脱固定化、模式化的窠臼和困扰。张邦炜先生反思了既往研究中的某些不足，譬如较多关注"义门"的研究，用以作为新资料的墓志铭之资料倾向，个案研究的局限，对名门望族的过度关注和对中小型家族的忽略；进而提出加强地域性、时代共性、长时段研究的期待。②粟品孝认为：宋朝家族与地域空间的联系，宜成为今后一段时间学者着力的重点。③20 世纪 90 年代宋朝家族研究的两位积极倡导者柳立言、黄宽重先后发表了如下言论。柳立言先生说："时至今日，宋代的家族研究已走入瓶颈。"④黄宽重先生自谦地说：自己的研究"只限于若干侧面，像家族与宗教活动（如佛、道、民间宗教）、士人家族与学术活动、政治发展等议题，都只是从某个家族进行衍生性的局部探讨而已，值得进一步去研析、开拓"，并说"应该告别家族史研究"。⑤

---

① 传统中国拥有巨大财富者并未留下其具体的财富来源、类型及其具体的经营状况，下文可略呈概要，习培俊：《隐蔽富庶与不敢露富——两宋乡村职役征派中困局探源》，东北师范大学 2015 年 6 月"中国帝制时代社会结构与历史趋势暨农商社会/富民社会学术研讨会"会议论文；参阅林展、云妍《"不可露出宽裕之象"：财产合法性与清代官员家产结构》，《北京大学学报》2018 年第 4 期，第 140—151 页。

② 张邦炜：《〈宋代的家族与社会〉读后》，《历史研究》2007 年第 2 期，第 170—179 页。

③ 粟品孝：《组织制度、兴衰沉浮与地域空间——近八十年宋代家族史研究走向》，《社会科学战线》2010 年第 3 期，第 81—87 页。

④ 柳立言：《宋代的家庭和法律·前言》，上海古籍出版社 2008 年版，第 1 页。

⑤ 黄宽重：《宋代的家族与社会·绪言》，国家图书馆出版社 2009 年版，第 8 页。同书《序》，第 3 页。

可以说，学者们在研究过程中，充分注意到就士族而研究士族的狭隘理路问题，个案研究碎片化的问题，从而有意识地考察不同家族之间的关系、家族与地方社会、经济与政局的关系等议题。但是，无论如何，宋朝士族研究还未能如同晋唐士族史研究领域一样，对资料、议题做更为精致的处理，在"求真"的基础上，对作为学术概念的士族做更为严密的构建，以追求现代学术之美。

为了追求展现"更好的"、更臻丰富多元、更逼真的宋朝士人家族历史，我们不得不更多反思既有研究。以往研究成果的缺陷大致表现为：就宋朝士族而研究宋朝士族；专题性的长时段研究，以及更多个案性成果，其中很多学术成果也难免"碎片化"之虞；个案研究大多停留在既有范式、固化类型之中，新议题的开拓与提升较少。如将包伟民先生所讨论的"制度"一词替换为"家族"，制度史研究中的某些缺漏，宋朝士族史研究同样尚未走出这一窠臼："描述性论著数量的增长，制度阐释的表层的平推与扩展。新的论著所'填补'的'空白'，往往只是人们所熟知的解释模式在另一具体制度侧面的重复"，①这句话颇是启人深思。换言之，宋朝士族史研究的某些成果是既有理论、方法和学术议题设计在不同时空之间的"移花接木"和"旧瓶新水"。

宋朝士族的未来研究取径，仍需学者在"问题"和"方法"领域做深入思考。历史研究的理论、问题、方法，以往借鉴于社会科学、行为科学者，其结构化现象和建构痕迹比较突出，以致有学者质疑：中国传统历史是否完全适合于西方学术意义上的那种社会科学化模式。在研究理念上，中国学者求同多于求异，追求不刊之论、近乎历史真相，一直是其学术追求的崇高目标。对于西方学者而言，标新立异乃其心志所在，尤其是借鉴社会科学、行为科学诸学科理论，建构了一个又一个的模式、议题。李剑鸣先生指出：美国史学史的特点是"趋新求变"，在这种学术传统中，一本书和一位史家的生命力，不

---

① 包伟民：《走向自觉》，收入包伟民主编《宋代制度史研究百年（1900—2000）》，商务印书馆 2004 年版，第 3 页。

在于提供某种"不刊之论",而取决于能否引发激烈的学术争议,能否在较长的时段成为同行讨论和批判的对象。①将中国历史作为"学术"(历史学)而不断地解构与建构,致力于建构学术之美,至于研究结论是否趋近于"历史真相",抑或并不全然在于研究者的脑海中。事实上,历史研究之求真与求美并非严格对立的两方面,融二为一,自是至高追求;至于孰优孰劣,亦是难以截然两判。

在上述理念观照之下,拟深入探考宋朝士族,可以考虑的问题和方法,似乎尚可做如下探索。

第一,取径于整体史视域下,考察唐型士族与宋型士族的延续、转变和发展脉络,陶晋生、黄宽重、柳立言、王善军等先生的研究,或可称为宋朝士族领域最具代表性的成果。上述成果大多不曾呈现宋朝士人家族与朝廷、州县官府、乡村百姓三者之间的多元互动联系。汉唐型门阀世族与宋型士人家族在各自朝代,对社会结构、政局走向、经济发展模式、文化嬗递和观念信仰等方面,又有哪些独特性的表征?　其普遍性何在?　政治史、经济史、社会史、文化史、军事史……"历史现实本来没有那么多的界域和屏障,人为地将其拆解开来是为了研究的专门与方便,而这种'拆解'却可能造成理解中的隔膜与偏差。"②

第二,宋代士族具体经营田产,其耕种、收租、纳税,与佃农分租;士族家庭成员经商的具体案例,经营的商品及其地域性,盈利多寡与官府的干扰;士族经营手工业的情况;居乡士族与普通百姓因产业而巧取豪夺,勾结官吏,侵剥中下民户;宋朝越来越多的士人家族放弃了乡居,选择了城居,③在农商社会发展趋势之下,其经济基础

---

① 李剑鸣:《戈登·伍德与美国早期政治史研究》,《四川大学学报》2013年第5期,第5—29页。

② 邓小南:《祖宗之法·序引》,生活·读书·新知三联书店2006年版,第3页。

③ 官户与士人,抑或并未构建家族,但理路则应近似。梁庚尧:《南宋官户与士人的城居》《南宋城居官户与士人的经济来源》,今据氏著《宋代社会经济史论集》下册,台北允晨文化实业股份有限公司1997年版,第165—218页;毛汉光:《从士族籍贯迁移看唐代士族之中央化》,今据毛汉光《中古社会史论》,上海书店出版社2002年版,第234—333页;韩昇:《南北朝隋唐士族向城市的迁徙与社会变迁》,《历史研究》2003年第4期,第49—67页。

呈现了城乡并重的格局。针对上述问题展开细密扎实且拥有整体史关怀的研究成果尚属少见。

第三，士族在其经济运作过程中，产业的经营及其收入在多大程度上支撑了士族的发展壮大和兴旺发达？ 经济实力的显著与科举入仕的路线相比，哪一种更具影响力？ 我们多有"官本位——专制皇权一元化——王权主义"的"政权决定论"之预设，①那么，"经济基础决定上层建筑"这一学术理论，能否运用于宋朝士族研究领域并由此展开更具学术建构价值的研究议题？

第四，韩明士"精英们地方化"这一学术论题的构建，在经济运作领域是否成立？ 士人家族的相关研究，如果被这一学术命题牵着鼻子走，我们是不是真的被误导了？ 倘若史实果如是，那么，我们能否论证出宋朝士族精英"中央化"的学术样本？② 换言之，摧毁八宝楼台易，无中生有般的重建、平地起高楼般的新建则难乎其难。

上述议题的逐步落实，能否回应邓小南教授先前的疑虑："无疑，任何家族并非其内部成员简单相加的集体，宋代社会并非无数家族平列的总和。我们对于历史上家族问题的研究，目标并不限于重建个别家族在当年的兴衰情境，而是希望就此加深对于当时社会面貌的整体认识。"③

第五，未来的学术发展，问题意识的酝酿和研究方法的更新，应该受到更多关注。其中，多年来，宋史研究的步伐多追逐于汉唐史研究之后尘，无论是议题的开拓（当然也有很多取法乎明清近代中国的研究），抑或是精细研究的方法论，邓小南先生倡导"宋史学界对于

---

① 周良霄：《皇帝与皇权》，上海古籍出版社 1999 年版；刘泽华：《中国的王权主义》，上海人民出版社 2000 年版；阎步克在《断想：王朝体制的延续性与周期性》一文中认为："在传统中国，由于专制集权和官僚政治的存在，政治子系统在决定社会形态上显示了更大权重，从而使经济及其他变迁导致的社会形态'变化率'大为减少"，参阅《历史研究》2004 年第 4 期，第 30 页；李振宏则认为："任何时代的社会运行机制，都是以国家政体为中枢，由政治来控制的。"参阅其《从国家政体的角度判断社会属性》，《史学月刊》2011 年第 3 期，第 20 页。

② 有关反思性讨论，请参阅柳立言《士人家族与地方主义》，《历史研究》2009 年第 6 期，第 10—18 页。

③ 邓小南：《龚明之与宋代苏州的龚氏家族：兼谈南宋昆山士人家族的交游与沉浮》，今据邓小南《朗润学史丛稿》，中华书局 2010 年版，第 414—447 页。

材料的敏感、议题的致密及分析的深度等方面，应该取法于魏晋隋唐史学界"。①在学者眼中，宋史存世文献向称繁富，但是，在某些学术议题的研究中，"同质性"的重复资料太多，严重影响了学者对其进行内外考证、史料批判。譬如反映宋朝乡村职役构成为应役民户负担的记载，两宋朝廷、臣僚在不同时空下繁富的表述，大致呈现出同一口径。但是，何以如此？　与此相反，对于官僚形势户、中上等民户等应役者巧取豪夺，侵剥百姓的历史侧影，文献记载较少。但何者是社会主流，何者是支流，就颇考量学人史识。我们不免追问：存世文献无疑都是儒士大夫历史记忆的痕迹，这些给我们"提供史料"的儒学士人和士大夫的历史书写策略究竟有哪些"人为的陷阱"——他们强调记忆了什么、刻意遗忘了什么、不自觉地忘记了什么？　这背后的原因又是为什么？　倘若能够通透阐释、精心考证资料，对宋朝士族做类如晋唐士族史一样的精细研究、类型性归纳和提升，有无必要，其学术价值何在？　魏晋隋唐史学界针对"史料批判"做了很好的推衍。②其实，对史料的内部和外部考证，尤其是对史料进行内部考证的批判性研究，西方圣经研究中的版本学和阐释学，法国博学学

---

① 邓小南：《朗润学史丛稿·自序》，第 2 页。

② ［日］安部聪一郎：《日本魏晋南北朝史研究的新动向》，收入《中国中古史研究：中国中古史青年学者联谊会会刊》第一卷，中华书局 2011 年版，第 4—17 页尤其是第 8 页。孙正军：《通往史料批判研究之途》，［日］安部聪一郎：《日本学界"史料论"研究及其背景》，均载《中国史研究动态》2016 年第 4 期，第 34—43 页；孙正军：《魏晋南北朝史研究中的史料批判研究》，《文史哲》2016 年第 1 期，第 21—37 页。徐冲认为："对古人的历史书写"进行研究，某种程度上可以定义为，由狭义的历史书写作品（可见的、成形的、静态的），剥离、分析和复原出广义的历史书写行为（不可见的、复数的、动态的）。从而补充和阐发罗新将傅斯年当年的名言"历史学只是史料学"颠倒为"一切史料都是史学"，及其所提出的应当"把所有文字都看作一种史学写作"，"如分析一部史著那样去分析其作者、读者和写作目的，而不是简单地认定为某种'客观史料'"。参阅徐冲《观书辨音：历史书写与魏晋精英的政治文化·前言》，北京大学出版社 2020 年版，第 6—7 页。罗新：《有所不为的反叛者：批判、怀疑与想象力》，上海三联书店 2019 年版，第 13—24 页。这一研究取径与年鉴学派、乾嘉学派的传承关系也应釐清，不可得新忘旧，否则难免有厚污古人之讥，请参阅［德］伯伦汉著，陈韬译：《史学方法论》，上海古籍出版社 2018 年版，第 120—199页。梁启超：《中国历史研究法》，上海古籍出版社 1998 年版，第 77—107 页。杜维运：《史学方法论》，北京大学出版社 2006 年版，第 121—136 页。孙正军前揭《魏晋南北朝史研究中的史料批判研究》已有追溯，但稍嫌疏略。

派的文献和铭文考订，古典学的文献学，①中世纪学的文章学和谱牒学，以及尼布尔和兰克的史料考证等，长期以来形成极为缜密的学术理论。②在中国文史研究领域，乾嘉学派憬悟很早；③对于单纯取法乎外的青年学人，乃至有资深学者发出"家有金山，却沿门托钵"之叹。④宋史学界早有警惕学人不可随意处理史料的论说，邓广铭先生反复倡导需广泛收集史料，然后对其进行"去粗存精，去伪存真，由此及彼，由表及里"处理的十六字方针；⑤裴汝诚先生《宋代史料真实性刍议》一文的重要性和启迪价值，多年来被学界忽略，实则是一篇振聋发聩、启人深思的作品。⑥

　　其实，过去多年来，有些宋朝士族研究学者也持"汉学心态"。⑦这一研究取径大致类似于"借用邻居的锄头翻耕自己家的田地"这一蹩脚的比喻。在历史研究理论和方法上，似乎我们并不生产锄头，或者我们自家的锄头不好用，弃而改用邻家的锄头。在汉学心态之下的学术研究，导致我们太多的取径乎"他镜窥我"，而缺乏"揽镜自窥"。过去近两个世纪之中，我们受到全盘西化/半西化的影响而走得太快太远，邯郸学步多年之后，令人不无忧虑的是，我们还能否找回本真的自我，找回纯粹的"历史中国"？　近两百年来，岂止是外来的各种观念和思潮，外来词汇亦充溢于中文的表述之中，

---

① 19世纪后半叶，德国古典学集大成者维拉莫维茨宣称，该学科的任务"用学术的方法来复活那个已逝的世界"。张巍：《古典学的基本研究范式》，《中国社会科学报》2010年9月2日，第13版。另请参阅[德]伯伦汉著、陈韬译《史学方法论》第二、三、四章，上海古籍出版社2018年版。

② 苏杰编：《西方校勘学论著选》，上海人民出版社2009年版，第41—104页、第233—342页。

③ 梁启超：《中国历史研究法》第四、五章《说史料》和《史料之搜集与鉴别》，上海古籍出版社1998年版，第40—107页；杜维运：《史学方法论》，（台北）三民书局股份有限公司2008年增订新版，第167—192页。

④ 桑兵：《治学的门径与取法》，社会科学文献出版社2014年版，第20页。

⑤ 邓广铭：《学术研究中的实事求是》《解放思想，实事求是，把史学研究推向新的高峰》，今据《邓广铭全集》第七卷，河北教育出版社2005年版，第87、105页。此16字早见于毛泽东《实践论》，人民出版社1951年版，第11页。

⑥ 裴汝诚：《半粟集》，河北大学出版社2000年版，第88—109页。

⑦ 包伟民：《走出"汉学心态"：中国古代历史研究方法论刍议》，《中国社会科学评价》2015年第3期，第60—68页。

浸染入国人的口语表达和文字书写，更根深蒂固地存在于脑海思维深处，无法剔除。这些外来词汇与传统中国古词汇的同与异，有些就很难一一对应起来，譬如"经济"这一外来语，我们在习以为常的意识下根本不会追讨它在唐宋时代的真正含义。①当然，取径科际整合之化外为内，单纯为"学术"而建构的历史研究（"学术的宋史"对应于"历史的宋朝"），自有其学术之美，对认知历史呈现多元化提供了一种可能，给人启迪，亦有其价值，那么，内化取径下的宋朝士族研究，又有怎样的可能呢？

　　桑兵先生认为："史学应以史事为准则，不能以前人研究为判断"；"治学须先因而后创，必须掌握前人已知，才有可能后来居上，而不会无知无畏"。②就宋朝士人家族的研究而言，学者自拘于"既有常识"，包括既有的"宋朝意象"来映照宋朝士族历史——这些所谓的"既有常识"究竟包括哪些内容，我们有没有可能打破这些"既有常识"？ 那么，我们能否立足于宋史研究的第一手文献，追索"宋朝意象"的历史建构过程？ 从元明清学者的"宋史意象"到晚清民国学者的"宋史意象"，再到新中国之后学者们的"宋史意象"，一一追索学术建构的背后因素，尽量在第一手文献的基础上，力求重返"历史现场"之"宋朝意象"，并每每追问一个"为什么"？ 以往学者多诟病官方史学之缺失，以为由于官方的建构而遮蔽了切真的历史实相，借鉴明清晚近史学"史料的尽量扩充与不看二十四史"，③也有学者强调"正史"是通往古代世界的桥梁。④那么，既存历史文献是否存在元明清和晚近官方意识形态的"宋朝意象"，能否从民间的、非主流话语下建构出新的"宋朝意象"？ 换言

---

① 沈国威：《近代中日词汇交流研究：汉字新词的创制、容受与共享》，中华书局 2010 年版，第 171—176 页；另请参考方维规《"经济"译名溯源考——是"政治"还是"经济"》，《中国社会科学》2003 年第 3 期，第 178—188 页；方维规《"经济"译名钩沉及相关概念之厘正》，《学术月刊》2008 年第 6 期，第 136—146 页。

② 桑兵：《治学的门径与取法》，第 17、19 页。

③ 罗志田：《史料的尽量扩充与不看二十四史——民国新史学的一个诡论现象》，《历史研究》2000 年第 4 期，第 151—167 页。

④ 徐冲：《"正史"不是通往古代世界的障碍，而是桥梁》，《澎湃新闻·私家历史》2014 年 12 月 23 日。

之,《宋史》《宋会要辑稿》《续资治通鉴长编》《建炎以来系年要录》
等官方文献传递的,一定是居庙堂之高的主流历史话语下的"宋朝意
象";而州县官员和民间的某些处江湖之远的儒士存世文字之间,是
否就存在有非主流话语之下的另一个"宋朝意象"呢？ 这一"宋朝
意象"和前者是否有区别,是什么？ 为什么？ 当然,在普通民众识
字率较低的宋朝,我们还不能强求乡村百姓保存下纯粹属于"民间立
场"的历史文献。买地券这种文献也许一定程度上反映民间意识观念
等非主流话语叙事,①这一学术取径的立场和视角,在明清和晚近历
史发展中,或许更能找寻详明的线索。②

黄宽重先生近年以中低层士人的生命世界为探究对象,借以凸显
并填补以往注重上层士人所建构的宋朝士人意象。③而我们努力探考
并呈现非主流话语下的"宋朝意象",除补充此前主流话语建构的
"宋朝意象"外,在某些方面抑或可抉发出比前者更近乎历史真相的
内容。譬如,关于宋太祖死亡之谜"斧声烛影"的文献记载,有关宋
仁宗朝前期章献刘后僭越皇帝礼仪的记载,正史和主流话语或扑朔迷
离,或旨在建构章献刘后崇高正面的形象,而某些笔记小说等非正史
资料所呈现的"历史",往往更近乎"历史本相"。

准此而言,由宋朝士族族内(或其周边亲友)儒士建构呈现的士
族意象,历史本相之中是否也有着非官方主流话语、普罗大众视域中
的士族意象呢？

假如上述研究视角并非"凭空天降,横溢斜出"的"凿空逞
臆",假如我们逼真地再现了若干宋朝士族之本相,当然如邓小南教
授所说,再多个案的累加也并不等于"宋朝"。那么,我们研究这一
问题的终极学术目标何在？ 我们的研究仅仅停留于学术求真吗？ 在
这一研究理路中,就理论、方法、问题建构等而言,这样的研究究竟
为宋朝史、为中国历史、为整个历史学、为中国文化、为人类文明,

---

① ［美］韩森:《宋代的买地券》,邓广铭、漆侠主编:《国际宋史研讨会论文选集》,河
　北大学出版社 1992 年版,第 122—149 页。
② 譬如陈春声《乡村的故事与国家的历史》,载黄宗智主编《中国乡村研究》第二辑,
　商务印书馆 2003 年版,第 1—33 页。
③ 黄宽重:《孙应时的学宦生涯·导言》,台湾大学出版中心 2018 年版,第 3 页。

究竟贡献了什么呢？ 我们创造了什么新的学识智慧吗？ 画家、诗人和作家、雕塑家和艺术家，他们之所以名于世，依靠他们的作品异乎庸常，独树一帜。黎巴嫩作家、诗人、画家，被誉为艺术天才的纪伯伦有一名言：文学就是让看不见的被看见。当然，也许会有人认为：这句话洞见裹挟了偏见。那么，我们的历史学呢？

　　　　原文发表时限于格式要求，今增"致谢"如下：

　　（1）真诚感谢范兆飞先生的邀约与督促；

　　（2）真诚感谢责编徐老师字斟句酌的精细编校与不厌其烦地将逻辑不顺、字句不通的"草稿"质变为勉强适合发表的文章，谨致敬意；

　　（3）兰克学派有关知识，是研究生阶段两次聆听本师漆侠先生《历史研究法》课程所获，并同时阅读姚从吾先生《史学方法论》此后阅读杜维运先生等著作而得；而文中有关比兰克学派更早些的欧洲圣经学、校勘学知识，是请教李剑鸣老师之后，在赖国栋教授指点之下的具体阅读获益，谨此致谢。

　　（4）文章标题"经济元素"云云，乃在于揭示宋元史这一研究"此路不通"者，幸识者教之，亦感谢林展先生等发表宏文进一步印证之。

　　（5）苗润博先生针对契丹早期辽史的研究中，提出了"滤镜下的光影"这一概念，指出中原文献本位、辽朝自身建构、金元史官追溯等三层滤镜，折射和改变了契丹早期史的真实性，颇具巧思，值得参考。①

---

① 2018 年 11 月 28 日，苗润博先生在北京大学人文社会科学研究院"未名学者讲座"之 42 中所发表的演讲：滤镜下的光影——文本批判与契丹史研究的新面向，参阅 http://www. ihss. pku. edu. cn/templates/learning/index. aspx？ nodeid ＝ 124&page ＝ contentpage& contentid ＝1144。2020 年 8 月 9 日访问。

第二章　见与未见,求真与求全

——欧阳脩文集整理之底本选择再议

欧阳脩（1007—1072）,①北宋吉州庐陵（今江西省吉安市）人,著名文学家、史学家,著述繁富,被誉为一代文学宗师,盛名远被,影响深远。据今所知,其主要作品有:《居士集》五十卷,《外制集》三卷,《内制集》八卷,《归田录》二卷,《集古录跋尾》十卷,《易童子问》三卷,《奏议集》十八卷,《四六集》七卷,《杂著述》十九卷,《居士外集》二十五卷,《书简》十卷,《诗本义》十四卷,《五代史记》七十四卷,唯有《唐书》《牡丹谱》和《太常因革礼》一百卷,②是欧阳脩与人合作的,但也应作为欧阳脩作品全集的一部分。

自北宋后期始,至元明清三朝,迄于当今,有关欧阳脩作品的各种选本、节本、选集、文集的钞本、写本之流传广远,雕版的刊刻、翻刻、覆刻、影印之繁富,完全可以用数不胜数这一成语来表述。南

---

① 我们认为,欧阳脩名"脩",而非今世流传之"修",故文章之中,凡是原本写作为"修"者,尊重原作者之认定,一仍其旧;本章自己表述则径写为"脩"。参阅［日］小林义广:《欧阳修か欧阳脩か》,日本《东海史学》第31号,1996年。

② 陈尚君《欧阳修著述考》一文并未将《牡丹谱》作为欧阳脩作品之一,抑或包括于某书之中,《复旦学报》1985年第3期,第157—172页。另据尹承《〈太常因革礼〉研究》一文指出:《太常因革礼》一百卷（今存八十三卷）,系欧阳脩主持纂修,其门人姚辟与苏洵承担了实际编修任务。因该书记载了北宋前四朝礼制沿革,其体系的完整、结构的严密,以及资料的一手及独有等特性,使其成为认识北宋礼制史的第一重要文献。该书于宋仁宗嘉祐初提出纂修动议,六年始修,当时处在仁宗患病倦政、宰臣与部分朝臣推动政务整顿之际,礼书的编修,就是一系列政务整顿的一个环节,意义重大。该书于宋英宗治平二年九月完成。参阅尹承《〈太常因革礼〉研究》,博士学位论文,山东大学,2015年。

宋周必大曾反映欧阳脩的作品："别本尤多，后世传录既广，又或以意轻改，殆至讹谬不可读。"①延至今日，更不知这一境况又有怎样的发展。②

首先，我们目前经常使用的欧阳脩文集，已出版的整理本，以李逸安先生《欧阳修全集》（190.7 万字，中华书局 2001 年版③）影响最大，使用率最高。其次，洪本健先生《欧阳修诗文集校笺》（180 万字，上海古籍出版社 2009 年版）学界评价也很高，但因这一校笺本只有《居士集》五十卷和《[居士]外集》二十五卷，其他欧阳脩的存世作品，并未收入，殊为遗憾。最后，李之亮先生《欧阳修集编年笺注》（巴蜀书社 2007 年版）整理本，正如日本学者东英寿先生所言，脱讹和随意杜撰者过甚，无论如何是不能使用的。④近期，刘德清先生主持完成的《欧阳修诗编年笺注》（刘德清、顾宝林、欧阳明亮笺注，中华书局 2012 年版），胡可先、徐迈《欧阳修词校注》（上海古籍出版社 2015 年版）均为选本，暂不置论。

首先，必须致敬李逸安、洪本健两位先生。他们为欧阳脩作品的整理工作，均付出了巨大的辛劳和智慧，嘉惠学林，令人崇敬。其次，我们不得不说，李逸安、洪本健两位先生的欧阳脩作品整理本，都存在这样或那样的问题，底本的选择是其中最重大的问题。最后，我们期待着更臻善美的欧阳脩作品整理文本的问世。

---

① （宋）周必大：《周益公文集》卷五二《欧阳文忠公文集后序》，明澹生堂钞本；参校傅增湘校、清欧阳棨刻本《庐陵周益国文忠公集》（分别收入《宋集珍本丛刊》第 48—53 册，线装书局 2004 年版），参阅《欧阳文忠公文集·原序》，李逸安：《欧阳修全集》附录卷五《欧阳文忠公集跋》，第 2759 页。

② 王岚：《宋人文集编刻流传丛考》，江苏古籍出版社 2003 年版。

③ 李逸安先生整理本《欧阳修全集》封面写作"欧阳脩全集"，而版权页及书中所有欧阳脩的名字均写作"欧阳修"。

④ [日]东英寿：《关于近年出版的三种欧阳修全集》，陆晓光中译本，王水照、朱刚主编：《新宋学》第三辑，上海人民出版社 2014 年版，第 383—387 页。有关李之亮先生的古籍整理错谬者，请参阅高克勤《莫把"贡禹"改"禹贡"——评李之亮〈王荆公诗注补笺〉的疏误》，《文艺研究》2008 年第 8 期。请参阅高克勤《关于欧阳衡的〈欧阳文忠公全集〉——中华书局〈欧阳修全集〉底本选择的问题点》，王水照主编《新宋学》第二辑，上海辞书出版社 2003 年版。

一　欧阳脩存世作品及其版本考略

欧阳脩作品繁富，存世者亦然。其版本流传境况，前人对此已有较多的考察，大致获得了共识。①本章谨叙其大略，以为后面的文字做一铺垫。

欧阳脩所著《居士集》五十卷，《外制集》三卷，《内制集》八卷，《归田录》二卷，《集古录跋尾》十卷，皆可断定为欧阳脩生前结合其子欧阳发等编纂整理而成。至于《易童子问》三卷，《奏议集》十八卷，《四六集》七卷，《杂著述》十九卷，《居士外集》二十五卷，《书简》十卷，《诗本义》十四卷，《五代史记》七十四卷，《唐书》中欧阳脩所写篇什，除去其中《诗本义》《五代史记》和《唐书》"唐本纪表志七十五卷"②之外，其他各种，大致如北宋吴充在为欧阳脩所写的行状中所说："尝著《易童子问》三卷，《诗本义》十四卷，《居士集》五十卷，《归荣集》一卷，《外制集》三卷，《内制集》八卷，《奏议集》十八卷，《四六集》七卷，《集古录跋尾》十卷，《杂著述》十九卷，诸子集以为《家书总目》八卷，其遗逸不录者尚数百篇，别为编集而未及成。"③及至南宋周必大等编纂校刻《欧阳文忠公文集》一百五十三卷本的时候，按其编纂之前后顺序，则大致形成为：《居士集》五十卷，《居士外集》二十五卷，《易童子问》三卷，《外制集》三卷，《内制集》八卷，《表奏书启四六集》七卷，《奏议集》十八卷，《杂著述》十九卷，《集古录跋尾》十卷，《书简》十卷，共计一百五十三卷。此外，《归田录》二卷，《诗本义》十

---

① 本段参考了王岚《宋人文集编刻流传丛考》，第81—113页；李逸安《欧阳修全集·前言》，第23—29页；[日]东英寿前揭《关于近年出版的三种欧阳修全集》，第377—379页。

② （宋）苏辙著，曾枣庄、马德富校点：《栾城集·后集》卷二三《欧阳文忠公神道碑（答公子叔弼碑附）》，上海古籍出版社1987年版，第1432页；《名臣碑传琬琰之集·上》卷二四所收苏辙撰《欧阳文忠公修神道碑》；韩琦：《安阳集》卷五〇《故观文殿学士太子少师致仕赠太子太师欧阳公墓志铭》记为"唐书纪十卷志五十卷表十五卷"。参阅刁培俊《一代文学宗师的生前身后名——苏辙"欧阳脩意象"的建构发微》（未刊稿）。

③ 《欧阳文忠公文集》附录卷一吴（正宪公）充撰《行状》，中华再造善本，周必大刻本。

四卷，《五代史记》七十四卷，《唐书》"纪十卷、志五十卷、表十五卷"七十五卷，共计一百六十五卷，并未纳诸周必大编纂本。

上述诸种欧阳脩的作品之中，今有世存较早版本的，《居士集》五十卷，有宋绍兴衢州刻本，今藏北京中国国家图书馆，收入《四库存目丛书》影印本。是书为残本，世存二十九卷，为卷三至十五、卷二十九至三十三、卷三十七至四十七。自南宋初年到宋宁宗庆元年间，有关欧阳脩作品的各种选集刻本，今存世者盖寡，或不得而睹，除了王岚《宋人文集编刻流传丛考》所述者，我们也知之无多，直至周必大在庆元二年（1196）完成的一百五十三卷本（附录五卷）《欧阳文忠公文集》问世（后文简称周本）。据学者研究，此本中国国家图书馆、北京市文物局、江西省图书馆、南京图书馆、日本天理图书馆（后文简称"天理本"）等处有藏，或为全帙，或有缺略残卷。中国国家图书馆藏本缺二十六卷，分别是卷三至卷六、卷三十八至卷四十四、卷六十一至卷六十三、卷九十、卷九十五、卷一百三十四至卷一百四十三，配以明钞本。①王岚据《日本藏宋人文集善本钩沉》指出，日本天理图书馆藏宋庆元周必大刻本乃全帙，系金泽文库、伊藤家旧藏，并于昭和二十七年（1952）被指定为"日本国宝"。②但日本学者东英寿认为：这一天理本应是周必大庆元二年刻本之后，周必大之子周伦于开禧年间（1205—1207）在周必大庆元刻本基础上修订而成。③这部在 1952 年即已被日本人视为"日本国宝"的宋刻本，逮至 2011—2012 年，东英寿教授在这部古籍中"发现"了久佚的欧阳脩的九十六封信，编辑出版《新见欧阳脩九十六篇书简笺注》，一

---

① 王岚：《宋人文集编刻流传丛考》记为 25 卷，第 88 页；李逸安：《欧阳修全集·前言》记为 26 卷，尚多出卷九十，第 27 页。今检中华再造善本之《欧阳文忠公文集》，李逸安先生判断为是。

② 王岚：《宋人文集编刻流传丛考》，第 89 页。

③ 天理本现存一百三十一卷，参阅［日］东英寿《关于天理本〈欧阳文忠公集〉》，日本九州大学中国学会编《中国文学论集》第 30 号，2001 年，参见［日］东英寿《关于近年出版的三种欧阳修全集》，第 390 页注释第 9。

时间震惊了诸多中国文学研究者。①

　　周必大庆元刻本问世之后，以其收录全，校勘精，刻印佳，迅速取代了诸旧本，且历代翻刻不绝如缕，遂成为欧阳脩集的众多版本中占主导地位的一百五十三卷系统的祖本。②

　　据东英寿教授的介绍，早在 2001 年，日本学者森山秀二即已发现，《欧阳文忠公文集》之《四部丛刊》影印本所谓"元刻本"是错误的。这一版本的底本应是明代的内府本。③但是，由于四部丛刊本《欧阳文忠公文集》乃据周必大庆元二年本之重刻本，因祖本嘉善，故而流传之广，学者应用亦多。

　　清朝嘉庆二十四年（1819），欧阳脩第二十七代孙欧阳衡重新编校、刊刻了一百五十八卷本，并改名为《欧阳文忠公全集》（后文简称衡本）。据李逸安先生的研究，他认为："时值乾、嘉之世，刻书质量一般较高。衡系欧阳修第二十七代孙，刊刻自己先祖文集不敢疏漏，因而广搜别本，精为校刻，'伪脱差谬，一一厘正'。所以光绪初张之洞撰《书目答问》，于欧集诸本中仅录衡本，是有其充分根据的。"此次重刻欧阳脩之文集，欧阳衡增补了一些前人刊刻遗漏的篇什，其最大的特点就是：该书"与周本相较，衡本虽然同样编作一百五十八卷，但它除诗之外的篇目'悉以年月前后为次'，每卷中篇章多寡、前后顺序，时有改动"。④此后，李逸安先生也曾再度申明当

---

① ［日］东英寿：《周必大原刻本〈欧阳文忠公集〉百五十三卷》，日本九州大学中国学会编《中国文学论集》第四十号，2011 年；［日］东英寿、陈翀：《新见九十六篇欧阳修散佚书简辑存稿》，《中华文史论丛》2012 年第 1 期，第 1—28 页；［日］东英寿考校、洪本健笺注：《新见欧阳脩九十六篇书简笺注》，上海古籍出版社 2014 年版。《武汉大学学报》（人文社会科学版）2012 年第 3 期为此专设有"中外语言文学——新发现欧阳修书简研究专题"，同时发表有一组 5 篇文章，分别是熊礼汇《一道涟漪让水有生命——新发现欧阳修书简的学术意义》，洪本健《东英寿教授新见欧阳修散佚书简解读》，熊礼汇《略论欧阳修书简的艺术特色——从日本学者新发现的 96 通书简说起》，欧明俊《从新发现的 96 通书简看欧阳修的日常生活》，朱刚《关于〈欧苏手简〉所收欧阳修尺牍》
② 王岚：《宋人文集编刻流传丛考》，第 90 页。
③ ［日］东英寿：《欧阳脩书简九十六篇之发现》，收入［日］东英寿考校、洪本健笺注《新见欧阳脩九十六篇书简笺注》，第 13 页。森山秀二：《元刊本〈欧阳文忠公集〉を巡って》，《经济学季报》第 51 卷第 1 号，2001 年。
④ 李逸安：《欧阳修全集·前言》，第 25 页。

初选择欧阳衡本作为整理《欧阳修全集》底本的原因，大致有三：第一，衡本系足本，无阙卷，正文未删削；第二，衡本系刊刻于考据之风鼎盛的乾、嘉之世，校刻相当精审，伪脱差谬较少；第三，衡本收文多，流传广，影响大。故张之洞《书目答问》将其列为欧公文集的首选善本。①东英寿先生认为，欧阳衡本对于周必大本欧阳脩文集的修改，已是"形似实非"，"在资料价值上已经无可否认的低劣了"。②

此上所述，大致为欧阳脩存世作品中尤其是《欧阳文忠公文集》或云《欧阳文忠公集》《欧阳文忠公全集》部分存世版本最重要的部分内容。毋庸置疑，周必大庆元二年刻本《欧阳文忠公文集》是最能代表传世欧阳脩作品的精审与详赡的一部传世古籍。

二　欧阳脩作品整理底本选择

李逸安先生整理本《欧阳修全集》，以清嘉庆二十四年欧阳衡编刻本为底本，洪本健先生《欧阳修诗文集校笺》以四部丛刊本亦即明朝内府本为底本，在我们看来，均非完美。李逸安先生整理本《欧阳修全集》工作底本选择欧阳衡本，其偏差已有东英寿先生指出，故可不置论。但，李逸安先生后来的商榷文章，再次坚持其以衡本为工作底本之确当无误，并称"自清代张之洞明确提出善本的三个排序（首为足本；次为精校精注本；三为旧刻旧钞本）后，便因其合理适用而被校雠者广为采用，延续至今，已成为中国国内绝大多数古籍整理、编纂、出版者普遍接受的认定善本的原则"。所以，李先生针对他所归纳出的、东英寿先生提出的四点（我们认真比对后发现，实则三点，详见下文）意见，一一反驳。东英寿先生认为：第一，衡本非善

①　李逸安：《再论欧集整理暨底本选择——兼议日藏天理本与东英寿〈辑存稿〉》，收入刘德清、丁功谊主编《一代文宗传风神：2012年欧阳修国际学术研讨会论文集》，江西人民出版社2014年版，第137页。
②　[日]东英寿：《关于近年出版的三种欧阳修全集》，第383页。在此之前，东英寿发表了两篇相关文章，参阅东英寿《关于欧阳衡〈欧阳文忠公全集〉——中华书局〈欧阳修全集〉底本选择的问题点》，《橄榄》第10号，2001年；东英寿《〈欧阳修全集〉——关于其底本选择的问题点》，《东方》第258号，2002年。

本，不应选作底本；第二，衡本打乱了周本的排序，有违周本编纂体例；第三，衡本未尽保留周本刊刻的所有异文。

李逸安先生认为：在 2000 年之前，当时的国情"远非今比"之下（我们以为，李先生此处所说，当可理解为：①当时国内诸多图书馆视古籍善本为珍品而秘不示人，普通读者阅览甚难；②影印珍本善本古籍，在此前尚不流行；③国际上更多图书馆将馆藏中国古籍善本珍本数字化之后，毫无保留地公布于网上，更是鲜见），第一，衡本较为常见，不像周本"只能馆阅而无法复制，加之其卷帙浩繁，过录至工作本上反易出错"；第二，衡本以年月为次，重新调整编排了周本篇章排序，得失如何，不过是仁者见仁、智者见智的问题；第三，异文反映的是校勘结果。周本主要采用的是只校异同不校正误的死校（以不校校之）法，即使异体字和同义虚词也均出校。衡本采用的则是校正误而不胪列异同的方法。李逸安先生认为：中华书局本《欧阳修全集》多方兼顾取长补短，既校正误，亦校异同，将除明显错讹讹误外的诸本有价值异文，以校勘记形式全部保存，是其一大贡献。

笔者不敏，且寡陋无知，谨针对东英寿、李逸安两位先生的学术争论，略陈己见。我们认为，中国传统古籍整理的价值追求，其中最重要的问题是，是否需要给读者展现出最真实的历史本相？ 毋庸置疑，任何古籍整理者和历史研究者都会认定：历史研究，求真求全（整体史视域之追求）是最关键的也是最核心的价值旨归。如果此说可以确定，那么，我们又该如何去做，就成为古籍整理者必须面对的问题。就此而言，我们针对双方的争论，略陈浅陋的思考。

第一，李逸安先生认为，衡本较为常见，不像周本"只能馆阅而无法复制，加之其卷帙浩繁，过录至工作本上反易出错"，这是事实。只是，我们能不能将这句话理解为偷懒？ 能不能将这句话理解为李逸安先生其实内心也认可周本是选作欧阳脩文集整理工作底本的最佳选择？只是因为当时在国家图书馆阅读、抄录，耗时过甚，又生怕抄录出错，所以选择了放弃。如今，国家图书馆所藏周本，影印收入《中华再造善本》，已为越来越多的读者可以阅读，这是时代变迁和社会发展的表现，文史工作者为之欢呼雀跃，想来可知。

第二，就历史文献价值而言，能够保存尽量多的历史信息，能够让后世读者看到古人在撰写、修改、刊刻一部作品的所有信息，甚至写本、稿本、钞本、不同刊刻本之间的异同，对于历史文献中既有的所有信息原原本本地呈现给读者，尤其是如果能够让读者借以稍窥作者本人在一个文本生产、传布过程中的思考，则这样的古籍整理工作是值得特别崇敬的。如此而言，衡本堪称为足本，但它丢失了欧阳修及其子欧阳发等编纂《居士集》等文献时候的诸多思考，改变了欧阳修本人对于自己作品编排的某些理念，更将周本校勘过程中发现的某些微妙的痕迹省略了，无论如何是难以看作善本的。①至于李逸安先生所说，按照年月前后排序的欧阳修作品，与原有的欧阳修及其子编排的作品顺序，并无大的妨碍，"得失如何，不过是仁者见仁、智者见智的问题"，对此我们持保留态度：一则如果在打乱原有顺序的时候，给予说明，自是保留了原有的历史痕迹，或可供后学者追溯缘由，稍窥真相，但绝对是给原本不设障碍的历史本相之探索，增加了困难；二则这样的编排顺序，其实已经改变了甚至删除了欧阳修本人在这部作品中蕴藏的思考，丢失了历史文献本有的信息。前辈学人曾有"故集贵手订"的训诫，值得汲取。②

第三，与第二大致相同的问题是，历史文献的异文是否需要毫无删改地保留，历史文献之中是否蕴藏有"文本的密码"？首先，欧阳修生前已有充分的意识：自己的作品一定会传世的。譬如，在欧阳修撰写范仲淹神道碑这件事中，他所撰写的原文并未被范家子弟所接受，而是删减若干字之后方刻石入土。欧阳修听闻之后，一方面申明自己"文字简略，止记大节，期于久远，恐难满孝子意"，另一方面则举例云"范公家神刻，为其子擅自增损，不免更作文字发明，欲后

---

① 伍玖清、周建军：《两个〈欧阳修全集〉通行本之版本系统及其瑕瑜辨略》，《高校图书馆工作》2008年第3期。该文初步对比了周必大本和欧阳衡本的区别。

② 汪绍楹：《阮氏重刻宋本十三经注疏考》，《文史》总第三辑，并参考乔秀岩《古籍整理的理论与实践》，《版本目录学研究》第一辑，国家图书馆出版社2009年版，今据乔秀岩、叶纯芳《文献学读书记》，生活·读书·新知三联书店2018年版，第83—147页，尤其是第103页。

世以家集为信，续得录呈"。①此之所谓"家集"者，即欧阳脩生前已经有编修个人文集的意识，或早已着手开始做了。再如，世传很有趣味性的一个故事是：

> 欧阳公晚年，常自窜定平生所为文，用思甚苦。其夫人止之曰："何自苦如此？当畏先生嗔耶？"公笑曰："不畏先生嗔，却怕后生笑。"②

所以，欧阳脩在晚年反复修改自己的作品，以给后人留下自己意识中反复考量之后的历史形象。③其次，如众所知，欧阳脩反复修改自己的作品，除了文学类的作品，显示出欧阳脩精益求精臻于至善完美精致的自觉追求之外，政论性和历史类的作品之中，难免蕴藏有欧阳脩更为深邃的理念。譬如，据苏轼回忆：

> 欧阳文忠公撰《范文正神道碑》，载章献太后临朝时，仁宗欲率百官朝太后，范公力争，乃罢。其后，某先君奉诏《太常因革礼》，求之故府，而朝正案牍具在。考其始末，无谏止之事，而有已行之明验。先君质之于文忠公。公曰："文正公寔谏，而卒不从，《墓碑》误也。当以案牍为正。"今日偶与客论此事，夜归乃记之。④

细细品味这则史料，一则导致我们不敢将欧阳脩算作"信史"而绝对信赖：欧阳脩的这一记载，误导了多少后人？ 欧阳脩以"春秋笔法"记载史事，此非孤例，另有他在给薛奎所写墓志铭中，也曾将

---

① （宋）欧阳脩：《欧阳文忠公集·外集》卷一九《与杜欣论祁公墓志书》，今据洪本健《欧阳修诗文集校笺》，第1842页。
② （宋）沈作喆：《寓简》卷八，清知不足斋丛书本。
③ 李逸安先生在《欧阳修全集·前言》中也叙及欧阳脩存世作品被他自己和他人反复修改这一现象，第30—31页。
④ （宋）苏轼：《东坡志林（商刻）》卷四，孔凡礼整理，大象出版社2003年版《全宋笔记》第一编第九册，第144页。此处唯引文标点符号有所更正。

类似记事"嫁接"给了薛奎。①陈鹄在这一记事之后感慨云："余谓文忠于志不苟作，况一时耳目所闻睹，二事岂皆误耶！盖所以书于墓志者，不欲开后世弱人主、强母后之渐，而公文必传于不朽，其为戒深矣。"②为了追求"必传于不朽"而篡改历史本事，谓之曰信史，可乎？二则究竟如此记载，其隐情安在？难道不存在为尊者讳抑或其他政治的考量吗？三则，作为"公"文学（作者最初写作时意识上就很明确，是写给所有公众可见的作品）抑或是"私"文学（作者最初写作时意识中根本就没有广布于世的意念），都难免权力控制下的写作，一些作品从生成、改定、校勘、焚弃到各个不同时空下的传布，都有着当时历史的痕迹。③在北宋时期，曾经为范仲淹庆历新政风风火火鼓倡的欧阳脩，在被贬谪州县十载，远离帝都之后返回朝堂，此后一路顺畅，官至枢密副使、参知政事的欧阳脩，其作品之中究竟哪些是因为上述因素而不断改写的，被反复删改的文字之中是否蕴藏着欧阳脩意识深处隐藏着的写作诉求；受主流意识形态的裹挟与导引，他是否有着浓烈的意念，拟欲将个体记忆（这一私人化的个体记忆并非历史本相，而是由他建构出来的历史虚像）扩散为社会记忆和公众记忆？隐藏在这些文字背后的，又究竟存在怎样更深的蕴含？我们还不敢遽尔断言。

　　第四，我们不认同李逸安先生将《欧阳文忠公文集》改名为《欧阳修全集》。首先，古籍整理与古籍修复，大致类如同宗。古籍之修复，达致最佳最理想的境界是"修旧如旧"。就中国传统古籍的整理

---

① 《欧阳修诗文集校笺·居士集》卷二六《资政殿学士尚书户部侍郎简肃薛公墓志铭》，上海古籍出版社 2009 年版，第 722—723 页。

② （宋）陈鹄：《西塘集耆旧续闻》卷三《欧阳文忠薛参政墓志》，孔凡礼点校，中华书局 2002 年版，第 321 页。李焘：《续资治通鉴长编》卷一〇八，天圣七年十一月癸亥，中华书局 2004 年版，第 2526—2527 页。李焘在此条记事后，亦有考证文字，请参阅。

③ 参阅［日］浅见洋二《文本的密码——社会语境中的宋代文学》，复旦大学出版社 2017年版。另外，请参阅孙少华、徐建委《从文献到文本：先唐经典文本的抄撰与流变》，上海古籍出版社 2016 年版；刘跃进、程苏东主编《早期文本的生成与传播》第一辑，中华书局 2017 年版。

而言，我们也希望达致这一境界。这里，最重要也是最关键的问题是：古籍的书名，在作者生活的那个时代，之所以有这一书名，一定是经过作者抑或他的亲友、知音反复思考之后才确定的。我们对于古籍整理之后的书名，过去太多的"以古就今"，全然以今人能够接受的角度出发，改为我们认为现在人一眼就能够明晓的题目。实际上，真正读古书的人，大多是学院派的学者。街头巷尾那些将历史故事当作谈资的普通百姓，绝大多数是不会走入学院派的"圈子"的。近些年来，历史故事大有成为"显学"的迹象，历史剧、戏说历史之类的作品，迎合了某些时尚，但即便是这些作品的作者，也多半是了解古籍的。古人，古书，古名，一样的雅致，一样的内容，一样地吸引一代又一代的学者投身其中。

再者，李逸安先生整理的《欧阳修全集》，根本就不是欧阳脩所有传世文献的集大成之作。正如前述，欧阳脩传世的所有作品，除了周本和衡本收入的诸多种类之外，还有《太常因革礼》《五代史记》《归田录》《诗本义》《牡丹谱》和《唐书》等不曾收入，甚至掺杂在宋朝存世文献之中，尚存欧阳脩的其他作品，亟待有志者钩沉索隐，披沙沥金，进行辑佚的工作。目前这一版本，这一所谓之"全集"根本就不全，何来"全集"之谓呢？

那么，欧阳脩存世作品的整理，究竟以哪些底本作为工作本进行整理呢？ 又该如何展开呢？

我们认为，欧阳脩文集的整理，其底本的选择顺序，大致应该如此安排。其一，以周必大本为工作底本，将宋衢州本《居士集》现有卷帙与周本做详密的对勘，以校勘记的方式勘比异同。①其二，按照欧阳脩及其子编就的篇目和顺序，将存世周必大本为底本，缺漏者尽量以世存一百三十一卷的天理本补配。其三，前三种没有的部分，以明朝内府本、清朝欧阳衡本补配，作为附录，收入其中。其四，我们建议，除了《太常因革礼》《五代史记》和《唐书》之外，将《诗本

---

① 有关于此，蒙厦门大学历史学系博士生张赟冰指教，笔者又结合乔秀岩之书与版本之分别，再做修正，谨此致谢。

义》《归田录》《牡丹谱》等欧阳脩存世作品，按现有诸集分类之后，作为附录，编入欧阳脩文集。其五，在存世宋朝一手文献之中，进行辑佚工作，如《皇朝文鉴》《国朝诸臣奏议》《宋大诏令集》《续资治通鉴长编》《宋会要辑稿》《圣宋名贤五百家播芳大全文粹》《玉海》等文献中，努力寻找线索和复原欧阳脩已整理文集之中缺漏的资料，并以之校勘既存文献。至于元明清三朝各类地方志书、后人文集之中所云欧阳脩的作品，我们也应以特别审慎的态度，细心鉴别，如有可取者，亦自当收录。由此而言，我们也不认同东英寿先生所说："该书（按，指洪本健《欧阳修诗文集校笺》）的底本为四部丛刊本。这是个有慧识的选择"；"从欧阳修全集的形成角度考察，本文所举的三种欧阳修全集中，洪本健校笺《欧阳修诗文集校笺》的编纂方针，堪称是与保持当初欧阳修意图这一目标所最适合者"。①

李逸安先生引述张之洞关于古籍善本的判断，自然道理充分，但是，仍有未发之覆。著名学者黄永年先生则指出："如果同样是校勘精审的善本，其中一个本子同时又是成为文物的善本如宋本、元本之类，而另一个则只是清人覆刻的本子，不成其为文物，则最好用前者而不用后者。因为书一经覆刻总难免有点走样，总不如不走样的原刻本，用原刻本总比用覆刻本让人放心。"②准此而言，欧阳脩文集的整理，衡本属于覆刻本，周本属于原刻本且是宋本，孰优孰劣，判然分明。

综括而言，就目前发现的欧阳脩存世文集的版本，李逸安先生以衡本为底本，洪本健先生以四部丛刊本亦即明内府本为欧阳脩文集整理的底本，都会留有遗憾。以存世宋本（衢州本、周本）作为工作底本的整理本，庶几方可更接近于欧阳脩作品的历史真相，也才能更多逼近他生活的时代乃至他本人编纂理念。未来倘能发现更合适的工作版本以为底本，则吾等引颈敬俟之矣。

---

① 东英寿：《关于近年出版的三种欧阳修全集》，第387—389页。
② 黄永年：《古籍整理概论》，上海书店出版社2001年版，第16—17页。

三　新时代古籍整理的新挑战：以欧阳脩作品整理为中心

随着国内外各大图书馆不断将以往秘不示人的珍本、善本公开化、电子数据化之后公布于网站，以及古籍珍本、善本的原样影印日益增多，越来越多的读书人可以借助这样的发展趋势而获取有关中国古籍资料的信息，乃至原版和全文。积极参与古籍整理的学者，可以更多、更方便地阅读到最古老、最原始、最精美、最完善的古籍版本。在此基础上寻找更合适的工作底本，已经较之以往更加方便快捷。这就需要古籍整理工作者拥有更多的知识积累，进行更为广博的学术查询工作，也需以更具耐心、细心和精益求精的学术理念，认真对待这一功在千秋的学术事业。怎样做方能给阅读者更真实、更原始、更接近历史本相的历史资料？　怎样方能更完善、更全面地保存既有历史文献的所有信息，而不会因自己的失误、偏见导致丢失或致误？　怎样选择更完善的工作底本，以更具代表性和历史载体更多元的参校本详加校勘？　事实上，除了细心、精心、耐心之殚精竭虑外，自己的判断力与广见闻都成为未来古籍整理者慎之又慎的志向焦虑。

以欧阳脩文集的整理为例，毋庸置疑，正如李逸安先生所说："谁都知道点校古籍（指真点校）最难的首先是标点，现代标点最无法马虎藏拙，最考验整理者的学识功力。""我们更需要多一些不受虚夸浮躁、急功近利环境影响，甘于淡泊，踏踏实实做真学问的真学者"。①在欧阳脩文集整理领域，毫无疑问，李逸安先生贡献了其聪明才智和心血，嘉惠学林，值得后学者和所有读这部书的人无限崇敬。但是，我们必须申明，任何学者的学术认知和学术判断，都会有其阶段性，也均可能存在局限性。谁又能保证自己所有的判断都是毫无瑕疵、完美无缺呢？　即便是学识广博、洞见卓越的学术宗师，在

---

① 李逸安：《再论欧集整理暨底本选择——兼议日藏天理本与东英寿〈辑存稿〉》，收入刘德清、丁功谊主编《一代文宗传风神：2012 年欧阳修国际学术研讨会论文集》，江西人民出版社 2014 年版，第 143 页。

古籍整理领域，百密一疏，智者万虑，容或一失，都是可能存在的。①随着时代的进步，随着社会的发展变化，我们必须实事求是地承认自己的欠缺，而不能意气用事。②譬如李逸安先生特别推崇张之洞《书目答问》对欧阳脩文集之衡本传承的认定，其实将衡本与周必大刻本进行认真比勘，就会发现异同之间孰优孰劣；他也认同张之洞对古籍"善本"的判断——首为足本；次为精校精注本；三为旧刻旧钞本。其实，在当今时代，我们越来越具学术之自觉：在醇正而浩渺无垠的学问面前，我们每个人拥有的所有知识都是沧海一粟。即便张之洞学富五车，也容有读书不足和判断的失误。再者，全球化和历史文献数字化发展迅猛的今天，在探索历史之"真"越来越深邃的背景下，张之洞所认定的古籍善本之"足本"未必就都能承担起原始文献、一手文献以求真的凭借。李逸安先生针对东英寿先生《新见九十六篇欧阳修散佚书简辑存稿》提出了一些不同意见，其中包括：夸张失实，大肆渲染 96 篇辑佚数字；散佚书简提法不确；天理本"日本国宝"的文物价值与文献价值不可等同视之；生造论据，论述注水；版本论证失于武断等五个方面，甚至质疑其中杂有伪作，③"后者

---

① 譬如，李逸安先生《欧阳修全集》之附录卷二《神宗实录本传》（墨本）将"御史吕诲等弹奏修首开邪议，琦公、亮、概附会不正，请如有司所议"之中的"琦公、亮、概"处断句致误。曾公亮是一个完整的人名。此处应断句为"琦、公亮、概"，第2661 页。再有，辛德勇步日本学者小林义广（《东海史学》第 31 号，1996 年）之后，强调"欧阳修"须写作"欧阳脩"，参阅其《那些人和那些事》，浙江大学出版社2016 年版，第 104—114 页；尤其是我们亲自阅读光绪《费县志》卷一四上《金石志》上所载之《滁州琅琊山〈醉翁亭记〉》碑阴《参政欧、赵二公谢简》欧阳之自述"'脩'字，望从'月'，虽通用，恐后人疑惑也"。如此重要的记事，李先生也显然遗漏了。

② 李逸安：《再论欧集整理暨底本选择》，第 143 页。

③ 东英寿先生对收藏于北京中国国家图书馆的宋刻本《欧阳文忠公文集》进行了学术调查，其中藏有二册九卷残本，也有欧阳脩的部分书简，其中重复者 36 篇，其他则是东英寿先生在天理本中发现的。由此证明，这些书简包括天理本在内，并非日本学人所伪造的。由此表明东英寿先生对此早有警惕之心。东英寿：《欧阳脩书简九十六篇之发现》，收入东英寿考校、洪本健笺注《新见欧阳脩九十六篇书简笺注》，第 17 页。

（按：指欧阳脩日常交往、寒暄酬酢之作的书简①）欧公很少留其底（手）稿，故也最容易伪托窜入。《辑存稿》号称的 96 篇散佚尺牍，剔除其重出与伪作（有待仔细甄别考证），大部分当属后者，有一定的补佚、研究价值，至于作者自诩的'对今后的欧阳修乃至两宋政治文学史的研究，都将产生巨大的影响'，则实在是些托大夸张了。"在古籍整理领域，学者自己看到的版本与信息，与自己受限于各种因素而不曾见到的版本和信息，一定要保持良好的心态。见与不见，是一大区隔点。以未见论说已见，甚至信以为已见，谬矣。

其实，学如积薪，后来居上；前出疏漏讹误，后出转精，这是学界常见的现象。前人多有后出转精而致忘乎前修艰辛的焦虑，但是，孰又不知长江后浪逐前浪的道理呢？ 前人乐见而助推后进，后进诚不忘前辈开拓奠基，这样方更有利于学术事业的前进和发展。我们从历史研究的角度，确有必要再次重复：在欧阳脩作品的整理过程中，依然需要慎重考虑欧阳脩所有存世文献的"书写"过程，其被欧阳脩自己修改和被他人修改的过程，以及其不同时代的刊刻与传布过程，当然每一个过程我们都需要追问一个乃至若干个"为什么"。明乎此，则依据欧阳脩文集存世先后及其被修改、被刊刻的过程，整理而成的欧阳脩文集，读者方可放心使用。进而言之，对于所有古籍整理工作者而言，如果我们不能给这个世界增加知识、智慧，那么，我们也不能给这个世界增加新的麻烦和文字垃圾。无论在任何时空之下，追求现有阶段下既有知识、能力的极致，不断修正自己的缺漏和偏颇，追求最好的古籍整理成果，这样的学者都是值得尊敬的。

---

① 李逸安先生认为：此类书简只是日常交往、寒暄酬酢之作，暗含无甚价值的认知。实际上，这类看似无甚价值的书简，却传递着欧阳脩的政治人脉网络。请参阅刁培俊《欧阳脩的官僚本相与宋仁宗朝"公议"的转移——以范仲淹神道碑为中心》（未刊稿），尤其是欧阳脩与吕公著的书简往还，更耐人深思。另请参阅洪本健《东英寿教授新见欧阳修散佚书简解读》，《武汉大学学报》（人文社会科学版）2012 年第 3 期。

第三章　中国古代乡村的"被治理"

——以两宋为主的探索

近年来，在"国家治理"的学术话语模式下，关于中国古代乡村治理的研究，一改过去的冷清寂寥，日渐成为一大学术热点；过去以赋役研究为中心的取径和既定模式，也日益呈现出多元的研究视角。就两宋历史时期而言，从国家的视角，自上而下地探索"乡村治理"，乃存世历史文献的先天性特征所决定的——国家治理村落间的广土众民，天然缺乏农民的视角。倘若一定要就此展开研究，那么，学者难免发出巧妇无米之叹。

民族国家的理论背景下，自国家治理视角而呈现的乡村治理这一早已固化的历史叙事模式，如何别开生面，另辟新域，展开创新性学术研究，学者见仁见智，高论纷纭。其实，赵宋帝国治理村民一般采用硬的一手（国家政治制度和法令等各种外在刚性的限制）和软的一手（传统的礼俗纲常观念等思想教化内在的柔性手段）以及软硬兼施；前者是显在的，后者为隐存的，两者所出之举措皆多元而复杂。1986 年以来，随着詹姆斯·C. 斯科特《弱者的武器：农民反抗的日常形式》《逃避统治的艺术》两书的出版，对传统社会中作为弱势群体之一农民的生存状态，提出了全新的解释，引起社会学、人类学和政治学界巨大学术轰动。哈佛大学教授宋怡明 2018 年推出新著《被统治的艺术：中华帝国晚期的日常政治》，是这一论域之下针对明朝军户展开的新锐研究，颇引人瞩目。对此，两宋史研究领域的尝试和努力尚属鲜见。

立足于两宋乡村治理，探索其历史实相，进而尝试研究宋朝农民所持"弱者的武器"和"被统治的艺术"，展现"被治理"历史层面的可能性和可行性，并强调学术史的详赡，呼吁展开切实的学术对话，以彰显学术之规范与进展，或可给未来的研究提供某些借鉴。

一　两宋乡村治理的历史实相与相关议题

国家机器运转下的乡村治理，大致包括制度设计、经济和知识资源的垄断、意识形态领域的纲常礼法和习俗的教化传布与调控，等等。有关两宋国家治理的刚性举措，近十几年来，学界探讨日益丰富和深入，主要表现在针对两宋乡里制度、职役制度的研究，在制度设计、制度理念、治理绩效等均有深入的研究，已大致梳理出相对明晰的历史图景。

在乡里制度研究方面，学者或认为宋承唐制，渊源有自。学者或谓，中唐以降乡虚里实，或乡实里虚，但无论哪一种意见，反映出乡是一级实际的存在，和反映里正实际执行乡村管理事务的文献，都相当丰富。也有学者认为，自唐至北宋中后期，乡里制让渡于乡都制，对此，日本学者业已做过相当精细的考察。两宋乡村管理体系，就目前所见即有乡里、耆管、都保甲等制度名目，多样化的特征相当明显。这一制度因时因地，各有差异，变化繁杂，日本学者丹乔二认为有以下诸种排序：（1）乡—里；（2）乡—里—保；乡—里—都；乡—里—都—保；乡—里—耆—都；（3）乡—都；乡—保；（4）乡—都—里；（5）乡—管，管—乡。柳田节子则指出，宋朝具有严密的乡都村制，形式表现为：乡—里，乡—里—村，乡—都—里—村，乡—保—村，都—村，保—村。①

显然，上述排列远不足以展现宋朝乡村管理体系之全貌。王曾瑜先生指出"宋朝的乡、里以及管或耆的关系相当复杂，各地的情况五

---

① 丹乔二：《宋元时代江南圩田地区的村落共同体》，日本大学《文科研究所研究纪要》第40号，1990年。虞云国中译概要载《宋史研究通讯》总24期，1992年。丹乔二：《试论中国历史上的村落共同体》，虞云国中译本，上海《史林》2005年第4期；柳田节子：《宋元鄉村制の研究》，日本东京创文社1986年版。

花八门，难以一概而论"，不可望文生义、循名责实。这一概括见解精辟，相当全面。宋朝乡村管理模式的实相，尤其是与乡役制度的胶合缠结，需根据不同时空下的实际情况，慎重对待。

国家治理乡村的理念，杜佑在《通典》卷三《食货三》记载里正等的职责为"掌按比户口，课植农桑，检察非违，催驱赋役"。这也成为宋元时期耆长、保正副、大小保长、里正主首们的主要职责。

两宋乡村治理的绩效是一个很难表述的问题。虽时不时被臣僚们在奏章中呈现出入不敷出的窘境，但如果就两宋320年中央和地方财政得以相对有效运转、大多时段内农民的各种反抗相对并不剧烈而言，似乎可以说，这一时期的乡村治理绩效是相当明显的。

以下几点似应引起更多关注。

其一，从朝廷制度设计的本质上讲，乡村职役仍是"役"，带有汉唐劳役制的残余。这一"以准官员和纠纷解决为主的半正式基层行政"（综合萧公权和黄宗智的概括）是主流，是两宋320年乡村治理的主要历史面相。

其二，赵宋朝廷的乡村职役制度，就历史文献所呈现的历史表相而言，其制度设计意在"一竿子插到底"，但其历史实相却远非如此简单，朝廷并无意在乡村治理领域更多用心措意。一般而言，只要村民们按时、足额纳税和顺从充差当役，且不会大规模反抗官府甚至朝廷，国家层面是不愿意更多措意于村落治理的。"皇权不下县"的说法是有一定道理的。历史文献呈现的文本之复杂，远不如历史本相更为繁富；历史文本的正、反（甚至并非正反二元化的两面，而是更多元的面相）考证和追索，其间的历史本相仍不足以显露无遗。

其三，两宋乡村职役体制具有比较强烈的地域性特征。不同时空之下，村民百姓应对皇权治理、州县官吏的制度推行和应对朝廷监督之举措及其互动，均有变化。惜乎史阙有间，既有的历史文献只能呈现一个模糊的历史影像。

其四，历史发展并非一直正常运转，异常时期的"异相"端赖于视角的转换。《名公书判清明集》呈现出乡村职役体制非主流运行的面相。部分"乡村混混""乡村无赖"和贫民下户被置入职役体系，导致"弱者的武器"部分失效，贫弱村民受害更甚。如何防止和杜绝这类"恶治"，使国家治理臻于良治，方显政治家之器局与远识。

其五，乡里制抑或乡村职役制，是否属于一体两面的历史实在，当今学界尚未达成共识。笔者认为不能简单地用区划、行政区划、乡村行政组织，抑或是村落行政、乡村行政单位等现代概念表述。舍此就彼抑或舍彼显此，均难免以偏概全。倘若以整体史的视角展开研究，相关史实将更显丰富而多元。"以民治民"的职役这一制度特性，决定了乡里都保等不能构成为一级完整的行政区划。①

其六，"珍珠倒卷帘"抑或"倒放电影"式的研究视角，持后见之明，可以促进文献的"深描"和"厚描"，但史学是一门求真的学问，我们需瞻前顾后，左顾右盼，既广泛汲取宋元前后时代相关研究的诸多学术养分，又不得不有所取舍。进而言之，汉唐时代、明清晚近时代历史文献呈现出的历史面相，仅可作为两宋相关研究的镜鉴，而绝不能以此认定其他历史时期出现的一切，都可以在宋朝找到完全相似的历史印证。

二　"被治理"的农民与"弱者的武器"

在民族国家学术视野下，帝国治理广土众民是理所当然的秩序，无论是居住在平原、山地之民还是水上流动之疍民，群氓被治理，由化外进入化内，主动接受帝国的赋役征派，被视为文明和秩序的。而一旦他们破坏了这一秩序，则被视为反秩序和反文明的。过去多年来，学者们深入研究了前一种历史情境，而对于后者，除了中国农民战争史这一学术议题曾被热烈地讨论，其实缺乏更多元更深入的探索和阐释。

来自宋元帝国的乡村治理，质言之，朝廷关注的，只有纳税服役两项是最关键的事情。少量农民反抗官府甚至朝廷，在地方上做出一些违法犯罪和违反道德秩序的言行，当然也是国家密切关注的，但这属于支流，而非主流。依王亚南先生的观点，这一时期官与民的对立

---

① 刁培俊：《宋朝的乡役与乡村"行政区划"》，《南开学报》2008 年第 1 期。

一直存在。对于国家的治理，宋朝农民纳税服役和应对各类统治举措，有完全顺从者，有半顺从者，也有不顺从者。当然，村民是否顺从，在不同时空之下多有变化，端赖治理举措对于农民自身是否有利。

州县官吏（胥吏和职役等为主）在朝廷—州县官府—村民的上承下传过程中，起着衔接作用。他们为了其行政运作绩效，采取了应对朝廷督查的"被治理的艺术"；乡村职役人面对州县官吏同样采取了各种各样的"弱者的武器"，亦展现出不同时空下不同样貌的"被治理的艺术"；那些没有机会充差服役的村民，面对州县胥吏和乡村职役人，同样呈现有各种样貌的"弱者的武器"；此上三类社会群体，既有"自上而下"的视角，亦有"自下而上"的视角，其间的互动与磨合，千变万化，不一而足；在这样逐层的各自努力之下，朝廷的制度设计被不同程度地抵制和修改，已逐渐远离了初衷。

村民的反抗，或隐或显，是一直存在的。唐朝《王梵志诗》卷五《贫穷田舍汉》栩栩如生地描绘出一幕里正等在催征中，被赤贫民户夫妇打骂的情景："贫穷田舍汉，庵子极孤悽。……黄昏倒家里，无米复无柴。男女空饿肚，状似一食斋。里正追庸调，村头共相催。……丑妇来恶骂，啾唧搦头灰。里正被脚蹴，村头被拳搓。驱将见明府，打脊趁回来。租调无处出，还需里正倍（赔）。门前见债主，入户见贫妻。舍漏儿啼哭，重重遭苦灾。如此硬穷汉，村村一两枚。"结合《名公书判清明集》和《夷坚志》等历史文献中的相关记载，可以反映出宋朝村民们所执"弱者的武器"，诸如偷懒、开小差、假装顺从、小偷小摸、小范围内或是个人之间的打架斗殴、纵火、怠工，甚至是男女之间因私情而导致的与官府、时人公认的道德文明秩序对抗，等等。这些也是皇权触角无论如何难以判断并加以具体控制的。村民持"弱者的武器"对抗官府甚而朝廷、文明秩序的言行，类似史事，历朝历代，相当丰富，归类叙事，呈现出来，或可填补此前学界重视不足的诸多学术空白。

在农民战争史叙事模式下，可以呈现另一种历史面相——民众激烈地反抗官府和朝廷，导致了改朝换代等剧烈社会变动。"弱者的武器"的巨变,历史书写呈现出原本是"弱者"的农民摇身一变,成为强者。历史的瞬间遮蔽了普遍存在,异常取代了平常。

就宋元历史文献存世情况而言,官僚士大夫、形势户商人等应对朝廷的管理或可使用"弱者的武器"展开各种研究,呈现各种各样的"被统治的艺术",但农民"被治理"这一固化的研究定式能够被革新取代吗? 显而易见,不能。

三 学术创新、议题推进与学术史

清朝乾嘉学派已经形成了较为理性的学术规范,梁启超在《清代学术概论》中曾盛赞其"科学的研究法","科学的研究精神"。他总结清代学界正统派学风的特色,胪列有十条,其中第六七八条为:凡采用旧说,必明引之,剿说认为大不德;所见不合,则相辩诘,虽弟子驳难本师,亦所不避,受之者从不以为忤;辩诘以本问题为范围,词旨务笃实温厚。但是,这一富有无限荣光的学术传统,此前一段时期内被学界忽略了。20世纪90年代之后,依照西方规范重建学术评鉴的标准,学术史成为重要一环。尊重既有研究成果,切实展开对话,成为学者必须遵守的学术规范。

宋元乡村治理这一学术议题,已有学者进行了归纳和总结,或供参考。其中有笔者《当代中国学者关于宋朝职役制度研究的回顾与展望》,台北《汉学研究通讯》2003年第3期;朱奎泽《20世纪80年代以来国内两宋乡村政权与社会控制研究述评》,《甘肃社会科学》2007年第1期。谭景玉和贾连港前后梳理了日文研究的关键成果①;傅俊《理论、文本与现场——宋代乡村研究省思》,收入包伟民、刘后滨主编《唐宋历史评论》第一辑,社会科学文献出版社2015年版。其后的专题研究,如王旭《宋代乡的建置与分布研究——以江南西路为中心》,②及其《宋代县下基层区划的"双轨体制"研

---

① 谭景玉:《宋代乡村组织研究·绪论》,山东大学出版社2010年版;贾连港:《宋代乡村行政制度及相关问题研究的回顾与展望》,《中国史研究动态》2014年第1期。
② 西安地图出版社2015年版。

究》①。其他如侯鹏、高森的专题研究，尤其是包伟民教授已发表的
5 篇长文，针对前贤研究的诸多不足，提出了一系列学术见解。

前揭前辈研究成果，因为众所周知，成为"常识"而被部分学者
所不顾，其中因刻意的学术创新而厚污古人和前人，有意或无意地忽
略，也已在部分论著中成为常见现象。

实际上，20 世纪以来，国家治理抑或传统乡村社会的研究，诸
多前辈耕耘者做出了努力，发掘并呈现出历史中国乡村治理的诸多内
容。其中，费孝通、瞿同祖、萧公权、梁方仲等前辈学者的开创性研
究，不容忽视。此后，黄宗智、刘志伟、魏光奇、周保明等人的研
究，立足于明清史或近现代中国，都有深入的研究。

针对宋朝乡里制和职役制，日本学者周藤吉之、柳田节子、佐竹
靖彦等发表了诸多相当精到的成果。受日本学者研究成果的影响，美
国学者 Brian E. Mcknight（马伯良）著有 *Village and Bureaucracy in
Southern Sung China*（《中国南宋乡村职役》，The University of
Chicago Press，1971）是一部历时性的学术力作。1990 年代之前，学
界交流少，成果互鉴少，域内域外，大抵如此。同样是受限于信息沟
通之不畅，国内学者在研究之时，不但对日本学者的成果视之若无，
而且对我国台湾学者王德毅、黄繁光两位教授的成果也多有忽略。而
今网络信息传递、文献数据化飞速发展的时代，未能竭泽而渔地搜
求、辨析学术史中的养分，展开针对性商讨和对话，坐井观天，自说
自话，以不知为不有，为"发表"而"写作"，却非为"研究"而写
作，各美其美，自是其是，已远离了学术研究之本义。

在这一研究领域，除了学术史追索不全面导致的学术失范之外，
伪注释也是当今一大不良风气。此之所谓伪注，表现为论著中注释呈
现有某些前人研究，但只为炫示存在，并未显示出既有成果与新近研
究有何关系，缺乏真正的对话。

受欧美人文学术的影响，历史学社会科学化的进程，在著名学者
的引领下，依然高歌猛进。其中一些博学卓识的高明学者认为，描述

---

① 博士学位论文，暨南大学，2017 年。

性的叙事形态，以"呈现"既有的历史面相为核心内容，以综合既有历史文献和研究成果所形成的叙事模式，缺乏分析、判断、概括和提升，更缺乏理论和方法的创新，是史学研究的末端。他们利用社会科学理论和方法研治史学，追求建构一个学术范式或模型，批判与反思，印证抑或无限扩展丰富理论方法的有效性或补充其缺失，历史文献仅是其佐助的工具，呈现出"求美"的治史追求。这种研究取径或贡献给人类更多智慧，提升了人类文明的知识水位。他们不满足不愿意止步于求真。连同受后现代主义理论影响下疏离版本校勘、轻视辨析第一手文献等既有研究方法和理念，而填充无限诗性想象力的作品，也需慎思取舍。但无论如何，史学是一门求真的学问，无真不美。

第四章　整体史关怀下追求精细幽微的史学典范之作

——周藤吉之《宋代乡村制的变迁过程》发微

日本著名汉学家周藤吉之先生（1907—1990）《宋代乡村制的变迁过程》一文，是宋朝乡村制度研究领域的一篇力作，几近于日本汉学界这一领域的终结之作。这篇力作之后，在日本宋史研究学界，佐竹靖彦、柳田节子、伊藤正彦三位学者又各有论著发表，①但均无碍于周藤吉之先生这篇力作的璀璨光辉。近十余年来，在中国史学界，为标示遵守学术规范，直接或间接引述周藤吉之先生此文者，相当之多，但是，或许真的可以说，这篇力作尚未受到国内学者应有的重视，其学术价值远未达到应有的程度。笔者鄙陋不敏，虽在研究生阶段即已一知半解地多次阅读日语文本，但程郁老师的汉译文得以先睹，阅读者三，依然为该文雄厚的精微论证和整体感而震撼。

首先，下文尽力呈现周藤吉之先生磅礴厚重的学术研究成就的基

---

① ［日］周藤吉之：《宋代乡村制的变迁过程》，最初发表于《史学杂志》第72卷第10号（1963年），后收入作者《唐宋社会经济史研究》，东京大学出版会1965年版，第561—644页。［日］佐竹靖彦：《宋代鄉村制度の形成過程》，《东洋史研究》第25卷第3号，1966年，收入氏著《唐宋变革の地域的研究》，日本东京同朋舍1990年版；［日］柳田节子：《宋元鄉村制の研究》，日本东京创文社1986年版；［日］草野靖：《宋代の都保の制》，《文学部论丛》第29号，1989年；［日］伊藤正彦：《宋元鄉村社会史論——明初里甲制体制の形成過程》，日本东京汲古书院2010年版。

础上，拟主要在以下诸方面初步解读这篇力作。关于周藤吉之先生这篇经典力作的评断，就学术史意义上而言，这一学术名篇获得的巨大学术创获，其特色大致体现为：（1）力图呈现复杂多元而鲜活立体的宋代乡村历史图景，从"关系"和"过程"的考察中力求展现朝廷与地方的互动；（2）以时间先后为序，在看似"细碎"的描述中凸显整体史的学术理路，兼具通史的眼光和精微的治学理路；（3）史料收讨多元而繁富，对文献的解读力求详尽甚至"榨干其中所蕴藏的所有信息"，精细再现宋朝乡村制度的诸多细节，见地高远，使人透过乡村之制隐约感受到当时的政局演进和社会经济状况，看到了朝廷和臣僚在此事诸番探求无果的诸多"实验"，并可借此寻找根源，看到了宋制的纷繁复杂，使人仿佛重回了大宋时代；（4）论文整体结构精致，对史事的揭示力求一丝不苟，精益求精，显现出日本汉学研究的基本特征。

其次，中国现当代学人对内藤湖南、宫崎市定两位日本京都学派的学者，已耳熟能详；但国内学人却较少了解有关周藤吉之先生——东京历史文献学学派代表性学者之学术大厦，故而略作介绍。

最后，结合 20 世纪上半叶国际史学发展的学术史，相比于近年来中国学者在这一议题上的相关研究，取径以"后见之明"，蠡测这篇论文在当时境况下的"见与未见"，进而探索国内学者持续性研究可能性的进展，以及展望这一问题未来研究的前景又将会如何？

一 议题建构与文献取舍，整体史和"活的"制度史

周藤吉之先生《宋代乡村制的变迁过程》这篇宏文，首刊于《史学杂志》第七十二卷第一〇号，初稿完成时间应为昭和三十八年八月，即公元 1963 年 8 月，后经修订，收入作者《唐宋社会经济史研究》一书，由东京大学出版会 1965 年出版。现在虽然距离最初发表已经过去了半个多世纪，但是，它依然是宋史研究这一议题的必读文献，成为一篇学界公认的经典之作。

在这里，必须略述宋朝乡村制的轮廓和存世文献的"见与不

见"。宋朝乡村管理机制是一个看似简单实则极为复杂的学术问题。①就整体宋朝社会实际与存世文献而言，需要特别明确如下。

（1）在两宋朝廷的视野和制度设计里，并不存在一个前后完备且相对规范、能够保证良性运行的乡里制度。宋朝的行政建制，县级官府以下，基本上在朝廷的官方文献中极少看到相对切实完备的记载。在不同时段里，各区域内的乡村制度推行并不是整齐划一的，研究者对存世文献进行"望文生义"和"循名责实"是相当危险的。②在存世文献之中，有关这一领域的资料大多归类在"职役"之下，朝廷给承担职役的民户既定的身份就是"民"，是"庶人在官者"，是帝国用来"役出于民"、以民治民的吏民。③他们要"以职役于官"，④其身份却并不是"官"。宋人或云："国朝因隋唐之旧，州县百役，并差乡户，人致其力，以供上使。岁月番休，劳佚相代。"⑤既然在朝廷的视野中乡村职役人并非"官"，则相应而言乡里耆管都保等也就不能构成一级完整的行政机构，⑥各种记载对其之轻忽也可不难而知。进而言之，存世文献有关宋朝乡村职役的记载，其属性或来源

---

① 赵秀玲认为，中国的乡里制度研究困境，大致包括四个方面：（1）中国大多数朝代并不将乡里视为一级行政政权；（2）缺乏县以上制度的规范性、完整性和条文性的特点，往往带有地域性、零散性和非固定性的特征；（3）存世文献记载十分简略；（4）这一问题研究起步晚，既有成果可参考者少。参阅其《中国乡里制度研究及展望》，《历史研究》2008 年第 4 期，第 172 页。

② 参阅王曾瑜《宋代社会结构》，收入《涓埃编》，河北大学出版社 2008 年版，第 172—173、175—176 页。参加科举考试的儒士须署乡贯，其中所述乡里等，多是沿袭前代之既有，未必就是当时该地之实况。倘如研究者所认定乡里乃"行政区划"，则乡村头目当属宋朝官职，那么，望文生义与循名责实，是宋朝官僚制度研究中须认真思讨的陷阱。参阅王曾瑜《宋衔前杂论》，前揭《涓埃编》，第 456 页。另参王曾瑜《治辽宋金史杂谈》，收入王曾瑜《纤微编》，河北大学出版社 2011 年版，第 32 页。

③ 《宋史》卷一七七《食货上五·役法上》，中华书局 1985 年版，第 4299、4295 页。职役人是"既为之民，而服役于公家"的，参见刘挚《忠肃集》卷三《论助役十害疏》，裴汝诚等点校本，中华书局 2002 年版，第 52 页。

④ 清代《皇朝文献通考》卷二一《职役考》，浙江古籍出版社 2000 年版《清朝文献通考》本。

⑤ 李焘：《续资治通鉴长编》卷三七八，元祐元年五月壬午，中华书局 2004 年版，第 9189 页。

⑥ 刁培俊：《宋朝的乡役与乡村"行政区划"》，《南开学报》2008 年第 1 期。中国历史上乡村和县级官府之间的这些职役民户的"半行政性"，清朝的历史状况，最初由瞿同祖先生提出，参阅其 CH'，T'UNG-TSU，*Local Government in China under the Ch'ing.* Cambridge，Mass.：Harvard University Press，1962；该书已有范忠信、何鹏、晏锋中译

是比较单一的：朝廷的诏令、州县官员推行诏令的反应、中央和地方官员有关这一问题的建议，地方志和儒士文集的记载，也大多可以归属于朝廷、官府主流话语背景下的事件表述。其中较为关键的问题是，无论朝廷的诏令、臣僚的奏请，还是州县的推行，大多数存世文献并不能呈现出"实践环节"和具体落实情况。不同时空（尤其是不同空间）之下的差异，也并不能得到圆满的解释。至于乡村百姓究竟如何应对职役制度方面的记载，则较为少见。如此一来，立足于"自下而上"的视域使这一制度及其实施完备无缺地展现出来，是相当困难的。

宋人论及役法改革时，所说"前后改移不一，终未成一定之法"；①"官司素无定法"；②或说"屡有更张，号令不一"，"朝夕不定，上下纷纭"；③"朝廷重于改更，因循至今"，④确为两宋职役制度的真实写照。自熙丰保甲制渐次应用于乡役制之后，其纷烦变化，更加凸显。或可说，两宋朝廷受制于内外交困的政局，对于乡村职役根本上不重视，是持"头疼医头脚疼医脚"的策略的。⑤

（2）唐朝制度规定里正的职责是："按比户口，课植农桑，检察

（接上页）本《清代地方政府》，法律出版社 2003 年初版，2011 年修订版。虽然瞿同祖先生是立足于清朝后期和近代中国的研究，但我们认为这一概念也可以适用于两宋历史时期。黄宗智继承和发扬了这一学术论断，并提出"简约治理"这一新的学术概念，展开新的探索，参见黄宗智《集权的简约治理——中国以准官员和纠纷解决为主的半正式基层行政》，《开放时代》2008 年第 2 期。

① 《宋会要辑稿·食货》六五之六三至六四，六六之六四。文彦博在宋神宗朝时也曾说：役法"前后所降命令不一，致州郡难以适从"，反映出熙丰到元祐时期，朝廷役法反复更易，导致州县无所适从的状况。参见《文潞公文集》卷二六《论役法（元祐元年五月）》，《宋集珍本丛刊》本，第 5 册 392—393 页。（宋）李焘：《续资治通鉴长编》卷三九二，元祐元年十一月癸未，中华书局 2004 年版，第 9457 页。熙丰到元祐时期，役法之多次反复更改。南宋以后，也呈现出这一特征，或在差募之间，或在役名设置方面，均可见役法之反复变化。

② （宋）楼钥：《攻媿集》卷二六《论役法》：役法"……惟其官司素无定法，故难以推而行之"，四部丛刊初编本。

③ （宋）司马光：《温国文正公文集》卷五三《申明役法劄子》，四部丛刊景宋绍兴本。《宋会要辑稿·食货》六六之五八至五九，元祐元年（1086）六月二十七日，司马光语。

④ 《宋会要辑稿·食货》六六之二二。

⑤ 参阅习培俊《从"稽古行道"到"随时立法"——两宋乡役"迁延不定"的历时性考察》，《中国社会经济史研究》2008 年第 3 期。

非违，催驱赋役。"①虽然唐宋有所变化，但宋朝乡村管理者也延续了上述这些职责。就存世文献而言，宋朝乡村职役制度（现今学人或曰"乡村区划""乡村制度""乡里制度"等）并不甚重要，实际上，广土众民的两宋皇朝之所以能够长期持续存在，其财政运转，在很大程度上端赖于乡间百姓奉献的赋役。众所周知，在农耕社会时代，来自农业的收入占据了朝廷财政税收的大部分。这是整个皇朝赖以生存和发展的经济基础。而乡村烟火盗贼等治安管理，自然也是整个皇朝稳定发展的重中之重。这从赵宋朝廷一而再再而三地关注乡村职役制度，并反反复复地做出调整也可稍窥一斑。

窃以为，这篇经典宏文具有以下特点。

第一，力图呈现复杂多元而鲜活立体的宋代乡村历史图景，从"关系"和"过程"的考察中力求展现朝廷与地方的互动。

诚如前揭，宋朝乡村制度复杂多变，名实不一，乡、里、耆、管、都、保、甲等地域名目或辖户名目，乡官、里正、耆长、户长、壮丁、承帖人、都副保正、大小保长、催税甲头等乡役名目，以及轮差之役、雇募之役、名募实差等职役制度的区分，不同时空之间，多有不同，更罔论制度实施过程中之千差万别。而在县级官府的视域内，实际承担乡村职役的民户又有着官府视域的认知，和村落间豪强形势户的认知和应对，乃至中下等民户和少量客户以"弱者的武器"应对官方的治理。存世文献大多来源比较单一，多是来自官方的和豪强形势户们及其代理人（中下层儒士和部分士大夫）的口径，鲜见村落百姓尤其是中下等民户的声音。任何一位研究者拟欲呈现出这一境况下鲜活立体的历史图景，无疑都是颇具挑战的。

周藤吉之先生迎难而上，在《宋初乡村制的变化》一节之中，作者就乡村之里正、乡书手，耆长、壮丁、户长和管、耆保之制做了概略性描述，全面区分了乡—里、耆—管之制与里正、户长、耆长等乡役名目在这一时期内的潜流涌动之后的剧变。类如唐朝那样，百户一

①　（唐）杜佑：《通典》卷三《食货三》，中华书局1988年版，第62—63页。依同书第68页王永兴先生所做校勘记云"其村居如满十家者隶入大村，疑'如'下脱'不'"字。这一推断，颇有道理。

里，五里一乡整体划一的乡里制已经发生了巨大变化，从联户单位到地域空间名称的改变，在变与不变的牵连纠葛之中，只有结合唐宋两朝土地制度、赋役制度和财经制度的演变，方可呈现乡村制度的真正历史面相。此前，周藤吉之先生针对宋朝土地制度、庄园制、佃户制、两税制等学术议题的研究，在这里显示出巨大的影响力和学术渗透力。这篇宏文因此而具有了整体的长时段研究视角。

接续前节之后，在第三节《北宋中期以后耆户长、壮丁的免役、差役两法和保甲法之关系》中，作者针对宋神宗朝的变法过程，元丰八年神宗去世后，哲宗即位，宣仁太后摄政对于此前役法的更革；以及宣仁太后去世之后，哲宗亲政对役法的再次改革；元符三年哲宗去世之后，徽宗即位，向太后摄政期间的役法改革；以及北宋末年的役法改革等，这一研究路径是"历时性"的，凸显出作者注重"过程"的研究，也显现出作者对于两宋政局变动而牵涉到役法随之而变，顺而牵连到乡村制度的变动，这一研究是极有针对性的。

历史上的政治制度大多是变动的，以动态的研究理念，在"关系"和"过程"这一学术视角下，考察宋代的乡村制度，也是周藤吉之先生所拥有的睿智。在以下诸问题的研究中，该文展现出作者注重"关系"的视角。作者在宋初乡之里正、乡书手、耆长、壮丁、户长的研究过程中，几乎无时无刻不在关注它们与"管—耆—保"的关联。对于南宋的保正副、耆长、承帖人、大保长、户长、催税甲头和里正的研究中，则无时无刻不在关注它们之与县—都—保的关联。在具体论述过程中，则在若干类似的探讨中也蕴含有这一研究理念。譬如："关于神宗朝以后的保甲法，已有曾我部静雄等的研究，所以此处简述保甲法之类，而以北宋中期以后耆户长、壮丁的免役、差役两法之变迁和保甲法之间的关系为中心进行论述。""北宋末期的免役法和县、管耆之关系"，这里除了关注县级官府与乡村职役的关系外，更论及乡役制度和乡里制度的前后叠合关系。在稍后的篇幅里，作者广泛引述资料，以穷举的研究理念，依据《永乐大典》《淳熙三山志》中的资料，尽量揭示乡役制度与乡里耆管的衔接与差异，以及户数多寡与耆管掌控空间范围之关系。①这一视角不但显现出作者对制度设计及其相互间关系的观照，也是切当的。

作者相当重视不同时空之间的差异，尤其是南宋时期不同区域之间的差异，由于存世文献加多的因素，作者进行了更为深入的探讨。譬如，北宋时期的"管"的研究中，作者指出："管也有变化，其中耆长管辖的区域发展为'耆'，有的地区一直到南宋仍有耆存在。"有关于此，数十年后的学者依靠文献阅读和电子数据库的检索，制作出了《两宋乡里、耆管、都保调查取样》，②虽尚未穷尽所有文献，但基本显现出存世文献之中名义上存在的乡村名目，印证了周藤吉之先生半个多世纪前的论断。再有，作者指出："南宋时乡里制崩坏，乡都制发达，但即便如此，仍可见各种状况，一般乡下置都，但有的地方在乡里之里下设都，或于乡里耆之耆下设都。在这些都中，于北宋中期置都保之后，其管下之户数似颇有增加，如在南宋的江南、四川等地，一都之户数为设立之初的数倍乃至十数倍，一都由数村至十数村构成，其中似包含店、市等单位。一都之内的土地所有者，既有相当多的中小土地所有者，又发展至包括官户、形势户等在内的大土地所有者。"在这里，我们看到周藤吉之先生既关注到区域间的差异，又揭示了不同时空之下村落名称的错乱无序。虽然涵括作者已有专题研究的"店、市等单位"是否妥当，容或再加研究，但这一错综复杂现象和论断的指出，在丹乔二的后续研究中已显露无遗。③在第三节对"耆"的研究中，作者认为："有的地方在耆之下行伍保之

---

① 黄繁光先生于 1980 年台北中国文化大学完成的博士学位论文《宋代民户的职役负担》中，延续了周藤吉之先生的研究理念，对《永乐大典》中的资料，再次引述《江阳谱》，将泸州府乡都保正长与户数的关系做了比较，参阅该文第 341—343 页。

② 刁培俊：《两宋乡役与乡村秩序研究》，博士学位论文，南开大学，2007 年，第 277—309 页。并请参阅王旭《宋代县下基层区划的"双轨体制"研究》，博士学位论文，暨南大学，2017 年，散在各章中表格，如第 40—41、44—45、47—49、80—81 页等。丹乔二归纳出宋朝存世文献中村落名称的各种分类，参阅［日］丹乔二《宋元时期江南圩田地区的村落共同体》，日本大学文科研究所《研究纪要》第 40 号，1990 年，虞云国中译，《宋史研究通讯》总第 24 期，1992 年，并参阅［日］丹乔二《试论中国历史上的村落共同体》，虞云国译，《史林》（上海）2005 年第 4 期。

③ ［日］丹乔二：《宋元时期江南圩田地区的村落共同体》，日本大学文科研究所《研究纪要》第 40 号，1990 年，虞云国中译，《宋史研究通讯》总第 24 期，1992 年。

法，神宗朝的保甲法便由这一伍保之法发展而来。"这一论断的揭示，自属睿见，但能否有更多文献论证得以落实，尚不敢遽尔评骘。在对南宋保正长、耆户长的研究中，作者指出"在有的地区保正长与耆长、壮丁并用，如福建路、四川的泸州等地"。"在南宋末，一般由大保长行户长之事，但也有的地方置甲头负责催科。""在管之下亦形成耆长管辖的'耆'这一区划。有的地方又在耆下实行五保之制。户长掌管催税，是在废止里正之后增差的。宋初就是这样，尽管乡里制仍存，但实际上管及耆、保制也变得更重要了。"上述三点都是颇具洞见的学术论断，也显现出周藤吉之先生注重制度演变过程及其与若干相连制度错综复杂关系的研究理念。

第二，以时间先后为序，在看似"细碎"的描述中凸显整体史的学术理路。

这篇学术力作整体上按照时间先后为序，分为宋初、北宋中期以后和南宋这三个时间节点，全面考察宋朝乡村制度。但是，作者在研究中相当重视细节的处理。譬如耆长制度追溯到五代时期，"关于'耆'，过去尚未进行详细的研究，将在此段及下节加以阐述"。在稍后的篇幅里，作者竭泽而渔般地收讨相关资料，以论证"宋初于乡村的管设耆长、壮丁，以捕捉盗贼；而当时为防盗贼又行伍保之法，这是唐代邻保制度之保的沿袭"。从而指出"唐以来就有里正和乡书手，到宋初仍每乡皆置，并新设管，置耆长、壮丁和户长"。这一论断所蕴含的学术认知，正如前文所已揭者，为此后我国多位相关研究学者所忽略者。作者在讨论南宋时期县政与耆、都保的过程中，先后针对《永乐大典》有关泸川的资料，与《作邑自箴》《州县提纲》相关资料的互相印证。譬如对《作邑自箴》卷七《牓耆壮》条，作者跟随原作者之后，列举县官约束或警诫耆长、壮丁共二十一条，揭示其事为南宋的保正所继承，在南宋成为重要的问题。在《牓耆壮》中有这样的表述："耆长只得管干斗打、贼盗、烟火、桥道等公事"（四条）、"耆、壮解押公事并须正身"（二十一条）等，但由其下几条可见他们也负责承受或上达县之文书。作者在随后近 2000 字篇幅的论述过程中，更可见这篇文章给人印象的"细碎"。但在一番番"细碎"的有规律的文献引述和追讨资料背后的诸多关联之后，作者揭示出"北宋灭亡，南宋兴起，都保制在南方普遍推行，像四川的泸州江安县，耆下亦确立都保之制；而在福建，伴随着耆制，都保制也在施行。只是北方被金人统治，直到元朝管仍有残留"。再如《南宋的保正长、耆户长之法》目下《县和保正长、耆户长之关系》一节中，作者对于保正长、耆户长的各种职责规定，不厌其烦地反复引述不同来源的资料而举例，以近1900字的篇幅拟欲全面揭示南宋时期耆户长和保正长的"官府职责规定"，这样又显现出了作者长时段、区域意识的研究理念，融汇在追求"由碎立通"的研究文本之中，依然显示出了作者"细密精微"学术追求。

存世文献显示出宋朝乡村制度的错综复杂，具体实行中的变化千头万绪，针对宋朝乡村管理的发展变化这一问题，周藤吉之先生在这篇宏文之中，对此有相当全面而深入的揭示。概言之，两宋各个时段内，乡村管理体制的名称、职责、朝廷、地方州县官府和乡间百姓（主要是有别于普通百姓的村落代言人）的焦虑及其互动联系，以及乡村体制前后变化的内在因素等，全篇论文均有考察，并努力呈现了一幅多元、立体的历史图像，既观照整体，又突出了特殊地域。这样的研究视角，一则反映出作者整体史的研究理念，二则也彰显出作者对于不同时空之间有关宋朝乡村职役之"全局"的把握能力。

第三，史料搜讨多元而繁富，对文献的解读力求详尽甚至"榨干其中所蕴藏的所有信息"，为文章整体建构服务。

众所周知，在20世纪60年代，世间不存在历史文献数据库，几乎所有历史文献的收集，都需要作者广泛读书，钩稽索引，披沙沥金。就周藤吉之先生完成的这篇宏文而言，其中收求的资料既包括《宋史》《宋会要辑稿》《续资治通鉴长编》《五代会要》《续资治通鉴长编纪事本末》《唐六典》等正史类文献，还包括文人文集如《直讲李先生文集》《包孝肃奏议》《临川文集》《司马温公文集》《栾城集》《欧阳文忠公集》《南阳集》《范忠宣公文集》《止斋文集》《嵩山集》《后村先生大全集》《水心先生文集》《昌谷集》《周益国文忠公文集》《杜清献公文集》《晦庵先生朱文公文集》《朱子语类》《黄文肃公文集》《定斋集》《双溪集》《西山真文忠公文集》《浪语集》《文定集》《黄氏日钞》《经进东坡文集》《苏魏公文集》《丹渊集》《范文正公政府奏议》，更有元末人陶宗仪《辍耕录》；地方志则有《景定建康志》《淳熙三山志》《嘉定赤城志》《嘉泰吴兴志》《咸淳临安志》《重修琴川志》《舆地纪胜》等；《两浙金石志》等金石类文献；《救荒活民书》《作邑自箴》《庆元条法事类》《昼帘绪论》《州县提纲》等官箴书类文献；笔记小说则有《夷坚志》；类书则有《永乐大典》《册府元龟》等。此外，周藤吉之先生此篇宏文除了不时补充修正完善自己的既有研究外，还与中村治兵卫、仁井田陞、曾我部静雄等学者商讨。所有这些历史文献的收集、淘洗，与既有学术认识的商讨，尤其是前者，在20世纪60年代的学人治学过程中，在没有任何电子文献可以检索的时代，所耗时间与精力，都是相当惊人的。也只有静心沉潜，长期持续投入，专心于此，方可写出如此宏文。

　　周藤吉之先生此文，对于文献的解读和使用，是有着"榨干史料蕴藏的所有信息"之心志的。这篇文章之中，最具代表性的莫如作者对"耆"的研究。在周藤吉之先生之前，河上光一和中村治兵卫等学者曾有过研究，展现出北宋时期"管"和"耆"的一些历史景象，但均未呈现出更为明晰、翔实的制度实施过程中的细节。在这里，作者首先细究《五代会要》卷二五《团貌》的资料，从而指出"我认为，以往的研究未曾考虑到，从显德五年十月到六年春，均税法在全国施行，此诏与查实全国户数与垦田数有很深的关联。即经唐末的混乱之后，为查实当前的全国户数和垦田数，便要改编以往的乡里村，每百户为一团，选三个大户（指豪族至形势户）为耆长，不仅以此察知奸盗，而且为监视百户内垦田数的增减，并使其平均分担民户之租税。因此，在后周的领土内，曾进行乡村的改编，设置耆长，耆长掌管捕盗和征科"。然后，作者依据《续资治通鉴长编》《宋会要辑稿》的记载，邃密结合，细致分析，从而得出了令人信服的论断。作者引述《宋会要·职官》四八《县官》这则资料：

　　　　诸乡置里正，〔主〕赋役，州县郭内旧置坊正，主科税。开宝七年，废乡分为管，置户长，主纳赋，耆长主盗贼、词讼。诸镇将、副镇、都虞候同掌警逻盗贼之事。

作者指出，中村治兵卫先生的断句和阐释都有偏差，"我以为从'诸乡'至'词讼'是一段，'诸镇将'以下是另一段，管和镇将并无直接关系"。他不同意中村治兵卫先生将"乡"不是"地域性区划"，"管"是联户单位的区划，"管"内设户长和耆长——"在原乡设管"。周藤吉之先生则依据上述资料，深入剖析，最后断定：这一时期的宋朝乡村区划，依然是"乡—管"模式。①作者进而结合唐朝邻保制度实行的历史史事，长时段地展现了耆长职责的展开，"管中三大户成为耆长，乡中豪族或官户也出面担任，他们拥有一定程度的武力，因此于管之下形成耆长管辖的'耆'这一区划。户长置于管，由户等次于耆长的人担当，因此在乡村不能拥有像耆长那样大的权力。总之，在宋初虽然乡里之制尚存，但实际上管及其下之耆已成为社会经济方面的重要组织"。作者此后的叙述，几乎是遍举他可能收集到的资料，以为耆长在这一时期内实际推行的印证，并努力揭示"这时由耆长管辖的称为'耆'的区划已经形成"，并试探性地指出"可考虑把'耆'当作管之下的区划"。在这一过程中，作者尽力抉发资料中蕴含的所有信息，努力建构自己的学术论断，特色极为明显。

同样的实例，尚见于作者针对《作邑自箴》之《牓耆壮》和《州县提纲》的深入阐释；以及《永乐大典》《淳熙三山志》引述资料之后的分析，恕不一一再行赘述。

所有上揭的铺叙，无疑，都是为作者建构其宋朝乡村制度体系而服务的。其中，既有作者自己研究成果的修补，也有针对其他学者既有成果的商榷，更有作者独自阐发、别出机杼的洞见。斯波义信先生认为周藤吉之先生是"日本研究中国宋史的先驱，以其透彻精细、博

---

① 半个多世纪后，包伟民先生收集了更具普遍意义的资料，其"北宋多种地方总志所记述的乡制在各地普遍、长期存在的史实，揭示了即如在相州这样'管'制推行的典型地区，其与乡之间仍然存在着更为复杂的关系"，或可视为周藤吉之先生前置论断的再印证。参阅包伟民《宋代乡村"管"制再释》，《中国史研究》2016 年第 3 期。

大宏深的学风和业绩而驰名海内外"。其"典型的文章风格"是"叙述了明快的问题和研究的历史概况，继而以严密考证的正文、简洁的结论和资料、文献题解贯通一气，史料探索与经济动态分析密切融合"，①实非过誉之词。

第四，论文整体结构精致，对历史史事的揭示力求一丝不苟，巧思和洞见，时有显现，显现出日本汉学研究的基本特征。

努力凸显"面"，但更关注由"点"到"面"，然后步步推进，是这篇文章的表面结构。除了从时间推移为序之外，作者就里正、户长、乡书手、耆长、壮丁、都副保正、大小保长、承帖人等这些具体的乡役入手，一步步地解决（在各制度互相观照的背景下，极尽邃密阐释之能事）作为其中之一的乡役名目，最终建构成为宋朝乡村制度的整体面相。这一由点到面、点面融通有机结合的步步推进，使这篇文章结构清晰明朗，相当精致。

当然，就总体印象而言，历时性、整体性的综合性研究，是周藤吉之先生这篇力作的重要特点。

在《宋初乡村制的变化》一节之中，虽然这部分是作者在既有研究之上的考察，但仍有不少洞见。譬如，作者指出，"宋初的里正在从事催税的同时，又因参与确定人民差役而获取许多利益"。以及"神宗熙宁年间以后，每乡都设置乡书手一名，所从事的工作为制作五等丁产簿，并将钱谷记入租税簿等，可以认为，在宋初，他们也曾做这类事情。"在这两处的研究中，作者"恐怕他们参与制作差役簿吧"，"可以认为，在宋初，他们也曾做这类事情"是一敏锐而切当的判断，我们结合后来宋朝五等丁产簿的编制及其实际运作，即可逆推而知。②在历史文献不曾记载的"历史暗影"（"平常"）中捕捉到

---

① ［日］斯波义信：《日本中国宋史学家周藤吉之博士》，君羊译，《国外社会科学》1992年第4期。

② 王曾瑜：《宋朝的鱼鳞簿和鱼鳞图》《宋朝的鼠尾簿和鼠尾法》，收入王曾瑜《锱铢编》，河北大学出版社2006年版，第578—587页。梁太济：《家业钱的估算内容及其演变》《五等户定制及其细分化形式化倾向》，收入梁太济《两宋阶级关系的若干问题》，河北大学出版社1998年版，第19—68页。戴建国：《宋代赋役征差簿帐制度考述》，《历史研究》2016年第3期。

本属于"历史阳光普照"的"光谱"（"异常"。凡史事得以历史资料记载且显著者，大多是历史发展进程中的"异常"而非"平常"），也只有甚具博学卓识者以其"历史的感觉"方可感知并将之呈现出来。再有，至和二年后，"从北宋到南宋，仍可看到在乡村中有里正之名，但如后所述，它指的是都保的保正，其职掌和宋初的里正不同"。需要特别强调的是，1980—1990 年前后，有若干中国学者在这一问题上被卷入了"陷阱"，以"顾名思义"和"循名责实"的既有理念，将北宋后期和南宋时期的"里正"完全等同于北宋前中期的"里正"，且由此论证两宋时期"里"和"里正"的长期存在。在这一问题上，颇显周藤吉之先生深具卓识和对问题认识之切当、深刻。近年来的研究者通过艰苦卓绝的反复研究，印证了南宋时期历史文献中出现的"里正"确实是另外一种有别于北宋前中期里正的乡村职役。再有，在与中村治兵卫商榷文字中，作者则有"细察原史料，我以为从'诸乡'至'词讼'是一段，'诸镇将'以下是另一段，管和镇将并无直接关系"。在宋朝"镇"和"管"是不同层级的两类行政或"类行政"管理名称，"镇"全然有别于乡村乡里管耆都保等名目。[1]所以，"镇将"也与乡里管耆都保等乡村管理模式迥然不同。作者指出："在宋初虽然乡里之制尚存，但实际上管及其下之耆已成为社会经济方面的重要组织。"这一论断早在 60 年代即已揭橥，但我国学者迟至 1990—2000 年依然延续前人旧说，并未重视北宋前期的管耆之制。作者对于相关文献一丝不苟地深挖细剖的研究理念，也显现出东京历史文献学派的普遍性特征。

另外，在第四节的末尾，作者指出"在南宋，乡书手成为胥吏，掌管差账、砧基簿和税簿，他勾结贵家富户，对农民诛求不已。这一点乡书手和县里其他的胥吏是同样的"。在这里，既见作者充分考虑到历史资料中欲盖弥彰的豪强形势户对乡村职役制度的诸多牵绊与渗入，又客观地揭示出晋升为县吏的乡书手残剥普通民众的一面，这是

---

[1]　余蔚：《宋代的县级政区和县以下政区》，《历史地理》第二十一辑，上海人民出版社 2006 年版，第 84 页。

极具洞见的论断。①前揭在北宋前期管耆问题的研究中，作者指出：
"管也有变化，其中耆长管辖的区域发展为'耆'，有的地区一直到
南宋仍有耆存在。"在史阙有间，存世文献不足全然证实的境况下，
能够将管—耆和此前的乡链接在一起，给读者呈现出一个比较完美的
学术建构链条，不能不说这是作者的巧思。

综括而言，周藤吉之先生这篇力作，是一篇实证学术研究的典
范，它收集了相当繁富且多元的资料，针对资料的阐释与解读达到了
一个相当精深的地步；它建构了两宋乡村管理体制的总体面貌，从不
同时空的反转变化之中凸显出两宋乡村管理模式的特点；它是在 20
世纪初期，受到欧美年鉴史学、新史学流派之影响下且能秉持兰克学
派铺叙求实的基本特点，以雄厚的文献资料展现并建构自己学术论断
的典范；它也是在美国新史学风潮影响之下，在马克思主义理论倡导
之下，在社会经济史领域开拓创新的力作；它既注重整体史的建构，
又绝不轻忽历史细节的精致追求，着力追求无限碎片化极致即为整体
史建构的路径——从 20 世纪初叶即已形成的日本汉学研究取径，尤
其是东京历史文献学派所致力追求的史料批判学术理路，②在很大程
度上与欧美的汉学研究存在较大的差别。我们在反思欧美汉学研究的
时候，尤其是 20 世纪中叶之后历史学无限社会科学化时代的欧美汉
学研究，不能将日本的汉学研究与之相提并论。

---

① 王曾瑜：《宋朝的差役和形势户》，收入氏著《涓埃编》，河北大学出版社 2008 年版；
　　[日]梅原郁：《宋代的乡司》，载《刘子健博士颂寿纪念宋史研究论集》，日本东京同
　　朋舍 1989 年版。张谷源：《宋代乡书手的研究》，硕士学位论文，台湾中国文化大学
　　史学研究所，1998。王棣：《宋代乡司在赋税征收体制中的职权与运作》，《中州学
　　刊》1999 年第 2 期；王棣：《论宋代县乡赋税征收体制中的乡司》，《中国经济史研
　　究》1999 年第 2 期；王棣：《从乡司地位变代看宋代乡村管理体制的转变》，《中国史
　　研究》2000 年第 1 期；王棣：《宋代乡书手初探》，载张其凡等主编《宋代历史文化研
　　究》，人民出版社 2000 年版。
② 参阅孙正军《魏晋南北朝史研究中的史料批判研究》，《文史哲》2016 年第 1 期。安部
　　聪一郎：《日本学界"史料论"研究及其背景》，孙正军：《通往史料批判研究之
　　途》，并见《中国史研究动态》2016 年第 4 期。关于史料的内外考证，另请参阅杜维
　　运《史学方法论》，北京大学出版社 2006 年版，第 121—136 页。

二　周藤吉之先生及其学术成就

周藤吉之是 20 世纪日本汉学界的一位健将，以研究宋代史著称于世。其嫡系门生、享誉寰宇的日本汉学家斯波义信先生曾撰文称：

> 周藤吉之博士（1907—1990）是日本研究中国宋史的先驱，以其透彻精细、博大宏深的学风和业绩而驰名海内外。先生任公职 41 年，大致的情况是：前半期任史料编纂官及研究所员，后半期在大学从事研究和指导诱掖后进。在此期间，先生的学术活动涉及宋代社会经济史、朝鲜高丽及李朝时期的官制史与社会经济史、清初旗地制度史三个方面，有主要著作 8 册，合译注书 1 册，合著史籍解题 1 册，其他合著 3 册，论文、评论、书评等约 130 篇。①

就笔者熟悉的宋朝史研究领域而言，周藤吉之先生先后有《中国土地制度史研究》《宋代经济史研究》《宋代史研究》《唐宋社会经济史研究》等四部巨著出版。②斯波义信先生认为他已建构"周藤史学"体系，且进一步褒扬他是"日本研究中国宋史的先驱，以其透彻精细、博大宏深的学风和业绩而驰名海内外"。其"典型的文章风格"是"叙述了明快的问题和研究的历史概况，继而以严密考证的正文、简洁的结论和资料、文献题解贯通一气，史料探索与经济动态分析密切融合"；"在谈到周藤先生时，斯波先生字正腔圆地说出'实

---

① ［日］斯波义信：《日本中国宋史学家周藤吉之博士》，君羊译，《国外社会科学》1992 年第 4 期。

② ［日］周藤吉之：《中国土地制度史研究》，东京大学出版会 1954 年和 1980 年版；周藤吉之：《宋代经济史研究》，东京大学出版会 1962 年版；周藤吉之：《唐宋社会经济史研究》，东京大学出版会 1965 年版；周藤吉之：《宋代史研究》，日本东京东洋文库 1969 年版。有关周藤吉之先生清代土地制度史、朝鲜高丽时期李朝官制史和社会经济史研究领域的成就，早期著作《清代满洲土地政策研究——特以旗地政策为中心》，（河出书房 1944 年版）；其晚年著作《高丽官僚制的研究》（1980），《清代东亚史研究》等，请参阅斯波义信《日本中国宋史学家周藤吉之博士》，君羊译，《国外社会科学》1992 年第 4 期。

事求是'四个汉字，高度概括和评价其师周藤先生学问。在他看来，周藤先生读书很多，知识渊博，学问非常细腻、扎实。与此同时，无论是加藤繁、西嶋定生，还是周藤吉之，都受到了马克思主义的巨大影响，因而他们的学问深深地打上了时代的烙印，这是斯波先生针对东京派、京都派关于中国古代社会发展阶段的激烈争论而言的。"①当然，不得不说，令人疑窦顿生的是，师生二人在社会科学化的史学研究取向上，迥然有异，斯波义信先生之所以享誉国际汉学界者，正是因其"盐溶于水"般的社会科学化的史学研究取径。周藤吉之先生1954 年申请东京大学博士学位的力作《中国土地制度史研究》"在学术界作出了空前的贡献"，彰显了东京历史文献学派的研究特色，于1956 年获日本学士院奖。他在此后接连完成的六部著作，"形成了屹立于学界之林的不可动摇的地位"。②

如若就 20 世纪上半叶日本宋史研究的学术器局与研究取向而言，在从宏观到微观研究的过渡中，宫崎市定（1901—1995）、周藤吉之（1907—1990）、中嶋敏（1910—2007）、佐伯富（1910—2006）、柳田节子（1921—2006），以及梅原郁（1934—）等学者，均已开始向微观转化，他们更多专注于制度的考证与复原，③逐渐形成了研究取径"细密精微"的特点。在这一过程中，毫无疑问，周藤吉之是具有引领和典范意义的重要学者。

1960 年代前后的日本中国史研究，涌现一大批优秀的学者，创作出了众多在中外学界都享有盛誉的学术成果。周藤吉之先生的这篇巨作，是在他多年沉浸宋史研究的基础上完成的。此前，他已经完成了以宋代为主的《中国土地制度史研究》（东京大学出版会 1954 年版），所收论文针对宋朝的庄园制、佃户制、官庄、屯田营田的经营和典卖权、方田均税法、宋代的两税负担和南宋的公田法等议题，进行了深入的探讨。梅原郁教授曾专就这一领域的成就发表有论文《围

①　游彪：《访日本经济史学家斯波义信教授》，《中国经济史研究》2001 年第 1 期。
②　[日]斯波义信：《日本中国宋史学家周藤吉之博士》，君羊译，《国外社会科学》1992年第 4 期。
③　王瑞来：《近藤一成教授与日本的中国史研究》，北京大学《国际汉学研究通讯》创刊号（2010 年 3 月）。

绕土地制度的宋代研究之动向——以周藤吉之教授的业绩为中心》。①周藤吉之教授随后完成并出版的《宋代经济史研究》（东京大学出版会 1962 年版）、《唐宋社会经济史研究》（东京大学出版会 1965 年版），与此相关的，其学术议题涉及的有：以经界法为中心探讨南宋的乡都税制与土地所有、以宋代职役为核心考察五代节度使的支配体制、宋代州县职役与胥吏的发展、宋代的诡名寄产、宋代的佃户制度、南宋役法与宽乡狭乡宽都狭都的关系、南宋的保伍法、与宋代乡村制关联的陂塘管理机构和水利规约、宋代乡村的店市步的发展，等等。可以说，周藤吉之先生在这一时期的学术研究主要论题是两宋社会经济史，且以宋代乡村制度及其周边问题的研究为其一大重点领域。

　　周藤吉之先生以社会经济史为主要研究议题，这样的选择，是受到了当时日本汉学研究主流风潮的影响的。如所周知，这一时期的日本汉学界既接纳了当时国际人文社会科学研究风行的兰克学派、年鉴学派、新史学流派，也接纳了马克思主义理论的学术研究路径。除了兰克学派的影响外，周藤吉之先生就深受马克思主义理论的影响。而作为社会经济史研究重大关键问题的土地制度史、赋役制度史，尤其是与乡村社会经济紧密相关的乡村制度，是帝国财经命脉之所系，是帝国发展运行的根基之所在，乃是牵一发而动全身（整个帝国）的核心议题。周藤吉之先生多年沉浸于此，以"高明独断""沉潜考索"的学术理念，以其全局的把握和深邃的洞察力，在这一议题上完全可以说是致广大而尽精微，澄其源而清其流，追求"透彻精细、博大宏深"是最显著的特点，以沉潜求实的精神，采用"穷举"之志和归纳总结之法，显现出其长时段和整体史的理论关怀。其用功之勤，持论之慎，其神思之缜密，志愿之果毅，逾越等伦，并世治宋史者，未能或之先也，对这一议题做出了巨大的学术贡献。

---

① ［日］梅原郁：《围绕土地制度的宋代研究之动向——以周藤吉之教授的业绩为中心》，《东洋史研究》1960 年第 19 卷第 3 号，第 77—92 页。

三　周藤吉之宋代乡村研究"前史"与"后史"：国内学术视角的观望

周藤吉之《宋代乡村制的变迁过程》这篇近 5 万字的历史长文，是周藤吉之先生的一篇学术力作，同样反映出其学术研究的精湛与洞彻的学术识见。此文发表之后，佐竹靖彦、柳田节子两位学者仍有论著发表，进行论争和补充。这两位学者的侧重点与周藤吉之先生大有差异，佐竹靖彦先生的研究视角在于宋初土地所有和村落规制、唐末五代地主在村落秩序中的影响、宋初村落行政的形成等；①柳田节子先生立足于户等制与乡村制的关系，更侧重户等制，在《乡村制的展开》这一部分中，强调里制的崩坏与村制的形成、都保制与村落共同体，相比于周藤吉之先生的既有研究，显然收讨资料更显集中，视角也自有不同。②近年来，日本学者伊藤正彦的研究，乃在于长时段的考察，着重于明清以还里甲等役法的探索，抑或更能够显现长时段视域下宋朝乡村职役体制的内在进展路径和后来者的研究取向。③由此而言，周藤吉之先生这篇力作，我们完全可以称为日本汉学界宋朝乡村制领域研究的终结之作。嗣后，在这一学术议题再行深究者则几无一人，这似乎足以表明周藤吉之先生这篇巨作的经典性学术价值。但在中国学术界，这一研究却长期以来并未受到应有的重视。

由于信息交流不畅，语言文字的阻隔，在中国历史学界，日本学者的经典性学术研究被忽略的现象，并不少见，尤其在 90 年代之前。90 年代之后，中国学者有些人不识日文，在"引用"域外学者尤其是日本学者的研究时，只出现论文发表信息，不曾展开切实的商讨；稍有懂日文者，则有径直转述以为己有者，也有看见故意视为未

---

① ［日］佐竹靖彦：《宋代乡村制度の形成过程》，《东洋史研究》1966 年 12 月第 25 卷第 3 号，第 244—274 页；《佐竹靖彦史学论集》，中华书局 2006 年版。在中译本中，惜乎并未收入此文。笔者粗略阅读的印象，佐竹靖彦先生此文不在于修正周藤吉之先生的既有研究，而在于向前的追溯。

② ［日］柳田节子：《宋元乡村制の研究》，日本东京创文社 1986 年版。

③ ［日］伊藤正彦：《宋元乡村社会史论——明初里甲制体制的形成过程》，日本东京汲古书院 2010 年版。

见者，乃至出现学术乱象。随着互联网信息交流的快捷和中日学术交流的日新月异，一些日本著名汉学家的著作也越来越多地被翻译为汉语，在国内广为流传，这些著作也就越来越受到国内学人的关注，中国学者展开切实研究者也日益增多。

在中国学界，聂崇岐、李剑农、孙毓棠、漆侠、朱瑞熙等先生的研究成果与周藤吉之先生的这一研究紧密相关，且发表时间大多属于同一时代。①其中，除了聂崇岐、李剑农两位先生的研究成果，大致可与周藤吉之先生这一研究相比之外，中国学者这一时期的研究主要关注职役的性质和税的负担者，以及职役的阶级剥削性。聂崇岐先生这篇长文，其结构顺序大致是：宋代色役及其渊源、役法之流弊、仁宗英宗两朝之改良役法、熙宁改革役法、元祐绍圣后役法改革的纷更、南渡后置役法等，基本上是历时性的研究。其取材广博，史料繁富，立足于官方视角，基本厘清了两宋役法制度的前因后果、役法变革和纷争的诸多历史现象，但全文并未更多措意于乡村制度的前后沿革及其背后的因素，与周藤吉之先生的研究取径，差异不小。李剑农先生在《宋元明经济史稿》一书中设有专节《宋代的役》，历时性地针对差役、募役和差募并用、名募实差等各个环节，做了陈述；对于宋代役法涉及的各种役名和对应的职责等，也有所考察。但整体构架和诸多制度性细节及其变化，尚属疏略，与聂崇岐先生的研究有某些近似之处，与周藤吉之先生的研究相差较大。

在中国古代乡村管理制度这一问题的讨论中，中外研究视角存有巨大差异。在很长一段时间内，日本学者更多关注其制度演变的层面，以及制度与其周边的关系。受日本学者研究成果的影响，美国学者 Brian E. Mcknight（马伯良）著有 *Village and Bureaucracy in Southern Sung China*（《中国南宋乡村职役》，The University of Chicago Press，1971 年）也是一部历时性的学术力作。20 世纪 90 年代之前，学界交

① 聂崇岐：《宋役法述》，《燕京学报》1947 年 12 月第 33 期，收入聂崇岐《宋史丛考》，中华书局 1980 年版；李剑农：《宋元明经济史稿》，生活·读书·新知三联书店 1957 年版；漆侠：《王安石变法》，上海人民出版社 1959 年版；孙毓棠：《关于北宋赋役制度的几个问题》，《历史研究》1964 年第 2 期。

流少，成果互鉴少，域内域外，大抵如此。同样是受限于信息沟通之不畅，国内学者在研究之时，不但对日本学者的成果视之如无，而且我国台湾学者王德毅、黄繁光两位教授的成果也多被忽略①。20 世纪 90 年代之后，我国学者越来越多地针对两宋乡村制度、乡村职役制度演变与乡村社会秩序的构建，进行切实而深入的研究。其中，郑世刚、吴泰、王棣、张谷源、刁培俊、梁建国、谭景玉、鲁西奇、包伟民、王旭等学者的研究，②显现出学术商讨和赓续周藤吉之等日本学者的研究路径，在精细研究的基础上，又有新的进展。

　　学界既有成果目前聚焦于以下讨论：宋朝县级行政以下，究竟是怎样的一种乡村治理体制？乡、里、耆、管、都、保、甲等各种历史文献呈现出的称呼之间，究竟是怎样一种关系？ 这些称谓究竟是实有的，抑或仅是儒士大夫的"惯称"？上述称谓在各个时段的变化，是否存在地域化、第二次地域化、地域标识、联户组织、财税体制的倾向，等等。近年来，包伟民先生再度集中发表高显示度期刊论著，讨论这一问题。③包伟民先生认为，在宋代乡村制度的研究中，历史文献记述与制度运作之间出现了落差（这一洞见大致与王曾瑜先

---

① 此之所谓"忽略"，也许并非学人并不知之，而是知之或并未亲见，道听途说，仅是在脚注之中出现而已，也包括亲见原著却并非深入阅读，汲取学养，以为自己攀升学术巅峰的阶梯，而是自己展开研究之时，将之忘却于脑后而只顾自说自话。

② 中国学者回顾这一领域学术史的文章，请参阅刁培俊《当代中国学者关于宋朝职役制度研究的回顾与展望》，《汉学研究通讯》（台北）2003 年第 3 期，增订收入《宋史研究通讯》2004 年第 1 期；朱奎泽：《20 世纪 80 年代以来国内两宋乡村政权与社会控制研究述评》，《甘肃社会科学》2007 年第 1 期；谭景玉：《宋代乡村组织研究・绪论》，山东大学出版社 2010 年版，第 1—34 页；贾连港：《宋代乡村行政制度及相关问题研究的回顾与展望》，《中国史研究动态》2014 年第 1 期；王旭：《宋代乡的建置与分布研究——以江南西路为中心》，西安地图出版社 2015 年版，及其《宋代县下基层区划的"双轨体制"研究》，博士学位论文，暨南大学，2017 年 6 月。傅俊：《理论、文本与现场——宋代乡村研究省思》，包伟民、刘后滨主编：《唐宋历史评论》第一辑，社会科学文献出版社 2015 年版，第 237—266 页。侯鹏：《宋代差役改革与都保乡役体系的形成》，《社会科学》2015 年第 8 期；侯鹏：《经界与水利——宋元时期浙江都保体系的运行》，《中国农史》2015 年第 3 期；高森：《论宋代县乡吏役在土地清丈中的职责》，《河南大学学报》2018 年第 3 期。

③ 目前已发表者有：（1）《宋代乡制再议》，《文史》2012 年第 4 辑；（2）《中国近古时期"里"制的演变》，《中国社会科学》2015 年第 1 期；（3）《新旧叠加：中国近古乡都制度的继承与演化》，《中国经济史研究》2016 年第 2 期；（4）《宋代乡村"管"制再释》，《中国史研究》2016 年第 3 期。

生所说不能循名责实近似）。从唐入宋，乡村基层组织作为联户组织、以一定人户规模建构起来的唐代乡里体系，随着历史演变发生地域化与聚落化的制度蜕化，其中地域化是主要方向，导致了业已普遍蜕化成为地理名称的某乡某里等被地方志编纂者作为一种地域标识体系记载下来。入宋以后，帝制国家出于管理需要，重新组建的乡管、乡都等联户组织，则因其尚不够稳定，无法用以标识地域，这类历史既存的"旧迹"在记述中被忽略了。这一由制度蜕化引发的议题，他认为当属历史文本与史实之间复杂关系的典型案例。此外，还有一些以历史地理为研究方向的学者，在推进宋朝乡村制度的研究中，更多关注"空间"性的研究视角，在地域史、村民的历史、村落的历史"时间和空间"等领域，展开研究。他们也关注帝国自上而下地控制乡村中的广土众民的乡里制度，村民们自发的自生的"村落自治"等问题，给这一学术议题带来更多学术热点。譬如王旭《宋代乡的建置与分布研究——以江南西路为中心》一书中，着眼点是宋代江南西路作为基层区划的乡的建置与复原，进而研讨乡的人文地理特征，这包括乡的分布特点与经济格局、命名于改名、划分原则与调整方式、地望与隶属的变革，等等。在其新近完成的博士学位论文《宋代县下基层区划的"双轨体制"研究》中，作者主要关注点在于考察宋代以太湖流域为主的县下基层区划形成"双轨体制"，即以乡为代表的"乡村型"体制和以镇为代表的"镇市型"体制，该体制形成的时间大约是北宋中期。作者认为：前者以管理农业居民为主，包括乡、里、耆、管、都、保、团、社等基层区划单位，在地图上呈现出片状分布的特征；后者以管理工商业居民为主，包括镇、市、务、墟、步等基层区划单位，在地图上呈现出点状分布的特征。作者认为这两类体系中层级最大且最为稳定的乡、镇，对宋代县下基层区划体系的形成、运作、管理等纠葛牵涉者甚，并对此问题进行了详密的探讨。

　　宋朝乡村管理体制这一学术议题，如果将视角放在宋朝，如果从"整体史观"入手考虑，是否应该结合乡村职役（本处不用"乡村制"）与户等制的关系，与保甲制及其变异模式的关系，与地方胥吏的关系，与州县尤其县级官府的关系，与州县地方财政与乡村秩序（帝国秩序）的关系等，这些是否可以归诸"整体史"的视野？① 周藤吉之先生在这一议题研究过程中所涉及的"问题点"，是否都有必要纳诸"乡村职役"/"乡村制"的研究之中？乡村制、乡村职役、乡村区划、乡村（村落、基层）行政，语言表达方面，究竟是以今日通行的学术用语表述宋朝，抑或使用宋朝人自己的称谓用语研究宋史？ 存世相关资料来源的单一性导致我们更多观察到来自官方主流意识形态的表述——来自"国家""官方"的历史（譬如宋朝历史文献更多呈现出职役人负担沉重的一面，而很少呈现出职役人在乡村作威作福的一面。这一历史书写的背后，究竟蕴藏着怎样的隐情与幽微？ 这一叙述逻辑的偏颇和导引，确应引起我们更多的注意），缺乏真正属于"民间立场"阳迎阴拒的互动，缺乏反抗或逃离国家的角度，缺乏在乡村看到的、被改变了之后的国家制度之实际运作，及其与国家制度变动过程中的差异，更缺乏真正参与运作的"人"的因素。另外，我们是否需要针对搜讨来的所有资料进行"锱铢必较"？似乎可以说，半个多世纪之前，周藤吉之先生的既有研究成果，已经给我们指示了路径。20世纪以来的日本汉学研究，更多专注于制度的考证与复原，逐渐形成了研究取径"细密精微"的特点。在这一过程中，毫无疑问，周藤吉之是具有引领和典范意义的重要学者。②

四　赘语

历史研究的取径，历来就有宏观与微观的争论，而究竟是细碎到极致就等于完美，"非碎不能立通"，抑或是宏观建构学术理路、以

---

① 请参阅前揭刁培俊《当代中国学者关于宋朝职役制度研究的回顾与展望》。
② 近年来，我们倡导追求与建构"中国道路""文化自信"和力求"回到历史中国"，对于域外中国研究的成果，"一味追求和模仿"西方汉学风格的"汉学心态"，毫无疑问，自当反思；带有异民族文化立场的各种理念和历史经验，亦当警惕与淘洗，但是，类如周藤吉之先生这样的研究成果，这类"汉学研究"的学术取径，是否亦应归类于"汉学心态"而加以批判？

宏观叙事入手，结合其他社会科学、行为科学的理论方法（即科际整合），①高度概括出一些研究模式，甚至探索出新的研究方法、建构出新的理论等，哪一种更具学术价值，自是人言言殊见仁见智的事情。②譬如史学界所熟知的"施坚雅模式"、魏特夫东方专制主义下的"水利社会"、内藤湖南的"唐宋变革论"、谷川道雄的"豪族共同体"、斯科特的"弱者的武器"，乃至费正清等针对中国封建社会的长期停滞而提出的"刺激—反应"论，柯文之"在中国发现历史"，黄宗智的"过密化"论，王国维"两重证据"、顾颉刚"层累构造的中国"、陈寅恪"关中本位论"、王明珂的"华夏边缘"。至于年鉴学派的"长时段"和美国"新史学"派社会科学化的历史学，以及"后现代理论"影响下的中国历史之重构与被建构等，最近半世纪来更为国内学者所熟知。颖悟而兼具博学卓识的学者努力追求历史研究的价值，在更高远和更广阔的理路下探寻史学之所为史学。史观学派和史料学派，或曰分析归纳型史学研究与精细实证型研究相比，给人的观感自然是意义重大，但亦有很多学者立志于追求无限"细密精微"的学问，努力建构和呈现历史的所有细节——纤毫毕现③——周藤吉之先生此篇典范之作，即为此一领域之楷模。世间抑或并不存在

① 邢义田：《台湾学者中国史研究论丛·总序》，中国大百科全书出版社 2005 年版，第 4 页。邢先生也在这篇序文中反思了窄而深学术研究取向的利弊得失，思考何以不曾"建立起一套对中国史发展较具理论或体系性的说法"。但是，历史学的理论与方法，究竟取径于社会科学、行为科学的理论与方法，还是追求它的"人文性""诗性"？ 著名史学家何炳棣先生晚年曾反思说："这本《明清社会史论》在我所有的著作里，运用社会科学理论较多，也最为谨慎，曾引起不少学者仿效。但此书问世若干年后，蓦然回首，我对某些理论逐渐感到失望与怀疑，最主要是由于其中不少著作不能满足历史学家所坚持的必要数量和种型的坚实史料，以致理论华而不实，容易趋于空诞。"参阅其《明清社会史论·中译本自序》，徐泓中译，台北联经出版事业公司 2013 年版，第 iv 页。

② 强调碎片化仍然不够，无须过于追求宏大叙述的历史研究取径，请参阅《中国近代史研究中的"碎片化"问题笔谈》（上、下）所发表罗志田、王笛的文章，《近代史研究》2012 年第 4—5 期。

③ 就中国古代史研究而言，汉晋新出土简牍、敦煌吐鲁番文书的研究大多是在细碎的断烂朝报之间努力牵连宏大历史，徽州文书、清水江文书等新近发现并运用于史学研究的文献，其研究取径也多是细碎型。田余庆《东晋门阀政治》（北京大学出版社 1989 年版）、茅海建有关戊戌变法和鸦片战争的研究，或近似之，参阅茅海建《天朝的崩溃》（生活·读书·新知三联书店 1997 年版）及其"戊戌变法研究系列"。

"最好的"历史学——没有"最好"，只有"更好"，但是，志向高远的学人无不追求成为"最好"：我们的史学研究，究竟在多大程度上为"中国历史"贡献了什么，为"历史学"（全球史、人类文明）贡献了什么——观点、议题、理论、角度、方法、智慧。无论是"求真"，抑或是"求美""求善"，所有历史研究的探寻，只有"真"才会产生"美"——无真不美。

第五章　国际性学术议题的形塑与
宋代政治史研究的新视野

政治渗透于一切权力实态与秩序格局之中，是促进现实社会与历史变动的主要因素，经济基础在一定程度上与政治互动，经过多边地激荡、磨合，从而在历史的长河中不断翻滚或大或小的激流、浪花，推动了人类历史的长卷翻过了一页又一页。长期以来，政治史一直是中国历史研究的主轴。政治精英尤其是皇帝及其周边的政治群体，对于中国历史的创造性推动与改变，是普通官员和百姓等难以比拟的。换言之，在"官本位"帝制中国，在那个皇权定于一的时代，普通官僚的参政议政举措无论具有怎样高瞻远瞩的洞见，即便是群体性的普通官僚参政议政理念的呈送与传布，在很多历史场景下，均难以和极少数政治精英们的言行相比，后者对中国政治历史的走向更具穿透力和渗透力，对中国政治和社会的影响，也更具长远的效用。当然，存世文献较多记录帝王将相的言行，故而，以往中国政治史研究的主要内容无外乎重大历史事件、著名历史人物和政治制度，以及围绕在其周围的一些话题，成果繁盛，创见迭出，不胜枚举。这样一来，历史研究的内容凸显少数政治精英的角色、权位争夺的过程与后果，所有的政治场景变成为少数精英领袖的舞台。中国政治制度史的考察，多半是排比史料，将一项制度的各种规定，来龙去脉，清晰呈现，即便考察在各个历史时段所发生的变化，但也多半难以摆脱就制度研究制度的窠臼，难以呈现制度在各个时空下的具体运作过程及其社会绩效，以及推行制度的行政官员历史活动轨痕。在这些以往的研究模式下，学者或着力追求宏大叙事，或在碎片化细枝末节中搜讨历史遗迹的或横或竖或错乱杂糅的点滴截面，或片面强调经济基础对于政治的互动影响等，总之，大多缺乏"整体史"视域下更好的学术观照。而自汉迄唐，由于文献的相对稀缺，研究者的长期深耕熟耘，政治史的研究几近题无剩义，在困境与迷思中走入瓶颈。长时期内形成的既有研究思路、学术话题和陈旧方法，更难激发这一领域有突破性的巨大进展。

20 世纪以来，宋史研究领域政治史方面学术议题的形塑，大多学者倾力于中央朝政及其周边问题的研究，关注君臣对重要政务的讨论与决策，譬如陈桥兵变，杯酒释兵权，斧声烛影，中央集权的强化，范仲淹与庆历新政，王安石变法，宋徽宗钦宗与北宋的灭亡，岳飞抗金，史弥远、韩侂胄、贾似道、文天祥等与南宋中晚期历史等政局变动，土地私有化后的城乡差别和税役征派，积贫积弱、三冗三费与困扰两宋朝廷的财政危机，程朱理学及宋学各学派，欧阳修、苏轼、李清照、辛弃疾等文豪的巨大成就，辽西夏金蒙（元）与宋朝的边政危局，等等。如所周知，历史发展的进程绝非单线条一元化的图像，倘如就上述内容展开研讨，则多彩多姿、内容丰富、层叠累积、错综复杂的中国历史，被条块分割开来，研究者只能是盲人摸象，很难一斑窥镜。而自汉迄唐，由于文献的相对稀缺，研究者的长期深耕熟耘，政治史的研究几近题无剩义，在困境与迷思中走入瓶颈。长期形成的既有研究思路、学术话题和陈旧方法，更难激发这一领域有突破性的巨大进展。

当然，传统中国帝制时代，庙堂之高，信息传布缓慢而多不实，普罗大众遥遥难及，政治高层实际运作的隐晦性更是扑朔迷离，政治制度的运行也纷繁复杂，牵涉面相当广泛。如何在断烂朝报的文献呈现出的场景中钩沉、描绘出无限接近历史真相的文本，使之逼近历史现场，对于学人智慧无疑是最具挑战性的一大学术营地。从前述政治大事件、大人物及中央政府为中心的研讨思维，拉开视角，结合社会、经济、文化等领域做整合性的观察，以及在制度的建构与调整中，重视政治运行与制度实行互动过程与人的角色，追求"活"的制度史研究取径，并关注官僚群体的角色和作用，或可成为学术取得突破性发展的进径。当然，既不过分强调经济基础的影响，忽略中国传统政治运行的独立性，也不单方面强调政治运行的独立性而忽略经济基础等因素的互动，观照到历史现实中并不存在各个畛域的区隔，所有因素的叠加、互动联系，方可追索和逼近"历史真相"，从而避免学术议题的碎片化，走向整体史的研究。

近十几年来，北京大学教授、著名学者邓小南先生，以其高瞻远瞩的学术洞察力，辛勤培育了一批青年学者，逐渐形成一个学术议题相对集中、学术旨趣趋同的研究团队。这一集体性学术团队的凝聚，其主要特征是：以宋朝高层政治史——譬如祖宗之法、朝政的出台与发布运行、行政具体运作过程及其相关信息、文书传布为研究对象，强调政治文化史的学术研究旨归；在研究政治制度和政治运作过程中，其研究方法更强调走向"活"的制度史，研究政治文化的"过程""关系"，力求多元、立体、动态地呈现宋朝政治高层实际运作的历史现场。无论是"活"的制度史研究方法开创性睿智的灵光闪现，抑或是论题突出、格局严整、论证精审、编织绵密、文本凝练的一系列成果涌现，似乎均可表明，以邓小南先生为中心的这一学术团队，而今已经蔚然成为国际两宋史研究领域的一朵奇葩，其学术理念之高瞻远瞩，洞见独蕴，其学术向心力之强，成为当下国际宋史研究的一大核心阵营。其探寻"活"的制度史的研究取径和政治文化史的研究理念，已以强大的学术魅力扩散域外，牵动了一批中青年学人的关注和追随，引起了相对广泛而深入的学术讨论，其趋势呈现为一大学术研究议题，逐渐与"唐宋社会变革""两宋之际精英的地方化"等影响深远的国际学术议题并驾齐驱，创建了属于中国学者自己的学术话语，以至有学者认为：宋朝在中国、宋史研究的中心议题也在中国、中文也渐趋成为国际宋史研究的主导性语言。

就目前已涌现出的学术成果而言，这一攻坚作战的"集团军"，研究涉及的议题包括：有关宋朝高层整体政治走向的"祖宗之法"、宋朝信息传布的渠道、文书、东京开封府官员的日常生活、北宋晚期君主与臣僚的理政之道、官员的荐举与选任、中枢行政的日常运作，等等。其研究旨归多围绕在——将政治与社会氛围，与文化环境，与思想活动甚而社会经济活动等联系起来考察，把貌似抽象的政治结构、政策取向"还原"到鲜活的政治生活中加以认识，赋予政治史研究以应有的蓬勃生命力，努力建构中华民族在赵宋一朝这一特定时空下形成的群体政治心态。围绕这些学术议题，这一学术团队目前已经发表了一系列高质量的学术论著和论文，其鲜明的问题意识，敏锐的观察视角，富有生机和活力的学术话语，引发了更多学者投身于这一领域的学术研究，域外学人也已经开始围绕"活"的政治制度史这一学术议题展开相对热烈的研讨，国际性宋代政治史研究的学术网络已悄然涌现。

在这样和那样的思讨中，在一次又一次的学术追问中，什么才是中国政治史的主流话题？　牵一发而动全身的主流话语？　这一话题可以囊括几乎所有历史发展运作的毛细血管和触角，综合所有可以决定整体的历史走向，肢解开来却又可以无时无刻不凝聚主流。且这样的学术话语与学术议题，历久而弥新，有着无限巨大的学术牵引力和外延力。

围绕赵宋一朝历史的研讨，就国际学术发展动向而言，由内藤湖南、Robert M. Hartwell（郝若贝）、刘子健及 Robert P. Hymes（韩明士）等提出的"唐宋社会变革""两宋之际精英的地方化"这两大学术议题，自 20 世纪 20 年代、80 年代至今，泅为中国唐宋史研究的主流话题。换言之，两宋史研究的话语权，多年以来，一直由欧美、日本学者所创建并引领。宋代政治史研究领域亦是如此。虽然，国内一些中坚学者努力坚守自我，钩沉索隐，沉潜求实，着力摆脱"在欧美发现中国历史"的学术进径，取得了很多突破性成果，令人钦佩。然而，长期以来，国内两宋史研究总体趋势依然停留在"欧美中心论"下，在研究取径、方向、议题的设定方面，多受海外学界的影响。国内学者对此有批评，有修正，但鲜有创设出层叠厚密、扩散性极强的新议题者，在国际学术界建立有影响的、属于自己的学术流派；在国际汉学界宋史研究交流的平台上，国内资深和精锐学者们能够主导潮流，影响国际研究取向的方面还相当有限。在这样的研究论域下，中国历史研究走过了漫长的历程，而今，在域内外各种"唱盛中国"的语境中，如何切合实际地阐发属于中国学人自己的学术声音，以平实的心态对待中国历史实有场景，是中国学人必须面对的话题。而邓小南教授及其团队所做的这一努力，从追求"活"的制度史到政治文化史主流学术话语的建构，其扩散性强且凝聚力高的国际性视野，及其高瞻远瞩的学术关怀，近期内已引领了中国学术的发展走向，更引发了域外学人的追随。邓小南教授大气磅礴的大家风范，其学术潜力的阐发更具问题意识。立足于本土文化资源，以传统中国自身的发展模式透视历史中国的镜像，锻造出具有中国特色的中国人的宏观学术命题，引领国际学术讨论，闪耀出中国学人的智慧灵光，中国学术走向世界，中国学人张扬自我问题意识、阐发属于中国自己的学术声音一如山巅鸣钟，振聋发聩，影响深远；也是未来青壮派学人的肩头之责任、使命和应有的气度。

　　（本章发表时由责任编辑做了大量删改，笔者无缘读校样，此乃最初文稿）

第六编

管窥与评骘（上）

第一章　典范与牵引

——邓小南著《祖宗之法：北宋前期政治述略》读后

关于宋代“祖宗之法”，明清以还迄于今日，数百年间，时有论者，学人多少有所了解，或谓早已不是新鲜议题。①但是，邓小南先生《祖宗之法——北宋前期政治述略》②却宏观建构，绵密编织，别开生面地将“祖宗之法”与宋代基本政治格局紧密、有机地联系起来讨论，不论是作为一个层次分明、论证细密的中观学术议题，抑或其层垒叠压、力求多学科有机交融的研究方法，乃至这一论题所牵系的、给今人所带来的政治及生活智慧，读后均使人对过去若有所知印象模糊的所谓赵宋“祖宗之法”产生耳目一新之感。或可说，本书是中国学者自己提出并锤炼、提升的论题，达致学术高水平的一部代表性论著。就国际“汉学”界的评判标准而言，无论是问题意识之蕴含及旨归、论证过程的逻辑清晰和雄辩有力、史料之丰赡、解读之确当、结论之稳妥，都值得称道。在20世纪以来的宋史学界，将一个具有学术牵引力的议题扩展、锤炼、提升到这一异彩纷呈的境界，视

① 就宋史研究领域而言，早期的议题抉发多与所谓王安石提出的“三不足”中的“祖宗不足法”有关。邓广铭先生在《王安石——中国十一世纪的改革家》（人民出版社1975年版）一书中已有考察，此后发表的《宋朝的家法和北宋的政治改革运动》（《中华文史论丛》1986年第3辑，今据氏著《邓广铭学术论著自选集》，首都师范大学出版社1994年版，第139—161页）则论证更显圆满，但仍未形成一个蕴含丰富、深具扩散性和学术深度的学术议题。

② 邓小南：《祖宗之法：北宋前期政治述略》，生活·读书·新知三联书店2006年版，2015年修订再版，下文简称《祖宗之法》。值得特别标明的是，该书2017年荣获第四届思勉原创奖（华东师范大学）。

《祖宗之法》为学术精深探求的巅峰、典范之作，或不为过。我们也欣喜地看到《祖宗之法》出版后，一时之间，在国际宋史学界引发了"四海读华章"的场面。①众所周知，多年来，国际宋史研究领域缺少一部统摄力强、极具代表性的政治文化史典范著作。而今，大浪淘洗，披沙沥金，八年多来的学术考验已经证实，《祖宗之法》被国际宋史研究学界视为宋代政治文化史领域最具代表性的一部典范之作。黄宽重先生称誉其"重新诠释了宋代政治史中的文化意涵"，是"近年来对宋代政治与文化透析最深、最具创见的学术专著"。②

《祖宗之法》一书由序引、正文六章、结语、赘语、参考书目等构成。在"序引"中，作者重点说明了本书的议题设计和研究方法，强调"以'问题'为导向，注重过程、行为、关系的研究"；在以时间为顺序讨论宋初政治发展时，作者关注"人"的因素，探讨"人"的行为和制度间的互动关联，其中所蕴含的具有方法论意义的"说法"和具体"做法"，深具典范作用。正文按逻辑推进，可分为四部分：第一章，从国家政治的层面出发，对汉唐以来"祖宗之法"的影响进行了宏观回顾，并描述赵宋一朝将国法与家法混融为"祖宗家法"的过程，以及中华帝制时代"家国同构"的特征。第二、三章，以晚唐五代至北宋前期为一时间单元，从历史的"长时段"入手，以宋初统治群体的演变过程为讨论对象，提出宋初基本的政治格局和制

---

① 李华瑞：《重建宋代政治文化的力作》，《文汇读书周报》2006 年 11 月 24 日。吴铮强：《"祖宗之法"的虚与实》，台北《新史学》第十八卷三期，2007 年 9 月。韦兵：《两种政治文化心性》，《读书》2007 年 12 月。虞云国：《祖宗之法：在因革之间》，《东方早报》2009 年 6 月 28 日。黄宽重：《曲尽幽微 阐发新义——邓小南〈祖宗之法——北宋前期政治述略〉述评》，《中国史研究》2012 年第 3 期。另外，黄宽重、阎步克在该书封底亦有精辟评论。另外，曹家齐：《赵宋当朝盛世说之造就及其影响——宋朝"祖宗家法"与"嘉祐之治"新论》（《中国史研究》2007 年第 4 期）、黄宽重：《从活的制度史迈向新的政治史——综论宋代政治史研究趋向》（《中国史研究》2009 年第 4 期）、黄宽重：《开拓议题与史料：丰富宋代政治史研究的内涵》（《史学月刊》2014 年第 3 期）、王瑞来：《推陈出新：从单一到多元——政治史研究新路径探索》（《史学月刊》2014 年第 3 期）等，对《祖宗之法》的学术影响都有不同侧面的论述和强调。作者"未料到的是，2012 年春，有朋友告诉我这本书已经不易买到"。（《祖宗之法·再版后记》，此据再版，第 563 页）本文完稿于 2008 年，此后曾送呈部分学界师友请益，最近的修改参考了上述这些评论。

② 黄宽重：《从活的制度史迈向新的政治史》。

度调整在这一时间段内得以阶段性完成，概括出宋太祖、太宗时期创国立制的原则与格局，并总结出这一时期基本形成的赵宋"祖宗家法"基调。第四、五章意在阐明帝国从开创到守成这一转型时期，宋真宗、仁宗选择以遵循"祖宗之法"为行政方针，并最终在宋仁宗朝前期正式提出"祖宗之法"的过程。第六章，论述"祖宗之法"被形塑后，对北宋仁宗中期至南宋时期政治所产生的深刻影响，重点讨论在北宋中后期、南宋高孝两朝以及南宋朝政治风波中的种种表现——一再被提出、一再被形塑、一再被利用，等等。换言之，即探析两宋期间士大夫对"祖宗之法"的层叠、诠释、运用，不同时空下皇帝与官僚士大夫之间的互动，及"祖宗之法"和士大夫之间"相互改造"的参差交错与互动过程。最后，对"祖宗之法"在两宋政治的影响作一概述，将其视为宋代政治的精神脉络。值得注意的是，作者将"祖宗之法"的实质阐述为一"虚"一"实"："虚"为其内容范畴之不确定，"实"为其基本原则及客观影响之确定性。统观全书，作者基本按照历史的发展阶段展开，突出一些关键时期、关键人物和重大事件，对"祖宗之法"有聚焦式的呈现，从而使之与赵宋一朝（尤其是北宋时期）的历史情境更为切实、紧密地结合起来。本书匠心独具，在紧密切合人、事与制度间的互动过程之中，为中国政治文化史领域提供了新鲜的"说法"和"做法"，其显在的学术牵引作用跃然凸显。①

回溯作者的学术历程，或可认为，本书是作者历年文稿整理提升而成。②作者注意这一议题由来已久，"二十年前，我在北京大学历

---

① 作者同一议题的延展凝练研究，尚可参阅其长文《"祖宗之法"与宋代的官僚政治制度》，吴宗国主编：《中国古代官僚政治制度研究》，北京大学出版社 2004 年版，今据邓小南《宋代历史探求：邓小南自选集》，首都师范大学出版社 2015 年版，第 67—159 页；邓小南：《"祖宗之法"与两宋政治》，陈苏镇主编《中国古代政治文化研究》，北京大学出版社 2009 年版，第 194—267 页。《祖宗之法》出版后，刘浦江发表有《祖宗之法：再论宋太祖誓约及誓碑》，《文史》2010 第 3 辑，当然，阅读此书，倘与台湾学者刘静贞著《皇帝和他们的权力：北宋前期》（台北稻乡出版社 1996 年版）结合起来，或收效更佳。

② 据我们所知，作者已发表相关论文有十篇左右。不同的单篇论文学术指向并未完全集中于一，难免给读者以叠合之笔，当然，仅就宋朝政治史而论，皇权专制主义中央集权及其糅合于其中的人治、官本位主义的各种渗透等等，相较于祖宗之法似更显突出。宋朝的保守文官政治和祖宗之法，深恐难以统御所有宋朝政治领域。职是之故，窃以为导致了该书个别几处表述略显冗沓，有些非典型史料被重复使用。

史系毕业后不久，第一次读到父亲（按：指邓广铭先生）论述赵宋
'祖宗家法'的文章，正是这篇文章，使我开始注意到这个问
题"。①从接触这一问题到经过多年酝酿和积淀，作者终于撰就了这
部精致、深邃、厚重且学术内涵丰富的力作。

一 论题形塑的准确性和前瞻性

（一）关于本书议题

作者提及"'祖宗之法'通常被认为反映着宋代'最早的'政治
倾向和政策选择，由此入手，使我们有较多的机会去审视宋代——特
别是北宋前期——的历史"。②在《祖宗之法》的论述过程中，展现
出不同时空之下宋代士大夫推崇"祖宗之法"、改造"祖宗之法"、
利用"祖宗之法"的过程，以及与皇帝的互动。这或可表明，"祖宗
之法"是当时宋人行政运作和政治生活中的一个核心概念，由此牵引
而出的其他诸多议题，如积贫积弱、守内虚外、异论相搅、以防弊之
政为立国之法、一道德等，均缠绕、胶葛于"祖宗之法"周边。易言
之，"祖宗之法"这一天水一朝的政治概念和当今的学术议题，几乎
统摄、渗透、影响到宋代政治运行的各个层面、各个领域。宋人有关
"祖宗之法"的说法与做法，几有"牵一发而动全身"的触动力和影
响力。把握住这一两宋政治发展运行过程中的核心议题，即可在一个
相当高的学术平台上俯瞰、透析两宋政治运行的诸多关键性环节，并
可旁涉经济、社会、思想文化等领域。准确把握这一议题，反映出作
者敏锐地观察到学术发展过程中核心的问题点和学术生长点。学术议
题选择的准确性与前瞻性，借此得以充分显现。"'问题'决定于眼
光和视野，体现出切入角度和研究宗旨，寓含着学术创新点。"③在
本书中，作者还将"祖宗之法"这一议题不断扩展、深化，几乎渗透
到宋朝历史进程中的方方面面。将政治、思想、文化等多层面史事交

---

① 邓小南：《祖宗之法：北宋前期政治述略》，第537页，注释页码皆据生活·读书·新
　知三联书店2006年版，下同。
② 邓小南：《祖宗之法：北宋前期政治述略》，第15页。
③ 邓小南：《朗润学史丛稿》，中华书局2010年版，第511页。

汇的研究方法，使"祖宗之法"这一议题透析得更为丰富、深入，动态感和立体感也更为凸显。

在《祖宗之法》中可以看到，赵宋一朝的士大夫基于对当下政治现实的考虑，或基于一己之私对"祖宗之法"加以阐释，层叠地构造出了不同样貌的"祖宗之法"。经由作者远眺深描，层层剖析，其丰富内容逐层展露在读者面前。正如作者所揭示的，宋朝"祖宗之法"的具体内容其实并没有得到统一的认识，不同群体、不同身份的人对其有着不同的解释。皇帝更着重强调对人臣防范壅蔽的警觉（譬如"异论相搅"），而士大夫则从为己所用的角度出发，不断地进行再诠释。在政治实践中，由于"祖宗之法""缺乏稳固的范畴界定和确切的条款内容"，①自然易于因人因时而呈现差异。"'祖宗之法'以及与之相关的'祖宗'形象实际上处于不断被重新解释与再度塑造的过程之中。在这种重新诠释背后起主导作用的，是当时群体性的政治取向"。②因而，作者的关注点已从话语本身转移到话语背后的实践者身上，更多关注臣僚们的说法（或可谓之"显在的托辞"）和具体行事。由此，读者已随作者的表述深切体悟出虚缈的"祖宗之法"确实让人难以把握。不过，赵宋一朝的行政纲领依然存有万变不离其宗的主线，我们仍可抓住其"实"的一面——宋太祖、太宗以来形成的，以防微杜渐（如"以防弊之政，为立国之法"）为核心的基本治国原则，以及在此指导下的诸多"说法"与"做法"。③存世文献中，宋朝儒士臣僚们的言论，虚多实少。今人的研究，逢此史料，是避虚就实，抑或避实就虚？ 何者谓实？ 何者谓虚？ 虚实之间，颇难分辨。若非对两宋历史之发展大势了然于胸，形诸文字之时，极易以虚为实，混实为虚。在这一虚一实之间的分析与描述，精微而透

---

① 邓小南：《祖宗之法：北宋前期政治述略》，第468页。

② 邓小南：《祖宗之法：北宋前期政治述略》，第515页。

③ 历史中国的诸多前事和后事，存在太多"说法"与"做法"的悖论。就赵宋政治史而言，倡导者提出的"说法"，大多是当时政局中所缺少的、需要弥补的，往往并非其实际的"做法"，亦多背道而驰的显例。事实上，史学研究理念和取径，学者秉持的"说法"与"做法"，既是引导后学阔步前行的动力，也是后学回望和研讨前辈步履的史学史。

脱、深邃的体味，才是作者要读者理解的"祖宗之法"，从而引导读者切实关注"过去""当今"乃至"未来"的"人"的行为和制度间的互动关系。

《祖宗之法》述论重点虽为北宋前期政治，但作者研究视野并没有局限于此，而是向上追溯至两汉，贯穿隋唐五代，向下延伸至南宋，甚而关注到朱明一朝。作者所持有的这一"长时段"的学术关怀，①使读者对汉唐以来尊崇祖宗的历史有清晰的认知。同时，通过宋朝及其前朝祖宗尊崇的比较，也更容易诠释"祖宗之法"在宋代政治文化中的独特性，以及对宋代政治格局和进程中所产生的难以比拟的影响。

在宋代政治文化的讨论中，除了"祖宗之法"这一学术命题，我们熟知的还有余英时在《朱熹的历史世界——宋代士大夫政治文化的研究》中强调的"国是"论。②余英时对宋代政治文化进行了重新的诠释，与《祖宗之法》两相结合，有助于读者了解"共治"在宋朝的具体内涵。《祖宗之法》第五、六章讨论士大夫"共治"的意义时，引述《朱熹的历史世界》一书凡四次，与之有所对话。余英时认为"国是"是宋代独有的现象，缘于北宋中后期的熙宁变法，直至南宋末期，并对一些特殊时期的"国是"进行了阐释。其中心论点是：无论是皇权还是相权，其合法性均来自与宰相共进退的"国是"。他讨论的"国是"，是皇帝与执政大臣通过当面讨论磨合而成的共同原则。③"国是"论在探讨与士大夫"共治"这一问题上，有其独特的

① 这一学术关怀明显有别于"唐宋社会变革论""两宋之际社会变革论"等学术论题，对内藤湖南、刘子健、Robert M. Hartwell（郝若贝）等前辈的学术商讨，显见作者问题意识之深邃。参阅卢睿蓉《海外宋学的多维发展——以美国为中心的考察》，中国广播电视出版社 2012 年版，第 106—107 页；详参柳立言《何谓"唐宋变革"？》，《中华文史论丛》2006 年第 1 期。

② 余英时：《朱熹的历史世界——宋代士大夫政治文化的研究》，下简称《朱熹的历史世界》，生活·读书·新知三联书店 2004 年版，第 251—289 页。必须特别指出的是：较早从"国是"角度讨论宋朝政治史的研究成果还有黄宽重《晚宋朝臣对国是的争议——理宗时代的和战、边防与流民》（台湾大学文学院 1978 年版）。其论述已相当深入，学人或有不察，以有为无，难免坠入虚妄自高之境。

③ 谨按：北宋君臣讨论的"为与士大夫治天下"和"与士大夫共天下"甚至"与士大夫共治天下"是完全不同的三种表述。邓小南先生区分了"为治"和"共治"，着重论述前后时段和宋朝的"共治"，参阅邓小南《祖宗之法：北宋前期政治述略》，生活·

视角。在余英时书中，"国是"嵌入士大夫、党争的分化等宋代政治诸学术研究层面，对思考宋代的政治文化大有助益。在《祖宗之法》"序引"中，作者指出，"余英时《朱熹的历史世界——宋代士大夫政治文化的研究》，对于两宋政治文化走势的整体把握，对于'国是'问题的深刻观察，都给予笔者多方面的启发"。①

但是，余英时并未将"国是"论形成的历史过程描述出来。例如：在熙宁变法之前有无"国是"这一说法呢？"国是"对当时社会的影响如何？　是否只局限在宰相进退的层面上？　正如阎步克所指出的："余先生所说的宋代政治文化的一些特点就不是宋代独有的。比如'国是'问题，秦汉就有，只是不像宋代那样明确，法典化程度也不如宋代高。"②而且，其对"国是"概念的界定似乎也过于单一，只认为"国是"乃皇帝与执政大臣通过当面讨论磨合而成的共同原则，将关注的焦点停留在"国是"的具体名目上。基于此，从"国

(接上页)读书·新知三联书店 2006 年版，第 408—421 页。实际上，在中华帝制时代的任何一个时期，皇帝与官僚士大夫"共治"抑或"共"天下的论题，或是官僚士大夫在个别时空下的一厢情愿，抑或只能是文士学者们精心构建的"史家的逻辑"。既往的中国宋史研究，强调赵宋君主专制中央集权的不断强化，缺少官僚士大夫在两宋行政运作中的描述，尤其是缺少正面的、积极作用的叙事，而今抛开"专制"而呈现的君臣"共治"，隐约给读者宋朝"皇权并不专制"、已有"民主政治"的印象，却不免矫枉过正的嫌疑。对历史人物"有限理性"和"完美理性"的体悟与认知，对"史家的逻辑"这一认知或远或近地无限接近于"事件的逻辑"，应是考验史学家心智的"战场"。参阅田余庆《东晋门阀政治》之《释"王与马共天下"》，北京大学出版社1996 年版，第 1—38 页；王汎森：《执拗的低音——一些历史思考方式的反思》，生活·读书·新知三联书店 2014 年版，第 44—49 页。另请参阅侯旭东《中国古代专制说的知识考古》，《近代史研究》2008 年第 4 期，今据增补后收入侯旭东《近观中古史：侯旭东自选集》的文本，中西书局 2015 年版，第 310—343 页；万昌华：《一场偏离了基点的"知识考古"——侯旭东〈中国古代专制说的知识考古〉一文驳议》，《史学月刊》2009 年第 9 期；黄敏兰：《质疑"中国古代专制说"依据何在——与侯旭东先生商榷》，《近代史研究》2009 年第 6 期；张昭军：《"中国式专制"抑或"中国式民主"——近代学人梁启超、钱穆关于中国古代政治制度的探讨》，《文史哲》2016 年第 3 期；白彤东：《中国是如何成为专制国家的？》，李若晖：《中国古代对于君主专制的批判》，《文史哲》2016 年第 5 期；马克垚：《古代专制制度考察》，北京大学出版社 2017 年版，等等。

① 邓小南：《祖宗之法》，第 2 页。
② 邓小南、田浩等：《历史学视野中的政治文化》之阎步克发言，《读书》2005 年第 10 期。参阅邢义田《从"如故事"和"便宜从事"看汉代行政中的经常与权变》，今据氏著《治国安邦：法制、行政与军事》，中华书局 2011 年版，第 380—449 页。

是"这个角度切入探讨北宋时期政治文化，有较大的局限性。在讨论"共治"的意义时，本书作者认为，文彦博所强调的"与士大夫治天下"，"并不是君主与士大夫立场的一致（'共治'），而是士大夫与百姓在'治天下'机制中的位置区别"，①明确指出了皇帝与士大夫之间立场的不一致，"亦即原则上将士大夫的作用定位为听命于帝王、替帝王治理天下的工具"。②另外，作者讨论"祖宗之法"时，并没有停留在其内容表像层面上，反而深入挖掘宋代文献中为何形成尊崇"祖宗之法"的"过程"，其时间推进过程中的动态感更加强烈。因此，从深度和广度上来说，作者对"祖宗之法"这一议题的考察，所带给读者的多元、深邃、宏阔的学术视域，较余英时之"国是"论更广阔更精深，更富于洞察力和启发性，学术延展力更强。

（二）本书的切入点

将"祖宗之法"作为解读北宋乃至两宋政治史的一把钥匙，以此切入，牵引出北宋政治史的诸多面相。如皇权与相权、朋党之争、崇文抑武、中书枢密二府运作、台谏力量升降等问题，在作者论述中都可得到更深入、更符合当时历史情境的理解。甚至，"祖宗之法"这一议题，还展现出宋朝政治的诸多普遍性特征，如召和气、防微杜渐等政治文化议题，可作为解读保守政治、台谏政治、边事之和战、"中国转向内在"等两宋学术议题的主要线索。将如此众多的学术议题纳诸视域之内，《祖宗之法》学术扩散性之广、涵盖力之强，可见一斑。本书以"祖宗之法"为观察视角，从北宋初期贯穿至南宋，对两宋发生的一些历史事件，如王安石变法、元祐更化等进行了全新的阐释。不仅如此，对于学界讨论与歧见颇多的有关宋代政治史的一些问题，作者也提出了一些独到的见解。例如，宋代"文武关系"问

---

① 邓小南：《祖宗之法：北宋前期政治述略》，第415页。
② 邓小南：《祖宗之法：北宋前期政治述略》，第417页。在"与士大夫共治天下"的第一种解释中，邓小南提到了吴晗等提出的一种解释，即将"与"作副词，意思是"为""给"，见本书第413页所引。吴晗的解释似有不安。不过，吴晗的解释指出了共治的利益，虽含有较强烈的阶级分析意味，但提出士大夫同民众利益的不同，体现在国家和民众利益冲突这一问题上，却是发人深省的。

题，作者提出了一个新的解读视角，即从君臣之间的关系去考察，文武问题实际上就是"帝王如何统御文武臣僚的问题"。①再如，关于官僚身份变迁，作者更注重其中"人"的因素，因而将这一问题落实到具体"人"身上，从而提出官僚身份的变迁，只是官僚本身随历史背景变迁的一个适应过程，"新因素的出现，并不一定与新王朝的建立同步"。②这不仅让人联想到关于两宋精英"地方化"的议题，③或许只是历史渐进过程的产物，延续多于变革，而不是突然转折、断裂性爆发。又如，宋初皇帝与士大夫"共治"天下，一定程度上是君主独裁制度形成的过程。其中，作者将由唐入宋历史进程中皇权的变化，置于"祖宗之法"这一范畴内讨论，从而提出这一变化实际上也正是宋初皇帝"事为之防，曲为之制""以防弊之政，为立国之法"的防微杜渐的努力结果。④这些都是作者在政治文化史上的贡献。

---

① 邓小南：《祖宗之法：北宋前期政治述略》，第176页。这一视角与陈峰的研究对比，即可发现二者之间的区别。陈峰重点讨论枢密院长贰官员文武比例的变化，指出这一变化是"重文轻武"政策所导致的结果。而邓小南却从文武能力的分途入手，先提出文武分途导致赵宋一朝在面对政治背景的转变时，采用了"重文轻武"这一政策。而且，掩盖在文式对立关系背后的亲疏关系，才是皇帝所关注的点，进而认为枢密院在宋初从内朝到外朝的转变，而"重文轻武"恰是这一变化结果的体现，而不是原因。参阅陈峰《北宋枢密院长贰出身变化与以文驭武方针的影响》，《历史研究》2001年第2期，并其《北宋武将群体与相关问题研究》，中华书局2004年版；黄宽重：《南宋地方武力》（国家图书馆出版社2009年版），方震华：《文武纠结的困境——宋代的武举与武学》（《台大历史学报》2004年6月总第33期）及其近著《权力结构与文化认同：唐宋之际的文武关系（875—1063）》（社会科学文献出版社2019年版）也涉及相关问题，可以参阅。
② 邓小南：《祖宗之法：北宋前期政治述略》，第6页。
③ ［美］Robert P. Hymes（韩明士）：*Statesmen and Gentlemen: The Elite of Fu-Chou, Chiang-Hsi, in Northern and Southern Sung*, London: Cambridge University Press, 1986. 包伟民：《精英们"地方化"了吗？》，载《唐研究》第十一卷，北京大学出版社2005年版；周鑫：《韩明士〈官宦与绅士：两宋江西抚州的精英〉》，常建华主编《中国社会历史评论》第七卷，天津古籍出版社2006年版，第411—419页；鲁西奇：《"小国家"、"大地方"：士的地方化与地方社会》，《中国图书评论》2006年第5期，第19—26页。
④ 最近十几年来，中国唐宋史学界有关"唐宋变革"的讨论，极为繁富，但就"唐宋变革"的深层内涵少有宏观睿断且洞悉幽微者，以至于柳立言《何谓"唐宋变革"？》专论质疑解惑。邓小南或为别有洞见的学者之一，作者"突出地觉察到时代间的内在延续与更革变迁，不满足于依朝代起迄切割时段的研究方式"（《朗润学史丛稿·自序》），就唐末五代至北宋前期的研究时段展开研究，或包含有其对"唐宋变革"论题的洞见。近来中国史学界更多反思和讨论，请参阅李华瑞主编《唐宋变革论的由来与发展》，天津古籍出版社2010年版；李华瑞：《宋史研究应当翻过这一页——从多

因此，阅读本书，不仅对宋代政治史有更深入、透彻而广泛地了解，对其他相关领域的学术议题乃至政治生活的认知，也会多有感悟。

（三）对于解读中国帝制时代政治的一般特点，本书有学术和社会现实的价值

"祖宗之法"并非宋代特有，历朝历代对其列祖列宗"成宪"都有尊崇与改造行为，甚至在当代都可看到"祖宗之法"延传的痕迹。因此，"祖宗之法"具有顽强的历史延续性和普遍性。所以，抓住"祖宗之法"这一关键性核心议题，不仅是理解宋朝政治发展特征的一把钥匙，对理解帝制时代政治的一般特点也深具启迪意义，"家国同构""人治"与"法治"等学术问题亦可借此深化认识。

当然，好的制度（譬如追随"祖宗之法"）在约束"非法"越界的行政时有良好绩效，但也多因此而限制了那些真正有事业心，有胆识、有担当、拟兴利除弊奋发有为的勇于开拓进取的改革者。好的制度推行到极致之时，也往往作茧自缚，产生适得其反、矫枉过正的诸多负作用，保守政风因而弥漫。条条框框，约束激进，政坛造就更多平庸之辈，亦步亦趋，裹足不前，也限制了"好制度"的汰弊兴利，与时俱进。对此作者有清醒的认知。所以，需要特别指出的是，尤其在关照20世纪70年代后期激烈讨论"两个凡是"的政治背景，解读宋朝的"祖宗之法"，勾连起古今一揆的"遗失的环节"，给人启发

（接上页）视角看"宋代近世说（唐宋变革论）"》，《古代文明》2018年第1期；杨际平：《走出"唐宋变革论"的误区》，《文史哲》2019年第4期；以及杨永亮《内藤湖南"宋代近世说"文化探赜》（2015年）和黄艳：《内藤湖南"宋代近世说"研究》（2016年）两篇东北师范大学的博士学位论文（黄艳已发表论文有：《"贵族政治"与"君主独裁"——内藤湖南"宋代近世说"中的史实问题》，《古代文明》2014年第4期；《唐宋时代的科举与党争——内藤湖南"宋代近世说"中的史实问题》，《古代文明》2015年第4期；《从"宋代近世说"到日本的"天职"——内藤湖南中国论的政治目的分析》，《四川大学学报》2016年第3期；《内藤湖南"宋代近世说"关于唐宋劳役制度的误断》，《长春师范大学学报》2018年第6期），其他恕不一一赘列。

尤多,引发和启迪解读历史和现实的无穷智慧。①作者"序引"曾感叹"两个凡是"与宋朝"祖宗之法"的关联,认为前者其实也可视为当时背景下新的祖宗之法。作者对历史和现实的人文关怀,发人深省,令人敬佩。

二 论证方式和过程的学术理性

《祖宗之法》一书的论证方式和过程,不仅做到论述凝练,逻辑明晰,而且对议题进行发散提升,使读者在字里行间深深地体悟作者的学术功底,逻辑思维,及其娴熟的遣词造句、推敲排比等语言功力。在这些方面,充分凸显出作者"对于材料的敏感、议题的致密及分析的深度等方面",多"取法于魏晋隋唐史学"的高远精深的学术追求。②

(一)史料的择取

历史文献数字化无限发展的当今时代,搜寻和排比类似内容的海量史料,呈现各个时空下不同官僚士大夫的论说,就宋史研究领域而言,已非难事。作者并未如此铺展其文本,在书中用以论证其学术议题的史料,多为一般宋史研究者熟知的文献,且多是内涵丰富和颇具代表性者。但是,在这些习见的史料中,作者几乎是语无剩义地榨取其中所蕴含的每一丝信息,从而为构建其新的学术大厦服务。这些信息,不仅包括字面意思,更从文字背后的撰写者和当时的话语习惯、政治走向等方面,对史料进行更深层次的理解和阐释。

首先,作者对史料极具敏感和洞察力。譬如,从北宋前期保守派吕夷简等确立"务行故事"原则,到宋仁宗朝对前朝"遗诏""遗

---

① 作者深深体悟到,"历史学不是能够急功近利的学科,却是充满人文关怀、睿智博通的学问,带给我们深邃的人生体悟";"在写作实践中,学人通常是'顺着'历史事实自有的发展逻辑摸索叙述;而议题的浮现,其实往往受到现实问题的刺激和现有研究的启迪,而生发出'逆向'的回溯。研究过程中,经常感受到历史源流对于'今日现象'的意义,希望能够触及这表像背后的脉络与由来";"当今的中国,自历史中走来;无论个人具体的追求是什么,总是在历史的脉络中探求今天与明天"。参阅邓小南《朗润学史丛稿·自序》,第4页。以睿智的书写传递出智慧的灵光,更凸显出作者之识见博雅。

② 邓小南:《朗润学史丛稿·自序》,第2页。

诰"的追循，和确立"祖宗法不可坏"的过程中，作者呈现出宋仁宗朝初期刘太后垂帘时代政治局势的内在紧张，以及皇帝和臣僚之间所既有的保持政策一贯性的共同希望，更暗含有宋仁宗亟欲摆脱刘太后时代"政治阴影"的心思，从而得出尊崇"祖宗之法"这一原则正式提出于宋仁宗亲政后的论断。①再如，在论证南宋孝宗朝举述"祖宗之法"时，皇帝与士大夫同样关注"兵力"与"家法"，而作者却敏锐地发掘出他们在论述时关注点前后位置的不同，从而揭示出皇帝与臣僚之间举述"家法"的不同用心，进而阐明"祖宗之法"对于不同群体的政治影响。②

其次，"材料出'新'，有赖于眼光的'新'"。作者清晰地意识到"'历史'本身的历史性，使得史料必然带有特定的时代印痕与记述者的理解，不可能纯粹客观；对于历史'真相'的追索与逼近，注定是一辗转艰难而无止境的过程"。③基于此，作者极为注重对史料做去伪存真的思讨，从而收集不同来源的同一组合内的史料，利用史源学等学科知识追踪、比勘校对，并剖析史料本身书写的特定时代和撰写者的认识（历史记忆者个人的记忆选择和政治倾向），最大程度还原史事的真实面目，力求呈现"历史现场"。例如，有关"祖宗之法"明确提出的时间，一般观点认为是由宋仁宗初期冯拯提出的，依据的是明代陈邦瞻所修《宋史纪事本末·丁谓之奸》。但作者分析后认为，《丁谓之奸》所据来自《宋史·钱惟演传》，再联系宋人其他记载，如《续资治通鉴长编》和《九朝编年备要》等，发现均未提及"祖宗之法"。因而可知，陈邦瞻修撰《宋史纪事本末》时对此事的"转述"已有改动，"祖宗之法"由冯拯提出的说法并不准确。然后，作者再将自己掌握的资料依次展开，层层推衍，细密剖析，认真斟断，从而判定其明确提出始见于明道二年（1033）宋仁宗亲政之后。④书中类似例子尚有很多，这都反映出作者阐微抉疑之功力。

---

① 邓小南：《祖宗之法》，第364—369页。
② 邓小南：《祖宗之法》，第474—478页。
③ 邓小南：《朗润学史丛稿》，第508—509页。
④ 邓小南：《祖宗之法》，第362—369页。

(二) 史料排比的逻辑性,运用确当而娴熟

之所以能在常见的史料中推陈出新,一方面源自作者掌握史料的丰富,认识之深邃,另一方面更在于其步步深入、环环相扣的逻辑安排,从而行云流水般绵密地编织文字的脉径。在此一过程中呈现出作者论证学术议题的功力:层层递进,剥茧抽丝,直至最后,同时以点带线,以线带面,线面结合,最终构建成为一个有机的整体,从而牵引出北宋政治的诸多历史面相。

例如,在讨论宋太宗朝君臣关系之变化时,作者以"坐论之礼"为关键点,首先追踪废宰执坐论之礼这一说法的史料来源,将其一一罗列排比。其次,将宋初君主和大臣议政的真实情境,从王巩、邵博等主观的记述中剥离开来。最后,从客观的史实出发,指出废除坐论之礼的原因在于"每事辄具札子进呈",即君相议政方式发生了改变——严君臣之分。而在这一君臣议政方式变化的背后,又是专制皇权膨胀、中枢运作方式变化的结果,①由此使读者深刻体味北宋初期皇权不断走向集权的脉络。②作者将宋初君臣议政的史料在紧密的逻辑下排比论列,层层逼近历史真相,将宋太宗朝君臣议政的丰富情境真实地展现出来。

正如作者自己讨论此书的写法时所说,"大体上并未逐一铺陈解析事件,而是择取本人所关心的若干'点',围绕赵宋历史上的'祖宗之法'进行思考讨论"。③而作者所关心的"点"即是"观察当时政坛习见、甚至是落入冗套的一些说法、一些现象,希望借以窥见宋代政治的精神脉络与整体气氛,并且追踪其形成过程中的若干关键环节"。④因此,作者是以"祖宗之法"作为关键点,沿着宋代历史发

---

① 邓小南:《祖宗之法》,第 216—225 页。

② 宋朝皇权与相权升降之争,学界观点难以达致为一,参阅钱穆《论宋代相权》,《宋史研究集》第一辑,台北"国立"编译馆 1980 年再版,第 455—462 页。王瑞来:《论宋代相权》《论宋代皇权》,分别载《历史研究》1985 年第 2 期和 1989 年第 1 期;张邦炜:《论宋代的皇权和相权》,今据氏著《宋代政治文化史论》,人民出版社 2005 年版,第 1—21 页;张祎:《中书、尚书省劄子与宋代皇权运作》,《历史研究》2013 年第 5 期。

③ 邓小南:《祖宗之法》,第 519 页。

④ 邓小南:《祖宗之法》,第 519 页。

展进程这一条"线"，在部分地方作"'纪事本末'式的集中讨论"，①进而窥探宋代士大夫所参与塑成的政治生态环境这一政治文化遗产。这种以关键点为中心展开阐述的逻辑建构，在本书中得到了很好地体现。

（三）论述之后的提升

作者在每一段落的论述之后，及时总结章节，提升议题论旨。史料的选择、论证，都尽显作者驾驭这些史料的娴熟，其中既有鞭辟入里的细致叙述，又不乏高屋建瓴的整体提升。作者对前章的总结、概说，使读者不至于陷入大量细微的叙述，同时也有助于读者回过头来，对前文进行更好地把握与体会。这是作者对读者的观照，也体现了作者的思路清晰，建构明朗，以及文本编织的娴熟和驾驭语言的能力。

实际上，作者不仅总结章节议题，在论述之后还有意识地提升议题旨趣，使读者在思维、知识储备等各方面都大有收益。在整体论述时，作者注重自"原点"设问出发，依其自身逻辑拆解分剥，以凸显其立体性，从而把握其内在关联。譬如，在讨论北宋初期枢密院长官这一统治群体时，作者历数宋太祖至真宗三朝的枢密院长官群体的资历、背景等因素，从而得出当时选任的原则和标准在于任人唯亲而不在资的结论。②之后，作者将此论述的主题提升，指出"文"与"武"的对立，掩盖了宋初政治力量的分布格局和君主强烈的危机意识，从而深化了前此已有的学术探考，使研究的立意得到升华。又如第六章在论述"祖宗之法"对两宋政治的影响时，以"祖宗之法"为核心，分别论述"祖宗之法"是如何影响皇帝和大臣在面对时事时所做的抉择。作者于章节末尾处，总结提升之余，还提出一个新的议题，如"'祖宗家法'在赵宋一朝的历史命运，它的倡行者、维护者、更革者、破坏者们的是非功过，或许不是本书有限的研究所足以判明，但这毕竟是关系到对于两宋整体认识的重要课题，值得我们致

---

① 邓小南：《祖宗之法》，第19页。
② 邓小南：《祖宗之法》，第237—248页。

力"，①使读者不仅注意到士大夫们如何层叠塑造"祖宗之法"这一过程，同时也引起对"祖宗之法"不断影响士大夫交叉往还互动过程的思考。②这样的处理方式，充满了学术理性，不仅有利于和其他学者的问题商讨，更有利于后辈的学习，这也是作者作为一位优秀的历史学家所具备的责任感。以此为基础，作者穿透古今的学术洞察力，使读者处处能够感受到作者与读者的交流沟通。

三 水中盐味，史识深蕴

作者对政治学、社会学等学科理论的有机汲纳，深蕴于本书字里行间而不露斧凿痕迹，"这是所谓'水中盐味'，而非'眼里金屑'"。③当代学术的发展，多学科交融的科际整合趋势下，更多学

---

① 邓小南：《祖宗之法》，第 518 页。

② 或许可以说，作者对于学界流行的宋代士大夫精英论相当熟悉，而作者却别具只眼，特别关注到宋朝官僚士大夫为一己私欲、一群体一阶层私利而"塑造"赵宋"祖宗之法"的行径，考虑问题相当周延。官僚士大夫人格和政治立场的多元性，是任何政治时空都难以阻挡的个体性、群体性诉求。欧美学界多将宋朝官僚士大夫群体视为政治精英或社会精英，蕴含有"精英"散发于社会的都是正面形象、正能量之意。学者对宋代士大夫政治文化荦荦大节的光彩涂抹而建构其整体意象，不及人心之"私"和"恶"的领域，远离事件的历史而营造学者自我建构的历史。中国学者针对宋朝家族与社会的研究，也多有这样的认识，余英时《朱熹的历史世界》似可作为这一认知的代表。与此相反的另一历史影像的认知，强调官僚士大夫、儒士们另外的一面及其多元性，须区分主流与支流，参阅王曾瑜《论中国古代士大夫及士风和名节——以宋朝士大夫为中心》，《河北学刊》2011 年第 1 期；王曾瑜：《宋朝的贡士——兼评士大夫群体精英论》，《首都师范大学学报》2014 年第 1 期；张邦炜：《君子欤？ 粪土欤？ ——关于宋代士大夫问题的一些再思考》，《人文杂志》2013 年第 7 期；张金岭：《晚宋士大夫无耻考论》，《中华文化论坛》2000 年第 4 期，等等。梁庚尧注意到乡居官户与士人类如"地方精英"的人士，其社会形象是比"豪横与长者"二元对立标题更多元者。但是，我们认为"长者"的形象却更多来自墓志铭、行状等友朋子弟或地方有心人的"历史追忆"和"被塑造"，甚或自我有意识的"精英构建"，大体都属于"揽镜自鉴"；而"豪横"之历史影像则大多属于"他镜映我"。参阅梁庚尧《豪横与长者：南宋官户与士人居乡的两种形象》，《新史学》第 4 卷第 4 期，1993 年 12 月，今据氏著《宋代社会经济史论集》，台北允晨文化实业股份有限公司 1997 年版；习培俊：《宋代的富民与乡村治理》，《河北学刊》2004 年第 2 期。另参阅陈雯怡：《从去思碑到言行录——元代士人的政绩颂扬、交游文化与身分形塑》，台北《"中研院"历史语言研究所集刊》第 86 本第 1 分，2015 年 3 月。

③ 余英时：《论士衡史》评论杨联陞之语，上海文艺出版社 1999 年版，第 399 页。从研究方法上看，作者对政治文化史研究方法与理路的运用，是我们青年学人难以料想的学术层面和高度。这部论著在如漏漏流水般不缓不急的平实语言表述下，将社会学、政治学、心理学等学科理论，多融合于严密、细致的考辨和论述之中而不露痕迹。因

者已认识到将西方的概念、命题、理论模式强加于中国材料之上的危险性。作者对顾颉刚"层累地构造的中国古史"的理念，理解深刻，也将福柯的知识考古学娴熟地运用到政治史研究中。"祖宗之法"是赵宋一朝高度重复、落入套路的语汇，充斥于赵宋朝廷话语体系中。而作者将福柯的知识考古学理念运用于政治史研究，从单纯制度剖析转为对成为套话的"祖宗之法"这一文化现象的研究。通过研究"祖宗之法"这一"套话"如何形成、提出、被利用和被改造的过程，注重话语对象、陈诉方式、策略的选择等深层剖析，层层展现"祖宗之法"与两宋政治的关系，解读两宋士大夫遗存文字背后隐幽的思路，向读者展示了显在历史发展暗影中的潜流。"祖宗之法"这一话语提出的过程，实质上也是宋代历史发展进程的现实反映。作者体悟到"套话通常反映着特定时代政治上的主导趋向、主流话语，它使研究者得以清楚地感受到当时的政治文化气氛与政治生态环境"。①

作者多次探寻历史人物心理的变化，提出心理变化对人物所做选择之影响。如宋太祖"杯酒释兵权"针对石守信等的"无心"言说做出"外柔内刚的言语背后，透露出凛凛的逼迫"的延伸；②宋太宗登

（接上页）此，《祖宗之法》论述扎实、深厚，理论、史实结合紧密，行文流畅，亦无天马行空般的"学术怪词"，切合"水中盐味"的追求，其学术品质得到了进一步的提升。另外，我们认为，就宋史研究而言，日本的中国史研究者和中国台湾史学研究者更早盛行科际整合的学术研究理念，但其研究成果之却很少标榜和张贴这样的标志，譬如梁庚尧教授（蒙元史名家萧启庆教授自哈佛大学获得博士学位，似更显著）的研究，似乎更贴合于"盐溶于水"。何炳棣先生晚年对其早年以社会科学理论和方法治史，颇多反思。他说："这本《明清社会史论》在我所有的著作里，运用社会科学理论较多，也最为谨慎，曾引起不少学者仿效。但此书问世若干年后，蓦然回首，我对某些社科观点、方法与理论逐渐感到失望与怀疑，最主要是由于其中不少著作不能满足历史学家所坚持的必要数量和类型的坚实史料，以致理论华而不实，容易趋于空诞。因此我自退休以来20余年间，'仅'求诸己，致力于考证学的更上层楼，欣然颇有所获。"何炳棣：《〈明清社会史论〉中译本自序》，收入《明清社会史论》，徐泓译注本，台北联经出版事业公司2013年版。20世纪80年代后期，颇有一批学者批评教条主义模式下的马克思主义理论史学，批判其中多有"他镜窥我"取径下的诸多不恰，如今，某些中国古典文史研究者社会科学化走向极端化的、持"汉学心态"（包伟民：《走出"汉学心态"：中国古代历史研究方法论刍议》，《中国社会科学评价》2015年第3期）的学者，究竟超越前辈之中国史学马克思主义理论化之学术理路可有质的变化，似乎可以据此稍作反思。

① 邓小南：《祖宗之法》，第534页。
② 邓小南：《祖宗之法》，第201页。

基之后的"防范内患"、制约"奸邪"的种种"苦恼"而呈现的微妙行政和处事；①再如在叙述宋真宗"神道设教"时，作者以皇帝的心理为中心，探求其背后的意图。作者分析澶渊之盟对宋真宗朝君相心理产生了很大的震动，当撕开皇帝"神道设教"表演的面具后，帝王内心的困惑和苦心一览无余。②再有宋仁宗亲政前后和为摆脱刘太后政治阴影的所有言宣与行事，亦是一例。心理学相关方法理念的运用，为本书增添了不少生动与趣味。

《祖宗之法》一书就"道理最大"的提出、阐发及其推衍，论证了"道理最大"这一君臣之间的简单对话被此后的君臣儒士"高频率地重复"，在中国历史上除宋朝之外并不多见，从而有利于我们观察宋代士大夫形成集体记忆的过程及其意义。作者在紧凑的论述中，将"道统""政统"这一相当复杂而繁难的议题建构起来，且高扬起"道统"之"道理最大"的统治理念，似乎饱含了宋儒抑或作者的某些深层次的思考，令人琢磨。

历史本身是一个层层累叠、构造的综合体，"知识考古学"和心理学等方法在史学研究上恰当的运用，得益于作者对理论知识的融会贯通和深切把握，更得益于作者娴熟地把握了有宋一朝的史事和相关文献，使得书中史料在理论的引领下，有血肉有骨骼，从而得以建构起一套属于自己的历史解读和考察视角，整体的编织丰满而有光泽。

需要特别提出的，在作者看来，学术议题的背后，牵系着研究者的问题意识。这种意识贯穿于研究的全过程之中，即要通过思考提出问题，展开问题，回应问题。"问题"决定于眼光和视野，体现出切入角度和研究宗旨，寓含着学术创新点。作者以"祖宗之法"为其问题点，自问题的"原点"出发，牵带出两宋政治生活不同时空各个领域的诸多话题、事件和人物，在丛脞混杂的史料、事件和人物的堆积铺排之中，牵连起并统摄了一个时代政治生活多元

---

① 邓小南：《祖宗之法》，第265—280页。
② 邓小南：《祖宗之法》，第311—319页。

立体交织的、侧面和层面叠压的政治网络，构建起一个高扬着学术牵引力的大格局。

四　阅读者的困惑

以下稍微表述我们这些年轻学人阅读本书的困惑。

第一，众所周知，任何时代社会发展的历史，都是一个错综复杂的综合体，是以一个整体史的形式推进的。正如作者所说"任何专题，都寓含在历史的整体脉络之中"；"历史现实中本没有畛域的分隔，研究中专科专门的出现是为了针对性集中，为了便于深入，而这种领域的切分也可能造成理解中的断裂、隔膜与偏颇"。①如法国年鉴学派积极倡导唯一真正的历史就是"团体部分构成的历史"即"整体的历史"。②准此而言，政治发展演进的过程中，时不时地会受到经济发展和变化的干扰，二者良性或非良性的互动，往往会牵涉诸多历史发展的脉径，甚至有时迫使某些历史的车辙改轨而行。此前学者所坚持的"经济基础决定上层建筑"理论或有偏颇甚或理论陷阱，但绝对不代表经济之于政治毫无关联，可以完全舍弃不顾。同样，倘若单纯强调"在人类各种团体中，没有比国家更强大的权力体，也没有比建立国家更重要的行为，所以，在把握某个时代的历史个性时，政治史占有独特的枢要位置"，③似也有失偏颇。还有思想文化领域的发展与变迁，虽然对于政治发展进程的影响是隐蔽性的、渐进式的，

---

① 邓小南：《朗润学史丛稿》，第508、511页。
② ［英］杰佛里·巴勒克拉夫：《当代史学主要趋势》，上海译文出版社1987年版，第55页；［英］彼得·伯克：《法国史学革命：年鉴学派，1929—1989》，刘永华译本，北京大学出版社2006年版，第37、106—107页。［法］弗朗索瓦·多斯：《碎片化的历史学》，北京大学出版2008年版，第167—169页。另可参阅罗志田《非碎无以立通：简论以碎片为基础的史学》，行龙《克服"碎片化" 回归总体史》，王笛《不必担忧"碎片化"》，王学典、郭震旦《重建史学的宏大叙事》，王晴佳《历史研究的碎片化与现代史学思潮》，李金铮《整体史：历史研究的"三位一体"》等，发表在《近代史研究》2012年第5—6期的相关论述。
③ ［日］寺地遵著：《南宋初期政治史研究》，刘静贞译，复旦大学出版社2016年版，第2页。

但这种无形的、潜在的影响，偶尔却会爆发震撼性的作用。①譬如北宋时期礼法合流的诸多努力、儒佛道三教混融过程等，不但对地方社会有所影响，更在朝堂内外的诸多高层政治运作中发挥着难以呈现的影响力。《祖宗之法》以"北宋前期政治述略"为副标题，当然重点聚焦于政治的层面，但对于北宋经济发展领域的史事及其如何反作用于政治几乎未曾涉及，至于思想文化领域，譬如，北宋前期洋溢、徘徊在朝野内外保守的政治风气，一如升腾氤氲在赵宋朝廷上空的阴霾雾霭，长久难以消散开来，算得上一种思想发展的路径，它在一定程度上影响着北宋的政治走向。②北宋帝王秉持的"异论相搅"与王安石之"一道德"的关联究竟如何区隔和分辨，虽在皇权至上的控驭脉络下因"异论相搅"而散逸无形，③但似事关北宋帝王一脉相承的统治理念，从儒学的各流派及其传延历程等角度考察保守政治、"异论相搅"观念因何而致，及其与"祖宗之法"的互动和关联，仍值得学者深处抉发，作更多的思考和讨论。

第二，赵宋一朝，几乎自始至终都断断续续地面临着游牧民族的

---

① 在专制体制的官僚政治社会中，政治力的渗透性影响扩散极强，会延展到经济、社会文化的诸多领域（参阅李振宏《从国家政体的角度判断社会属性》，《史学月刊》2011年第3期）。这一扩散，似也应有所表述。已有这些讨论，似乎还不足以让我们真正地透视中国帝制时代王权的至高无上性，仅关注上层建筑可全然脱离经济基础而率性而行。参阅周良霄《皇帝与皇权》（上海古籍出版社1999年版）、刘泽华：《中国的王权主义》（上海人民出版社2000年版）的相关论述，及刘泽华《中国政治思想史集》第二、三卷（人民出版社2008年版），张分田有关从称谓考察王权垄断性和君权绝对性的研究（氏著《中国帝王观念》，中国人民大学出版社2004年版）等，梳理出一个相对清晰的学术理路，使我们更清澈地浸入王权主义论题下"政治的"历史。

② ［美］刘子健：《中国转向内在》（赵冬梅译，江苏人民出版社2002年版）和余英时《朱熹的历史世界》等论著之中，似乎都隐含着思想文化领域的某些脉径对于政治走向的影响。而元明清时期程朱理学对于整个社会的渗透，对于整个中华民族品格的再塑造，都起着巨大的影响。严复、梁启超、魏源等先贤均有所论列，或由此亦可见一斑，前人述之备矣，兹不赘。

③ 李华瑞：《宋神宗与王安石共定"国是"考辨》，《文史哲》2008年第1期。参见氏著《视野、社会与人物——宋史、西夏史研究论文稿》，中国社会科学出版社2012年版，第356—368页；方诚峰：《北宋晚期的政治体制与政治文化》，北京大学出版社2015年版，第141—144页。我们以为："一道德"的肇始与"异论相搅"这一北宋帝王的行政策略，早在宋仁宗朝范仲淹、吕夷简的争端中已有呈现。欧阳修撰写范仲淹神道碑的学术公案，抑或更多显露出帝王隐藏于"异论相搅"外在表相下的另一种"一道德"。

干扰。这种时不时的民族矛盾和"国际"争端，对于一个王朝的内政外交，对于社会经济的发展，或阴隐或阳显地，都起着难以估量的影响。①战争对于一个时代的影响，有许多是渗透性的，颇具震撼力，由此也往往更多地撼动了历史前进的车辙。换言之，边事也是北宋时期政治发展进程中不可忽略的一个重要因素，在很大程度上扰动着皇帝和士大夫们的心弦，乃至进一步导引、牵制、改变了他们言行的轨迹，影响他们对于政治发展演进的看法和做法。进而言之，王朝之间的战争，尤其是和契丹辽国、党项西夏国交战宋朝屡屡被挫败之后产生的久久难以释怀的不祥、压抑的心绪，逐渐形成为一种难以消除的巨大张力，在帝王与士大夫们头脑深处久久萦绕，挥之不去。碍于某些情面或朝堂内外的政治舆论需要，士大夫们或许有意识地转移皇帝的视线而不置一词，但在各种奏章尤其是友朋之间往还的书信文字中，依然留下了他们种种隐忍、悒郁情绪。宋朝政治运作中的这种影响，是其他朝代难以相比的，也是潜移默化，长时期形塑而成的，当然是短时期难以改观的，所以，在一定程度上再造了北宋政治的整体形象，或也进而改变了社会、文化、经济的某些走向。这种情愫对于祖宗之法的触动究竟是怎样的？ 作者在讨论"外忧""内患"时有所揭示，②但在整部书中，笔墨不多。

第三，"祖宗之法"这一赵宋朝廷的核心概念（或说"话语"），是正确引导宋朝政治发展运作的路向，抑或是在混沌、混乱之中，给宋朝政治文化本身、给天水一朝腐败的政坛，带来了哪些负面的影响？ 在这方面，作者的批判态度值得尊敬，但或许仍需在阶级理论的视角下，再加剖析。即便是在士大夫阶层内部，也未必能够整齐划一：时空不同，利益不同，声音不同；千人一面，万人共声的历史面

---

① 事实上，有关"富国强兵""守内虚外、内外相维""华夷秩序"和变法革新等问题的讨论，似都程度不同地透露出宋人对外夷压边的顾虑和思考。以前学者在研究宋辽、宋夏、宋金、宋蒙（元）关系等议题时，大都隐约蕴含着类似的讨论。近来，有学者以"帝国生存环境的诠释"为题，探讨北宋国家安全问题，其中就北宋面临的空前挑战问题，在地缘政治格局和周边环境、北宋国家安全的内部和外部威胁等领域，作了较为深入的分析。参阅韦祖松《帝国生存环境的诠释：北宋国家安全问题研究》，中国社会科学出版社2008年版。
② 邓小南：《祖宗之法》，第272页前后。

向，是不可能存在的；无论是讨论宋代士大夫建构"秩序"的努力，抑或争取政治合法性运行的话语权，其实也都是"士大夫建构"的考察视角。儒士大夫们"建构秩序"努力过程中的言与行，与皇权支配下政治运作实况之间的差距，往往一如天壤。严加区分，抑或将有另一番历史图景。如所周知，传统时代的政治是尔虞我诈的官方"场域"，政客们的阴暗心机是幽微难知的，他们的说和做往往难以一致甚至存有更多的曲折，仅从历史文献呈现出的文本解读官僚士大夫的"心思"，往往南辕北辙，甚而陷入既有文本预设的泥沼，给人一直浮在表面难抵本相的印象；①政治运行表相之下的种种潜流暗礁，各种政治势力互动纠葛与"祖宗之法"的关联等，结合"祖宗之法"不断被尊崇和被改造的过程，还有一些政治运作领域的线索，作者或有文字业已触及，但在本书中尚还不够清晰。

第四，有宋一代的文人士大夫，他们在朝在野两种不同社会地位中，其评论社会时事的立场，前后往往判若两人甚至一身幻化出诸多面相——当他们身居朝堂，其政论文字及其内心深处多为皇权的附庸，罕见富有价值的犀利政见，即便是身为台谏官，也难免坠入行政运转的大趋势和从俗的窠臼；而一旦他们落魄草野，则往往毫不留情地批判政坛，由官僚之个人而及帝王、国策，几乎无所不为其猛烈抨击。虽然，宋哲宗朝前后稍有区别，其他各个时空之下的具体个人，也有不小的差异。但是，两宋文人士大夫们这种总体性的特征，是一直存在的。②正如《祖宗之法》已揭示者，他们对于"祖宗之法"也有类似的表述。总结现有宋人文献中的这一特点，避免为某些史料的单方面信息所蒙蔽，对于我们深入剖析"祖宗之法"这一学术议题，当不无意义，也更有利于从文献的角度窥测宋朝政治文化的多元性。另外，从《祖宗之法》中我们清晰地看到，两宋时期的官僚士大夫们在不同时空之下，依据自己的需要，在不停地改造"祖宗之法"，

① 参阅王明珂《反思史学与史学反思：文本与表征分析》，台北允晨文化实业股份有限公司2015年版，第11—22、83—260页。
② 参阅刘子健《王安石曾布与北宋晚期官僚的类型》，今据台北《宋史研究集》第三辑，第123—148页。此点承李华瑞教授2010年7月在厦门大学讲学时赐教，谨此致谢。

"祖宗之法"对于士大夫的影响也在不断地发生变化。然而，书中所提及"祖宗之法"对士大夫的影响，多停留在政治制度或政治生活的层面。在"祖宗之法"这一政治策略（政治方针）的指引、渗透下，毫无疑问，可能在一定程度上塑造士大夫的品性，改造他们的精神面貌，触动他们的政治神经。这二者之间的互动无疑是存在的。这在他们经常性地以"国家天下公议"口吻热议的诸多话题，或可窥见更深层次更多元的核心内质。被不同时代的"祖宗之法"所改造的宋代士大夫究竟是怎样的状况？ 从赵普、王旦、王钦若、范仲淹、欧阳修、王安石、苏轼到司马光、刘挚……这些官僚士大夫（当然尚有黄宽重先生所提示的那些中下层官僚，虽然历史往往是皇帝和上层官僚的创造和"表演"①）个体因应"祖宗之法"不断被粉饰和被利用而生发的诸多变化，是否也应展现？ 这一改造的过程和结果又是怎样的？ 或许，一个时代当有一个时代的具体历史情景。

我们深知，一滴水或可映衬出整个世界，学者的一部书却无论如何都难以容纳整个世界，但相关问题的及时甚或少量文字的观照，似应属必须。本书之所以冠名《祖宗之法——北宋前期政治述略》之"述略"，或此之谓耶？ 上述种种，我们认为在反复阅读《祖宗之法》时还没有更清晰地获得这些知识和信息。对于帝制时代的官僚士大夫们的出处进退和各种言行无意于追逐其"完美理性"而苛求于他们的"有限理性"，努力将"史家的逻辑"这一认知无限接近于"事件的逻辑"，似乎应是顶尖学者的追求。如此而言，本书全息摄影性的研究中，在某些方面（譬如经济、思想）依然给人朦朦胧胧的感觉：虽然已属"整体史"的架构，远非"碎片化"类枝节横断切面，但还缺少一些核心性的要件，无法让人产生整体、立体的形象，有动

---

① 黄宽重：《南宋士人的乡里师友与地方关怀——以孙应时为例》，台北《新史学》第25卷第3期，2014年9月。一位曾十数年任职于国内高校高层的学者说："政治是一些人在特定的时间、背景、思绪下的行为，外界难以悉晓其故。谈得多了，容易失真。"参阅闻之（郑学檬）《点涛斋诗文存稿》，香港天马出版有限公司2010年版，第167页。美国学者詹姆斯·C. 斯科特在其《支配与抵抗艺术：潜隐剧本》（王佳鹏译，南京大学出版社2021年版）中提出，在政治控制与社会治理领域，存在官方表演语境下的"公开剧本"，以及可见光谱之外的政治表达：潜隐剧本。倘若以这一学术理路重新审视宋朝"祖宗之法"的建构与阐释，宜当别开洞天。

态的历史过程；或者说，在这里，我们还难以捕捉到更多"灵动""鲜活""立体""多元融汇"的身临其境的历史现场。要而言之，作为一种研究范式的"祖宗之法"，这一核心议题还有待进一步的完善和拓展。①当然，学如积薪，这是一种苛求。胡宝国在评骘《东晋门阀政治》时，曾经指出：杰出学者并不是没有弱点，他们也不是因为克服了弱点才变得杰出。他们之所以有杰出贡献，只是因为他们把自己的优势发挥得淋漓尽致。②正是在这个意义上，我们认为《祖宗之法》是成功的，是近年来难得多见的一部学术经典著作。

要之，"祖宗之法"这一议题的反复提出，③体现了作者强大的学术扩展力和洞察力。而且，在"祖宗之法"这一学术概念下，此书在政治文化史上多方面多层次启人心智。进而言之，在"祖宗之法"这种新的全方位讨论构架下，本书为读者展现了两宋政治舞台，不同群体在面对现实时所做出的选择，其画面生动，历史感强烈。作者不仅对"祖宗之法"这一核心议题展开详细论述，而且进一步扩散议题，在论述中做到凝练，并有宏观提升，史识深蕴，因而，此书不愧为当代学术精深追求的典范之作，攀登上了一个时代政治文化史研究的高地。

瞿林东先生倡导，中国历史的研究应该注重中国话语，自本土文化提出学术议题，在继承遗产的基础上创新，养成批评和商榷的良好氛围。④应该说，《祖宗之法》一书均有很好地体现，传统中国史学所关注的版本目录、职官、年代学和历史地理等"四把钥匙"等基本功，本书也臻于精致善美的境地。当然，本书修订版更加重视注释方式的规范化处理，更显学风之醇正，也需在此述明。

---

① 如将祖宗之法落实到一个朝代中深入讨论，然后结合内政、财政运行及边事、贸易等外在因素，或可进行更为深入的讨论。

② 胡宝国：《读〈东晋门阀政治〉》，参阅氏著《虚实之间》，社会科学文献出版社 2011 年版，第 7 页。

③ 作者在《"祖宗之法"与两宋政治》一文中对"祖宗之法"一说的形成、提出、实质等方面，又作了一次阐释，着重于"祖宗之法"对两宋政治的影响。参阅陈苏镇主编《中国古代政治文化研究》，北京大学出版社 2009 年版，第 194—267 页。

④ 瞿林东先生发言记录，参见刘玲《史学要在回应挑战中赢得发展》，《中国社会科学报》2015 年 12 月 7 日第 4 版《历史学》。

最后，我们不禁追问：中国古代政治史、政治文化史研究未来的突破口在哪里？未来进行类似议题研究的可能性又有哪些？是无数个模仿、复制《祖宗之法》的专题、个案，还是努力发现或开创建构新的议题、追讨新的问题意识？① 无疑，倘若从学术的整体发展而言，应该是后者。汉唐史领域的政治史、政治文化史研究典范文本，似乎田余庆先生断简拼接论题辐辏而成的《东晋门阀政治》已臻至巅峰，其方法论和问题意识均已登峰造极，出版多年，后人仍难逾越。而今，一部《祖宗之法》摆在案头，现在与未来，宋史研究领域新的典范力作，又会怎样揭开其帷幕呢？汲取汉唐史研究的诸多可行性方法论和问题意识，针对历史文献的史料本身，对政治精英们进行"批判性"再研究，②且对一切"问题"进行宏观建构和精细化处理，创

① 齐白石曾有名言："学我者生，似我者死。"美国思想家爱默生也说："美慕就是无知，模仿就是自杀。"就历史学的整体发展和真正的巨大推进而言，似亦当引起历史学者的警惕。学界还多有"大师无师"的说法（譬如刘浦江教授就认为邓广铭先生"属于'大师无师'的那一类学者"，参见刘浦江《不仅是为了纪念》，《仰止集》，河北教育出版社 1999 年版，第 506 页）。刘浦江教授诸弟子合作：《走出辽金史——刘浦江先生笃行而未竟的事业》，邱靖嘉：《刘浦江先生学术成就与思想述评》，均收入邓小南、荣新江、张帆主编《大节落落 高文炳炳：刘浦江教授纪念文集》，中华书局 2016 年版。后文修改又载包伟民、刘后滨主编《唐宋历史评论》第 2 辑，社会科学文献出版社 2016 年版。但就《祖宗之法》一书和作者邓小南教授而言，窃以为《祖宗之法》出版后学界呈现出无数个模仿、复制《祖宗之法》的专题、个案，当然可以无限丰富和深化宋史的研究，但洵非邓小南教授学术追求的本意所在。自更高远的立意俯瞰"祖宗之法"之与宋代政治进而延伸瞩目宋朝社会经济的"整体"发展，甚而探讨漫长的传统帝制时代帝国统治策略，寻求政治和意识形态领域的普世秩序，抑或自《祖宗之法》稍可浸透出一二。方诚峰：《北宋晚期的政治体制与政治文化》，试图摆脱此前学界单一强调党争、腐败等北宋晚期政治困境的既有研究模式，论述士大夫多层次的理想在北宋后期政治实践中逐渐异化的过程，说明帝制政治在此时展现的弹性和多元性，学术理念多有独出机杼者。

② 历史文献记载中皇帝光辉影像"被建构"的某些陈词滥调，譬如马永卿《元城语录》所载宋太祖与赵普议造"熏笼"事（第 194 页），与《说郛》卷三七载宋神宗与章惇"快意事"之分歧。在王权主义浸入帝国每一寸肌肤的时代，皇帝们为所欲为的"快意事"究竟做了多少？这么一件小事，却被如此大书特书，其意何在？"与士大夫治天下"，也难免仅是南宋时期士大夫在历史追慕中一厢情愿的自我建构、逐渐夸饰扩散而成，是一种理想化地自我陶醉。倘若带着史料批判的眼光审视这些记载，某些历史研究的思路，抑或别有洞天。如今的宋史研究，早已摆脱了将所有史料或仅就史料呈现出的表信以为真拿来就用的境况，对史料的内部和外部考证，尤其是对史料进行内部考证的批判性研究（参阅杜维运《史学方法论》，北京大学出版社 2006 年版，第 121—136 页），日本和国内魏晋南北朝史研究领域的某些经验，或可借鉴。参阅孙正军

建新的具有学术牵引力的大型、中型学术议题，或在我们共同的期待之中。

　　（附记：本章系习培俊主讲之厦门大学历史学系"中国古代史研究专题""宋元史研究专题"课程，"精读一部书"计划中所讨论的一部分。2007 年、2008 年、2009 年、2010 年度选课同学，尤其是苏显华、杨辉建、王磊、刘佳佳等学友贡献才智为多。本章从反复讨论、初稿成型到定稿，前后历经八载有余，最后由署名人整合而成，谨此申明。倾"致君尧舜（致师孔孟）上"的学术理念，我们的意见，有些方面《祖宗之法》已在部分章节中表述了几笔，有些则已呈现了大致枝节（我们深知，以中国历史的复杂性和繁难性，即便是一个小型的学术议题，或也并非一部书就可以纤毫毕现，完全展现所有环节和细节的），也有一些或是我们的曲解和误解，更难免的"横看成岭侧成峰"和"矮人看戏何曾见"的偏颇与浅陋。总之，这是我们一批年轻人阅读《祖宗之法》一书的点滴感想。怀一颗敬畏之心，在纯净学术追求层面上，被尊崇与被抑扬的话题，似都与我们无涉。）

(接上页)《魏晋南北朝史研究中的史料批判研究》，《文史哲》2016 年第 1 期，另见"历史书写的回顾与展望"笔谈之孙正军：《通往史料批判研究之途》，［日］安部聪一郎：《日本学界"史料论"研究及其背景》，徐冲：《历史书写与中古王权》，赵晶：《谫论中古法制史研究中的"历史书写"取径》四文，均载《中国史研究动态》2016 年第 4 期。历史文本之史料批判之外，官僚士大夫和普通儒士在皇权特殊压制言论背景下，展开的"隐微修辞"和"私文本"被迫公布而形成为公共开见的历史资料，其间的发掘阐幽，亦颇费思讨。

第二章　论题归纳、史料解读与史学的论证表述

——评吴铮强著《科举理学化——均田制崩溃以来的君民整合》

　　《科举理学化——均田制崩溃以来的君民整合》（上海辞书出版社2008年版，以下简称吴著）一书，是一部研究中国古代尤其是均田制崩溃以来中国社会结构变迁的综合性研究著作，乃吴铮强先生在其博士论文《宋代科举与乡村社会》的基础之上，经由史料的扩展以及论题的提炼修改增益而成。就该书之宏观议题"科举理学化"之"科举""理学"及其副标题设定为"均田制崩溃以来的君民整合"而言，所考察的实乃学界极具讨论价值的也是相当宏观的学术问题。由此或可见作者立论之高远、问题意识之强烈——作者急欲参与宏大学术命题讨论、与学界前辈贤达对话的志向和信心，令人钦佩；其宏阔的学术视野、渊博的知识积累、敏锐的学术洞察力、周延详明的学术史梳理等，①均给读者留下深刻印象。正如朱宗震先生发表评论时所

---

① 关于此点，或几近于姚大力评论张广达先生的文字（学术上的"严阵以待"，意味着充分地把握所涉课题的学术研究史。……读一读张广达笔下的学术史回顾，你就好像在目验一个个侦探故事的展开。参阅姚大力《张广达的学术视野和治学功力》，《东方早报》2008年8月9日，今据氏著《读史的智慧》，复旦大学出版社2010年版，第228页）。就吴著而言，如第16—35页对阶级国家论、特殊阶级论、费孝通的观点、氏族残余论、公共领域论、结构功能主义论等学术史的清理，均极尽搜讨切磋之事。此一优点，后文各章的论述过程之中，也均可显现，有的章节学术史的追溯更为久远、详明，如第五章。

持的态度一样，①因本书是青年一代史学工作者的精心之作，有诸多的优点，我们才决定展开评论。但是，这些优点以及作者在科举理学化过程中认识的偏差，对宋朝庶族地主（士绅阶层）的政治地位诸方面存在的问题等，均留待其他阅读者再行评鉴，这篇读书报告，仅就著者在论题归纳、史料解读与史学的论证表述等领域存在的问题，略陈管见。

吴著全书33万余字，共五章。首先，在第一章中，作者以"通史式"的笔调考察了先秦至唐末的"君民关系"演变，讨论传统中国存在两种不同的整合机制——官僚体制下的"编户齐民"制、儒家文化所代表的宗法主义政治体制。汉代以后的历代王朝统治都是这两种机制的混融。但是，迄于唐末五代，随着均田制的崩溃，藩镇割据，士族瓦解，富民、土豪阶层开始兴起，在"经济力量"无法直接转化为"政治力量"的情形下，形成了"君民为二""国家与社会分离"的格局。其次，在第二、三章，作者试图论证五代、赵宋政权的"游民性"、科举士人脱离乡村社会之"游民化"，以及科举理学化之前，由于国家从乡村社会土地资源分配领域的退出，新兴"土豪—商贾"层直接主导了乡村社会秩序等议题，逐次一一展开。其中，著者认为五代、赵宋军队之"游民性"以及"游侠"和"游士"在政权中的活跃，在一定程度上说明了国家政权同乡村社会的分离；而"乡官制"向"户役制"的转变，五代宋初乡村社会宗族和文化的庸俗化，以及鬼神信仰、巫觋文化和果报观念的泛滥，则又多少反映了新兴"土豪—商贾"对乡村社会秩序的主导。作者进而指出"科举是一种国家政权脱离乡村社会的制度性力量"，士人从事科举，以求出仕，自致富贵，经济上依附于皇权，从事科举及其失利，常常致使其脱离农业生产，改谋他业，这些都不同程度影响着国家政权与乡村社会的统合、乡村秩序的稳定。另外，作者还指出，宋代的科举选官制度同唐末五代幕职官系统具有渊源关系：中央选官系统同幕职官系统的合

---

① 朱宗震：《追求完美过分，理想难敌现实》，《近代史研究》2004年第5期，第165页上半部分。

二为一，以及沿袭五代游士献策自进的故习而形成的召试草泽制度。最后，在第四、五章，作者分析了北宋士大夫官僚所提出的种种"君民整合"方案：井田制、民兵制、乡举里选、学校取士等。其中，作为方案之一的"学校—选举"制度改革是其关注的重心，根据不同的权力分配模式，将其分为另立士权、扩张官僚权力、维护皇权三种方案。最终，第一种方案，在理学家们的努力下，在南宋中后期通过学校教育主导权的争取、科举内容的理学化以及乡村社会科举观念的理学化，初步实现了"君民整合"，从而为明代彻底实现国家与社会的统合，建立国家政权与乡村富民阶层的政治联盟奠定了基础。

陈寅恪先生在《陈垣敦煌劫余录序》中曾指出："一时代之学术，必有其新材料与新问题。取用此材料，以研求问题，则为此时代学术之新潮流。"[1]于此可见，新材料与新问题对于推动史学研究的意义。但反言之，在尚无可资利用的新材料出现的情况下，史学研究的推进，一方面，有赖于通过与前人研究的对话来推进固有问题的研究；另一方面，则需要在前人研究基础上提出新的问题，对史料进行新的解读和建构。[2]吴著在《问题与学术史》一章中指出："对传统中国国家与乡村社会进行全面的理论反思，在此基础上提出一套合适的解释模式，并从宏观的角度把握传统中国社会结构的变迁，这样的尝试在史学界越来越少。"由此，他希望："通过均田制崩溃后国家政权、乡村社会、士阶层、儒家文化、科举制度等多方面的综合考察，来解释宋代以来中国社会结构变迁的基本问题。"（第29页）如此看来，吴著努力以前一种方式来推进固有的学术研究，并试图在问题的理论框架和解释模式上有所突破。毋庸置疑，这样长时段的宏观研究必然面临多领域已有成果的梳理和整合：一方面，会因此"涉及自己不太熟悉，甚至完全不了解的方面"，从而导致理论框架本身的错误和疏漏；另一方面，又面临如何选择整合方式和征引规范的问

---

[1]　陈寅恪：《金明馆丛稿二编》，生活·读书·新知三联书店2001年版，第266页。

[2]　邓小南：《永远的挑战：略谈历史研究中的材料与议题》，《史学月刊》2009年第1期，今据氏著《朗润学史丛稿》，前后文字有少量更改，中华书局2010年版，第506—514页。

题。例如，怎样在正确理解前人研究的基础上，结合自己的研究进行理论的整合建构；怎样在详略得当的同时，展开和突出自身的见解和贡献，等等。总而言之，在这样的视角下，从论题归纳、史料解读与史学的论证表述等出发，通观全书，我们发现，作为一部"学术史"专著，是书反映了著者敏锐的问题意识和突出的综合概括能力，摆脱了"老鼠打洞"式的专题讨论取径，①适应了当今大多人文社会科学期刊追慕宏大叙事的潮流，值得称道，但与此同时，也在以下几个方面存在不小的疏漏和错解，这里权且提出商榷，以请益于前辈、时贤和著者。

第一，关于问题的提出。正如我们开篇所言，吴著行文的主线是"均田制崩溃以来的中国社会结构变迁"，即唐中后期以来国家与社会的关系如何从分离走向统合。由此，问题的展开前提必定是"国家与社会分离"之事实（该分离自均田制崩溃一直持续到南宋中后期才开始出现转向）。那么，著者是如何定义、确认和提出这一事实的呢？

通观全书，著者并没有首先对"国家与社会分离"的概念进行明确的界定和说明，仅仅指出"国家"是指"政权"，"君"就是国家，"社会"是指政权集团以外的部分，或可称为"民间社会"（第30页注释5）。最为直接的限定和概括出现在第二章起笔之处："本文所谓的国家与乡村社会分离，主要是指乡村社会不再直接参与政权组织，国家不再参与乡村社会的组织，而不是指国家不再控制乡村社会"（第36页）。不过，通过此一模棱两可、含混不清的限定和概括，我们仍难以明澈著者的概念所指。其次，由于缺乏明确的概念界定，我们发现，著者这一提法明显有悖于中外中国史学界对"国家与社会"

---

① 此乃厦门大学陈支平先生提出的绝妙比喻，意谓当今大多博士生知识面并不渊博，反而相当狭窄的状况。许多博士生除了博士论文选题之外，其本学科内的许多周边知识相当缺乏，以至某些博士生在旁听教授上大学通识课之时，对所讲的学科常识，竟然惊叹教授知识之渊博似海！

二元割裂倾向之反思。如"（士绅）中间层存在的假设显然基于国家与社会分离的观念"①（按著者对域外学术成果的汲纳和解读，其看法是：士绅作为"中间层"②的出现正好体现了国家与社会的统合）；又如郑振满提出的"国家内在于社会"，③以及岸本美绪"国家与社会同型功能"④下两者浑然一体的整体形象等命题。因此，无论如何，著者这一新颖的提法必然要对以往的学术积淀和知识背景有所说明，自觉地明确其论说的出发点。最后，在对"国家与社会分离"事实的具体内容的解说上，全书并没有一个统一和固定的说法与立场。⑤当著者论述主体是国家时，该概念指的是国家无法支配乡村土地分配和社会秩序；当论述主体是土豪层时，著者指的是所谓的"经济力量无法直接转化为政治力量"；当主体是儒生、士大夫时，著者指的是统治原理层面的"君民为二"，以及新集权体制中，在没有乡村社会参与的情况下，中央皇权成为"正式（官僚）权力的唯一授予者及其合法性来源"。这些内涵能否一一涵盖于"国家与社会分

---

① 杨念群：《从"士绅支配"到"地方自治"：基层社会研究的范式转变》，收入氏著《中层理论：东西方思想会通下的中国史研究》，江西教育出版社2001年版，第151页。

② 或云"第三领域"。参阅黄宗智《中国的"公共领域"与"市民社会"？——国家与社会间的第三领域》，英文原著曾载Modern China，第19卷第2号，1994年4月，中文见于邓正来与J. 亚历山大编《国家与社会：一种社会理论的研究路径》，中央编译出版社1999年版。今据黄宗智《经验与理论：中国社会、经济与法律的实践历史研究》，中国人民大学出版社2007年版，第159—177页。反思和质疑这一论题的，请参阅卞利《论明中叶至清前期乡里基层组织的变迁——兼评所谓的"第三领域"问题》，《天津师范大学学报》2003年第1期。近来林文勋先生在有关中国"富民社会"的研究范式中，提出富民阶层是乃中国社会的中间层、稳定层和动力层，参阅其《中国古代"富民社会"的形成及其历史地位》，《中国经济史研究》2006年第2期，及其主著《中国古代"富民"阶层研究》，云南大学出版社2008年版。林文勋：《宋元明清"富民社会"说论要》，《求是学刊》2015年第2期。

③ 郑振满、黄向春：《文化、历史与国家——历史学与人类学的对话》，《中国社会历史评论》第五辑，商务印书馆2007年版，第479页。

④ ［日］山田贤：《中国明清时代"地域社会论"研究的现状与课题》，台湾《暨南史学》1999年第2号，第49—50页。

⑤ 例如，出现于第15—16、29、36、53、63、73、76、93、121、124、159、175、182页等的"国家与社会分离"，前后表述多有偏差。

离"的概念之中，①令读者如坠云雾。

另外，若溯及著者做出"国家与社会分离"论断的来源，其中之一便是钱穆的《国史大纲》。钱穆在引论中曾提及："中唐以来……'王室'高高在上，而'社会'与'政府'之间，堂阶益远"（第1页）。据此而言，作者论断："钱穆认为，中唐以来中国的国家与社会之间是分离的"。这一推断，似有不妥。因为钱穆也明确提出"唯中国传统，政府与社会为一体"，二者"常是融合为一的，上下之间，并无隔阂"，"中国人本不言社会，家国天下皆即社会"。②虽然其前后所论说的并非同一所指，但著者应该如何处理这看似"表面"的矛盾呢？　与此同时，在这里，作为著者论断和概念最为重要的史料来源，是叶适等人提出的"民与君为二"。但是，应如何正确理解史料背后所蕴含的思想内涵和意识形态指向呢？　它与被学人广泛使用的西方社会科学概念的"国家"与"社会"有怎样的形态差异？应当如何转化提炼？　凡此，似乎都让我们期待作者有更明晰的阐释和甄别。

若从著者所引的叶适观点"古者民与君为一，后世民与君为二"之议题出发，可以发现，叶适强调的是"三代之治"式帝国统治原理："其要以为养之者备，则其役之不得不多，治之者详，则其用之不得不烦"（第2页）。质言之，即"役民、用民"需先"养民、治民"。均田制的崩溃，"授田之制亡"，更彻底破坏了帝国固有统治原理的根基，所以，帝国统治原理需要新的理论支撑，而"养民、治民"之术也必须有所变更。叶适所谓的"保富论"倡议正是由此所发。③但是，著者的论断来源之一即由此而来，他认为"均田制崩溃

---

① 传统中国"国家"何指？"社会"何在？　我们更倾向于国家（朝廷）胶合于社会。有关"国家—社会"论题中，"社会"和"国家"的存在及其关系，费孝通、钱穆、梁漱溟、王家范等学者的观点，以及牟发松独到的分析，详请参阅牟发松《传统中国的"社会"在哪里》，《史林》2006年第1期。

② 钱穆：《晚学盲言》，广西师范大学出版社2004年版，第167、284页；钱穆：《中国历史研究法》，生活·读书·新知三联书店2005年第2版，第37页。

③ 当代学者对此也有所阐发，参阅林文勋《宋代社会中的"保富论"》，收入林文勋、谷更有《唐宋乡村社会力量与基层控制》，云南大学出版社2005年版，第112—132页；林文勋《中国古代的"保富论"》，《历史教学》2006年第12期。

以后，国家无力支配民间的土地分配，新兴的富民阶层也无力将自身的经济力量直接转化为政治力量，于是出现了所谓的'君民为二'的现象，用现代的术语也可称为'国家与社会的分离'"（第182页）；又如："这样原来的乡官变成了现任纳税的职役，乡村社会从此脱离了国家的政权系统，成为政权之外被统治的对象，这也正是叶适等人的'君民为二'，本章所谓的'国家与社会之分离'"（第73页）。殊不知，若从国家统治的立场出发，"君民为二"属于国家的"统治原理"层面，而"国家与社会分离"所针对的是国家统治之技术控制模式，属于"事实"层面。若举日本的中国史研究为例，在过去，它多指这样一种历史判断：国家权力支配所及的领域即国家，所不及者即社会；其中间层诸团体的存在，使得国家权力无法渗透到底层民众，两者分离且互无关系，分别达成独自的发展以至于后世。①显而易见，两者概念内涵并不能完全等同。

综上所述，我们认为，著者对概念缺乏明确的界定和说明，史料固有内涵的提取和转化存在一定的偏差，再兼没有明确而统一的论述立场，最终使得"国家与社会分离"这一来自域外的学术概念内涵模糊，甚而产生偏离。

第二，关于以下几个关键性概念的提出和解释：游民政权、游士、游侠。著者在第二、三章多次使用了"游民"这个概念，并且做出这样的结论：（1）五代的军队来源于游民（包括游侠、游士），五代以及承继五代的宋政权，其社会基础是脱离农业与宗法制度的游民武装，都属于游民政权（第40、93页）；（2）"从这种意义上讲，宋代科举与乡村社会的关系，就是吸纳从乡村社会中游离出来的游民、游士和游侠的关系。"（第160页）或可这样认为，在宋史研究领域，著者是首次提出这一观点的。

从概念上说，著者认为"所谓游民，一是指脱离了乡村社会的农业生产，二是指脱离了传统的宗法秩序"（第37页）。由此，他将其

---

① 参阅［日］重田德《乡绅支配的成立与结构》，刘俊文主编《日本学者研究中国史论著选译》第二卷，中华书局1993年版，第201页。

认定的脱离了农业生产以及"宗法秩序"的破产农民、流氓、游手、五代两宋时的职业军人以及向政权靠拢的所谓"游士""游侠"的士人、"武"人等都统称为"游民",并进而视那些将"游民"纳入军队和官僚集团的五代、赵宋政权为"游民政权",视科举为吸取"游民"之工具。很明显,著者的解释十分牵强。首先,抛开"游民"的定义不说,作为政权统治的暴力基础和统治工具的军队、官僚集团之性质,并不能直接说明政权的性质;士人等著者视为游士、游侠的游民之产生,正在于科举取士制度本身,但不能反而言之:科举制度就是为了吸纳这些游民而设定的。其次,更为重要的是,著者使用的"游民"概念主要来自王学泰的《游民文化与中国社会》一书,[1]而此书的"游民"概念主要针对是宋代及宋代以后大量出现的"脱离了当时的社会秩序""缺少稳定的谋生手段""大多数人在城市乡镇之间游动"的所谓"游民"。王学泰这部书重点强调的是"脱序"及其"城市性",故而,这与因土地兼并破产、灾荒、战争而产生的"流民"之概念所强调的"流落他乡"的指向并不相同。[2]那么,著者将此概念加以限定,而移用于均田制崩溃以后的唐五代和两宋,是否契合呢? 我们知道,中晚唐乃至两宋时期的募兵制,作为有效处理灾荒年份下难民的手段,其招募的主要对象正是流民和客户。[3]而唐末五代藩镇军的来源主要是被强制征招的农民、地方土豪率领的自卫团团兵和因土地兼并破产、天灾、战争而流离失所的"流民"。[4]这与"游民"不可混为一谈(显而易见,兵的职业化,所谓"脱离社会秩序""脱宗"也就不存在了)。最后,"游士"和"游侠"作为一种具体

① 王学泰:《游民文化与中国社会》,学苑出版社 1999 年版,第 17—18 页。

② 参阅葛剑雄等《中国移民史》第一卷,福建人民出版社 1997 年版,第 20—21 页。

③ 邓广铭:《北宋的募兵制度及其与当时积弱积贫和农业生产的关系》,《中国史研究》1980 年第 4 期,今据氏著《邓广铭治史丛稿》,北京大学出版社 1997 年版,第 75—103 页。王曾瑜:《宋朝军制初探》(增订本),中华书局 2011 年版,第 263—267 页。

④ 参考[日]日野开三郎《五代镇将考》,刘俊文主编:《日本学者研究中国史论著选译》第五卷,中华书局 1993 年版,第 73—75 页。唐宋"客户"含义差别甚大,参阅张泽咸《唐代阶级结构研究》,中州古籍出版社 1996 年版,第 166—169 页;王曾瑜:《宋朝阶级结构》(增订版),中国人民大学出版社 2010 年版,第 12—14 页。另请参阅毛汉光《五代之政治延续与政权转移》,今据氏著《中国中古政治史论》,上海书店出版社 2002 年版,第 418—474 页。

的社会身份阶层，到五代、两宋时早已鲜见踪迹，那么，似乎就不应再将其纳入这一历史时期的"社会结构"研究中。著者一方面承认"游侠到唐开始衰落，游士的历史在战国后就已结束"，"游侠被认为并不构成一个社会阶层，而只是一种个人的生活方式"（第40页），另一方面却又在宋代的历史叙述中频频提到"游士"和"游侠"。例如，论述宋代科举制度同"游侠"与"游士"的关系："用科举的途径将那些献策自进的人召到政权中去，这是宋代科举的初衷"（第115页），"科举的失败者纷纷从军，因为对于游侠来说，科举与军功的性质是等同的"（第123页），如此之类，前后矛盾，殊感不当。

　　第三，关于著者的"观念先行"和"史料曲解"问题。这主要体现在两个方面：（1）宋代士大夫们基于各种现实问题，如土地兼并的愈演愈烈、贫富分化、军费的剧增、科举取士的弊端等，纷纷提出了恢复井田制和民兵制，改革科举和学校教育制度，实行乡举里选等诸多不同的建议和主张。但是，著者基于"君民为二""国家与社会分离"的论断，将它们一律视为"宋代士大夫提出的国家与社会整合的方案"（第175页）。（2）著者认为北宋科举制度改革中的学校取士制度方案有三类："主张在政权之外另立士人系统的方案"；扩展官僚系统的权力的官学教育、官僚取士方案；直接加强皇权的王安石的官学教育方案。从这一分类模式来看，在著者的认知中，士人、官僚、君主是作为权力的相互对抗群体而存在的，三者都在不断地试图扩展权力。这显然是一种西方式的权力对抗模式，并不适合于中国的本土经验，因为"中国传统的秩序论证从'合'的立场出发，主张你中有我，我中有你的整体统一，并认为这是达成秩序的要件"。①接下来，让我们从著者的史料解读来看其"史料曲解"。如另立士权方案中的史料："然则师者虽非人君之位，必有人君之德也。古者家有塾，党有庠，术有序，国有学。仕焉而已者，归教于闾里，大夫为父师，士为少师。闾里之细，犹以国之老臣为之师，况其大者乎。"著者将这条史料解读为该方案主张"士人的领袖'师'者独立于君主和

---

① 张静：《国家与社会·编者的话》，浙江人民出版社1998年版。

政权，但又与政权有着密切的联系，并使士人系统和政权系统保持道德上的统一"（第187页）。又如王安石认为改革的时机还没有到来："以方今天下人才不足故也"，"在位之人才不足，而闾巷草野之间，亦未见其多也"。著者的解读是这样的："王安石为了能够依靠皇权来培养人才……通过否定人才在民间的存在……否定了乡举里选的价值，然后顺理成章地赋予皇权教育士人的文化权力。"（第200页）自史料本身到吴著的表述，不知思维如何路口跳跃方能获取这些信息。诸如此类，恕不一一。总而言之，著者的做法，在一定程度上似有将历史简单化和单一化之嫌，更由此造成史料的曲解和历史的误读。

第四，关于几个论点的论证。我们认为，以下几个论点，要么论证存在疏漏，要么同此前学者的相关研究有不小的差异，或可视为学术新见。其一，"宋代的科举制度很大程度上是由五代藩镇任用游士的体制中转化而来的，这种选官的制度，其权力很大程度上集中于皇帝一人"（第209页）。这样的论断，似乎不同于目前宋代科举制度和政治史的一般性看法，就阅读史料的大体印象，我们很难认同。①前半句姑且不赘，就后半句而言，宋朝初期的集权是众所周知的，但至少在宋朝就曾出现有"与士大夫治天下"的局面，即可反映出科举士大夫对"国是"的参与度，以及臣僚对君主的部分牵制。②其二，著

---

① 与此大致类似的还有第112页，有关科举进士及第者授官时间的判断，也可商榷。倘若参照《长编》卷一六，开宝八年二月戊辰；卷一八，太平兴国二年正月戊辰，以及《宋史》卷一五五《选举志》可知，宋太祖在位时的最后一榜，即开始实行殿试，届时进士及第者尚未直接授官。延至宋太宗即位后的第一榜，进士及第者直接授官，自此开始，废除了自唐以来进士及第须经吏部试后方授官的旧制。

② 程民生：《论宋代士大夫政治对皇权的限制》，《河南大学学报》1999年第3期。张其凡：《"皇帝与士大夫共治天下"试析——北宋政治架构探微》，《暨南学报》2001年第6期，今据氏著《宋代政治军事论稿》，安徽人民出版社2009年版，第197—219页。邓小南：《祖宗之法：北宋前期政治述略》，生活·读书·新知三联书店2006年版，第408—421页。余英时：《朱熹的历史世界——宋代士大夫政治文化的研究》，生活·读书·新知三联书店2004年版，第251—268页。谨按：宋朝君臣语境之中的"为与士大夫治天下"与学者讨论的"与士大夫共治天下"是有区别的，其间多出一个"共"字，舍弃了文彦博原有语境即这则文献的完整性，即后半句话"非与百姓治天下也"，则讨论的空间发生了变化。对此，邓小南《祖宗之法》有详细的论述。（谨按：《宋集珍本丛刊》影印《文潞公文集》明刻本，与文渊阁四库全书本出入较多，学者多忽略之）

者论述了均田制崩溃以来直至科举理学化以前的"土豪—商贾"阶层①在社会结构中所处的一贯地位：控制着乡村社会，但无法将自己的经济力量上升为政治力量，造成国家与乡村社会分离的格局。五代时期的土豪阶层在政权中的地位和作用，日野开三郎在《五代镇将考》一文中认为："唐代安史之乱后，藩镇手下将校出任外镇军统帅的被授予镇将名号，唐末战乱时期各地普遍组织了自卫团，作为团长而活跃的土豪也被授予镇将名号。五代镇将继承了这个遗风，他们的出身有藩镇州将的腹心将校和地方豪民两个系统。……而镇将的出身多属于土豪系统，以致使后梁太祖说'且镇将多是邑民'。"②不仅在著者限定的十国之"地方政权"，土豪阶层有着重要的表现，在五代中原政权中亦是如此。所以，关于五代时土豪阶层在政权中所处的位置，值得斟酌。论述及于两宋，著者似乎也忽视了这样的历史事实，即科举官僚的社会基础或其母体正是地方土豪层。③依此而言，所谓的"经济力量无法直接转化为政治力量"应该如何理解？　如何深入辨析其与"国家与社会分离"的关联呢？　其三，第74页作者提出"宋代出现职役向县吏转化的过程"这一观点，恐与史实不合。谨按：宋朝职役即吏役，吏役即是吏胥入役的一种方式，民户之中的上户也多充差乡村职役和州县职役。如若单说"向县吏转化"，则仅属一面，颇有以偏概全之意；即便"向县吏转化"的这一论证，也多有疏漏。王曾瑜先生《宋朝的吏户》及其《宋朝阶级结构》有关论述，朱瑞熙先生《中国政治制度通史》宋代卷的有关阐述，足可参考和

---

① 全书该阶层所指代的名称并不统一，相关概念还有"土豪—富商"阶层与"土豪阶层""土豪层""富民""庶族地主"。著者往往在不同的小节，用不同的概念。

② ［日］日野开三郎：《五代镇将考》，第94、96页。关于五代土豪的具体形态究竟如何，可以参考中村治兵卫、青山定雄、松井秀一、爱宕元等人的研究成果，兹不赘列。

③ "太宗的改革使科举制度的性格为之一变，成为一种结合宋政权与五代以来在地主、土豪的制度，也是一种让地方有力者得以参加权力中枢的办法。"参见［日］寺地遵著《南宋初期政治史研究》，刘静贞译，（台北）稻禾出版社1995年版，第43—45页。

印证。①

第五，关于史料以及研究著作的征引问题。作者在征引史料时，往往大段大段引用，甚至前后重复大段征引。②实际上，我们认为，有的只引出最能说明问题的若干句甚至是个别词句即可，如第 39 页列举五代大量游民从军等；有的完全可以用自己的话做一简单叙述，如第 77 页关于后周兖州节度使判官周度为慕容彦超所害等。换言之，在并非论述重点的地方，大段引述史料原文，而又不能将其完全融解到自己的问题之中，进而榨干内在的所有信息，以为己用，似给人以徒耗笔墨的印象。而在相关研究著作的征引上，著者同样没有做到"详人之所略，略人之所详"，同样是大段征引，如钱穆、毛汉光、何兹全、王学泰等学者的研究著作，均如此引述。另外，在引用的规范上，著者有些细节处理欠妥：在直接征引研究文献的时候进行了注释，但其后的整理表述却仍主要来自所征引文献，例如第 15 页征引堀敏一《藩镇亲卫军的权力结构》一文，又如第 28 页关于传统中国存在两种不同的整合机制的总结。因此，或许从实证研究的角度出发，著者这种自学者研究结论出发进而衍化、延伸的做法，致人疑惑者似乎太多。

第六，该书在历史文献运用方面，也存在一些较明显的纰漏和错误。譬如清讳"邱"字，第 42 页引文用"宋齐邱"，第 118 页引文"草泽邱续"，以及周敦颐乃避讳出现的人名，均理应注意。第 84 页"克已好学"，错"己"为"已"。第 148—149 页将"李壁"误作"李廛"。第 153 页引《夷坚丁志》卷五《威怀庙神》不应漏原书注"升之"两字。第 176 页引杨亿说"禹别九州岛"，衍一"岛"字，或是电子版文渊阁四库全书繁简转换而致误者等，恕不一一赘列。

---

① 王曾瑜：《宋朝的吏户》，台北《新史学》第 4 卷第 1 期，收入王曾瑜：《涓埃编》，河北大学出版社 2008 年版，第 361—420 页；王曾瑜：《宋朝阶级结构》，中国人民大学出版社 2010 年版，第 239—278 页；朱瑞熙：《中国政治制度通史》宋代卷，人民出版社 1996 年版，第 713—723 页。

② 例如，第 52 页和第 47 页、第 74 页和第 3 页的大段重复征引，至于大段征引，如第四章，等等。

通过以上的六点论述，我们认为，《科举理学化》一书在论题归纳、史料解读与史学的论证表述等方面存在着疏漏之处，其眼界高远，构建"历史解释体系"雄心固然令人钦佩，但如何通过切实的实证研究做到这一点，并且避免历史的简单化、单一化以及误解，实在需要谨慎对待。①正如邓小南教授所提示的："历史学的议题，有的重在甄别史实、叙述事件，有的重在阐释、解构和建构，但无论哪种情形，都离不开材料"，"任何一种具有解释力的研究模式，都需要由微见著的考订论证作为其逻辑支撑"，"提问要自'原点'出发，防范简单化标签化的主观预设"。②

（附记：本章立意于 2008 年 8 月 12—16 日，真诚感谢一同参加台北中研院史语所举办"传承与创新：九到十四世纪中国史青年学者研讨会"的吴铮强博士。吴铮强博士当面惠允并宽容我持吹毛求疵的心态，以"论题归纳、史料解读与史学的论证表述"的题目，评论其论著。其宽阔、坦荡之学术襟怀，以学术为第一追求的诚敬心志，令我钦佩。当然，也要感谢包伟民老师"青年一辈应该抛开一切杂念，

---

① 虽然有前辈曾提出："初写论文也要把眼光放高大，即所谓'常将两眼安高处'，不然，先写些无关大体的小典故、小考证，手笔锈住了，日后很难放开写大题、论大事，纵观历史"；但胡适仍然批评云"不应该像李逵那样光耍大刀阔斧，还应当像江南十六七岁的少女学着绣花"。（参阅《王毓铨集》之张宪博《编者的话》，中国社会科学出版社 2006 年版，第1—2 页）浅陋以为：做学问从大处着眼，小处着手，广博和精深有机结合，初始学步阶段，似更应如此。

② 邓小南：《永远的挑战：略谈历史研究中的材料与议题》，《史学月刊》2009 第1期，今据《朗润学史丛稿》，第511—512 页。当然，"摆脱域外范式的束缚，发掘本土学术资源"，不但需要别有慧眼和卓识的学者振臂高呼，更是需要年青一代学者深思而践行的。参阅包伟民《宋代地方财政史研究·再版后记》，中国人民大学出版社 2011 年版，第247—248 页。并请参阅包伟民、吴铮强《认识论、史学功能与本土经验：关于历史学方法论的几个问题》，《浙江社会科学》2007 年第2期；包伟民：《中国史研究："国际化"还是"中国化"》，《历史研究》2008 年第2期。另请参阅包伟民《走出"汉学心态"：中国古代历史研究方法论刍议》，《中国社会科学评价》2015 年第3期，第60—68 页。

有正确的学术批评态度"的引导和激励，①谨此特致谢意。我们呼吁，学术诤友之间抛开传统人情等私见、"为学术而学术"之心展开确当批评的风气，值得大力提倡。未来的学术发展，需要年轻一辈学者就学术层面，批评者与被批评者切实认真面对，互相砥砺，齐头并进，以避免失误和偏差，走向确当，走向高远。虽因篇幅等因素，本文未能在台北《新史学》发表，但还是要真诚感谢该杂志前后两位匿名审查教授，感谢北京《中国史研究》匿名审查教授先后的真诚批评意见。

本章发表时署名刁培俊、刘佳佳，是前后数次集体讨论的结果，厦门大学历史学系研究生贾铁成、杨辉建、仝相卿、刘栋、王磊、林天真、张先梅等朋友也贡献了他们的才智，谨此致谢。）

---

① 此乃 2007 年夏在浙江莫干山"两岸三地宋史青年学者研讨会"发言整理记录，记其大意耳。包伟民在《努力构建以本土经验为基础的史学理论体系》一文中曾指出："充分的学术批评、论辩、相互诘难，是推动学术进步的重要手段。目前史学界在这一方面做得还很不够。不过我们如果希望学术批评能够健康地展开，除了唯求学术进步的立场本位外，还应在'技术层面'注意批评的方法。"载《邓广铭教授百年诞辰纪念论文集》，中华书局 2008 年版，第 45 页。此后，包伟民先生也曾就类似表述行诸文字："长期以来，正常的学术批评未能在大陆史学界顺利开展，极大地妨碍了学术的进步。偶见一些批评文章，也常常由事及人，成为发泄文人意气的工具……当然，如果能心平气和地对待被批评对象，立意会更高些。"请参阅包伟民《再论南宋国家财政的几个问题》，《台大历史学报》总第 36 期，2010 年 12 月，第 211 页。

第三章 区域社会经济史研究的
"说法"和"做法"

——陆敏珍著《唐宋时期明州区域
社会经济研究》读后

一

受政治的驱动，20 世纪 50 年代前后，美国兴起了区域研究的热潮，也在一定程度上引领了世界学术的风向。①经过数十年的发展，近些年来，区域史研究在史学界蔚然成风，无论是具体的实证研究，还是基于实践的理论思考，均取得许多新的进展。而明清以前中国区域史问题，囿于资料之限制，直接将区域本身作为研究主体，对该区域历史发展脉络和主轴进行描述，并对不同区域间的异同进行深入研讨、比较，并由此提升而成的宏观理论建构，尚不多见。②明清以还的区域社会经济史研究取向，能否涵盖整个中国帝制时代所有区域？

① 学者研究认为，美国的"地区研究"的兴起，最初是由于太平洋战争爆发后，特别是冷战初期，受国际政治变动的影响，美国联邦政府、三大私人基金会以及相当一部分学者逐渐意识到深入了解非西方世界对维护国家安全的重要性，开始着手共同推动"地区研究"。美国联邦政府、私人基金会和学者三位一体体制运作的结果是复杂的：地区研究在迅速成长为一门显学的同时，也不可避免地在很大程度上沦为政治的附庸。参阅梁志《美国"地区研究"兴起的历史考察》，《世界历史》2010 年第 1 期。或许可以认为，政治层面的"地区研究"进一步促进了"地区史"的研究热潮。

② 另一类区域研究的"重点往往不在所划定的区域，而是以区域限定资料分析的范围，以说明某个主题"。而"区域为主体的问题意识仍较薄弱，地区经济的重现、分析是许多'地区研究'的主体。当然，这与史料的留存……有关"，参见吴雅婷《回顾一九八〇年以来宋代的基层社会研究——中文论著的讨论》，日本《中国史学》第 12 卷，2003 年，第 70—72 页。

已揭示的种种"说法"及其"做法"能否足够让我们借鉴并以之为方法论意义上的"范式"？① 似有待更多学者的参与和商讨。陆敏珍博士近日出版的《唐宋时期明州区域社会经济研究》（上海古籍出版社2007 年版，共 312 页，近 30 万字，下文简称陆著）一书，作为明清以前形塑区域经济的个案研究，不但史料翔实、论证严谨，而且对区域历史的勾勒和方法进行了新的探索，引人瞩目，启人深思。

《唐宋时期明州区域社会经济研究》一书，是陆敏珍博士多年来爬梳明州地方史料，在对前人学术研究积累的批判式继承基础上，对明州区域史研究所做的一个探索。在绪论中，作者不满于当下学界对"第一序研究"片面指责和忽视，不满于两序研究②脱节情况下区域研究所出现的"理论框架与分析对象的不相称""问题意识与研究对象的脱节"（第 8 页），认为应该加强对区域史研究"叙事框架"的探索，"通过对地方历史的图景描述去发现蕴含的区域史研究问题"（第11 页）。因此，在该书中，作者对唐宋时期的明州区域采用这样一种叙事框架，即描述"明州社会经济区域形成过程的内在动力"与"内在关联和结构"。在这一叙事框架下，作者对该区域经济体的各项核心要素：人口、交通、水利、技术发展和技术变迁、城市建设等，进行了逐一的描述和分析，从而把握其作为亚经济区域体的内在有机关联性。

陆著除绪论和结论外，共分五章。在绪论中，作者简略回顾了20 世纪 80 年代以来中国区域史研究的发展渊源和现状，指出其中存

---

① 戴一峰先生立足于国际学术视野，最近也撰文反思这一学术问题，参阅其《区域史研究的困惑：方法论与范畴论》，《天津社会科学》2010 年第 1 期，第 128—135 页。作者认为，区域史研究起源于 1920—1930 年代的欧美学界。譬如 Chi, Ch'ao-Ting, *Key economic areas in Chinese history*, *as revealed in the development of public works for water-control*（G. Allen & Unwin, Limited, 1936；New York：Paragan Book Reprint Corp., 1963）。冀朝鼎：《中国历史上的基本基本经济区与水利事业的发展》，朱诗鳌译，中国社会科学出版社 1981 年版。

② 该书中，作者根据不同的研究倾向与方法，借用逻辑学的方法，将区域史研究区分为两个层面：一是地方史图景描绘之第一序研究，二是针对图景所蕴含问题的分析和批导之第二序研究（第 2 页）。笔者认为，作者人为地将二者割裂开来。就学者研究层面而言，第二序研究的产生根本不可能脱离第一序。而作者所进行的第一序研究，其地方图景描绘的框架，也是建立在一定的问题分析和判断之上的。

在的理论、问题意识与研究对象不相称及脱节现象，并对"区域的选择"做出理论的阐释，认为"'区域'在区域史研究中代表的只是叙事框架……区域的确定所根据的是研究者的问题意识"（第9—10页）。因此，她将研究定位在"地方历史的图景描绘"，力图解答明州成为"独立"经济区域的问题。为此，作者的章节安排是：第一章，根据正史和方志中的户口数据，分析唐宋以来明州人口发展态势，由此进一步分析区域移民、地理开发、土地垦殖和粮食生产等；第二章，主要采用白描的静态方式，论述明州区域内外交通网络的形成和发展，以此建构经济区域空间结构。在这里，作者强调了行政体系的确立之于交通网络形成的重要性。第三章是作者用力最深之处，似乎也是体现其区域"社会经济"之"社会"面向的唯一章节。在对明州水利事业修筑和管理情况的讨论基础上，继而从水利共同体的角度探讨了区域社会体系、社会空间结构、国家与地方权力格局等历史层面；第四章，从技术发展、制度选择的角度，论述明州区域农业生产及产业格局的形成。第五章，主要论述明州州城之区域经济中心地位的确立及其发挥的功能。结论部分，作者总结全书的主旨——"采用散焦的透视法来分析有关要素在历史过程中的作用及其导致的现象"，并围绕"人口"因素将区域形成之若干动力因素统合起来。

二

回顾既往的"区域史研究"，如所周知，近一二十年来，区域史研究的大规模展开，大大加深了域外对于中国历史具象的理解，学界积累形成的"华北模式""江南模式""关东模式""岭南模式"等，大致反映出已取得的进展与突破。[1]但是，区域史研究本身所固有的

---

① 叶显恩、陈春声：《谈社会经济史的区域性研究》，《中国经济史研究》1988年第1期；宋元强：《区域社会经济史研究的新进展》，《历史研究》1988年第3期；万灵：《中国区域史研究理论和方法散论》，《南京师范大学学报》1992年第3期；陈支平：《推进区域社会经济史的比较研究》，《中国经济史研究》1996年第2期；陈春声：《历史的内在脉络与区域社会经济史研究》，《史学月刊》2004年第8期；唐仕春：《心系整体史——中国区域社会史研究的学术定位及其反思》，《史学理论研究》2016年第4期。

理论张力、研究限度，以及它所面临的种种质疑甚至责难，或隐或显地存在于各种评论之中，如指责大部分区域研究作品缺乏追寻历史内在脉络的学术自觉，主要限于地方性资料的发掘与整理，仅仅是一场在既有思考和写作框架下的文字填空游戏；①或认为"从事地方史研究的多数学者仍习惯局限于各自所关注的特定研究区域对象之内，在区域理论模式的比较方面缺乏足够的对话和交流"，②如此等等，不一而足。近年来，也有学者针对目前区域史研究所面临的问题，提出"走出华南""走出区域"，强调区域史研究的"问题意识""跨区域比较"，提倡区域史研究关注政治史向度及人本取向，以及在区域研究中眼光需观照全国甚或整个世界，③等等。另外，也有一些反思并非仅仅针对区域史研究的，如社会科学的本土化、后现代理论对史学的冲击、"中层理论"之倡议所针对的理论框架和研究对象的不相称，以及本书作者提及的史学研究"两序"研究的脱节⋯⋯

在这样的学术背景下，通观陆著全书的行文及架构，可以发现，作为唐宋时期的区域研究个案，作者无论是在学术视野、研究方法方面的反思和探索，还是在史料的爬梳、考订方面，都付出了艰辛的努

---

① 陈春声：《走向历史现场——"历史·田野"丛书总序》，生活·读书·新知三联书店2006年版，第Ⅳ页。
② 行龙、杨念群：《区域社会史比较研究·导言》，载其主编《区域社会史比较研究》，社会科学文献出版社2006年版，第1页。
③ 如包伟民先生就曾指出：区域经济史研究的展开，是中国传统历史研究深入的表现：我们不再满足于描述一般意义上的"中国"，而是进一步探究具体时间与地域的"中国"。但区域研究在样本选择与分析归纳上须得用心，亦即区域研究不能走传统的地方史研究之老路，满足于表达地方文化自豪感，或记述地方风物。区域研究须得有全局（"中国"）的关怀。待到不同区域研究积累到一定程度，我们就有可能更为深入地认识总体意义上的"中国"。参阅陆著之序言。此外，程美宝、蔡志祥曾提出"从具体而微的地域研究入手，探讨宏观的文化中国的创造过程⋯⋯"（参阅其《华南研究：历史学与人类学的实践》，《华南研究资料中心通讯》第22期，2001年1月）；郑振满则指出："尽管这种角度是区域的、民间的，但我们最后考虑的问题基本上都是整个中国历史、社会和文化变迁的问题。"（《文化、历史与国家》，《中国社会历史评论》第5辑，商务印书馆2007年版）陈春声也说："区域社会的历史脉络，蕴含于对国家制度和国家'话语'的深刻理解之中"，"区域历史的内在脉络可视为国家意识形态在低于社会的各具特色的表达，同样的，国家的历史也可以在区域性的社会经济发展中'全息地'展现出来"（陈春声：《历史的内在脉络与区域社会经济史研究》，《史学月刊》2004年第8期）。这些学者的观点，均凸显出区域史研究过程中整体史的研究取向。

力，取得了令人欣羡的成绩。总而言之，在笔者看来，其主要特点和学术贡献，有以下几点。

第一，在克服明州区域社会经济史研究面临的资料不足问题上，作者可谓殚精竭虑，用力甚勤，思之甚深。或许相对于其他区域，明州区域性地方资料尚算丰富，但是，对于完成明州区域社会经济历史图谱的描绘，以及多角度剖析其内部各元素，还是颇有显不足。①因而，作者为了达致其体系性，在细心爬梳史料、鳌定事实的同时，还多次运用了超越亚区的大区域的一些史料和研究成果，比如两浙；②采用宏观通史的一些研究成果并以之应用于明州区域，例如在《技术、制度变迁与区域产业格局》这一章中，利用有关唐宋变革期国家经济体制转变的研究成果（毋庸讳言，这一点也导致"唐宋变革"成为其研究的注脚、论证前的既定预设）；作者也运用想象力，对研究对象各个要素的逻辑构建进行了阐述，这一点或可说是该书的一大主要特征。③要之，作者在爬梳史料，建构研究对象中，赋予研究对象以筋骨和血脉，这一过程颇能显现其学术视野之宏阔，理路思考之缜密，令人称道。

第二，作者在爬梳地方史料的基础上，对前人学术积累加以批判式继承，并尽力填补学术空白，推进了明州区域史研究。确如其所言，"最早将宁波视作一个经济区域进行研究的是日本学者斯波义信"（第 14 页注释），他的《宁波及其腹地》包括后来增补而成的"宋代的宁波"部分，"较全面地论述了唐以来宁波的地理、地域开发和城市化过程"。虽然二者所关注的问题及重点研究的时代不尽相

---

① 关于不同区域经济史料的遗存情况及其评价，可参见程民生先生对"宋代地域经济史"问题的论述。程民生：《宋代地域经济》，河南大学出版社 1992 年版，第 3—4 页。

② 如第四章"以明州为中心讨论了唐宋时期两浙地区的农业生产技术，当然，技术的传播具有空间性和时间性，各个时期技术的应用也有较多的差异"，"对于各类农书中所记载的南方先进生产技术应区别对待""应对陈旉《农书》中所描写的生产技术做进一步的地域区分"（第 191—192 页）。如此一来，我们更多地了解到的是历史上的"两浙路"，而非"明州"。

③ 这里要附带指出，任何史学方法都有其限度，所谓过犹不及，正在于此。职是之故，我们认为，在一些问题上，陆著过分使用了这一方法，使得论述脱离了历史脉络问题。

同，但比较二者，可以发现，作者在以下几个方面，增进、弥补了斯波氏的成果：其一，关于唐宋以来明州的人口发展趋势，与斯波氏在"宋代的宁波"部分仅仅几十字的简单描述不同，陆著不仅细心梳理了其间明州人口发展趋势，还进行了绘图和分析，并论及人口的移民和分布情况，可谓详尽。其二，斯波义信的研究仅仅针对与地域开发相关的水利工程建设，而陆著则不仅丰富了各项水利工程建设具体的时间、地域分布、负责人和经费来源，而且对与水利经营和管理相关的水利工程组织、经费筹划、劳动力征派、水利规约等，也进行了详细的论述，并以此为基础展开分析明州区域社会体系和社会空间结构。其三，斯波义信的研究涉及宋代的产业分工，但对宋代明州手工业生产和商税征收的具体内容，涉及甚少。因此，陆著在这方面做了大量的工作。此外，在土地经营的零散化问题、交通网络的发展问题上，作者都不同程度上增进了前人的研究。

　　第三，作者自觉实践"追寻历史内在脉络"的"史学规范"，敢于对区域历史的勾勒和方法进行大胆思考和探索。正如作者在绪言中所倡言的："书写地方史不是填塞符合既有框架的地方史事，并删除不合填塞框架的信息，而是要描述某种地方图景；是要搭建某种样式的地方图景，而不是地方图景应该被搭建成某种样式"（第14页），因此，她努力做到的是"呈现"，即在历史材料的梳理过程中，呈现明州区域经济形成的若干核心要素：首先，通过对唐宋以来明州区域的人口数据进行梳理，指出"进入宋代，明州人口进入稳定的增长阶段"（第24页），其次，"通过文字的铺排而描绘""建构唐宋时期明州因为交通建设的成效而形成的区域网络图式"；在这样的背景之下，论述人口增加导致的定居点增加、水利灌溉事业的兴起，水利网络的形成以及随后的地方社会互动与整合，进而讨论与交通网络形成息息相关的区域产业分工结构及其农业生产技术、制度变迁，呈现出经济上以宁波为腹地的明州区域；最后，"随着人口的增加，水利的建设、交通网络的形成，明州地域开发得以不断深入，积极推动着以州城为中心的行政建制的最终确立与强化"（第297页）。总之，在对人口、交通、水利、产业分工和生产技术等各个元素各成体系的梳理过程中，作者通过细心考订、整理和分析，使得地方资料更具条理性，且摆脱过去地方史编纂以王朝之兴替为时序的叙事框架，建构出拥有"独立性"的"明州区域"。在此，足见作者对区域史研究理论和方法的熟稔，于具体运用也颇彰显出其学术个性。

三

如上所述，作者在明州区域史的个案研究中取得了令人欣羡、赞叹的成绩，在一定程度上也推进了明清以前的区域史研究。但是，就我们看来，也存在一些缺憾和错失，因此，我们拟结合目前区域史研究理论在实践中所存在的固有问题，就陆著本身谈几点粗浅的意见。

第一，通观绪言部分及全书章节的安排，在解答明州成为"独立"经济区域的问题上，作者在"区域"选择和理解上似乎存在偏差。作者认为"'区域'在区域史研究中代表的只是叙述框架……由于区域的确定所根据的是研究者的问题意识，因此研究者关于区域对象的取舍不可避免地带有很大的主观性"。但是，显而易见，由于作者所研究的是"明州区域独立性的形成问题"（第9—10页），如果一开始就将"明州"视为主观的"叙述框架"，那么，就会导致"明州区域"至少在论述的逻辑上成为了一种先验存在，并且成为一个线性的、自始至终的存在，并且拥有自身主体性的固态"区域实体"。这样"区域"实体化的效果，使得陆著中明州的"历史形成"面相消失：一个动态形成、逐渐显现、系统有机的关系实体的消失，而她的研究似乎也幻化为既定框架下肆意的"填充上色"，与"历史"无关。包伟民教授在序言中曾指出"明州为什么是一个'区域'？ 这是在陆敏珍的研究过程中，我们师生经常诘难的"（第4页），也许这正源自此吧！

第二，关于区域社会经济史研究的题中应有之论题。"明州区域社会经济史"作为作者研究的主题框架，实质上应该包含哪些论题？按其他学者的说法，区域社会经济史即社会经济史的区域研究，"社会经济区域就是社会经济有机体的地域组合，它涵盖了在一定时间和空间上的社会经济生活的所有层面，包括隐藏在社会经济活动、人物和事件后面的社会心理深层，是一种结构性的机制"，①因此，它关注的是"经济"，并强调"经济史的研究对象应该包括整个社会经济生活，而且应该通过经济史的研究来解释各种社会现象……在研究某一地区时，注意该地区与其它地区的联系，以及全国，乃至世界历史总体的联系，要以一种系统的结构性的观点来认识所研究的区域"。②这样，"关系"视角和"社会"面向是"明州区域社会经济史"研究的题中之义。但是，作者为我们呈现的明州区域经济图景，由于"关系"视角下的缺失，也由于区域之间和区域内部之"中心"与"边缘"动态空间面相的忽略而略显平白，③这一定程度上也导致了"明州区域独立性的形成问题"论证不够有力。

至于"社会"面相，该书第三章《水利建设与区域社会整合》有明确的体现。该章中，作者围绕区域水利体系格局特征、地方权力格局演变（中央—地方政府—地方力量）、区域社会整合诸方面，展开对明州区域水利工程的组织和建设、经营和管理方面的论述。在这一实证研究的基础上，作者借鉴"水利共同体"理论，对明州区域社会体系进行了整合分析，指出明州各灌溉流域内的群体组织围绕着"用水"的目的结成各种互动关系，在共同的利害关系基础上协同行动，构成了各种地域性共同体。就此而言，我们认为，作者在明州区域水利社会的个案研究上，得出了一些重要的精到的见解，如南宋时期，明州区域形成的是湖泊—河网—海堤系统的水利格局；唐宋以来，中央政府逐渐退出对明州水利事业的资金投入，而民间力量开始发挥主导作用，同地方政府合作，甚至独立地进行水利工程的建设、管理和

---

① 杨国桢：《清代社会经济区域和研究架构的探索》，参见叶显恩主编《清代区域社会经济研究》上册，中华书局1992年版，第33页。

② 叶显恩、陈春声：《论社会经济史的区域性研究》，参见前揭叶显恩主编《清代区域社会经济研究》，第26页。

③ 施坚雅认为"区域体系理论的中心观点是，不仅大区域经济具有核心—边缘结构，它的每一层次上的区域系统均呈现和大区的核心—边缘结构类似的内部差别。因此，每一个本地和区域体系均是一个有连接点的、有地区范围的、而又有内部差异的人类相互作用的体制……镇和市处于一个体系的中心，起着连结和整合在时空进行的人类活动的作用。"参阅施坚雅主编《中华帝国晚期的城市》，叶光庭等译，中华书局2000年版，第3页。

经营，极大地促进了区域水利设施的完善；明州的水利灌溉工程基本
上是围绕灌溉设施而开展的，与北方不同的是，该地区水资源丰富，
土地灌溉主要呈面状分布，涝灾多，民众在农业生产过程中需要协同
治水，争地事例多于争水，①等等。然而，在结合"水利共同体"理
论对明州区域社会体系进行整合分析时，尽管作者明确意识到"中国
区域间差异较大，学者对不同区域所作的研究，其结论也不尽相同"
（第 139 页），但还是不自觉地忽略了水资源等自然资源和环境差异
下、不同区域水利共同体的不同面相。如相对于华北地区水资源季节
性极度缺乏的地区，明州区域水权的争夺并不激烈，那么，水利工程
的灌溉、治水之意义，孰轻孰重？ 若反映在水利共同体的内部组织
形式、内聚力以及同官方的关系上，又会造成怎样的差异？ 在水利
组织中，官方的介入、民间力量的胶合以及出处进退的反复等，②所
有这些，在作者"灌溉流域与区域社会共同体"的论述中都被忽略
了，这不能说不是一个缺憾。

　　另外，据我们所知，有关明州家族及地方社会的研究积累了大量
成果，③这对我们考察、了解该区域家庭结构与宗族组织及其地方公
共建设的关系等社会历史层面有很大帮助，对此，作者并没有很好的

---

① 这和北方以争水为主的水利纠纷显然有别，参阅行龙主编《近代山西社会研究——走向田野与社会》，中国社会科学出版社 2002 年版；赵世瑜：《分水之争：公共资源与乡土社会的权力和象征》，《中国社会科学》2005 年第 2 期；钱杭：《共同体理论视野下的湘湖水利集团——兼论"库域型"水利社会》，《中国社会科学》2008 年第 2 期；张俊峰：《明清中国水利社会时研究的理论视野》，《史学理论研究》2012 年第 2 期；张俊峰：《水利社会的类型》，北京大学出版社 2012 年版等，恕不一一赘列。
② 邓小南：《追求用水秩序的努力——从前近代洪洞的水资源管理看"民间"与"官方"》，先载《暨南史学》第三辑，暨南大学出版社 2005 年版，又见前揭行龙等主编之《区域社会史比较研究》。
③ 如黄宽重对南宋四明袁氏、楼氏、汪氏、高氏等家族的研究，均可见于氏著《宋代的家族与社会》，台北东大图书股份有限公司 2006 年版。包伟民：《宋代明州楼氏家族研究》，《大陆杂志》第 94 卷第 5 期，1997；伊原弘：《宋代明州における官户の婚姻关系》，《中央大学文学院研究年报》第 1 期，1972 年；Davis, Richard L. *Court and Family in Sung China*, 960-1279: *Bureaucratic Success and Kinship Fortunes for the Shih of Ming-Chou*, Durham: Duke University Press. 1986; Walton, Linda: *Kinship, Marriage, and Status in Song China: A Study of the Lou Lineage of NINGBO*, 1050-1250, *Journal of Asian History* 18.1: 35-77. 1984; 等等。区域社会经济史的研究，忽略抑或空缺客观存在的、社会和经济生活中丰满的"人"的具体活动，无论如何都留下了缺憾。

利用。而且，作为一部明州区域研究的专著，作者竟然没有一定的篇幅用于必要的学术史回顾，①对"社会经济史"范畴的界定和议题的展开，也同样付之阙如。倘若逐一展开，那将会是怎样的一幅历史图景呢？

第三，关于史料的搜讨和引用的细节问题。作者在史料搜讨方面，确已下了相当大的功夫，但明清方志中有关宋代明州的资料、一些学者的文集甚至《宋会要辑稿》等，都还没有竭泽而渔，全力搜讨，并"榨干"其中蕴含的所有信息加以充分利用。后者体现在细节方面，如书中个别的错字、史料的误笔和错误等，在此可略举数例：第21页的表1-1，唐开元年间的明州户数为42200户，实为42400户之误；第122页"元祐六年（1091）作石碶"，实为"元祐元年"第275页；"嘉定十三年，建屋23间"，实为"嘉定三年"第240页；"绝外冠觊觎之患"，"冠"乃"寇"之误笔等，恕不一一赘列。

以上揭示的所谓不足，仅是我们的一孔浅见，抑或是梦呓者眼高手低的空口白话，然而，瑕不掩瑜，陆著对唐宋时期区域史研究的贡献和启发，确乎不容忽视。常建华教授针对中国20世纪80年代以来的社会史研究，有过这样的总结："就改革开放以来二十多年中国社会史理论探讨的演进来看，对于社会史研究的定位有一个从比较考虑对象到兼顾研究视角再到'问题'的过程，始终同反省历史学有关，最近尤为明显。"②同样地，审视区域史研究，我们不也正面临这样的反思和转变么？区域研究之跑马圈地、资料罗列，或者理论先行，甚或无关痛痒地就事论事等，不正是缺失"问题意识"的表现？

---

① 如第262—269页，关于乡里制度和乡村职役的讨论，忽略了日本学者周藤吉之、佐竹靖彦、丹乔二等人的早期研究结论以及国内学界郑世刚、王棣、梁建国、刁培俊等人的最新成果（参阅刁培俊《当代中国学者关于宋朝职役制度研究的回顾与展望》，原载台北《汉学研究通讯》总87期，增订后转载于中国宋史研究会主编之《宋史研究通讯》2004年第1期；并其《宋朝乡役与乡村"行政区划"》，《南开学报》2008年第1期。贾连港：《宋代乡村行政制度及相关问题研究的回顾与展望》，《中国史研究动态》2014年第1期）；一个区域社会内，权力是如何分配的，社会秩序和社会规范是如何形成并良性运行的，就必须考虑国家权威刚性介入、国家制度设计与地方权力的分配和国家制度在地方社会实践中存在的差距等各种学术要素。
② 常建华：《新时期中国社会史理论争鸣及其演进》，收入氏著《社会生活的历史学——中国社会史研究新探》，北京师范大学出版社2004年版，第115页。

就此而言，我们或可通过陆著得到一些反思和启示。

总之，陆著所揭示并努力的"两序研究"之外对区域史研究中"叙事框架"的探索，"通过对地方历史的图景描述去发现蕴含的区域史研究问题"等"说法"，及其此后具体论证中的"做法"，是否可以成为中国传统帝制时期区域社会经济史研究"范式"？ 唐宋时期的个案性研究，是否可以涵盖整个帝制时期？ 在这一话题下，如何全面提炼议题、究竟需要讨论哪些议题，方可构建为"区域社会经济史"研究的大致体系？ 区域史、区域社会经济史的研究走向哪里？ 亦即其"说法"在理论层面上的提升与"做法"具体落实问题等，都还有待于更多前辈时贤参与研讨。

（本文发表时署名刁培俊、刘佳佳）

第四章　谣谚里的宋代中国

——赵瑶丹著《两宋谣谚与社会研究》读后

　　谣谚是中国传统社会里经常出现的一个历史现象，在各个社会阶层中都有呈显和流传。这些谣谚扩散开来，对于社会发展变化的影响，因其自身的内涵而有所不同。两宋时期散布在各个领域的谣谚之多，超乎我们的想象，而谣谚在两宋社会中的各种呈现，在多数学人的认知中，是一个概略的模糊印象。中国传统帝制时代，皇权政治具有至高无上的影响力，在强调政治史研究取向的学术时代，这一问题很难进入学者视线。而今，在社会文化史研究日新月异的时代，赵瑶丹博士新著《两宋谣谚与社会研究》（以下简称《谣谚》，中国社会科学出版社 2015 年 12 月版，452 页，50 余万字）以填补学术空白的学术志向，展开了专题研究，洵为宋史研究领域一项重大成果。该书扎实厚重，方法新颖，议题别致，给学界增添了一道亮丽的学术风景线。这正如其导师戴建国先生在该书序言中所已揭示者：这是一部有高度、有理论、有史实，且论述严谨的学术力作；作者用细腻的笔触囊括、展现、深入探讨了宋代谣谚的方方面面，为读者打开了一幅蕴含丰富的社会信息的文化长卷，是中国古代社会文化史研究领域颇值得认真阅读、体味的一部佳作。

　　《谣谚》一书架构。其主体部分由绪言、上下篇、余论组成，附以主要参考文献和后记。在绪言部分，作者对研究对象、核心概念、选题缘起与意义、学术史回顾、材料与理论方法做了陈述。具体而言，其上篇"内容篇"部分，主要考察了宋朝谣谚的形成、社会背景和谣谚中的社会生活等学术议题。下篇"传播篇"则就宋朝谣谚的传布、在空间上的传播与分布、在国家事务中的接受与控制三个章节做了深入研究。在"余论"部分，作者就两宋谣谚的社会史内涵、特点、谣谚与社会的互动做了延展性的学术归纳，提升了这部著作的整体学术含金量。就上述可知，《谣谚》的学术架构、逻辑层进体例无疑是精当的。

细读这部著作，窃以为其最重要的特点尚可自以下几个方面更多凸显。

第一，对两宋期间各种谣谚资料的收集、分类与整理，做了目前条件下最大限度地努力。有关两宋时期谣谚的资料，相当分散，即便在当今古籍文献数字化时代，收集也极为不易，更何况目前的古籍数字化程度还远没有达到随心所欲、囊括无遗地搜求学术信息的地步。对历史研究者而言，大数据时代已然来临，但真正懂得版本学、校勘学等学术常识且不苟且地、以无私地献身精神辛勤投入于大数据建设的专家，仍然稀缺。历史学者的精深研究，仍然需要做大量的辛勤文献搜讨工作。作者通过阅读大量的基本文献，披沙沥金，钩稽史沉，在书中努力呈现一个个历史细节，可谓曾锲而不舍地下过水滴石穿般的爬梳工作。当然，作者并不满足于此，在此基础上进行了清晰地分类整理，在尽力挖掘并榨干每一则记载中的所有史料信息的基础上，考察其社会功能和文化价值。可以推想，个中甘苦，作者饱尝。

第二，社会学、传播学、民俗学等相关学科理论的"浸入"，是《谣谚》这部著作一大显著特点。历史上的谣谚，古今一线，与21世纪的诸多谣谚有着某种学术上的联系。单单通过历史信息的发掘、考察、呈显、剖析和处理，似是远远不够的，只有更多借助于新的学术理论和方法，方能更准确地释放历史文献的所有信息。作者在新社会文化史理论的基础上，还巧妙地运用了传播学、社会学、心理学、舆论学、语言学、政治学等跨学科的理论和方法，对已搜求的文献资料进行了全方位的精细论证。譬如在第二章中，作者凭借传播学的学术理路，就宋朝谣谚的生发、传播、接受环境做了详尽的研讨；而在第四章中则以谣谚的传播方式与载体、谣谚的创作传播及接受展开论述，第五章针对谣谚在不同空间（城乡及其互动、区域传播）的传播与分布等角度展开了考察。在这一系列研究议题推进过程中，多含有传播学、社会学、舆论学等学术理路，从而为本书的全面展开和问题的深入提供了可资凭借的学理依据，也在学术层面更多、更切实地发掘和释放出了历史文献所蕴含的大量信息。《谣谚》一书中更值得褒扬的是，上述不同学术理路的"浸入"，作者运用的自然确当，水到渠成，未显斧凿之痕，言其"水中盐味"而非"眼里金屑"，当不为过，其学术质量也由此而得到了更进一步的提升。①

第三，问题意识突出，逻辑清晰，史识明锐，且在具体研究过程中不断精致、升华其学术议题，令读者对这部学术著作印象更为深刻。可以说，作者研究视域"内在"含有明晰的问题意识，即自谣谚在社会中的存在深入探考两宋社会的一般性特征，突出宋朝文明的辉煌和文化普及与整体发展，尤其是宋朝社会对于谣谚的容忍度，从雅文化到俗文化转型过程的论证，也深有蕴含，颇显作者史识之明锐与深邃。作者在铺展其研究过程中，针对两宋时期的谣谚生成、传播、接受、绩效一一展现开来，在此基础中得出一些相当稳实的论断，从中当可发现作者已具备攀登学术更高峰巅的知识储备。譬如作者就宋朝文人在谣谚创作、传播和接受过程中的作用这一研究，看似平实却奇崛，虽有取镜前贤者，但已凸显天资和灵性，非文学素养深蕴和理论视域广博，单凭历史学的基本训练，难以呈显如此学术视野。

第四，《谣谚》一书紧密结合两宋时代特征，进而与谣谚问题相关照，强化与推进了两宋雅文化走向俗文化、两宋文化昌明兴盛的特点，在这一研究过程中尽显"整体史"的学术取径，其学术理路值得读者更多思讨。譬如，书中对两宋时代传统信仰观念、时代文化与舆论环境、发达的城市经济的铺叙，对两宋政治生活中的内外矛盾、政治制度、科举社会以及宋朝社会生活诸多历史面相的呈现等，均可映现出作者历史知识储备之丰厚。此外，作者对宋代文学研究领域的一些相关学术取向也相当熟稔，譬如有关雅文化与俗文化的走向等，均

---

① 余英时：《论士衡史》评论杨联陞之语，上海文艺出版社 1999 年版，第 399 页。

紧密结合于谣谚这一学术议题，一一展开铺叙，在更为广阔的学术视域内尽力扩散其研究的外延。这一研究取向既呈现出两宋大时代，又突出谣谚研究在整体社会运转过程中的个性与影响，端见作者对"整体史"视野的识见与知识蕴含，避免了单就谣谚而研究谣谚的种种可能出现的"碎片化"学术陷阱，进而整体提升了《谣谚》的学术品质。

20世纪以来，两宋史经过了海内外诸多学人的辛勤耕耘，在许多领域对320年间的宋朝史已达成共识，将多年前的"知识"变为"常识"。两宋史的研究，正如已故著名史家严耕望先生所说"两宋时代的材料情况最为适中"，"宋史是青年可大展拳脚的园地"。①但是，恰恰由于历史文献的相对丰富，也遮蔽了不少学人的眼光，譬如我们在研究过程中，无意识地被丰富的历史文献所牵引，或受感于宋人的言论而被宋人牵着鼻子走，未能跳出宋人的视野而研究宋史，或受蔽于元朝人、明清时人的"宋史观"，理所当然地认定元明清时代的"历史资料"及其既定结论，就是"宋朝"的历史，而毫无怀疑。更因为20世纪以来欧风美雨的洗礼，有些学人一方面不曾摆脱"西方中心观"而盲目跟随"汉学"的理路，邯郸学步，以"他镜窥我"，迷途而自不知返。②当然，我们自不忘"他山之石，可以攻玉"之训，但是，我们更需要别具只眼，超越"中国"局限，③力求"从周边看中国"，力求在中国历史的叙事中理解"历史中国"，恪守"中国立场"，找寻"中国经验"；④另一方面又难以剥离和扬弃元明清时人既定的认知而真正做到"揽镜自鉴"。桑兵教授曾引述陈

---

① 严耕望：《治史三书》，上海人民出版社2008年版，第132页。
② 包伟民：《走出"汉学心态"：中国古代历史研究方法论刍议》，《中国社会科学评价》2015年第3期。
③ 宵应斌：《中国作为理论：中国派的重新认识中国》，《开放时代》2016年第1期。窃以为，近年来学界将"中国"作为理论而展开研究的时候，"脱欧入亚"抑或更确当地说是"脱欧入华"，走得太快太远，盲目或过分陷于自我，难免都有矫枉过正的取向。
④ 参阅葛兆光：《宅兹中国》之《自序》，中华书局2011年版。

寅恪"以朱熹为楷模，对待域外文化，尽量取珠还椟，以免数典忘祖"，①引人深思。或许，首先是整理国故，揽镜自鉴，其次视扫寰宇，意象异域，两相比照，"理性"探求，找寻自我，岂不更多自信？ 如此，又何需家有金山而沿门托钵。在这样或那样的学术取径之下，虽依然还有不少领域处于生疏荒僻状态，但毕竟生荒地日益减少。

就《谣谚》一书而言，首先，在一部50万字的今人论著中，前揭已成为学人"常识"的"共识"，是否还有必要用较多的笔墨铺叙，以在"整体史"的视域下展现两宋谣谚的历史面貌？ 其次，传播学、社会学、心理学、舆论学、语言学、政治学等非历史学领域的学科理论和方法，对于大多数单纯研究历史的学者难免生疏甚至一无所知，但是，在一部纯史学的论著之中，将这些学科的理论和方法再加复述，是否还有必要——单纯研究历史的学者未必知之，于相关学科的学者而言却是人所习见的"常识"。历史研究的学术理路是更倾向于社会科学化，抑或返还"人文化"而努力追讨"历史中国"自我的内在逻辑？ 这些都是见仁见智的异见。再次，当然，就研究方法的再展开而言，能否就一定空间（区域性）的谣谚，展开解剖麻雀一样"以小见大"的研究？ 能否在全球史视域下，与域外谣谚研究相比较，似乎也颇值得期待。最后，本书中还有一些论述在不同页面有所重复，譬如第114页和第371页、第168页与第373页等，窃以为，将这些"常识"和"共识""叠合"做一些"瘦身"类的工作，这部论著或许更为简短明快，给人史学浓度更纯、厚重的印象。当然，这也涉及历史文献数字化之后，大量文献通过可以检索瞬息可得，前辈学者视"竭泽而渔"为治史要津的方法，如何改变"穷举"检索可得的所有资料为精粹的"去伪存真，去粗存精"？ 一部学术

---

① 桑兵：《治学的门径与取法·绪论》，社会科学文献出版社2014年版，第9页。哈佛大学教授、著名汉学家包弼德最近也指出："我认为目前中国的发展，在借鉴世界先进技术与文化的同时，更应着眼于自己的历史与文化……"参阅张梅《以史为桥 沟通哈佛与中国——访哈佛大学副教务长包弼德教授》，《华中科技大学学报》（社会科学版）2016年第4期。

著作如何写的精粹而不是简单的厚重且重复冗沓，将成为未来很长一段时间内，学者所需经心处理的关键问题。此外，书中弃一手文献而以《全宋文》《全宋诗》《宋朝诸臣奏议》《历代名臣奏议》（当然，后两种资料有时也会被视为一手文献，但仍须慎重比勘）等以及类似转手文献作为史料来源，也致人以惑。第160页《东轩笔录》引用中出现的"虞侯"错"候"为"侯"字，第185页"南宋时期、纸币大量发行……"、第246页注释6"选举"错为"选集"、第365页注释12错"孟元老"为"梦元老"等少量校对失误，或可待再版时改正。

要之，《谣谚》已荣获中国宋史研究会第九届"邓广铭学术奖励基金"（2016年8月）本届最高奖（一等奖空缺），且依前揭著名宋史专家戴建国教授所言，倘有机会，凝练修订，当近乎今世史学典范佳构之域。才女佳作，良工璞玉，同样令人赏心悦目，击节叹赏。

第五章　新学术视域下的巫、
　　　　巫文化与传统女性研究

——方燕著《巫文化视域下的宋代女性》评介

　　方燕博士的新作《巫文化视域下的宋代女性——立足于女性生育、疾病的考察》（中华书局 2008 年版，20 万字，以下简称方著），是近年来宋朝女性研究中考察视角新颖、学术创新最为显著、含金量最为丰富的力作之一。方著在研究中努力结合历史学、人类学、女性学、心理学、医学、民俗学、宗教学等多学科的视角，探究巫文化对宋朝女性的影响，进而论及巫文化对于宋朝女性思想观念的影响。而就女性胎生、催生、保育、割股疗亲与疾病医疗史领域的诸论题的考察，或可视方著为宋史研究中的一次新尝试。通览全书，可见作者用思之密，用心之深，用力之勤，其糅合在论题提炼和论证的整个过程之中的学术自觉，更是给人耳目一新之感。

　　方著由三大部分构成，第一部分为绪论，作者回顾了宋代女性研究与"巫"研究的学术史，发掘整合这两大学术论题在宋史研究中的薄弱环节，从而引发出自己的论题（第1—9页）。第二部分为主体部分，以详细论述、分析、提炼论题见长：第一章论述宋代女性与巫的关系，第二章和第三章围绕宋代女性婚育过程中巫文化的影响，展开其颇富原创性及个性化的研究；第四章论述巫文化在宋代女性身体观形成过程中的影响，第五章探究在医治宋代女性疾病过程中巫文化的影响。第三部分"结语"则是对第二部分研究的简要总结。由上述可知，方著论述框架大致可概括为"以巫文化为背景，以宋代女性为关注对象，考察巫文化对于宋代女性在具体婚育、疾病两种境况下的影响，借此探讨整个宋代社会的一个侧面"。

全面拜读之后，管中窥豹，我们大致体会到方著下面的一些特点。

第一，方著的研究"复活"了宋朝的"巫"文化。就寡陋所寓目者，已有涉及古代巫文化的著作，主要关注究竟哪些属于"巫术"，"什么是"巫术，也就是辨别何者受巫文化影响，何者没有，并以此断定并批判其虚妄的"迷信"色彩，从而达到宣扬"科学"的效果及其既定的学术预设。显而易见，方著全然没有沿袭这一模式，而是开篇即着力于实证研究，力图揭示在巫文化指导下宋人之"行为方式"，即人是如何被"巫化"的，而非仅仅表明"什么是"巫术。在作者精心研究中，努力展现出人与巫术之间一个动态的、互相影响且相互作用的"过程"，且展示出这一过程中"人"的种种思维及行为方式。作者开篇伊始，就开门见山，对"巫术"做了严格定义："也就是人们在原始思维的指导下利用某种超自然的力量试图影响、控制或改变自然及人的现状和命运的行为方式。"（第3页）研究概念确定，方能在具体研究实践中便于操作。接着，作者又叙述了宋人婚育观，及女性在婚育过程中被宋人所赋予的责任和给予的希望。然而，实际生活中，由于当时医疗条件和认识水平的局限，人们的美好愿望无法如想象一般实现时，疑惑顿生：我们应该怎么办？ 接下来，作者描述了宋人的应对方法：从结婚到保育全部过程中，都相应地制定有赋予巫术色彩的仪式或风俗习俗来予以保障。这似乎也在隐隐中暗示着后人：在婚育过程中虔诚地遵守这些习俗，祈求神灵保佑，方可保证人们美好愿望的实现。在这一论述过程中，"巫"与"巫文化"的形成过程及其在女性实际生活中"效能"，便跃然纸上。前后衔接自然，逻辑分明，顺理成章。

第二，研究视域从中上阶层贵富女性扩展到下层一般女性，更具"自下而上"的识见；自女性生育和疾病的角度探考，视角新颖，创见迭出。在宋朝女性研究领域，由于资料所限，许多已有成果往往仅限于被"记载"下来的女性"历史"，这些以皇室、贵族官僚仕宦等社会上层为主的女性"存活"于各类传统习见的文献之中。那些普普通通的一般女性，则往往湮没在历史的烈烈烟尘之中，不着意地悉心搜讨，难见其生活、活动的点滴踪迹。作者意识到了"绝大部分论著由以立论的史料主要是正史、文集、笔记、小说、佛经道书"，从而决定"对宋代的大量官修和私撰的医书、笔记杂著中的医学资料、方志、女性墓铭碑刻一类资料利用尚显不足，而这是笔者撰写本书过程中需要深入发掘的内容"（第9页）。当然，这不是作者首先发现并加以应用的新材料，但是，在挖掘这些新材料价值的深度上，在搜讨及发掘史料内在各种信息方面，浅陋所见，或可认定，作者比前此的许多论者更显精深。职是之故，作者的研究在从历史学视域出发的同时，也以专门医学的知识来发掘医书中普通女性的史料，并且辨识巫术在医治疾病过程中对女性的意义（据悉，作者的母亲是一位医生，使得她具有常人无法比拟的优势，可以随时咨询研究过程中遇到的医学知识，详见序言）。在这样的背景知识指导下，作者进行了艰苦的工作，钩沉索隐，爬梳史料，不辞辛劳，从浩如烟海的有宋载籍中发掘了没有姓名的普通女性的史料，并尽力铺叙、描摹于文字之中。这些努力既确保了作者研究对象范围之相当宽广，也进而展露出"自下而上""关注下层"视域中普通女性的历史。而自身体史和医疗社会史的视角，关注女性的身体观、女性"割股"疗亲、女童驱傩和裸形夜祭等议题的关注与讨论，其议题之新颖，论题探讨之学术牵引力是显而易见的，凸显出作者学术嗅觉之敏锐。诸如"女性的拒巫活动"、将记载女性行为文字背后的作者及其社会背景考察在内，值得激赏（第52页）；第56页论述中的一个"被"字，显示出作者对于远去的宋朝那个时代的思考是很精确的；第三章第三节至第五节有关胎产图示结合医疗社会史的考察，都是新颖、独到的论述和见解。正如刘复生教授在序言中所说，"女巫能通鬼神，在这部著作中予以了特别的关注"，"她的这部著作，以女性的视角和敏锐，立足于女性生育和疾病来审视宋代的巫文化，这就又不同于此前的研究"。

第三，宏观驾驭与微观探考紧密结合，整体建构之匠心独具。从宏观的视角，作者选取的研究对象是巫文化语境下的宋代女性。这是一个很宽泛的宏观论题，如作者在第一章论述宋代女性与巫术的一般关系，巫术与各个层次女性的关联，而后又介绍宋代女巫的来源、称谓及女巫由"巫"如何一跃而成神，似均为不易发掘新见的文笔。但作者接下来却着意于女性对巫术存在的抵制，那么，作者要怎样展开研究，才能避免笼统和空疏武断，取得可靠而新颖的结论呢？　我们看到，作者使用微观的研究方法，选取了宋朝女性一生之中两个重要阶段来考察（第 77 页），仅以关涉女性婚育过程中和对待女性疾病当中"巫化"行为为其议题设定的焦点。这一宏观着眼，微观入手的研究渠径，使得接下来的探考均为相当微观且精细的论述，由此可发见作者用思之密，用力之深。再者，在论述过程中，作者不但舍弃了全景式的面面俱到，将关注点始终在关注巫文化的影响，而且能够适度把握，合理控制，既避免了议题空疏的大而不当，也避免了论题破碎微小，在宏观与微观的紧密结合中，思维灵活，精心建构，取得了以小见大，见"木"又见"林"的效果。因而，整个论述完整而不琐碎，单一但不片面，其研究重心得以全面铺排凸显。

此外，作者的微观研究功力，还体现在采用定量研究与定性总结，如作者对洪迈《夷坚志》一书中涉及女性祟病史料的详尽发掘，及其进一步的论证过程之中，通过书中详密的表格，我们可以看到史料先是被分类胪列，再仔细对比，而后认真分析，最后慎重立论。整个过程没有臆断，而是按照理性的逻辑推理来完成，从而使得结论可靠又可信。

第四，作者的研究充分批判地继承和吸收了已有的成果，尤其是学科整合的广阔学术视野，值得肯定。为确定"巫"这个概念的实质，作者不厌繁复冗长，引证中西文化人类学学者对于"巫"的论说，又联系中国古代的具体情形，最终得到"巫"比较全面的定义。在这一过程中，作者努力结合人类学、女性学、心理学、医学、民俗学、宗教学等多学科的视角透视历史学视域中宋朝女性，探究巫文化对宋朝女性的影响，进而在多学科整合的视域下论考巫文化对于宋朝女性思想观念的影响；但是，作者也并非全然接受现代的各种学科理论，而是根基于"历史"讨论历史问题，如在论述女性的身体观时，作者并没有采纳现代女权理论，而是依据具体史实，让我们看到了"在宋朝社会背景下"宋代女性各种和"巫"有关的行为的诱发原因和"历史现场"。在这样清醒的学术自觉下，此前学界较少涉及的领域和议题，经由作者的探究和铺展，给读者更为广阔的学术认知空间。

当然，我们在方著中也发觉几个问题，特此提出来聊供商讨。

首先，巫在宋朝的繁盛原因是什么？仅仅是巫术在有宋社会的中上层不流行，就会在下层流行吗？到底是什么原因造成的呢？作者虽然论述到巫在唐宋时期地位的变迁（第82—83页），但没有仔细考察巫术在秦汉以还社会中地位的变迁，整个"变"的过程比较模糊；对于巫文化在宋朝中上阶层中地位衰落的解释，似比较单薄；显示在宋朝女性身上的巫化行为，为何会对巫文化在宋朝社会较低阶层中发挥重要影响，就阅读方著而言，我们也还不大清晰。

其次，作者在专注于论题主旨时，对宋朝女性的族群归属性缺乏足够的考虑。唐五代时期，豪宗大族在社会的动荡中渐渐消失，从而，原先的各种社会规范也消失殆尽。宋朝中原一统，社会稳定，宗法家族开始重建，形成新的规范，对于宋人的思维观念和行为方式有很大的制约。作者在考察宋朝女性时，较少注意家族宗法和社会风俗习惯、法律的强烈影响。宋朝女性受到家族宗法、法律礼俗如"三纲五常伦理观""皇权、父权、夫权、神权"等的束缚，这影响了她们在婚育认识、罹患疾病需要治疗时对巫术的选择与看法。这一问题作者在论述女性生育、身体观时有简略提及，但就整体论述而言，仍涉及较少。二者有无不同程度的抵制或促进（互动），或者二种情形兼有的细察，似尚有进一步补充的空间。

再次，作者在论述中，观察视角转换频繁，使用史料的时间跨度大，史料的种类繁杂，往往容易影响相关史料作为证据的有效性，即史料的可信性和史料对所论述论题的可验证性。或以为确定了这条史料的可信性且其论旨的性质与所要论述题目相符合，便可以理所当然地认为它具有说服力。这是任何学人都有可能出现的问题，而且很难避免。因为个人的知识系统和经验储备毕竟是有局限的，无法辨别所有的一切。但是，我们并不能因噎废食，并非承认任何个人无法获得可靠且可信的研究信息，就可以聊以塞责推脱，而是要意识到个人研究视域的特点和局限，这就要求我们还应大胆尝试结合新认知，仔细综合更能反映实际历史场景的史料做进一步的深入研究。

最后，在一手和二手文献引述和个别论述细节方面，还存在个别的缺漏。如文字上的错漏，第 8 页中将"本书"误为"本文"。第 25 页，王称《东都事略》，作者名字今人已考证为王称，一般不再写"王偁"；第 31、53—54 页，袁燮《洁斋集》书名应为《絜斋集》；第 53 页注释 6 "卷"字为异体字，当是自数据库直接粘贴未加校对的结果。第 59 页注释 2 李觏的引述顺序与前后均异，当改回。再有史源学方面的疏失，如第 49 页引述《全宋文》中韩琦和程颢的史料，存世韩琦《安阳集》卷四九、程颢《二程文集》卷四均有记载；第 130 页引文彦博和第 191 页引梅尧臣的史料，存世明本《潞公集》卷二和《宛陵先生集》卷三一也均有记载，不宜使用《全宋文》这类二手文献；再如，学界已有成果的借鉴和商讨，第 22 页，刘静贞的论文《女无外事》（以及她的专著《不举子》）相当精彩，值得认真揣摩参考。第 69 页有关控制和调解生育的问题，李伯重撰有专题论文《堕胎、避孕与绝育——宋元明清时期江浙地区的节育方法及其运用与传播》发表在商务印书馆发行之《中国学术》2004 年第 1 期，可资参阅。第三章第一节婚姻巫术部分，方建新、朱瑞熙等有关宋朝婚俗的研究，自当参阅、比对商讨更好一些。外语二手文献的运用，也稍显不足，日文成果之外，英文如 De Pee, Christian 所著 *Women in the Yi jian zhi: A Sociohistorical Study Based on Fiction*（M. A. Thesis, University of Leiden, 1991）和 Juying Wang 所著 *A Commercial and Optimistic Worldview of the Afterlife of the Song People——Based on Stories from the Yijian Zhi*（A Thesis Presented to the Faculty of the Graduate School University of Southern California, 2004），可谓是关于《夷坚志》研究中较有学术价值的论文，方著有关论述中不曾涉及。

个别论点或存有再商讨的空间。如第 49 页有关宋朝女性"病不求医"的看法，似不宜过分扩大。宋朝社会中，在个别地域某段时期内女性"病不求医"的情况可能较突出，限于史料，我们无法得出整个两宋时期所有州县均为如此的结论，所以，有关文字表述尚需缜密。第82页有关引述明清时代阴门阵的问题，明清时代发生的事情，两宋时期不一定必然存在。如有一手资料支持，当为很好的观察视角；如无，以今观古，容有偏差（此或可与陈寅恪所说"必神游冥想，与立说之古人，处于同一境界"相对应）。第150—151页有关女性割股疗亲的考察，其调查表格的取样还有些嫌少。宋人文集等文献中的取例空间还很大，值得再行深入调查，如此，取样的范围越是广泛，越能更好的在各个方面说明问题。最后结语部分，引述相关学科的理论和考察点似嫌稍多，给人全是转录的印象。如果能够结合宋朝历史问题加以说明，或是在正文中引述学科理论和研究视角，把宋朝历史史事放在注释之中，如此处理，似乎更好。

总之，在我们看来，方著对于巫文化和宋朝女性的认识都有很大的推进，作者在研究中体现出的新颖的研究视角，灵活的探讨方法，巧妙的论证策略，足以帮助和激励更多类似论题的再行探索，也显现出作者强烈的问题关怀，是一部不可多得的学术力作。

（本章发表时署名刁培俊、刘栋）

第六章　张文著《宋朝社会救济研究》评介

近 20 年来，借鉴现代社会学的理论和方法，中国社会史研究的课题异彩纷呈，有关基层社会和民众生活的研究成果也不断涌现，对揭示和展现古代中国社会历史的丰富内容起到了极大的推动作用。与此同时，自社会史层面，以新颖的理论视角、新的研究方法考察两宋社会历史的课题也日益深入。2001 年，由重庆西南师范大学出版社推出的、张文博士的大作《宋朝社会救济研究》，即为深入探讨宋朝社会历史丰貌的、具有开拓创新意义的一部优秀专著。

《宋朝社会救济研究》(后简称张著) 全书 31 万字，共分五章。第一章《绪论》，作者对有关这一课题的基本概念、理论视角、研究方法、研究现状等做了较为详细的说明，并交代了本书的研究重点，对宋朝社会救济的类型、社会救济的对象做了申述。第二章，是对宋朝灾荒人群及其救济的研究，具体从灾害的发生类型、饥荒与灾害的关系，以仓储制度为代表的灾荒预防措施，赈灾救荒的程序、措施和实施的情况等几个方面进行了研究，随后又针对宋朝流民的成因、流民规律以及宋政府的流民救济安置措施进行了深入考察。第三章，着重对宋朝的贫困人口、弱势群体等社会救济对象、机构进行了一系列探索。具体对收养贫病者的综合与专门机构、助葬机构等加以细致探赜。尤其值得一提的是，作者还设有专节考察了宋人对各种济贫机构的态度。随后则是对老幼、女户等社会弱势群体的社会救济的研究，并对社会救济中的医疗救济、季节性济贫恤穷等特点做了专节探讨。第四章是对社会特殊群体救济的研究，其中涉及对官员、学生、士人，皇族、归正人以及对少数民族等社会救济的考察。第五章总结，对宋朝社会救济的特点、历史定位、功能、社会救济思想和宋朝社会救济发达的原因等四个问题，进行了综合性的、总结性的研究。

通览全书，我们认为，至少在以下几个方面，作者进行了极为可贵的努力，做出了开创性和突破性的学术贡献。

其一，张著最具特色的是科学地运用了现代社会学理论，对两宋社会救济进行了较为全面、系统的深入研究。这是前此所未有的。作者娴熟地运用了现代社会学的理论层面（如对社会救济和社会保障概念的区分，弱势群体概念的提出和具体研究，社会史在社会学与历史学研究范式的分析，以及张著中一些具体的研究方法上的运用等，都有所体现），同时运用考据学、经济学的研究方法、科学的辨证观点、计量方法、比较方法等多种研究方法进行研究，展现出宋朝社会救济的更为翔实、更多层面的历史面貌，也展现出了两宋社会历史的更为丰富多彩的社会内涵。这种理论层面的科学运用，与传统史学研究方法有机结合的研究方法，既可以解决一些前人未曾发抉的历史问题（诸如作者将宋朝社会救济类型分为灾荒人群、贫困人口和社会弱势群体、社会特殊群体等三类；对社会救济对象分为贫困人口、弱势群体和社会特殊群体三大块。这与前此研究在理论层面上和史事层面上都有着极大的拓展），同时也给研究两宋社会历史的其他问题提供了可资镜鉴的理论模式。从社会史理论的引入及其相应研究方法的具体运用上看，张著开拓创新性的研究，其意义和影响是极为深远的。

其二，历史学是实证的科学，广泛占有详赡的史料，并对之进行认真的、科学的考辨工作，是史学研究的基础。张著对史料的收集和整理下了极大的功夫，并在广泛占有信实可靠史料的基础上，进行了深入研究。这样就使得张著另一特色得以凸显——资料丰富，信息充足。资料丰富主要体现在，相对于汉晋唐等前此断代史而言，记载宋代社会历史内容的典籍可谓汗牛充栋，两宋社会历史内容也就极为丰富。作者能够在短短的三四年中，不仅阅读了大量的宋史典籍，爬梳史料，条分缕析，做了大量的史料收集整理工作，而且能够在充分掌握研究动态的情况下，以新的理论视角研究了宋朝社会救济问题，撰写出这部高质量的学术专著，其用力之勤，用心之专，真是难能可贵。据初步统计，是书直接征引宋人文献三百余种，举凡正史、文集、笔记小说、石刻、出土文献、宋元方志乃至明清方志，无不在作者披览之列。也只有娴熟地掌握了相关史料，并做了大量钩稽史沉的功夫，张著才得以纠正了前人研究中的十数处失误。信息充足则体现在张著对前此相关研究成果做了认真的梳理工作，或借鉴信实可靠的结论，或补充欠缺的研究，或在错误的研究中找出重新探讨使之更为合乎历史实际的途径。在这一工作过程中，张著严格遵守学术规范、尊重前人的研究成果，并在此基础上进行深入研究，则是张著的又一特色。而作者对于该领域研究动态的掌握，尤其是对近百年来相关研究信息的搜罗，更反映出作者的刻苦与用功。

以上两个方面，既可以反映出作者治学的谨严态度和实事求是的治学精神，也充分显现出了作者的史才、史学和史德。更值得提出的是，作者对于两宋丰富多彩的社会历史内容具有丰厚的知识积累，从而使得这一研究建立在了两宋社会历史内容的大背景下，也就使得张著能够更为准确、更为深入地反映出两宋社会历史的实有内容。

其三，该书较为全面、系统地研究了宋朝的社会救济问题，在诸多方面弥补了前此研究中的薄弱环节，其创新研究则填补了许多学术空白。在此之前，学界对于宋朝的社会救济问题虽然已经有所探索，但是，深度和广度都均有待进一步挖掘。张著对宋朝的社会救济问题进行了较为全面、系统的研究，可以说使我们能够了解到两宋时期社会救济问题的方方面面。其中既有纵深的研究，又有横向全面而具体的探讨，这在张著篇章结构的安排上就体现出来。我国台湾宋史名家王德毅教授1970年曾出版有《宋代灾荒的救济政策》一书，然而大陆学界却很难见到，有关宋朝社会救济问题，一直没有学者进行较为全面的研究。可以说，张著无论在系统性和全面性以及深度上都填补了大陆学界的一项空白，相对于王著而言也有着诸多创新和深入之笔。首先，张著从理论上区分了社会救济、社会保障，政府性的社会救济与民间性的慈善事业的差异，基本澄清了前此的一些模糊认识。其次，宋朝的社会救济是宋史研究中较为薄弱的课题，已有的部分研究多从政治史、经济史的研究视角进行探讨，即使已有的这些探讨，对于我们全面了解宋朝社会救济问题也是远远不够的。而张著则以专著的篇幅和分量对此展开更为系统和深入的研究，即为一项重大学术贡献。此外，张著在前人研究的基础上，对于前此研究中的不足和薄弱环节，诸如灾荒与救济、赈灾的程序、措施和实施状况，宋朝预防灾荒的仓储制度、救济贫弱社会群体的综合性、专门性机构，均超迈了前此以往的研究深度，并从社会史学的研究角度，给予新的阐释。最后，关于宋朝流民、皇族和少数民族等社会救济的研究，是张著首次抉发并进行了深入研讨的，属于填补学术空白的研究。两宋社会流动的加剧和各种社会问题的出现，导致出现了较为突出的流民问题。然而，多年以来，学者们极少关注这一社会群体，更缺乏对流民社会救济的研究。两宋是少数民族政权并立，少数民族问题较为突出的时代，而学者们也极少关注少数民族的社会救济问题。张著在这两个方面的研究，填补了学术研究的空白，厥功匪细。其中，关于宋朝季节性济贫恤穷问题的研究，是张著用心着力之处，且挖掘出极具时代内容和社会实际意义的史学内涵。而对于官员、士人、学生等社会救济对象的探讨，也多为前此研究中所忽视者，是作者抽丝剥茧，探幽凿险，从社会救济的研究角度出发，对此进行了周密的研究，得出了较为妥帖的结论，丰富了宋朝社会历史研究中"人"的内容。

其四，张著另一特色，是在探寻宋朝社会救济问题时，往往凭借其考古学、先秦史的丰厚学养和知识面广博的条件，不但做纵横的对比，而且强调挖掘两宋社会救济的动态内容，并尽量追寻宋制的源流，探考其在中国古代史上的，乃至世界史上的地位。如在对宋朝社会救济的历史定位上，首先是从纵向关系上，指出宋朝的社会救济处于中国古代史上的一个承前启后的重要阶段。宋朝政府性社会救济所取得的成就，无论从数量上还是质量上，都是超迈前代的，宋后的元明清各朝所通行的社会救济方式，也大都开创于宋朝或宋朝定型。进而从总体上分析了宋朝以前各朝的情况，从具体内容上指出宋朝社会救济与前代相比的三个明显突破；与后代相比，宋朝社会救济在政府救济、民间救济、荒政思想等方面的开创性作用。其后则从横向比较上分析宋朝社会救济事业在东西方福利制度史上的特殊地位。并以英国为例，分析了中西历史上社会救济的四点差异：主体差异、动机差异、法律差异和对象差异。这样对历史长时段相关问题的研究，纵横比较的分析，就使得宋朝社会救济事业的发展在中西历史上的定位更加明晰地凸显出来。在具体研究中，作者从思想、制度和实际社会运作三个层面入手进行研究，其思考问题的广度和深度较之前人都有很大拓展。如此一来，有关赵宋一朝社会历史中的诸多极具社会内涵的线索，在张著中都大多得以显现。如作者对于社会救济中灾荒赈济实施的研究，对少数民族社会救济过程中所显现出的整个宋朝的社会救济政策，无不说明了宋朝统治者加强内政，重视"内"政的统治方针。①这一结论，只有深谙宋朝政治社会背景的学者才会发抉出来这样的史学底蕴。在这些方面充分显现出作者对有宋一朝社会政治知识的丰厚基础。

古今对比、中外对比，纵横结合的动态考察，以及从理论高度上揭示宋朝社会救济对于当今社会保障、社会福利事业的历史借鉴意义，这在张著《结论》部分最为明显。在这一部分，张著着重指出了极具理论高度和启发意义的下列内容——如对宋朝社会救济的特点和历史定位的研究，作者从纵横两个方面入手，进行了总结性研究，先是从纵向关系中总结出三个动态特点：（1）从救济主体上看，北宋主要依赖政府，南宋则以社会力量为主；（2）在政府行为方面，北宋时以中央救济为主，南宋时则显现出地方上作用越来越大的趋势；（3）从救济方式上，表现出从行政性向市场性、社会化方向的转化。然后从横的方面总结出宋朝社会救济中救济面广，但救济水平不高；救济

---

① 漆侠先生指出：赵宋皇帝对于国内足以危害专制主义统治的各种因素，采取了诸如以防弊之政，为立国之法、守内虚外等政策，最后矫枉过正，竟导致了斥地与敌等恶果，参其《赵匡胤与宋专制主义中央集权制的发展》，《历史教学》1954 年第 12 期，收入《求实集》，天津人民出版社 1982 年版；《宋太宗与守内虚外》，载《庆祝邓广铭教授九十华诞纪念论文集》，河北教育出版社 1997 年版，收入漆侠《探知集》，河北大学出版社 1999 年版。另已故刘子健先生《中国转向内在——两宋之际的文化内向》（赵冬梅译，柳立言校，江苏人民出版社 2002 年版），则自 11—12 世纪政治、文化的变迁中对宋人和宋制的"内向"历史现象进行了多角度的发掘，其精辟见解，颇具启发意义。

设施创新多，但维持不久；救济行政趋于制度化，但人治特色较为明显；市场化手段增多，但强制性措施不减四大特点。在对宋朝社会救济历史定位的论述中，作者以其前后贯通的史学功力从纵横两个方面揭示出：从纵向关系来看，宋朝的社会救济处于中国古代社会救济史上的一个承前启后的重要阶段；而从横向比较上，则认为宋朝社会救济事业在东西方福利制度上具有特殊地位，并从主体差异、动机差异、法律差异、对象差异四个方面入手进行了详细分析。而对宋朝社会救济四大功能的阐发，则体现出作者对社会救济问题与社会总体运行的互动内容所作的深入思考，从而得出了较为切实的结论。而张著最后对宋朝社会救济思想的深入研究，无疑是从思想认识的高度上展现出了作者的史学史识和较为深厚的史学功力。

当然，作为大陆第一部宋朝社会救济研究的专著，由于作者是在短短三四年完成，故而该著也存在一些可商榷和有待修正之处。大醇小疵，亦此之所谓也。兹稍加罗列，以求教于作者和大雅。

其一，作者努力从社会史理论层面探讨宋朝社会救济问题，其中对于皇族和官员的扶助问题，应首先看到其属于社会特权阶层，分析金字塔形的社会等级结构中他们的社会地位和特权性的一面，然后才能探讨其得到社会救济的内容。也就是说，将皇族、官员作为社会救济的对象，应做出充分的说明。其次，张著对宋朝社会救济特点与历史定位的比较研究中，倘若从纵向上稍增笔墨，将唐朝、元朝的相关历史内容与宋朝加以比较，抑或更能发抉并显现其中的源流与沿革，宋朝社会救济的特点总结和历史定位似应更为凸显，更趋允当。

其二，错用劣本，校对欠精，史料征引方式等亦有待优化。历史的科学研究，第一手的、信实可靠的史料是第一位的，而信实可靠史料的取得，还有赖于对版本学、史源学相关知识的学习。张著在这一问题上小有差失。如欧阳修《欧阳文忠公文集》，现存四部丛刊本，抑或中华书局新校本为较好版本，一般不宜用四库全书本。两种版本对校，优劣自明。如第 239 页所引欧阳修《文忠集》、第 263、266 页所引王栐《燕翼诒谋录》，差失不小。再如第 100—101、143、156、

341 页等处使用《古今图书集成》中的宋人史料，在《苏轼文集》卷三六诸一手史料中均有载录，不能用二手资料。张著中所引史料错讹脱漏，校对粗疏等有关问题，如第 239 页所引欧阳脩《文忠集》，第 263 页所引《燕翼诒谋录》《范太史集》，第 269、284 页所引《建炎以来朝野杂记》等，错讹脱漏较多，恕不一一胪列。再有，作者在征引《续资治通鉴长编》《建年以来系年要录》等史料时，其干支系年往往加以引号，与通用注法异，亦不知何故。最后，有关行文注释。该着征引书目与版本，一律页下脚注，每注即出示版本，似极为科学，然除《容斋随笔·三笔》作者曾用四部丛刊本和文渊阁四库全书本二本外（见第 200—201、300—301 页），其余大多前后征引为同一版本。目前大多学者如此处理：或全部文献在书末另设"征引文献"罗列版本、刊发年月，或随文于首次出现时注明版本，并以"下引此书，版本同此，不复赘列"明示。两种做法均可效法。张著随文处处罗列，惜乎占用较多篇幅。再者，虽均系宋人记载，但容有时代前后之异，所反映的社会内容也或有不同。史料征引中的前后顺序，应以生平年代较早的文章在前，以显现时间前后之序，更为科学地阐释史事。另外，引用当今学人已有研究成果，亦宜慎择较为有代表性的研究成果，不宜择转引成果作为论据。如南宋义田义庄表，宜运用梁庚尧《南宋的农村经济》（台北联经出版事业公司 1985 年增订本）、王善军《宋代宗族和宗族制度研究》（河北教育出版社 2000 年版）中的研究，不宜使用常建华《中国文化通志·宗族志》（上海人民出版社 1998 年版）的研究用作论据。

其三，张著为表述清晰、细致，并俾使读者一目了然，列有表格二十个，大都极为合理，但表 1—3、表 9 无资料来源。表 16 时间与地点（范围）宜相邻而列，将"赈济收养范围"放在第二列。表 20 数据来源宜与时间分列两列，而将数据来源置于最后一列，更为合理，且求得全书前后一致。

其四，有一些易混的词语，宜严加区别，如"夫役""流民"与"移民"等。再有，"士人"的内涵问题。宋时"士人"的限定，如梁庚尧教授将之限定为"包括已经通过解试的得解举人、官私学校的学生和其他以读书求学自业的读书人，他们大体上以仕进为努力目标"。①另据宋代社会的特殊背景，许多以儒学科举释褐入仕的"仕人"，也在社会中充当着"士人"的社会角色，即学者的官僚化，故而有的学者将这一社会阶层也视为"士人"。②张著在研究中笼统地将官员（文官）、士人、学生并列视为被救济对象，分类似欠妥当。

　　要之，《宋朝社会救济研究》一书，是目前我们所见到的，首次以系统性、全面性专著的形式和分量，以社会史学的研究视角和研究方法，对宋朝社会救济进行的较系统而深入的研究，是不可多得的一部厚重、扎实且多有创见的学术专著。它的出版弥补了前此研究之薄弱，也多有填补学术研究空白的论述，尤其是其社会学研究方法与理论角度的运用，尤具启迪意义。可以预见，张著的出版将会对两宋社会史的研究起到极大的推进作用。有前此雄厚的学术积淀作为基础，我们期盼着张文博士有关宋朝社会中慈善事业方面的研究成果早日问世。

---

① 梁庚尧：《南宋官户与士人的城居》，《新史学》第 1 卷第 3 期，1990 年 6 月，收入氏著《宋代社会经济史论集》下册，台北允晨文化实业股份有限公司 1997 年 4 月版，第 165 页。

② 邓小南教授认为：可以姑且把"具备一定经济实力与文化背景，参加过科举考试（"业进士"）或出仕做官（特别是文官）者称作'士人'"，参见其《宋代士人家族中的妇女——以苏州为例》，载《国学研究》第五辑，北京大学出版社 1998 年版，并见其《走向再造：试谈十世纪前中期的文臣群体》，载《漆侠先生纪念文集》，河北大学出版社 2002 年版。前揭刘子健先生《中国转向内在——两宋之际的文化内向》第 11—12 页也有对"士大夫""士"和知识分子的解释。日本学者砺波护则认为：宋代士大夫具有地主、官僚、文人三位一体的性质，见其《宋代士大夫的形成》，载《中国文化丛书》第八号，《文化史》，东京：大修馆书店 1968 年版。高桥芳郎认为，虽然宋朝文献之中，将官僚身份的士大夫也偶尔称之为士、士人，但更多的文献资料倾向于将"士人"定位于未考中科举之前的读书人，参阅高桥芳郎《宋代的士人身分》，《宋至清代身分法研究》，上海古籍出版社 2015 年版，第 120—145 页。

第七章　困局中的博弈：追索南宋川陕边防行政运行体制之历史实像

——何玉红著《南宋川陕边防行政运行体制研究》读后

近年来，南宋区域史的研究正日渐升温，吸引了学术界不少学者的目光，新的成果也层出不穷。何玉红博士新著《南宋川陕边防行政运行体制研究》（上海古籍出版社 2012 年版，30 万字，简称"何著"），一改过去以人物、家族为核心的研究思路，以区域史的全新视角，系统而又细致地研究了南宋川陕战区边防政务运行的方方面面，呈现出川陕边防行政系统运作过程中的一幕幕历史图景，并将这些遗留在史料中的残章断影连缀成一幅精彩纷呈的动态画卷，进而诠释了南宋川陕军政运行中中央与地方在军事、政治、财政演变过程中的互动与博弈。

何著共分五章，其大致内容如下：导言部分，作者对其学术旨趣进行了说明，界定了其研究对象的时间维度和地理范围，对有关南宋川陕军事、政治制度的已有成果进行了认真梳理，并阐明了自己的思考视角。第一章至第五章分别对南宋川陕战区的军事行政运行制度进行层层考量——第一章从整体上评估了南宋川陕战区的战略地位，展示出南宋川陕军事戍防体系；第二章透过考察南宋川陕宣抚处置司的运行状况，探寻中央与地方之间的微妙关系；第三章对兴州地域集团的形成、发展及其在南宋川陕边防中所扮演的角色进行了深入探讨；

第四章则对南宋川陕边防的财政运营情况进行了特别的关注；第五章讨论的是与南宋川陕边防悉悉相关的后勤保障工作。最后的结语部分，作者在前述诸章的基础上，对其结论进行了延伸性的提升：南宋川陕战区边防行政运行中所体现之中央与地方关系，呈现出南宋朝廷在面临削弱地方权力与加强边防的过程中，对"祖宗家法"既欲变通亦多坚守的两难窘境。

一　两宋区域史研究的方兴未艾与南宋川陕军事史的研究

近年来，随着区域史的兴起，宋代区域史的研究也逐渐升温，从区域经济到区域社会文化，都有研究论著涌现。其中关于宋代区域经济的研究成果十分引人注目，也取得了令人瞩目的成果。①此外，关于宋代区域社会文化的研究成果也颇为多见，其中美国学者韩明士所著《官宦与士绅：两宋江西抚州的精英》引起了学界广泛讨论，启人深思。②

从上述研究成果看来，宋代区域史的研究贯穿两宋者居多，将两宋分而论之者较少。而从宋史研究的整体情况来看，仍多偏重北宋，对南宋的研究仍有待深入，区域史更是值得深入研究的领域。而今，南宋区域军事史已有相当之关注，黄宽重先生《南宋地方武力：地方军与民间自卫武力的探讨》为研究南宋中央与地方关系的研究开辟了一条新的思考路径。③在南宋各大"地方武力"中，川陕地区因其特殊的战略地位，其地方武力很早就备受关注，杨倩描、王智勇对吴家

---

① 譬如贾大泉《宋代四川经济述论》，四川省社会科学院出版社1985年版；[日]波斯信义：《宋代江南经济史研究》，江苏人民出版社2000年版；程民生：《宋代地域经济》，河南大学出版社1992年版；林文勋：《宋代四川商品经济史研究》，云南大学出版社1994年版；龙登高：《宋代东南市场研究》，云南大学出版社1994年版，等等。

② [美]韩明士：*Statesmen and Gentlemen*：*the Elites of FU‐Chou*，*Chiang‐His*，*in Northern and Southern Sung*（《官宦与士绅：两宋江西抚州的精英》，Cambridge University Press，1986.）；程民生：《宋代地域文化》，河南大学出版社1997年版；陈国灿：《宋代江南城市研究》，中华书局2002年版。等等，恕不一一赘述。

③ 黄宽重：《南宋地方武力：地方军与民间自卫武力的探讨》，台北东大图书公司2002年版。

将就有深入研究。①何著在上述研究的基础之上，从区域史的角度出发，讨论南宋川陕地区的军事、政治运行的情况，从而探索其间所反映的南宋中央与地方的关系，大大深化了南宋川陕地方武力与中央关系的研究，推进了我们对南宋区域军事政治的整体认知。

二　研究旨趣的异同

诚如作者导言中所述，以往对川陕地区军政运行研究或偏重于人物、家族，或偏重著名战事，或偏重于战区经济情况，对其军事、政治制度运行的观照仍有不足，也少有将这个地区的军政运行置于整个南宋历史进程中来观察其与中央政治走向关系的成果。何著别开生面，转换视角，力图在前人研究成果的基础之上，突破以往传统人物研究以及军事战争史研究之旧有框架，将川陕战区军事、政治置于中央与地方的关系的视野之下，在"活"的制度史②的启发下，侧重于制度运作状态的探讨。

何著为我们呈现了一系列南宋川陕地区与南宋中央朝廷权力纷争的历史缩影：南宋四川宣抚处置司与中央、四川宣抚处置司与武将、武将与中央在行政管理问题上不断拉锯，中央的财政"代理"——四川总领所又与武将在财政权力的问题上"开火"。由此可见，川陕地区武装势力确已成为南宋中央朝廷的"肘腋之患"，与其他区域多有差别。学界早已注意到南宋对四川进行"特殊化"统治的情况，这些研究虽有揭示，但同时均强调宋代中央"强干弱枝"的政策不曾动摇。③何著同样强调了南宋朝廷对"强干弱枝""祖宗家法"的奉行，但同时也强调了南宋朝廷对"祖宗家法"的变通，南宋川陕军政的运行的

---

① 参见杨倩描《吴家将——吴玠吴璘吴挺吴曦合传》，河北大学出版社1996年版；王智勇《南宋吴氏家族的兴亡——宋代武将家族个案研究》，巴蜀书社1995年版。

② 邓小南：《走向"活"的制度史——以宋代官僚政治制度史研究为例的点滴思考》，包伟民主编：《宋代制度史研究百年（1900—2000）》，商务印书馆2004年版。

③ 参见林天蔚《南宋时强干弱枝政策是否动摇？——四川特殊化之分析》，香港大学《东方文化》第18卷1980年第1—2期；林文勋《北宋四川特殊化政策考析》，载《纪念李埏教授从事学术活动五十周年史学论文集》，云南大学出版社1992年版；粟品孝《宋朝在四川实施特殊化统治的原因》，《西华大学学报》2002年第2期。

"特殊化"正是"祖宗家法"并非一成不变的实证。即祖宗之法"既非真正至高无上而不可逾越，亦非一成而绝然不变，其内容既时有调整补充，也会在一定程度上对以往的成规定制有所变更"。①

三　中央与地方关系视域下之南宋川陕战区边防

何著以南宋川陕战区的军政的运行为切入点，具体而深入地考察了南宋川陕地区军事、行政运行中所反映的中央与地方的关系。细细品味这部作品，可清晰了解川陕战区的地方权力如何膨胀，中央对此又是如何防范制约等一系列动态的历史进程：一方面，南宋川陕战区地方权力膨胀，具体表现为四川宣抚处置司拥有"便宜之权"，川陕战区形成了以武将为核心的地域集团——以兴州地域集团为代表。南宋朝廷出于加强边防的需要，吸取了几次战争中因各地分散抗敌而失利的教训，在川陕设置了宣抚处置司，命张浚为四川宣抚处置使，并赋予其"便宜处置"之权。从何著的史料爬梳中可以看出，四川宣抚处置司的权力确实"横行"于川陕军事、行政的各项事务中，不容小觑。张浚任四川宣抚处置使期间，提拔了包括吴玠在内的不少武将，为之后川陕武将势力的壮大奠定了基础。在时断时续的宋金战争中，由于南宋中央迫切需要能征善战之人以巩固边防，武将势力获得了不断积累、扩大的空间。其中，"兴州地域集团"的形成与表现，便极具代表性：武将权力膨胀且世代掌握兵权，统领具有强大军事实力的兴州军队；而随着兴州军队的兵源固定化与本土化的趋势，军队屯驻地逐渐固定下来，由此将领在军队和地方的威信日渐上升，其职权超越了单纯的军事领域，延伸到了行政领域，即武将知州的情况出现。这些在两宋其他地区都是极为罕见的情形，作者为我们作了深入的分析，在以文抑武之"祖宗家法"已严格遵行的南宋时代，此一境况，令人震撼。

另一方面，面对川陕地方势力的"坐大"，南宋中央朝廷的防范制约措施也从未间断。具体表现为中央不断试图落实"以文驭武"的

---

① 邓小南：《祖宗之法：北宋前期政治述略》，生活·读书·新知三联书店2006年版，第524页。

一贯方针，征调西兵，在军事统领权和行政区划上采取措施以分散地方势力，力图使兵与民、兵与将互相分离，且力图对川陕武将进行"财政制裁"。正是由于张浚担任四川宣抚处置使时行"便宜之权"引起了中央的担忧，因而张浚被罢免的命运，也就自然而然。而在此后如何震慑川陕地区的武将却成了南宋朝廷亟待解决的问题，为此，南宋中央"走马灯"似地更换四川宣抚处置使人选，但无论如何更换，都试图大力推行"以文驭武"策，遵从祖宗之法。作者对这一时段川陕地区上任的文官进行了逐一考察，从而展现出以文官节制地方武将之迹痕，尽管其节制的效果与其个人能力不无关系，但更多凸显出武将势力多年经营之根深蒂固。此外，作者还统计了中央抽调西兵的频率与数量，揭示了其节制川陕地方武将势力的真实意图。当然，当前此控驭力难以达致既欲之绩效时，南宋朝廷运用中央一切能够行使的权力，通过将三都统制分为四都统制来分散军事统领权，不断改变利州路的行政区划来分割地方势力；面对兴州军队不断本土化和固定化的趋势，还试图使兵与民、兵与将的分离来瓦解兴州地域集团。最为重要的是设置四川总领所，对武将的财政权力加以制约。何著第四章揭示，四川总领所与武将之间互相"扯皮"，不为其他，只为财权耳。究其本质，实乃中央力图剥夺地方财政权力，以防范地方武将势力恃财而"坐大"的危机。

经由何著的层层分析，不难看到南宋朝廷所面临的困局：是遵循一贯削弱地方权力的"祖宗家法"，抑或是为了加强边防的现实需要而对地方武将势力睁一只眼闭一只眼？纠结于此，前前后后南宋朝廷的诸多作为，通过地方武将的应对，这一互动过程中，显露出所谓之"祖宗家法"：变通与坚守之间。在坚守"事为之防，曲为之制"总原则的基础之上，在现实境况之下，需务实应变。而把握变与不变之间的尺度，同样以实际需要为准则。南宋统治者的实际需求相当现实，正如刘子健业已揭示："第一是安全，第二是加强安全。"[1]对加

---

[1]　[美]刘子健：《中国转向内在：两宋之际的文化转向》，赵冬梅译，江苏人民出版社2012年版，第100页。该译本2002年版冠名为《中国转向内在：两宋之际的文化内向》。

强边防的需求，维持在"边防安全"的平衡尺度之内，超出这个尺度的武装势力，自然成了压制分化的对象，故而方有何著所展现之中央时而宽纵武将、时而又压制武将势力的情况。从这个角度来看，何著准确地把握住了南宋川陕战区与中央之间关系的关键点之精髓，眼光独到，发人深省。

四　深入探讨与学术精进

再次全面阅读何著，我们认为，这部力作颇具学术精进价值之处，似可总结为以下三个方面。

第一，全面探讨了南宋川陕地区边防的各个层面之历史内容。经由作者钩沉幽隐，深入发掘，兼而将之置诸整体史视野下周延思讨，条分缕析，精心编织，相关历史面相呈现出：（1）由区域史的角度切入，为读者描绘了川陕战区特殊的战略地位和南宋中央为此采取的"特殊"军事、政治策略，以及在这种策略影响之下，南宋川陕地方武将势力之逐步发展，继而又被中央遏制的历史图景。由此看出，作者视线已不再拘于人物、家族、战争的细部考索，从而将南宋川陕战区的研究引向了更深入、更宏观的境域。（2）对南宋川陕战区内的制度运行有深入的挖掘，以动态的视角研究制度的运行，填补了关于川陕战区军事行政制度运行实况研究的空白。（3）作者学术洞察力相当敏锐，深入研究了前人较为忽视的方面，比如南宋川陕战区的后勤保障制度及其运行状况，极大地丰富、推进了这一区域的历史研究。

第二，何著通过对南宋川陕战区"特殊"的权力博弈的分析，揭示了南宋朝廷面对"祖宗家法"与现实防御需求产生矛盾时动态的政治走向。正如前文所述，南宋川陕战区种种"特殊"的情况实际上与南宋政治大背景密切相关，坚守"祖宗之法"，抑或变通策略，均取决于实际的政治需求。这也是何著详尽搜罗各方面史料，努力为我们展示中央与地方权力博弈的核心问题点，也是这部论著的学术贡献所在。

第三，何著深化了南宋区域军事、政治史的研究。此前学人视域内的南宋区域军事的研究，备受关注的无外乎川陕、荆襄、两淮，而军事史、政治史的研究似均不同程度上抵近了瓶颈，似较难发前人之所未发。何著的政治军事史研究与区域史视角、"活"的制度史研究理路，不但视角新颖，方法多元，且观照到南宋政局之整体运行，作者在这一研究取径下，对川陕战区军事行政运行进行深入、全面、动态的研究，既呼应了当下学术研究的潮流，也为其他区域的军事、政治运行情况的深入研究提供了参照。

五　阅读疑惑与增益空间

一部历史力作的学术建构，蕴含作者识见；一部经典著作的阅读，也多是伴随有阅读当事人的过往经验。以此而言，倘若相互换位，假如我们即作者，这部书的思讨和撰写，将怎样建构和叙写呢？或许，我们会较多站在整体史视野上，竭力扩展某些研讨之空间，努力从深度上、广度上展开更全面的史料搜集和分析，以期提升著作更具整体观照。此外，在部分史料的搜讨和解读中，我们也会努力避免这样或那样的疏失。

首先，南宋川陕边防行政运行的历史，不仅仅是南宋之军事史，也不仅仅是区域史视域下川陕一地之历史，整体史的关怀和问题观照相当之重要，换言之，一个区域的边防军事多与整个政坛变幻以及整体的社会经济推进密不可分。譬如，中央派往川陕地区的宣抚使及其在行政运作中扮演的角色，需站在军事史的角度来观察宣抚使的作用，也需以地方的角度关注哪位官员到川陕任职（朝廷委派怎样的官员担任这一要职，其选任的具体过程，亦当极具复杂性），更需关注中央如何酝酿这一决定，涉及哪些政坛纷争倾轧；这些纷争又与这一区域整体变动有何利害关系，如此，抑或更能全面把握这一时期川陕地区在政治角逐中的角色。南宋社会经济的总体推进同样事关重大，必然需关注与军事相关的经济情况，而事涉经济其他领域也有若干或明或暗的"连带"关系，譬如该时段粮食产地之丰歉、运输之顺便与否，中央财政之丰盈困窘，周边区域（比如相邻的湖广、关中，甚至更远的经济区域）整体运行及其互动影响，等等。此外，宋金战事频仍，牵一发而动全身，南宋沿边地带均严加防范，川陕地区具有重要战略地位是不争的事实，而这一时期同样具有重要战略地位的荆襄、两淮，似也应多予关注，做力所能及的对比研究，或可从整体上丰满南宋川陕边防行政体系的研究。

其次，如将研究时段稍作延伸，不仅局限于南宋立国至吴曦之变前后，更多"长时段"的考察，似更具挑战性，或可激发更多学术灵光，著作也更具牵引力。如此，我们的学术关注点还将增加：一是，南宋的历史传承势难与北宋历史截然分离，对北宋后期川陕地区的情况似可多作追溯。二是，吴曦之变结束时南宋并未灭亡，变乱之后川陕边防运行情况发生了怎样的变化，读者知之不多。另外，这部著作关注的川陕边防，主要集中于宋金边防，而金亡之后，川陕地区在宋蒙边防中的地位也十分重要，倘若将研究时段拉长，顺便考察川陕战区在对蒙古作战时的境况，前后比较，过往历史的诸多面相或更丰富多姿。

最后，如能结合前人对川陕战区人物、家族及战争之研究，整部著作将更成为一幅立体多元而内容丰富的历史图画。虽然人物、家族、战争不是这部著作的重点，却是不能忽略的因素。比如张浚、曲端等，可结合前人成果，多所增益。实际上，历史人物毕竟不是经济学所假设的"理性"存在，个人资质和言行与制度运行存有一定关联，有时至关重要。同样，战争的具体情况与边防制度运行也密切相关，如能多结合前人在这些方面的研究成果，会使得著作在史料的分析上更加翔实、全面。

另外，该书有关历史文献的版本选择、史料引用与阐释，或亦有可商榷者，兹不赘述。

要之，在当今学界区域史研究和"活"的制度史研究的潮流之下，何玉红博士对南宋川陕战区边防行政运行情况进行了翔实、系统而深入的研究，拓展了这一议题的研究深度，加深了我们对南宋中央与地方关系的认识。更重要的是，以南宋川陕战区边防运行的"特例"，揭示了南宋统治者对"祖宗之法"的坚守与变通，为"祖宗之法"的内涵延伸提供了一份实证，是一部学术价值深蕴的学术力作。

（本章发表时署名王艺洁、刁培俊）

第七编

管窥与评骘（下）

第一章　文场供秀句，帆影日积高

——邓小南主编《政绩考察与信息渠道：
以宋代为重点》评介

邓小南先生主编《政绩考察与信息渠道：以宋代为重点》一书（北京大学出版社 2008 年版，460 页），就我们的阅读体会，这本论集是在学界所倡导的"走向'活'的制度史"研究取向下，又一具体实践。在新的问题意识与学术议题的推动下，该书在内容与方法角度上显得颇有新意，值得相关研究者重视；而书中所蕴含的历史学智慧，更值得揣摩和深思。这里，我们不揣浅陋，拟作一述评，希望有助于理解该书及其思路。

一　议题设定与研究内容

《政绩考察》一书由《前言》、上编《课绩与考察》和下编《上传与下达》三部分构成，形式上是十六篇相关论文的结集。在前言里，主编者叙述了该论集议题的形塑过程、论集中心议题以及方法意旨等，并指出上下编的内容是"一组以政绩考察为中心，结合讨论'辨核名实'以及相关信息的来源问题：一组则以上传下达的环节、机构为中心，主要讨论当时信息渠道的构成和贯通方式"（前言，第14 页）。于此可见，两部分都是围绕"信息"或"信息渠道"①这一

---

① 其基本概念为："在帝制时期，所谓的信息渠道，主要是指朝廷与地方政府之间的沟通途径。"参阅《前言》，第 4 页。

议题，来分析制度的运作以及制度间的关系，力图从信息流动的各个环节来把握制度的动态运作。上编围绕"信息来源"，着眼于课绩与考察，主要涉及"中央"这个制度层面的相关问题。下编则对上传下达过程中的各信息汇聚部门作具体的研究。上、下编一纵一横，既有小角度的切入，又有通观的把握，同时兼采社会科学之理论方法，落实于唐宋之具体历史，集中指向中心论题。所以，该书虽形式上为一论集，但各篇之间，联系紧密，毫无散碎之感，适时结为一集，更聚焦地凸显出议题与主编者的问题意识。

上编一共七篇论文，由邓小南和虞云国、余蔚的论文组成。其中五篇为主编者论文，因其在总体上有提出问题与总体牵引之作用，也是对"信息渠道"议题的最佳实践，这里先略作梳理。《课绩与考察：试谈唐代文官考核制度的发展趋势》一文，从唐代考课的标准与内容（即"四善二十七最"）出发，讨论了唐代课绩的发展过程，展现出了考课的实际运作与其受制约的因素。接下来，立足宋代，以四篇论文深入讨论：《考课与监察的结合：宋代地方政绩考察机制的形成》一文，实际上是对《课绩与考察》一文中提出的"要想准确地认识中央王朝考核吏治的方式，需要注意课绩与监察制度的交汇"（第36页）这一认识的具体展开，集中探讨了地方政绩考察机制的逐步形成过程，有利于总体把握宋廷对地方官考课的途径与实际施行状况。《多途考察与宋代的信息处理机制：以对地方政绩的核查为重点》一文，则是讨论"宋代中央考察地方政绩的消息来源及处理机制"（第56页）。文章最后揭示出多途隔阂、政出多门的局面，主要源于制度设计者的初衷便是"强烈地希望听到顺遂之言"（第81页），对信息设置了"主观导向，挑拣筛选"（第81页）。《"访闻"与"体量"：宋廷考察地方的路径举例》一文，关注的"主要是宋代考察体制中承上启下的监司层级"（第125页），讨论"考察的具体路径"（第125页），即"察访""访闻"与"体量"。在对这三条主要路径的形式、内涵以及相互关系作了举隅分析后，得出宋代"常规考察与专使体量并举，察访权力与约束并举；不专任某一系统，不专信某一按察官员"（第151页）的结论。最后一篇《关于宋代政绩考察中的"实迹"：要求与现实》，集中讨论"实迹"问题。既有分析实迹不实的原因（即决策者自身的格外强调与有限寻求的初衷），同时，指出"追求实迹"与"实迹难求"的矛盾，最终根源于宋廷"召和气"的主导思想与因循苟且的政风。

通过以上初步梳理，可以看到，论文联系紧密，贯通唐宋，①从信息流转的各个环节，综合讨论了课绩与考察的诸多制度层面，有利于我们深入认识制度的发展、运作，以及其中错综复杂的"关系"。此外，上编之中，虞云国集中讨论了宋代台谏考察地方的管道，而余蔚则讨论了宋代路级官员考核地方官政绩的履职方式，进一步丰富了我们对宋代课绩与考察的认识。

下编《上传与下达》，共九篇论文，或可说是在把握主编思路之下，对上编论文的进一步丰富。这一组文章，主要讨论了诸职能部门（唐宋合门司、登闻鼓制度、进奏院、通进银台司等）的信息运作以及文书本身这两个大方面的问题，着眼于信息在不同部门的上传下达，有利于我们从更多制度层面把握信息的流动。如李全德文，以通进银台司为考察对象，从文书运行切入，勾勒了官方文书运行体制的概貌，同时考察了宋代君主专制之下的权力构造与运行模式，以小见大，颇为精审。其他诸论中，王静与宁欣两文，则是从政治地理空间角度进行的研究。尤其是王静一文，用唐代长安城节度使宅第、家庙及进奏院分布的平面图，给我们从空间上把握信息的传递以极大的帮

---

① 不过，需要指出的是，由于诸文前后发表时间跨度较大，且主要是同一主题，所以，这五篇文章交叉较大，有不少重复，一些史料也是反复的使用。统而观之，也许当更好全面把握。另外，有论者指出，该书"唐宋研究者之间的对话还显得很不充分"，见王化雨书评，载荣新江主编《唐研究》第十四卷（北京大学出版社2008年版，第514—523页）。不过，主编者在《前言》中业已指出："我们无意于在此讨论唐宋之间的过渡或转型，而是希望通过有限的追溯，提醒同人们注意宋代社会状况、制度运作与中唐以来走势的关联。"于此，可以看出，主编者并不是不注意唐宋的对话与连续，而是侧重点有所不同。毕竟"关于宋代的信息渠道问题，其基本轮廓尚在不断拓清的过程中"（《前言》，第16页）。在对宋代信息渠道深入、全面研讨后，相信跨朝代的更长时段的研究，势在必行。避开所谓"唐宋变革"等宏观理论，当有利于从具体问题出发，而不是先入为主。不过实际上，唐史学者也在"信息渠道"议题下已有相关成果问世，如吴丽娱《试论"状"在唐朝中央行政体系中的应用与传递》，《文史》2008年第1期，第119—148页。

助。就以往从制度条文谈制度，到从信息传递路线来把握制度运作，显示出了学科整合的极大优势。高柯立《宋代的粉壁与榜谕》一文，独具慧眼地从州县官府政令传布的媒介——"粉壁""榜谕"出发，不但对上层政令的传播过程作出了细致的探讨，同时分析了下层民众的反应。既有对"起讫两端"的把握，又有对联结两端的路径（粉壁、榜谕）做全面的分析，还展现了各方的应对与互动。如果说，以往学者多关注中央和州县以上行政层面的考察，是文则更多展现出制度、县和乡村之间（基层社会）信息管道及其运作之历史面相，凸显出作者"自下而上"研究的学术取向，可以说是对本书学术理路的绝佳把握，是有关信息传递议题方面的一篇不可多得的佳作，也是一篇填补学术空白的学术力作。此外，其他的几篇论作中，曹家齐《宋代文书传递制度述论》一文，对宋代文书传递作了非常全面的论述；戴建国《宋代法律制定、公布的信息渠道》则探讨了宋代法律制定、公布的信息渠道；游彪《宋代流转往来的官方"文字"》一文，集中讨论了涉及宋代官方"文字"流转的各个环节，有助于理解"信息"本身这一媒介。

二　研究取径与方法意旨

现代学术研究的精进，不应只是简单的史实阐发，更应有方法的创新。本论集围绕"信息渠道"这一核心议题，在突破已有研究的基础上，研究手法更为丰富，思考角度也颇为新颖。结合所选论文，我们以为，有如下几个方面值得注意。

第一，围绕"信息"这一媒介，切实关注制度的交会，结合时代政治背景，展现实际发生的制度运作"场景"。即要在政治制度史的研究中，更多的从制度间的交会点、从其结合层面来把握制度的运作以及相互关系，同时探究不同制度走向结合的历史背景与过程。如此，才可能真正理清制度的运作，以及在何种情况下制度方才逐步走向交汇的，这样才能展现更为丰富的制度运作的细节，也才能更加凸显出"历史场景"。邓小南即指出"尽管从体制上、从规定中，我们可以将考课与监察二者分开，但在实践中、在现实政治活动中，很难把二者撕扯开来。因此，要想准确地认识中央王朝考核吏治的方式，需要注意课绩与监察制度的交汇"（第 36 页），"如果我们试图更为贴近宋代的历史现实，更为确切深入地把握当时中央对地方吏治的督核状况，还必须从课绩与监察制度的交汇、从其结合点来认识"（第 40 页）。这一研究取向，正是论集《前言》提及的"本论集的重点，不在于制度的设计，而在于实际的运作"（前言，第 16 页），试图从实际运作中把握制度的变迁。《课绩与考察：试谈唐代文官考核制度的发展趋势》与《考课与监察的结合：宋代地方政绩考察机制的形成》则在这一新的视角下，具体讨论了在中晚唐到宋这一历史时期，课绩与监察是如何逐步走向结合，并在宋朝是如何进一步发展演化的。这种力图探讨在新的政治背景下，制度是如何因循变革，如何发挥作用的研究路径，正是我们在制度史研究中所需要重新、更多思考的。在以往过多注重制度条文规定的研究取向下，现在的研究，需要更加重视制度的政治文化背景，以及制度和政治背景之间的互动，如此才可能揭示出关于制度运作的新认识，否则，缺乏对时代独特政治文化之把握，"断代研究"很可能陷入一种"朝代类似"的怪圈。在论集中，论者通过更细密的研究，还原制度运作，同时紧密结合时代政治文化背景，揭示出不少不同以往的认识。如邓小南揭示出"善""最"标准"只能是一套相对恒定的参照系，事实上并未如人们往常估计的那样，在考课的实施过程中长期起着重要的作用"（第 21 页）；又如多途考核间之所以隔阂的一个重要原因，正是在宋廷防弊之政与"召和气"的整体政治背景下，制度设计者初衷便是"强烈地希望听到顺遂之言"（第 81 页），一开始便对信息设置了"主观导向"。再有，认为"中央对于地方政绩实迹的把握程度，首先取决于课绩体制，而并非纯粹根源于各级官员或尽职或敷衍、或诚信或舞弊的个人道德问题"（第 175 页）。

　　第二，制度史研究中必须更加注意连接制度起讫两端的"路径"（第 604 页），①要从路径看制度。所谓"考察路径"，即是"施行的

---

① 数年前，有学者指出，有关历史事件的研究，应该注重"事件路径"的探讨，参阅李里峰《从"事件史"到"事件路径"的历史》，《历史研究》2003 年第 4 期，第 144—153 页。

方式与惯例"（第161页），主编者认为"目前的探讨，通常对制度的起讫两端注意较多，也就是说，不仅注意到颁布的制度规定，也注意到史料中记载的实施结果。但对于研究者来说，这仍然不够。如果我们不注意连接两端的路径，则我们对于制度运行的理解，仍将很不完全"（第161页）。诚如此言，从路径来把握制度的运作，避免了以往制度史研究中停滞于制度条文的静态研究。这种更加注重"路径""关系"的研究方式，其目的当然是要最大限度地展现出制度施行的方式与惯例，如此再反观制度条文本身是如何"规范"的，我们从中就可以观察到规范的制度（即所谓的"说法"或制度条文）与实际运作的差异，进而可以更好地把握该时代的独特政治文化背景。这样才可能避免泛泛而谈以及脸谱化的结论，才能走向更为鲜活生动的制度史研究。而"对于制度施行'路径'的关心，可能是一个开启点，是面向'贯通'的一扇窗口"（第161页）。实际上，"路径"的核心还是"信息"这一根本的媒介，这也是贯穿本书诸论文的一个重要纽带，是"问题意识"的核心，也是贯通已有的基石。能抓住这一论题本质，并做出研究实践，与主编者长期对自身研究的反思以及对学术大环境保持的警觉分不开。如她本人所说，"个人曾经接触过宋代政治、文官制度、区域性家族、妇女史等方面的一些论题，在感到分身无术的同时，也考虑到课题彼此之间的关联"。①贯通这些论题的正是"信息"以及"信息渠道"。从现有的研究看，邓小南在这一核心问题指向下，已经基本打通了"文官选任""祖宗之法"到"政绩考核"诸研究的关联。在本论文集中，既有官员选任考核方面的讨论，也有"祖宗之法"等政治文化的背景剖析。②我们还发现，当面对一个问题时，主编者总是提醒"研究者所需要的，首先是心中的疑问与

（接上页）制度史的研究，其中之"制度路径"或"制度运作之过程"，自然也引起不少学者的注意。

① 邓小南：《走向"活"的制度史——以宋代官僚政治制度史研究为例的点滴思考》，《浙江学刊》2003年第3期，第99—103页。

② 如属于"祖宗之法"范畴的"事为之制，曲为之防""召和气"的思想，该书第80、187页。

警觉，而不是某种具体的解答"（前言，第 11 页）。①正是这样的敏锐与警觉，才能抓住问题的核心，提出新议题。同时，再通过沉潜扎实的工作与积极有效的对话，推动整个学界的反思与前进。

第三，开阔研究视野，交叉相关学科。在某种意义上说，"科际整合"是国际学术界的共识，社会科学的方法在历史研究中越来越发挥着巨大的推动作用，②在一定范畴内，或可以说，正所谓"东海西海，心理攸同"。了解并学习一些国外学术界的理论方法和共识，更有利于学术的国际对话。不过，当我们在进行跨学科研究的时候，首先，必须对自己原有研究有深入的理解，否则生搬硬套，画虎不成反类犬，意义不大。其次，对其他学科的方法应有较深入的理解，努力追求并使其"内化"，③唯有这样，才可能在交叉处，生发出新的学术增长点，否则也是隔靴搔痒。再次，概念界定需明晰，在结合其他学科理论之时，更应该先剖析一些概念在中国历史中的本来含义。如

---

① 在该书正文第 169 页也提到"研究者所需要的，首先是心中的一份疑问、一份警觉，而不是某种具体的解答"。这种面对一些问题时不径直解答，而旋即消解问题本身的做法也许也正是其自身警觉的一种表现。

② 参阅黄宽重、刁培俊《学科整合、国际化趋势与数位化时代的史学研究与教学——著名学者黄宽重先生访谈录》（续），《历史教学》2006 年第 5 期，第 11 页。近代以还，中国史学研究倾向于追求其"科学化"而忽略或淡化了其作为人文学科特性的一面，科际整合的学术取径无疑是这一趋势的驱动者，此其一。其二，学界仍有不少声音在极力倡导"回到傅斯年"，强调减少外来各种理论方法渗入传统中国的研究之中，以厘清中西传统社会和文化之间的差异，保持中国传统之固有个性，参阅谢泳《回到傅斯年》，原载于香港中文大学中国文化研究所《二十一世纪》2010 年 10 月号，第151—153 页。并参考梁子尼、毕文昌的讨论，参见《中国青年报》2005 年 1 月 26 日。浅陋以为，"中国传统"是一个变量，并非一个恒定不便的传统。即便是"回到傅斯年"也已经是浸入欧美元素之后了，回到乾嘉，则可能"更中国"。事实上，近 200年来，欧风美雨的洗礼之下，尤其是 1950 年代之后全球"美国化"的迅猛发展，中国社会文化传统之中的诸多方面（即便是最日常的吃穿喝拉撒睡等）已经和外来元素胶合在一起，难分彼此。世间一切都在变，似无必要抱残守缺地追求全然返回历史和过去（传统），在变中前行，方是正途。罗志田旧作新印后的题目，很切近这一学术和文化意象。参阅罗志田《变中前行：二十世纪中国学术掠影》，北京师范大学出版社2014 年版。

③ 包伟民也提出，应该"将目前大陆史学界所存在的传统的名物制度考释、与天马行空式的历史哲学理论体系'两张皮'若即若离地并存的现象，引导到建立一个切实可行、真正使理论与历史实际相结合的方法体系"。参见包伟民《走向自觉——近百年宋代财政史研究回顾与反思》，《浙江学刊》2003 年第 3 期，第 104—114 页。

在前言部分，主编首先便对"信息"一词作了语义语源的探究，①指出"'信息'一词，在中国文献中，作为音信、消息的概括语，至少在唐宋时期已经频频出现"（前言，第5页）。《"访闻"与"体量"：宋廷考察地方的路径举例》一文，也细致剖析了"察访""访闻"与"体量"的具体内涵。而本论文集即是在结合信息学、制度经济学、现代政治学等学科下进行的较为成功的跨学科研究。从论集中心议题的形塑，到具体的论文，皆或多或少地借助了其他学科的分析方法。如王静与宁欣的两篇文章，运用了一些时下颇为流行的现代政治空间理论。此外，我们认为，学科整合能否发挥出真正的力量，还需要有能牵动各方的议题，在此基础之上，通贯自身已有研究，拓展出更加广阔的学术研究空间。深具广泛牵引力的议题，也为不同领域的学者提供了学术对话的平台。论集之中，研究者以"信息渠道"为纽带，结合自身研究，或开辟出一些新的学术增长点，或将原有研究推进得更深入。如戴建国在其宋代刑法史研究的深厚基础之上，结合"信息渠道"这一核心议题，深化并提升了对宋代法律制定过程的认识。余蔚在宋代地方行政制度研究基础上，从"信息"出发，探讨了宋代路级官员考核地方官政绩的履职方式。或可说，他们都是结合自身的已有研究，同时在融入新议题的契机之下，贯通已有，推进、深化、提升了新的研究，拓展出更为广阔的学术研讨空间。这些都足以说明，要结合其他学科的分析工具进行研究，必须先对自身研究有较深入的学术认知，在通贯已有的情况下，其成果才更有深度与说服力。

其他方面，该论集史料运用广泛，墓志、文书、考词、官箴书等皆有涉及，研究多是在充分占有史料基础上展开，所征引的史料也足

---

① 在探析语源的基础上还应该从语汇透视时代之风貌变迁，如在《"访闻"与"体量"：宋廷考察地方的路径举例》一文最后部分中，邓小南先生提到"贴近地阅读宋代官员考察的现实记录，总会感觉有一些前代尚不多见的关键性语词集中而大量地涌现。'访闻''体量'等说法从偶见到常行，让我们注意到新做法、新规程的出现与成型"（第160页），即是在深入剖析语汇在具体语境中的内在含义后，力图从中揭示出时代之"世变"。

以说明要论述的问题；①总体的研究取向上，皆以微观精细研究为基础，力图从长时段透视历史发展之规律；在运用其他学科理论方法之时，能从历史的具体语境出发，落实于问题，望文生义、穿凿附会之语甚少。

三　学术成长与史家个性

在本文前两部分中，我们大致看到一些论集主编者与作者的学术成长历程与治史个性。另需要指出的是，本论集不管是议题形塑，还是具体论文的内容，或多或少都存有主编者的烙印。

首先，开拓创新，通贯已有。主编者在已有研究基础之上，提炼出"信息渠道"这一核心议题，致力于沟通宋代文官选任制度、课绩与考察、祖宗之法等学术领域的论题。可以看出，这三个论题是有其内在联系的，宋代文官选任制度、课绩与考察是讨论具体制度运作的，而"祖宗之法"则展现出了宋代独特的政治思想文化背景，两者结合，真正揭示出了在独特政治文化形态下制度的实际运作。如果不了解一时代之独特政治文化，则势必导致生硬地解析制度，而不可能真正展现出实际运作中的制度。因为，实际运作着的制度是"规范"与"关系"折中下的产物。这些制约制度的"规范"与"关系"，即是制度之上的政治文化形态。仅仅知道"政策"与"对策"依然是不足的，而要在新的政治文化形态下，展现出二者之间的应对过程。在第二部分的讨论中，也可看到，本论集在"信息渠道"这一议题下，讨论与课绩、考察相关的制度运作时，也是将其置于"祖宗之法"等大的政治文化背景之下的。②

---

① 或可说，在网络化的今天，穷举已有史料已不是难事。但是，这更要求学者探究史料的内涵，而不是一味铺成史料。另外，由于"宋史领域没有足以冲击既往研究体系的新材料出现"，所以，论集中史料运用更强调对已有史料的深度发掘，力图"榨干"每一条史料中蕴含的所有信息，从多角度进行解读。参阅邓小南《永远的挑战：略谈历史研究中的材料与议题》，《史学月刊》2009 年第 1 期，第 50—54 页；并其《中国古代政治史研究管窥》，《北京大学学报》2008 年第 3 期，第 128—135 页。

② 窃以为，一个社会的良性发展和运行，是各种力量和因素综合交融作用的结果，无论是各种政治制度、信息渠道，抑或是祖宗之法等政治、制度抑或是社会文化问题，主编者对于政治文化领域知识背景的驾驭，确实令我们叹为观止，我们也深刻认知到传

其次，在继承的基础上，推陈出新，"成一家之言"，展现其"学术个性"。本论集中，前辈学者的成果为新的研究提供了非常坚实的基础，但是，要推进学术的进步，必须在继承的基础上不断开拓。在该论集中，就看到一个倾向，即主编者试图提供出一个具有广泛牵引力的议题（"问题"），构建一个平台来组织不同学科领域的学者参与研究。这一突破，当然有利于打破学科和朝代的界限，引发多角度思索，促进学术背景不同的学者之间的深入交流。①另外一个层面的突破，即是在"借助于当代的认识与分析方法"（前言，第3页）研究下，突破当时人之"史观"。②

此外，在继承已有研究的过程中，也应该不断形成自己的治史风格，应有一种"个性化"的学术志向和追求。透过本部论集，可以观察到以下几点鲜明特色。

第一，主编及作者眼光敏锐独到，视野开阔，思维细腻。在众多问题中能提炼出真正具有学术价值的议题，聚焦于"信息渠道"，得益于敏锐独到的眼光。视野开阔，不但表现在具有纵览全局的大气魄、大格局及其国际性的宏阔学术视野，而且表现在不断吸收国际宋史学界的一些具有共识性的研究方法，如现代政治学在制度史、政治史研究中的广泛运用，同时还不断学习其他学科知识，借鉴其分析方法。譬如有关宋人心理的揣摩，使我们大致领略到几百年前宋人的政

（接上页）统中国帝制社会下皇权一元化之根深蒂固。但是，经济基础决定上层建筑，上层建筑也往往会反作用于经济基础，这是过去很长一段历史时期内学者们耳熟能详的认识。事实上，政治文化的发展运行，绝对是离不开经济领域的发展变化的。在这里，我们似乎捕捉出经济与政治文化的互动。

① 不过，这固然令人称道，但是，在这个过程之中，我们认为，还是应该警惕可能出现的某些问题，如简单套用议题或模式，进行浅层次的填充式的写作，在研究方法既定的情况下，议题设定和论述便可能出现的雷同等。

② 努力超越宋人识见的局限，应该说是每一位宋史学者的追求目标之一。邓小南即曾言："如果我们批评宋代的政策政风，还只痛愤于其因循保守；批评宋代官僚制度，还只斥责其冗滥与叠床架屋；这与宋代士大夫们的认识相比，究竟有多少提高？相对于我们所处的时代而言，这实际上是思维方式的倒退。"参见邓小南《祖宗之法——北宋前期政治述略》之《序引》，生活·读书·新知三联书店2006年版，第3页。类似说法还有"要把握宋代政治的发展脉络，一方面要突破宋人的'本朝史观'之限制"。见其《近年来宋史研究的新进展》，《中国史研究动态》2004年第9期，第18—24页。

治思维和行事风格，彰显出官员作为政治人的诸多内涵。思维细腻是不少作者的共同特点，而作为一名女性学者的邓小南，对一些问题的角度把握，分析过程都更显细腻，也更具耐心。再者，其论述过程逻辑严密，叙事精美，令人叹服。作者搜扬幽隐，细密编织材料，在材料中凝练、升华出史识的能力极强，但行文往往并不铺陈太多冗赘的史料，而是以洗练、流畅的文字，呈现给读者一篇学术美文。此外，其对学业的一丝不苟，孜孜以求；对于独立人格、品性的近乎苛刻的自我要求；以及追求内在的无限丰富而又不事张扬的为学与为人风格，更值得学习和钦敬。

第二，不断反思，对学术负责，有真正的史家良知。论集的作者在行文常有方法论的反思与总结，不只是追求简单地还原历史。如《"访闻"与"体量"》一文的最后一个部分"从路径看制度"（第160页），不仅是对该文的总结，同时也是对制度史研究方法的反思。这种时刻保持的警觉与反思，正是对学术整体发展方向的负责。史家的良知与批评意识，一方面是要对学术负责，另一方面即是融入作品之中的对读者的智慧启迪。在前言里，主编者即提醒有良知的史学工作者思考"该如何把握这连接'现在'与'过去'之间的'思想链条'"（前言，第3页）。主编者认为，在生活中发现历史的遗迹并不难，而要真正的理解"往往又需要借助于当代的认识与分析方法"。此外，在该论文集中，我们注意到一个现象，即作者在写作之中，常常运用一些当下人们熟知的词汇，如"官员造材料，材料出官员"（正文，第51页）、"国家有考察网络，官吏有关系网络"（正文，第53页）、"上有政策，下有对策"（正文，第72页）等，①给人一种古今一揆的感觉，让读者很自然地从历史反思当下。就笔者理解，这也许是另一种把握"现在"与"过去"之间的链条吧。论集之中，我们从宋代信息流转中存在的问题（如考察不实、信息隔阂、实

---

① 类似的"点明"之处，在该论集中尚多，如"稳定压倒一切"（《前言》，第13页），"榜样的力量是无穷的"（第52页），"以档落实档"（第80页），"鸵鸟政策"（第89页），"人脉"（第157页），"灰色收入"（第408页）等。这一做法，尽管有利于阅读者的思考，但需谨慎使用，模拟需准确，毕竟古今语境差异很大，否则，恐难免有消解历史本身意涵之虞。

迹难求等）来反观当下，这一切给我们的就不仅仅是一种既往存在过的历史陈迹，而具有了现实意义。史家的关怀便通过这种种"现在"与"过去"的"思想链条"，给读者智慧的启迪，史学作品的意义得到丰富，其学术品质也由此而升华。

第三，实证与理论研究结合，引领研究风向，牵引学术发展。本论集的主编不但有扎实的实证研究作品问世，其综括反思类的文字也不断涌现。诸如《永远的挑战：略谈历史研究中的材料与议题》《中国古代政治史研究管窥》《近年来宋史研究的新进展》《走向"活"的制度史》等文，①既是对自身研究的理路概述，也是对国内外宋史学界研究情况的总结。所进行的反思，引起了广泛的共鸣；所提出之议题，也更具有学术牵引力。如在"信息渠道"这一议题提出后，以"信息"为纽带的后续项目不断涌现，不仅有大陆学者合作的"中古时期的文书传递与信息沟通"等课题。同时，还引起了海外学者进一步的学术合作与共同推进，如台湾学者黄宽重主持的军政信息沟通的研究项目，以及日本学者平田茂树等人对于政治空间与信息渠道的研究。正是在这样由点到面的不断研究中，其成果不但填补了大量学术空白，还将其推进得更为深入、全面。以这些课题为纽带，有效地带动了国内外宋史学界广泛的学术交流，加强了集体性、团队式、国际化的研究，②提炼出"聚焦"话题，造就了高质量的学术团队，形成了对学界整体的牵动力量。

---

① 分别见《史学月刊》2009年第1期，第50—54页；《北京大学学报》2008年第3期，第128—135页；《中国史研究动态》2004年第9期，第18—24页；《浙江学刊》2003年第3期，第99—103页。

② 《历史研究》2008年第3期，第124—146页，所发表之关于《信息通进与文书制度：以宋代为重心》的笔谈，则展现了关于"信息渠道"的最新集体式研究。此外，在本书出版稍前，即2008年7月30—31日，中国宋史研究会在云南大学举行了"国际宋史研讨会暨中国宋史研究会第十三届年会"，在这次会议上，中山大学曹家齐教授与日本大阪市立大学平田茂树教授联合组织了"宋代文书传递与信息沟通"的学术论坛。相关情况，可以参看王化雨《国际宋史研讨会暨中国宋史研究会第十三届年会"宋代文书传递与信息沟通"论坛综述》，《中国史研究动态》2008年第10期，第22—24页。

四　精进和增益的空间

最后的这些文字，算是我们以《春秋》责贤、"致师孔孟"（宋朝士人多"致君尧舜"之语的改写）的心态，苛求论集臻于完美的善意期待吧。①

首先，作为一部成于众人之手的论文集，虽主编者在前言中已有所阐释，但全书不免缺乏系统性和完整性，整个议题也有待在更多课题领域开拓、延展、完善。各篇论文之品质，也容有高下之别。兹不一一赘述。

其次，由于本论集中不少论文皆在国内外刊物发表过，所以，本书并无太多技术处理上的问题，我们细读数过，兹就所见，略陈于此。虞云国先生《制度与具文之间》第一部分中，"至于本文讨论的重点，则是台谏系统所考察地方的政绩信息。其主要获取的管道大体有风闻言事、公文关报、取索公事、台参辞谢、考绩监司、出巡采访等"（第85页）。结合本文与此处文意，"讨论的重点"是"渠道"而不是"政绩信息"本身，似作"至于本文讨论的重点，则是台谏系统考察地方政绩信息的管道"较妥。另外，鄙见以为，就邓小南先生的几篇力作看，作者叙述的文字有时嫌多，史料铺陈者尚嫌少些，尤其是论述过程之中，举证增多且更加注重不同时空间的同类多证或异类辨析，或更显完美。此外，在制度运作层次上来思考，应该逐步加强制度地方化后基层运作情况研究，这也必将带动区域史的相关研究。

论集中，其引文讹误歧异，我们能够发现的，有以下一些：第12页，第1段引《通典》卷一五《选举》三《考绩》条中"各准现户为十分论"，查所引版本《通典》，"现"应作"见"；第20页注释②引文"寰宇义安"，核原文，当作"寰宇乂安"；第52页注释2，引用《宋会要辑稿》，不规范；第57页注释①，引《长编》文作"少时复出，御后殿视诸司事"，今查，《长编》实作"少时，复出御后殿视

---

① 本论集中还有其他一些疏误缺失和可商榷之笔，请参阅王化雨发表在《唐研究》第十四卷之书评，北京大学出版社2008年版，本文不再涉及。

诸司事"。同页倒数第 3 行，"了了解"，衍一字；第 61 页倒数第 2 段引《宋会要辑稿·职官》四二之五八条中"大中祥符二年十一月"应加括号为"（大中祥符二年）十一月"。该书第 131 页引言该材料亦作"（大中祥符二年）十一月"；第 63 页，引用文渊阁四库全书本黄榦《勉斋集》，其"展徒从"，似以北京图书馆藏元刻本作"屏徒从"更为妥帖；第 66 页引《宋会要辑稿·食货》四九之七，核原文，"宜令诸道州府军监年终件析以闻"，原文"监"字之后有一"侯"字。引文"若只是"，原文作"若止是"；第 146 页，引《宋会要辑稿·职官》四二之六二条中"熙宁"应加括号作"（熙宁）四年九月二十八日"；第 150 页注释①引《苏轼文集》条，核原文，原文"至万余人"有加引号，此处当加；第 427 页注释②中，"着"当为"著"；第 442 页，张文的书名中"宋代"乃"宋朝"之误；第 455 页，"干人"不当写作"幹人"；第 100 页，"讨论述"，衍一字；第 111 页，正数第 7 行"——，"，多一个标点符号；第 228 页，倒数第 1 行，"赵州民苏翰诣登闻院诉幽州难民赵祚与妻苏是其女儿女婿"，似作"赵州民苏翰诣登闻院诉幽州难民赵祚与妻苏是其女婿女儿"更严谨些；第 242 页，第 1 句"地利优势"当为"地理优势"；第 180 页注释①引文作"用知制诰高锡奏请，许人讦告，得实，则有官者优擢，非仕宦者授以官，或赏缗钱；不实，则反坐之"，核对原文为"用知制诰高锡奏：'请许人讦告，得实，则有官者优擢，非仕宦者授以官，或赏缗钱；不实，则反坐之'"。

此外，由于本论文集里不少论文颇长，小标题又较多，如能在每篇论文前边置一标目，则更方便读者总体把握。当然，由于成文先后有别，更因成于众人之手，前后各篇注释方式并不统一，有出注页码信息者，也有仅标注篇章者，也有版本不同导致的个别差异者。上述，或许仅是我们的一己私见，或许算是白璧微瑕吧。①

---

① 已有研究，可补某些表述和背景知识之不足，如第 170 页，有关曲端案，李蔚发表有《略论曲端》（《兰州大学学报》1981 第 1 期），李贵录发表有《"曲端冤狱"与南宋初年的陕西陷失》（《南开学报》2002 年第 6 期）；第 155 页，有关宋朝"灾伤检放"，陈明光发表有《唐宋田赋的"损免"与"灾伤检放"论稿》（《中国史研究》

总之，在已有研究与不断开拓创新之下，我们相信，以"信息渠道"为媒介的制度史研究，定能如论集作者所憧憬的"逐渐缜密而不止步于浮泛，注意层次程序而不满足于支离破碎，走向开放而不是愈益封闭"（页161）。"文场供秀句，乐府待新词"，我们也期待着学界接下来一个又一个深具牵引力的学术新议题。

（附记：本章是前后数次集体讨论的结果，发表时署名刁培俊、杨辉建。毛蕾博士、靳小龙博士以及厦门大学历史学系研究生刘佳佳、贾铁成、仝相卿、刘栋、王磊、林天真、张先梅及本科生苏显华等朋友，也贡献了他们的才智；台北《汉学研究》和《宋史研究论丛》的匿名审稿教授的批评，统此一并谨致谢忱。）

（接上页）2003年第2期）；第141页，王曾瑜的《赵鼎和李光》（载《文史》第42辑，中华书局1997年版）可资参考。第166页，刘静贞《皇帝和他们的权力：北宋前期》的精彩解读；第450页，有关宋朝尤其是南宋时期的劝农文，梁庚尧《南宋的农地利用政策》（台湾大学文史丛刊1977年版），举证较多，相关问题已有揭示，论述较为深入，可更多参考。第447页，表述中有保正等乡役宣讲官府律令乃其职责所在。就笔者所见，目前尚未看到宋廷责令保正等乡役宣讲官府律令的具体条文，不知作者何据。第157页，"延访父老"，只是提出了问题，并未展开论证，殊觉缺憾。

第二章　凸显"百姓日用而不知"的历史图像

——余欣著《中古异相：写本时代的
学术、信仰与社会》读后

在中国传统帝制时代，日常生活之中"百姓日用而不知"的诸多习见现象，诸如方术与博物学领域，多是当今学者忽略已久、研究相对较少的学术"冷门"。然而，在余欣先生新著《中古异相——写本时代的学术、信仰与社会》（上海古籍出版社 2011 年版，35 万余字，以下简称《中古异相》）一书中，这些却成为主要研究对象，成为作者进而探索"写本时代"的学术、信仰与社会的媒介。前辈或谓：古代中国的"知识世界"，有三类学问相当重要，即关于天的学问、关于地的学问和关于人的学问。而有关方术与博物的学问，即包含在这三类之中。[1]"方术与博物又密不可分，多有互相交错融通之处，其与儒家经典文本为核心的主流文化之间也并非完全隔绝"（第 8 页）。基于这一考虑，作者构建了本书的研究框架。

《中古异相》一书分为上下两编，上编为写本时代的"学"与"术"。第一章《史学习染：从〈汉书〉写本看典籍传承》属于"学"的部分，作者以敦煌吐鲁番《汉书》残卷为切入点，讨论《汉书》在精英阶层的传布，研究历史知识如何渗入社会，成为大众文化，进而探索在中古时代，知识是如何被生产、复制、流通和衍化的。作者将这种从社会史和思想史角度出发的研究范式，命名为"知

---

[1]　参阅葛兆光《中古异相·序》，第 8 页。

识社会史"。以敦煌吐鲁番《汉书》残卷研究为起点，作者将研究范围扩大到中古时期的知识社会史，这是其他学者未曾关注或关注甚少的学术新领域。第二章至五章属于"术"的部分，即方术，涉及有物怪易占、风占、人形方术和日者之术。作者通过对这些方术实践场域、学术源流、实用功能等的考证分析，来重绘中古时代人们的宗教信仰、日常生活以及东西方交流的历史图景。以第三章人形方术为例，作者对其功能演变历程的考察，既体现了人形方术发展的学术流变，又体现人们的宗教信仰，"并且表现出与原始巫术、偶像崇拜以及中国道教解注术糅合的倾向，在信仰世界里有着悠久而深刻的影响"（第139页）。这些人形木器的分布空间相当宽广，依作者所说"自乌拉尔中部、中央亚细亚、河西走廊、蒙古高原，直至日本的广袤地域内均有流传，几乎是沿着丝绸之路横跨了整个欧亚大陆"（第115页），体现了东西方文明的交流与互动。或许，正如作者所说："这个问题的探讨，有助于我们从精神层面理解丝绸之路在人类历史进程中所发挥的作用，同时也为从文明在互动中演进的角度研究民生宗教的特性提供了一则新的范例。"（第139页）从人形木器存在的时间——自公元前20世纪直至公元后12世纪末，可以看出，这种方术流传之久，生命力之顽强。从人形木器开始，作者将目光由出土人形木器的敦煌吐鲁番等长城沿线一带，扩大到丝路沿线的欧亚大陆，在广阔的空间里，探索人形方术的悠久历史。

　　该书下编为"中古博物的林中路"，包括有第六章至十章，分别研究附子、芜菁、佛教七宝、沙洲土贡及龟兹异物。作者研究的模式大体上都是：物之产地—功能—象征意义—中外关系，遵循其在导论中提到的研究范式："方术—博物—宗教—礼俗—知识社会史—中外关系。"当然，针对不同物品，具体考察时会有细微差别。譬如，在《附子考》一章中研究附子的象征意义，在《芜菁考》一章中则讨论芜菁的宗教意味，在《七宝考》一章中研究七宝与佛教之关系，在《土贡考》一章中探索土贡的政治意义，在《异物考》一章中则侧重论述异物之文化想象。不难看出，在作者解释的框架上，博物只是其研究链条中的一环而非全部，博物只是其认

识世界的一种方式或学术取径，正如其在本书中所说"最根本的一
点，这不是关于物自身的研究，而是希望以具体的物种为线索，追
寻物在社会生活和精神文化层面的意义以及一些值得珍藏的不同文
明之间互动的痕迹"（第245页）；"我们想要寻找的是芜菁在日常
生活中的坐标，想要唤醒的是鲜活的历史记忆"（第246页）。概括
而言，作者对博物的研究有两个目的，其一是通过对博物的研究，
勾勒出中古时期与此相关的人们日常生活、宗教信仰和中西交流等
生活图景，让读者从博物这一切面认识中古社会；其二是，研究博
物所体现的东西方文明交流，探索异物和异域的文化想象及其社会
意义，从而认识中国中古时期人们眼中的世界图像，并探究这种世
界图像是如何产生的。"正是从这个意义上而言，文献中的异物和
异域的书写，既非客观现实的描述，亦非纯粹出乎想象的隐喻，而
是随着与外界接触的扩大，虚实互相激荡，经由不断认识、解释和
修饰的过程，在异文化的氛围中重新认识自身文化价值，所衍生和
积淀的结果"（第320页）。"我们并不执著于文献所建构的异域景
象的真伪问题，而将侧重于探究各类关于'中土'与'异域'的闻
见、体验和想象的碎片是如何将创作者的价值、情感和心态投射在
文本之上，并塑造出不同的异文化图景，成为当时社会知识结构和
历史记忆中不可或缺的养分"（第321页）。博物与思想史看似风马
牛不相及的事物之两端，作者却匠心独具地在两者之间安放物的文
化想象一环，衔接巧妙，化无形为有形，建构出两者之间千丝万缕
的联系，拓宽了思想史的研究领域。可以说，从博物学研究思想史
是作者独特而新颖的思考维度。

　　上述乃读毕余欣先生这部大作的初步概括，在阅读过程中，笔者
深刻体认到作者读书之勤奋，治学之严谨，而其视野之广阔，眼光之
敏锐，思维之独特，于此也曾反复体味。窃以为，此书对中国中古史
的研究有着更多的学术创新意义，其学术特点还可做如下评议。

　　第一，内容广博，包罗万象。作者对自己的学术路径有一句经典
的概括："索性'兼儒墨，合名法'，糅合主业、副业，'霸王道杂
之。'"（导论，第2页）此书展现给读者的正是这样一派博杂景象：

从敦煌吐鲁番的《汉书》残卷，引发了对历史知识如何进入社会成为大众文化的探索兴趣；以吐鲁番新出《易杂占》文书为线索，讨论"物怪易占"的学术流变，向读者展示"易占"如何由占卜国家大事的《五行志》演变为占卜个人祸福吉凶的"易杂占"；借俄藏TK190文书，展示出从秦汉至宋元间"择日之术"的演变，试图展现古人为婚丧、出行、耕种等生活中的大事、小事选择吉日的图景。在中古博物的林中路上，附子、白附子、香附子、芜菁等植物生长得郁郁葱葱；晶莹剔透的玛瑙、真珠、琥珀、瑟瑟、珊瑚、琉璃竟是佛教庄严的饰品；沙洲一隅贡给中央王朝的棋子、玉、羚羊角、碙砂、牦牛尾，虽不非常珍贵，却很稀奇；屈支灌、龟兹板、金颇黎、银颇罗、游仙枕……光听名字，已令人浮想联翩。换言之，在中古博物的林中路上，各色物品，琳琅满目，让人目不暇接。凡此种种，无不显现本书内容博杂的特点。这些从先人的日用常识"渐渐转型为炫博、记异、志怪"，成为"百姓日用而不知"的悬异。汉代以后，这些"本来合理"的具体知识和技术"在儒家的解释中渐渐被哲理化"，"这些有关天地人的知识才在上层文人中渐渐边缘化，并渐渐在中古中国分化出若干枝系，或者成为谶纬之学……"从方术到博物，从《汉书》残卷到知识社会史，从人形木器到宗教信仰，从附子、芜菁到东西文明的交流与互动，从异域异物到文化想象，所以，葛兆光先生《序》称这些研究内容："繁多而且博杂，让人很难把握。"

第二，史料丰富，旁征博引。作者师出名门，曾游学日本、欧美著名学府，故而有机会收集散落在世界各地的敦煌吐鲁番领域汉文史料，并且相当熟悉西方汉学研究的学术动态，擅长借鉴西方、日本学者的研究成果。如在第四章运用德藏吐鲁番"占书"研究占风之术，第五章利用俄藏TK190文书研究"择日之术"，"黑水城出土的方术文献，其成书恰好处于由中古向近世演化的中间阶段，正可借以探析中国数术的发展历程及其与社会生活之间的互动关系"（第184页），这些新材料的运用对于解决新问题有极大的帮助。日本学者对中国方术与博物学的研究成果相对较为丰富，作者多有汲取借鉴。西脇常记、仁井田陞、坂出祥伸、池田末利、佐藤邦一、池田温、石户谷勉、山田宪太郎、小田义久、石野智大等日本学者的著作，对其都多有启发。

除了传统史志外，作者还利用了许多考古发掘的实物。这在第三章中最为明显，作者从敦煌附近长城遗址、马圈湾遗址、居延汉代长城遗址、哈拉和卓古墓群、马王堆一号汉墓、哥尔本诺沃泥炭田遗址及奈良平城京二条大路沟遗址收集了大量考古资料（与人形木器相关的）。此外，作者在第七章也使用了不少考古资料。从这些遗址的覆盖范围，可以看出作者视野之广阔，用功之勤奋。

作者对其所用史料在导论中有一段详细介绍："在具体的史料运用过程中，发掘域外和出土新材料与传统文献资源并重，把正史、杂史、农书、医籍、方志、行记、笔记、小说、类书等传统文献，简帛、敦煌文献、西域出土文书、墓志碑刻等出土资料，域外汉籍与域外文献，以及绘画、地图、考古文物等非文字材料结合起来，用多重证据法进行综合研究。"（第21页）域内与域外、出土材料与传世文献，多重证据互证，以求最大限度地还原历史真相，一个史学工作者客观严谨、一丝不苟的求实精神跃然纸上。文字材料与非文字材料结合，跨学科、多角度地收集资料，用最丰富的史料解释、论证其所研究的问题，体现了作者史学功底深厚、知识渊博，能够融会贯通各学科知识而运用自如。

第三，选题新颖，研究范式独特。作为新一代中国中古史的研究者，作者一直关注中国中古史发展的新动向。这些新动向包括新的研究方法、新的研究领域、新的研究材料，以及新的学术交流等，凡此种种，皆促使作者不断进行新的尝试与探索。功夫不负有心人，在《神道人心——唐宋之际敦煌民生宗教社会史研究》（中华书局2006年版）一书之后，经过多年的思考与探索，借助《中古异相》一书，作者展示了其解释历史的新框架，即方术—博物—宗教—礼俗—知识社会史—中外关系史相融合的研究范式。换言之，即"重建'中古东亚博物学'"（葛兆光先生《序》）。在这一方法论的指导下，作者以方术和博物为切入点，一面重新描绘中古时代方术与博物的源流及发展历程，另一面致力于学术思想史、知识社会史、宗教史和中外交流史的研究。继先贤陈寅恪所倡"种族与文化架构"、巫鸿等"礼仪中的美术"、荣新江"隋唐长安的历史记忆"、葛兆光"从周边看中国"诸研究架构之后，作者提出了其解释、还原中国中古史的研究范式。正如葛兆光教授在序言中所说"它进入问题的途径和叙述方式，很难用惯常的学术门类去命名，它是物质文化史？　是科学技术史？是知识社会史？　或许，它什么都是，或许什么都不是"（葛兆光序，第 1 页）。其宏大的学术气魄和追求理论建构的勇气，令人赞佩。

　　就笔者所知，前人研究方术，多就各种方术作具体的考证工作。其中最具代表的学者或当推李零先生，在其《中国方术正考》和《中国方术续考》①两书中，李先生主要对战国秦汉时期流行的"数术方技"考镜源流，弥补了现存古代思想史研究在"知识体系"上的不足。其研究虽涉及了一些思想史的内容，但仍以考证为主，以"历史呈现"为其学术旨归。余欣先生在这部新著中，对于中古时期方术的研究，在纵向衔接李零先生对战国秦汉时期方术的研究，在横向拓宽了方术研究的领域。从对方术的考证，扩大到对思想史、知识社会史、宗教史、中外关系史的研究，并力图构建属于自己的历史解释框架。可以说，作者为学界研究方术提供了一种新的研究范式。

　　第四，史无定法，研究方法多样。作者非常注重对方法论的提炼与归纳，书中多次讨论到有关方法论的话题，并力图糅入作者的学术理念，推进了学术议题的进步。本书中涉及的史学方法论有两类：一类是以"润物细无声"的方式渗透到作者的行文过程中，另一类是作者专门提炼出并加以强调的。除葛兆光先生在序言中总结的，如沟通不同学科、文化史研究要打破种族与文化障碍、数术研究需要重建的历史语境和生活意义等，类似学术闪光点还有"我认为，历史学与考古学的融合，应当是基于田野工作和出土实物的感性认识和实践经验之上，结合文献所作出的解析"（第 116 页）。这是作者在方法论上继承前人成说之后的一大突破，他融入了王国维先生的"二重证据法"，但增加了田野工作与对出土实物的感性认识这一理念，也体现

---

① 李零：《中国方术正考》与《中国方术续考》，中华书局 2006 年再版。

了作者对人类学研究方法的借鉴。再如，"我们关于芜菁的论考，关注的不是某一地域与中古中国的物质文化交流史，而是东西方文明交流的思考维度必须自觉地成为新博物学史自身方法论的基本架构"（第247页）。在这里，作者告诉我们，不同文明之间的交流在研究新博物学史中的重要性。"作为笔者中国古代博物学整体构架中关于殊方异物研究的一部分，基本思路是由具体的名物考证上升到其背后所隐含的文化意象的探讨，揭示这些异物作为异文化图景而存在的社会意义"（第294页）。这是作者由物的研究上升到思想史研究的方法论指导，"在'物性'之外，赋予了其应有之'灵性'"（第246页）。

作者站在学术前沿，把握学术动态，其所提出的诸如此类的方法论惠泽同侪，启发后学，值得特别提出。学界历来有不同学科间相互融合的倡导，但能够融会贯通者实在是凤毛麟角。或许可以说，在目前中国中古史研究领域，本书是不同学科相互融通的一个典范。譬如，作者根据写本时代书籍在书写和传播上的特色来研究中国古代的书写史、知识社会史、中西文化交流史等，这是利用文献学和敦煌学的知识研究历史学（作者本科和研究生阶段曾就读中国汉语言文学和汉语言文字学专业，以敦煌学为主的文献学是其主攻方向）。此外，作者还借鉴哲学、人类学和文学的研究成果，在博物学研究中提出"世界图像"的研究取向。凡此均有所创获，均给人以启发。

进而言之，作者对博物学的研究不落窠臼，超越了学界以往从文献学、文学史、科技史等方面进行论述的研究理路。究其实，作者"试图从中国学术本源出发，重新界定博物学的概念，将其作为一种世界认知的基本思维方式，尝试在史学研究中建构'东亚古代博物学'研究范式"（第12页）。因此，作者在借鉴葛兆光、刘苑如、王铭铭、陈元朋诸先生研究成果的基础上，将"世界图像"这个概念引入博物学研究，作为本书下编的一个主要研究取向。历史的诸多面相可以通过各种媒介表现出来，作者则独具慧眼地从博物学的角度来观察中古时期的社会生活、宗教信仰、中西交流以及文化思想。或可这样认为，这种研究理路既确立了其中国古代博物学的研究范式，又拓宽了中国中古史的研究领域。

我们在阅读本书的过程中，对其内容总体感觉是光怪陆离，又耳目一新，对作者的学术涵养也只能望其项背，对作者的广阔视野和史学关怀则叹服不已。笔者再三阅读，发现书中有几处不太明晰、颇感迷惑的地方，谨叙于下。

第一，作者的个案研究并未完全遵循其在导论中所提出的研究范式。在第四章中，作者主要考证占风术的渊源、"风"的概念、风占与医学的关系及占风术的学术源流。作者所关注的是占风术，只在学术与概念层面进行考证，至于其实际使用情况如何，占风术在中古时代的影响如何，进行风占的都是哪些人群，作者并未述及。因此，我们很难从作者的笔墨之下，勾勒映像出占风术在中古时代人们日常生活中的实际应用场景。在中古的时空背景下，占风术在民众日常生活中发挥怎样的作用，还有待更多的史料印证、阐发，以求进一步完善。第二章也有类似的问题，因作者在第二章开篇提到"本篇作为初步研究报告，侧重于文本解读和具体技术层面的探讨，近于章句之学，义理上的阐发仅粗有涉及。至若从经学史、方术史、思想史、文化史、社会史诸角度深入发掘其丰富的内涵，只有留待日后了"（第74页）。凡此种种，不再赘述。

第二，在第十章第一节作者将屈支灌等同于佛教典籍中的澡灌似觉武断。在 P. 2613《唐咸通十四年（873）正月四日沙洲某寺交割常住物等点检历》中，在第 31 行有"生铜屈支灌子"六字，在没有其他旁证的情况下，仅凭此六字，推断出屈支灌就是澡灌，我们尚难以透脱理解。

第三，就目前核查的史料而言，《中古异相》一书中史料错漏似显稍多，譬如《中古异相》第 33 页引《汉书》"五曰离附翎侯"，查该书第 3891 页作"五曰高附翎侯"；第 62 页引《敦煌蒙书研究》"物生然后有象"，查该书第 268 页作"物生而后有象"；第 37 页引《两汉纪》"放以公主子开敏得幸"，查该书第 455 页作"放以公主子开（明）敏得幸"；第 38 页引《汉书》"过河阳主作乐"，查该书第 1395 页作"过（河阳）[阳阿]主作乐"；第 59 页引《东观汉记校注》"市无行戮"，查该书第 848 页作"市无刑戮"；第 69 页引《敦煌赋汇》"后无濡缕之霄"，查该书第 287 页作"后无濡缕之霄"；第 69 页引《敦煌赋汇》"泉水涌而潺潺"，查该书第 288 页作"泉水荡而潺潺"；第 82 页引《隋书》"木暕金也"，查该书第 643 页作"木涔金也"；第 50 页引《史通通释》"共责以童子何知"，查该书第 289 页作"共责以为童子何知"；第 52 页引《古本敦煌乡土志八种笺证》"北在州城北五里"，查该书第 54 页作"北在州城北［卅］五里"；第 52 页引《古本敦煌乡土志八种笺证》"此即开土疆"，查该书第 54 页作"此即辟土疆"；第 52 页引《古本敦煌乡土志八种笺证》"至西凉王李皓"，查该书第 54 页作"至西凉王李暠"；第 286 页引《唐·新修本草》"不用零羊角"，查该书第 375 页作"不用羚羊角"；第 195 页引《唐·新修本草》"如乌头两歧"，查该书第 257 页作"如乌头有两歧"；第 8 页引《后汉书》"乃望云省气"，查该书第 2703 页作"及望云省气"；第 176 页引《关沮秦汉墓简牍》"此日是戎磨日也"，查该书第 120 页作"此所谓戎磨日殹（也）"……凡此种种，给读者的印象是，作者并未对其所引用的史料做认真的核实工作，有关史料的版本似径来自数据库的检索而未曾以善本、精校本再行对照稽查，所以在史料的引述、阐发之中留下诸多疏忽。此处用一不太恰当的比喻，仿佛是一栋结构完美、外表璀璨多姿的大厦，其镶嵌的窗玻璃、建筑用砖石有若干块破碎或裂纹斑斑，从而影响了大厦的整体质量和美观。《中古异相》作为一部中国青年学者中古史领域开风气之先的论著，如此苛求者，《春秋》责贤之意存焉。①

总之，作者新颖的解释历史的框架，独特的研究理路，以及极具开创性的方法论对中国中古史乃至中国古代史的研究贡献良多。可以

---

① 谨按：《中古异相》近来修订再版，上海古籍出版社 2015 年版。修订了初版时的若干错别字和史料的讹误，但是，仍有一些遗漏。本文展现了初版时的史料比勘，也呈现该书再版后的情况。该书文献方面的讹误，其他学者也有揭示，参阅游自勇《评余欣〈中古异相：写本时代的学术、信仰与社会〉》，《世界宗教研究》2013 年第 2 期。有关该书文献引用中的若干问题，获益于厦门大学杨际平先生的指导，由高云玲初次比勘校对，谨此致谢，刁培俊再次校勘。此次修改过程中，参考了游自勇《评余欣〈中古异相：写本时代的学术、信仰与社会〉》。

说，这是一本独辟蹊径的史学论著，让人耳目一新；这是一本包罗万象、同中求异的书，让人受益匪浅；这是一本异中求同的书，启人深思。

（附记：本章发表时署名刁培俊、高云玲。须要声明的是，这篇文稿完成之后，即寄给当时执教于兰州大学的朋友，希望投稿《敦煌学辑刊》。但前后延宕约一年半，始才告知不能刊发，再投稿发表已是又近一年之后了。）

第三章 10—13世纪中国经济发展的脉动

——葛金芳著《中国经济通史·第五卷》读后

近二十余年来，学术界关于辽宋夏金时期经济史的研究，无论选题内容还是研究的深度和广度均可谓突飞猛进，日新月异，有了长足的进展。2002年，由湖南人民出版社推出赵德馨先生主编的《中国经济通史》第五卷（以后简称葛著），乃湖北大学葛金芳先生奉献给学界的又一部别具一格的有关著作。该书以总22章、64万字的篇幅，全面而系统地研究了10—13世纪中国经济发展的历史。拜读受惠之余，窃以为葛著在诸多方面加深了我们对这一历史时期经济发展运行动态的认识。

一 宏观着眼、整体把握与经济学新理论的引入

宏观着眼，整体把握，经济学新理论的引入，给人耳目一新之感，是葛著的一大特色。[①]葛著将10—13世纪的中国经济作为研究领域，它不仅考察了辽宋夏金诸朝的经济历史，而且也将这一时期中国疆域内的周边国家如吐蕃、大理、西辽、喀喇汗国等纳诸研究范围，并用了一定的笔墨研析了不同王朝之间经济发展的互动，这极大地丰富了中国这一时期经济发展变革史的内容，亦充分反映出作者卓

[①] 作者对中外诸多经济学理论和方法的重视，似可从以下诸端稍有呈现：英国学者 Phyllis Deane 和 W. A. Cole 在 1969 年首先提出的"斯密型成长"概念，亚当·斯密的《国民财富的性质和原因的研究》，阿伦·杨格在 1962 年发表并提出的《报酬递增与经济进步》等，恕不一一列举。

而不群的识见。此前的有关论著大多是就宋而论宋，并没有将 10—13 世纪（即辽宋夏金历史时期）作为一个宏观考察的整体，进行探研。而在作者看来，所有这些王国的经济发展是相互联系、相互影响的，只有这样加以整体的把握，方能显现出三个多世纪中国经济史的发展状况，以便全面而深入地分析这一时期经济发展的联系和碰撞。这确实是以往同类论著中所少见的。而葛著在具体考察中，举凡此一时期的经济运动的时代特征、政治形势和行政区划、生态环境和自然资源、人口增长和劳动力资源的布局、农业、手工业、商业、经济管理体制和经济政策、区域经济特色等，无不视为探讨的对象，而对每一个方面的描述则无不是高屋建瓴，总揽全局，从整体上进行探讨，并且言简意赅，用比较简练的笔墨凸显出这些问题的主要历史面貌，从中更显出葛著宏观着眼、整体把握的突出特点。

葛著全面揭示了 10—13 世纪这一时期中国经济运动的总体格局，即农业文明、游牧文明与工商文明，处在一个共时性结构中。作者进而揭示、提炼和概括其基本态势是：中原农业文明居主体地位，仍在向前发展；同时在根基深厚的农业文明内部，工商业文明亦在扩展自己的生存空间；而内地农业文明和工商业文明的外溢效应，则带动了长城内外各游牧文明的发展。从经济结构演进的角度，作者提出：在 10—13 世纪这三百多年中，农业文明与游牧文明之间、工商业文明与农业文明之间，以及城乡自治力量与中央集权体制之间的三重紧张，极大地影响着该时期经济运动的演进轨迹。两宋时期的江南经济区已经率先跨入了"农商社会"的门槛，亦即两宋经济结构已经发生了部分质变——汉唐以来单一农业经济正在逐步转型为农业—工商业并重的经济结构。这个转型过程其实肇始于晚唐，经五代宋初二百余年的积累，在北宋中叶已可看出"农商社会"的大致轮廓。若就南宋时期的江南经济区而言，则可认为该地区的农商社会已经初步成型，其表征是农商社会的五大经济特征大致均已具备。这些都是别具洞识的学术见解。

与传统经济史学研究方法不同的是，葛著在稳熟传统历史学研究方法的同时，引入了当今经济学研究领域的新成果，并以之对这一时期中国经济的状况进行研究，成为葛著的又一特点。①诸如生态环境和自然资源、劳动力资源及其布局、农业生产率、国家的经济干预、经济运动与社会基本矛盾等方面的研究，均可体现得出。更需要特别指出的是，在论述过程中，作者始终将视角放"经济运动"这个着眼点上，并非简单考察僵化的经济史料，一一罗列那些业已逝去的历史经济现象，而是极力突出随时间的移转和社会的发展，整体经济是如何运行和互动的，从而使得那些消逝在历史尘雾深处的经济发展和变动鲜活了起来。这在其他同类著作中都是极其少见的。

二　新方法的运用与新见迭出

在辽宋夏金历史时期诸多经济问题的研究中，葛著做出了许多具有原创性的学术研究，提出了一些令人信服的学术见解，运用了一些新的研究方法。这是葛著的精华所在。窃以为主要有以下几点。

第一，就 10—13 世纪生态环境和自然资源的研究，可以说，充分显现出作者的新知卓识。众所周知，任何一个时代、一个区域的经济发展状况，无不受到该时代、该地区生态环境和自然资源的制约和影响。在气候变迁方面从亚洲第三寒冷期的到来、草场南移和北部农耕区的收缩、森林砍伐、水土流失和黄河泛滥，以及周边自然资源和生态环境的联系等方面，进行了较为详细的研究，提出了随着亚洲第三寒冷期的到来，草场南移等因素的出现，是导致契丹、党项、女真、蒙古等少数民族南迁、南侵的重要因素的观点。在对南北两大经济区的自然资源的比较分析中，则就森林砍伐、水土流失和黄河泛滥之于中原经济发展的互动影响，以及水利资源的开发、耕地面积扩大对于江南农业经济的推动等，做了较为详尽的独到研究。与此同时，

---

① 譬如年鉴学派多倡导"整体史"的研究理念，布罗代尔的巨著《菲利普二世时代的地中海和地中海世界》（唐家龙、吴模信等译，商务印书馆 1996 年版）《15 至 18 世纪的物质文明、经济和资本主义》（顾良、施康强译，生活·读书·新知三联书店 2002 年版）展现出那一时代诸多历史元素，而施坚雅的区域分割模式（施坚雅：《中国农村的市场和社会结构》，史建云、徐秀丽译，中国社会科学出版社 1998 年版；施坚雅：《中华帝国晚期的城市》，叶光庭、徐自立等译，中华书局 2000 年版），冀朝鼎的政区与水利模式（冀朝鼎：《中国历史上的基本经济区与水利事业的发展》，朱诗鳌译，中国社会科学出版社 1981 年版）等，作者都极为关注，且在本书之中都有比较确当的利用。

葛著也关注到辽宋夏金四个王朝周边地区的生态环境和自然资源，在有关史料相对缺乏的情况下做了难能可贵的艰难探索，再次显现出作者在宏观上整体把握这一历史时期经济发展变动的学术取向。

第二，葛著对两宋赋役征取和摊丁入亩趋势出现的研究，是全书中极富原创性的重要成就。作者就摊丁入亩趋势的历史内涵进行了分析和辩证，指出宋代是其曲折发展的 "缺环" 时期。就部分力役转化为代役税、代役税同时又向田亩税归并；部分力役不再单以丁口征调，转而依据税额、物力和户等摊派；兴修水利派役时"计田出丁"向"履亩纳钱"的演进等方面入手，层层递进，既有史料又有分析，将近千年前社会经济领域中所涌现的、摊丁入亩的发展趋势脉络清晰，逻辑严密呈现在读者面前。最后，作者还以人头税、两税、附加税和差役、兵役残余等诸方面，分析了摊丁入亩趋势的诸种表现，并进而研讨了这一趋势出现的历史环境、社会机制及原因，最后得出了租佃经济取代田制经济是摊丁入亩趋势出现的根本动因的结论。这一研究，发前人之未发，是作者深入挖掘中国古代历史深层内涵所得出的独到见解。

第三，葛著提出了这一历史时段的经济运动受到当时社会基本矛盾的制约的论断。除了地主与农民之间的阶级矛盾外，还提出了因受亚洲第三寒冷期的影响而突出起来的游牧民族和农业民族争夺生存空间的斗争，以及专制主义集权体制及其对商品经济发展的制约这两对重要矛盾，一共有三对主要矛盾。葛著认为，该时段内经济运动的轨迹处处受到上述三对矛盾的影响，该时段经济运行中的种种问题，均可自上述三对矛盾中找到答案。其中，国家对于经济发展的干预问题、因气候寒冷而引起游牧民族的南迁问题，是作者提出的颇为独到的见解。在前一问题的论述中，作者主要就土地和租佃领域中国家干预的转折进行了研讨，从五个方面展开分析。最后指出，中唐以前历代王朝对土地所有制关系进行的国家干预是极其频繁而又十分强烈的。而中唐以后特别是入宋后，国家干预已经从土地所有制领域抽身出来，其触角开始伸向契约租佃领域，企图通过干预地租率来调整日趋普遍而又更为主要的主佃关系。由于各种社会矛盾日趋激化，入宋后封建国家的调节能力已经逐渐转弱，从而印证了"这是我国封建社会在唐宋之际步入其下行阶段的又一表征"的宏观论断。至于气候对于一个民族民俗和品格的影响，近年来颇为社会学、文化地理学、气象学和人类学界所关注。但气候变迁对于社会经济领域的影响程度如何，又具体表现在哪些方面，传世史料中并不能找到明确的史料详细地加以印证，而作者则多方面、多角度论证了其论点。这可谓葛著中的又一新见。

第四，葛著对历史地理特别是历史经济地理的重视，给人留下深刻印象。20世纪后半叶以来，中外学者多瞩目于区域研究，历史地理学遂引起了学者们越来越多的关注，而葛著则将之与经济史的研究结合起来。表现之一，是将每一个类似的区域划为同一经济专区进行区域经济研究；表现之二，则是作者在其脑海中似乎一直就存有一张明晰的历史地图，并无处不在地显现在具体经济问题的研究中。此点在描述周边少数民族政权的经济状况时表现得最为明显。这种极为明晰地强调区域特征、强调区域差异的研究理念和研究方法，运用到这一时期的中国经济史领域，并且还照顾到每一个边疆的区域经济发展特征，这是研究该时段经济史的同类著作做的比较薄弱的环节。

第五，支持葛著论点的基础——史料，作者亦下了相当的功夫。由其后记可知，作者用在阅读现有研究成果和史料的时间，足有三年之久。传世的各种文献史料，在前人的研究中已多有发掘和应用，运用到著作之中，似不足为奇，但作者还是极为严谨，尊重前人的首抉之功，某则史料为某某学者"最先引用"多处可见。葛著在这方面的一大特色是，广泛运用了考古发掘史料和新文献（诸如汉译本西夏天盛律令），尤其在辽夏金和边疆王国的经济研究中，最为明显。而作者结合个人丰富的人生阅历，就某些历史问题古今结合地加以叙述，则可以说是作者补充在历史著作中的现代口述史料，从而构成为葛著的又一特点。这样一来，不但使许多问题得以合乎情理地古今对照，而且也给当今的社会经济发展以某些有益的启发。史料不但支持了作者的论述，而且澄清了一些学界的疑、异之论。诸如关于宋代粮食生产的分区考察中，作者可靠的史料，说明了宋时谷、米的折合率。

最后，作者在论述中，还注意到了前后时代与周围地区的纵横比较，在做历史长时段研究中（如汉唐宋与近代的农业生产率对比、唐宋前后朝代的相互照应等）、这种研究取向是极其可取的。再者，作者文笔流畅诚为妙手，不赘语，不空言，行文轻松活泼，平实洁净而秀美。另外，葛著中相关图片的植入，亦极为可取，在论述中插入的相关图片，给人以更为直观的印象，加深了对相关知识的汲取。而作者勇于纠个人之误，以便给予读者更为信实的历史知识，也是令人钦佩的。

三　谨守学术规范，精择先行成果

葛著最大限度地吸纳了学界的最新研究成果，并严格遵守学术规范，一一注明，这也是最为可贵的。学术界关于 10—13 世纪中国经济史的研究，虽然成果极多，但在此前尚无一部全面融入学界的最新研究成果，使读者从一部专著中既能学到辽宋夏金经济史的基本知识，同时又能了解到最新的、富有代表性的研究动态的专著。似乎可以这样说，到目前为止，这是我们见到的第一部此类著作。在葛著中，作者在结合自己的研究，描述史实的同时，还不厌其烦地将学界同人的大量成果汲纳进去的这一做法，可以说，既全面提升了葛著的学术品质，亦足为后学效法。不掠人之美，既是尊重别人的劳动成果，亦显现出作者海纳百川、从善如流的宽广的学术胸怀，严谨治学的学术品德。在当今学风浇漓的时代，这一做法，尤需重点提出。对于初学辽宋夏金时期经济史的青年学生和其他欲了解相关历史的非专业研究者来说，通览葛著，就可以对 10—13 世纪的经济发展史有一个较为明确的认识和了解，而不必在数以百千计的研究著作和论文中苦苦翻找查阅了；此外，据此还可获悉此前辽宋夏金经济史研究的代表性的论作线索。由此，我们不得不感谢作者呈现给学界的这部及时雨式的著作。

虽然，葛著中融入了作者诸如上述的研究心得，然而，作者却极为谦逊地再次引述已故著名经济学家王亚南先生的话："这部书稿用我的名义来问世，它实是近十数年来，大家分别由各种不同的视野，对中国的社会性质，予以比较深入研究的结果。"葛著后记说"这也是我此时此刻的心情"。中国传统学人之谦逊美德，几毕见于兹矣。

四　阅读者的疑惑

如果说葛著还有一些可以再做思考和修正的话，那么，在书中屡屡可见的"革命"一词，是用于说明某些经济领域有了突飞猛进的发展的，给人们的印象则是其中发生了有异于前此的"质"的飞跃。而在 10—13 世纪的中国各个经济发展领域，国内学者的讨论，意见不一，更多学者倾向于并未发生"革命"。① "东亚文明圈"的提法是否妥当，也曾引起了学界的争鸣，借鉴有关论说，似需慎重。中外学者自 20 世纪 50—80 年代及其以还，就两宋时期历史展开区域史、地方史和个案专题史研究者，在在有之。如所周知，一部通论性的通史著作的成功，离不开上述诸多既有成果的获取。② 虽然也有部分学者认为，就存世史料状况而言，区域史、地方史的研究取径，不完全适合于两宋时代的历史研究。他们并不认同这些研究取径，但是，依然

---

① 以"革命"一词形容两宋时期经济的突飞猛进，宋代经济发生"革命"性（The medieval economic revolution）变革的说法，在欧美等域外学者中曾很流行，如 1962 年，美国学者 Robet Hartwall（郝若贝）在《亚洲研究杂志》发表 A Revolution in the Chinese Iron and Coal Industries during the Northern Sung，960–1126A. D.（《北宋时期中国煤铁工业的革命》，Journal of Asian Studies, V. 21, N. 2，杨品泉摘译文见《中国史研究动态》1981 年第 5 期）盛赞宋朝的"煤铁革命"。英国学者 Mark Elvin（伊懋可）在其 The Pattern of the Chinese Past（《中国历史的模式》，Stanford University Press，1973 年）一书中则直接提出宋代农业革命说。还可参阅李伯重《"选精""集粹"与"宋代江南农业革命"》，《中国社会科学》2000 年第 1 期，第 177—192 页，后收入氏著《理论、方法、发展趋势：中国经济史研究新探》，清华大学出版社 2002 年版。不同的说法，请参见梁庚尧《宋代太湖平原农业生产问题的再检讨》，台湾《台大文史哲学报》第 54 期（2001 年 5 月），第 261—303 页。先师漆侠先生：《宋代经济史》（上海人民出版社 1987—1988 年版，经济日报出版社 1999 年版）一书在论述宋代经济发展过程中并未使用"革命"一词，他生前也曾明确告诉笔者：他自己是反对使用这一词语的，经济"发展""增长""繁荣"和经济"革命"，是很严格的两个概念，不可混用。

② [美]艾恺：《当前西方史学界研究中国地方史的趋势》，《历史研究》1983 年第 4 期；朱浒：《江南人在华北——从晚清义赈的兴起看地方史路径的空间局限》，《近代史研究》2005 年第 5 期；孙昊：《英国地方史研究中的莱斯特学派》，《史学理论研究》2006 年第 2 期；陆敏珍：《宋代地方志编纂中的"地方"书写》，《史学理论研究》2012 年第 2 期；唐仕春：《心系整体史——中国区域社会史研究的学术定位及其反思》，《史学理论研究》2016 年第 4 期。

有不少学者埋首其间，辛勤耕耘，并取得了可观的成果。尤其是日本、欧美学者的研究成果，葛著明显很少利用，譬如 Richard von Glahn（万志英）*The Country of Streams and Grottoes：Expansion，Settlement，and the Civilizing of the Sichuan Frontier in Song Times*（Harvard University Asia Center，1988）和 *Fountain of Fortune：Money and Monetary Policy in China，1000 - 1700*（University of California Press，1996），Paul Jakov Smith（史乐民）*Taxing Heaven's Storehouse：Horses，Bureaucrats，and the Destruction of the Sichuan Tea Industry，1074—1224*（Harvard University Asia Center，1991），等等。当然，即便是中文成果，个别方面的现有研究，有些成果是相当优秀的，葛著也有未能借鉴者。譬如对于这一时期佛教寺院和道教庙宇的经济状况，用笔还嫌少些，更缺少有关台湾黄敏枝教授等人优秀成果的借鉴。①再如，两宋三百二十年的存世文献，南宋远远多于北宋，但该书对经济状况的描述，却详于北宋而略于南宋。至于个别的错字、史料的错引和误笔、古籍版本的错用等，在此恕不一一胪列。

总之，上述都是大瑕小疵。如果以已故著名经济史家严中平先生关于提出新问题、新观点，或运用新史料、新方法的"四新"为标准评价葛著，那么，葛著或许无愧为一部成功的经济史著作。近悉，该书已大幅度修订，即将再版，我们满怀喜悦地期待着。

---

① 宋朝佛教寺院经济在福建、江浙等地相当重要，学界也多有关注，如著名学者全汉昇早有《宋代寺院所经营之工商业》一文发表在《国立北京大学四十周年纪念论文集》（上卷，1934年12月，后收入氏著《中国经济史研究》中册，香港新亚研究所1976年版，第75—84页）；台湾方豪教授有不少论文涉及，而新竹清华大学黄敏枝教授著有《宋代佛教社会经济史论集》（台北学生书局1989年版）。游彪教授则发表有《略论宋代佛教寺院的子院》，《世界宗教研究》1989年第3期；《论宋代佛教寺院内部的阶级关系》，《河北大学学报》1990年第2期；《论宋代佛教寺院的土地占有及其经营》，《中国经济史研究》1992年第2期等论文发表，改写后多结集在氏著《宋代寺院经济史稿》（河北大学出版社2003年版）。

第四章　由法入史抑或由史入法

——就柳立言《宋代的家庭和法律》 谈法律史的浸入渠径

　　近年来，越来越多的法律史研究者意识到，"中国法律史研究一直处于现代西方的史学理论和法学理论的支配之下"，①学界较为普遍的研究范式，实际上是"用现代法的分类分割古代法"，"机械僵化地在古代法律中寻找西方法或现代法律中的'相对应概念'"，②得出的结论则经常有与中国现实脱节的尴尬。因此，中国法律史学的研究，究竟应该是"中国法的历史"，还是"西方法在中国的历史"，这与"在中国发现历史"，③抑或"在西方发现中国史"④的讨论，渠径一致。近几年来，这一困惑，在法史学界引起了较多的关注和思考，⑤而究竟怎样摆脱"以西方法的模式套用于中国历史之上"

①　徐忠明：《中国法律史研究的可能前景：超越西方，回归本土?》，《政法论坛》2006年第1期。

②　曾宪义、马小红：《中国传统法研究中的几个问题》，《法学研究》2003年第3期。

③　参阅柯文《在中国发现历史——中国中心观在美国的兴起》（增订本），中华书局2003年版。

④　黄宗智在回顾自己近25年的学术生涯时曾说，自己的研究"虽然在题目和方法上多有变化，但前后贯穿着同一主题，即怎样通过与（西方）现代主要学术理论的对话来建立符合中国实际和实践的概念和理论"。或可概括为其所追求的是"在西方发现中国史"。参阅黄宗智《经验与理论：中国社会、经济与法律的实践历史研究》前言，中国人民大学出版社2007年版，第10页。

⑤　夏锦文：《21世纪中国法律史学研究的基本思路》，《学习与探索》2001年第1期；徐忠明：《中国法律史研究的可能前景：超越西方，回归本土?》，《政法论坛》2006年第1期；李力：《借题发挥：中国法制史向何处去?》，《政法论坛》2006年第6期；

的窠臼，融法入史，由史论法，不单有其理论建构远见之"说法"，而且具有实际"做法"的，目前，这类具有强大学术牵引力并可引领学术新生长点的标志性成果，似仍少见。

就宋代法律史的研究而言，在中国法律史研究领域中起步较晚，成果难称丰富。其研究方法和理路，诚如戴建国先生所言："现在从事宋代法制研究的基本队伍主要来自两个方面：一是史学工作者，一是法学工作者。前者是将宋代法制作为历史学来研究而不是法学课题，主要从事诸如史实和制度考订这样的实证研究，而后者更多的是运用法学原理来阐述宋代法制。"①换言之，单单从历史学或法学的研究单一路径出发，侧重犁然、相互割裂，势必难以做到融会贯通，如此取径，对宋朝法制史的研究也就难以从多元、立体的整体史的视域，透视两宋史事之"历史现场"。依此而行，也极易使此类课题的结论倚轻倚重而远离历史之本相——史学工作者过分强调以历史学的角度做实证研究，对案件本身所蕴含的法学理论多一知半解，不加透析；法学工作者则多着眼于理论阐释，忽略实证研究，终使其理论流于空疏。

然而，台北"中研院"历史语言研究所研究员柳立言先生出版的论文集——《宋代的家庭和法律》（46 万字，上海古籍出版社 2008 年版，简称《家庭和法律》），或可弥补上述之不足。该书由作者十篇重要论文集结而成，堪称其多年来潜心探索的结晶。②柳立言先生早年于香港中文大学接受中国传统治史方法的严格训练，获得学士及硕士学位，之后负笈美国普林斯顿大学，师从美国宋史学界创始人之一的刘子健先生，获得博士学位。柳先生在宋代政治史、家族史、法律史等方面均卓有建树，现研究重点为宋代的法律与法律文化。就我们所知，柳先生在研究过程中，不但积极参与台湾法学学者和历史学者共同组织的

（接上页）及其《"中国法的历史"还是"西方法在中国的历史"——中国法律史研究的再思考》，《社会科学研究》2009 年第 4 期。

① 戴建国：《20 世纪宋代法律制度史研究的回顾与反思》，《史学月刊》2002 年第 8 期。

② 除本文集所收 10 篇力作外，柳立言先生还在海内外名刊如 T'oung Pao、Annales：Histoire, Sciences Sociales、台北《历史语言研究集刊》和北京《历史研究》《中国史研究》等，以中英文发表有很多的学术精品，有待于今后再收文集，以飨学界。

法制史研习营，并曾到哈佛大学法学院进修法律，对法学理论有广泛的涉猎，兼具东方与西方、历史与法律多重学科理论背景，这在研究理路和研究方法等方面都均有启发意义，也就使得本书带有鲜明的个人学术风格，与一般的法史论著有明显的不同。对于法律史研究应遵循怎样的路径，本书的写作实践也提出了自己的思讨和浸入理路。

一

　　《家庭和法律》一书包括"总论""家庭篇"和"法律篇"三个部分。"总论"由《何谓"唐宋变革"？》一文单独构成，可谓近年来有关"唐宋变革"议题讨论中，最具代表意义的反思性文章。[1]作者认为唐宋变革应该由"史实和史观"两部分构成，史实是内藤湖南和宫崎市定指出的"某些根本或革命性的巨变"；史观是指不但注意到这些巨变，而且"抽出它们的共同意义，提出研究者对历史发展的看法"（第40页）。即"中古文化形态—唐宋变革过渡期—近世的文化形态"（第40页）。作者同时指出，学人在没有厘清基本概念的情况下，将唐宋变革期泛称从初唐经五代而至宋末约六百六十二年的唐宋时期，甚至出现了"唐宋变革—宋元明过渡—明清变革这种一变再变的说法"（第41页），是很不恰当的。这篇论文显现出作者宏阔的学术视野，深邃的学术认知，启人深思。

　　"家庭篇"的五篇论文，均为作者研究家族方面的论著，展现出其早期治家庭史的学术取径。《族谱与社会科学研究》和《论族谱选录人物的标准》两文，探讨了族谱作为史料进行社会科学研究时，所拥有的优点和存在的不足。《北宋吴越钱家婚宦论述》和《从赵鼎〈家训笔录〉看南宋浙东的一个士大夫家庭》两文，关涉宋代家庭史的个案研究问题。作者选择了分析北宋"纳土降臣"之吴越钱氏家族和南宋"移民家庭"之宰相赵鼎家族各自的发展历程，说明宋代不同家族在各自发展过程中的不同特点。《浅谈妇女的守节与再嫁》一文

---

[1]　另一篇最具综合力的论著或应为张广达先生之长文《内藤湖南的唐宋变革说及其影响》，载邓小南、荣新江主编《唐研究》第十一卷，北京大学出版社2005年版，第5—58页。

562

的关注点在于宋代家庭史与性别史、法律史交会，从中亦可体悟出作者由传统的家庭史路径转向由法律史进入家庭史的内在理路。

"法律篇"的四篇论文，主要从宋代民事方面的纷争出发，论述了法律对家庭变迁的影响，以及家庭习俗与法律形塑之间的互动关系。《从法律纠纷看宋代的父权家长制——父母舅姑与子女媳婿相争》一文，讨论了法律赋予家长的权利，以及执法者如何处置家庭纠纷等问题。《宋代同居制度下的所谓"共财"》从财产来源角度切入，把"共财"分成完全来源于父亲的、来源于父亲与儿子的和完全来源于儿子的三种情况，申明宋代法律公开承认子女白手起家所得财产属于个人所有，不在众分之限，凸显出传统同居共财家族迈入"近世"时所发生的重要转变。《养儿防老：宋代的法律、家庭与社会》一文，论述了宋代法律如何处理父母与子女的供养关系，并透过律文改变的背后，反映出时代变化的信息，体现了法律、家庭与社会的互动关系。《宋代分产法"在室女得男之半"新探》一文，对宋代分产法中，"男2女1法"的运用情况进行了深入的探研。①通过对社会风俗转变、女性对家庭贡献等多种因素的综合考虑，指出"女得男聘财之半"的聘财法和"男2女1法"在南宋时期是同时应用，并行不悖的。

二

就研究方法和研究取径而言，《家庭和法律》在"法"与"史"的结合方面，令人耳目一新，真正展现出法与史紧密结合、融为一体的鲜明特色，可谓"中国法的历史"研究理路的展现。我们以为，其特点或可体现为如下几个方面。

1. 法史结合，既有对时代背景的宏观把握，也有对法律变化的

---

① 对这一问题，学人有不同意见，限于我们的学识，在此不拟展开讨论，请参考魏天安：《宋代财产继承法之"女合得男之半"辨析》，《云南社会科学》2008年第6期；[日]高桥（津田）芳郎：《再论南宋"儿女分产"法》，台北《法制史研究》第十三期，2008年6月；戴建国：《南宋时期家产分割法"在室女得男之半"新证》，载北京大学中国古代史研究中心主编《邓广铭教授百年诞辰纪念论文集，1907—2007》，中华书局2008年版，第226—240页。近期，学友刘栋撰有《宋代儿女分产法"二女各合得男之半"再探》（未刊稿），对此问题再做梳理，或有新的贡献。

条分缕析，说理透彻

　　作者把《何谓"唐宋变革"？》作为全书概括性的"总论"，就体现了其将宋代家庭与法律问题，置之于唐宋变革时代大背景下的研究思路和出发点。"唐宋变革论"始于日本学者内藤湖南，其弟子宫崎市定及其再传弟子进一步深化、论证、累积、提升、强化，强调宋代是和唐代完全不同的时期，在中国历史上是"近世"的开始，法律上则表现为"司法制度成熟、讼学发达，注意个人权利"（第9页）。作者在本书中具体论证了时代变化在法律领域的反映，以及宋代法律方面呈现出的新特点，如：在法律纠纷方面，执法者开始以国法为重，局部突破子女不得控告父母的礼法传统，反映了宋代法律由强调身份开始逐渐转向依据罪行来审判。①在同居共财方面，宋代法律打破了儒家同居共财的传统，逐渐承认子女通过自己劳动所得到的财产，属于可供自己支配的私财。在财产继承方面，宋代法律开始注重父母与子女互相供养，而非传统"礼"意义上的"血缘继承"，特别是根据回馈的原则，提高了养子和赘婿的继承权。

　　作者进一步分析，认为宋代法律变革的原因，是与科举的发展以及经济重心的南移密切相关。他指出，科举考试的推动，南方经济超越北方，使社会中的平民和南方士人成为立法和司法者，他们因此有条件将部分民间和南方的社会习惯纳入国家的法律领域。②而科举的发展，也正是内藤湖南和宫崎市定所指出的宋代进入近世的特征之一。③换言

---

① 有关于此，柳立言另著《子女可否告母？——传统"不因人而异其法"的观念在宋代的局部实现》一文，有更清晰而周详的论证，载台北《法学论丛》第30卷第6期，2001年11月，本文依据其抽印本。

② 史料中的"南方"，应该包括"宋朝中原人（泛指北方人）认识中的'南方''南方人'与'南宋乡村社会'，抑或是南方人自己认识中的'南方''南方人'与'南宋乡村社会'，以及南方人有意识地展现给中原人（北方人）'南方''南方人'与'南宋乡村社会'"等内容。参见习培俊《南宋"乡村社会"管窥》，《国学研究》第二十四卷，北京大学出版社2009年版，第185页。

③ 内藤湖南认为"（宋元以后）科举成为产生官吏的主要途径"，宫崎市定也认为"科举唯才是视，也是政治和社会地位的来源，鲜少政治世家"。参阅内藤湖南《概括的唐宋时代观》，宫崎市定：《东洋的近世》，均据《日本学者中国史研究选译》第一卷《通论》，中华书局1992年版，第14—15、193—196页；另参阅柳立言《宋代的家庭和法律》第8页的概括。

之，宋代产生法律方面的变革及其变革的原因，都是在"唐宋变革论"的影响之下，所认定的从中世到近世变革的历史大背景之下发生的。如此分析法律变化背后的内在社会根源，是一般法律史论者所较少尝试的研究取径。由于具有深厚的史学功底以及对宋代的社会背景、研究现状的宏观把握，凸显出作者高屋建瓴的识见，有机地将前后时段、中外不同认知、政治社会各学术议题融为一体，实为一般历史学和法史学工作者所未能及。

2. 注重案例分析，在分析过程中推演其内在的法理，使法学理论与历史资料完美融合，盐溶于水

《家庭和法律》在论证过程中，十分注重法理的厘辨和案例的分析，尤其是透过案例过程来一步步展现、推演其内在的法理。这是一般仅来自历史视域的法律史学者难以企及的。作者理论素养深厚，写作过程中也多处着眼于法学观念，但是，需要强调指出的是，本书并没有刻意去比附理论，在行文时对理论的运用更是蕴有形于无形之中，不着痕迹。

众所周知，古代中国的法律自成体系，我们现在称为"中国法系"，①与传统的礼制有密切的关系。瞿同祖先生所指出的"礼加以刑罚的制裁便成为法律"②是相当精辟的宏论。然而，在研究帝制时期的法律时，多数学人常会简单化地冠以"'人情'折中'法意'，未能贯彻法制"，或"封建社会对妇女的压迫或摧残"等，并且作为

---

① "中国法系"并非单指中国这一地域，而应包括"中国文明圈"中所有的国家和地区。有关中国法系的内容及范围，可参考杨鸿烈《中国法律对东亚诸国之影响》（重印本）导言，中国政法大学出版社1999年版，第11—19页。

② 瞿同祖：《中国法律与中国社会》，中华书局2003年新1版，第348页。另，马小红从界定"古代法"与"传统法"出发，认为对"传统法"的研究是用现代人眼光和对法的定义，去分析以往社会中的法，以及具有法性质的规范和现象。故而，古人之具有法实质意义的"礼"便纳入"传统法"的研究范围。从这个意义上说，中国传统法的结构是"礼"与"法"的共同体。参阅马小红《礼与法：法的历史连接》，北京大学出版社2004年版，第60、66、76—90页。任强则以儒家思想为基础，对其中的"礼"与"法"进行颇具见地的解读，尤其第三章《从"理念与仪则"到"约束与强制"》。参阅任强《知识、信仰与超越：儒家礼法思想解读》（增订版），北京大学出版社2009年版，第76—101页。就宋代而论，刁培俊《礼俗、法治与秩序——宋朝村民控制述略》（未刊稿）更强调传统礼俗与民间惯例的乡村治理绩效。

批判对象大加挞伐，而甚少注意到其背后礼与法相互补充的关系。作者在研究过程中，通过对具体案件司法过程的梳理，认为在司法阶段，"公权力往往是家长权的补充或者代理，无论是家长权或公权力，最终目的都是维持家庭的秩序与和谐。当家长权有所不足，公权力便代为补足，表达方式也多是教诲或薄惩，符合'父母官'里父母的角色"（第320页）。这些结论，因自具体案例出发，层层推演而出，故而客观合理，令人信服。正如前文提及，作者在接受东西方治学方法训练的同时，又曾在哈佛大学法学院研习法律，在台湾组织并参与法律史研究营，故研究中能把法学理念与历史研究深度有机结合，显示了作者研究视角上的慧心独具和论题发掘和拓展方面的别有洞天。

3. 注重法律与家庭、社会之间的多元互动

作者认为："法律原本与社会密不可分，但研究者每每分道扬镳。研究宋代社会的学人很少把法律纳入社会史的范畴。同样，那些研究宋代法律的学人，也不一定把社会现实纳入法律史的研究范围。"①法律是社会史的重要部分，这在作者的研究中也多有体现。如：宋代社会"子女告母"的规定逐渐放宽，尤其是危害夫家的名誉和继承时（第248页）；南宋时期，养老田成为相当普遍的现象，已由民间习惯法层面，进入国家的律令层面，反映了民间习惯对立法的影响（第403页）；关于"男2女1法"分产法的出现，作者认为有一个由判例积累成地方性条例，最后被中央政府采用，成为全国性法令的过程（第492页）。这些都体现了法律与家庭、社会之间的互动关系。故而，作者称"法律的生命或持久性来自'有选择性'地吸收民间一些更能合乎时代需要的风习，并将这些有着'地方性'或'阶级性'的风习提升为'全国性'的法规，倒过来转变各地的风习，发挥移风易俗的功能。法律是始终调整和改变社会关系的重要手段"（第492页）。我们认为，本书所用的将法律与家庭、社会深度融合、

---

① 柳立言：《宋代的社会流动与法律文化：中产之家的法律？》，《唐研究》第十一卷，第124页。

多边互动的治学方法，可以推广至不同时段的同类课题。凭借这一研究理路，可以拓展出新的学术生长点。这也是本书的一大突出特点。

4. 对概念的准确界定和资料的深入解析

《家庭和法律》很注重对一些容易被人忽略的概念进行细致的界定和梳理，如：何谓变革？变革与一般的转变、改变之间的区别，唐宋变革期与唐宋时期的区别，变革之史实与变革之史观的区别；再如：改嫁（丈夫主动休妻或妻子主动离异）与再嫁（丈夫先死）虽然都关系到妇女的婚姻权利，但与守节相关的则应是"夫死再嫁"；如：宋代"同居共财"的家庭制度中，共财≠均财，以往讨论共财是认为"共财就是均财，一户的收入，无论其来自何人，均由同居者共同拥有，平均分配"的观点是太绝对了（第366页），共财的复杂性随着社会的变化，以及家庭模式的不同（直系家庭或旁系家庭）而发生着改变。一些模糊不清的概念，随着作者别具匠心地层层剥离而逐渐清晰和明朗，使得其结论也更加具体、更加信实。

如何准确透彻地解读法律史材料，是制约史学工作者治法律史的重要因素。在对法律诸多实际案例进行分析时，有的研究者常常感觉一头雾水，稍有不慎就会陷入迷雾，偏离历史真相。但是，《家庭和法律》在立论时，立足于对史料的爬梳，进行深入而细致的解析，从而得出信实的结论。如：作者在分析《妇以恶名加其舅以图免罪》一案时，从司法程序入手，通过宋代"不能因事告事"的原则，以及对阿张所犯七出当中"不事舅姑"之罪的深入剖析，认为在"审查"方面，媳妇唆使丈夫别居异财查有实据；并根据"不得因事告事"的法令，说明执法者不接受媳妇作为被告的告事是理所当然的；在"判决"方面，执法者根据媳妇已犯的不孝罪判罚，于法有据。作者从涉案者、所告之事、证据、所犯之罪、判决依据等角度出发，尽力还原当时的判案场景，抽丝剥茧，把看似一团乱麻的案例梳理得清透分明。准确地辨析、透视史料，并立足于资料基础之上对所论及的议题逐层展开，为文章整体结构设计之构建奠定了坚实的基础。

5. 宋代家庭史研究领域之另辟蹊径

这篇读书报告，虽剑走偏锋，以"法制史"的浸入渠径为题，但是，我们绝未曾忽视柳立言先生在宋朝家庭史领域所做出的学术贡献与两者间的承续关系。或许，这一部分正是作者最核心的学术着眼点和创新点。作者自家庭史迈入法制史的过程中，着力在传统宋朝家庭史的研究视野下，另辟蹊径，研究宋朝之家庭与社会，而其法制史议题所设计的考察点，也基本上是户婚类。作者能够在法制史的框架内，融入家庭史的研究视野，游弋于两者之间，显现了其别具一格的学术视角。就其内容已经看出，作者在陶晋生先生和黄宽重先生等人①的基础上，从运用多种史料、开拓家族个案研究类型和法律史角度观察宋代家庭等方面，进一步推进了宋代家庭史的研究。

从这个意义上，或可这样理解——与其说作者最为用心之处是"法律史"中外融通之取舍，毋宁说他是在法制史的外在模式下，以法制史的浸入渠道，更多涉足家庭史的研究和开拓。诚如作者所"说的"和所"做的"：家庭的好多问题都离不开法律，对诸多家庭历史的追寻，都有赖于先找出法律依据，再探究实际情况；对宋朝民事法律领域真人真事案例透析的阐释过程中，探讨法令转变所反映的时代意义。有关于此，作者所拓展出的学术议题和所拥有的学术识见，似更值得我们年轻学者好好体味、认真琢磨与学习。

三

当然，金无足赤，对于一本学术著作来说，不可能做到尽善尽美，就《家庭和法律》本身的内容而言，我们认为在以下方面，仍然有个别值得商讨的空间，今不揣浅陋，谨胪列于此，以请教柳先生和诸位师长同好。

第一，《家庭和法律》在法律史部分的研究中，似有过分关注基于法律条文、步骤之下办事的"程序正义"之倾向。这正是作者熟稔运用社会科学理论，让人敬佩之处。但我们所担心的是，如前所述，处于漫长帝制时代的"中国法系"，有其自身的法律文化及司法理

---

① 有关成果可兹参看郭恩秀《八〇年代以来宋代宗族史中文论著研究回顾》，《新史学》第16卷第1期，2005年3月；并黄宽重《宋代的家族与社会》序，台北东大出版公司2006年版，第1—3页。

念，在如此情况之下，仅仅注重"程序正义"，对某些议题的解释，逻辑层面虽无懈可击，但或许并不能够完全反映出史学工作者所要追寻的历史真实。

第二，法律史研究的两个群体，史学界一般注重"事实描述式"的研究，而法学界则过多关注"理论阐释"的层面。作者文章中，虽然字里行间没有透出现代法学理路的些微痕迹，但细读之下，似仍可发现其固有现代法律观念（譬如男女平等、财权独立等）在写作过程中的运用，巧妙地或说是不露声色地浸润于纷繁复杂的史料编排之下。然而，倘若是在已有某些既定理念而提前"预设"情况之下进入的史学研究，似乎难以完全确保其研究结论的严正性。

第三，就宋史学界而言，作者可以称得上是实践"由法入史"的代表性人物，其结果究竟如何？ 这似乎是在重复法史学界中争论已久的方法论的问题——由史入法，还是由法入史？ 单就本书中所收法律史文章来看，由法入史的研究方法，虽使文章亮点不断，精彩迭出，然而，是否能真正做到完全超越"由史入法"的研究取径，我们还殷切期待作者及同道们做更多的尝试和追寻，以臻于至善。

第四，作者的思维缜密，在行文过程中，逻辑的严谨性和表述的准确性都很值得称道。事实上，这样逻辑严密、文字编织审慎的论文，颇能综合考验读者的耐心和悟性，更给非历史学科（甚至是非宋史、非法制史方面）的读者较高的阅读要求。史学论文当然要求论证的严密性和史料发掘的深入、引申的合理性，如同剥洋葱头一样，步步为营，层层入扣，可是，如果文章在语言表达上再精练、洗练、平易一些，迂回反复再减少一些，部分注释再完善一些，似也有利于更多读者的阅读。

另外，对文本校对过程中出现的诸问题也稍加说明。

其一，文献引用内容。第31页注[2]"曹育荣"应为"曾育荣"。第119页注[4]"诵经史"应为"读经史"。第123页注[3]"亦少"后逸"所"。第125页注[4]"张瓖"应为"张璂"。第129页注[2]"坐上"后逸"客"。第137页注[1]"江浙人士专业诗赋以取科第"，应为"江、浙士人，专业诗赋，以取科第"；"比来自试"

应为"比来省试"（《校勘记三》载："省原作自，据《宋会要·选举》三之九改。"中华书局 2004 年版，第 1539 页）。第 222 页注［2］"夫外出三年不归"应为"出外"。第 261 页注［1］"其子亦同书"后逸"着"。第 330 页注［1］"慈孝"应为"孝慈"（第 329 页倒 2 行）。第 330 页注［4］"风化之事"应为"风化之本"。第 342 页注［5］"而父子兄弟或有不和者"，"或"为衍字。第 344 页注［3］"用以置产"应为"买产"。第 344 页注［4］"还者亦无可词"应为"可无词"。第 349 页注［5］"赐书及御集等欲令置家庙，毋得借出，宣借差兵三人守视，仍于众分僦屋钱内割充时祭享"，"令置"后逸"曾"；"宣借"应为"宜借"；"内割"后逸"留"。第 352 页注［4］"今若同爨"，后逸"固"；"又不整齐"应为"又不齐整"。第 355 页注［2］"尚书每与客坐"，应为"对客坐"。第 358 页注［1］"兄长义居"应为"兄弟"（第 357 页倒 2 行）。第 380 页注［4］"妻家并不得追还"，应为"追理"。第 397 页注［2］"嫁姑姐妹侄"，"姐"应为"姊"。第 422 页注［2］"免一时税钱"，前逸"幸"。第 436 页注［1］"姑姐妹在室者"之"姐"应为"姊"。第 465 页注［1］"在二十七月内而姙娠生子者"，"姙娠"应为"妊娠"。第 483 页注［1］"如此"后逸"则"。

其二，文献出处页码。第 13 页注［1］张其凡的文章，载《暨南史学》第 124—131 页，非 12—131 页。第 116 页注［2］为 13912 页，非 13913 页。第 120 页注［1］"《长编》卷六一第 1017 页条 12"，按《长编》卷六一为第 1356—1382 页，其中条 12 的记录有 5 处，均无有关"钱惟演"的记载。第 122 页注［3］条 7、8 为第 2283—2286 页，非第 2285 页。第 123 页注［5］为 7a 页，非 6b—7a 页。第 182 页注［4］"《二程集》卷四一四，《二程外书》卷二四二"，应为"《河南程氏外书》卷一一，第 414 页，《河南程氏遗书》卷一八，第 242 页"。第 193 页注［2］为"卷一五，第 151 页"，非"15，150—151 页"。第 222 页注［2］为第 353 页，非 352 页。第 262 页注［2］为第 2 页，第 9 页，非 1—16 页。第 278 页注［4］为第 4989—4990 页，非第 4990—4991 页。第 340 页注［2］为第 644 页，非 642—644 页。第 340

页注[6]为13b页，非1521页。第342页注[5]为1a页，非1a—2a页。第350页注[2]为第13963页，非第1396页。第351页注[3]为第13391页，非第1339页。第361页注[1]为4297页，非第4297—4298页。第361页注[3]为4784页，非第4783—4784页。第361页注[4]为4333页，非第4332—4333页。第386页注[3]为4989—4990页，非第4990—4991页。第389页注[4]为13407页，非第13406页。第442页注[1]为第2820页，非第2820—2829页。第448页注[3]为2b页，非700页上。

其三，学术论文写作中的文字规范。作者在征引文献时，为了通顺文本，对文献本身进行处理，如：第126页注[3]"取其所生儿置雪中，械母使视儿死。"，应为"取妇人所生儿置雪中，械妇人往视儿死"。我们认为，从学术的严谨性角度考虑，应采取忠实原文的做法。本书对《续资治通鉴长编》的引用不甚规范，如：《从法律纠纷看宋代的父权家长制》一文，均未标明出处卷数，其他数文，没有标明时间，只是单纯的卷数和页码，不便读者阅读；《北宋吴越钱家婚宦论述》一文，基本上采用公元纪年法，似宜采用年号纪年为主，公元纪年为辅的方法。

其四，编辑失误。第112页"即要太平兴国"应为"即号"。第139页注[5]内多逗号。第376页"养子及赘婿的权承权"应为"继承权"。繁简体字运用问题上，文中出现人名，如："滋贺秀三"，有时写为"滋賀秀三"，前后一致，似更好些。书中所用白凯《中国的妇女与财产》，中译者为"刘昶"，本书误写"刘眣"。第415页，李淑媛博士论文"《唐宋家庭财产继承之研究》"，误写为"《唐宋家庭家产继承之研究》"。引用书目中，或有缺少点校者、出版社不完整、作者或文献名称误写的情况。如：第71页"全汉升"应为"全汉昇"。第278页"《太平事蹟统类》"应为"《太平治迹统类》"。日文书目第37、38页"佐竹靖彦"的两处作者均应为中国香港学者"赵雨乐"。第56页英文书目"李中青"应为"李中清"，如此等等，恕不再赘列。

在此需要解释的是，此类细节性失误，显然对作者的议题设计及研究方法来讲，是无关弘旨的，一一罗列，甚至是吹毛求疵的表现。历史学者大都深悉：我们所使用的"材料"的准确与否，信息准确与否，都会影响到我们的论证和结论。虽毫发之失，或难免因而致误千里；积少成多，诚不利于读者之观感，尤其是在当今中国古籍电子化时代下，引述史料的轻易也多少误导了不少青年学子不再阅读纸质文本，更奢谈一字一句地核查史料原文。我们没有资格苛责师长，更没有资格"春秋"责贤，而是谨本着"致君尧舜"（致"师长"孔孟）的美好期待，更希望我们的师长辈学者作出楷模，令我们这些后辈学子更多看到师长辈一丝不苟的严正治学精神。

赘言之，包伟民在《努力构建以本土经验为基础的史学理论体系》一文中曾指出："充分的学术批评、论辩、相互诘难，是推动学术进步的重要手段。目前史学界在这一方面做得还很不够。不过我们如果希望学术批评能够健康地展开，除了唯求学术进步的立场本位外，还应在'技术层面'注意批评的方法。"①此后，包伟民先生也曾就类似表述行诸文字："长期以来，正常的学术批评未能在大陆史学界顺利开展，极大地妨碍了学术的进步。偶见一些批评文章，也常常由事及人，成为发泄文人意气的工具……当然，如果能心平气和地对待被批评对象，立意会更高些。"②然而，目前中国文史学界的所谓学术书评，更多的是流于形式和表面化的赞颂词句；一旦有所批评，则被视为哗众取宠的异类。欧美学界长期形成的切正学术批评风气，亟待展开"做"，而不能仅仅停留于"说"。③

要之，《家庭和法律》一书，是一部法与史恰到好处、有机融为一体的优秀论著，这也正是本书的特色之处，值得学界认真探研和推广。诚如著名资深宋史专家朱瑞熙先生所言，本书"资料翔实，见解

---

① 《邓广铭教授百年诞辰纪念论文集》，中华书局2008年版，第45页。
② 请参阅包伟民《再论南宋国家财政的几个问题》，《台大历史学报》总第36期，2010年12月，第211页。
③ 参阅王笛《学术规范与学术批评——谈中国问题与西方经验》，《开放时代》2001年第12期；王笛《学术环境与学术发展：再谈中国问题与西方经验——任教美国大学手记》，《开放时代》2002年第2期。王笛《充当中美学术间的"二道贩子"》，载王希、姚平主编《在美国发现历史》，北京大学出版社2010年版，第421—427页。

独到，论述深透，逻辑严密，清新可读"，是从新视野、新角度透视家庭史的一部力作，也是研究宋代法律、社会和家庭当中，三者交融一体而又多元互动的不可多见之作。《家庭和法律》的问世，不仅为我们提供了一个新的研究理路、方法和研究视角，极大丰富并拓展了宋代家庭史、法律史等领域的研究，而且必定会更进一步推动两岸学术界，尤其是宋史学界的交流和探讨。

（附记：本章是厦门大学历史学系"中国古代史研究专题课"之"精读一本书"计划之一，亦是集体讨论的结晶，发表时署名刁培俊、仝相卿。毛蕾教授、中山大学周鑫博士惠益实多，刘佳佳、贾铁成、杨辉建、刘栋、郑懿诸学友也前后贡献才智，谨此致谢。）

第五章　中外学术视域观照中的
　　　　"地方精英"与基层社会研究
——苏力著《元代地方精英与基层社会：
　　以江南地区为中心》读后

　　1980 年代以来，在国际汉学界"精英""士绅"研究潮流的影响下，中国学者以巨大的热情投入其中，讨论热烈，成果丰富。近来苏力博士出版的新著《元代地方精英与基层社会——以江南地区为中心》（天津古籍出版社 2009 年版，共 26 万字），作为李治安先生主编的十卷本"基层社会与国家权力研究丛书"之一种，以新颖的考察视角，对元代江南地方精英进行了全面、系统的研究，给人耳目一新之感；在"唐宋社会变革"和"宋元明历史过渡"诸国际性汉学议题有关"地方精英"的研究链条中，《元代地方精英与基层社会——以江南地区为中心》（简称"苏著"）一书起到了上连赵宋下牵朱明的作用，勾连起了中国传统社会发展进程中一个很大的"遗失的环节"，填补了学术研究的一项重要空白。

　　苏著共分六章，其大致内容安排如下：绪论部分，作者开宗明义指出本书的研究旨趣，对其研究对象进行了严格的概念界定，梳理了学界关于士绅、精英和元朝在江南地区统治政策的研究成果。作者接下来的诸章安排是：第一章至第六章分别从不同的层面，围绕着元代地方精英如何参与构建基层社会新秩序的主题，进行了详细、周密的研究。第一章探讨了地方精英在地方政治层面上的种种表现，第二章以地方精英参与基层社会里大、中、小型基础设施和农田水利建设等公共设施的兴造为主要考察点，第三章详细论述了江南地方精英参与赈济灾荒和周济贫穷的行为，第四章着重探讨江南地方精英与地方教育的关系，第五章分析了江南地方精英在基层宗族建设上的作用。显然，以上诸章均是针对地方精英在基层的影响所做的具体考察。第六章考察了耆老在基层社会中所扮演的角色。最后的余论部分，作者在总结前述诸章研究的基础上，做出了结论性的宏观提升：地方精英在元代基层社会实际的运行和发展过程中扮演了重要角色，发挥了重要作用。

一　国际学术视野下元代"地方精英"论题之展开

如所周知，近几十年来，国内外有一大批学者长期致力于中国士绅阶层的研究，并形成一股强大的国际化学术潮流。1940 年代吴晗、费孝通等学者就曾对历史上的皇权和绅权问题进行了讨论，①如今看来似显单薄，但启迪意义仍深蕴其中。此后，Chung-li Chang（张仲礼）、Hsiao Kung-Chuan（萧公权）、Ch'ü T'ung-tsu（瞿同祖）、Prasenjit Duara（杜赞奇）、Ho，Ping-Ti（何炳棣）、John King Fairbank（费正清）、Philip Kuhn（孔飞力）、伍丹戈、Robert P. Hymes（韩明士）、王先明、徐茂明等，都在不同层面对中国士绅阶层进行了广泛而深入的研究。②日本学界对于中国士绅阶层的研究

---

① 吴晗、费孝通：《皇权与绅权》，上海观察社 1949 年版，天津人民出版社 1988 年重印。

② 张仲礼：《中国绅士——关于其在 19 世纪中国社会中作用的研究》，李荣昌译，上海社会科学院出版社 1991 年版；张仲礼：《中国绅士的收入》，费成康等译，上海社会科学院出版社 2001 年版；Hsiao Kung-Chuan（萧公权）：*Rural China：Imperial Control in the Nineteenth Century*，University of Washington Press，1960 年；该书已有中译《中国乡村——论 19 世纪的帝国控制》，张皓、张升译，九州出版社 2018 年版。瞿同祖：《清代地方政府》，法律出版社 2003 年版；［美］杜赞奇：《文化、权力与国家：1900—1942 年的华北农村》，江苏人民出版社 1994 年版；Keith Schoppa，"Power，Legitimacy and Symbol：local elites and the jutecreek Embankment case"，p. 140，参见周锡瑞和兰金编辑的文集。何炳棣：The Ladder of Success in Imperial China：Aspects of Social Mobility，1368-1911（《中华帝国的晋升之阶：1368—1911 年》，徐泓译本名之《明清社会史论》，台北联经出版事业公司 2013 年版），New York and London：Columbia University Press，1962；［美］费正清：《美国与中国》（第四版），世界知识出版社 2000 年版；

起步也很早，1947 年，根岸佶在《中国社会指导层——耆老绅士的研究》一书中，即阐述了中国绅士的社会功能。①之后 20 年内，一些日本学者又提出了"乡绅土地所有论"，其代表人物为小山正明；重田德《乡绅支配的成立与结构》一文则提出"乡绅统治论"。②20世纪 70 年代后，日本学者对中国绅士的研究渐趋深入，并开始由宏观转向微观，成果也层出不穷。在此前后，韩国学者吴金成的研究成果也引起许多关注。③统而言之，国内外学者对中国历代士绅阶层的研究已趋于成熟和深化，研究深度和广度不断拓展，研究成果日趋丰富。西方学者在研究这一介于"国家"与"社会"之间的特殊阶层时，或提出"第三领域"的概念加以解释，④而更多学者则使用"地方精英"理论来代替"士绅"理论。如罗伯特·马斯在《官员：中国

（接上页）［加］卜正民：《为权力祈祷：佛教与晚明士绅社会的形成》，江苏人民出版社 2005 年版；［美］孔飞力：《中华帝国晚期的叛乱及其敌人：1976—1864 年的军事化与社会结构》，中国社会科学出版社 1990 年版；［美］Robert P. Hymes（韩明士）*Statesmen and Gentlemen: the Elite of FU - Chou, Chiang - Hsi, in Northern and Southern Sung*, Cambridge University Press, 1986 （《官宦与士绅：两宋江西抚州的精英》，参阅包伟民《精英们"地方化"了吗？——试论韩明士〈政治家绅士〉与"地方史"研究方法》，邓小南、荣新江主编《唐研究》第十一卷，北京大学出版社 2005 年版，第 653—672 页。周鑫《韩明士：〈官宦与绅士：两宋江西抚州的精英〉》，《中国社会历史评论》第七卷，天津古籍出版社 2006 年版，第 411—420 页；鲁西奇：《"小国家"、"大地方"：士的地方化与地方社会——读韩明士〈官僚与士绅〉》，《中国图书评论》2006 年第 5 期；何炳棣：《读史阅世六十年》，广西师范大学出版社 2005 年版，第 23—39 页；伍丹戈：《明代绅衿地主的形成》，载《中国封建地主阶级研究》，中国社会科学出版社 1987 年版；王先明：《近代绅士——一个封建阶层的历史命运》，天津人民出版社 1997 年版；徐茂明：《江南士绅与江南社会（1368—1911 年）》，商务印书馆 2004 年版；等等。单篇论文，更是数以百千计，兹不赘列。

① 根岸佶：《中国社会指导层——耆老绅士的研究》，日本平和书房 1947 年版。

② ［日］重田德：《乡绅支配的成立与结构》，今据刘俊文主编《日本学者研究中国史论著选译》第二卷，中华书局 1993 年版。

③ 徐茂明：《江南士绅与江南社会（1368—1911 年）》书中的相关概述，商务印书馆 2004 年版。

④ 我们认为，在传统中国，或云"民众"更为妥帖。我们对所谓"第三领域"在中国传统社会的存在深表怀疑。参阅习培俊《南宋"乡村社会"管窥》，《国学研究》第二十四卷，北京大学出版社 2009 年版，第 200 页，尤其是注释 75。参阅黄宗智《中国的"公共领域"与"市民社会"——国家与社会间的第三领域》，载邓正来、J. C 亚历山大《国家与市民社会：一种社会理论的研究路径》，中央编译出版社 2002 年版。［日］斯波义信：《南宋"中间领域"社会的登场》，收入佐竹靖彦等著《宋元时代史的基本问题》，日本东京汲古书院 1996 年版。另见卞利《论明中叶到清前期乡里基层组织的

精英的流动，1600—1900》一书中，就用"精英"取代了"绅士"。①
著名宋史专家 Robert M. Hartwell（郝若贝）将地域研究模式与社会精
英理论结合，认为从北宋到南宋，中国传统社会经历了从职业精英到
地方精英的转型。②其弟子 Robert P. Hymes（韩明士）赓续了乃师郝
若贝的思路，对宋代江西抚州地方精英展开深入研究，明确提出南宋
精英"地方化"的观点。③此后，Peter K. Bol（包弼德）从思想史的
角度论述了"士"的身份转变过程。④受国外学者的影响，国内一些
学者也陆续引入了"精英"的概念。⑤元史学界对"精英"群体的研
究也取得了许多成果。如，萧启庆详细探讨了元代儒士的政治、经济

（接上页）变迁——兼评所谓的"第三领域"问题》，《天津师范大学学报》2003 年第 1
期，第 34—38 页。近年来，林文勋先生就中国古代富民的研究中，也提出富民阶层乃
中国社会的中间层、稳定层和动力层，参阅其《中国古代"富民社会"的形成及其历
史地位》，《中国经济史研究》2006 年第 2 期，及其主著《中国古代"富民"阶层研
究》，云南大学出版社 2008 年版。事实上，传统中国"国家"何指？"社会"何在？
我们更倾向于国家（朝廷）胶合于社会。有关"国家—社会"论题中，"社会"和
"国家"的存在及其关系，费孝通、钱穆、梁漱溟、王家范等学者的观点，以及车发
松独到的分析，详请参阅车发松《传统中国的"社会"在哪里》，《史林》2006 年第
1 期。

① ［美］罗伯特·马斯：《官员：中国精英的流动，1600—1900》，New York，1961 年。具
体出处参考巴根《明清绅士研究综述》，《清史研究》1996 年第 3 期，第 115 页。

② ［美］Robert M. Hartwell, Demographic, Political, and Social Transformations of China,
750—1550, *Harvard Journal of Asiatic Studies*, Vol. 42, No. 2（1982）。林小异等中译本
《750—1550 年间中国的人口、政治及社会转型》，参阅伊沛霞、姚平主编《当代西方
汉学研究集萃·中古史卷》，上海古籍出版社 2012 年版；参阅林岩译本《750—1550
年中国的人口、政治与社会转变》，王水照主编《新宋学》第三辑，上海人民出版社
2014 年版。

③ ［美］Robert P. Hymes（韩明士）: *Statesmen and Gentlemen: the Elite of FU-Chou, Chiang-
Hsi, in Northern and Southern Sung*,（《官宦与绅士：两宋江西抚州的精英》，Cambridge
University Press, 1986 年）。中文书评可参见包伟民《精英们"地方化"了吗？ ——试
论韩明士〈政治家与绅士〉与"地方史"研究方法》，《唐研究》第十一卷，北京大学
出版社 2005 年版，第 653—671 页。周鑫：《韩明士〈官宦与绅士：两宋江西抚州的精
英〉》，常建华主编：《中国社会历史评论》第七卷，天津古籍出版社 2006 年版，第
411—420 页；等等。

④ ［美］包弼德：《斯文：唐宋思想的转型》，江苏人民出版社 2001 年版。

⑤ 余新忠：《清前期浙西北基层社会精英的晋身途径与社会流动》，《南开学报》2000 年
第 4 期；李猛：《从"士绅"到"地方精英"》，《中国书评》1995 年第 5 期，第 93—
107 页；刁培俊：《宋代乡村精英与社会控制》，《社会科学辑刊》2004 年第 2 期；高
寿仙：《明代农业经济与农村社会》，黄山书社 2006 年版；等等。

地位，①分析了科举恢复对江南士大夫阶层发展的影响，②陈得芝研究了宋元之际江南士人的思想和政治动向，③申万里对元初江南儒士的处境及社会角色的转变和元代江南隐士进行了探讨，④王明荪深入研究了元代士人与政治的关系，⑤王瑞来考察了科举兴废对元代士人带来的影响，⑥周鑫对宋末元初江西抚州儒士研究，⑦等等。

　　由上述概略即可看出，国内外学者对"精英""士绅"的研究形成了一股潮流，取得了丰富的研究成果，并大致勾勒出"精英"群体向"士绅"阶层发展过渡的一个总体脉络。⑧但对于"精英""士绅"的探讨，多是立足于宋及明清社会的时代背景，对于处于宋、明之间的元代精英群体的具体情况，如士人如何参与基层社会秩序的新构建，还鲜见学界系统、深入的研究；对于元代精英群体在宋及明清精英群体间如何承接和赓延的问题，也缺乏清晰的描述。在这股"精英""士绅"研究潮流的影响下，苏力博士对元代地方精英进行了较为全面、系统地研究，尤其是切入区域史的视角，考察了元代江南地方精英在基层社会中具体运作、所处的地位及其发挥的社会作用。苏著将精英研究与以江南为中心的区域研究相结合，使着眼地方精英欲

---

① 萧启庆：《元代的儒户：儒士地位演进史上的一章》，今据《元代史新探》，台北新文丰出版公司1983年版。

② 萧启庆：《元朝科举与江南士大夫之延续》，载于《元史论丛》第七辑，江西教育出版社1999年版；萧启庆：《元代的族群文化与科举》，台北联经出版事业公司2008年版；萧启庆：《九州四海风雅同：元代多族士人圈的形成与发展》，台北联经出版事业公司2012年版等。

③ 陈得芝：《论宋元之际江南士人的思想和政治动向》，《南京大学学报》1997年第2期。

④ 申万里：《元初江南儒士的处境及社会角色的转变》，《史学月刊》2003年第9期；《元代江南隐士考述》，载于李治安主编《元史论丛》第十辑，中国广播电视出版社2005年版；申万里：《理想、尊严与生存挣扎：元代江南士人与社会综合研究》，中华书局2012年版。

⑤ 王明荪：《元代的士人与政治》，台北学生书局1992年版。

⑥ 王瑞来：《科举取消的历史——略论元代士人的心态变化与职业取向》，参见刘海峰《科举制的终结与科举学的兴起》，华中师范大学出版社2006年版。

⑦ 周鑫：《乡国之士与天下之士：宋末元初江西抚州儒士研究》，天津古籍出版社2014年版。

⑧ 李治安：《中国基层社会秩序演变轨迹述略》，参见苏力《元代地方精英与基层社会》正文前"基层社会与国家权力研究丛书"之"代总序"，天津古籍出版社2009年版，第9页。

有效地发挥其影响力，必须具有以一定的财富基础作为保障的问题意识。作者指出，"江南作为元帝国的财赋基础，尽管受到重敛的困扰，但其在元代依然保持了发展的势头。支撑财赋供应的'地主势力'较好地顺应了元廷的统治，不仅满足了后者的征求，亦借此增强了自身财富实力并不断扩大在地方的影响力"（第30页）。①

　　学者大多认为"绅士""士绅"和"乡绅"阶层，都是在明清时代得以形成并逐渐发展和成熟起来的，作者在这一认识的基础上，指出元代在社会政治、经济、文化等方面与明、清两代存在诸多不同；作者认为，研究元代的精英群体，必须依据元代的实际情况进行探讨：宋元易代，众多南宋儒士选择不仕新朝而隐居或退居乡里。在漫长的一段时间内，科举中辍，中断了儒士登科入仕的晋升渠道，他们被阻隔于政治权力之外，靠近或走入庙堂之上的理想几近破灭。时代的浪潮将元朝儒士推向地方社会，使他们与地方社会结合的紧密程度加强了。②因此，苏著用"地方精英"来指代元代联结在国家与基层民众之间并发挥着重要作用的社会群体，以士人和占有财富、文化资源且无政治特权的"富民"为主要研究对象。由此观之，可以肯定地说，苏著的研究极大地丰富了"精英"群体向"士绅"阶层发展过渡的总体脉络，使历史纵向发展的轨迹更为清晰。

二　苏著的议题与国际性议题的同与异

　　国际学术界关于中国地方精英的研究，在一段时间内，以 Robert M. Hartwell（郝若贝）和 Robert P. Hymes（韩明士）师生的观点为代表。如前所述，Robert M. Hartwell 将地域研究模式与社会精英理论结合，并通过这种方式来研究中国传统社会的转变。Robert P. Hymes 延续了 Robert M. Hartwell 的学术理路，结合自己既定的对精英的定义，针对三个议题，即科举与南宋抚州精英的关系、南宋抚州精英奉行地方主义的家庭策略、精英地方主义策略与国家力量在地方社会上的衰

① 苏力：《元代地方精英与基层社会》，第30页。
② 苏力：《元代地方精英与基层社会》，第23页。

退等展开了讨论，力求证明两宋之际精英阶层逐渐地方化的发展趋势。Robert P. Hymes 认为，"地方性"被认为是南宋精英的新特征。精英们将他们的关注点从此前的全国权力中心以及追求高官位置，转向了巩固他们的地方基地，一种精英的"地方主义"在社会观念领域也开始显现。本章主要分析苏著的议题与以郝若贝和韩明士为代表的国际性议题的相同点与不同点。

苏著围绕着元代江南地方精英如何参与构建基层社会新秩序为主题，详细探讨了地方精英与基层社会的关系。苏著指出，时代的变化发展将元代儒士推向地方社会，加强了他们与地方社会结合的紧密程度。苏著还借鉴了李治安先生的看法，即宋元两朝的官僚士人开始向地方发展并重新回归乡里社会。①为此，苏著着重研究了元代江南地方精英在基层社会中的各种社会文化活动：地方精英辅助官员施政、调解民众纠纷、通过义兵武装维持乡里秩序、积极参与公共设施兴建、投身于赈济灾荒和周济贫穷的社会救济、社会公益，兴办教育、投身于宗族复兴，阐述了元代地方精英重新回归乡里社会，并在乡里社会发挥了重要作用的观点。韩明士分析了婚姻、居处、房舍、布施、迁居的地理变化，得出抚州精英家庭向地方回归的观点，并详细描述了抚州精英在地方社会中参与地方防卫、社会救济、庙祠与宗教生活的活动。显而易见，在地方精英积极投身于地方社会活动的这一议题上，苏著与 Robert P. Hymes 有诸多相同之处。

但与 Robert P. Hymes 的"地方性"被认为南宋之后的新特征、一种精英的"地方主义"在社会观念领域也开始显现的观点不同，苏著认为，宋元时代地方精英向地方发展只是处于孕育和发展阶段，只有到了明代，特别是明中期以后，地方精英的自身形态才日益清晰，一个被称为"士绅"的阶层才出现在历史舞台上，成为左右地方社会发展的主导。易言之，作者认为："士绅"性格特征在宋元时代已经开始孕育和生长，配合社会政治、经济、文化等方面的发展变化，这种性格在明代中后期渐趋成熟起来。

---

① 前揭李治安先生《中国基层社会秩序演变轨迹述略》。

　　苏著与 Robert P. Hymes 的主体观点的不同还体现在"精英与国家"关系这一议题上。Robert P. Hymes 将精英地方主义策略与国家力量在地方社会上衰退的议题，明确地表述为"精英与国家的分道扬镳"，认为"不过只是到了南宋，精英身分的独立性以及自我认可特性才变得最为清晰"。而苏著在界定"地方精英"的概念时指出，"地方精英"指代"元代联结在国家与基层民众之间并发挥着重要作用的社会群体"，①并且苏著的研究旨趣就在于，元代地方精英与国家权力、基层社会的互动关系如何，发挥了哪些作用，产生了哪些影响等这些问题的探究。苏著还指出"统治者，地方精英，民众，这三者关系的联结与互动，对基层社会运行及发展的态势产生了重要影响"。②苏著在"余论"部分还具体阐述了地方精英与政治权力联结的意义，即"地方精英之所以能对基层社会产生重要影响，同他们保持与政治权力的联结密切相关，否认这种联系不符合历史事实"。③同时，作者还认为"凭借自身对地方乡里作出的积极贡献，地方精英赢得了'义士''善士''长士'等饱含赞誉的称谓，体现出来自官府与民众的双重认可"。④根据梁庚尧的研究，南宋时期豪横型和长者型人物的存在都与当时政府对地方统治能力不足有关。政府对地方统治能力有限，使得乐善好施的官户、士人在乡里有广大的活动空间，以补政府功能的不足。地方官在施政上与照顾民众生活上有赖于乡居士大夫的支持。⑤由此可见，南宋时期的士人与政治权力保持着密切联系。苏著指出元代江南地方精英与政治权力联结起来的结论，也就具有了牵连"上"（前朝赵宋）的作用。

────────────

① 苏力：《元代地方精英与基层社会》，第 17 页。
② 苏力：《元代地方精英与基层社会》，第 30 页。
③ 苏力：《元代地方精英与基层社会》，第 246 页。
④ 苏力：《元代地方精英与基层社会》，第 250 页。
⑤ 梁庚尧：《豪横与长者：南宋官户与士人居乡的两种形象》，原载《新史学》第 4 卷第 4 期，1993 年 12 月，今据氏著《宋代社会经济史论集》下，台北允晨文化实业股份有限公司 1997 年版，第 474 页；方诚峰《统会之地——县学与宋末元初嘉定地方社会的秩序》（《新史学》第 16 卷第 3 期，2005 年 9 月）一文，讨论了特定时空之中地方社会的秩序的构建、维持和转变，不同的人在其中扮演各种各样的角色，官民有合作也有背离，由此为切入点论证了地方士绅参与社会事务与官方力量的纠葛，颇有新意，值得参考。

在科举与地方精英的关系这一议题上，苏著与郝若贝和韩明士看法也不尽相同。郝若贝认为，科举制度的扩展为地方士绅提供了一种方式去界定他们的地位群体，限定这个地方群体的进入权，科举制度是地方士绅延续他们政治地位的主要方法。韩明士认为，科举是地方精英的囊中之物，地方精英无须寒窗苦读，只要经营好自己的精英地位就好，科举的意义只是进一步正式承认地方精英在地方上早已建立的影响力。而苏著认为，大族的形成是以其不断有出仕者为基础。士人们竭其所能来兴办义学，培养人才，且寄希望那些学于塾者能以才出仕，完成振兴宗族的心愿。因为族人入仕通显后，会对家族声望及社会地位的提高产生实质性的推动作用。苏著以更丰富而坚挺有力的史料认为，地方精英维护在地方上的地位必须依靠科举的手段，并且要保证族人不断出仕，才能巩固地方精英在地方上的势力。①

三 地方精英展示其影响力的"场域"

苏著以元代地方精英如何参与构建基层社会新秩序为研究主线，具体探讨了元代地方精英在基层社会中所处的地位和发挥的影响力。细读苏著，可以清晰、完整地了解到元代江南地方精英展示其影响力的"场域"主要包括以下三个方面。

第一，政治场域。地方精英以通过积极配合官府完成工役的方式，成为官府所要依靠的重要对象；通过辅助官员施政，介入地方事务的运行和管理当中，并在其中发挥了重要的作用；他们还通过调解基层乡里民众之间纠纷的方式，维护了乡间礼法秩序的平衡和稳定，从而在基层社会发挥着实际的支配与掌控作用。地方精英在政治场域展示其影响力还体现在，以义兵武装的方式来维护地方安全的行动，这一行动为民众

---

① 这一观点与宋朝士大夫经营地方社会的取径相同，参阅黄宽重《宋代的家族与社会》，国家图书馆出版社 2009 年版。其他学者的研究，也证明了这一观点，兹不赘述。但是，由 Robert P. Hymes 执笔的《剑桥中国史》宋代卷第二部第八章，已对"Hartwell-Hymes 假说"中关于中古士人精英的观点做了大幅的修正，请参阅 John W. Chaffee and Denis Twitchett, ed., The Cambridge History of China, Vol. 5, Part 2, Sung China, 960—1279, Cambridge, UK and New York: Cambridge University Press, 2015, pp. 526—664. 参阅王锦萍《近二十年来中古社会史研究的回顾与展望》，邓小南主编《宋史研究诸层面》，北京大学出版社 2020 年版，第 106—120 页。

创造了一个安定的生活环境，维护了基层社会的秩序稳定。

第二，经济场域。地方精英利用官府力量不足、需要民间力量给予支持的契机，凭借自身努力以及来自政府和民众双方的认可，积极投身到地方公益和公共设施兴建的活动中去，并借此成为地方社会的掌控力量，取得了基层社会的权威地位，对乡村社会产生了实际的控制与影响，促进了地方社会生产生活秩序的正常运转，从而展示出其广泛的影响力。地方精英还以赈济灾荒和周济贫穷的行动，积极介入到地方公共事务当中。地方财政匮乏的现实、官府许多政策在实施过程中出现的灵活性不足、吏治腐败等问题，为地方精英充分彰显其自身的赈济力量等提供了有利契机。他们利用这一契机，积极投入赈灾行动当中，弥补了"王政"的缺失和不足，并且成为统治者及民众所需要和仰仗的重要力量，稳定了灾荒时期的社会秩序。进而言之，以地方儒士、富民为代表的精英力量还承担起了周济贫困的社会责任，缓和了因贫困导致的社会矛盾与官民对立情绪，为基层乡里秩序的稳定打造了良好的社会基础，从而促进了社会生产的发展以及乡村社会秩序的稳定。

不单有宋一朝，明朝中叶以还因地方财政（以福建为例）日趋窘困，迫使各级政府相继放弃了许多固有的行政职能，尤其是把各种地方公共事业移交给当地的乡族集团。此后，乡绅与乡族集团开始全面接管地方公共事务，从而也就合法地拥有了基层社会的控制权。①也有学者指出，元末到明初的地方社会是一个乡豪权力支配的社会，乡豪同王朝国家拉上关系，成为地方上具有正统性身份的政治势力；明朝政府把地方势力纳入中国的权力体系，培养起新兴的士大夫势力，在乡村中推行教化，逐渐形成士大夫文化主导的社会秩序。②从这一研究取径和前后联系看来，苏著的研究具有显而易见的勾连"下"（朱明一朝）的作用。

---

① 包伟民：《宋代地方财政史研究》，上海古籍出版社 2001 年版；黄仁宇：《万历十五年》，中华书局 1982 年版；黄仁宇著：《十六世纪明代中国之财政与税收》，阿风等译，生活·读书·新知三联书店 2001 年版；郑振满：《明后期福建地方行政的演变——兼论明中叶的财政政策》，《中国史研究》1998 年第 1 期。
② 刘志伟：《从乡豪历史到士人记忆——由黄佐〈自叙先世行状〉看明代地方势力的转变》，《历史研究》2006 年第 6 期。

第三，社会文化场域。这方面主要包括地方教育与宗族复兴两个层面。地方儒士、富民以官府、官学钱粮不足为契机，将其在基层社会的影响力延伸到地方教育领域。地方精英通过义学教育的方式，教授儒家礼仪规范与伦理教化理念，使民众自幼就受到先圣贤儒思想的熏陶，儒家理念也就渐趋成为其内在观念的一部分，影响其人生观、价值观的建立与形成，并通过他们的躬行实践而不断发挥作用，从而在基层社会构建"礼"的秩序，使乡里社会的风俗趋向淳化（中国传统的礼俗观念，在这一时期，随着朱子家礼的全面延伸，也在一定程度上强化了乡村秩序）。元代江南地方精英在基层社会的影响力还触及宗族复兴的层面。地方精英积极投身于宗族制度的重建活动中，通过设立义田，减轻了族内贫困现象，避免因贫富悬殊而引发对立，同时还强化了宗族对族众的吸引力、凝聚力。他们还通过设立义学为族人提供免费教育，向族人灌输伦理道德思想以达到"敬宗收族"的目的，并把整个家族构建在宗族礼法的基础上，对宗族乡党进行"教化"。地方精英以这些方式投身于宗族复兴，造就了一批颇具影响力的地方宗族。①

元朝前后的有关研究，分别体现出宋朝和明清时期家族力量在基层社会的面貌。根据王善军的研究，以官僚士大夫为核心的宋代地主阶级纷纷编修谱牒，兴置族产，制定家法族规，创办族塾义学，完善宗族祭祀，倡导"尊尊""亲亲""敬宗""收族"，形成治家治族的社会风气，经过地主阶级这样一番努力，以"敬宗收族"为突出特点的宗族制度便出现在宋代历史舞台上了。②冯尔康指出，宋元时期是宗族制度发展的重要阶段，与前期的宗族制度相比，宋元宗族制度具有自身的特点：以祠堂、族谱、族田作为收族手段的宗族形态，宗族的官僚化，宗族制发展形成南盛于北的局面，族权与政权相分离。③根据常建华的研究，明代宗族制度进一步发展、更加成熟，主要表现在

---

① 明清以还乃至民国时期，这一现象还屡见不鲜，参阅何炳棣《读史阅世六十年》，广西师范大学出版社 2005 年版。

② 王善军：《宋代宗族和宗族制度研究》，河北教育出版社 2000 年版。

③ 冯尔康等：《中国宗族社会》，浙江人民出版社 1994 年版。

宗族在建祠祭祖的同时，往往伴随着修族谱、行墓祭、置祭田、讲乡约、设义塾等举措，有意识地采取制度"创新"来合族，维持乡族社会秩序。①陈支平指出，在明代中叶社会变迁的大气候和福建特殊的社会环境里，福建民间的家族制度，在传统的基础上，跃进到一个新的阶段，家族组织日趋完善，家族管理日益严密。②郑振满的研究表明，明清时期的社会结构中，家族组织是最基本的社会组织，明清时期各种超家族的社会组织，实际上都是以家族组织为基础的，或者说是某些家族组织的联合形式。③综上而言，显而易见，苏著关于元代江南地方精英投身于宗族复兴的研究成果，与已有的关于宋、明清的宗族研究成果串联起来，为我们揭示了宋元明清宗族复兴的发展脉络，再现了有元一朝的丰富历史场景。

四　深入探讨与学术精进

综合而言，我们认为，苏著的学术探讨具有精进价值的部分，似可分为三个方面。

第一，比较全面、系统地考察了元代江南地方精英的历史面貌。这又可从作者具体展开探讨问题中的以下三个方面，进而详细说明：（1）阐述了元代江南地方精英在基层社会中所处的地位以及发挥的社会影响力，丰富了"精英"群体向"士绅"阶层发展过渡的总体脉络，填补了元代研究和中国古代史研究的一项空白。（2）切入了区域史的视角，苏著立足于区域的视角，以江南地区为中心，着重研究了元代江南地区的地方精英。如在探讨元代义田的具体管理办法时，以

---

① 可资参阅者如常建华《明代宗族研究》，上海人民出版社 2005 年版。唐力行：《论徽商与封建宗族势力》，《历史研究》1986 年第 2 期；唐力行：《徽州方氏与社会变迁——兼论地域社会与传统中国》，《历史研究》1995 年第 1 期；唐力行：《清徽州的家庭与宗族结构》（《历史研究》1991 年第 1 期）及其《徽州宗族社会》，安徽人民出版社 2005 年版；［韩］朴元熇：《明清徽州宗族史研究》，中国社会科学出版社 2009 年版，等等，恕不一一赘列。
② 陈支平：《近 500 年来福建的家族社会与文化》，上海三联书店 1991 年版。
③ 郑振满：《明清福建家族组织与社会变迁》（增补版），中国人民大学出版社 2009 年版。

处州路龙泉汤氏义田为例进行了详细论述，①精细而翔实，给人深刻印象。（3）初步描述、勾勒出了元代地方精英如何参与构建基层社会新秩序。

第二，揭示了元代江南地方精英在基层社会中影响力所触及的"官、民交接的场域"，包括政治场域、经济场域和社会文化的场域。苏著揭示了元代江南地方精英在基层社会中影响力所触及的具体领域，这也是苏著的学术贡献所在。之前，或有学者以其丰富的想象力在论述中有所表述，但多属概略言之；只有雄辩的资料论证，才是更具说服力的，也是更富学术魅力的。

第三，有意与国际学术界研究"精英""士绅"的潮流接轨。在中外学术界已有的研究中缺乏清晰、完整地描述处于宋、明之间的元代精英群体的具体情况。苏著则围绕元代地方精英与基层社会的关系进行了详细的探讨，以此与国际汉学研究中的"精英""士绅"潮流接轨。从学理上来讲，苏著的意义还在于回应了西方学者"地方精英""地方化"的议题，就元朝江南地区做了坚实的个案研究。苏著认为，经历了宋元时代的孕育和发展，明中期之后，地方精英的自身形态才日益清晰，一个被称为"士绅"的阶层出现在历史舞台上，成为左右地方社会发展的主导力量。苏著关于"士绅"的性格特征经过了宋元时代的孕育和生长，到明代中后期才成熟起来的观点，回应了韩明士勾勒的南宋官宦士人地方精英化的图景，使我们更为清晰地了解到宋明历史链条中，元朝地方精英的一幅真切的历史图像。

此外，研读苏著，可以发现作者在钩沉、运用史料方面下了很大的功夫。作者细心爬梳文献，并能正确选用恰当和富有说服力的史料来论证其所要表达的观点。就文字的梳理而言，作者的逻辑思维相当谨严。从整体布局看，苏著的正文分为六章，每章都能围绕着元代地方精英如何参与构建基层社会新秩序的主题进行详细分析，并且前后延展，层层递进，叠压之层次相当清晰，书中所引用的史料也都能紧密结合这一主题进行论述，并且注意上下文的照应以及史料间的照

---

① 　苏力：《元代地方精英与基层社会》，第202页。

应。作者在文字表达上同样也很出色，其文笔流畅，言简意赅，读来甚为顺畅。

五　阅读疑惑和增益空间

当然，这部著作也难免存在一些缺点。譬如，作者总体把握上、史料的收讨和解读方面，还存在这样或那样的疏失。进而言之，对于其整体构架，也还有更多的史料可作具体论证之用；对于西方学者的学术议题，也还可以从更广阔的视野下，展开更有力度的质疑和问难，以展现出一个真正的、具有本土文化关怀的中国地方精英的历史图像。

首先，偌大的中国，"何处是江南"？这种区域的人为限定，是否符合历史现实？

关于江南的限定，周振鹤认为，江南不但是一个地域概念——这一概念随着人们地理知识的扩大而变易，而且还具有经济含义——代表一个先进的经济区，同时又是一个文化概念——透视出一个文化发达的范围。①李伯重从明清经济史研究的角度出发，对"江南地区"进行了界定，他认为：经济史研究中的明清江南，应指苏、松、常、镇、宁、杭、嘉、湖八府及太仓州所构成的经济区。②葛剑雄认为，"江南"所代表的地域范围自秦汉至当代发生了很大变化，它可以是指一个特定的行政区域，如唐朝的江南东道、江南西道，清朝的江南布政使司（省），也可以是一个以这些政区为基础的人文地理区域或自然地理区域，还可以是一个范围并不明确的习惯性区域。③张伟然认为，唐后期的"江南"有广狭两层含义，广义地说，它指贞观十道中的江南道，但更常用的是"江南"的狭义概念，即唐中叶的"江南东道"，此时它已分属宣歙、浙东、浙西三个观察使管辖。其中，宣歙（今皖南）相对于两浙处于边缘，而浙东（今浙东、浙南）、浙西

---

①　周振鹤：《随无涯之旅》，生活·读书·新知三联书店2007年版。
②　李伯重：《多视角看江南经济史（1250—1850）》，生活·读书·新知三联书店2003年版。
③　葛剑雄：《中国人口史》第一卷，复旦大学出版社2005年版。

（太湖流域及今浙北）的两浙之地，唐人又很敏感于吴和越的区别，在当时人心目中，吴地（太湖流域）才是江南的典型。唐代以来，虽然江南的边缘时伸时缩，例如有时人们把地处江北的扬州也视作江南的一部分，但地道的江南一直稳定地以今苏南、浙北为中心。①最近，邹逸麟先生从政治意涵上的说法，也值得重视。②苏著一书对此也有限定，我们又该如何看待？ 苏著一书的限定，我们又该如何看待？ 苏著的限定，是否合理？ 我们认为，唐朝人、宋朝人抑或是元明清时期之人大脑深处认知的、口语之中惯常表达的"江南"，才是该历史时期人们所认定的"江南"，而不是我们当今为了研究的便利，为构建自己的研究体系和模式，而人为地割裂空间、跑马圈地构建的"江南"。换言之，就"江南"区域的认定，回到唐朝，回到宋朝，回到元朝，回到明朝，回到清朝，回到当时的历史场景去认定具体历史时段的区域空间（甚至要回到当时的语境之中，考察该历史时期内北方人、南方人抑或其他不同地域的人，在不同时期内的体认，才更合理），才是更合乎历史实际的、回到了"历史现场"的真切认知。

其次，如何评断本书之中所未能呈现的有关地方精英武断乡曲、豪取掠夺的历史面相？ 生活在社会之中的人的群体，是多元的、立体的、多面相的，是随着时空等周围世界的变换而不断改变的。有些人在某种场合下呈献给我们的面貌是"耆老""长者"，但是，在另外的场合呈现在我们面前的可能是"豪横"，更有胶合在两者之间的社会形象。③传统中国的帝制时代，在县级以下的基层社会之中，有一种难以用任何一种模式来单纯描绘的"场域"，因着多个群体的同时并存，王权控制和治理着生活在乡村中的广土众民。其中，有扮演着"半官方半民间"色彩的胥吏役人，有暂时或长时期生活在乡间的

① 张伟然：《何处是江南》，《江南论坛》2005 年第 1 期。
② 邹逸麟：《谈历史上"江南"地域概念的政治含义》，《浙江学刊》2010 年第 2 期；杨念群：《何处是江南》（生活·读书·新知三联书店 2010 年版）也有一番解读，请参阅。
③ 参阅前揭梁庚尧《豪横与长者：南宋官户与士人居乡的两种形象》，并刁培俊《宋代的富民与乡村治理》。

士绅以及一部分读书人，还有各种民间组织的头面人物，等等。他们一方面来自民间，具有很浓的血缘性和地缘性。另一方面，他们也往往在某些场合代表着"官方"，从而侵剥普通民众。当然，在上述两个过程之中，无论在哪一种情况之下，他们更多是为自己的一己私利而谋划，来展开他们的政治和社会作为。王亚南先生很早以前就提出了"官民对立"的概念，他深刻地剖析了中国的传统社会。①县级以下的传统中国帝制社会，这一基层空间中的诸多历史面相，我们从苏著中还难以看到上述地方精英为非作歹、上欺下压、上哄下瞒等历史面相。而这样的历史面相，在很长的历史时段之中持续地存在着，成为传统中国帝制时代的普遍现象。我们认为，苏著应在这一领域有所考察。我们更希望作者在这一论证过程之中，给我们启迪：究竟采取怎样的一种治理模式，才能够改变上述基层社会的黑暗的一面，给生活在广阔乡村中的村民们一个舒畅顺达、和谐稳定的生活空间？

最后，虽然苏著有意与国际学术界研究"精英""士绅"的潮流接轨，但其只是围绕地方精英在具体地方事务的表现进行详细论述，对于元代精英群体如何承接南宋精英群体、下延明清士绅阶层的问题，并没有进行详细的论证，只在书的结尾指出"绅士"性格特征的形成在宋元时代已经开始了孕育和生长，到了明代中后期才成熟起来。对于韩明士为代表的西方学者唐宋元"地方精英""地方化"的议题，苏著并没有与之展开充分的对话，没有进行有针对性的分析，也还缺乏与外国学者的真正学术意义上的"互动"。

除此之外，作者在引用史料时出现了一些疏失，比如，第62页"动一年、二年不决"的"动"后面缺"经"；第77页，"行省丞相达识特帖睦迩承制"应为"行省丞相达实特穆尔承制"；第87页，"其中石堤四"的"其"多余；第179页，"至治间，建义塾于家"的"于"应为"千"；第185页，"而有表彰程朱之学以为教于天下"的"有"应为"又"，"彰"应为"章"；第185页，"则启养于教"的"启"应为"其"；第207页，"毋但工文辞"的"毋"应为"母"；

---

① 王亚南：《中国官僚政治研究》，中国社会科学出版社1981年版，第16、123—134页。

第 207 页，"深潜理义而蹈迪矩度"的"深"应为"沈"等，恕不赘列，但也或可反映出本书的增益空间。

要之，在国际化汉学研究中"精英""士绅"潮流的影响下，苏力博士对元代江南地方精英进行了全面、系统而深入地研究，填补了元代研究和中国古代史研究的一项空白，在一定程度上回应了西方学者地方精英"地方化"的议题，在"唐宋变革"与"宋元明历史过渡"诸国际汉学议题的链条中，起到了连上（宋）牵下（明）填补空白的作用，是一部很有学术价值的学术著作。

（本篇发表时署名刁培俊、林明华）

第六章　文辞清丽,别开生面:才子笔尖下的酒与元朝社会

——杨印民著《帝国尚饮:元代酒业与社会》读后

蒙元时代,社会尚饮熏风酷烈。由于漠北严寒气候等因素的影响,生活在草原上的蒙古民族尚饮成风,"他们身上的野性是不可能用儒学的道理来理喻的,他们的经济基础是马,上层建筑是酒,他们通行的精神状态就是酒神精神状态"。①蒙古民族入主中原后,其饮酒文化也与传统中原社会迥异。可以说,元代的酒,独树一帜,其酿造、销售、管理不仅是其社会政治经济状况的反映,且是中西交融、胡汉一家的大一统多元文化的一个缩影。

史学界对中国传统帝制时代酒业比较深入的研究,此前寓目者仅见李华瑞先生《宋代酒的生产和征榷》(河北大学出版社 1995 年版,2001 年再版)专著一部。但对于元朝这一"尚饮"帝国的酒业,长期乏人关注,②中国国家图书馆研究馆员杨印民博士所著《帝国尚饮:元代酒业与社会》(简称为《帝国尚饮》,天津古籍出版社 2009 年版,34万字,收入李治安主编之"基层社会与社会权力研究丛书")一书颇为详尽,在元代酒业的生产、发展、榷卖、饮酒风俗等具体问题,以及反映

---

① 参阅梁归智、周月亮《大俗小雅:元代文化人心迹追踪》,河北大学出版社 2001 年版,第 1 页。

② 关于元代酒的研究,陈高华、史卫民、洪光柱、韩儒林、黄时鉴、李华瑞、尚衍斌、杨晓春、陈洁林、凤居、申万里、陈伟明、高树林、〔日〕筱田统等人曾著有相关论文,其研究主要集中于宫廷宴饮、烧酒起始、葡萄酒、马奶酒等问题,其他方面则非常薄弱,更未出版有详细研究的专著。

的元代社会政治经济文化生活等，皆令人耳目一新。

《帝国尚饮》一书，正文七章。在绪论中，作者对本书拟研讨的主要课题、研究现状、主要内容及创新点等做了简要介绍。本书主体七章，作者从多个方面呈现出元代酒的种类多样、社会各阶层饮用酒风俗的迥异、城乡酒肆经营风貌与酒肆的社会镜像作用、酒禁政策的实行以及对元代各群体社会生活的影响、酒课征收及其在国家财政收入所占的地位等历史场景。这些涉及元代经济、社会、风俗、制度等几大领域，反映了酒在蒙元帝国社会生活中的独特意义。作者在结语部分对全书各章节加以统摄性概括，提升论题。总体而言，此书视野广阔，论述详瞻，文辞流丽，尤其是文史结合的行文表述风格，利用大量咏酒诗文作为左证，从生动的"酒"文化中折射出多民族杂糅的蒙元大一统时代的社会风貌。具体来说，有如下三点。

一　视野广阔，思维细腻，论述详瞻

《帝国尚饮》论述的主题是元代的酒业与社会，以往学界相关研究主要集中于酒的种类以及酒课征收等几个方面，①而对社会各阶层饮酒风俗、酒肆、各行省酒业状况等，均较少涉及。本书则独具眼光，较详尽地考察了酒与元朝社会各方面之间的关系，对与酒有关的诸多碎琐细节均一一呈现，凸显出作者视野之广阔，思维之细腻，学术研讨之周详。

在这一课题研究所涉及的层面上，杨著对于酒的探讨，几乎囊括了蒙元帝国与"酒"有关的各方面问题，论述详赡。如，在酒的种类上，从北方草原尚饮的马奶酒、西域及中亚主酿的葡萄酒，到中原和南方广大地区偏爱的粮食酒，作者皆有具体考察；在饮酒群体方面，从处于社会上层的宫廷贵族、官吏、商贾大族、文人士大夫、寺观方外，到处于社会底层的小市民、贫民、甚至乞丐，均被纳诸作者视野；在酒业发展的地域方面，作者则从酒业生产和发展最为突出的，处于政治、经济、文

---

① 陈高华、史卫民：《中国经济通史·元代经济卷》，中国社会科学出版社 2007 年版；史卫民：《元代社会生活史》，中国社会科学出版社 1996 年版。

化中心地位的腹里地区和江浙行省，到几乎没有酒课记录的辽阳、甘肃行省都有涉及，在广阔的空间下，展开其探讨的基点。在这一广阔的时空观下，融入作者多元视角的思讨，故而其考察问题相当广泛，或可谓本书乃一部关于元代酒文化的小型"百科全书"。

在这一研究所涉及的诸问题点上，杨著手法细腻，极具风格。如，在元代酒的四大种类——马奶酒、葡萄酒、粮食酒、配置酒的划分之下，又对每一类酒所包含的不同类别、产地、不同的制作方法、质量优劣和风味的细微区别，皆细细道来，俨然品酒高手；而在不同阶层的饮酒风俗中，则对各类社会群体复杂的性格、饮酒礼仪、风格以及特殊现象等皆有细述，分别突出宫廷贵族、文人士大夫、民间酒、寺观酒之奢、雅、朴、逸，呈现出元代社会文化的多元性和兼容性。可以说，作者如此细致地描述，令读者几如身临其境，置身于元代尚饮社会的历史情境画廊之中。

此外，本书思维细腻，但并非仅以酒论"酒"，而是以"酒"为切入点，窥探整个元代社会、政治、经济、文化之多元风貌，以小见大。譬如，"田家种秫酿酒，渔家携鱼换酒，商家入市贩酒，酒家当垆卖酒"（第144页），与"枢密院家家赐宴，金符三品事奔趋。教坊白马驮身后，光禄红箫送酒车"（93页）的生活场景下，是不同社会阶层（贫苦与富裕）的对比，是黄金家族与上层社会采取各种手段对下层民众赋税的搜刮。在樽酒文赋，草堂咸集，文人士大夫的"画船载酒、月下独酌、对酒当歌"（第109页）之雅中，则或隐或显地彰显出其内心的彷徨与不安；他们"游乐无虚日，宴饮无节制"（第134页）的沉沦之路，是蒙元游牧民族入主中原，科举停废、仕途无门的特殊时代背景下，以儒家文化为主体的士大夫们被边缘化的无奈。①诸如此类，作者正是从细微处观察社会之腠理，拓展思维，从而扩展本书的视野，深化研究的议题。

---

① 参阅姚大力《元朝科举制度的行废及其社会背景》，南京大学主办《元史及北方民族史研究集刊》第六辑，1982年，第25—69页；萧启庆：《元朝科举与江南士大夫之延续》，原载《元史论丛》第七辑，江西教育出版社1999年版，今据氏著《元代的族群文化与科举》，台北联经出版事业公司2008年版，第147—176页。

二　广搜博采，史料丰赡

本书广阔的视野，细腻的论述，正是基于作者对史料做了大量钩沉索隐、沉潜发覆的工作。在有元一代文献中，关于元代酒文化的史料相当零散，作者对史料的收集和运用确实下了水滴石穿般的工作，有其特色，值得褒赞。

第一，《帝国尚饮》一书共参考文献典籍三百余种，其中不仅包含我国境内的汉文文献，并且，作者鉴于元朝大一统格局的时代特征，还翻阅并使用了许多域外资料。如在考察民间饮酒风俗时，由于境内资料多只记述汉地风俗，作者引用了波斯拉施特（Rashid al-Din，1247—1317）《史集》和伊朗志费尼（Ala-al-Din Ata-Malik Juwaini，1226—1283）《世界征服史》中的部分记载，对蒙古草原和今天西藏地区民间饮酒的某些风俗作了生动的描述；在考察元代城乡酒肆和酒课中，使用了朝鲜李朝时代的高丽汉语教科书《老乞大》《朴通事谚解》，对元代酒业的一些具体情况作出估算，反映出元代酒肆等的发展程度。

第二，《帝国尚饮》一书史料的丰富性还表现在考古实物数据的应用上。如在探讨烧酒技术时，本书充分运用了于 2002 年 6 月发现于江西省南昌市进贤县李渡镇的古代酿酒遗址资料，以江西李渡（无形堂）烧酒作坊为代表，切实地展示了酿制粮食酒的烧酒技术，论证了元代在中国酿酒工业发展史上处于一个崭新的阶段。

《帝国尚饮》一书中的新史料——《黑城出土文书》的运用，值得特别提出。①众所周知，《黑城出土文书》（汉文文书卷）和《俄藏黑水城文献》（汉文部分），为近年来蒙元史研究领域的新数据，尚未被学者们充分利用。作者以敏锐的学术嗅觉，充分运用其中有关元代酒方面的数据，借此新数据，展现出有元一代酒文化的更多历史面相，也由此

---

① 《黑城出土文书》为李逸友整理而成。1982—1983 年，内蒙古文物考古研究所等组成联合考古队，正式发掘了黑城，弄清了地层关系和城市布局情况，发现了大量文书和其他文物，总计编号有 3000 余号，李逸友先生将汉文文书中主要部分整理编成《黑城出土文书·汉文文书卷》，科学出版社 1991 年版，公开发行，为研究元代社会历史和文化提供了极为宝贵的文献资料。

深化了学术议题。例如，在考察甘肃行省酒业时，引用了 F13：W126 号官司钱物帐方面的文书，以说明当地居民对酒的消耗量及依赖性之大；在探讨元代酒肆的开张和经营时，引用了 F96：W3、F206：W59、F38：W1 号文书，展现出了元人酒肆的合资经营既有个人资金不足、无力单独开业的原因，也有为了寻找有势力、有声望和有官府背景的人做靠山的考虑，并且经营中存在雇佣关系；引述编号为 F116：W562 的文书，借此分析了酒课起解的整个过程。这些第一手材料的运用及由此而来的问题精细论证，在很大程度上提升了著作的整体质量。

第三，在史料的收集和运用上，本书的另一特色就是大量运用诗歌材料。陈寅恪之"以诗证史，以史证诗"传承已久；钱钟书也曾说，"只知诗具史笔，不解史蕴诗心"①。而本书尤其在前五章中，诗文作为史料几贯穿于每一章节。诗歌文赋中大量咏酒的内容，不仅补充其他史料之不足，且使得杨著文史相彰，文采飞扬，独具风格；并且，该书所引史料多文辞清丽，历史感和现场感极强，诸如"洞庭四面皆水也，水气上腾，尤能辟霜。所以洞庭柑橘最佳"；"立春日，以黄柑酿酒，谓之洞庭春色"（第 201 页）等句，皆文采斐然，史料独具诗韵，亦因而给读者展示出一个更为生动具体的历史场景。

三　文辞流丽，史蕴诗心

杨著对各种史料的绵密编织，独具特色。窃以为，若从整体上概括，本书的风格莫过于"文辞流丽，史蕴诗心"。首先，这得益于作者厚实的文字功底和别具风格的表述方式。如其对"奢、雅、朴、逸"不同饮酒境界的细心琢磨，对各种佳酿风味的细腻描绘，对不同场景的逼真写摹。一句"这酒喝得野逸，喝得乖张，喝得离经叛道"（第 161 页），似乎令读者真切体会到元代寺观方外饮酒之风。全书简洁、生动的文字，增加了史学著作之雅，可读性更强。

其次，"文辞流丽，史蕴诗心"，还在于作者广泛地采用了大量与酒有关的各种诗文。如葡萄酒中"葡萄酒熟红珠滴，杷榄花开紫雪

---

① 钱钟书：《谈艺录》，中华书局 1984 年版，第 363 页。

香"，"花开杷榄芙蕖淡，酒泛葡萄琥珀浓"（第 32 页）等，这些耶律楚材等人饮酒诗词的大量引用；文人士大夫饮用酒中，各种酒疏、诗词、文人日记、赋、散文等的层迭次第引用；另外，如上所述，所引史料亦多清丽之句。故本书在主要反映社会文化风俗的前五章中，行文优美，文史相融，令人读来清新扑面，手不释卷。

最后，"史蕴诗心"并非仅以文史杂糅可致，这也离不开各种史料间的互补，史料与史论的相融，以及史论和识见之相融为一。由是观之：（1）杨著在运用各种史料时，根据内容的差异，在侧重文化史的前五章多用诗文，突出展现历史场景之具体生动，而在侧重经济政治史的后两章则所用诗文颇少，多以传统文献论述，更显历史学之严谨。（2）杨著在细腻生动地描绘社会现实时，还注重以小见大，从酒文化中考察元代广阔的社会面相。尤其在后两章中，从经济史的角度对元代的酒课微观具体地考察，这些都在不同层面上揭示了元代"帝国尚饮"的内在原因和外在历史特征。

总体而言，本书史蕴诗心，别有风格。但从史学的角度上，仍有一些问题值得再行悉心斟酌。

第一，此书文风流丽，优点突出，但也存在一些疏略和失误，诸如：个别行文未免有文辞滥用、堆砌之嫌。在前五章中，作者习惯性地在每一章中堆砌诗歌，如第二章的开头部分：

> "忆昔浮蛆醉玉醅，天寒一日饮千杯"。元人尚饮，熏风酷烈。金元诗人元好问："一饮三百杯，谈笑成歌诗。"萨都剌感叹："人生百年寄耳，且开怀，一饮尽千钟。"张昱更有："便把汉江都作酒，饮时犹恐负春光。"壮语豪言，直令众酒徒气短。

> 酒量不仅大，酒瘾还大，"得酒可谋千日醉，挂冠犹恨十年迟"。官可以不做，酒不能不饮。"安得酒船三万斛，与君轰醉太湖秋。"气魄之大，非元代不能有。①

---

① 　杨印民：《帝国尚饮：元代酒业与社会》，第 78 页。

　　以上两段引用诗词之多，既无层次之别，也不能用以说明不同问题，充其量不过可见元人尚饮而已。且从"得酒可谋千日醉，挂冠犹恨十年迟"，得出"官可以不做，酒不能不饮"，或属作者一己之见。窃以为诗中分明在叹息即便十年可得官依就恨晚。此外，个别表述未免有夸大之嫌。如在绪论中，"在这里，横亘在民族、阶层以及不同地域之间那道根深蒂固的隔膜，在一杯杯酒中，慢慢地淡化了，融解了，多元文化的差异、冲突，在某一特定层面得到妥协、调适、和解与融洽"（第5页）。此处虽秉扬本书文句生动的特色，但未免夸大了酒的社会文化影响力。试想各种文化的差异与冲突怎么可能因"共饮杯酒"而得调适？　更何况在元朝鲜明的等级划分下，不同民族、不同阶层大多场合下又何来"同席共饮"？　在酒中所见虽或有不同阶层融和的场景，但更多的似还应是元代社会阶级的不平衡性。

　　第二，此书视野广阔，涉及元代酒业与社会的方方面面，但所涉抑或尚有深究之余地。譬如，在对各类酒如马奶酒和葡萄酒的消费情况，虽已列出小标题并指出主要用于宫廷宴饮和祭祀，但其消费量究竟有多少？　这里，作者既未估算其在全国范围内所占比例，也未推算宫廷的日常消费数量，乃至以元代的社会条件，马奶酒和葡萄酒的产量能有多少，亦未提及。如此，仅以一两次宫廷盛宴的情况来断言各类酒业的消费，似有以偏概全之嫌。此外，在对酒业、酒肆、酒课的考察上，虽联系到国家政治经济层面，但似多失之于疏略。书中引述的史料大多是描述与酒有关的社会场景，而对各种酒的具体销售、酒价，酒肆的经营及酒课的征收、分配、增盈等方面的论证，读者的印象尚难称翔实。再如书中对贺新开酒肆的诗句，对交易的货币形式，以及女子当垆等情况的描述，似不能说明酒肆的亏盈和经济规模。尽管作者考察了元代酒业诸多面相，但若从社会经济层面来论述，诸如不同时空之下的酒价（酒价与粮价的关系）、酿酒的利润等等，尤其是从王朝财政运行的角度探讨元代酒业征榷的收入、及其与盐茶税收的关系比较等，深入余地，似依然存在。赘言之，蒙元帝国财政运作过程中，最具关键性的环节乃其收入情况。酒业作为财税收入之一，其关键性问题点即当为财税收支的细节，及其与王朝财政的紧密联系。再者，作者在通篇考察中似乎意在铺陈史料，描述史事，再度呈现有元一代酒业与酒文化的诸多社会历史面相，而作者问题意识何在？　还是令读者颇感有一些疑惑。

第三，是书也还存在一些校勘问题。如第 32 页注④"蒲萄亲酿酒"和第 33 页注①"酒泛蒲萄珀琥浓"，"蒲"均应为"葡"；第 99 页注③"……礼毕，四品以上，赐酒殿上……""礼毕"后缺"大会诸王宗亲，驸马，大臣，宴飨殿上……"等文字；第 175 页注②"凡稻粱、牲牢、酒醴、蔬傳"，"蔬傳"应为"蔬菓"；第 234 页注④"不许出外于茶坊"中漏字，应为"不许衵出外于茶坊"；第 254 页注①"游手好闲破落恶少"后，缺"结籍经断警迹并释放贼徒"；第 287 页注②、第 319 页注①"总管府照依已行差设务官管办外"句中"官"应为"宫"；"定勒叛诸官吏赔偿治罪"，"诸"应为"署"；第 293 页注②"除城郭十里之内"，"除"后佚"离"字；第 324 页注①"止委总管府选为拘收作本"，"选"字后逸"差人员造酒依例从实办课据罢讫酒库应有见在米曲浆米酒醋浸清酒并一切什物官"；第 347 页注①"不免会虚名捏合互相抱补"，"不免会"应为"岂免"；"再在不敷，则阴取于民"应为"或有不敷阴取于民"等，虽瑕不掩瑜，但慎重对待，似更臻于完美。

要之，杨印民《帝国尚饮：元代酒业与社会》一书，史蕴诗心，文风清新流丽，对元代酒业的各方面做了相当详尽细腻的论述，在很大程度填补了学术研究的疏略环节，是元代酒业、酒文化领域扎实厚重、独具风格的一部著作。

（附记：本章系厦门大学历史学系"中国古代史研究专题""宋元史研究专题"课程中，"精读一部书"计划中所讨论的一部分。选课同学尤其是王菲菲贡献其才智为多，谨此申明。选课同学大都反映：一部史学著作文风清丽流畅，固然令人爱读，但诗歌文学之中多有想象、夸饰和溢美过甚的艺术部分需谨慎钩稽，如何在文史结合时仍不失史学之严谨和深刻，在运用诸多史料时，力求与史论相融并在此基础上有深蕴智慧的学术识见，仍值得更多思讨。）

第七章　杨国安著《明清两湖地区基层组织与乡村社会研究》读后

——兼论国家、社会与传统乡村管理体制的研究趋向

中国是一个传统农业大国，占人口绝大多数的农民在广大的农村经营着传承了数千年的农业经济。历代王朝都以对广土众民的占有和控制作为国家治理的基础。随着学者研究视角的下移，对历史上三农问题进行研究，近年来蔚成风气，其中就帝制政权对乡村社会的控制方面，成果较多，进展突出。我国幅员辽阔，各地自然和地理环境、人文积淀和资源等各不相同，在许多方面，大都呈现有不同的地方性特色。对一个朝代某一具体问题的全国性、整体性研究，往往不能毕现该时期该问题客观历史的全貌。因此，势必要展开地方史、区域史的研究。杨国安著《明清两湖地区基层组织与乡村社会研究》（武汉大学出版社 2004 年版，43 万余字，简称杨著），系作者在其博士论文基础上修改而成，作为陈锋教授主编的"15 至 20 世纪长江流域经济、社会与文化变迁书系"之一。本书就是立足于区域社会经济史的研究角度，对明清时期两湖基层组织和乡村社会进行深入研究且多有创见的一部高质量力作，其视域切入、展开讨论的国家与乡村社会多元互动的理论视角，以及史料的搜集运用等，均给我们留下了深刻印象。或许也可以说，杨著是当今相关研究领域颇具前沿意义的一部著作。

一

　　杨著共分七章，依照先后顺序，主要涉及明清两湖地区基层组织中的设置与演变，基层组织与户籍管理、赋役征收、社会控制，以及宗族、士绅与两湖乡村社会。其中绪论和余论是全书综瞻和总结性文字。如所周知，帝制政权对于乡村社会的控制，历朝历代，不外两点：一是向广土众民征税派役，汲取国家机器有效运行的保障——中央和地方财政所需的经济资源、保家卫国的武力资源和社会运转所需的劳力资源；二是维持乡村社会秩序，防止祸起萧墙，保证王朝的长治久安。王朝的户籍管理、赋役征派，无不出于上述治理理念的需要。具体的治理措施，或利用自上而下、来自纵向的国家权威的力量——地方行政系统的派生物、国家政权的"神经末梢"：汉唐以降的乡官、乡役或明清时期的里甲、保甲等组织；或在意识形态领域推行束缚民众思想、麻痹民众大脑的顺从教化观念，此外，则是借助于国家和社会之间的中间层——宗族、家族、士绅和其他各类来自民间的自律、自治组织，达到民众自我治理的效果。这两个方面，在杨著中都有比较精详的研究。这部结构紧密、体系完整的学术专著，在笔者看来，其主要特点和学术贡献，有以下几点。

　　首先，杨著的总体定位，诚如陈锋先生在该书序言中所说，"与其说是一本有关乡里基层组织的制度史著作，不如说是以乡里基层组织为线索的区域社会经济史著作"。国家对于乡村社会的管理，从国家制度控制乡村的层面看，无疑是属于政治史、社会史的研究范畴，而赋役征派，则又可列于经济史研究的领域。作者首先从户籍管理、赋役征收、社会控制三个方面着手，对明清两湖里甲、保甲制度进行了探讨。在论述过程中，作者一直注重用联系的方法，努力揭示各项职能之间的相互联系、彼此制约、互为因果的特征，以及与社会发展的整体趋势紧密联系，并着力探讨族权、绅权、政权在乡间的相互交织、彼此依赖的运作实态。经由地理区位、地缘政治、经济格局三个方面的深入探考，总结、提炼、升华出明清两湖地区的地域特征是"中间地带过渡形态"的宏观论断。这一创见，颇具理论意味。就上述这一综合性研究方法而言，也是前此少有的。杨著中其他的创新之笔，如第二章中就村落背景对基层管理体制的研究，第三章中对土著和流寓民户在保甲制下户籍管理的考察，第四、五章中就乡村教化和社会动荡之于基层管理体制的关系，宗族士绅与乡村权力结构的杂糅交错等；作者还注重少数民族地区特殊的基层管理体制的探索，补充了前此研究中的一些缺漏等，恐非拙笔陋识所能一一尽展。

　　杨著中最为显著的学术创新亮点，也是该书的一大学术生长点，就是将村落背景与国家对乡村的控制管理体制结合起来，加以研究。对明清时期乡村管理体制中里甲、保甲究竟是怎样的层级，学界多含混不清。作者通过对乡村管理层级设置中户数与自然村落的交叉与错落，重叠与分离，展开独到分析，认为根据户数多少设定的乡村管理层级，和乡村自然村落之间，有着一定的重叠和差距，指出里甲、保甲制度既有地域层面的意义，又有国家管理体制方面的内涵。这一研究方法，虽前人已有所揭示，但具体到明清两湖地区的运用，无疑杨著尚属首次。这一方法不但有利于考察明清时期其他地域的相关问题，解决一些悬而未决的疑问，亦可突破朝代局限，对解决唐宋时期乡村管理体制的层级，同样具有借鉴意义。以往学界对于中唐以降、唐宋时期乡里、保甲、都保、耆管等是国家治理乡村的层级，还是地域的单位，争论不一，至今仍含混不清。依照杨著考察问题的方法和研究理念，就不难发现，不同历史时段的同类课题，可以凭借方法论的创新而拓展出新的学术生长点。

　　其次，在制度史方法论方面，作者充分注意到已往研究中从文本到文本研究方法的不足，在对明清里甲、保甲制度的研究中，不但梳理了官方文献的制度文本，而且还注重从制度运行的实态，探讨这些乡村管理制度的实际运作状况，从而可以拨开历史的迷雾，揭示出一些隐晦不明的历史问题。更为难能可贵的是，作者还充分意识到，所有相关的国家制度、社会实况与乡村里甲、保甲制度都是一个综合体，并非一个孤立的存在，从而采用联系的方法，注意其中的彼此制约、互为因果的关系。这一研究取向比起单就乡村管理体制进行的研究，充分显现出走向"活"的制度史的方法论意义。这样一个总体史的研究切入方法，不但有利于梳理明清两湖的乡村管理体制，更有利于清晰凸显社会经济发展变化的实况。作者对于里甲、保甲制度本身剖析入微，则又是制度史研究所必须，为社会经济史方面的研究，奠定了坚实的基础。由此而言，杨著还可视为一部关于乡村社会的制度史专著。

再次，杨著是一部实证性很强的历史学著作。资料的信实详赡，尽可能地竭泽而渔，对于相关文献比较缺乏的乡村社会史研究领域，至关重要。作者不但注意搜罗明清两代的文献载籍，也对此后的各类文献记载多所用心。据大略统计，作者披阅的资料，不但有官书、政书（至少 15 种）、文集、笔记、杂录（至少 39 种以上），还有史料、资料的汇编（至少 29 种），家谱族谱（33 种），方志（湖北 83 种，湖南 65 种，共计 148 种）。其中引用《襄樊市文物史迹普查实录》，十堰市博物馆《竹溪县文物普查资料》等，多为弥足珍贵的资料，均可补已有传统文献之不足。更值得提出的是，作者还走出书斋，走向田野，不但亲身体验乡土的信息，并且百尺竿头更进一步，尽可能使用了一些田野调查资料，这是极为可贵的。由此可知，在史料的钩沉考索方面，作者也下了很大的功夫，付出了许多辛苦。运用详赡而信实的史料进行实证性的研究，是一部历史著作的根基所在。杨著在这方面无疑付出了极大努力。

最后，注意最新研究动态，汲取最新的知识来源，也是杨著的一个特色。对于历史和现实中三农问题的研究，近年的进展可谓日新月异；不但国内学者积极投入，域外学人也踊跃参与。作者充分意识到这一点，不但对国内的最新成果加以利用，从中汲取营养（此点尤为突出），对于国外学者的相关研究成果，也多加参照，诸如第 17 页的周锡瑞、第 18 页的列夫·里特罗普、李怀印、第 296 页费正清、第 309 页马克斯·韦伯等研究思路或理论方法，都有很好的、恰如其分地参照和借鉴。也许可以这样说，参考、汲取这些前沿性的研究成果，不但丰富了作者的识见，也提升了杨著的学术品质。

综上所述，无论是在研究视域方面，还是在资料的搜集考索方面，杨著都做出了艰辛的努力，取得了可喜的成就，值得我们认真思考和借鉴。

二

如果就上述所说，认定杨著是一部高质量的区域社会经济史著作，一部基层制度和乡村社会史力作，那是毫无疑问的。笔者在学习中国乡村社会经济史过程中，对作者提出的相关学术问题也有所思考。受到启发的同时，也生发出些许感想，谨诉诸笔端，稍作申述，并以此请益于前辈师长和同辈共好，冀望对帝制时期国家与乡村社会领域的研究方法、视角等方面，有所补益，共同推进这一领域的研究发展。

第一，帝制时代国家的教化功能，固然要经由里甲、保甲制度的推行，经由士绅、宗族、家族组织的传布抵达于乡间。其间也多有地方官员、胥吏的作用和影响；而地方书院、私学（私塾）和居乡士人在乡间对国家教化的宣谕和传播，也起着显著的作用。前代资料中已有所显示，学者也发表了一些研究成果，明清时期当有一定的史料可以支持。透过地方官、部分胥吏、士绅和地方书院、私学的宣教功能，王朝在意识形态领域对广土众民以教化的方式进行控制，可以达到行政治理难以达到的统治功效。①

第二，乡村社会中的各种宗教——佛教、道教等以及民间信仰、甚至一些迷信组织，也对乡村社会有着较多的影响，其首脑或可视为地方精英，在乡间同样也相当活跃。这些宗教信仰和迷信组织，尤其在社会动荡时期，更能显现出其对乡村社会的影响。他们在乡村中的社会资源和关系网络，一方面，或多或少地支配、控制某些乡民的精神空间，在意识上起到控制、束缚民众头脑的作用；有时替代政府，

---

① 葛兆光：《中国思想史》第二卷《七世纪至十九世纪中国的知识、思想与信仰》（复旦大学出版社2001年12月版）第二编第三节，多给人以启发。还可参见孟淑慧《朱熹及其门人的教化理念与实践》，台湾大学文史丛刊2003年版；高柯立：《宋代粉壁考述——以官府诏令的传布为中心》，中华书局《文史》2004年第1辑（总66期）。另外，国家权威抵达乡间的渠道究竟包括哪些？在行政体制运行控制乡村、在纲常礼教等观念渗透民众头脑方面，民间对于国家权威的接受与调适，可以有哪些具体表现及其绩效等，也是富有研究兴味的话题。笔者《接受与调适：两宋乡民与国家权力的接触》（未定稿）有初步探索。

起着稳固基层社会秩序的效用；另一方面，他们在乡间的活动，也往往会给中央政府（或民众）带来一定的危害。许多民间暴动也多借助宗教、信仰组织的外衣，达到串联乡民的目的。这些力量具有对王朝政权调适的功效，也会从各自的领域整合乡村社会，从而达到与国家互动的目的。这一点似也值得重视。

第三，确如杨著所已探讨的，乡村管理制度并非一个孤立的存在，它和许多社会发展因素密不可分，需要进行综合性研究。当然，乡村管理体制也和地方州县行政有着千丝万缕的联系，它不可能不受到地方行政的影响和制约。探讨乡村管理制度，也就不能脱离对地方行政制度的考察。乡村管理制度和州县地方行政制度的衔接和运作、互动联系，也可以作为考察基层对于国家政权调适的渠道。

第四，任何国家制度的推行，都是随着时间、空间的转移而不断改变的，换言之，在整个社会运行过程中，任何国家制度也并非铁板一块，自始至终，一成不变。邓小南等学者已注意到文本中的制度诠释，仅仅是官方一时的记载，并不代表国家制度在基层社会中长时期推行的实态，强调走向"活"的制度史，需注重其中的"过程"和"关系"。①这是一个方法论上的飞跃。同时，任何一项国家或地方的制度，都是由具体的"人"来执行和操作的，研究制度是不能够忽视执行制度的"人"的要素的。他们自身的素质、立场、资源状况等对制度的推行，影响较大。介于地方政权与乡村社会之间，起着填补其间"权力空隙"效用的，这就是汉唐以来的乡官里吏，宋朝的乡役人，明清的粮长、里甲长、保甲长。虽然相关史料较少，但在明清和

---

① 虽然前辈学者（如钱穆先生、周一良先生等）也有所觉悟，但是，近年来明确提出这一方法论并进行研究实践的，或以陈明光先生、邓小南先生、包伟民先生为代表。邓小南先生提出"走向'活'的制度史"，包伟民先生研究国家制度的"地方化"问题（参阅其《宋代地方财政史研究》，上海古籍出版社 2001 年版），提倡"走向自觉"。参见邓小南《走向"活"的制度史——以宋代官僚政治制度史研究为例的点滴思考》，包伟民：《走向自觉——近百年宋代财政史研究回顾与反思》（均载《浙江学刊》2003 年第 3 期，并收入包伟民主编《宋代制度史研究百年（1900—2000）》，商务印书馆 2004 年版）。陈明光先生在此前也曾有过类似方法论上的创见，参阅陈明光《中国古代制度史研究的视角转换——评王勋成著〈唐代铨选与文学〉》，《中国史研究》2002 年第 3 期，第 166—167 页。

晚近时期的文献中，还是保留下一些吉光片羽，从中可以揭示出更多的历史内涵。易言之，对于充当里甲、保甲的民户生活实态的研究，也是乡村管理体制和乡村社会史研究中一项不可或缺的内容。

　　第五，关于国家治理成本和乡村管理体制中人员的配备，以及他们的报酬，也是一个富有研究魅力的课题。为了尽量节省国家的治理成本，中唐入宋后，汉唐以来的乡官逐渐退出历史舞台，代之而起的是以民治民理念下的"职役"系统。宋代的乡役人，一般情况下是没有什么薪水的，也往往被官僚系统视为"至困至贱"的徭役。这种身份地位的变化，到明清时期似更为明显，而由这样一个社会群体，协助或是替代国家政权管理乡村，是否能够全面、确有实效地实现国家治理理念的全部，是值得认真思考的。正式的官僚系统鄙视之，然而，在大多情况下，广大的乡民在极力地争取加入带有一点官气的"乡役人"的行列。这其中原因何在？各个时期乡役人数的多少，及其与地方社会的关系问题的讨论，涉及国家治理成本和社会经济发展状况，民众的负担增减与轻重，均有待深入探讨。

　　在传统中国的乡土社会中，依据地缘性的民户多少设置的乡里、里甲、保甲等，其实又在很大程度上和血缘性的因素紧密交织着。这一融汇着"公""私"两个系统的社会群体，①如何应对官方的征派，又如何调适民间的力量以与官方衔接？在"公"与"私"之间，这一社会群体究竟扮演着怎样的社会角色？国家权威渗透乡村的具体途径、过程、力度（绩效）等，似乎也不能不从更多的视域，来思考这样一个地缘性、血缘性因素紧密交织的社会群体。

　　第六，在不同时段的历史研究中，往往有着不同的社会发展背景或地方性内涵，而从较长时段，对我们研究的相关内容也稍加申述，似更可显现出某些制度前后嬗递变迁的历程，给我们研究时段的具体问题带来一些意想不到的启发。前辈学者有"珍珠倒卷帘"的研究方法（如先师漆侠教授），近年来学界更提倡进行长时段的研究。这样做的益处，一方面，对某些制度的前后沿革有更多的知识积累，对自

---

① 参见傅衣凌《中国传统社会：多元的结构》，《中国社会经济史研究》1988 年第 3 期。

己研究时段的问题可以有更为深入的思考；另一方面，一个专题的断代、区域研究，也可在历史发展的长河中有更多的切合实际的认知。当然，孤立地解剖大象的每一个器官，也并不等于解剖了一头大象。综合数个区域个案，立足于局部综观全国，出现的将是一个具有普遍意义的历史整体面相。也就容易从个案的典型性分析走出来，得出一般意义上历史面相的客观结论。易言之，从全局走进区域个案，再从区域个案走入全局，以这一方法研究出来的结论，无疑会别有洞天。

第七，国家和地方社会的互动，是一个很好的研究视域，也是缠绕在传统中国乡村社会和地方行政中的一个重要的历史和现实问题。揭示历史的多面相，分析其中的优劣得失，不但有着历史科学本身的价值，更具有一定的现实意义。一般而言，国家制度多是针对社会发展的实际需要而制定的。制度的制定，体现出当时国家的治理理念所在，也包含着帝制国家的政权系统对广土众民的控制目的，希望他们能够按照自己既定的规则而运作不息。但是，社会的实际发展是时时、事事都在变化的，铁板一块的制度不能及时的随时随事而变，势必导致地方在执行过程中对国家制度的"变异"——上有政策，下有对策；上面千条线，下面一根针；歪嘴和尚念经，越念越歪等俗语，大都反映着类似的内容。进而言之，国家政权抵达乡村的渠道有哪些？　即中央政府具体通过哪些方式，借助哪些力量或渠道，将国家权威的力量抵达于乡村社会？　反之，以"自下而上"的视角切入探考乡民及其生活世界，乡村社会对于国家权力的反控制、调适力量的生成源泉何在、程度有多大，具体表现形式和绩效如何？① 二者之

---

① 谨按：这篇不成熟的文字撰写和发表之前，作者全然不知欧美学界已有"弱者的武器"和"被统治的艺术"。"弱者的武器"之来源，参阅［美］詹姆斯·C斯科特著：《弱者的武器》，郑广怀、张敏、何江穗译，译林出版社2007年版，第33—56、293—367页；［美］詹姆士·斯科特著：《逃避统治的艺术：东南亚高地的无政府主义历史》，王晓毅译，生活·读书·新知三联书店2016年版；Michael A. Szonyi 著 *The Art of Being Governed: Everyday Politics in Late Imperial China: Everyday Politics in Late Imperial China*，Princeton University Press，2017（［加］宋怡明著：《被统治的艺术：中华帝国晚期的日常政治》，钟逸明译，中国华侨出版社2019年版）；侯旭东：《北朝村民的生活世界：朝廷、州县与村里》一书也给人颇多启发，商务印书馆2005年版。

※本文承蒙冯尔康先生、常建华先生惠赐教益，学友罗艳春博士纠谬攻错，谨此鸣谢。

间是二元对立的形式，还是多元互动的关系等，还都有待资料支持的前提下，做更进一步的思考和具体的实证研究。

　　当然，在国家政权渗透乡村、管理乡村社会广土众民的课题中，除了资料的相对匮乏外，需要我们开拓更多的渠道，诸如田野调查，解读后一时期的地方志等各类文献中前代记述的遗存，以最大限度地增加相关资料，以供我们进一步清晰考察相关问题，此外，在方法论和研究视域的扩展方面，还会有哪些可行性的方案，均有待更多的学人参与探讨。

第八章 雪泥鸿爪 短论一束

第一节 王善军著《宋代宗族和宗族制度研究》读后

作为贯穿中国古代社会的一项重要内容，宗族和宗族制度与政治、经济、文化的关系极为密切，是一块值得耕耘的史学园地。王善军先生多年潜心于此，其《宋代宗族和宗族制度研究》（河北教育出版社 2000 年 1 月版）首次以专著的形式和分量，探讨了有宋一代宗族和宗族制度的历史真貌。[①]该书具有以下几个突出的特点。

其一，该书从整体上全面探讨了宋代的宗族和宗族制度，既具系统性，又具贯通性。这是此前所未有的。全书分为引言、绪篇、上篇、下篇和终篇五部分。引言将先秦至明清的宗族和宗族制度划分为

---

① 2000 年之前，有关宋朝士人家族的深入研究尚不多见，王善军教授无疑是较早系统而深入地从事这一领域研究的关键性学者。在这部力作之后，他又出版了《世家大族与辽代社会》（人民出版社 2008 年版）和《宋代世家个案研究》（人民出版社 2019 年版）。《宋代宗族和宗族制度研究》也修订再版（人民出版社 2018 年版）。有关学术史请参阅粟品孝《宋代家族研究论著目录》和《宋代家族研究论著目录续一》，分别载于《宋代文化研究》第八辑、第十三和十四合辑，四川大学出版社 1999 年、2006 年版，第 305—311、822—833 页；朱瑞熙：《大陆"宋代家族与社会"研究的回顾》，《大陆杂志》第 90 卷第 2 期，1995 年 2 月，今据朱瑞熙、程郁：《宋史研究》，福建人民出版社 2006 年版。郭恩秀：《八〇年代以来宋代宗族史中文论著研究回顾》，台北《新史学》第 16 卷第 1 期，2005 年 3 月，第 125—157 页；黄宽重：《宋代的家族与社会》，国家图书馆出版社 2009 年版。粟品孝：《组织制度、兴衰沉浮与地域空间——近八十年宋代家族史研究走向》，《社会科学战线》2010 年第 3 期，第 81—87 页，等等。

三个发展阶段,逐一论述了每一阶段的概况。这样就将宋代宗族和宗族制度的研究架构在整个中国古代社会发展的大背景之下。绪编对唐宋之际宗族制度的变革作了上下贯通的研究,并从社会经济发展的角度考察了魏晋隋唐门阀宗族制度及其衰落和宋代"敬宗收族"宗族制度确立的社会条件。上篇则对宋代的宗族谱牒、公产、祭祀、家法族规、族塾义学、宗祧继承六项宗族组织制度作了深入的考察。在下篇中,作者则以另一视角,对宋代的同居共财大家庭、强宗豪族、世家、宗室四项宗族类型作了精细的考察。其中对强宗豪族存在的社会根源、世家的经济状况等,均作出了深入的剖析。终篇则立足于宗族制度与社会发展的角度上,对宋代宗族与社会的相互关系,加以具体的论述。这一结构安排,既清晰地凸显了宋代宗族在中国古代宗族史中的独特风貌,又显现出该书作者从宏观上对中国古代宗族和宗族制度上下贯通的功力。

其二,该书以马克思主义理论为指导,从社会经济关系、阶级关系等理论层面,对宋代宗族和宗族制度加以科学分析。例如,在对同居共财大家庭的研究中,作者从其内部的组织状况和人际关系入手,经过层层剖析,指出在宋代的社会条件下,人身依附的松弛、商品经济的进一步发展和社会流动的增强,都不利于这类大家庭的存在。这类大家庭已成为社会生产力发展的严重阻碍,却使封建专制政府达到了以宗族教化稳定统治的目的。又如书中对宗族公产和宗祧继承的论述,作者首先对各种宗族公产的形式及其管理、经营情况,对宗祧继承的条件、权利主体、继承者以及宗祧继承与财产继承的关系逐一进行分析,进而指出:族产在实质上仍然是私有制,即宗族私有制。宗族内部也存在不同的阶层和阶级。对宋代宗祧继承的研究则清晰地表明,经济关系是一切社会关系的基础。在这一论述过程中,既有对经济关系的分析,又有对阶级关系的考察,并将史实与理论有机地融为一体。

其三,注重宗族和宗族制度与宋代社会的相互影响,是本书的又一大特点。一方面在对宋代四项重要宗族类型的分析过程中,作者就同居共财大家庭在宋代社会中因其家法的束缚和等级严格、礼仪烦琐而使成员的主动性和能动性得不到充分发挥、强宗豪族扰乱社会的种种不法现象对基层社会秩序的破坏及其存在的社会根源、两宋宗室的特权对宋代社会的蠹害等逐一论述，分别指出了各自对宋代社会的不良影响。另一方面，则对世家大族的家法和家风对宋封建统治的政治作用，宗族的谱牒、公产、家法族规、祭祀和族塾义学等对稳定封建统治的社会作用做出了全面的分析。这两个方面的结合，则足以看出有宋一代宗族和宗族制度与社会的互相影响，从而使得这一研究更加具体、深入。

就该书引用书目可以看出，作者不仅广泛披览了诸多正史，而且对包括方志、笔记小说、文集和各类野史、杂史、金石等在内的二百余种史学载籍旁征博引，对于相关史料精加解读，故而运用起来能够得心应手，豁然贯通，更能于细微之中发现前人所未曾发现的东西。譬如，作者钩沉了百余则史料，细心绘制出《宋代宗族义田建置情况一览表》，比过去的研究者多出 28 项。又如作者对 142 个同居共财大家庭的地区分布、家长姓名、义居口数、世数、年数、旌表时间等作了尽可能详尽地挖掘，绘制出《宋代同居共财大家庭基本情况表》，这些均可见作者对史料搜罗研析的功夫。

占有丰富而精当的史料，并以科学的理论驾驭史料，对具体问题进行具体而深入的分析，从而得出令人信服的新见，这是该书成功之所在。作者在诸多方面均作出了独到的研究，提出了自己的新见。兹举三例：（1）对于熙丰时期宗室制度改革的研究，是作者首次发掘的。宋代宗室作为一个特殊的纯寄生性群体，尽管熙丰时期对宗室进行了一番改革，但仍难摆脱封建宗法观念的束缚。要消除封建专制制度中的这个恶瘤，只能连同封建专制制度本身一起消除。这一结论，可谓一针见血，揭示出其实质之所在。（2）宋代同居共财大家庭，只是在宋代小家庭结构汪洋大海中的星星点缀，这是作者进行了具体的量化分析而首先提出来的。（3）宋代宗族世家难以持久不衰，实为社会进步过程中政治、经济制度发展变化之使然。这些都是该书诸多精彩论述中尤为精彩的一笔，显示出作者敏锐的史识。

总之，该书是一部史料宏富，学风严谨，科学理论深蕴，富有新见的学术著作，是迄今为止第一部全面系统而又深入地研究宋代宗族和宗族制度的专著，也是我国封建社会断代宗族研究中的一部别开生面、独具特色的史学力作，填补了中国古代宗族史和宋史研究中的一项空白，具有较高的学术价值。

第二节　王善军著《宋代世家个案研究》评介

继《宋代宗族和宗族制度研究》（河北教育出版社 2000 年初版、人民出版社 2018 年再版）《世家大族与辽代社会》（人民出版社 2008 年版）之后，王善军教授推出了这部《宋代世家个案研究》（人民出版社 2019 年 5 月版）。该书共计 296 页、27 万字。除"绪论"外，以 10 章的篇幅，个案研究的方式，再次深入研究宋代的士人家族（作者谓之曰"世家"）问题。作者以邃密的研究取径、整体史的视野、坚强的毅力、勇于"精耕细作"和创新的学术精神，呈现出两宋时期 10 个世家大族的历史风貌。

首先，以个案展开研究，是该书最显著的优点。苏州范氏、饶阳李氏、成纪张氏、华阳王氏、漳浦章氏、大名王氏、真定韩氏和曹氏、青州麻氏、邢州柴氏 10 个世家，几乎分布于两宋南北西东各地，且各有自己独特的家族发展经历，足以映照各种发展模式。作者用力之勤、挖掘之深、探求之广，均可在这 10 个家族发展历程的研究中得以显现。

其次，资料力求竭泽而渔，研究力求精细深邃，是该书的又一特点。近年来，历史文献数据库的建设和检索工具的逐步健全，使得依赖关键词检索搜讨资料更易于竭泽而渔，但是，这一方式容易丢失许多核心资料和关键信息，传统的历史文献读书法—— 一字一句地精读所带来的深度挖掘与通盘关联思考，仍不可少。该书作者拥有传统文献阅读时代的丰厚经验，又可凭借数据库检索，两相有机结合的结果，就呈现出这部著作的史料运用特色。以范氏家族的研究为例，举凡正史、文集、方志、笔记小说、石刻资料、新出土文献、后世族谱，尤其是宋朝以降后世人追忆的资料，都在收集和使用之中。当然，该书其他 9 个世家的研究，也采取这一广泛利用资料的方法。这样广泛搜求和利用资料的过程中，也就发现了若干历史记载的差异，作者一一进行了精心考证，在注释之中钩稽比勘，辨析异同。譬如，第 16 页注释 2 对范隋为范仲淹四世祖还是五世祖的判定，第 159 页注释 2 关于王彻中状元时间的考辨，第 209 页注释 8 关于韩宗武父子关系的辨误，均解决了史料记载的错误或歧异之处。这类考辨，全书不下数十处之多。特别值得强调的是，第 35 页注释 5 关于饶阳李氏家族的共财始于哪一代人的辨析，还指出了中国台湾学者杜正胜的相关错误论述；第 150 页注释 3 关于章氏家族家法真伪的考辨，纠正了以往学者的误判；第 229 页注释 7 关于曹琮、曹利用姻亲关系的考辨，也指出了中国台湾学者柳立言相关研究的失误，并为柳先生所采纳。这无疑显示出作者水滴石穿般的学术功夫和一丝不苟的求真精神。

作者特别注重古文字与现代简体字的区别，凡是容易出现误解者，均以古体字为准，以免出现不应的偏差和错谬。这是特别值得推重的，也可显现出作者精细和深髓的学术根底。

再次，在既有理论和方法基础之上的"整体史"视野，则是该书的另一特色。通读全书，可以发现，作者虽然在个案中展开研究，但是，整部书的陈述过程中无不显露出其"整体史"的视野、眼光和博学卓识。譬如在研究家族发家过程中，五服制度、科举制度、赋役制度、土地制度、租佃制度、官员铨选考核的磨勘制度等，作者均有恰当地表述。这足以显示出作者对两宋时期的政治、经济、社会文化等均有广泛而深入的了解。当然，既有家族研究成果多就士族起家、子弟教育和科举、婚姻、关系网络、社会流动、家法族规和宗族内部关系、士族维持之道、经营地方公益和人脉等展开研究，几成既定模式。该书在既有学术理路的基础上继续精耕细作，展开家族家风和家族文化和文学传承研究，更进而针对 10 个世家个案提出帝国政权和统治策略才是世家能否长期持续发展和存在的根源，可谓一针见血地剖析出两宋时期世家大族发展历程中的核心问题，也足以显现作者敏锐的史识和洞见。

　　最后，以长久的学术坚持和坚强的学术毅力，知难而上，勇于挑战学界的"成说"和名家论断，是最值得褒扬的治学精神。如所周知，1998年邓小南教授就曾提出：社会并非无数家族平列的总和，任何家族也并非其内部成员简单相加的集体（《朗润学史丛稿》，中华书局2010年版，第446—447页）。十几年前黄宽重先生也曾指出：如果有人愿意对一百个左右的个案研究做一个深入的了解，当能够提出一些大的或一致性的看法，同时由此为基础，进一步探索家族与社会的关系，追溯人际关系网络的发展，检视家族发展和地区的结合，才可以看更深层的互动。从家族延伸到社会，可以观察社会文化发展的一面（《历史教学》2006年第4期）。十年前，柳立言先生则认为：宋朝士人家族的研究"已走入瓶颈"，由于史料的限制，除非异常聪明或毕生尽力，否则很难突破明清家族的历史发现。许多宋朝家族史研究的问题，大多是"我们以累积的历史知识加上经验法则便可知其大概，若要回答更深入的问题，则心余力拙"（参阅柳立言《宋代的家庭与法律·前言》，上海古籍出版社2008年版）。无疑，这部著作是一部勇于挑战制高点的力作，也是一位"异常聪明或毕生尽力"的学者锲而不舍、持之以恒、刻苦攻坚的集大成之作。

　　两宋士人家族与魏晋隋唐门阀士族存在显著区别，在很大程度上，海外汉学界晋唐门阀士族的研究引领与影响，促进了宋朝士人家族的个案和综合研究。陶晋生、张邦炜、梁庚尧、黄宽重、柳立言等学者的探索、开拓与深耕，为宋朝士人家族的研究奠定了基础，王善军教授《宋代宗族和宗族制度研究》也多有创获。未来，宋朝士族的研究如何走出个案（卢晖临、李雪：《如何走出个案——从个案研究到扩展个案研究》，《中国社会科学》2007年第1期），走向综合，走向深远，在资料取径方面为摆脱家族内部叙事的单一来源而更多反思与批判（譬如注重历史书写和史料批判），抑或会有更大的突破，颇值得更多有志者做更为深入和多元的议题，寻求方法尤其是理论的升华与创新。

第三节　二元并存,多层参差:探寻两宋
时空交错朝贡运行之力作
——黄纯艳《宋代朝贡体系研究》评介

在大多数人眼中,"朝贡"是一个光艳夺目的辞藻,也是彰显一国地位之盛事。从汉、唐的"东亚世界"秩序到清代朝贡体系,无不吸引着中外学者的研究目光。而这其中,汉唐所经营之"东亚秩序",因其繁荣强盛而吸引着学界的更多关注;清代朝贡体系,则因其与中国"近代化"的密切关联而备受学界瞩目。然作为汉、唐"东亚世界"秩序向清代朝贡体系过渡之重要环节的宋代朝贡体系,目前学界的认识仍然相当模糊,甚至存在诸多认知偏差。尽管近年来亦有不少学人注意到宋代朝贡体系的运行情况,做过一些专题研究,但由于宋、辽、西夏、金等政权分立等情况错综难辨,使得这一时期的朝贡体系趋于复杂化,研究难度相当之大,因而系统深入的研究并不多见。最近,黄纯艳教授《宋代朝贡体系研究》(商务印书馆 2014 年 1 月版,40 余万字)一书,迎难而上,相当系统、全面地梳理了两宋与周边政权的多层次朝贡关系,并由朝贡活动展开对周边各国经济、政治情况的分析,进而就各国对待朝贡活动的态度、宋廷运作朝贡体系的方法做了别开生面的考察。[1]可以说,这一研究历程的每一个环节,无不深入精微,使得地理空间交错、处于时间变化中的各个朝贡圈都一一清晰地呈现于读者眼前,也为人们了解朝贡体系在宋代的"转型"提供了有力证据,全面推进了宋代朝贡贸易体系的研究。

作者对宋代朝贡贸易体系的研究下了水滴石穿般的钩沉索隐、爬梳剔抉功夫：从整体考察宋代朝贡体系构成和运行,到逐一分论该体

---

[1]　此书出版后,作者又有数篇学术论文研究这一领域的学术问题,譬如《"汉唐旧疆"话语下的宋神宗开边》,《历史研究》2016 年第 1 期;《宋神宗开边的战争责任与政治解说——兼谈古代东亚国际关系研究中的历史逻辑与现代话语》,《厦门大学学报》2016 年第 6 期;《宋代的疆界形态与疆界意识》,《历史研究》2019 年第 5 期;《绝对理念与弹性标准:宋朝政治场域对"华夷""中国"观念的运用》,《南国学术》2019 年第 2 期,等等。

系内的区域秩序，通过旁征博引各个政权的相关史料，并将其一一排列统计，各政权朝贡时间、朝贡次数、贡物、使者名分等细节无不收罗其中，直观地向读者展现了宋、辽、金等政权多层次朝贡体系建构的实况。在此基础上，作者进而展开了更深层次的思讨，对朝贡参与双方认识和态度进行了双向探索，深入揭示了各个政权处理朝贡关系的政策和态度，指出在很大程度上取决于其经济、政治需求。而透过对宋代朝贡体系多样化格局的整体把握，作者进一步指出了宋代朝贡体系较之汉唐而产生的变化，即经济因素在宋代朝贡体系运行过程中的作用越来越关键，而汉唐经营"东亚世界"秩序所常用的政治、军事手段则不断弱化，使得朝贡体系赖以运行的基础为之一变，从而回应了学术界关于中国古代朝贡体系的整体延续性变化的讨论。总而言之，这部著作见微知著，在多层面、多视角的立体互动多元学术框架下，为我们展现了宋代朝贡体系如同光影交错般复杂的变化态势，可谓该领域之一力作。

反复精读此作，思讨者再而三，窃以为尚可从以下几个方面来探讨这部书的学术贡献。

第一，本书对宋代朝贡关系这一复杂议题，讨论全面而富有条理，并且深入探考其内在的各种互动联系，为我们再现了一派宋代朝贡体系纵深动态运行的历史景象。如所周知，有宋一代，周边政权前后分立，且有与赵宋势均力敌之强国，政权间的关系远较疆域"大一统"的汉唐王朝更显复杂，前人之研究亦多集中于宋代外交和贸易等方面，而关于兼具政治、经济、文化诸般历史面相的宋代朝贡体系，尚存不少"生荒地"。而该书选择这一论题，其难度可想而知，作者的学术创新勇气也由此得以彰显。当然，这似与作者此前曾就宋朝茶法和财政、海外贸易、高丽文献等多领域的广博而深厚学术蕴藉密切相关。进而，作者还不畏繁难，对此进行了相当细致的分层梳理，不厌烦琐地排比分析每一组朝贡关系，从而牵出一张总体表现为"宋—辽"或"宋—金"两大朝贡体系二元并存、各大体系中又包含若干层次的"大网"。更难能可贵的是，该书并不满足于厘清这是一张什么样的朝贡网络，更着力于这张网络各个结点之间的双向牵连，以及形成这些双向关系的内部因素。以往研究多注重构建秩序的政权如何去构建朝贡体系，朝贡国对这些秩序的态度却疏于观照，措意无多。作者按照对朝贡制度的遵循程度，系统分析了各种类型的朝贡政权内部对朝贡问题的处理状况，更指出了宋朝经营这些看似虚幻的朝贡关系对国内政治有着相当的意义。这样"双向化"的研究，有助于我们更为全面深入地了解朝贡秩序在秩序制定者和制定者假想的秩序"遵从者"中所产生的作用力，也让读者对宋代朝贡体系的运行有了更为客观的认识——既不因经宋儒精心润饰的国书而夸大其影响力，亦不因某一域外政权不遵守、不理解朝贡制度而否定其作用。作者思讨之周延详密与深入，令人叹为观止。

第二，该书涉及这一时期的诸多政权，材料收集也因此牵涉甚广，无博览精读之功，势必不能建构并完成如此庞大的论题。细细循迹本书所涉文献，不仅包罗宋、辽、金、夏等政权的传统史料，还涉及诸多周边政权的文献，比如朝鲜、越南史料，与归义军政权相关的敦煌文献等，且对勘精审，列表清晰，颇费功夫。由于该书还涉及朝贡双方国内情况的"双向"研究，因此更非简单地撮排史料、罗列表格所能及，而是需要埋首于大量与朝贡相关的政治、经济、文化史料中，深挖精校，方能发现问题之所在。不仅如此，一如学人所周知者，部分域外政权留存的史料相当有限，要找出充分而有力的史料，更非易事。本书涉猎面广，爬梳精细，正是恰到好处地体现了这一"广挖深掘"的史料功夫。

第三，该书基于史料的分析，提出了不少大胆的学术新见，为全面了解宋代朝贡体系甚至中国古代朝贡体系的延续性变化提供了一个新的范本。首先，该书从时段上梳理了两宋朝贡体系构建情况的整体变化，揭示了北宋朝贡体系的构建经历了以"华夷一统"为目标到以"汉唐旧疆"为中心的变化；迄于南宋，在国势危局之下，赵宋皇朝则进而放弃对"汉唐旧疆"的主张，呈现出朝贡体系的构建不断萎缩的变化情况。关于这一变化，作者从两宋军事形势变化、君臣议论、实际朝贡国进贡次数和宋廷对其态度和册封名分礼仪等多个角度入手，史料钩稽相当充分，论证周延，具有强大的说服力。其次，该书通过对不同类型朝贡国遵守朝贡制度之程度的分析，指出了尽管史料显示一些距宋朝较远、文化差异较大的政权并不理解和遵从宋朝规定的朝贡制度，但两宋君臣皆在不同程度上意图在国内营造出"四夷怀服"气象的景况，并深刻地探讨了这种表相看似"虚荣"的活动在宋王朝国内的政治作用。这是以往学人易于忽略的部分，即便有所涉及，也容易"一面倒"地对宋代君臣粉饰太平的行动进行指责，而甚少注意到其背后的深层政治意涵。最后，通过分析宋代运营朝贡体系的手段，理出宋代朝贡体系较汉、唐朝贡体系的变化，即多种形式的经济贸易是其维持朝贡体系的主要手段，也是宋朝朝贡体系存在和发展运行的主要基础。宋代海外贸易一直是学者们用心深究的领域，而今已取得了十分丰硕的研究成果，作者此前所著《宋代海外贸易》（社会科学文献出版社 2003 年版）亦是其中之一。而宋代海外贸易和宋代朝贡体系的关系，尽管已引起不少学者的注意，但系统的研讨分析并不多见。这部新作基于作者对宋代海外贸易的深入了解，进而结合宋代朝贡体系中贸易的主导性作用和宋朝对此的政策、手段，从而将宋代朝贡体系的整体变化烘托而出，其分析鞭辟入里，逻辑清晰，令人信服。

当然，无论从空间关系，还是从时间延续性的角度来说，宋代朝贡体系都是一个十分庞大的研究议题，牵涉的各个政权存世史料数量并不均等，甚至是差距极大，想要真正全面、客观地评估这一体系在空间上的运行或在时间上的每一个细微纤幽的变化，绝非易事。黄纯艳教授力求对史料竭泽而渔，铺展出宋代朝贡体系运行的方方面面，继而总括出宋代朝贡体系在时间、空间上的诸多特色，填补了学界历来偏重汉、唐、明、清朝贡体系，而对宋代朝贡体系研究不足的空白，加深了人们对中国古代朝贡体系的延续和变化的认识。总体而言，这部作品视野宏大，内容丰富，角度多元，采择史料丰厚，新议题和新问题屡有呈现，论述中亦多有创见，实为一部难得的厚重精彩力作。①

---

① 附记：本文系刁培俊主持之南开大学历史学院宋史方向研究生"精读一部书"计划中讨论之一。刁培俊立意、提纲于前，王艺洁铺陈于后，复经刁培俊全面提升和斟酌，谨此申明。

第四节 邢铁著《中国家庭史·辽宋金元时期》评介

由著名学者张国刚教授主编的《中国家庭史》（5 卷本，广东人民出版社 2007 年版），是目前所见第一部以贯穿中国千年文明社会的家庭作为研究对象的通史性著作。与以往相关论著不同的是，主编希望特征鲜明地呈现"历史学"的"家庭史"。在这一学术理念指导下，本书既在观察视角上注意了法制史、经济史、社会史三个维度，又在内容上进行了精心编排，意在对各个历史时期的家庭有一个全方位的描述，并且"向读者提供基本的历史知识"。其中，邢铁先生撰写的第三卷《宋辽金元时期》，认真实践了上述学术宗旨，向我们呈现了当时基层民户最真实、全面且生动、多元的家庭生存面貌。由此，我们可以体会几百年前人们的物质生活和思想活动，进而从家庭的角度来观察当时的整个社会。

在观察宋元时期的家庭时，本书宛如一部摄像机，先从外部、宏观的视野考察其形态，随着讨论问题的深入和具体，作者将镜头推进到了家庭内部，触及作为一个家庭本质的内容，最后再把镜头拉回到原处，观察家庭之间以及与社会的互动关系。沿着这一"远—近—远"的步骤，本书在绪论中交代了研究方法和基本资料，以及特定的时代背景，给人以宏观历史面相和整体概括的印象。就章节安排而言，第一章，宏观介绍家庭的类型与结构。第二章，自经济角度切入，详细论述家庭的经济划分方式。第三章，深入家庭个体内部，全景式地展示了家庭生活中的衣食住行，柴米油盐等各个方面。第四章则是对家庭中女人的特写，系统考察了女人在这一领域中扮演的各种角色，以及受到的种种待遇。第五章主要探讨了掩盖在表面下的家庭内部各关系。最后一章，再次把视野放大到社会的整体层面上，较全面地综合考察了家庭、家族、与乡村社会的互动关系。

通过上述，可见作者对当时的家庭不仅有着全面的了解，而且有着深入的研究。本书的若干特点也可较充分地证明这一点。

第一，历史学研究角度的回归和多学科成果的综合。正如绪论所提及的，多年来，家庭史的研究大多以社会学、人类学、法制学的角度考察，历史学的家庭史研究不但相对较少，且经常处于附属地位。作者在撰写本书时，便着意强调以"历史学"的角度进行多元、立体而深入的研讨，于是，家庭在"历史上的具体情况和演变"显然就成为本书最主要的观察视角。家庭是组成社会结构的一个基本单位，作为家庭主体的人在自我完善的同时，与外界不断进行交流，扮演着各种不同的角色。更为突出的是，本书打破了以往仅以历史学为学科本位的单一研究视角，在以历史学为主的同时，借鉴了其他学科的研究成果，从而使本书的观点和结论更趋于全面、客观、立体。多学科的方法和成果的融合，也使得本书无论在方法论上，还是在学术含金量上，都得以完善和提升。

第二，对家庭生活的各方面广泛、全面的考察，具体而深入。家庭生活是人们的一种生存方式，人的生存必然离不开各种各样的物质和精神的需求与交换。家庭生活由此也涉及许多琐碎却实在的具体内容。本书论述这一问题时，几乎包含了家庭生活的各个方面——大到家国之间、家族之间、各家之间的关联互动，小到关系百姓生活的衣食住行、柴米油盐等家庭生计，还有贯穿人生老病死中的礼俗、祭祀、娱乐，等等。一幅幅描绘细致、栩栩如生的生活画卷，就这样缓缓地呈现在读者面前。可是，广泛的涵盖范围没有影响对生活表象的深入研究，作者在书中揭示了大量家庭现象背后的内在联系，如家庭形态历史演变的原因、同居大家庭的成因，以及为何有些家庭难以维持、家庭经济生活成本的计算，等等。考察的立体、多元，和依据史料而构筑的厚实且坚实的这部论著，让读者受益良多的同时，也增添了本书自身的学术蕴含。

第三，注重学术的继承和创新。学术的创新是学术进步的关键，后人的观点多要在前人基础上有所创见，充分尊重已有成果且尽量汲取，才能更好地促进学术的不断发展。本书极其注重参考、借鉴先前已有的学术成果，比如采用杜正胜的"汉型家庭"和"唐型家庭"的概念、柯昌基关于大家庭的"混合型""原始型"的划分、陈高华有关风俗的介绍，张邦炜的宋代婚嫁中家庭门第意识淡薄的观点等。另外，从参考论著发表的时间看，作者不尽关注早些时期的名家名作，而且对学界最新成果也相当关注。博采众长、为我所用，往往会启发新的思考，催生新的见解，比如书中不少观点是透过家庭和社会显在的外表剖析内在本质得来的，如家庭析产是手段门户传继才是目的、同居大家庭禁止从商是为了防止分裂、妇女的最大任务是传宗接代、"家乡"一词所包含的血缘地缘的背景等，这些新的诠释大都是在已有认识上拓展而出的，令人耳目一新。新的视角也带来了新的发现，通过计算，作者论证了租用耕牛可以达到家庭另一收支平衡、婚礼习俗中实际蕴含着原始观念等，诸如此类，难以一一备举。

第四，史料的钩沉索引，广泛引述，及对其深入解读和准确运用，是该书的一大特点。历史学是一门实证的科学，任何观点和结论都需有大量史料为依据。可是，如何发掘史料中所蕴含的价值，如何透过史料来重现过去的史实，则取决于史料的掌握数量以及研读史料的能力。本书引用的史料不仅包括家训、墓志，而且搜罗了大量文集中的判例。更为可贵的是，作者深入史料的解读和运用为本书呈现出更富有价值的学术观点。譬如，作者对宋代社会结构中佃农的比例有新的认识，对宋代每户人口只记男丁为其"户多口少"现象给出了合理独特的解释。如在宋代法律规定不允许分家条件下的事实分家现象，继承遗产权及其人性化分配的实际情况，北方胡俗对汉人的影响，宋代理学思想的实际影响，等等。诸如前例，还有很多。作者深挖史料、互相比对、结合实际，由此得出了许多颇具真知灼见的精彩结论。可以说，这是本书具有较高学术价值的又一体现。

第五，插图的使用。学术专著注重对史料全面细致的考察、逻辑严密的分析、前后完整的论证。结果，刻板严正、密密麻麻的书面文本就很自然地成为学术论著的普遍现象。鉴于家庭史大量繁杂的研究对象，本书在文字论证、考察的缝隙中，增加了相当精美而确当的插图。通过图文并茂的表达方式，可以更为直观地观察当时家庭和社会风貌，加深我们的认识和理解。从这个角度来看，本书不仅适用于从事学院式研究的学者，而且更易成为史学普及的著作。

当然，任何学术论著都难以十全十美，我们以为，本书在以下几个方面还有待充实或增正。

一是，对少数民族家庭的介绍相对较少。虽然作者在绪论中就提到以汉族为本书之主体内容，但是，既然本书的题目涵盖了这一群体，著作就应当留有一定篇幅，加以考察。二是个别观点，在文字表述中前后缺乏照应。如第27页，提到了官府对分家的让步，引用的史料却是加强控制的论据，未能进一步交代两者之间的关联；第147页，指出饮茶已普遍到乡间，可是，下一页却又说饮茶只是少数富贵人家。又如第316页，旨在论述元代奴婢的悲惨生活，但是文中却引用了宋代的家训的内容，两者的对应关系，缺少必要之说明。三是存在少量错别字。第131页，乡村农民戴的方形帽子前文称"重戴"，下文称"垂戴"；第195页，契丹畜牧的牲畜包括了"熊"；第387页，《不举子：宋人的生育问题》的作者应为"刘静贞"非"刘静员"；第391页，三等户的徭役应为"弓手"而非"弓箭手"。

家庭史研究作为单独的一个课题真正引起学界重视的时间尚短，所以，还存在着许多空白或者问题，这都需要当今学人的积极参与和努力。邢铁先生的这部著作无疑给大家提供了一个良好的开端，同时，书中显现出的许多研究议题、方法、观察角度，以及切当的论点，都为继续研究这一课题开辟了宽广的道路，为后来者提供了足可借鉴的参考。①

第五节 开启被隐蔽的历史光景
——铁爱花著《宋代士人阶层女性研究》评介

如所周知，传统帝制时代有关女性的记载，绝大多数是男性士大夫文字的遗存，历史遗存的镜像更多呈现出的是男性的生活世界，而鲜见女性的身影——其中的女性形象，多是被隐藏了、遮蔽了的历史影像；即或闪现出少许记载，也难免被扭曲，乃至令今人难以想象。赵宋一朝是汉唐以来中国传统帝制时代存世资料异常丰富的一个历史

---

① 本文发表时署名刁培俊、贾铁成。

时期，但有关女性的历史内容，历史文献呈现给今人的似乎依然模糊一团，对此，我们依旧知之甚少。兰州大学铁爱花副教授新著《宋代士人阶层女性研究》（人民出版社 2011 年 8 月版，35 万字），明确界定"宋代士人阶层女性"的概念，从秩序、规范和士人阶层女性的实际生活入手，按照从社会到家庭、到个人三个层面的逻辑顺序进行组织，广泛考察宋代国家、士人社会、地方乡里以及士人家庭等对女性的规范，系统探讨宋代士人阶层女性生活之实然的诸多历史面相，并从多角度、多层面透析宋代社会秩序、规范与女性生活之间的关系，开启并揭示出了历史发展过程中被隐蔽的璀璨光景，拓展出了一片片新鲜、生动而多元的学术空间。尤其是书中化腐朽为神奇的几处生花妙笔，读来意犹未尽，给人留下深刻印象。

在这部新著中，作者主要围绕以下问题逐层递进，一一展开其研究：宋儒以天地阴阳学说比附人伦秩序，试图建立一个稳固而长久的社会秩序。国家法律和旌表制度、社会舆论、典范女性的楷模形象及其教化影响作用，是社会规范女性生活及其秩序的另外渠道。但宋代士大夫规范女性的诸多说教，具体到实际的落实，还是有着这样或那样的差异。作者对此进行了深入探考。在她的笔下，丰富多元的宋代女性实际社会生活，多有超越宋儒理想和期许的方面。以今度古，联想翩翩，令人神往不已。在这部新著中，阴阳学说与宋儒理想的性别秩序、宋代性越轨法律与旌表制度对性别秩序的规范，是作者别具心裁的创新之笔。而宋代女性多元立体鲜活的阅读活动、休闲生活、夫妻关系和妻妾关系，也在这部新著之中得到多层面的呈现。其实，这也是透视社会秩序的一个方面，与作者的主要论题紧密相扣。

这部书的特色，窃以为还可从以下几个方面再做剖析。

第一，这部新著不是面面俱到地展现宋代女性的所有历史层面，而是有针对性地就研究薄弱环节与尚处于半荒地的学术领域，进行广泛而深入的考察。作者以举证的方法，尽可能"呈现"那些前人不曾涉及、不曾揭示和考察的历史面相，这是这部新著最重要的学术贡献。譬如，作者从那些站在官方立场和男性士大夫立场书写的传统文献之中，发掘出资料背后另一个鲜活的历史真实——宋代历史上女性丰富多彩的日常生活世界，指出宋代士人阶层女性生活的多元面貌，不仅是历史与时代的产物，也是该阶层女性自身作用的结果，视角新颖，见解独到。宋代社会文化规范与形塑着士人阶层女性，士人阶层女性也在一定程度上影响并缔造着宋代社会文化，二者之间是一种互动共生的关系。

第二，扎实的文献资料基础，是本书的又一亮点。中国妇女史研究的困难之一即在于史料分散，搜集艰难，加之传统文献的记载者大多为男性，且多是站在官方立场与男性立场书写历史的士大夫。从浩如烟海的文献中尽可能全面地找寻属于女性的声音，发掘资料背后女性生活的历史事实，相当困难，尤其墓志碑铭等资料之中杂糅了很多揄扬的历史虚像，不易还原历史现场。本书广泛征引宋代正史、政书、文集、笔记、方志、儒家经典、墓志、碑刻、法典、家训、官箴、出土文献等各类文献资料，努力发掘这些资料背后的女性生活历史，为多元而立体考察宋代国家、士人社会、地方乡里以及士人家庭等对女性的规范，系统研究宋代士人阶层女性生活之实然，进而深入透析二者之间的关系，提供了事实依据。

第三，跨学科理论和方法的运用，解读出文献中前人不曾触及的意涵，发掘出更加璀璨多姿的宋代士人阶层女性的历史面貌。本书既有传统实证研究的方法，又有"社会性别"研究的方法、多学科交叉的研究方法（社会学领域社会控制、社会分层、社会流动等研究视角，法学中法文化理论的借鉴等），从而使作者的问题意识更加凸显。譬如作者指出，社会控制的目的在于维护既定的社会秩序。具体到女性生活中，则当指通过社会力量，试图使女性遵从社会规范，维护社会秩序的过程。本书有关阴阳学说、国家法律、社会舆论以及士人家庭等对女性的规范，即是这一理论的贯彻。

第四，填补了一些学术空白。宋代士人阶层女性问题，是宋代妇女史乃至中国古代妇女史研究中的重要课题。本书将宋儒有关阴阳学说中涉及性别秩序的问题，融入这一研究领域，是其难能可贵的创新之笔。另外，如性与女性的人身权益，旌表制度、社会舆论等对性别秩序的规范，宋代士人阶层女性的公领域活动、阅读活动、休闲活动以及女性与家庭成员的关系等，都是以往研究中涉及较少或尚处空白的学术内容。这部新著为传统社会女性问题的研究也能提供新的视角和思考。

当然，或许由于女性资料本身碎化分散，构建一个完整的学术体系相当不易，有关宋代士人阶层女性与其他阶层女性的比照分析，似乎尚有进一步深入的余地。

总之，该书论题相当广泛，论述别开生面，史料翔实，发掘甚深，堪称近年出版的有关传统社会女性问题研究中不可多得的一部学术著作。①

第六节　徐东升著《宋代手工业组织研究》评介

研习宋史者大多认为，宋朝手工业的研究是一大学术难题：相关史料少而分散，且诸多实物、技术实相，已湮没于历史烟尘之中，难以重现，复原无望。这是一个中国经济史领域的非纯经济问题，只有统括经济学、历史学等相关学科理论和知识储备，方可胜任。20 世纪以还，相关研究成果不可谓之少，但系统性、全面性的深入研究型学术专著尚很少见。近期厦门大学徐东升教授所著《宋代手工业组织研究》（人民出版社 2012 年版，44.2 万字，简称"徐著"），别出心裁，以经济学的相关理论浸入，自"组织"这一视角，以相当扎实、厚重的面貌，奉献给学界一部力作。

除绪论外，徐著共分六章，依次为官营手工业组织的时空分布、官营手工业组织管理机构的演变、官营手工业组织的管理和管理机构的职能、官营手工业组织与市场的联系、民营手工业组织的类型和发展特点、民营手工业组织的经营管理。质而言之，徐著主要学术关注点在于宋朝手工业"组织"中"官营"和"民营"的时空分布、管理及其与市场的联系、类型与发展特点等问题。

徐著的学术贡献，或可自以下几个方面得以呈现。

———————————

① 本篇发表时署名刁培俊、王菲菲。

第一，徐著努力呈现宋朝手工业"组织"诸领域的几乎所有问题，铺叙出宋朝手工业组织相当全面而深入的历史面相。徐著依经营权对宋朝手工业各个领域分为官营、民营两大类，并在此基础上，对矿冶、铸钱监（院）、军器制造、盐业生产、酒和曲的生产分布、造船场务、建筑及其相关组织、织染绣和裁缝组织、粮食和茶叶加工组织等方面，依次展开研究，史料详赡，考察具体而细致，深入而全面。其中，有许多学术点是前人研究较少或罕有论及者，或作者提出了更新、做出了更为周延翔实的研究，譬如徐著以经营权为依据，将宋朝手工业分为官营、民营两大类，其中官营领域又区分为国家所有、官府机构所有、官府机构买扑经营国家所有三种，进而对官营的管理进行了详密的考察，尤其是关注到元丰改制前后的一些变动，颇具匠心。作者依据手工业的产品、原料、劳动力和市场的关系，将民营手工业分为分离型、相关型、依赖型三种基本类型，并一一做出更深入的探讨。上述论题各个层面逐一展开，层层接续，逻辑严密。

第二，扎实、厚重的实证研究，且多有学术创获，是徐著的一大特色。作者对这一问题的研究，积累已经多年，对相关文献下了可谓水滴石穿般的功夫，举凡各类史料尤其是明清时期的地方志资料，都在作者的搜讨范围。①对文献版本的重视，是徐著的另一大特点。本书尽量使用最佳版本，搜讨史料，尽量使用第一手文献，尽量保留"剴""崑山"之"崑"等古用字，均表明作者具有深厚的文献学知识。更凸显作者功夫的，当属对官营手工业的时空分布，书中进行了深入考察，做了一系列的表格，力图呈现出两宋时期官营手工业各个

---

① 中国宋史学界自台湾大学梁庚尧教授《南宋的农村经济》（台北联经出版事业公司1984年初版时并未显现，1985年修订再版时增入）开始大量以明清地方志中的宋史记载，展开宋史研究，至今已成学界风气。谨按：这部经典著作初版的时候，并未大量使用明清地方志，始于修订再版之时。20世纪80年代初期，历史文献尚无数字化的时代，在浩如烟海的明清地方志搜寻、辨析、考订杂糅其中的两宋文献，所花费的时间和精力，是寻常学人难以料想到的。梁教授的开拓性倡导和实践，值得后人铭记。对此，王曾瑜先生曾特别褒赞之。参阅王曾瑜《辽宋金史料介绍》："传世的宋元方志不多，而明清的方志当然又是宋史的重要史料。其实，不少前辈学者都利用了明清方志。真正重视明清方志，并且大量利用，是始于梁庚尧先生。明清方志保存的宋史资料是十分丰富而可观的，主要是因为径抄宋代方志、金石等文字。"今据王曾瑜《纤微编》，河北大学出版社2011年版，第646页。

时空的发展面貌，对存世史料中一些系年错漏、记载失误等，做了认真的辨析（譬如第49页指出"固城冶"乃"固镇冶"之误，对比《元丰九域志》等方志及《文献通考》《宋史》《宋会要辑稿》《中书备对》等资料，辨析出某些矿冶产地和时间的错漏；第81页注释6；第99页注释5；第251页注释7；第309页注释7等处，对史料的钩沉和辨析）。徐著史料搜求、论证的可靠性和完备性，给读者留下了深刻的印象。以此为基础，作者对宋朝手工业组织的研究，不但涉及面广、研究深入，而且在很大程度上推动了这一学术问题的前进。就个人体会而言，在以下几个方面，都显现出作者的学术创获。譬如作者"管理革命"学术概念的提出，引领读者结合域外学者所持宋朝诸多"革命"论题而生发了更多的思讨；第202—204页对传统"监司"概念的新解等；第210—211页对至道三年之前发运司已开始管理铸钱的推断；第264—265页对官营手工业"均其劳逸作止之节"的研究；第322—335页对民营手工业组织的类型和发展特点的论述等，皆可凸显出作者的创新之笔和丰厚学养。

第三，作者对相关学术史的掌握，相当周详。这在徐著《绪论》部分就可以发现。作者以此为起点，站在了前人研究的肩上，努力找寻属于自己的学术发展路径。在具体的考察和论证过程中，作者也着力于已有研究展开学术对话，或首肯已有研究的正确性，以为己用；或与已有研究商榷，从而提出自己的学术意见（譬如第56页、第63页、第80页、第93页、第132页、第149页等）。这些见解的迸发与呈现，端赖于作者对史料和学术史熟稔的掌握。

熟读徐著之后，笔者尚有一己私见，以请教于作者和读者。

首先，笔者对"手工业组织"之"组织"这一概念，疑虑颇多。浅见以为，作者所考察这一学术领域，似不能简单以"组织"涵盖。其次，手工业生产及其"组织"，仅是天水一朝政治社会运转有机组成的一个方面，其中财政经济运转及其与王朝整体史的诸多"关系"，相当重要。如能突破目前展现出的诸多"点"，更多结合两宋政治经济和社会发展运行的诸多"面"，串联其间的诸"关系"，似更能呈现"整体史"的面貌。进而言之，以实证为主的考察、铺叙、呈现，仅是学术研究工作的第一步，在此基础之上的分析、提升、全局俯瞰性的关注和融括，似更能显露手工业"组织"在两宋整体运行中的作用。再次，作者对学术史的掌握相当精当，但多局限于近期的研究，而多忽略比作者商讨对象更早的研究，缺乏与之学术对话。具体的某些细节，也有少量可商榷之处，譬如文献的注释方式，《宋史》《长编》等多处引用，均缺少具体的干支时间，古今的地名也多未——对照，不能给读者更为清晰的时空观念。最后，书中失于校勘者，譬如将袁燮《洁斋集》简化为《洁斋集》，将丘濬简写为"丘浚"，《东都事略》作者已经前辈考证为"王称"而不再写作"王稱"，第78页引《宋会要》之"因浆"应改正为"因将"等，亦是在所难免，恕不一一。

要之，《宋代手工业组织研究》是作者用心多年推出的一部扎实、厚重且多有创新的学术力作。

第七节　学术史视域的宋代研究史
——宋晞先生编著《宋史研究论文与书籍目录续编》评介

宋晞教授编著、韩桂华教授参与编著的《宋史研究论文与书籍目录续编》（简称《续编》）一书，已由台湾中国文化大学出版部2003年2月出版。该书系作者在其《宋史研究论文与书籍目录（1905—1981年）》（中国文化大学出版部1983年版）基础之上的续编。近几十年来，宋晞教授一直关注并推动着宋史研究的发展，并为研究成果的搜集和整理而殚精竭虑。其学术成就及其在目录编著方面的贡献，广为学林所推重。《续编》系16开本，总547页。其学术信息范围之广，资料价值之大，为目前所仅见。因该书系台湾新近出版，大陆学人见之不易，故试作一介评，以周知于学界同好。在初步阅读之后，窃以为该书具有以下的特点。

其一，资料搜罗宏富，信息量极大。《续编》所收主要是1982年至2000年间宋史研究的中文成果，共收入论文12833篇、论著615部。论著的作者则涉及中国大陆和港台的学者，以及论著被译为中文的一些外国学者。众所周知，最近 20 多年来，宋史研究日趋繁盛，阵营日益扩大，成果也更为丰富；学者们发表成果的园地也多种多样，举凡各种报纸期刊、大学学报，研讨会论文集、学者个人的论文集、颂寿纪念论文集，以及各种各样的印刷品等，都成为学者们发表论著的载体，而论著的量和质也都有了明显的提高。多且分散，是最近 20 年来宋史研究成果发表的特点。这一特点给目录的收集、整理和编撰，带来很大的困难。《续编》作者具有广阔的学术视野和高度的学术责任心，既广泛收集了港台上述各种文字传播载体上有关宋史研究的论文和著作，也对大陆各种媒体上发表的宋史研究论著进行了多方面、多渠道的收集和整理，即使是一些名不见经传的师专等地方院校的学报，也多不放过。由此可见，其搜罗范围之广，细致而宏富。可以说，《续编》已经比较充分地展现出近 20 年中宋史研究的真正成绩和学界的进展状况，而借助于《续编》，我们亦可对宋史研究的中文成果有全面而具体的了解。而对这 19 年中，就上述传播载体上的论著进行搜集、分类、整理，只有长时间积累，具有足够的细心、耐心和毅力，方可编著成书。由此可见，作者之费时费力，不惮辛苦，其学术奉献精神，令人钦佩。

其二，《续编》分类科学且详明，且附有著者索引，极便于读者从专题和作者两个方面，进行查寻。该书首先按论文、论著两大门类，分为两个部分；其次，再按照论著的内容，将论文部分详细分为通论、内政与外交、财政经济、货币、社会与宗教、国防与军事、教育、哲学、史学、文学、科技、艺术、金石考古、文化交流、文献、传记十六个大类目。在每一个大类目之下，还细分有多少不一的小类目。在书籍部分，则分为通论、内政与外交、财政经济、社会与宗教、学术与文化、传记六类。各类中又按作者姓氏笔画的多少，排列前后。其分类之科学合理、清晰详明，已是该书的一大特点。且这样一来，本已便利读者按专题类目进行阅读和使用，而作者又按照著者姓氏笔画的多少，另编一著者索引，则更利于读者从更广阔的视域了解每一位学者的研究兴趣之所在，更可借此较为全面地了解学者的学术成果和学术成就。

第三，《续编》一书，不但在上述两个方面，给学者们提供了一部搜罗宏富，分类详明的目录，而且还给我们进一步了解近20年来宋史研究的学术史，提供了一部价值极高的工具书，也有利于学者在研究某些课题时，遵循学术规范，及时总结前人的研究成果，发现并填补已有研究的不足，做出富有学术价值的研究成果，从而避免一些不必要的重复劳动，甚至是炒冷饭式的无益的学术工作。这样看来，《续编》一书的学术价值和社会贡献，则更为突出。许多前辈学者多注重目录之学，强调文献目录对于历史研究的重要性，邓广铭先生则把职官、年代、历史地理和版本目录视为治史入门的四把钥匙。而今，随着学术研究的日趋深入，多渠道、宽领域了解所研究课题的已有研究学术信息，已成为当今学者首要关注的问题。从这些方面来看，无疑，《续编》及其初编是每一位宋史研究者都必须参考利用的两部著作。

当然，由于近20年来，学术研究事业突飞猛进，成果极为丰富且表现形式的各种各样，也由于目录编撰工作本身的烦琐性、艰难性等因素，该书也存有一些明显的缺漏，譬如，一些富有代表性学者的论著和学术价值较大的学术成果，未能收集净尽；一些条目多次重复，个别篇什分类不够确当，发表的期刊和时间，宜采用首次发表者，而专著增订后更为完善的版本，也不能忽略；文字错误也再所难免等，但这些已是我们对《续编》精益求精、臻于善美的殷切期望。但瑕不掩瑜，无论从哪个方面来说，《续编》都是一部学术史视域内的宋代研究史，更是一部惠嘉学林，泽被后世，功德无上的目录著作。我们在期盼着初编、《续编》合二为一的增订本问世的同时，也盼望着方建新教授编著的大陆版《百年宋史研究论著目录》一书的早日付梓。①

---

① 方建新：《二十世纪宋史研究论著目录》，北京图书馆出版社2006年版，总1900余页，更显齐备。

第八节　漆侠先生主编《中国改革通史》读后

由著名历史学家漆侠教授主编、姜锡东教授任副主编的《中国改革通史》，新近已由河北教育出版社隆重推出。该书分为先秦卷、秦汉卷、魏晋南北朝卷、隋唐五代卷、两宋卷、辽夏金元卷、明卷、清卷、近代卷和综合卷共十卷，438万余言。该书是第一部全方位考察中国改革历史的学术巨著，具有以下几个鲜明的特点。

其一，这是一部最有贯通性、系统性和全面性的中国改革通史。首先，该书考察论述了中国历史上大大小小的改革，深入探讨了历代的官吏制度、法律制度、土地制度、赋役制度、工商制度、军事制度、宗教制度、科举制度以及文化教育科技等方面的政策变化及制度变革，并着力挖掘深藏于社会变革之中的内在规律。其次，对于学术界缺乏深入研究的史前文明的改革史、夏商两代的改革史，以及少数民族政权和一些短命王朝的改革史，该书也充分运用现存的文献和考古史料详加论述。这在先秦卷、隋唐五代卷和辽夏金元卷中得到充分体现。众所周知，由于史料的缺乏等原因，对于辽夏金三朝历史发展过程中的诸多改革，学术界的研究尚显薄弱，极少论及，虽或论及但多失于疏略。是书的作者知难而上，将这三朝的封建化改革、汉化改革以及政治经济文化改革等都作了极为深入的研究，并进一步对三朝改革的异同及其历史意义作了上下贯通的总结。最后，此前对于改革史的研究，多限于就某一历史时期的某次改革进行个案研究，或仅对那些对社会发展具有积极意义的改革加以探讨，很少有上下贯通的对比研究，更缺乏对于社会发展不利的或失败了的改革进行全面的考察。该书弥补了前此研究中的缺陷，不但作了上下贯通的全面研究，对商鞅变法、王安石变法、张居正改革等浓墨重写，而且对于王莽改制及其失败的历史教训、蔡京"绍述"、贾似道的"改革"等不利于社会发展的改革也进行了全面的研究。

其二，《中国改革通史》以马克思主义理论为指导，不但从经济基础与上层建筑的相互关系中探讨改革历史的发展状况，更注重对历代政策和制度改革做全方位考察。譬如，在制度改革方面，涵盖了国家行政体制、皇帝制度、中央决策体制、官员的选拔任用和考课制度、法律制度、监察制度、军事制度、教育制度、行政区划制度、财政制度、货币制度、赋役制度、户籍制度等诸多方面。制度改革不仅是事关全局的重要改革，它对人类社会的发展也起着举足轻重的作用，充分体现着人类文明的发展和进步。该书作者在研究中借鉴了已有的研究，并另辟蹊径，索源溯流，以动态和静态相结合的研究方法，再现了我国制度文明改革史的深层内涵，发掘出更富有史学价值和现实意义的史学真谛。这样的研究，不但体现出作者们的深厚学养，也充分反映了他们的匠心独具和慧眼卓识。

其三，《中国改革通史》注重了历代改革者多层面的形象塑造。学术界对于商鞅、王安石、张居正等改革者的研究已经十分深入，是书在撰写中则充分吸纳了已有的研究成果，并严格遵守学术规范，一一加以注明。对于那些有功于改革而名气不大的改革者，以及反对改革的保守派、顽固派是书也进行了研究，尤其注重封建时代具有革新精神的最高统治者的研究，充分显现出求真求是、应褒则褒、应贬则贬的撰著原则，体现出对历史发展过程中错综复杂的立体的改革群体的精心描述，使改革史的撰著更富有历史的真实感、厚重感。例如，在两宋卷中，不但对范仲淹、王安石等改革家的伟大形象着力塑造，而且将吕夷简、章献刘太后、司马光、富弼、韩琦等保守派的形象也勾勒得毕现无遗，同时也突出了最高统治者宋神宗在改革过程中的形象。先秦卷中对商鞅变法，明卷中对张居正改革的考察中都采用了这样的研究方法，在其他各卷中也不乏这样多层面的研究。这样的研究，无疑鲜活地再现了历史上那些政治改革人物，也显现出历史上改革的复杂性和艰巨性，以及斗争的残酷性。

其四，《中国改革通史》注重了历代改革规律的总结。该书各卷首尾均有前言和结语，着力论述各时期改革的历史背景，并对各种改革作一规律性的总结。在综合卷中，则设专章对中国古代和近代的官制变革、赋役变革、法制变革、兵制变革、宗教政策变革、少数民族的改革发展等进行了上下贯通的纵向系统的研究，对改革史的诸多理论性问题作了深入的探讨，对中国古代和近代改革的经验教训做了全面而深入的总结。这种将各个朝代的各种改革纳诸于中国改革历史的长河之中的研究方法，既使我们看到了上游的激流，中游的巨浪，又可以看到下游的静美和积淀，将一幅丰富多彩、波澜壮阔的改革历史长卷呈现在读者面前。

中华民族有着鉴往知今的优良传统，研究总结几千年来中国改革的历史，不但极具史学价值，也富有鲜明的现实意义。《中国改革通史》对于改革史诸多规律的研究总结，深蕴科学的内涵，更具发人省思的意义。

《中国改革通史》的主编漆侠先生，是我国成就卓著的著名历史学家，早在 20 世纪 50 年代就以《王安石变法》一书而享誉中外史坛。本书作者则是来自全国 20 多个高等院校和科研机构的 60 余位专家学者，其中不但有史学界的硕儒名流，而且更不乏学有专长的中青年史学新秀。这样一个力量雄厚、团结协作的研究阵容，积近十年之功，将他们多年心血的结晶奉献给了新世纪的读者，极大地丰富了中国历史研究的学术园地。

第九节　揭开"丰亨豫大"背后的北宋晚期政局：杨小敏《蔡京、蔡卞与北宋晚期政局研究》读后

若干年前，著名宋史专家王曾瑜先生反复指出，北宋晚期政治史的研究乃学界研究相对薄弱的领域。即便如此，多年来，学界对于北宋晚期的历史研究依然较少。人们对于宋徽宗、宋钦宗时代的许多历史面相尚模糊一团。当然，由于史料遗缺等原因，研讨这一历史时段的政局，实乃一大学术难题。更由于数百年来的政治定性，人们对于蔡京和宋徽宗朝政局的认识，一般印象仍然是漆黑一团，腐朽不堪。积极意义和正面评价的文字，多有冒天下之大不韪之举，故鲜有闯入这一历史范围的研究者。另外，学者对于蔡卞的了解，一般也是附加于蔡京之后，丰富多元的人物形象及其行政运作实况，已有研究展现较少。综言之，学术界对于宋徽宗、钦宗两朝政局的研究比较薄弱，

深入剖析的论著并不多见。杨小敏新著《蔡京、蔡卞与北宋晚期政局研究》（中国社会科学出版社2012年3月版，48.6万字），迎难而上，由蔡京、蔡卞的生平与家族展开考察，将其政治活动融入其所处的政治大环境中进行深入探考，取得了前所未有的进展。该书根据北宋晚期政局的变化，清晰地划分了蔡京、蔡卞政治活动的阶段，详尽、系统地分析了蔡京参与的帝国经济、教育、社会救助活动，综合研究了蔡京、蔡卞以及宋徽宗时期的政局，使得这一历史时段政局的研究，向前迈进了一大步，也将引领学界对北宋晚期政治史、社会史、思想观念史等领域进行更深入的讨论，对宋史其他时段的相关研究也将有所启发。

作者对蔡京、蔡卞的家族仕进、政治活动进行了详细地梳理：从其家族的兴起到熙丰时期兄弟俩追随王安石变法，"元祐更化"时一同被打压，宋哲宗亲政后的得势与争权，宋徽宗前期蔡京上台，再到政和、宣和年间蔡京权力的起伏，以时间为序，展开比较翔实的考察。作者钩沉索隐，对相关史料极尽搜讨之能事，且条分缕析，而后尽力揭示、显现出北宋后期官场尔虞我诈、派系斗争等纷繁复杂诡谲多变的历史现场。然后，作者重点对宋徽宗、蔡京施政的各个方面进行了考察，对其经济、教育、社会救助等政策出台的背景、动机，以及产生的影响，都逐一进行了细致的研究。在作者条理清晰的剖析中，有关宋徽宗时期专制集权不断膨胀给经济市场、社会生活、文化社会风气带来的各种影响，均一一呈现出来。譬如经济上的集权加深了官府对百姓的盘剥，教育上的集权既有普及初级教育的积极作用，又随而产生了禁锢学术思想的弊病。而集权帝国所开展的社会救助活动，除了粉饰"丰亨豫大"的动机之外，其所采取的一些措施是颇有积极意义的。总之，该书透过对蔡京、蔡卞参与政治活动的考察，力图呈现出一幅类如《清明上河图》反映北宋汴梁社会风貌一样反映北宋晚期政治风云的历史画卷。有关这一课题，这是至今为止我们寓目的最全面最深入的一部著作。

细细品读这部著作，窃以为尚可从以下几个方面来彰显其学术品质。

第一，该书选择了蔡京、蔡卞及其时代政局的研究，其难度丝毫不亚于学界对王安石及其变法的研究，尤其书中涉及蔡京的经济改革，牵涉面甚广，有关宋代的茶法、盐法、榷酒、货币政策等，均有其各自的运行特征，单就其中一项即已错乱繁杂，难以梳理。只有广泛披阅相关史料并努力结合戴裔煊、漆侠、郭正忠、李华瑞等前辈学者相当丰富的已有研究，方能逐一厘清其与该时代政局推衍的关系。作者着力呈现上述各个方面及其牵连起的相关关系，以准确判定当时的社会经济发展态势，所以下了相当大的功夫，铺展出上述诸多历史面相。在此基础上，作者进而分析了其社会影响，并且指出这些经济运行模式，对王安石经济改革"绍述"的成分和偏离的过程、动因。显然，就这一部分而言，作者具有整体史的学术视野，而非孤立地考察蔡京的经济改革。此后，作者对比了蔡京和王安石的经济改革，认为蔡京延续了王安石将财赋集于中央的做法，甚至有过之而无不及。两人之间不同的是，宋神宗和王安石并未像宋徽宗蔡京君臣一样大肆挥霍聚集起来的这些财赋，而是储备起来应对边急战事（"国用"），其基本的追求与情操与宋徽宗、蔡京（只为"上用"）差之千里。经过作者的考察和分析，这一结论，得以清晰呈现，应为该书的一大学术创获。

第二，该书文献搜罗广泛，体现出作者扎实的史料基础。如所周知，比起北宋其他时期，宋徽宗时代的史料相对缺乏。记载北宋史事最称完备的李焘《续资治通鉴长编》，偏偏宋徽宗、宋钦宗两朝的史料缺佚甚多，这给研究该时段历史带来了相当大的困难。作者从宋代正史、政书奏议、法典、文集、笔记、方志、官私往来书信、墓志、诗词中搜罗了大量史料，发掘社会和政治、经济诸多制度内在的人事和关系，力图全面、立体地显现蔡京、蔡卞以及北宋晚期的时政与社会，确实极见功力。

第三，该书也填补了一些学术空白，提出了一些学术新见。首先，学界以往对蔡京、蔡卞的研究，有关蔡卞的研究相对薄弱，对兄弟二人的性格与处世方式的差别也缺乏足够的重视，往往以"狼狈为奸"概括便一笔带过。该书充分注意到了蔡卞的政治生涯及其内敛、蔡京活跃外向的性格差异。二人性格的不同，体现在交游圈上也多有差异。作者就此展开分析，努力透视人物的内心微妙以及人与政局变换的关系。其次，由于数百年来蔡京奸佞历史形象的固有认识，对于蔡京的施政，学界历来较少有人注意到其经济改革的积极因素。作者认为，对蔡京经济政策一定程度上适应了社会商品经济发展的事实，通过作者对蔡京注重控制商品流通的过程、流通区域的扩大进行的深入考察，肯定了其政策适应商品经济发展的一面，有自己独到的见解，难能可贵。

当然，由于蔡京、蔡卞以及北宋晚期政局牵涉的面极广，而这一时期的史料又相对缺乏，想要分析得面面俱到，着实不易。就笔者浅见，书中已展开考察的某些方面，由于文献所呈现政治现象的表面性及其实际上难以为人所知的隐蔽性，或多或少地还有一些深入的空间，对一些政策的评价还有商讨的余地，个别枝节和史料运用尚待完善。但是，综括而言，作者尽其所能地搜集史料，逐层分析，极力展现在蔡京鼓吹"丰亨豫大"的背景下，北宋晚期政坛的纷繁复杂，以及随着政治风云起伏而不断变化的社会，从不同角度凸显蔡京、蔡卞及其时代政局，可谓北宋晚期政治研究中的一部成功之作。①

第十节 点到为止：我们该如何评议陈寅恪

近读重组先生《我不尊敬这样的陈寅恪》一文（刊《文艺理论与批评》2001年第1期，简称《不》），是近年来日益升温的陈寅恪热中的"另一种"声音。细读此文，发现了作者"气愤"之余的几处明显不确和不妥，窃以为有必要提出来，以辨正误。需要声明的是，余生亦晚，不配也根本算不上陈寅恪先生的"徒子徒孙"，不存在为尊者讳的嫌疑。再者，浅陋如我，至今未能全读并读懂陈氏的诸多著述。在这一点上，我并没有重组先生那样自信的"发言资格"。

其一，《不》文中言："陈氏自称抗战起后，颠沛流离，读一本

---

① 本文由刁培俊、王艺洁执笔，未刊。

《建炎以来系年要录》……"不学如我，对宋代史事也略知一二。据我所知，《建炎以来系年要录》洋洋 200 卷，百万余言。陈寅恪所读当或为商务印书馆 1936 年刊印线装本，有十八册。80 年代，中华书局的排印本，密密麻麻也足足四大厚本，远非"一本"能够容纳得了的。"一本"之说，显然不确。

其二，陈寅恪先生的学说思想，在世时即不免岑仲勉先生的商榷，最近又见史学名家田昌五教授撰文，反驳陈氏之魏晋士族论。而重组先生的"气愤"之余，却认为这位为当今史学界推崇的著名历史学家，学术大师级的人物，言及史事，论说唐宋，竟至于"胡说"。有宋一代，国势衰微，确不如炎汉盛唐的威武雄风。陈氏之言，实指宋代文化之昌盛。因而要说"陈之推崇备至已属谬误，则远悖史实。赵宋之弱，弱在对契丹、西夏、女真、蒙古几个少数民族的边事上。稍明宋代史事者，大多悉知，宋代经济发展日益繁荣，乃中国封建时代社会经济发展的两个马鞍形的顶峰"（参见漆侠《宋代经济史》，上海人民出版社 1987—1988 年版）；宋代文化的昌盛，更是周知；文学上，宋词唐诗并称，词在宋代如葳蕤之花树，繁盛一时。唐宋文学八大家中的王安石、欧阳脩、苏洵、苏轼、苏辙、曾巩、皆宋代人。更有李清照、辛弃疾、姜白石等不胜枚举的文学名匠；史学上，唐书、五代史的修撰，承编年体史书之大成的《资治通鉴》，连同《续资治通鉴长编》《通鉴纲目》，上文提到的《建炎以来系年要录》等，无限丰富了我国古代传统文化的宝库；哲学上，二程、朱熹、陆九渊等思想史上的巨擘，更是影响后世几百年；科技上，我国古代四大发 明中的印刷术、造纸术的精进，火药的广泛应用，无不是在宋朝。《武经备要》《梦溪笔谈》更是记录了我们先人创造历史的迹痕，凡此种种，不一而足，皆可谓中华国学中的瑰宝。兼赵宋一代，"左文右武"，厚待文士，儒佛道三教合流，倡导义理之学的宋学日益发展，文化上的昌盛繁荣是此前各代远不可匹敌的，故陈寅恪先生有"华夏民族之文化，历数千载之演进，造极于赵宋之世"之说。陈氏之后的几代学人，孜砣终日，论证不已。可参看者，如陈植锷《北宋文化史论稿》、漆侠《宋学的发展和演变》等。言陈氏"胡说"，实难令人赞同。

其三,《不》文称,"天水"一词乃金人对掳去的钦宗皇帝的封号,"乃是宋人也是所有汉人的耻辱,不要说岳飞再世会怒发冲冠,就是把秦桧从地下拉出来也不敢承认。而陈寅恪悍然以金人之号加于整个宋朝而肆无忌惮"。这里,"天水"二字的源头,当是赵匡胤创建宋朝之后,受魏晋隋唐门阀士族流风遗韵的影响,自我标置为血高种贵的名门高第,自称天水(今甘肃)赵氏之后裔(汉至唐代大族之一),全然不是金人对宋钦宗的封号,更遑论是"宋人也是所有汉人的耻辱"。进一步说,从中华多民族大家庭的发展历史进程而言,女真族也是其中不可分割的组成部分,大汉族主义的思想是要不得的。而今越来越多的史学工作者都认识到了这一点。《不》文的说法,实有碍于民族团结。对于陈氏以满清遗老遗少思想存留太重而可以"气愤",将"伪满"溥仪之立比之于耶律大石则也是不妥。大石之逃,当今论史者或以为难能可贵,然在当时其族人看来,或也难免有叛逆之讥。

最后,窃以为《不》文之议陈寅恪先生,未免过于苛刻、刻薄。在学术思想上,陈氏独立之精神,自由之思想,或如《不》文所说,自负、保守、顽固得要命,但是,若谓陈氏之学多"胡说","其论人论事,自相矛盾如此","何足道哉",未免离谱太远。无学如我之辈,习史有年,倘能稍窥陈氏之学门径,便难免萌沾沾之心态,觉多年之业有所进取,不负青灯黄卷。一代文化名人的心态自有当时社会大环境为之营造,斯文丧尽,黑白颠倒,万民如氓的"文革"时代,即便在门外大喇叭进行批判,也会令有气节的知识分子愤慨不已。太平盛世,师道尊严,兼以中华敬老之美德,有哪个敢于攻击身为大学教授年已七旬的陈寅恪? 还是让我们更清醒地反省那个不堪回首的年代吧,也让历史少记下一些浑浑噩噩的世事。

第八编

教学相长

第一章　知识、方法和能力

——历史学科学生科研方法与能力培养点滴心得

　　古人云：授人以鱼，不如授人以渔。中国的大学教育，大多情况下，教师多强调传授学生各学科的专业知识，但很少教给、教会学生掌握学习的方法和科研的能力。联合国教科文组织的埃德加·福尔先生曾预言："未来的文盲，不再是不识字的人，而是没有学会怎样学习的人。"①如此说来，在21世纪的今天，教师们"教会"学生学习，使他们掌握学习的方法和科研的能力，比让学生掌握和教会他们学科知识更为重要。在大多数高校教师重科研、轻教学的倾向下，②积极探索两者良性互动的关系，很有必要。

　　中国传统教育体系之中，中国历史学科尤其是中国古代史学科，一直以来，著名前辈学者特别强调研究生教育过程中"三基"——基本理论、基本知识和基本技能的培养。③这一传统的教育模式，是培养科研精英的有效方式。但是，20世纪晚期至今，受高校扩招和社会需求变化的影响，中国的教育模式整体发生了转变，大学普及型通识教育得到广泛推行——大学本科阶段基础课（如中国古代史、中国近代

---

① 埃德加·福尔：《学会生存——教育世界的今天和明天》，教育科学出版社1996年版。参阅林文勋《学科建设与教学改革初探》，云南大学出版社2010年版，第13页。
② 林文勋：《高校教师应如何处理教学与科研的关系？》，收入氏著《学科建设与教学改革初探》。
③ 漆侠：《坚持以马克思主义理论为指导治史、执教、育人》，《高等教育学报》1990年第4期。个人以为，著名宋史学家邓广铭先生20世纪60年代提出的"四把钥匙"（版本目录、历史地理、年代学和职官制度），确为最佳经验，值得认真对待。

史等）的教学时间从此前的两年教学缩短为一年；硕士研究生的培养也越来越成为科研工作普及教育的一个阶段，逐渐脱离了此前精英科研人员培养的要求。曾几何时，甚至还曾将长期以来推行的三年制培养模式，改变为二年制。这种短平快的教育模式和要求，迫使原有的教育理念发生转变。而如何在新的教育体制下将新的教育模式运用到实际教学活动之中去，在有限的时间内全面提升教学质量，培养的人才适应当前社会变化的需要，则成为近年来许多高校研究生导师苦苦摸索的一项工作，以至于有教授还高声呼吁"导师，你应该教给学生什么？"①换言之，新的人才培养模式，既要适应新教育体制的要求，又要着眼于社会的实际需要，还要严格要求，促使本科生在短短一年中掌握某一基础课专业知识；研究生的培养则需在三年之内，不但激发其学术兴趣，培养其科研精神，还要全面提高素质，从知识、方法和能力三个方面，给学生更好的引导和教育。此前，有不少高校教师倡导了许多可行性方案，比如云南大学林文勋教授就曾倡导实行"导读式""研讨式"课程教学，颇有成效。②在过去的几年中，我个人的经验是，至少在中国历史尤其是中国古代史学科内，采取缩写名家名作和积极倡导"精读一本书"的教育模式，可以在很大程度上激发研究生的学术兴趣，培养其科研精神，还能够全面提高研究生的综合素质。

一　缩写名家名作与知识、方法和能力的培养

扩大学生的阅读量，教会学生读书，使其学会学习，使学生从被动阅读变为主动阅读，是一个很艰难的过程。在大学本科和硕士研究生阶段，就中国古代史领域而言，给定学生名家名作，督促学生按照一定要求缩写，既可以教给他们知识，传布历史学的智慧，又可以教给他们学习方法，还可以提升其科研兴趣和科研能力。

汲取学科知识，是大学和研究生学习阶段学生的基本学习任务之

---

① 林文勋：《导师，你应该教给同学什么》，《学位与研究生教育》2005 年第 3 期，收入氏著《学科建设与教学改革初探》。

② 林文勋：《关于"导读式""研讨式"课程教学的认识》，《历史教学》2007 年第 7 期，收入氏著《学科建设与教学改革初探》。

一。而开宗立派的那些名家名作，一般都饱含了学术名家辛勤耕耘的汗水，是其高超智慧的结晶，可以提供更丰富的知识，其中也大都蕴含和凝结着名家的治学方法。给学生指定名家名作，需要教师对本学科领域内名家名作有精到把握。这些名家名作的选择，又要结合实际情况，适应大学阶段和研究生阶段教学需要。四年来的教学经验表明：学生通过缩写作业，一般都能很好地掌握名家名作的知识内涵，借此把一些学科知识点进行了比较系统的学习，确是促使学生掌握学科知识的一个好方法。譬如，在讲授到"唐宋变革论"这一国际性学术议题的时候，我指定的名家名作包括：日本学者内藤湖南的《概括的唐宋时代观》，宫崎市定的《东洋的近世》，美国学者 Robert M. Hartwell（郝若贝）的 *Demographic, Political, and Social Transformation of China, 750 – 1550*, Robert P. Hymes（韩明士）的 *Statesmen and Gentlemen: the Elite of FU-Chou, Chiang-His, in Northern and Southern Sung*, James T. C. Liu（刘子健）的 *China Turning Inward: Intellectual-Political Changes in the Early Twelfth Century*（《中国转向内在》）和 James T. C. Liu（刘子健）and Peter J. Golas 合编 *Change in Sung China: Innovation or Renovation?* Peter K. Bol（包弼德）的 *This Culture of Ours: Intellectual Transitions in T'ang and Sung China*, Valerie, Hansen（韩森）的 *Changing Gods in Medieval China, 1127 – 1276*；Smith Paul J. & Richard Von Glahn 主编的 *The Song-Yuan-Ming Transition in Chinese History*；中国学者张广达《内藤湖南的唐宋变革说及其影响》、李华瑞主编《"唐宋变革论"的由来与发展》等诸多篇论著，布置给学生阅读。此外，在选修课或短学期课程上，我一般布置学生缩写刘祥光《婢妾、女鬼和宋代士人的焦虑》和柳立言《何谓"唐宋变革"？》等文。[1]之所以布置这两篇论文缩写，是因为前一篇文章，在科举士人和女子的关系领域，极为清晰地阐明了唐宋之

---

[1]　刘祥光：《婢妾、女鬼和宋代士人的焦虑》，载《走向近代：国史发展与区域动向》，台北东华书局 2004 年版，第 45—84 页；柳立言：《何谓"唐宋变革"？》，《中华文史论丛》2006 年第 1 期。另外还把王曾瑜、梁庚尧、萧启庆、黄宽重、邓小南、包伟民、刘浦江等名家的力作，作为学生缩写的作业。

间的变化，富有故事情节，学生们有阅读的兴趣，更能促进其掌握唐宋变革这一学术论题的历史实况；后一篇文章，从学理上厘清了近年来学界含混不清的学术概念，从国际视野内再次阐明"唐宋变革论"的真正内涵。这两篇论文，均为宋史学界一流学者的名作，展现出作者的学术魅力，蕴含着丰富的历史智慧。两篇力作均文字清晰，逻辑严密，论题集中，论证精详，聚焦了当今学界最前沿的学术问题。我要求学生每一篇论文各缩写两次，一次缩写至 2500—3000 字，第二次缩写至 1000 字左右。具体要求是：（1）全文用手写，不要打印稿。（2）不要原文照抄，而是在理解的基础上，用自己的话把原文的意思表述出来。（3）缩写过程中，注意原作者的中心议题，缩写时不能偏离。（4）要注意锻造句子，尽量用短句，不要长句子，表述要清晰，关键点一个也不能少。（5）注意作者的逻辑安排，缩写过程中要认真体悟其中的逻辑关系，尤其是上下文之间的逻辑安排，认真体悟作者究竟为什么这样安排。（6）要紧扣中心议题，每一个段落的第一句话或最后一句话，都应该是这一段落的中心，这一个段落内的每一句话，都要紧密围绕这个中心组织文字；每一个小节内的所有的段落，都要紧密围绕这个小节的中心议题，而不能有任何的偏离；整篇文章中的所有小节的中心话题，更要紧密围绕在全文的中心议题之下安排文字。（7）缩写过程中，每一句话之中尽量不要出现同一个词，即便是"的、地、得"，也要尽量控制在最少，以保证句子的精练。

　　在这一要求下，从 2007 级硕士研究生和 2008 级本科生到 2011级本科生和研究生，我一直坚持这一做法。并且，每一个学生完成的每一篇缩写，我都亲笔修改。发现问题（譬如每一个小节和段落是否紧紧围绕主题、逻辑关系是否紧密确当、句子是否还需推敲斟酌、改正错别字等），一一当面讲解。其中比较认真而好学的学生，改写了三四次，缩写稿达到了相当精致的境地，为此，我很欣慰。就这样，把学术前沿的学术论著（名家名作），作为教学缩写工作的一项内容，融入课堂讲授之中，促使了学生从被动阅读到主动阅读，不但使学生增加了知识，还锻炼了他们的写作的方法和能力，培养了他们严谨、认真的学习态度，更从学科能力方面，提升了学生的科研兴趣。

通过这一教学过程，有不少学生从中掌握了提炼学术议题的能力，增强了写作能力，初步掌握了写论文的方法。譬如 2010 届本科毕业生苏显华，在大学二年级的时候，很认真地对待缩写作业，从中掌握了要点。她的大学毕业论文，在我的指导下，前后修改十数次，定稿后，不但被评为本系的优秀毕业论文，而且还获得了教育部学生司、南开大学主办的全国第七届"史学新秀奖"的一等奖（全国只有 3 人），被免试推荐到北京大学历史系读研。据悉，她的研究生导师明确表示对这个学生很满意。2008 级研究生杨辉建和仝相卿，在经过这样的训练后，他们写作的小论文，除了主要议题仍需要指导外，文字不用太多的修改，我基本上放心，甚至他们自己就能体悟到学科的主要议题。杨辉建还和我联合署名发表在《北京大学学报》2009 年第 5 期上的文章，更可见问题意识、逻辑结构既定后字斟句酌的学术论文之精深追求。

二　"精读一本书"与学科知识点的掌握，科研能力的培养

按照厦门大学研究生院的规定，硕士研究生阶段一定要修够足够多的学分（36—40 个学分），①才能毕业。所以，目前研究生第一学年内，既要学外语，又要至少修 15—20 门的课程（几乎每一门课程都会不切实际地要求学生写一篇"论文"，才能拿到成绩），甚至第二学年内还要修课，才能修够规定的学分。这对于扩大研究生的知识面，不受限于导师一人的狭隘见闻——也就是漆侠先师所说的"博学未必有高识，但高识必须建立在博学的基础上。只有具有博大精深的基础，才能在史学领域里作出新的突破，取得新的重大成就"；或"只学历史，学不好历史；只学宋史，学不好宋史"的教诲，②有很大的指导性意义。但是，研究生学习专业知识的时间，也就因此受到了一定的限制（研究生第一学年甚至第二学年要修课获取学分，最后半年或找工作或考博士，三年内，看书、写论文的时间实际只有一年

---

①　厦门大学关于制定硕士研究生培养方案的若干规定，请参阅访问于 2018 年 11 月 5 日的厦门大学研究生院官网 http://yjsy.xmu.edu.cn/hy/Show.asp？id=1662。

②　前揭漆侠先生《坚持以马克思主义理论为指导治史、执教、育人》。

半左右）。就中国古代史宋史方向而言，大致 2000 年以前，研究生的培养都是精英教育的模式，导师希望通过三年的学习，使研究生的理论水平达到一定高度外，"业务知识面要有一定的广度，宋史学习要有一定深度，文字表达既要流畅又要逻辑严密。……使研究生写出具有新意、质量较高、达到硕士或博士水平的论文，同时毕业后能担任高校历史系的通史下半段（隋唐宋元明清部分），或外系中国通史以及历史系专业课程宋史这门课，并通过三五年的锻炼，成为比较优秀的高校教师和专门研究人才"。①在上述教育模式下，我的研究生学习阶段，漆侠先生给定的学术训练是：指定阅读文献资料，其中就包括将《宋史》和《文献通考》诸志作为基本材料书，互相比勘细读。因为这样既能增加知识，又能发现歧异，培养了校勘能力。此外，通过浏览和细读相结合的方法，阅读文献。也就是说，在三年的研究生学习阶段，我们用更多的时间阅读了大量的文献资料。而现在教育体制和研究生培养目标改变了，社会需求也发生了变化。为了适应这一变化，我改变了我的导师当初原有的教育方针，开始实行"精读一本书"的教学计划[在南开大学求学时，冯尔康先生数次提到"精读一本书"的做法，对于培养学生的益处——并说，这是我们南开历史学科的祖师爷郑老（郑天挺先生）的教学之道。我的导师李治安先生也在长达两年多的时间内，督促并和我们一起逐字逐句地精读《元史》。著名学者、宋史名家王曾瑜先生在其《我和宋辽金史研究》一文中则有更具体的要求和治学经验]，②并行之有效地坚持了下来，取得了良好的教学效果。

我对自己的研究生提出的要求是：三年期间，尤其是第一学年和第二学年内，一定要坚持"精读一本书"——既要精读一部基本的文献资料书，又要精读至少一本名家名作或青年才俊的最新论著。对大学三年级和四年级，跟我做学年论文和毕业论文的同学，也大多提出这样的要求，并严厉督促。

---

① 前揭漆侠先生《坚持以马克思主义理论为指导治史、执教、育人》。
② 王曾瑜：《我和辽宋金史研究》，原载《学林春秋》，朝华出版社 1999 年版；收入氏著《丝毫编》，河北大学出版社 2009 年版。

　　精读一部基本文献，我给定的是《宋史》《文献通考》《续资治通鉴长编》《建炎以来系年要录》和《宋会要辑稿》。今后有志于宋史研究，继续攻读博士学位而深造的研究生，必须精读其中的一部书；并且，我还和研究生们一起，逐字逐句地每年一次阅读《宋史》《文献通考》职官和食货部分、《挥麈录·余话》；即便是有些研究生毕业后不可能从事宋史领域的研究工作，也要在我指定的其他基本文献中，精读一部。研究生招生制度改革之后，有越来越多的外专业学生考入历史学科。这些同学之中，除了极少数兴趣很浓，知识积累很丰富外，大多数对专业知识知之甚少甚而无知。将这类学生引导入科学研究的领域，无疑是新教育模式给导师的一道难题。所谓因材施教，导师的教学方法也要随之而改变，才能更好地培养这类学生。而我们真正要更多面对的，还是那类对专业兴趣很浓，有专业意识和有志于在专业研究领域寻求更大发展的学生。精读一部书，那就是"一个字一个字地读书"，换言之，对这部书之中的任何一个字，都要认真解读；任何一个名物制度，都要检索其他工具书而消化吸收理解。我效法台湾宋史读书班"读来不独往"的做法，严格要求，定期检查，效果不错。精读一部基本资料书，可以培养学生的古文阅读能力、校勘能力和资料收讨的能力，又可以对两宋或北宋、南宋一个时代内的基本历史内容有较全面的了解。2008 级研究生全相卿在阅读《宋史》的过程中，发现了一个问题，进而在我的指导下，写出了一篇 5000 多字的读书札记，解决了一个学界长久以来忽视的学术问题：廓清了后周恭帝迁居与宋初缜密的防弊之政的关系。这篇文章通过了匿名专家的审查，发表在教育部人文社会科学重点研究基地河北大学宋史研究中心主办的《宋史研究论丛》（CSSCI 集刊）中，就是一个明显的例证。

　　精读一部经典著作，精读一部今人论著，认真体味学者的学术探求精神，学习前辈的学术研究方法和提出问题、解决问题的能力，进而培养"问题意识"。这一做法，我在所有选课同学之中展开。我要求研究生们认真精读的论著，是经过我挑选的，一般都是本学科和本专业的优秀著作，是值得认真读的书。名家名作当然要读，青年才俊们的新作，也饱含着年轻一辈学者的追求，也值得去学习。他们优秀的论述、启人深思的议题、紧密的逻辑结构、清晰流畅的表达，都是我们认真学习的楷模。我一般要求研究生撰写读书报告，努力发掘这本书中值得学习的优点——议题的提炼、锻造、提升的过程，文字编排和润饰的过程，议题论证和结论的对应性等，都需要认真体悟。对该论著所涉及的文献，一一核实，也要求按作者之版本和最佳版本各做一次核对，从而培养学生掌握校勘学、版本目录学等史料学的常识。我对每一篇阅读报告，都要做出批改，发现优点，热情鼓励；出现缺点，认真面对，督促改正。一个学生写出的读书报告，他所阅读的书，我要求其他的学生也去阅读，但要求浏览即可，不必精读。然后，定期召开研讨会，我和他们一起面对一篇读书报告，一起修改（一般主要分析读书报告之中，每一个小节和段落是否紧紧围绕主题、论证过程中逻辑关系是否紧密确当、句子是否还需推敲斟酌、是否有错别字等）。不同角度和阅读，不同知识积累的学术观察，往往迸发出新的见解。我们及时吸纳，这些见解反复修改（修改次数最多的一篇，前后一年半中修改了至少 17 次；历时最长的一篇，是邓小南教授的名著《祖宗之法》一书，前后持续五年多，修改十数次，参与读书和讨论的研究生竟达 30 多人），且要求学生一定要大声朗读，以发现语句表达之不畅和逻辑之错乱。四年多来，我和我的研究生们一起精读了大量的学术论著，也写出了很多的读书报告，其中已经发表成果的研究生及杂志有：刘佳佳《中国经济史研究》《史林》《中国史研究》，杨辉建《北京大学学报》《宋史研究论丛》《宋史研究通讯》，全相卿《中国史研究动态》《厦大史学》《宋史研究论丛》，刘栋《妇女研究论丛》《中国社会经济史研究》，林明华《人文国际》，刘璐璐《汉学研究》等十几篇。当然，还有许多练笔之作不曾发表。我为我的学生所取得的进步感到欣慰和自豪。

三　赘语

通过名家名作的缩写和"精读一部书"的训练，同学们练习和掌握了论文写作的基本要求，从中学到了知识，获取了学习方法，培养了兴趣，提高了科研能力——历史学虽属传统学科，但借此方法增进学生个人的整体素质，提升其逻辑思维能力、批判性意识等依然相当显著。对于我而言，在这一过程中，我更加体悟到作为一名大学教师的不易，故多慨叹学业有限，诚所谓宋洪迈《夷坚支志》戊卷二《胡仲徽两荐》引佛家悟道所云"自照一身犹未光者，何暇推余波及他人乎？"更感受到了一起商讨问题的快乐。四年多来，虽然为学生的能力培养而付出了大量时间和精力（每年本科生 50—60 人、研究生选课者每学期 10—15 人。每份缩写和读书报告都要修改，付出的时间和精力是可想而知的），尽管耽误了自己的科研进度，但是我依然乐此不疲，那是因为——教学相长，乐也。①

---

① 在高等教育内部，重科研轻教学已成不可遏止的国际性风潮背景下，所谓的重视教学，多半被视为哗众取宠和华而不实，很难被经常遇到"放水"老师的学生理解。20世纪早期的日本也是如此，学者也有指出："正如今天中国高校大部分的学术新星都在埋头搞科研，当年數波先生正在为去德国深造做准备，用于辅导学生的时间自然较少。"学而优则仕，则是另外一类昙花一现般的"学术新星"。吴真：《被鲁迅记忆抹去的數波先生》，《读书》2017 年第 11 期。

第二章　典范牵引、实践模拟与学术入门

——历史学专业人才培养模式改革新尝试

一　历史学科发展现状分析

21 世纪的今天，我们处于一个海量信息的时代，传统文史哲专业内各种出版品层出不穷，可谓"乱花渐欲迷人眼"。而古典文献的电子检索导致大多数非从业人员也能够在短时间内搜索到诸多"专业数据"和文献资料，科际整合的大趋势则在一定程度上导致了学科边界的模糊。在知识群体内，快餐式阅读、浅表性阅读等缺乏深度阅读已成为学界有识之士忧虑的阅读困境，人们的阅读越来越趋向"快""泛""短""浅""碎"。数字化电子阅读导致从纸质文本向电子文本和超文本的根本转变，而且深刻改变了人们的阅读行为和习性，其后果之一便是以超低注意力为认知特征的浏览式阅读大行其道，而曾经流行的以深度注意力为认知特征的沉浸式阅读日趋衰微。为此，学者积极倡导培育、维持并强化沉浸式阅读、深度阅读行为及习性，进而维系阅读生态的平衡。①在缺乏深度阅读、缺乏锲而不舍忘我追求纯学术的社会整体背景下，传统学科尤其是文史领域高精尖人才的素质更是每况愈下，呈现出下滑趋势。

随着海量信息的日新月异和爆炸般不断呈现，也由于各类影视和网络媒体对于"历史故事"的推波助澜，当今社会上的历史爱好者与

---

① 周宪：《从"沉浸式"到"浏览式"阅读的转向》，《中国社会科学》2016 年第 11 期。

日俱增。他们多是将不同层次的史学著作反复咀嚼之后，以二三手文献甚而网民逞快臆造的所谓历史文本透视历史中国，导致整个社会上呈现出"人人都可成为历史学家"的境况。至于什么才是"历史""历史学"究竟能否"戏说"抑或"臆说"等，都可能导致初学者被严重误导。众所周知，作为学术的历史学其终极关怀是追求无限逼近、走进"历史现场"。虽然前辈史家们倡导"史无定法"，历史研究过程中追求方法多元、视角多元；又云"史家面前无定论"，但，这未必就可以成为大众或某些学者"戏说"和"臆说"历史的凭借。不同于1977—1978年高考之后十几年中的历史学专业考生，近20年来，国内很多高校历史学专业人才培养的大众化、普及化、通俗化几有成为主流的趋势，与此相反，追求象牙塔式阳春白雪般高精尖专业人才培养模式，渐被忽视。中国传统著名史家所要求的中国史研究必备的"四把钥匙"——版本目录、历史年代学、历史地理学、职官等专业训练，①往往被并非专业人士的历史爱好者乃至部分专业人士所忽略或舍弃。

目前我国高水平研究型大学研究生的招生与就业相当多元。"历史故事"的吸引力导致来自不同本科专业背景的学生都有可能投考历史类研究生，即便是本专业学生，自大学本科的知识汲取到研究生阶段创新型学术研究，也存在着相当的教育脱节，甚而对学位认同度较低。②他们读研的目的因人而异，但其中将追求高精尖专业人才当作终极目标者，已渐稀减少。当然，1980年之后出生的学生中有很大的比例是独生子女，有些出于学文科（学习历史专业）更轻松的意识作祟，自以为中国的高等教育依然是如同中学时期一样，平时上课，

---

① 邓广铭：《邓小南〈宋代文官选任制度诸层面〉序》，河北教育出版社1993年版。谨按：邓广铭先生1960年代提出的这一历史研究方法，其中并无"版本"。其实，在邓广铭先生一代学人的意识深处，目录学的知识中自然包含有版本学的知识。时代发展，后人和前人的理念逐渐发生了偏差，王曾瑜先生在追叙邓广铭先生"四把钥匙"这一论断的时候，将"目录"改为"版本目录"，窃以为可谓是得起真传的做法。参阅王曾瑜《治辽宋金史杂谈》，《河南大学学报》2010年第3期，收入氏著《纤微编》，河北大学出版社2011年版，第31页。
② 张东海、陈曦：《研究型大学全日制专业学位研究生培养状况调查研究》，《教育研究》2011年第2期。

老师在讲台上满堂灌，学生在讲台下有一搭没一搭地或听讲或做其他事情，考试之前背一背答案，就能混到及格的分数。这些学生没有付出辛苦、勤奋的意识，更缺乏锲而不舍、精益求精、追求极致的学科理念。这样一来，其实导致了若干的资源浪费——国家教育投入、高水平导师资源和年轻学子的青春岁月。

其实，作为国内 985 高校或说高水平研究型大学，应该在历史学等基础学科的人才培养中，将追求"少而精""高精尖"专业人才培养——能够继续留在一流高校从事教学与创新研究工作的人才作为教育的目标。高水平研究型大学历史学科研究生的培养，不应该以培养历史爱好者为目标，也不应该以培养普及性综合型人才为其终极目标。

二　牵引与典范——专业人才培养模式新探

怎样才能培养出历史学专业人才，培养出高精尖的、能够继续留在国内一流高校从事教学科研的创新型人才，近年来学界对相关问题多有探讨，或说改革课堂教学模式，以"慕课""翻转课堂"弹性教学吸引学生的注意力和求知欲，或强调学生实践性知识的培养，或检视专业学位教育中学术能力培养的错位问题等，不一而足。[1]其实，有关于此，过去多年来，各大学都有自己的传统，许多著名学者也有自己的"独家绝技"。近年来，由于受到各种社会现象的诱惑，不计名利忘我投身历史研究者少，自主学习型研究生也相对减少。而历史学是一门颇具中国古典经验传承的学科，既有的经验、规范和实践具有一定的规律性。在面临海量信息的汲取、泥沙俱下的学术成果无所适从境况下，单纯的课堂讲授，难免有益于知识传布而不利于求知兴

---

[1]　田爱丽：《转变教学模式促进拔尖创新人才培》，《教育研究》2016 年第 10 期；王鉴：《论翻转课堂的本质》，《高等教育研究》2016 年第 8 期；张琼：《知识运用与创新能力培养——基于创新教育理念的大学专业课程变革》，《高等教育研究》2016 年第 3 期；李太平、王超：《个性课堂及其建构》，《高等教育研究》2015 年第 12 期。

趣的激发，①导师有必要手把手地牵引、教导，将有兴趣的学子引入学术之境，以求斯文不坠，薪火相传。②

过去十数年中，结合师辈的教导和国内外既有的经验，笔者逐渐琢磨出一套自以为可行的培养模式，将更多教学方法引入教学实践之中，在实践教学中培养学生研究的兴趣，使其从被动学习逐渐过渡到主动学习、兴趣学习、忘我投入型学习。其关键在于将典范学习渗入理念，努力建构研究生培养的"中国模式"，以加强能力培养，尤其是研究能力、创新能力的培养。

第一，专业典范论文缩写。具体做法是：（1）精选名刊名作、名家名作作为缩写的标本。有关名刊，目前建议学生选择最近 10 年间的《中国社会科学》《历史研究》《中国史研究》《近代史研究》《世界历史》《"中研院"史语所集刊》《"中研院"近代史所集刊》等；至于英文名刊，譬如 *Harvard Journal of Asiatic Studies*、*Journal of Asian History*、*Journal of Asian Studies*、*T'oung Pao*（通报，荷兰）、*American Historical Review*（美国历史评论）、*American Journal of Chinese Studies*（美国汉学研究杂志）、*Asia Major*（亚洲专刊）、*Chinese Studies in History*（中国历史研究）等，也建议英文能力较强的学生自主选择。（2）在一个学期内，每星期完成一篇缩写。（3）手写，将 2—3 万字的一篇名刊名作、名家名作第一次缩写为 3000 字左右；在此基础上，将每一段落尽量凝练为一句话，第二次压缩为 800—1000 字，然后找来原作的中文摘要，加以对比，找出差异。（4）教师每一星期都要批改学生的缩写，及时反馈优缺点。（5）要求学生互评、互改，教师汇总之后，再次批改，找出同学批改的合理之处，

---

① 陈佑清、吴琼：《为促进学生探究而讲授——大学研究性教学中的课堂讲授变革》，《教育研究》2011 年第 11 期。作者指出，如背景性的知识、问题性知识、过程性知识、方法性知识、知识之间的联系、知识与生活的关联及实践运用、学科前沿知识等，均需课堂之外学生的自主性学习。

② 康淑敏：《基于学科素养培育的深度学习研究》，《教育研究》2016 年第 7 期；郭元祥、伍远岳：《学习的实践属性及其意义向度》，《教育研究》2016 年第 2 期；孙智昌：《论学生的实践能力及其培养》，《教育研究》2016 年第 2 期；马健生、陈玥：《专业学位教育中学术能力培养的错位问题检视》，《教育研究》2015 年第 7 期。

也要指出其错谬不足之处，鼓励相互之间的交流；互评互改这一环节，笔者原意在于：任何一位同学的缩写，都要至少找另外两位同学互改互评；中国史方向的同学最好找世界史领域的缩写作业互改互评，而世界史方向的同学最好找中国史领域的论文互改互评，中国近现代史方向的同学则最好找中国古代史领域的论文互改互评，而考古学方向的同学则找中国古代史领域的论文互评互改。这一设计主要是基于开拓研究生的既定研究方向，了解更多自己专业方向之外的研究领域最精湛的研究论题。在笔者的认知中，中国古代史领域的名家名作或名刊名作，在问题意识、逻辑架构、论证过程、文献汰择、文字凝练等方面，均有很典范的文本，值得认真揣摩效法。在互评互改环节，还可督促先进带动后进，互相激励。（6）默忆已经缩写过的论文，当众复述其主干内容。（7）体悟这些经过缩写的论文之所以能够成为名刊名作、名家名作的胜义之所在，注意体会其问题意识、逻辑建构、论证过程、文字表述、文献汰择等。在题无剩义的追索中，这一多读和多写的模式，有利于增加中文母语和英文文字的词汇量和运用的熟练度。

在研究生典范论文缩写过程中，笔者的坚持和要求，请参阅《知识方法和能力》一文。①

在以上要求中，教师多鼓励学生勇于挑战既有模式，防止因学术论文日益严重的"八股化"（模式化）禁锢了勇于探索的创新型思维，并时时提醒学生保持批判性思维，即便是名家名作、名刊名作也一样对待，因为历史研究最大的敌人就是固守"常识"和"习以为常"。虽然我们都熟悉胡适的"大胆假设，小心求证"，但是，大多数研究生很少大胆质疑脑海中既存的"知识"和"常识"。从被前辈研究结论牵着鼻子走，到具有学者的"问题自觉"，是一个相当艰难的过程，而具备批判性思维则有可能加快这一学术自觉的进程。在最初几个星期的缩写作业中，笔者鼓励学生自己选择用以缩写的论文，

---

① 习培俊：《知识、方法和能力——历史学科学生科研方法与能力培养点滴心得》，《学位与研究生教育》2011 年第 8 期，第 7 页。张赞冰整理《厦大教授陈明光：史学研究与论文写作经验谈》，《澎湃新闻·私家历史》2017 年 3 月 25 日。

而在随后的五六个星期内，在要求学生互评互改的时候，让学生自我体味哪一篇论文才更优秀；已经缩写的五六篇论文之中，优秀的论文与稍微差一些的论文，其差距究竟表现在哪些方面。而那些我们认为稍微差一些的论文，又为何会发表在名刊之上，其胜义究竟何在。换言之，在强调批判性学术理念的同时，引导学生体味和追慕学术论著中真正的、名副其实的学术经典。

当然，在学生一次次的缩写过程中，教师也提醒学生，一定要注意学术规范，尤其是所缩写论文的学术史与创新点，需要特别领悟。而学术论文的书写规范，也需时时注意。

第二，在专业书籍和一手文献方面，加大阅读量，精读一部书。这类读书要求，又可分为两类，一类是浏览性的阅读，需要抄写读书笔记，教师不定期检查；另一类是专业书籍，要求"精读一部书"。所谓"精读"，要求一个字一个字地阅读，凡是遇到不懂得的、不熟悉的人名、地名、官名以及其他专业术语，都要第一时间查阅工具书，同时记笔记，并要求学生反复阅读笔记，慢慢养成一种习惯。

精读一部书。精读一部某断代的基本文献，是南开大学郑天挺先生的研究生培养经验，其门人冯尔康先生在其研究生培养过程中，再次强化，并成为一种学界认可的经验。①宋史研究领域，漆侠先生、王曾瑜先生都既定了若干种最基本的文献，要求研究生必读。这类文献的选择，大多是能够贯穿一代、牵涉全局的资料。②

第三，专业学术书评的撰写。研究生能否、有无必要写书评，过去曾引起学界的讨论。有学者认为：研究生没有必要写书评，一则因为研究生不具备更广博的学术修养和知识储备，不具备撰写高水平书评的能力；二则是研究生写书评，难免会出现学术批评的话语而得罪同行，江湖险恶，写书评容易得罪心胸狭隘之人，在不健康的学术世

---

① 南炳文：《推动历史学科发展的三十年》、冯尔康：《从学琐记》，均收入封越健、孙卫国编《郑天挺先生学行录》，中华书局 2009 年版，第 222 页，第 321 页；冯尔康：《独立治学能力的培养——我和学生的真挚友情》，《历史教学》2017 年第 2 期。
② 漆侠：《宋史学习漫谈》，原载《书林》1979 年第 1 期，今据氏著《历史研究法》，河北大学出版社 2003 年版，第 148—151 页；王曾瑜：《治辽宋金史杂谈》，前揭氏著《纤微编》，第 22—23 页；并请参考氏著《辽宋金史料介绍》，前揭该书第 619—636 页。

界中，不利于就业和学生成长；三则写书评需要大量的时间精力，会影响自己所在领域方向的研究。

也有学者持论相反，不许学生写书评的倡导，是偏颇的引导：其一，研究生作为成年人，拥有自己的人格。写不写书评是他自己的学术自由。作为老师，要提醒学生，如果写书评，一定注意表达的分寸，用语不要太过刻薄；只就学术谈学术，不要涉及其他甚而人身攻击。其二，本着"吾爱吾师，吾更爱真理"纯学术理念，作为研究生应该少一些功利色彩，多一些探究学术真理的决心。不要总想着写书评算不算学术业绩以及能不能提升职称。其三，从学术角度来看，对同一材料着眼点不同，会有新的解读和用法。没有哪一本论著可以把材料中所有信息榨干。其四，学术界有了"舆论监督"和"公共批评"，有个关于好坏是非的公论，学界才有秩序。如果有权威而内行的高质量学术书评，一些"隐瞒证据"的论著，就会曝光。有区分论著优劣的学术书评出来，才能够省去读者选择的时间和精力。①

国际著名汉学家法国学者伯希和（1878—1945），一生中的论著数量并不可观，但其学术书评发表的数量较大。他自况"汉学的看门狗"（杨联陞先生指出其自称"汉学界之警犬"；其实杨先生也自称"汉学的看门狗，看到人家胡说，必高叫一声"）展开严厉的学术批评，"失于刻薄，不留余地"②，成为 20 世纪早期西方汉学界的一大亮点，也成为促进西方汉学高水平提升的基础。还有一位著名汉学家杨联陞（1914—1990），一生中发表有 50 多篇（一说七八十篇，不确③）中英文书评，近来大多数被汇集于《汉学书评》一书（商务印书馆 2016 年版）。刘子健甚至说"他最精彩的学问，多半见于他写的书评"。余英时在《中国文化的海外媒介》中述评杨联陞的书评：堪称博雅，"篇篇都有深度，能纠正原著中的重大失误，或澄清专家

---

① 往复论坛・书林・书林清话・赖瑞和、孟彦弘往复书信，https://www.douban.com/group/topic/29920033/
② 杨联陞：《书评经验谈》，收入《汉学书评》，商务印书馆 2016 年版，第 461 页。
③ 蒋力：《修订手记》，参阅杨联陞《哈佛遗墨》，商务印书馆 2013 年修订本，第 347 页。

所困惑已久的关键问题，其结果是把专门领域内的知识向前推进一步"。①我国著名历史学家周一良先生评骘说：杨联陞具有广博的学识，在学术上相当细心，对于微言大义和细微末节，都不肯轻易放过，以及动人的文笔和引人的谈锋，都引人入胜。②学界或称誉其学如"水银泻地，无孔不入"，以博杂多端著称，亦不无零碎之弊；他却不自称史学家，而以"开杂货铺"的汉学家自居，虽身处北美汉学界，作风实更接近于欧洲汉学家。

杨联陞先生在其《书评经验谈》一文中提出：写书评最重要的，是要先知道这一门学问的现状、行情，这自然不是一朝一夕能做到的。高质量的学术书评可以让研究者懂得这个领域的学术史和学术现状，可以由此检查史料和历史叙述，可以提供给后来者理论基础和方法检讨。③杨联陞书评与伯希和式书评的差别在于批评之时"留不留余地"，或可视为学术书评之分脉。正如前文所言，健全的学术批评机制的建立，当是目前国内学术界良性发展的一大关键。

我们认为，一篇学术性书评论文，往往比一篇品质平平的学术论文更具学术魅力，其学术影响力和学术品质更高。在日益国际化的学术背景下，中国的学术评论也将会健康发展、日益强化，并得到应有的重视。

关于学术性书评论文的写作，笔者的训练模式如下。

（1）深度阅读自己学位论文选题领域内及其周边论题的2—3部学术专著，这部书最好是作者博士学位论文修改完善之后近年出版的学术论著，抑或是名家新著。究竟哪部书适合写书评，研究生需与教师商量后方能确定。在一学期内，完成阅读和写作。

（2）在深度阅读的基础上，广泛而深入地梳理其学术史。这一学术史的梳理，应该力求竭泽而渔，不存在任何遗漏，尤其要关注非中

---

① 余英时：《中国文化的海外媒介》，收入氏著《现代学人与学术》，广西师范大学出版社2006年版，第102页；另请参阅《汉学书评》蒋力之《杨联陞的书评（代序）》，商务印书馆2016年版，第3页。

② 周一良：《哈佛大学中国留学生的"三杰"》，今据《周一良全集·郊叟曝言》，高等教育出版社2015年版，第297—300页。

③ 杨联陞：《书评经验谈》，收入前揭《汉学书评》，第461页。

文语言的相关论著。

（3）在深度阅读专著的基础上，结合其所有注释与参考文献，全面而深入地掌握、了解这一学术专题的所有存世文献及其周边资料。

（4）在充分了解学术史和存世文献的基础上，初步判断其学术创新。与已有研究相比，是否有新理论新方法的运用，是否增设了新议题，是否运用了新资料，是否具有闪现灵光的创新观点。①

（5）结合以上学术工作，激发研究生的批判性思维，努力寻找其材料与议题的不足、寻找反证的可能性——新议题和新材料是否相互支撑？ 是否在整体史的视域内观照了这一议题的所有问题？ 其论题为什么是这样，而不能是那样？ 其问题意识是否存在缺漏？ 历史事实有无可能与此结论正好相反？ 这一论证为什么没有采取其反证资料？ 其所据资料是否存在历史叙事者的主观性？ 是否有意识做出选择而导致偏颇的历史记忆存在？ 是否需要对其所据证据做出"史料批判"等，无论其论题之设计、问题意识、逻辑建构、论证过程、文献精疏、文字精练、文献版本与校对等，都应认真思讨。因为对于历史研究而言，学术议题有的重在甄别史实、叙述事件，有的重在阐释、解构与建构，但无论哪种情形，都离不开材料，离不开实证。对于问题与材料的考问，永远是无休止的，是学人需要时时面对的心智挑战。②

历史学之所以成为一门学科，其独特的魅力似在于史料考证的严谨性与批判性，对于史料的外部、内部考证，已为前辈明确指出，洵为良训。③而针对学术议题论证过程中遇到的反证，则有著名史学家田余庆的卓见："要注意排除反证，没有反证的问题是简单问题，复

---

① 朱红等：《我国研究生创新能力的现状及其影响机制》，《教育研究》2011 年第 2 期。作者指出：研究生读研期间在行为特征、思维特征、知识体系等维度有较大的提高，但创新能力的人格特征提高程度较低。课程参与程度和方式、导师的学术指导和生活就业关怀对研究生创新能力特征的影响相对较大。
② 邓小南：《永远的挑战：略谈历史研究中的材料与议题》，《史学月刊》2009 年第 1 期。
③ 杜维运：《史学方法论》（增订新版），台北三民书局 2008 年版，第 167—190 页。孙正军：《魏晋南北朝史研究中的史料批判研究》，《文史哲》2016 年第 1 期。

杂的问题往往有反证。反证必须在我们的考虑之中。"①另一位著名史家王曾瑜先生也指出："注重反面证据，是考证的一个重要原则。遇到反面证据，绝不能回避，而必须予以正视，并作出解释，说明何以不能动摇自己的论证，方能使自己的考证有科学质量，经得起推敲和驳论。"②基于此，笔者在激发研究生批判性思维的时候，特意反复强调学术议题有可能存在恰好的反面，一定要谨慎对待论著材料中反证的存在，且鼓励研究生勇于提出自己的看法。

（6）集团作战，群策群力。笔者提倡，若干位同一专业大致相同学术领域的研究生，在一段时间内共同阅读同一部书，或相同的2—3部论著。在上述学术理念和模式下，各自阅读之后，分享其阅读所得，最后由其中一两位研究生统合所有的心得，撰写学术书评。

无论是名家名作、名刊名作的缩写，抑或是学术书评的撰写，都会有学生针对阅读文本提出其论证不严格的境况，也有学生针对阅读论文或专著提出了完全不同的学术认识和学术新见，找出其所用原始文献的若干失误和缺漏。其实，这似乎都可以看作教学成果，而甚慰吾心。

（7）为激发研究生对学术议题的争论，笔者精选了3个学术界讨论相对成熟的论题，借此加深研究生对"史无定论"的认知和批判性思维的渗透。其一是宋初皇位的继承问题，即宋太祖赵匡胤死因之谜的"斧声烛影"和"金匮之盟"。笔者将张荫麟《宋太宗继统考实》、吴天墀《烛影斧声传疑》、邓广铭《宋太祖太宗皇位授受问题辨析》《试破宋太宗即位大赦诏书之谜》、刘子健《宋太宗与宋初两次篡夺》、竺沙雅章《宋太祖与宋太宗》、蒋复璁《宋太祖孝章皇后崩不成丧考》《宋太宗晋邸幕府考》、王育济《宋太祖传位遗诏的发现及其意义》《"金匮之盟"真伪考——对一桩学术定案的重新甄别》、李裕民《揭开"斧声烛影"之谜》、顾吉辰《"烛影斧声"辨析》、孔学《"金匮之盟"真伪辨》、何冠环《"金匮之盟"真伪新考》、刘洪涛《从赵宋宗室的家族病释"斧声烛影"之谜》、张其凡《宋太宗论》、王瑞来

① 胡宝国：《读〈东晋门阀政治〉》，收入氏著《虚实之间》，社会科学文献出版社2011年版，第3页。
② 王曾瑜：《治辽宋金史杂谈》，前揭氏著《纤微编》，第16—17页。

《"斧声烛影"事件新解》、苗润博《再论宋太宗即位大赦诏——诏令文书流传变异的文献学考察》等 18 篇论文（著）发给学生，要求研究生认真阅读这些文本并力求深度阅读相关文献，考问"斧声烛影"的每一种过程的可能性，并针对"金匮之盟"的诸多漏洞借以补充"斧声烛影"可靠的证据。其二是历史学界人所共宗的田余庆先生之名作《论〈轮台诏〉》，近年来遇到辛德勇教授的大胆质疑，随后又有学人密切跟进，讨论热烈。我要求研究生将田余庆《论〈轮台诏〉》、辛德勇《汉武帝晚年政治取向与司马光的重构》、李浩《"司马光重构汉武帝晚年政治取向"说献疑——与辛德勇先生商榷》、成祖明《内部秩序与外部战略：论〈轮台诏〉与汉帝国政策的转向》四篇文章加以精读，努力找出各自论点的每一条论据，归纳总结，做出自己的判断。其三是我目前阶段研究的一个学术问题，欧阳脩在范仲淹神道碑撰写过程中，究竟为什么一定要构建吕夷简和范仲淹"一笑泯恩仇"的历史场景。笔者将学界已有成果（刘子健《欧阳修的治学与从政》、朱东润《梅尧臣传》、方健《范仲淹评传》、夏汉宁《朱熹、周必大关于欧阳修〈范公神道碑〉的论争》、刘德清《范仲淹神道碑公案考述》、王水照《欧阳修所作范〈碑〉尹〈志〉被拒之因发覆》、谷敏《周必大对小说与正史的态度——也谈〈范仲淹神道碑〉的删文问题》、李贞慧《史家意识与碑志书写——以欧阳修〈范文正公神道碑〉所写吕、范事及其相关问题为讨论中心》、王瑞来《范吕解仇公案再探讨》、全相卿《欧阳修撰写"范仲淹神道碑"理念探析》10 篇论文或论著）提供给研究生们，请他们认真阅读。然后，将笔者的观点和论文初稿发给他们，以坚实的论证呈现出与以往不同的结论。在这一过程中，明确地凸显出"史无定论""史无定法"和多角度、多元化分析资料的重要性，以及批判性思维下所萌生的学术卓见，当然也是学术创新理念的熏陶。①

---

① 著名学者郑学檬先生曾倡导历史研究的思维科学化问题，他归纳为：①长时段时空观和短时段时空观；②辐射式思维；③逻辑思维；④联想式思维；⑤个性化思维；⑥逆向思维六个方面。参阅郑学檬《点涛斋史论集——以唐五代经济史为中心》，厦门大学出版社 2016 年版，第 445 页。

学术识见的卓越与否，是决定学者水平最为关键的标准。如何醍醐灌顶般给学生以"棒喝"并使其"顿悟"？有关于此，早在唐朝韩愈的文字中就有记载："释家见山是山，见水是水；见地未到，见山不是山，见水不是水……"①另外一种说法出自清朝的小说《孽海花》，其原文是："……却说吾人以肉眼对着社会，好像一个混沌世界，熙熙攘攘不知为着何事这般忙碌？记得从前不晓得那一个皇帝，南巡时节，在金山上望着扬子江心多少船，问个和尚，共是几船？和尚回说：只有两船，一为名，一为利。……"②

看山是山，看水是水，那是追求重返"历史现场"而展开"历史叙事"的最初境况，是初学者朦胧进入学术的开始；待其达致看山不是山，看水也不是水的境界之时，才是"跃出"原有之"山"与"水"，提升到"史料批判"追索"历史书写"背后的境界。此后，再次重返看山是山、看水是水之境，一位学者的学术识见由此方才得以显现。

第四，与学术名家面对面。在本校范围内，邀请这一学科著名的学术前辈讲授其治学经验，抑或其某一篇（部）论著从论题设计，到资料收集、初稿撰写和投稿发表的过程，这是笔者刻意的安排。资深学者的楷模典范，具有垂范之效。他们的学术成就，可以激发研究生的学术敬畏之心并形成人生理念。目前阶段，被海量浅表性信息覆盖下的、追逐名利的浮躁学术社会所误导的学生理念，应大力扭转，培养和熏陶对学术的虔敬之心，从教师自我做起，最具楷模意义。郑学檬、杨际平、杨国桢、陈明光、陈支平、戴一峰、郑振满等国内知名教授的讲座，激发了学生们对于学术的敬畏之心，也同时激发了他们对于年高德劭、学问精深的著名学者发自内心的崇敬之心。著名前辈

① 韩愈：《韩昌黎诗集编年笺注》卷二《暮行河堤上》，清乾隆卢见曾雅雨堂刻本。另请参阅清朝王岱《了庵诗文集·诗集》卷一九《七言绝·题雪景赠龙泉和尚》，清乾隆刻本。
② 清人曾朴：《孽海花》卷一五《第二九回 龙吟虎啸跳出人豪，燕语莺啼惊逢逋客》，民国本；另请参阅清朝张维屏《国朝诗人征略》卷二五，清道光十年刻本。再者，清人沈德潜《清诗别裁集》卷三○《捣衣曲》记载云"昔有人问高僧，曰：'京师许多人？'僧曰：'只两个人，一为名，一为利。迁村超然名利外，是京师有三个人也。'"清乾隆二十五年教忠堂刻本。

学者结合自身经验和学术积累面对面的引导与熏陶，颇见效果。由此而言，培养研究生具有不计功利、忘我的、全身心投入学术的人生理念，相当重要。①

三　结语

学术名刊名作、名家名作的缩写，"精读一部书"与学术书评的撰写，这一研究生培养模式仅是一种教育方法的改革尝试。过去十年多来，本人曾经先后在厦门大学和南开大学进行了多次的尝试。最初是小范围的，笔者只针对自己指导的研究生以这一模式加以培养。后来，慢慢扩充到更多的研究生。在这一过程中，研究生的阅读量和书写量相对较大，比起以往教师讲授、课堂听讲、课下没有任何高强度的学术作业的模式，教师的工作量也相当之大。就本人而言，2016—2017 学年的研究生必修课"史学研究与论文写作"选课学生 37 人，分别来自历史学系、南洋研究院和台湾研究院的中国史、世界史和考古学三个一级学科专业，每人每一个星期提交一篇缩写作业，任课教师每一篇都要细读，提出修改意见，其工作量之大，超出了以往教学模式数倍。笔者几乎每一个星期内需两天多都在忙于批改这些作业。当然，在这一教学改革过程中，教师也会遇到根本不熟悉的学术领域，缩写论文的批改和判断就颇感吃力。这时候，笔者往往会请教同事或学界其他同人。任课老师和选课学生都能以"不苟且"的认真态度对待，在这一过程中研究生们得到高强度的学术训练，教师需紧密配合，阅读大量的缩写和书评，师生双方阅读量都会很大。

这样的专业型、创新型、高精尖学术人才的培养模式，笔者认为是目前社会背景下可取的。这一模式对于人文学科和其他社会科学学科，凡是需要经验型、规律型学术经典引导，首先获取这些知识方可进入学术之门的学科，都是可以效法的。当然，固化思维不可取，在这一培养模式过程中，一定要注意激励研究生的批判性思维，才能在

---

① 顾剑秀、罗英姿：《学术抑或市场：博士生培养模式变革的逻辑与路径》，《高等教育研究》2016 年第 1 期。窃以为，博士生培养受学术逻辑与市场逻辑的影响，二者本应并无悖逆。学术逻辑培养的极致，也应就能够适应市场逻辑。

既有学术成就的基础上，培养出具有创新理念的学术人才。

在当今全球化趋势之下，似乎任何学科都面临着海量信息和学科整合的冲击。中国历史学科的研究生培养，上述这样的教学改革尝试，是否需要参考和引进其他国际经验，抑或单纯追求"中国经验""中国道路"？十数年前学者倡导的所谓学术追求旨归"回到傅斯年"，①是否意味着20世纪初期中西学术混融过程中的"他镜窥我"？抑或倡导全然摆脱西化的因子"揽镜自窥"而追求"回到乾嘉学派""回到俞曲园""回到章太炎"，进一步形塑研究生培养模式的"中国道路"？这样的选择究竟是否蕴涵有歧路亡羊、矫枉过正的元素，是否意味着从历史的一个迷途重新陷入了另外的一个迷途？但是，无论如何，对于国内高水平研究性大学而言，我们不培养历史爱好者，我们只培养一流的、顶尖的史学家。

---

① 谢泳：《回到傅斯年》，《二十一世纪》2000年10月号双月刊（香港：中文大学中国文化研究所），第151—153页；收入谢泳《没有安排好的道路》，云南人民出版社2002年版；高寿仙：《也说"回到傅斯年"》，《北京联合大学学报》2017年第3期。

第三章 "史学研究与论文写作"
课程的回应与反思

2017—2018 学年，我两次担任厦门大学历史学系硕士研究生历史学必修课"史学研究与论文写作"，在教学方式等方面做了一些尝试。这一尝试充分显示出任课教师的不自量力和"神经病"心态，最初只是想能不能在发挥教师最大主动性的同时，也能将所有学生的主观能动性激发出来，从而培养学术的精英。那两年，时值我从南开大学调回厦门大学任教，兼而我攻读博士生阶段曾在北京大学修课近四年，对三校历史学本科生和研究生培养质量和方式有较多了解，也很想借此改进教学模式，全面促进和提升厦门大学历史学研究生的水平。随后，我根据授课过程撰写了《典范牵引、实践模拟与学术入门——历史学专业人才培养模式改革》一文，发表于《学位与研究生教育》2018 年第 3 期。

2018 年 12 月 17 日傍晚，教育学专家王洪才教授嘱命和教育研究院的研究生们展开一次座谈。"长者命，何敢辞"，我就应命前往了。我不曾料到，此后会有文字的整理和如此高深而系统的学术讨论——从教学理念革新、教师投入热情、教学效果等方面，进行了探讨和分析。诵读之后，一则感佩王老师崇高的学术使命感，虔敬而真诚、超迈群伦的学术精神，及其在教学领域的改革举措与覃思巧构、别具匠心；二则也体会到教研院诸位同学严肃认真的学术追求；三则自我反思，在教学领域，过去我有可能哪些方面做得不好，需要改进。于我而言，这是最重要的。

在当今时代，名利和物欲横流，享乐无极限，历史学是一门相对冷僻的学科，社会存在感较低，毕业生在本专业内就业空间极为有限。但因中外均有数千年或上百年的学科积淀，其学术型成才的标准却并不比其他同类学科低，反而更高。俗谚"板凳一坐十年冷，文章不写一句空"，"有年轻的数学家文学家，没有年轻的史学家"，即此之谓也：投入多收成少见效慢，是历史学的学科属性所决定的。概而言之，人文学科旨在求异甚而求美，社会学科和自然学科旨在求同。而历史学的学科特性更强调的是：求真，求异。虽属冷门学科，但成才的难度极大。

课程之设计与展开，无关名利，纯然是我傻瓜心态驱使下的一个实验：尝试做一回重科研轻教学的逆行者。所以，访谈内容的真实性是可以保证的，至于发言时的随机选择，一则是时间有限或准备不周，二则是既有学术理念认识下暂时性的"选精"与"集萃"，挂一漏万和以偏概全，都是难免的。

在诸位同学的文本之中，我深深感受到郑雅倩、赵祥辉、刘美丹、王鹏娟、王亚克、袁东恒、孙士茹等同学的讨论和分析，都有启人深思的生花妙笔，尤其是访谈内容之外参照我已发表论文进行研究的两位同学，我更是表示钦敬之意，因为这样才是全面深入研究所需要的。正如苏轼诗中所说"横看成岭侧成峰，远近高低各不同"，任何人的 历史记忆都有暂时性的和有选择的，其中也存在少量曲解和误解——当然，这可能是时间有限、我讲解不清楚所致。现在我仅结合实际境况，在课程理念、授课方式、授课效果、教学过程中的师与生、疑惑与反思五个方面，做一个简单的回应和补充，深刻反思自己教学中可能存在的缺陷。

一 课程设计的理念和目标

其一，课程设置。"史学研究与论文写作"是本校"历史学"学科门类之下的硕士研究生必修课，选课者包括历史系、南洋研究院、台湾研究院的学术型研究生，专业方向有中国历史、世界历史、考古学，每年约 40 人。课程设计者认为，就教师的角度而言，这门课需要告诉学生:（1）史学研究究竟是怎么回事?（2）历史学的学科特性、学术规范和写作规范,史学类硕士研究生需要达到怎么样的论文写作水平、学术成果鉴赏能力,才算是合格的。（3）任课教师努力将最优秀的学生培养为学术精英。

在此基础上,需首先辨析两个有可能存在的认知偏差和要件。

第一,任课教师并未想当然地认为:（1）所有上课的学生都喜欢历史学,都想学好且未来有志成为专业学者、大学教授;（2）所有学生都具备历史学研究的常识、基本的理论和方法;（3）所有的学生都懂得史学论文的写作规范、能写出一篇合格的学术文章——问题意识明确且具独创性、逻辑严密且清晰、论证确切且恰如其分、文字表达平实凝练而优美。这就包括句子成分完整且位置恰当,没有错别字,标点符号准确无误。现实中恰恰相反,逻辑混乱,忽略格式,提笔忘字,错别字连篇和句子成分不健全,写不好汉语文章,就我所遇到的学生而言,这是常态和大多数。（4）所有的学生三观都正确,遵纪守法,尊师重道,五讲四美三热爱,德业完美而无可挑剔。

第二,我们要追问:（1）学生们需要不需要对于本学科的学科规范、学术规范、写作规范、怎样展开研究,做到了然于胸?　如果需要,那么他们就必须服从教师的指导;如果不需要,他们怎么完成一篇本学科内5万字左右的合格的硕士学位论文?　他们怎么毕业?（2）他们需要不需要特别努力地达到基本要求?　如果不需要,他们就不可能是一名合格的毕业生;如果需要,他们努力到什么程度才算是"合格"?　再进一步,"合格"就好了,还是需要追求"更好的"和"最好的"（高精尖）?（3）学术训练需要不需要严肃、严格、严厉、严谨?（4）所有学生是不是不需要如此强化和严厉训练,就拥有足够的学术自律?（5）作为一所国内985、双一流著名高校,历史学科究竟要培养怎样的人才?

其二,课程目标。（1）教师和来自校内的学术名家的讲解和示范,旨在让学生真正懂得什么才是"研究"（学术的创新性）,什么才是"史学研究",什么才是"更好的"和"最好的"史学研究。（2）什么才是史学研究必须遵守的学术规范?（3）怎样才能写出一篇

666

合格的硕士学位论文。(4)培养学生全神贯注、全力以赴、一丝不苟、锲而不舍的耐心,追求完美和发挥个人能力近乎极致(挑战个人最高极限)的学术理念。(5)努力在授课过程中激发学生的批判性思维并加以实践,激发优秀者的创造性思维和大幅度提升其写作能力。

其三,课程的教学理念。首先是培养学术精英,高标准严要求。其次,这一教学模式下的学生,即便今后不从事学术研究,也应具有严肃认真,全神贯注,一丝不苟,锲而不舍,做事扎实认真,追求完美和将目前能力发挥到极致的理念。当然,最好能将这一理念变为无意识的自觉,变成个人的本能。

二 授课方式

首先,这门课不是"满堂灌",不再是老师讲学生记,而是教师示范,强调学生大量阅读和亲自动手、具体实践。强调教师切实参与、细致检查,找不足,齐头并进。

其次,每一个学期的前5—6个星期,任课教师将全面讲解课程具体要求、学科和学术规范,针对精读一部书、名刊名家名作的缩写和学术书评的要求,一一细致讲解和认真检查,具体问题具体分析;在可能的情况下,其间亦有激励学生的逆向思维和批判性思维:名刊名家名作,就一定靠谱吗? 就完美到极致而无可挑剔了吗? 剩余7—9个星期,每次课3个课时中的2个课时,邀请一位本校著名教授或学有专长的青年教师介绍经验,1个课时则是任课教师突击检查(随机性抽查)、讲解和分析具体的实践和落实。最后1—2个课时全面回顾,找差距找不足。

再次,学生大量的时间在课下用功,精读一部书,缩写名家名刊名作、互相检查读书进度、缩写优劣和交流心得、撰写和修改完善学术书评。具体包括。

第一,与学术名家面对面。在本校范围内,邀请这一学科著名的学术前辈讲授其治学经验,抑或其某一篇(部)论著从论题设计,到资料收集、初稿撰写和投稿发表的过程。资深学者的楷模典范,具有垂范之效。他们的学术成就,可以激发研究生的学术敬畏之心并形成人生理念。目前阶段，被海量浅表性信息覆盖下的、追逐名利的浮躁学术社会所误导的学生理念，应大力扭转，培养和熏陶对学术的虔敬之心，身边的教师现身说法，最具楷模意义。郑学檬、杨际平、杨国桢、陈明光、陈支平、戴一峰、郑振满、曾玲、刘海峰、聂德宁、王日根、钞晓鸿、刘永华等校内知名教授的讲座，激发了学生对于年高德劭、学问精深的著名学者发自内心的崇敬之心，同时砥砺了他们对于学术的敬畏之心。

实际上，校内学术名家的课堂讲座，每次课 3 个课时（135 分钟）占约三分之二（因为每位教授自己安排的时间会有不同而有所调整）。他们大多数讲得是理论和方法，或是成功经验，或是一个典型范本（名刊名家名篇）的"生成史"。他们各显神通，充分展示自己的拿手绝活。如学生有什么疑问，可当堂请教。我认为邀请这些来自不同研究领域的著名学者走进课堂，也许就是"因材施教"理念的最好体现。这些老师做出榜样或示范，讲完就离开，不会安排作业。

每次课剩余约三分之一的课堂时间，由任课教师支配。学科规范、学术规范和写作规范的强调，既在于任课教师和名家的当堂讲解，也在于读名刊名家名作的心得体会，在于既定阅读书目的笔记检查和课堂随机抽查提问。学术规范应该是反复强调的，不懂或不遵守学术规范，根本谈不上学术研究，也就配不上"研究生"三个字，遑论学术型研究生，所以一定要强化。

第二，专业典范论文缩写；每星期完成一篇缩写，手写，将2—3万字的一篇名刊名家名作第一次缩写为 3000 字左右；在此基础上，将每一段落尽量凝练为一句话，第二次压缩为 800—1000 字，然后找来原作的中文摘要，加以对比，找出差异。

第三，在专业书籍和一手文献方面，加大阅读量，至少精读一部专业学术规范类著作，当时制定的书目有荣新江《学术训练与学术规范——中国古代史研究入门》，以及梁启超《中国历史研究法及其补编》、杜维运《史学方法论》、李剑鸣《历史学家的修养和技艺》等，教师不定期抽查。

第四，专业学术书评的撰写。

最后，关于学术性书评论文的写作，我的训练模式是：

（1）深度阅读自己学位论文选题领域内及其周边论题的 2—3 部学术专著，这部书最好是作者博士学位论文修改完善之后近年出版的学术论著，抑或是名家新著。究竟哪部书适合写书评，研究生需与教师商量后方能确定。在一学期内，完成阅读和写作。教师随时进行修改完善，并及时反馈，学生修改后返回给教师，教师提建议修改后师生再讨论，如此周而复始；不定期举行沙龙，组织同方向或阅读了同一领域著作的研究生共同讨论，直至自以为相对完美。

（2）在深度阅读的基础上，广泛而深入地梳理其学术史。这一学术史的梳理，应该力求竭泽而渔，不存在任何遗漏，尤其要关注非中文语言的相关论著。

（3）在深度阅读专著的基础上，结合其所有注释与参考文献，全面而深入地掌握、了解这一学术专题的所有存世文献及其周边资料。

（4）在充分了解学术史和存世文献的基础上，初步判断其学术创新。与已有研究相比，是否有新理论新方法的运用，是否增设了新议题，是否运用了新资料，是否具有闪现灵光的创新观点。

（5）结合以上学术工作，激发研究生的批判性思维，努力寻找其材料与议题的不足、寻找反证的可能性——新议题和新材料是否相互支撑？ 是否在整体史的视域内观照了这一议题的所有问题？ 其论题为什么是这样，而不能是那样？ 其问题意识是否存在缺漏？ 历史事实有无可能与此结论正好相反？ 这一论证为什么没有采用其反证资料？ 其所据资料是否存在历史叙事者的主观性？ 是否有意识做出选择而导致偏颇的历史记忆存在？ 是否需要对其所据证据做出"史料批判"等，无论其论题之设计、问题意识、逻辑建构、论证过程、文献精疏、文字精练、文献版本与校对等，都应认真思讨。因为对于历史研究而言，学术议题有的重在甄别史实、叙述事件，有的重在阐释、解构与建构，但无论哪种情形，都离不开材料，离不开实证。对于问题与材料的拷问，永远是无休止的，是学人需要时时面对的心智挑战。

三　授课效果

首先，写作能力并非短期可以看到水平提高的；即便是有所提高，很多学生可能会有"自己天生如此"的认识，不会也不可能完全归功于课堂。

其次，对于学术敬畏之心、学术精神的浸染熏陶，也并不能短期奏效。内在的变化是看不到的。

再次，对于学生学科规范和学术规范的强化训练，其硕士学位论文的撰写和完成，应会有所体现，但这些需要学生自己前后比较，细心体味。

最后，对于学生一丝不苟，精益求精，锲而不舍，追求完美和极致、挑战其能力极限的精神，对其逻辑思维能力的强化和培养，以及批判性思维的养成，这些意识和理念的培养，也是一种慢慢浸染和熏陶的过程，并不能简单外在表现出来。其中，缩写篇目和精读经典，都是任课教师挑选的，堪称逻辑清晰紧密的典范文本。教师不但督促阅读，而且在抽查过程中，要求学生需当众复述：复述这一学习方式既是加强记忆的过程，也是形塑和提升自己逻辑思维能力的过程。

类似的教学效果调查，最好由颇具反省意识的学生来评鉴，如针对毕业生展开一一调查，时间越久，可能越能显现当初教学所产生的绩效，而不应以任课教师"自以为是"和"自吹自擂"为准。这种做法对于年轻同事的带动，甚至几位前辈学者，他们当面的勉励之词，或有同事之间友好相处之谊，来自客套；或也不能排除内心认同且暗中效法，与人谈论的时候却是另外的一套说辞。这是人心之常态，难以忖度。质言之，客观的调查，或许由旁观者进行，更为妥当。

四　教学过程中的师与生

在整个教学过程中，产生了很多变量，也激发了教师和学生的主观能动性，但也遇到了若干问题。大致包括以下诸方面。

其一，缩写的篇目和数量，并非每个人都千篇一律。优秀的学生在 6 个星期的训练之后，经过教师认可，就不再具体缩写，而是参与其他同学缩写作业的检查中，进行更高才智的训练：撰写纯学术书评。其中或有"因材施教"的元素。

其二，对于那些优秀的学生，鼓励、激励、协助、发表。学术书评是更高范畴和层次的训练，教师采取的举措有：（1）组织学术讨论小组（沙龙），学生自愿参加；（2）课下学术沙龙，具体讨论，取长补短；（3）教师会在问题意识、核心话题、逻辑结构、文字表达等方面，和书评写作者一一具体交流；（4）教师参与修改完善，推荐和投稿发表。这里是否存在"以学生为中心"和"因材施教"的元素？

其三，对于那些实在不感兴趣，难以调动学习积极性的学生，教师尽量引导——缩写和精读等规定"任务"，首先由教师采用课上或课下一对一的方式修改、提出具体建议；然后尽量由优秀的同学提供帮助，前进带动后进。倘若课程进行一半以上的时候，却发现依然如旧，教师的一对一提升教导就不得不放弃，改由同学之间互相影响。这里是否存在"以学生为中心"和"因材施教"的元素？ 进而言之，我们所谓的"以学生为中心"和"因材施教"，包括不包括降低标准，迁就表现最差的哪些学生呢？

其四，教师每一个星期投入大量时间用于教学，尤其是课下大量的时间投入，学生们有目共睹。这种以真诚换真诚的方式，对于大多数学生是适用的；即便是今后不从事历史研究的学生，也大多认同。对于不配合和不认同的极少数学生，教师的偏见认为：这类学生抑或认为学历史是无用的，不但不想学好历史，更不想付出任何辛苦和努力；他们的读研只等一张文凭证书。对此，我做不到摁住牛头使其饮水，我只负责将牛牵引到水草最丰美的河边；狼吃肉羊吃草，我也绝无任何办法可以让羊吃肉狼吃草。

五 疑惑与反思

无论就教育学的理念来看，还是教师自身授课经验而言，都存在若干的疑惑，值得进一步反思。其中就包括以下诸方面。

其一，这门课的教学理念是否明确？ 是否有创新？

培养学术精英，高标准严要求。

即便今后不从事学术研究，也要培养学生能够写出一篇优美的文章；也要培养学生严肃认真，全神贯注，一丝不苟，锲而不舍，做事扎实认真，追求完美和将目前能力发挥到极致的理念，尽力发掘其潜能。

国内外诸多前辈都有各自的"良法美意"，我这里所做的，大多是综合前贤智慧，选精与集萃，以为己用，没有什么教育理念的创新。

就我所知，大部分老师投入每星期二分之一以上的时间和精力，用于上一门课，在文科老师内部，并不多见。因为，我个人过去的经验也是如此，换言之，并非每一门课都能如此设计和实践。只有了解大部分文科老师（尤其是文史哲领域的）是怎样上课的、课程教学绩效，才能更好判断此次教学改革的意义，这一教学模式是否具有教学理念的创新。

其二，任课教师最初认为，这门课只能是"教学"而无须担起"育人"（爱国敬业、遵纪守法、尊师重道、道德修养和为人处世等）的重任。这是这门课"史学研究与论文写作"的边界所决定了的，跨越了边界，也就侵犯了其他教师的教学内容，是不合适的。我认为研究生们受教累载、均已成年、追求上进，应具备尊师重道等基本道德素养。但是，我感到疑惑的是，对于学生严肃认真、一丝不苟、精益求精、锲而不舍、追求完美和尽力发挥自己能力极致的理念和意识培养，是否含有部分"育人"的元素？

其三，这门课根本无法做到"以学生为主"，依然是"权威性教学"，无法做到"探索型"教学。历史学这门学科，经过中外学者若干个世纪的探索，已经形成了相对明确且系统化的学科规范和学术规范。突破既有，就意味着挑战、颠覆和创新。就目前看，实证主义的学术求真，是历史学存在的核心价值。挑战这一核心价值，就意味着脱离了历史学。即便欧美学界后现代主义理论数十年来的浸透，也未能改变史学将求真作为其立足之本。就此而言，这一领域的教学理念创新，我是欠缺的。进而言之，什么是"史学研究"，史学研究的学术规范和学科规范，一定是教师教给学生；如果学生都已经懂得了，那么，就无须再上这门课了。这门课的性质决定了老师的权威性，而非相反。也正因如此，这门课无法完全做到"以学生为中心"。这也和历史学这门学科的大学阶段教学有关，和生源有关（详下）。进入神圣的学术殿堂，并非朝夕之功可以完美抵达的。终生努力，都未必做到最好。

其四，这门课程的设计，借鉴了域外的教育方法和理念，但并非简单"植入"。任课教师在上课前就将[美]王笛《学术规范与学术批评——谈中国问题与西方经验》《学术环境与学术发展：再谈中国问题与西方经验——任教美国大学手记》（发表于《开放时代》2001年第12期和2002年第2期）两篇文章，王希、姚平主编《在美国发现历史》（北京大学出版社2010年版）一书发给学生，请他们提前阅读。这些留美历史学人的受教经验，只能借鉴，不能完全照搬，任课教师是很清晰的。倘若完全照搬，估计就不是这样的课程设计了。

其五，我的教学榜样，绝非仅仅是我的导师们。我的导师们对于学术的敬业精神和高远追求，当然激励了和示范了我对于教学和科研的实践。但是，我这门课以及其他课的教学模式和理念，远非单一来源。它们来自我阅读过的诸多书籍，其中至少包括难以数计的史学经典名著，也包括《陈寅恪的最后二十年》、[美]何炳棣《读史阅世六十年》、[美籍日裔]入江昭《我与历史有个约会》、前揭《在美国发现历史》《治史三书》，以及19世纪以来的中西史学理论和一些哲学理论、中西高等教育理论和方法，等等。总之，它是一个建立在我亲身体会、大量阅读，"选精"和"集萃"之后"博众家之长"的混合体。

其六，教学效果的评鉴。这门课的名字之中有"论文写作"四个字，所以，无论如何，判断这门课是否"合格"应该包括教师帮助学生修改之后，发表论文的数量和质量。众所周知，教学效果本无硬性标准可循，发表论文或可算是一项显见的绩效。

由于我秉承了"有来而学无往而教"的理念——这既是先哲的理念，也是我读博士生期间冯尔康教授巨大影响的结果；同时，由于每年的学生此时绝大多数都有自己的导师，我不能越俎代庖，逾越边界，以免让别的同事不高兴，故而所有的督促与激励大都是有所保留的。众所周知，在当下刊物的评鉴标准之下，硕士生为第一作者发表论文相当困难，尤其是高显示度的期刊。职是之故，也由于一篇文章不断修改完善、从投稿到拒稿到再投稿和发表的时间周期较长，所以，至今为止，这门课程中学生撰写的学术书评已发表 CSSCI 期刊论文 12 篇，其中学校认定的最优期刊《史学理论研究》2 篇（作者康君如和陈非儿），《中国史研究》（作者黄成斌是我指导的硕士生）拟刊一篇。

其七，学生的来源。厦门大学历史学研究生来源较显多元，有本校本专业保送生，有外校考来和保送的本专业学生，也有外校考来的非本专业学生。对于前两类学生，我们似乎不用太多顾虑，理所当然地认为他们一定拥有本学科的学科规范和学术规范，实则未必人人皆是如此。对于最后一类学生，当然有以非专业而颇具专业素养的好学生，也有知耻近乎勇、奋勇直追甚至后来居上的好学生，但他们之中的大多数除了在考前背诵教科书之外，不了解什么是"史学研究"，完全不懂得什么是"研究"和学术规范、写作不规范者几乎比比皆是，更有连基本常识都不懂的学生。将这类学生牵引进入学术圣殿，任课教师太吃力，学生当然也更显吃力。这是导致课程被"妖魔化"的关键群体和矛盾所在。

我对 2017 年（37 人）和 2018 年（44 人）的两级选课学生做了初步统计：

本科毕业于厦大历史学科：13 人+16 人　占比 35.8%

本科毕业于其他大学（211 及省级大学）历史学科：16 人+19 人占比 43%

本科毕业于其他大学非历史学科：8 人+9 人　占比 21%

最后，疑惑满满的我想追问的是：世界上任何一门知识、理论和方法、人类智慧的提升，都可以轻松获得吗？ 以学生为主导的课程，是轻松活泼的，还是严肃严厉严格和课业繁重的？ 毕竟世间大多数普通人是喜欢玩乐休息而不愿意付出艰辛的，以学生为主导的课程以及"师生相处的艺术"，会不会沦为降低标准和迁就至无学术底线,而致使经典品牌的"工厂"出产了"不合格产品"甚至"劣质品"? 文科研究生的课程一定要给60分甚至70分以上吗? 一种学科的规范、人类理念和意识的养成,人类智慧和观念的水位之提升,可以一次性完成而不需要反复强调和不断强化吗?

失之东隅,收之桑榆。尝试做一回重科研轻教学的逆行者,我失败了:学校层面没有哪怕一句鼓励的话。我的教学模式改革成功了:教学相长,跟随学生们一起,我集中时间阅读了一批学术经典著作,反复数次甚至十几次阅读某些名刊名家名作及其缩写,尤其是之前关注不多的领域;此外,我收获了知识和经验;在我的督促协助下,优秀的硕士生们发表了高显示度期刊论文。

回望来时路·代跋

　　2015年6月4日，这天上午，外面的天空阴沉沉的，时不时，有细雨飘落，稍大的雨点打在窗外围栏上，砰砰作响。如同以往，我在沉寂中静享着阅读的愉悦。俯仰之际，忽而意识到马齿徒增，人过中年，即将步入老年，或许也应该出版一本小书，勉强算是人生一个阶段教研活动的总结，亦寄望而后开启新的征程；再者，也正是在过去的三五年中，慢慢思忖、省悟于史学研究之求真与求美的区隔和汇融，曾经自命不凡的我也该在渐渐远离自设偏执之后，克服自己的学术惰性，追求更远大的学术目标。随后，商之于知己，在获得肯定后，遂放开手边正在阅读的《欧阳修诗文集校笺》，端坐于电脑前，编好了大致目录，一气呵成，写下了这样的文字，权以为跋。

　　一

　　我出生于冀东南的一个农家，祖父母、双亲和家人都是农民。籍贯所在，旧属临清，紧邻中古历史上著名的几大县邑——大名府、东平府、临清、清河。在历史上，家乡曾长期隶属于今天的山东省，自己勉强也算齐鲁旧民。沾溉于孔孟之乡，桑梓文风兴盛。此生有幸，中学阶段得遇良师，促发我迷恋文学，自己也尝试着写了一些随笔散文。考入河北大学历史学系，最初一年多的百般不愿，千般挣扎，焦虑苦闷，难破羁绊，其间情状，难以言述：一则出于对文学的痴爱，二则出于对"高四"般陈旧教学的腹诽。于是乎，逃离课堂，我成了一个整日沉浸于图书馆的学子——入学后一年多里，我几乎全然按照自己的喜好，阅读了河北大学图书馆中自己喜爱的书籍，文学的、历史的、哲学的，还抄写了厚厚的二三十本笔记。自此，泡图书馆成为我痴迷的生活方式，以至于今。

大学二年级上半学期，一个偶然的机会，旁听了魏光奇老师的一堂课，激活了我朦胧的史学细胞。此后的一年多时间内，我和同学薄会鹏、曹志敏，几乎每个星期都去老师府上讨教，直至老师调往首都师范大学任教。在魏老师的指导下，我阅读了一些史学理论、中国近代史和中西文化比较领域的书，并积极旁听了哲学系、中文系的一些课程。也正是在魏老师的引导下，我对文学的热爱逐渐转移到自己的本专业，兴趣从中国近代史、汉唐史转移到宋史，二十余年来，竟痴迷于斯，酷爱难舍。

1994年10月14日，那个秋日的夜晚，终生难忘。那晚，我逃了必修课出来，有幸聆听了漆侠先生的一场学术报告，顿时为先生渊博的学识、高昂的学术气场、宏大的学术器局所折服。自此之后，我开始斗胆慢慢接触这位在河北大学神一般的著名学者。从最初"偶遇"中的简短问答，到《王安石变法》《宋代经济史》的阅读，再到就诸多典籍、论文和治史方法的不时请教，由此我开始跟随漆侠先生学习中国史、宋史。大学最后的两年多时间内，我坚持一边读书，另一边做笔记，囫囵吞枣地读完了《续资治通鉴长编》《宋史》等基本文献，翻阅了《宋会要辑稿》和部分宋人文集。这里不得不感谢高聪明先生开启前路，感谢他"投师如投胎"的教诲，让我此后有勇气报考漆侠先生的研究生，并在1999年如愿以偿。其实，早在1997年岁杪，我已经"放弃"了工作，追随在漆侠先生身边。此后近四年内，一个年轻学子，怀着对学术的敬畏与痴迷，以及对先生的无限景慕，在一代名师的引领下，逐渐开始了他的学史生涯。先生的一言一行，浸入年轻人每一丝意识的空间，无一不形塑、影响着他前行的步履，以至于今。

2003年，我考入南开大学，跟随李治安先生攻读博士学位，继续奔跑在学史的路上，并挂名在邓小南老师名下，坚持旁听了四年多的北京大学研究生课程。治安师乃一敦厚长者，教导学业之余，亦多关爱学生的生活，更多举荐门生，营建团队，开创新局。师恩如海，情如再造，念想者再，感铭无似。

王曾瑜先生对我的学术影响，往往是在我拜读其博学卓识的论著过程中获取的。学问、家、国、天下，二十几年来，先生对我的教诲，一如自己的导师，信件往返，谆谆情深，令我敬仰、感铭。

邓小南老师启发、激励、示范以高远的治学路径，李华瑞老师的不时督促与提携，陈明光老师和陈支平老师的赐以寄食之所及其风神俊朗的言与行，均令我铭感五内，没齿难忘。

从华北大平原卫运河畔的刁庄小学，到中学、大学等求学阶段，诸多师长前辈的关爱、教导，我都铭记在心，永怀感恩。这里，之所以不一一列出名讳，非乏感恩之心，其实无他——浅陋文字的结集，聊供孤芳自赏："只可自怡悦，不堪持赠君"，更唯恐辱没师长前辈的清名；凡列出名讳者，除了俗世或谓拉大旗作虎皮心态之外，更多的是，于我而言，这些师长"无处遁逃"：于师长而言，我并非他们的好学生；于我而言，我之浅薄学识，却端赖于他们所赐。至于吾兄王春杰之厚赐，淡然与恬然之间，点点滴滴都时时记在心头。诸多求学阶段的好友、朋辈先进，或切实批评商讨，相互砥砺，或切磋琢磨，商讨争论，或惠赠大著，同题探求，不时往还，我受益多矣。师友之中，大多是如两司马、陈寅恪般大师级的人物，或是未来可期的学术泰斗，除却"我的老师陈寅恪""我的朋友胡适之"之讥，甚恐这是一个长长的名单，更怕挂一漏万，事后不得心安；在此不一一列出者，同理存焉。教益友情，戚戚我心，不敢稍忘，不敢攀附。

二

收入这部书的文字，包括我已发表过的一些专题论文、阅读著作的读后感，以及教学中的些许痕迹。此外，还有一些论文不曾收入本书，譬如有关两宋乡村职役者，自然是书稿《官民交接：两宋乡村职役研究》所当承接者；其他有关宋元区域史、社会经济史等领域的习作及未定稿，则留待日后，再行付梓；1999 年以来，由于王斯德、蔡世华、李振宏、田卫平诸先生的关爱，我或隐或显地参加了几家期刊的学者访谈和组稿活动。我亲自参与、或参与较多的这些著名学者学术访谈录，在何兄玉红教授等学界师友的提醒和一再敦促下，由宋燕鹏编审大力襄助，中国社会科学出版社 2020 年出版了《切思：学术的真与美——中国历史名师访谈录》。

此前，对于出书，我曾一度走入极端，认为不臻至完美，是不能随意出书的，颇有古人敬惜字纸之意。自己的博士学位论文，因了陈明光老师的推荐、陈支平老师的惠助，签了出版合同多年，修改订正，反复斟酌，战战兢兢至今，依然不曾付梓。这样的念头，伴随我走过漫长的求学治学之路。

年青时代，在认真阅读每一部我喜爱的著作时，首先充分汲取其中的知识养分，随后也往往萌生吹毛求疵的丑恶心态——这一史料解读的细节，为什么会处理得如此疏略？如此解读，会不会有恰恰相反的意蕴？所引述者究竟是原始资料还是转手文献？其间是否存有差异？是否已穷尽了所有资料（传统时代，多以竭泽而渔作为史学论文判定的一大标准；而今身处文献检索时代，数字人文的呐喊声一波又一波，学者或不再刻意追求论证的穷举和邃密，史学论著更倾向于"问题意识""史识"的涵泳与发扬），抑或另有更具代表性的文献？这一个版本，是不是用错了？原始与二手文献前后错乱，是否应该对勘另外的版本？① 这一个问题点，是否明显出于现实的目

---

① 罗志田夫子自道："我比较赞同史无定法的主张，就像我对史料不太区分什么第一手、第二手一样（通常的区分都是基于史料的产生和存留，我以为最适合研究题目的史料，就是第一手史料，而不必考虑其出身）。"（参阅张洪彬《学术史、思想史和人物研究——罗志田教授访谈》，《学术月刊》2016 年第 12 期，第 175 页）。这似乎造成了一种印象：有别于兰克学派、乾嘉学派所倡导一手文献之重要性，晚近中国史别有治学之取径，抑或这是后现代主义史学的一种表现。当下宋史研究的学人，多不重视一手文献，年轻学人"以不知为不有"者很多，博学卓识的著名学者率性地使用文渊阁四库全书本和良莠不齐的整理本，除了懒惰、不想去图书馆找纸质书籍核对校勘之外，他们提倡而不践行带来一些负面示范，大概都与后现代主义理论的盛行相关，抑或持海派义理史观派治学理念，颇嫌苟且、功利为尚的路径，而罔顾不同版本间基本文献之差异。但结合阅读王尔敏《史学方法》（广西师范大学出版社 2005 年版），杜维运：《史学方法论》（北京大学出版社 2006 年版），桑兵：《治学的门径与取法》的体验，及我既有的理念，颇怀疑罗志田先生此话的准确性正义性，乃至产生历史学文学化的幻象。而史学亦文学之观念的兴发，亦并非近二百年来才有的事情，早在写就于西汉的司马迁之《史记》即已实现了文史的完美结合，"史家之绝唱，无韵之离骚"（鲁迅：《汉文学史纲要》，《鲁迅全集》第九册，人民文学出版社 2005 年版，第 435 页）即此之谓。这似乎说明：文史结合之中蕴含的后现代主义色彩早已有之。事实真的如此吗？另请参阅黄进兴《"历史若文学"的再思考：海登·怀特与历史语艺论》，《后现代主义与史学研究》，生活·读书·新知三联书店 2008 年版，第 53—93 页。

的，抑或其他学者尤其是日本学者已有讨论，而未曾商讨出注？ 彼处文字的前后逻辑层进关系，为何如此松弛？ 倘若这一论题由自己书写，究竟又会怎样？ 又应该避免哪些可能出现的纰漏？ 诗圣"致君尧舜上，再使风俗淳"的句子，在我则往往化为"致君（作者）两司马（经典名著之作者）"。在这样如饮甘饴的勤奋阅读过程中，我慢慢获得了一点点积累和学术上的寸进。但是，受教于孟子"孔子登东山而小鲁，登泰山而小天下。故观于海者难为水，游于圣人之门者难为言"，更不敢轻言著述，灾及枣梨。

当然，这里的文字表述，无疑都是自我懈怠和懒惰的借口。

被誉为实学楷模的严耕望先生曾说：

> 一般而言，写作只为发表，有了学问要向外发表，让他人认识，就必须写作，所以写作似乎只为对外而言。然则假若有人非常恬静，有学问并不想发表为人知，那么他就可以只研究问题不必写作了！ ……不写作为文，根本就未完成研究功夫，学问也未成熟。常有人说某人学问极好，可惜不写作。事实上，此话大有问题。某人可能常识丰富，也有见解，但不写作为文，他的学问议论只停留在见解看法的阶段，没有经过严肃的考验阶段，就不可能是有系统的真正成熟的知识。①

学者或谓：

> 治学是与古往今来有大智慧的人神交，绝不可能如此轻松，敢于出手，不过是无知者无畏罢了。要使他人对学术心生敬重，学人自己必须对学术保持敬畏。……年少气盛，又见闻不广，学养不富，未经更上层楼便匆匆出道，又被迫发表太多，将来学术进步，难免悔其少作，否则勇往直前，只能重复制砖，终身码

---

① 严耕望：《治史三书》，上海人民出版社2008年版，第92页。

字，始终不能领悟治学的奥妙。①

治史一途，后天的努力固然极其重要，有些异禀天赋却难以超越。……必须绝顶聪明的人下笨功夫的史学领域……而个人能否有所成，天赋、勤奋、机缘，三者缺一不可。

胡适说，治史需绝顶聪明的人下笨功夫。出手太早，难免悔其少作；迁延过久，则会时不我待。在合适的时候做适当的事情，就是最佳选择。②

我仅中人偏下资质，多年间总觉缺乏颖悟和灵性——曾经颇倾慕某位前辈的颖悟灵气——或谓天赋异禀——而拟师侍左右，沾溉一二，却未能如愿。最近五六年来，随着自己那本小书三番五次修改的难惬己意，渐次醒悟，几乎所有的著作，都很难做到尽善尽美无可挑剔——即便笨功夫下到了自以为是的极致。当然，学者的学养、视角、史识的差异，随时空变化而存在阶段性特征，尤其是全球化时代的各种变动，以及"所居处的人文环境、时代思潮和我国家我民族的现实境遇"③等相关，与高明的阅读者相比，总难免尺短寸长。苏轼的诗句"横看成岭侧成峰，远近高低各不同"，使我有了醍醐灌顶般的警悟。于是，对于此后所有著作的阅读，更多倾向学其长，补己短。

著名史学家刘子健先生的这段话，无疑是一大鼓励或曰怂恿，让学术无根的我顿时生发了几多信心：

有时和朋友谈起，觉得大家应该多讨论，不必等到研究完成才发表……许多人不肯"中途而发表"，是谨慎。不过声明是试论，也没有大害处。其实呢，十年寒窗的结果，也未必能写成一

---

① 桑兵：《桑兵自选集·学术自传》，中山大学出版社 2017 年版，第 12 页。
② 桑兵：《桑兵自选集·学术自传》，第 16 页。私以为然。当然，学术圣地所谓理论与方法的创新，大抵是天赋异禀者的妙思偶悟，远非缺乏天资者所能为。平庸者只能在既有理论和方法的基础上，做平实而细致的工作——异于能工巧匠的重复性劳动，追求学术研究理论和方法"巨变和创新"之前的"量变"，以求为"质变"做前期之铺垫。
③ 《邓广铭学术论著自选集·前言》，首都师范大学出版社 1994 年版，第 2 页。

字不易的定论……①

数年前，曾读宋集，寓目者有南宋周紫芝（1082—1155）所云其
做诗之癖：

> 自是好之不衰，如人饮酒，日甚一日，然卒亦不能工也。中
> 年取少时所作而诵之，悉皆弃去，可呕也。老来取中年所作而诵
> 之，则又皆弃去，可笑也。今老矣，而竟不能加，安知他人诵之
> 不呕且笑耶？②

当然也曾读至：

> 余于为文似蘧瑗，瑗年五十，知四十九年非；余年六十，始
> 知五十九年非，其庶才至于道乎？ 天禀余才，才及中人，中人
> 之流，未能名一世，然自力于当时，则绰绰矣。每见旧作文章，
> 憎之，必欲烧弃。③
> 取旧稿读之，大有愧焉，将畀烈炬，有类鸡肋者，因为一
> 编，以识予愧。他日苟能勉进于道，斯亦不足观也已。④

而今，中年近老的我，在敝帚自珍心态下将旧作汇集成册，无论
是"呕且笑"，抑或"有类鸡肋"，皆自知之。之所以未能步尘于前
辈而焚且弃者，无他，一则聊供自娱；二则或可借此检点自我，供学
人集中批评；三则亦颇有作别"读书只为稻粱谋"、为"五斗米"而

① ［美］刘子健：《两宋史研究汇编》之《试论宋代行政难题》，台北联经出版事业公司
1987年版，第93页。
② （宋）周紫芝：《太仓稊米集·自序》，文渊阁《四库全书》本，第1141册第4页。
③ （宋）宋祁：《宋景文笔记》卷上，又见《能改斋漫录》卷一〇。《册府元龟》卷一五
七也有类似说法。
④ （宋）陈起编：《江湖小集》卷五一南宋姚镛《雪蓬稿》之自序，第1357册第383
页。 古人所忧虑的"芝焚蕙残，终填沟壑"，声尘寂寞，魂魄一去，将同秋草
（［唐］姚思廉：《梁书》卷五〇《刘峻传》，中华书局1973年版，第707页）；"牢
落何由共一樽，相望空复叹芝焚"（王安石：《王安石文集》卷二二《次韵陆定远以谪
往来求诗》，中华书局2021年版，第352页），等等，概亦类此。

苦恼的昨天，努力开启为学术而学术的心境和追求，企望新的明天，不断臻于"写一篇是一篇"①的境界。有了这样的思考，随后，焦虑成为不速之客，日常最显亲密。多少次午夜梦回，尝于默默中追索：人生苦短，斗转星移之间，能够存世三五篇拙文近乎"经典"，今生无憾矣。在这个信息爆炸、历史文献数据化日新月异、浮躁而逐利的时代，传统时代"士"所秉承的"修齐治平""为天地立心，为生民立命，为往圣继绝学，为万世开太平"等，已经被大大压缩到现有职业的边界，我们又该如何秉持学术的精神，自立而立人？既有广和博的视野，又做专而精的学问，两者有机结合，既不会一叶障目不见森林，又不会意象森林不见枝叶，那该多好？但是，最为可悲的是识见寡陋和蒙昧无知，主观上自以为是的学术精品与创新性研究，客观上却是学术垃圾而不自知……

当然，我也曾多次做过梦呓般的"假设"：倘若缩小阵地，专注于一二专题，精耕细作，笨人慢工，能否快出成果、多出成果、出优异成果？倘若仅自我耕耘，置学生培养于"工作量"之内，能否使自己的学问臻于一流、甚而顶尖之域？一个中等资质的学人，虽深知勤能补拙之训，天资所限，我似乎真的没有那么自信。

为了出版这册小书，我也曾跑去图书馆，查找在我而言如雷贯耳般著名前辈学者的论著——葛兆光、王子今两位先生的一部部著作，无论如何，我是做不来的；李伯重、辛德勇两位前辈的论著，我基本都一一有收藏。将其所有的书排在一起的时候，多有眼晕之感。至于如陈寅恪先生等大师辈学者，更不敢望其项背。低首回思，不免慨叹：我不是陈寅恪，也不可能是葛兆光、王子今，也根本不会成为李伯重、辛德勇。魏晋隋唐史和辽金史领域英才辈出，青年才俊鸿篇巨作频频见

① 此语来自邓小南先生《走向再造：试谈十世纪前中期的文臣群体》之文末，原文是："先生勉励我写文章不必求多，要继续实实在在地做，争取'写一篇是一篇'。当时我即自心底感受到理解的温暖。"收入《漆侠先生纪念文集》，河北大学出版社2002年版，第104页。此后，邓小南先生在对田余庆先生论著的评论中曾说："若有上好的茶叶，宁可沏出一杯浓茶，而不要冲淡为一壶茶水。"从而认为田先生的论著部部篇篇，都是学术精品，都渗透着浓郁醇厚的韵味，酣畅周密又温润含蓄，只有沉潜细读，才能体味其中的深意。邓小南：《先生的尊严：悼田余庆先生》，收入《宋代历史探求：邓小南自选集》，首都师范大学出版社2015年版，第518页。

诸顶刊，其饱含艺术性和文学诗性的文笔，想象力之惊骇天地鬼神，其精湛致密，流光溢彩，胜义纷呈，美不胜收，也令人艳羡不已。我不能他视，只能自视。在这样的琢磨中，时间悄悄地溜走了。进而思之，当很多人将一己认知中的"知识"变为"常识"的时候，将"常识"写成"知识"的时候，厚污前人以彰显自我，那确是难得的学问吗？多少次在沉静的午夜，反复阅读唐长孺先生、田余庆先生，尤其是梁庚尧先生的论著及其散见的多篇论文，时时琢磨，慢慢找到了自己。思来想去，说来不雅，似又确属实情：偌大的这个学界，或如俄国作家契诃夫所云：大狗叫，也容许小狗叫几声吧。

笃学有日，闻见愈多。当下之社会，受制于高校评价机制，读书得间，或有妙思颖悟，睿智洞见，偶有撰述，已容不得学者持藏之名山之念，恰恰相反，挖空心思售文求显者比比皆是，此乃主流。并且，学者之中，"小夫下士"辈低层次成果寡且自傲而不自知一己浅陋者有之，根本学术未入门却著述等身傲视学术精英一如群氓者有之，学富五车睿智洞见迭出、勤勉为学著述等身且俯仰谦逊者有之，能够做到不自闭不自高不自小者（著名学者李埏先生名其自选集云《不自小斋文存》）盖寡矣。职是之故，曾几何时，我给责编宋燕鹏先生说，这部书只印 500 本足矣：我自购 300 册入藏并送发师友，200 册或供某些图书馆幸而收藏。私心以为，浅陋文字，缺乏妙悟洞见，不求人知，不邀人赏，心安理得，自知自赏，自得其乐，足矣。

从初入史学领域蹒跚学步，到如今稍稍体悟为学之深味，时光倥偬，岁月不居，我已迈过人生不惑之槛。在这段生命旅程中，我一直是以学步的心态不断前进，似乎远方目不暇接的书籍一如汪洋——中国史学，自两司马创制启智，历经乾嘉史学，再到本世纪陈寅恪、唐长孺、田余庆等前辈各领风骚；域外史学，自兰克实证主义，历经新史学、年鉴史学，而至于后现代主义的解构与建构，琳琅满目和美不胜收的典范论著，或启人深思，或奠基牵引，不胜枚举。前辈尚以"半粟""锱铢""涓埃""丝毫""点滴""纤微""琐屑"名其集，①

---

① 裴汝诚：《半粟集》，河北大学出版社 2000 年版；王曾瑜：《锱铢编》《涓埃编》《丝毫编》《点滴编》《纤微编》《琐屑编》，河北大学出版社 2006 年版，2008 年版，2009 年版，2010 年版，2011 年版，2020 年版。

自己所知和欲知者，如一毫水沫儿，微渺至极。收入这部书中的所谓论作，一如广袤森林之中的一小片树叶。犹记得，前几日再次精读《朱子语类》第一册的时候，释卷，抬头，看天，低首，将若干句子抄写在笔记本上，然后，再以电脑输入。回忆朱子的读书法，一时间，竟至于无语。当然，倘若再次自我追问：滴水片羽，独出机杼者几？何？我无言也无颜面对。

在我步入学界以来，中国学术界异常繁盛，期刊论文的发表，也多有大环境下的各自侧重。最初阶段，或因文章青涩或限于期刊之篇幅，我的不少论文经过了编辑老师的好意提醒或删改。这次收入此书，我仿效刘浦江先生所示，①或多或少都做了一些力所能及的修改。在敝帚自珍的心态下，我依然颇多自知之明：学步阶段的浅陋文字，不能以"悔其少作"这样的托辞，作为自己学识浅陋的借口。

一位前辈在其著作中反复申明：

> 本书各文倘侥幸有所得，都建立在继承、借鉴和发展既存研究的基础之上。由于现行图书发行方式使穷尽已刊研究成果成为一件非常困难之事，对相关题目的既存论著，个人虽已尽力搜求，难保不无阙漏。同时，因论著多而参阅时间不一，有时看了别人的文章著作，实受影响而自以为是己出者，恐亦难免。故在向既存研究的作者致谢之同时，我愿意申明：凡属观点相近相同，而别处有论著先提及者，其"专利"自属发表在前者，均请视为个人学术规范不严，利用他人成果而未及注明，请读者和同人见谅。②

著名学者如此申明，不愿厚污古人前人，自属谦逊。于我而言，

---

① 刘浦江：《松漠之间·自序》："有的学者在将论文结集出版时，声称为保持原貌而不对文章加以改动，那样一来，岂不只是旧文的汇集重刊而已？我颇疑心这是懒惰的一个借口。"中华书局2008年版。我个人以为：古人著述，惜墨如金；以当今文献检索之便利，同一论题之下的诸多相关文献，几乎是唾手可得，故而若非关键性文献，一般都不再增补。就宋史研究而言，某些论题需要尽力呈显不同时空、官私等不同来源和阶层"史料制造者"的历史记忆，但是，同质性资料的取舍，则更显示治学者的学术功力。
② 罗志田：《裂变中的传承·自序》，中华书局2009年版，第26页。

一言以蔽之：此乃我的学步之作，当今各类纸质媒体或网络媒体信息繁盛，可谓海量，参考未备，文字浅陋，自是情理之中，敬请博雅君子，勿以参考不周而见责。

三

过去二十几年来，走在学术的征程中，我似乎只做了这样六件事：（1）宋史和其他领域的基本文献和今人论著，阅读的数量自问堪称繁富；精读且整理了一部宋人文集（黄榦的《勉斋先生黄文肃公文集》）；（2）针对宋朝乡村职役及其他领域做了一些专题研究，较多关注了宋元时期福建地方史的建构，和东南历史中国的部分儒士作品；（3）对学界名家做了一些学术访问；（4）撰写了一些自视为优秀著作的读后感；（5）由范仲淹神道碑文引发了针对欧阳修研究的诸多反思，结合宋仁宗时代的整体政局，近年来竟酝酿为一代文豪欧阳修撰写一部传记；（6）尽心培养了一些学生。

我的读书，宋史领域为主，实则无拘古今，偶涉域外，论题所及，泛滥无际，常常沉迷其中，乐而忘返——对于新知的猎奇心态，使我的阅读永远走在趋新的路上，亦往往陷于思而不学、学而不思之际。读书得间，蕴含凝练，偶有所得，常常却如小猴子掰玉米，失多存少。即便如此，也常常自娱，不以为苦，反以为乐——阅读，是我今生的最爱，我自认为是一个相当勤奋、贪恋阅读愉悦的人，几乎无日不读书：连续两三日不读，即身体倦怠，目眵口呆，恍如患病；举凡一手文献和今人著作，一卷在手，则兴致盎然。近期读书，又涉佛教某些理念，颇多思讨儒家经典与佛经的悖离，儒佛的合流，何以达致？ 落入这样或那样的阅读迷途和自设的陷阱之中，尚难预知未来的路。如此泛滥无归地阅读，不能画疆自守，专注于一，是我求学至今最大的缺点。①我尊敬的一位学界前辈，在其一部自选集的自序中说：

---

① 我的阅读兴趣是信马由缰般地扩散，了无际涯；学术的追逐之路，也几近之。这仿佛走入森林，摆在面前若干条路，而我则每一条路都猛跑数程，在越跑越觉得前路无穷尽的时候，就不免浩叹而放缓脚步；此前此后，森林中另外的道路再次吸引了我，于是，再次忘情兼忘我狂奔……如此的周而复始，我已马齿徒长，而仍没有任何一条路穷尽至无

我们厦门人有一句嘲笑人的粗俗话，叫做"狗 na 屎"（意思是这泡屎尚未吃完，又去添另外一泡，na 近添，但又不一样，难以言传），讽刺的是那些浅尝辄止的人。我就颇有此疾，常常见异思迁、喜新厌旧，不肯在一个已经完成的课题上做重复研究，写一些没有新见解新认识的论文或著作，而宁愿在新的研究方向上着力，尽管这样做有时要花很大力气去熟悉新的领域，学习新的知识，远不如就旧题目做旧文章成果多且容易。因此而常嘲笑自己是旁门左道，不能从一而终。

坐冷板凳的精神应该提倡……但皓首穷经不值得效法，因为那样是连所穷的那一经的真谛也得不到的。①

我求食于厦门，自不敢僭称为厦门人。但是，对于我敬仰的这位前辈的夫子自道，却心有戚戚，多有暗合者。或许，在这一方面，许多前辈名家所担心者在于"博学无所成名"，而沉溺于"八面受敌"。我则不然，年过四十，我是拿来作为自己无所建树的借口的。

贪恋于阅读，一如饮水和呼吸。对于写作，我却是一个相当疏懒、闲散之辈：读书有得，随手圈划标识札记，三五日内，勤于搜寻各类文献信息，建构起一个疏散的框架。之后，往往放松开来，直至有朝一日，再次遇到了相关资料，抑或某一会议需提交论文而别无所

（接上页）埭的尽头。看似追求"涵泳广大气象"，但又偏执于"严密理会，铢分毫析""愈细密愈广大，愈谨确愈高明"，颇有"贪看水中月，失却掌中珠"之痴与嗔。许多著名学者在告诫青年学人的时候，往往会说"聪明人要下笨功夫"（胡小石先生告诫王季思先生的警句，参阅张伯伟：《读古典文学的人：在南京大学浦口校区的讲演》，《博览群书》2003 年第 3 期，今据张伯伟《读南大中文系的人》增订版，南京大学出版社 2020 年版，第 276 页。 此亦取径于朱熹"凡人便是生知之资，也须下困学、勉行底工夫，方得"，"大抵为学，虽有聪明之资，必须做迟钝工夫，始得。 既是迟钝之资，却做聪明底样工夫，如何得！""今人所以悠悠者，只是把学问不曾做一件事看，遇事则且随意恁地过了"。《朱子语类》卷八《总论为学之方》，中华书局 1994 年版，第 134—136 页）。窃思之，聪明人尚需下硬功夫笨功夫大功夫，方可成就其学术事业。更遑论不得门径而入的笨人呢？ 近日得以再读王磐《兴文署新刊资治通鉴序》，其中有云："古今载籍之文，存于世者多矣。 苟不知所决择而欲遍观之，则穷年不能究其辞，没世不能通其义，是犹入海算沙，成功何年！"颇多感喟。参阅《资治通鉴》，中华书局 2012 年第二版，第 29 页。
① 《周振鹤自选集》，广西师范大学出版社 1999 年版，第 10—11 页。

备，才匆忙间再度拾起，增删润饰，铺陈史料，尽力编织绵密，调整逻辑架构，改进论述。除了有关宋朝乡村职役问题之外，近八九年来，脑海边常常萦绕二十余个题目，大多已完稿七八成，但拉拉杂杂，修修补补，至今依然躺卧在电脑的"待修改定稿"文件夹中。

在当今中国学术界，写书评是一件费力不讨好的事情——经常翻阅英文期刊，最初颇惊异其书评篇幅之繁之巨。虽然，欧美学者以此作为评断学者的重要标杆，许多著名学者一生文字，书评大大多于正式论文。①曾经在"往复"论坛上关注大陆学者和一位台湾唐史研究者（域外名校留学返台者）关于是否写书评文章的讨论。台湾那位学者所言，确实有其道理在，我也认同。自我迈入学术之路，不少前辈善意谆谆告诫，要我放弃这一领域的写作。学术著作，得失在于一己。他人给作者提意见，就难免留下自负、孤傲、不友好、不我知的印象。在我看来，实则无他：我之所以还在撰写书评类文字，不过是为了表示——对于许多前辈或同辈先进的"独门功夫"，我都难免有一点粗浅的了解，不至于懵懂一无所知而已。王曾瑜先生当面教导我说：史学是浩渺无际涯的，任何一个深入做专题研究的学者，将其领域的专有名词、时间和空间的转变等，问询于另外一个专题的研究者，后者多半是无知，抑或是知之甚少的。这是常有的事（但我还是遇到了一位渊博学者，在一次谈话中，他声称对我有关乡役研究领域内很少人遇到的、极度生僻的专有名词他也"知道"，颇令我惶惑不安，一度萌生断然不再修改旧著付诸枣梨之意）。我很感念几位前辈师长的善意提醒，时至今日，依然乐此不疲，似已无可救药，虽然我最初并无意成为伯希和、杨联陞所谓之"看门狗"或"警犬"。

我自己的想法之中，还有下面的内容：第一，当今出版的繁荣，

---

① 杨联陞：《书评经验谈》（收入《哈佛遗墨》修订本，商务印书馆2013年版）和《汉学书评》（商务印书馆2016年版）。我无限倾慕其学术渊博如海，也由此更多了解到汉学名家伯希和的书评撰写及其学术境界。学术评论"苟且"取向下，其学术研究的品质，抑或值得推敲。另外，近来也了解到，美国学者费正清平生出版了至少44部专著（少量是合著）、主编或合编了至少18部论著，发表了187篇论文，与他人合作撰写论文18篇，为别人撰写专著序言52篇，发表书评160篇。其书评的数量也是相当可观。参阅徐国琦《边缘人偶记》，四川人民出版社2017年版，第202页；[法]菲利普·弗朗德兰：《伯希和传》，广西师范大学出版社2017年版。

令人目不暇接。常常收到师长友朋的赠书，我以为只有认真拜读，才是对作者的尊重。在如今博士不博、研究问题专一化碎片化的科研模式下，增益、扩充自己学术视野，丰富自己知识结构，需要了解更多专题研究的领域，使自己窄狭的知识面日益宽阔。精读一部部的专著，日积月累，无疑是一最佳途径。第二，中国学术刊物与欧美迥异，发表学术书评者极少，切当、颇具启迪性的书评在学界更为鲜见。中国学界的大多书评文字，或是评奖者的自我炮制或是作者委托友朋所为，褒扬之语累累，缺乏批评和商讨，更缺乏整体性提升的洞见和卓识。即便在一篇看似很正规的书评中，也会出现过誉之词；即便是批评，也只能运用文字技巧，委婉表达商讨。还有一类书评，则是抛开学术讨论层面的一味批评，字字句句，杀气腾腾，充满敌意——学术垃圾是不值得堪称学者的人评骘的。切当而公允地撰写纯粹的书评，砥砺学术，提升学术品质，引领学术风向，这样的学者，在目前的中国，是极其少见的。刘浦江先生《〈金朝军制〉平议——兼评王曾瑜先生的辽金史研究》、包伟民先生《精英们"地方化"了吗？ ——试论韩明士〈政治家与绅士〉与"地方史"研究方法》①这两篇大作，标举了良好的典范。我希望中国的学术界有一个更好的、健康的、良性的学术批评的空气，自己愿意为此而稍作努力。第三，训练学生进入学术领域，似乎也可由此展开。让他们在我的指导下，认真地精读了一部书，又练习了文笔。多年来，我和学生们一起反反复复地讨论、阅读原著，斟酌文字，往往一篇书评前后讨论、修改若干次——最多的一篇，我先后修改了 17 次（这是研究生的统计，据我的记忆，应该有 23 次）；邓小南老师《祖宗之法》一书的读后感，是拖延时间最长的一篇，前后用了七八年的时间，方才定稿，至今竟尚未正式发表；其间参与阅读讨论原著和书评稿的本科生和研究生，也有三十几人。低丘远望高山，纤草遥瞻寰宇，似乎可以说，我们是以虔敬的学术之心，每一篇，都是认真对待的。当然，水平所限，文字表述或有浅陋偏颇，但，这一切都出自真诚。第四，我尊敬的前辈

---

① 分别载《历史研究》2000 年第 6 期；邓小南、荣新江主编：《唐研究》第 11 卷，北京大学出版社 2005 年版。

冯尔康先生，给我数次提及郑天挺老"精读一本书"的教学方法，对于培养学生的益处。取法于前贤，我不但要求研究生至少精读一本（部）基础文献类的书，更要求他们精读至少一本学术经典著作——要关注其问题意识、论题建构和论证过程、逻辑安排、词句表述等。①受益于邓小南老师的教诲，在我看来，所谓精读，应该是字斟句酌、一个字一个字地深钻细研。当然，在文献易于获取的检索时代，如此逆势而行，颇多不易。名家的专著，关注者和写书评的人多。青年才俊们的著作，多半鲜有关注。我就要求学生们特别注意：青年学者的著作，哪一部分写得好，一定要认真汲取学养；看到的不足，也好好体悟，免得自己今后犯类似错误。当然，身在中国，我是一个小人物，不敢得罪权威，不敢太多地冒天下之大不韪，所以，"随俗"之笔，自是难免。值得庆幸的是，我遇到了越来越多痴迷和敬畏学术，而忘我商讨、大气磅礴、胸襟开阔的真学者，他们并未因我不妥当的批评商讨文字而嗔怪恼怒。这些，大致是我坚持写书评的原委。对于我的愚拙，我希望师长们、同辈先进们能够付之一笑。我性本痴呆，常常呈现任性愤青偏执之愚，但是，我希望我的呆傻，能够促进学术的发展，哪怕仅仅是一小步。

信息资料易于获取、独生子女居多、忘情于电脑游戏或浏览手机、佛系青年日益增多的当今中国，大学和研究生阶段的教育，需有相应的教学指导模式，既激发学生的学习兴趣，又需切实有效地在德智体、出处言行等各个领域顺势引导，方可培养出 21 世纪的新一代优秀学者。传统教学模式不革新，将难以适应这一新时代的要求。教师教导模式的更新，将会延续到下一代，乃至影响到更下一代的教育成效。"放养（羊）式"教导模式即将走入历史，"逼迫"着使学生更优秀，将是未来一段时间，教师们必须面对的事情。2007 年后，我正式开始了自己的教师生涯。无论是海边花园美景如画的厦门大学，抑或稳敦厚重沉潜求实的南开大学，与青年学子的真诚商讨，我颇得教学相长之乐。刘佳佳、贾铁成、杨辉建、全相卿、王菲菲、刘璐璐、刘

---

① 桑兵：《桑兵自选集·学术自传》，其中有"姜伯勤老师讲座时示以读历代典籍应精读原典，其余可以如秋风扫落叶一般席卷而过，确是通读旧籍的不二法门"，窃以为与此类同。另外，史学论著用语的凝练，我在 2003 年前后即曾有所悟，此后则更多来自陈明光老师的教诲与引导。

栋、林明华、高云玲、王艺洁、岳远博、张文燕、苏显华等学友，他们大多是在我督促"精读一本书"的计划下，撰写了某些文字，和我联合署名在期刊上发表；毫无疑问，收入这部书中这些文章融入了他们的智慧和劳动，并非我单独辛劳所得。收入本书之前，能够得到他们的允可，我自应感激。黄成斌、华颖锐、宋春晓、张明菲四位研究生在此次结集过程中，曾前后协助校对文字，编辑目录，谨此致谢。

前辈张其凡教授曾说："暨南大学对研究生发文的近乎严苛的规定，使我大量的精力陷入修改研究生习作，修订研究生的论文上。有鉴于两位先师的榜样，一丝也不敢懈怠，水平高低不敢论，尽力尽心则敢说。这样，自己独立署名的文章越来越少了，然而心里却无怨悔。……但不管如何，我是尽了全力，争取做到最好的。"①前辈如此，我踵随其后而已。唯我学养有限，识见浅陋，无论是问题意识的酝酿、抉发、提升，抑或文章写作过程中的各种细节观照，都未必追及前辈，但我也可以说：我尽力了。早就听说，在20世纪30年代，胡适就曾说了一句让太老师邓广铭先生记了一辈子的话："三十多岁的人做学问，那是本分；二十多岁的人做学问，应该得到鼓励。"②我如此揠苗助长般的教学模式，似乎也蕴含有这样的意味。在我认为，这是一位大学教师职责所在——虽然及门者并非人人皆为高才睿智且有志于学，但作为学者的大学教师，杏坛耕耘数载，未能栽培出三五学术门生，总觉憾憾然，庶几难谓之完美的教学生涯。但是，刘浦江教授以及邓小南老师、李华瑞老师等，都在不同的场合屡屡褒扬我在培养学生过程中的高远追求和尽心尽力。在未来的教学生涯中，我想我会随着经验的不断丰富，应该更加尽心尽力，以不辜负前辈们的赞誉，更不愿辜负青年才俊们的期待——我曾多次给学生们笑言：家父母赐名于我"培俊"，本来就是让我"培"养才"俊"的；于我而言，遇到基础扎实、颖悟能力强，且酷爱历史学（尤其是中国古代史、宋史）的学生，就如同吝啬鬼葛朗台看到了珠宝黄金。可以说，在汲取漆侠先生、邓小南老师、李治安老师等诸多前辈的教学经验，结合自己了解的域外诸多名家的教学精髓，自以为如今已洞悉如何真

---

① 张其凡：《宋代典籍研究·跋》，香港华夏文化艺术出版社2005年版。
② 参阅刘浦江《不仅是为了纪念》，载《仰止集——纪念邓广铭先生》，河北教育出版社1999年版，第507页。

正地作育人才，尤其是在 21 世纪的中国历史领域。得天下英才而教之，乐也。或云：大学的终极目标乃在于促增智慧、创造知识、发现真理。行行复重重，前程更新景，我愿以此自励。

对于论文发表时的署名，求学阶段，我一度曾反感导师"侵夺"学生的创新和劳动，但及至自己身为人师，不料竟也踵随其后。出现这一境况的原因之一，即自己的有些学术议题，交给学生做之后，最终的结果往往却难惬人意，而弃之太过可惜，故而自己再次操刀。我的设想是：倘这篇文章由我立意，且我个人感觉自己的贡献超过百分之五十，我将作为第一署名人。一个年轻学者，自己还没有长成，却又要带着比自己还年幼的学子学海泛舟。我曾反复精读《夷坚志》，记得戊卷二《胡仲徽两荐》有"所谓自照一身犹未光者，何暇推余波及他人乎？"结合前述，此则史料，深契吾心。独自沉潜于一，且独自研究与署名发表文章，是否可以自由支配时间，呈现更多更好的成果？ 我也常常反思：为什么自己那点滴才思和识见，还没有达到无私送给学生而毫不顾惜的地步？ 也许，无论如何，都要等自己长大、长成之后，满腹经纶，才能具备那种毫不利己专门利人的豪爽和大气吧。当然，由于各种难以言说的因素，也有例外：譬如收取版面费、易于发表，还有某些期刊规定不发表研究生的文章，等等。曾有数次，我将研究生名字置于第一署名或独自署名，投稿出去，至今都未见刊发的文章，又何其少也？ 与此相比，值得庆幸的是，我的学术路途中，因而更加感铭所有发表拙作的刊物、青眼相加、法眼如炬的辛勤的编辑老师们。

当然，我也要感谢我曾经先后供职过的两所大学。虽然历史学科持续萎缩，但其晋职要求，格调高远，近年来更规定只有在《中国社会科学》《历史研究》《中国史研究》等最优期刊发表论文，且达到一定数量，方有晋职资格，且都未将出版专著（我深知此乃欧美等域外著名高校教师晋职之必备，"不出版即灭亡"①）和发表所谓"二类

---

① 李小兵：《出版的学问与学术的出版》，收入王希、姚平主编《在美国发现历史：留美历史学人反思录》，北京大学出版社 2010 年版，第 44 页。David Faure（科大卫）教授呼吁：人文学科最重要的成果形式是写书（专著），而不是写论文，参阅《"大一统"的差异化》，《民俗研究》2016 年第 2 期。对此，我深表认同。目前国内历史学者的论文集，普遍水平难以和 1990 年代之前近百年的日本汉学家相媲美。

期刊"论文，定为晋职必备条件，或可谓之重"质"而非"量"，我才能在自感从容优雅和颇具尊严的心态之下，与青年才俊们一起，一面享山水之乐，另一面读书切磋，相互激励，而不必为了"量"一味追求科研第一，放弃教学相长之乐。①当然，之所以能够在这两所大学安身立命，深深铭感陈支平、陈明光两位老师和李治安师的关爱之恩。

四

近年来，中国经济腾飞，世所瞩目。就学术领域而言，这是一个各类信息排山倒海无限扩充迅速传递的时代，一个古籍文献数据化检索手段日新月异的时代，也是一个科际整合致使"历史学"无限社会科学化的时代，平实或媚俗的"历史"故事讲说充斥了各类媒体的时代。"低头族""检索党"和"鼠标手"等，都已成为社会公议的话题。而随着全球化时代的到来，排除"异域意象"，追求"揽镜自鉴"而"在中国发现历史"，在"唱盛中国"鼓舞"中国模式"，回归传统的步履下，开启了"重建有关中国的历史论述"时代。我时不时地回望中国既已走过的路：近二百年来，中国学者究竟是怎样一路走来，在异域学术理路下观察"历史中国"的。盲目自大，揽镜自鉴，自说自话，自感良好的三家村井底蛙，已被公认其陋；而自鸦片战争至"五四"以还，国人观察到自己不敌于欧美之坚船利炮，德先生、赛先生一时间几乎充斥所有认知空间，欧美更以"冲击—反应"的"中心论"进而导引，遂致国人形成一切唯欧美是观的心态，影响深远。长期以来，国人惯于以"他者"的"镜子"观察、建构自我，凿空逞臆，标新立异，自以为得，甚者往往抛却"我者"的"镜子"

---

① 近日得读桑兵先生之自传文字中有"严格来讲，大学并不是为一般读过书得到学位的人提供职位饭碗，而是为那些以学问为事业，为安身立命的所在，甚至不做学问就了无生趣的人准备的基本条件和环境，使之能够得其所哉。这些人的全身心投入，并不一定体现于夜以继日地热在图书馆、实验室，而是整个生活和人生目的，都是围绕所从事的学术活动。学人如果对于学术缺乏真感情和敬畏心，所做学问必然以假乱真。"笔者多有隔空悬观之叹。世事如此，不容不一叹再叹。参阅其《桑兵自选集·学术自传》，中山大学出版社 2017 年版，第 6 页。

而揽镜自鉴。妄自尊大闭目塞听，自是不可，而妄自菲薄失却自我，更显悲凉。传统帝制中国，面对周边王国或少数民族政权，多沿"以夏变夷"的理路，一路走来，自美其美。19世纪末期到20世纪的大多时段，"西方压倒东风"，更多显现出"以夷变夏"的路径。且存有徘徊于中西之间，不中不西，无所适从，丧失自我诸面相。中国学人走过了"妖魔化"欧美、自我"妖魔化"的历程，而今又开始了"去中国化"之后"去欧美化"的漫漫征程。桑兵教授曾引述陈寅恪"他以朱熹为楷模，对待域外文化，尽量取珠还椟，以免数典忘祖"①（或曰"必须一方面吸收输入外来之学说，一方面不忘本来民族之地位。此二种相反而适相成之态度，乃道教之真精神，新儒家之旧途径，而二千年吾民族与他民族思想接触史之所昭示者也"②）。或许，首先是整理国故，揽镜自鉴，然后视扫寰宇，意象异域，两相比照，"理性"探求，找寻自我，岂不更多自信？"抛却自家无尽藏，沿门持钵效贫儿"，自不可取。倘能如此，又何需家有金山而沿门托钵。③

19世纪以降的欧美学界，以求新求变求异为主流，无论是兰克学派之前的实证性研究取径，抑或是此后法国之"年鉴学派"、美国肇造之"新史学"，20世纪70年代后之"后现代主义理论"更是以颠覆性的观念改变了既有诸多思维。④究其实，我颇多以为，历史学之所为"历史学"，其根本就在于求真，只有在以求真之为最终追求的阐释"求美"才有其学科意义，否则，打破学科边界、科际整合趋

---

① 桑兵：《治学的门径与取法·绪论》，社会科学文献出版社2014年版，第9页。

② 陈寅恪：《冯友兰中国哲学史下册审查报告》，收入《金明馆丛稿二编》，生活·读书·新知三联书店2001年版，第284—285页。并请参阅桑兵《学术江湖》，广西师范大学出版社2017年版，第276—277页。

③ 此乃阅读前贤论著后的牙慧之余，另一种阐释而已。

④ 李剑鸣先生指出：美国史学史的特点是"趋新求变"，在这种学术传统中，一本书和一位史家的生命力，不在于提供某种"不刊之论"，而取决于能否引发激烈的学术争议，能否在较长的时段成为同行讨论和批判的对象。李剑鸣：《戈登·伍德与美国早期政治史研究》，《四川大学学报》2013年第5期，第5—29页。在美国普林斯顿大学1986年获得博士学位的柳立言先生，曾有夫子自道云"笔者也较为重视问题的提出和解答的方法，不在乎答案是否永垂不朽……"，几与前述意同。参阅柳立言《宋代的家庭和法律·前言》，上海古籍出版社2008年版，第3页。

向之下的历史学，已雷同于文学创作和哲学思辨，失却了它自身的存在意义。我们在反思史学观的时候，也就面临着这样的学术导向：呈现出"本土建构""中国道路"的人文自觉，而取代历史学"科学化""社会科学化"的研究理路，使中国历史学的研究全然回归人文性的"中国模式"？① 刚刚过去才半个世纪的教训，今人已多半遗忘殆尽。在经历了过去近 200 年的欧风美雨之洗礼，传统中国的礼俗法和儒家的纲常观念（或大致等同于陈寅恪所谓"吾中国文化之定义，具于白虎通三纲六纪之说"②）等，都发生了极大的改变。儒学的诸多精髓，也经过了欧美学术的冲击而发生了改变，我们今天还能找回当初的"自我"吗？ 进而言之，什么才是"自我""本土经验"？ 什么时候的"自我"和"本土经验"？ 这一所谓的"自我""本土经验"不随时间推移而发生变化吗？③

近几年来，大量阅读的过程中，我一直在默默追问：历史学研究是否有其"学科边界"？ 中国古人文史不分家，五经六艺之学，经史子集之学，自是难辨其学科边界。20 世纪以来的西学东渐和西方学术中心论之下的历史中国研究，多有借助欧美社会科学、理论和方法者，且以此为能炫耀于世。史学很多情况下变成了类如文学的文本，求美是人类智慧边界无限扩展的必须，确属人类智慧和学术之最上乘。但是，史学的学科边界无疑是"求真"的，能够最大程度立足于"求真"为学术旨归，这样的学术论著才是最好的历史学。学术求美，史学作为人文类学术之一，无真不美！

或谓一切学问，最巅峰、最高层次的学问乃是世界秩序的建构，

---

① 参阅包伟民等《认识论、史学功能与本土经验——关于历史学方法论的几个问题》，《浙江社会科学》2007 年第 2 期；包伟民：《中国史研究："国际化"还是"中国化"》，《历史研究》2008 第 2 期；包伟民：《中国史学患"理论饥渴症"》，《中国社会科学报》2011 年 5 月 26 日；包伟民：《走出"汉学心态"：中国古代历史研究方法论刍议》，《中国社会科学评价》2015 第 3 期。学者们一方面探求"本土化、规范化、国际化"（林毅夫文，《经济研究》1995 年第 10 期），一方面也追问《建构纯粹的"中国范式"是否可能》（刘擎撰，《文汇报》2009 年 8 月 9 日）。
② 陈美延编：《陈寅恪诗集》之《王观堂先生挽词并序》，生活·读书·新知三联书店 2001 年版，第 12—13 页。
③ 这一如国人所习称之"西学"，参阅桑兵《陈寅恪的西学》，收入《学术江湖》，广西师范大学出版社 2017 年版，第 245—247 页。

和人类普世价值的追讨。中国传统文化的精髓，是否具有世界性光谱和全球性视野，是否具有这所谓的普世价值，能否由此而改变整个世界，达致全球"中国化"境域？ 郢书燕说，邯郸学步；海客谈瀛洲，烟涛微茫信难求。矫枉过正，过犹不及，忘己言它，适得其反。漫长中国历史，走过了多少孟浪偏执的不归路，我们依然缺少"理性"？！ 旧时王谢堂前燕，飞入寻常百姓家。而今，旧时堂前，房廊依旧，王谢成堆，燕子焉在耶？

在娱乐无极限，空心化与佛系理念甚炽、一味追求各种视听味觉享乐和各种诱惑无限扩张的当下，前辈曾发疑问："三五好友，闲酌逸谈，品评学问，激励思想，时风之下，其可得乎？"①我的求学和教研生涯，恰遇到这样的一个时代：一方面出版物的"前仆后继"，纷至沓来，前者尚不暇细读，后来者如钱塘江潮，再度波涛汹涌而至。同辈先进余欣教授在其主编之"中古中国知识·信仰·制度研究书系"的"书系缘起"中的话，于我心有戚戚焉，谨撮抄于后。这是一个"学术出版过度繁荣"的时代，而在高校考核日趋量化的大环境下，今之学者沦为计件民工，每日为炮制"速朽之作"，完成指标而苦斗。当然，教学亦是计件作业模式，为更多青年教师所苦，因此多有颠倒主次忘我投入科研而"忽略"教学者，忘却教学乃其根本，无"教"又何以称"师"？ 生活在这一时代，我辈何以追求"终日甘居于寂寞之滨，孜孜矻矻地乐此不疲"，"以'水滴石穿'的功力"，②"殚精竭虑，巧构精思，冀藏之名山，垂为后世之轨则"的经典著作？③ 比之前辈唐长孺、田余庆、王曾瑜、梁庚尧诸先生自是不及，其学术典范，我们又何尝不敬慕而向往之？ 在这个自我个性张扬，利欲恶性膨胀的环境下，这又一次让我记起魏光奇老师发表的一篇短文：读书只为稻粱谋，谋得了稻粱，也该"为学术而学术"奋发

---

① 包伟民：《宋代地方财政史研究·再版后记》，中国人民大学出版社 2011 年版。
② 邓广铭：《邓小南〈宋代文官选任制度诸层面〉序言》，邓小南：《宋代文官选任制度诸层面》，河北教育出版社 1993 年版，第 4 页。
③ 余欣主编：《存思集：中古中国共同体研究班论文萃编》，上海古籍出版社 2013 年版。

有为了吧。①

五

资质平平浅陋不学如我，自不敢与一代文宗相比，但是，因为探赜欧阳修撰写范仲淹神道碑这一历史谜案，当读到《居士集》卷四七《与荆南乐秀才书》这段话时，瞬间有了心有戚戚的共鸣。景祐四年（1037），时年31岁尚未名为一代宗师的欧阳脩曾云：

> 仆少孤贫，贪禄仕以养亲，不暇就师穷经，以学圣人之遗业。而涉猎书史，姑随世俗作所谓时文者，皆穿蠹经传，移此俪彼，以为浮薄，惟恐不悦于时人，非有卓然自立之言如古人者。然有司过采，屡以先多士。及得第已来，自以前所为不足以称有司之举而当长者之知，始大改其为，庶几有立。然言出而罪至，学成而身辱。为彼则获誉，为此则受祸，此明效也。……先辈少年志盛，方欲取荣誉于世，则莫若顺时……先辈往学之，非徒足以顺时取誉而已，如其至之，是直齐肩于两汉之士也。

----

① 魏光奇：《三个层面：也谈"为学术而学术"》，原载《读书之旅》1997年11月27日，后收入魏光奇《今天与昨天——中国社会历史问题散论》，河南人民出版社2012年版，第271—273页。愚拙如我，对于京派不"京"（精）、"海派"不海（取自章培恒《不京不海集》，复旦大学出版社2012年版）的状况，难免有一些小小的想法。于我辈耳熟能详的一句话是，恩格斯指出："人们首先必须吃、喝、住、穿，然后才能从事政治、科学、艺术、宗教等等；所以，直接的物质的生活资料的生产，因而一个民族或一个时代的一定的经济发展阶级，便构成为基础。"就此而言，世间人谁不沾染于名利呢？汲汲以求，无可厚非。当前学人自我介绍的文字多排列出一长串的头衔，譬如国务院学位委员会学科评议组成员、教育部长江学者特聘教授、教育部新世纪优秀人才、入选新世纪百千万人才工程国家级人选、国家级"万人计划"哲学社会科学领军人才、国家级教学名师、国家社科基金评委，成果获得了教育部高等学校科学研究优秀成果奖、国务院颁政府特殊津贴获得者、中国某某史研究会会长、受邀在海外名校讲学或访问教授客座教授、国内外某某名刊的审稿人、教育部社会科学研究重大课题攻关项目主持人、国家社会科学基金重大项目主持人和首席专家……以平常心秉持学问之道，我在某些时候颇颇倾慕阎步克教授的做派，虽然他也并未做重大古籍文献的点校整理等学术公益之事，虽然也有人对其制度史观和"将社会科学化历史学进行到底"心存疑虑，但阎先生不参加什么学术性会议，不游走于学术江湖，兼而讲出"高调即将唱完"，恬淡读书问学，与世无争，也是一种让人尊敬的人生境界。

我先后师从诸多学界名师求学，又有学术访谈过程中诚心求教于诸位名家的经历，似可谓"就师穷经，以学圣人之遗业"，但我没有"顺时取誉"的资格，自忖更缺乏"卓然自立之言"。但生活在这样的时代，刚刚走出贫寒农家的我不得不找寻自己的出处进退之道。前辈颇有觉今是而昨非，以今日之我攻昨日之我者，譬如我尊敬的傅衣凌先生之晚年。具体到自己，今后能否如欧阳脩"大改其为"（或可视之为几位前辈批评教导之不写书评之类文字、不再与研究生联名发表文章、不再泛滥无归地贪恋阅读、不曾专心于一而深入研讨、因贫困卑微寂寞与被歧视的急功近利哗众取宠的行事，此前所发表的文字多侧重社会经济史领域，未来是否更多侧重政治文化史等其他方向，等），尚待实况心境和实践检验。

从业多年以来，一度困顿、游走于沉静与显扬（迎合世俗风尚抑或独守寂寞）之两端，亦往返于标新立异的创新、返璞归真的求实之两端。两端均未有颇大创获的今天，更增添了惴惴然之不自安。自忖倘能"固守"，填充补白，已属难事，何敢奢谈创新？ 此前，李华瑞、李治安等师长曾善意点化愚顽，而今尤其感念李华瑞老师醍醐灌顶般的"棒喝"。他批评我太拘泥固守已有，过于遵从前贤而缺乏勇气打破既有，更多反思和挑战，走出自己，开拓新局。①我也因而反思。这是因为，曾几何时，我是那样醉心于成为一名精致主义的"泥瓦匠"。而今，马齿徒增，岁逾不惑，读书日多，却也开始梦想加入

---

① 我年逾不惑，方在师长反复"棒喝"之下而有顿悟，颇有悟道恨晚之念。自忖此前乃求学之心甚盛且神圣，信奉所有前辈著述，以之为"知识"而如偃鼠饮河，非满腹不止。醍醐灌顶之后未必紧接着就是茅塞顿开，久悟方有所识。我认为：两宋史的研究，恰恰由于历史文献的相对丰富，遮蔽了不少学人的眼光，譬如我们在研究过程中，无意识地被丰富的历史文献所牵引，或受惑于宋人的言论而被宋人牵着鼻子走，未能跳出宋人的视野而研究宋史；或受蔽于元朝人、明清时人的"宋史观"，理所当然地认定元明清时代的"历史资料"及其既定结论，就是"宋朝"的历史，而毫无怀疑。更因20世纪以还欧风美雨的洗礼，汉语词汇无中生有，取译于外，受其引导，音随心动，渐混他为我，有些学人一方面不曾摆脱"西方中心观"而盲目跟随"汉学"的理路，邯郸学步，以"他镜窥我"，迷途而自不知返。一方面又难以剥离和扬弃元明清时人既定的认知而真正做到"揽镜自鉴"。

"建筑师"之伍。其实,学者孰不想"抒一独得之见,标一法外之意"?① 细细思忖,似更愿意坚守传统的那些凝重与沉积,乾嘉古典,离我颇远;学界誉为乾嘉殿军之陈垣先生之垂范,尤其是邓广铭先生之"四把钥匙"及其相关说法与做法,自先师漆侠先生之教导,王曾瑜先生、裴汝诚先生②之垂教,而今更感深契于心。发扬光大,自不敢言,而赓续传承,则颇多自我的追逐之梦,更多薪火再传之志。韩愈言:"待用于人者,其肖于器邪? 用与舍属诸人。君子则不然,处心有道,行己有方;用则施诸人,舍则传诸其徒,垂诸文而为后世法。如是者,其亦足乐乎?"(《答李翊书》)传道、授业、解惑,乃韩愈夫子《师说》之明训。"为往圣传绝学",随着马齿陡增的步伐,我渐次有着自己的理解。

邓广铭先生曾引述章学诚《文史通义》之名句"高明者多独断之学,沉潜者尚考索之功",从而认为一位历史学家"一是必须具备独到的见解,二是必须具备考索的功力",且以其著名的"四把钥

---

① 我也曾拜读杨志玖先生的如下文字:"我治学的另一个特点——好与人辩。'君子无所争,必也治学乎! 坚持真理,修正错误,其争也君子。'这算我学着孔夫子腔调自我解嘲吧!"(赵文坦、王晓欣:《杨志玖先生访谈录》,《史学史研究》2002 年第 3 期)印象中,邓广铭先生也颇善学术争论,宋朝庄园制之有无、宋江是否投降、四库存目丛书应否印行等之外,与章培恒、王水照诸先生有关《辨奸论》的商讨,对照辩论双方,深入文献,正证与反证,反复驳难,探实求真,这一取径,更深契我心。最近几年中,与杨际平先生求教机会增多,也颇多窥测其研究理念。可参阅我参与较多的学术访谈,全文收入《杨际平中国社会经济史论集》第三卷《出土文书研究卷》(厦门大学出版社 2016 年版,第 756—777 页,尤其是第 775—776 页)。窃以为多掌握"知识"之后才能逐渐滋生"才识",于是乎常常忘我阅读。
② 1999—2001 年,裴汝诚先生曾受漆侠先生邀约,驾抵保定,给我们研究生授课。我有幸两次受教。兼而受当时一位小师兄的影响,我对古典文献学、版本目录学、古籍校勘也情有独钟,一度痴情"狂奔",此后也曾非正式地参加国家图书馆主办的两次古籍修复培训班,近年来更醉心其中。同样受漆侠先生之邀,时任河北大学教授的刘淑学老师,为我们讲授了一个学期的音韵学、训诂学。

匙"——版本目录、历史地理、职官、年代学，①垂范于后学。先师漆侠先生关注理论的重要性和学术"器局"的重要性，且反复叮嘱："射人先射马，擒贼先擒王。一定要选关键性的大问题，做出自己的研究。"②刘浦江教授则说：

> 对于研究课题的选择，我向来有两个原则：一是追求重大题材，即关注重要的、关键的、核心的问题；二是追求难度系数，偏好难度较大的、前人没有发现或者未能解决的问题。因为一般来说，这样的研究可以具有更为恒久的学术价值。③

当然，海外著名汉学家何炳棣在其《读史阅世六十年》这部书中，也昭示了"从不做'第二等'的题目"的宏大气概。这些均会更多导引我未来的学术路途。当然，勉强充学人之数，自然也有顶尖学者的梦想：我也多少次在梦中追慕如同何炳棣先生那样"扎硬寨，打死仗"，数十年坚忍不拔，孜孜不倦，接连出版严谨精致启人尤多的经典论著。

展现上述语句的过程中，自忖若干文字的建构与编织，不觉汗颜，颇有迟悟晚知的悔恨。在读书都为稻粱谋的功利化社会评鉴体制之下，以读书为乐的晚学者，只能是在景慕中慢慢醒悟，追随效法。

最近学界颇多关注"宏大叙事""整体史学"以及"碎片化"的

---

① 按：邓广铭先生《宋代文官选任制度诸层面·序言》作"职官制度、历史地理、年代学和目录学"。王曾瑜先生在《缅怀邓广铭师》和《我和辽宋金史研究》等文中作"年代、地理、职官和版本目录"。参阅王曾瑜《丝毫编》，河北大学出版社 2009 年版，第 429 页，第 637 页。依我对邓广铭先生论著精读的印象，前辈多以"目录学"涵盖版本学（参阅辛德勇《〈学人书影初集〉自序》，收入辛德勇《版本与目录》，生活·读书·新知三联书店 2020 年版，第 60—61 页）。窃以为王曾瑜先生增"版本"合"版本目录"为一，更近乎邓广铭先生之本意。结合漆侠先生倡导的"光学历史，学不好历史；光学宋史，学不好宋史"，综括王曾瑜、刘浦江等先生诸前述，偏若自许为邓门家法的承继者与守护人，区区不遑多让。
② 漆侠：《历史研究法》，《漆侠全集》第十卷，河北大学出版社 2010 年版，第 26—28 页。
③ 刘浦江：《松漠之间·自序》。

讨论。毫无疑问，只有无限的、极度精致的"碎片化"，才能建构"宏大叙事"，提升"整体史观"。偏颇任何一方，都可能令人走入泥沼。"建筑师""泥瓦匠"一身两兼，该有多好？ 攻读博士学位的时候，曾在课间听邓小南老师说起"文化大革命"时的一句话"低头拉车，抬头看路"。我暗中自忖：前揭此二者是否也可作如是观？

2011年11月后的三载有余，受累于国策巨变前失独的焦虑无措，家事多艰，困窘不堪，如冰如火，冷热之间，我心自知，诚不足于言于外者。艰难与困苦，促我成长、长成。所以，感谢苦难。

带着对这一学科的痴迷，还有那颗对学术不泯的敬畏之心，前路漫漫，时不我待，我依然，在路上。

2015年6月4日，厦门岛沙坡尾寓所

8月7日台风"苏迪罗"前夕再改

2017年5月1日再改

2020年11月7日再改